清湖海居士◎輯
北京學易齋刊行
鄭同◎校閱

御定景祐奇門大全

［上］

謝路軍◎主編

影印四庫存目子部善本滙刊［十六］

華齡出版社

责任编辑：薛　治
责任印制：李未圻

图书在版编目（CIP）数据

影印四库存目子部善本汇刊. 16 /（清）湖海居士辑.
—— 北京 ：华龄出版社，2019.11
ISBN 978－7－5169－1483－0

Ⅰ. ①影…　Ⅱ. ①湖…　Ⅲ. ①哲学－古籍－善本－汇编－中国　Ⅳ. ①B2

中国版本图书馆 CIP 数据核字（2019）第 252586 号

书　　名：影印四库存目子部善本汇刊 16：御定景祐奇门大全
作　　者：（清）湖海居士辑　郑同校

出 版 人：胡福君
出版发行：华龄出版社
地　　址：北京市东城区安定门外大街甲 57 号　邮　　编：100011
电　　话：（010）58122246　传　　真：（010）84049572
网　　址：http://www.hualingpress.com

印　　刷：北京朝阳印刷厂有限责任公司
版　　次：2019 年 12 月第 1 版　2019 年 12 月第 1 次印刷
开　　本：889×1194　1/16　印　　张：44.5
字　　数：458 千字　印　　数：1～600
定　　价：760.00 元(全二册)

景祐奇門大全序

永樂十二年孟陬之月謹歷考用遁甲三奇吉門三奇者乙丙丁也吉門者開休生也奇門會之方利宜出師征九天之上利擊

陳兵九地之下利宜藏兵朕觀諸家兵書出於孫子十三篇乃兵家之樞機故軍形篇曰善攻者動於九天之上善守者藏於九地之下故能自保而全

勝也明天時知地理察人事戰攻決勝所可爲良將者朕稽遁甲之書惟景佑奇門大全乃兵家之樞機與孫子兵法於符合而用之以軍中之術精微風諸神煞

先述其事實此立綱令條分縷析前案訂考較詳切明備使人讀所觀覽又便於操閱也故聖人之法可以出軍征伐戰勝冠敵盜寇捕賊立營置陣出天門入地戶

世之出乎君心至於民間所用
之有嫁娶遠行移徙祭賽
商賈求財興科取索射
獵捕戰爭事皆准無不可
驗之以利國亦以濟民寶
之爲世之良法特用工重刊
以廣乎閒庶便將者有所
稽術者有所濟云耳

時永樂歲在甲午重秋良日

御筆

序

夫奇門者陰陽之正理如掌
中一局巧奪造化之機數千
年來名擅勝見不無訛錯迨以
本理解詞叟一歌而習是
道者遂以此爲證比比復剔
尋根源及潛心較閱茲經大
雪置閣之非甲戊庚奇添
入之謬種種勝見古矣奇異
殊本理所解亦未書與世況
趙普以前太公子房所撰
此書本理以前王輔楊流
所授何籍不以一亂一解明
其捲樸子云奇門者六十
四卷今人未能於詞叟歌外
甚奇門逸字祇於歌中深不

顧以為新奇何異邪說元
至仁義乎若執本理而註
一歌卿遁甲之義已盡識其
井鈐天文地理究是道
哉余悟撫撰子之空披所
先賢其數千年來偶得異
詁
御定奇門大全信非膺造之書
遇事演占按數剖疑無不響
應以神驗本于秘訣而兩詩
相測從其驗者兩驗相參
條驗之尤者錄成一帙名曰
秘藏奇門後與同志士閱
此憑知余苦心以是於
世道頌

湖海居士述

御定奇門大全

目錄

御定奇門大全目錄終

御製奇門大全

景祐秘纂

超神接氣直指

奇門之法有正授有超神有閏奇有接氣正授之後超神繼之超神之後閏奇繼之閏奇之後接氣繼之接氣之後復為正授符頭甲乙正對節氣謂之正授此後則符頭漸漸過節而為超神矣超至九月及十餘日則當置閏以其離後節氣太遠故必有閏然後

可配氣候與歷家閏法同然必在芒種大雪之候二至之前其餘節氣雖過超至九日之外不可至（置）閏也

此法乃閏奇之閏鍵萬一不晤（悟）則毫釐千里矣

甲己符頭先到而節未到為超節氣先到而符頭未到為接節氣與符頭同對為之正授

凡二至超過九日或十日十一日即重布芒種大雪三局為閏奇超過九日為置閏即接以六日超過十日置閏即接以五日超過十一日即接以四日超接

循環久之自歸于正授然置閏必以九日十起何也一氣十五日對折乃七日半八日以前得一氣之先不必置八日以後交九日居一氣之末故須置閏然十二三四五日置閏何也二至超過九日即用閏法若夏至超過八日遇冬至大十日十一日夏至超過六七日遇冬至不過八九日並無十三四五日之理故諸書所載未詳盡也超法自一至十日為至接法自六至一日為接超漸增漸減而二十四氣始歸于

一定然置閏必在于芒種大雪之後何也蓋奇以冬至夏至分順逆故於二至之前以均勻其氣而他節則無也其法如五月廿六日癸酉交夏至節而符頭甲子却在十七日先到十日為期太遠當超一局故十七日甲子不作夏至上元而作芒種上元也二十二日己巳不作夏至中元而作芒種中元二十七日甲戌不作夏日氣內亦不作夏至用必須補足芒種之氣至六月廿日戊寅至閏方止於六月初三日始

接夏至遲到之節氣此乃是超十日接五日也

超神例

假令萬歷己丑年正月初二日庚戌辛巳時用事係冬至後陽遁順局符頭係己酉管事本月初六日交雨水節上屆乃超神也從九宮起順布六儀戊在離己在坎庚在坤辛在震壬在巽癸在中逆布三奇乙在艮是為任乙丙在兌是為柱丙丁在乾是為心丁地盤艮兌乾三宮有奇辛巳時首係甲戌迫在坎宮

以天蓬為直符休門為直使辛巳時干迫在震以天盤天蓬直符加在地盤震宮順數任在巽是天任星帶艮之乙奇到巽冲在離輔在坤英在兌內在乾柱在坎天柱星帶兌之丙奇到坎心在艮是天心星帶乾之丁奇到艮三盤奇隨天盤旋轉而巽坎艮三方矣辛巳時宮迫在艮以直使休門加地盤之艮順數主在震傷在巽杜在離景在坤死在乾驚在乾開在坎艮得乙奇而蓬休門謂休與星合坎得丙奇而逢

開門謂門與月合俱吉獨巽得乙奇而逢傷門未為全吉再以八詐門直符隨九星直符在震宮順數則螣蛇在巽太陰在離六合在坤勾陳在兑朱雀在乾九地在坎九天在艮坎艮二宮既合奇門而又逢九天九地為全吉也天盤加地盤甲戌直符為鳥跌穴合格

接氣置閏例

假如萬歷己丑年十一月初六庚戌日戊寅時用事

本日符頭是酉當用上局查十月二十九日癸卯已交大雪節氣從十二十日甲午為大雪超神上局廿五己亥大雪中局三十日甲辰大雪下局三局已完今十一月己酉初五日己復仍當作冬至上局不知符已超節九日正當置閏故自初五日己酉至初九日癸酉不作冬至上局而為大雪閏奇上局初十日甲寅至十四日戊午為大雪閏奇中局十五己未至十九日癸亥為大雪閏奇下局直到二十日甲子方為冬至上局然十四日己亥冬至節則符在節後五日矣此所謂接氣也今以初六日庚戌日戊寅時為例演之是夏至未交冬至尚用陰遁逆局後巽四宮起六儀戊在巽己在震庚在坤辛在坎壬在離癸在艮乙在中寄坤丙在乾丁在兑本時戊寅其旬首係甲戌廹在震宮天沖為直符加巽輔在離英在坤内在兑是天芮星帶中宮之乙奇到兑柱在乾是天柱星帶乾之丙奇到坎蓬在艮任在震時宮戊寅廹在

艮宮以直使傷門加艮柱在震景在巽死在離景在坤開在兑休在乾生在坎乙奇到兑逢開是開與日合乙奇到兑也丁奇到乾逢休門是休與星合丙奇到坎逢生門是生與月合俱吉然生門屬土臨坎宮乃門制宮為廹　丙庚鼠上乾行　己癸兑走西疇

丙寅騎馬艮山頭　乙巳雞鳴離後

其法一卦管三日如甲子乙丑丙寅三日於坎宮起休門丁卯戊辰己巳三日於坤宮起休門只依九宮

次序去中五不用符頭休門既定然後從八卦定方位也又照冬夏二至定方分順逆以用之方無舛錯此秘訣也諸書不載今詳錄而備用

釋專征擇日

直符加時干之時在執事天乙之遊宮是也然後以直符加時干謂所用之時干也如甲子甲戌之類也以直使臨時以所用之時為頭看陰陽順數之如庚子時至庚子辛丑時至辛丑即知八門所在三奇所照更有天上之星知地下之宿如此則伏吟刑格反

吟魁旺墓相吉凶可見矣

天乙直符所臨為天網時時下得癸不宜舉作若臨一二三四五宮為天網抵走者不遠逃者被獲若臨六七八九宮走者遠逃者被獲

釋陰陽二遁

禽心之陰陽亦照此遁但禽在子午位上又隨陰陽定之此畫善也又與八詐門之直符隨巽逆行螣蛇在震太陰在艮六合在坎勾陳在乾朱雀在兌九地

在坤九天在離則坎宮有奇入逢六合止北方大吉餘倣此

八門歌訣

甲戌壬子起坎　丁辛乙休坤卯　庚申戌午震宮求　巽到癸丁辛酉

陰陽二遁者謂冬至以后自一至五為陽遁自五至九為陰遁故五宮為陰陽同遁冬至後五宮半南為陽遁半北為陰遁夏至後五宮半北為陰遁半南為

陽遁凡直使在五宮之時利客不利主

釋八門所主

開門宜遠行征伐所向道遠休門宜集萬事治兵習業見貴營造必在生門遇傷門魚獵討賊杜門邀遮隱伏誅邪景門上書選遣實破陣圖死門行誅弔死驚門捕捉聞訟

釋九星吉凶

時下得天輔天禽天心為上吉天任天冲為次吉天

蓬天芮為大凶天柱天英為次凶更以五行旺相言
之若大凶之星得旺相即小凶若小凶之星旺相及
吉門吉星無氣則中平以意審之假令冬至後時下
得天任吉宿乘相氣為上吉也或乘死囚又為中平
矣

釋九星休旺

九星休旺謂星旺於我生之月相於同類月死於我
生月囚於官鬼月休於財月亥子水寅卯木午巳火

酉申金辰戌丑未土金水火土木相生金木火水土
相克克我者鬼我克者財生我者父母我生者子孫
即如天蓬是水星旺於寅卯月相於亥子月死於申
酉月囚於辰戌丑未月休於巳午月是也餘星類推
若欲遠行出門皆從吉門方向呼星名而出行六十
步在向太陰中大吉五陽時宜出行若吉事從吉門
凶事從凶門若生門宜見貴人驚門宜掩捕

釋三甲合

上局是仲甲謂甲己之日夜半生甲子丙辛之日中
甲午是也此時關格刑德在內用兵先者敗不宜出
入利於逃亡
中局孟甲謂戊癸之日平旦甲寅時乙庚日日晡時
甲申是也此時陰氣在外陰氣在內利動衆出師百
事吉利客不利主
又六甲之夜半子時三甲皆合謂今是日直符若時
下甲名三甲合也

釋三奇得使

若得三奇之使尤良在六甲之上自得使之奇甲戌
甲午乙為使甲子甲申丙為使甲辰甲寅丁為使如
陽遁三局乙庚之日人定為亥此時六乙日奇臨九
宮甲午為乙奇得使
如陰遁三局丙辛之日食辰是壬辰六乙日奇下臨
九宮甲午是為乙奇得使
如陽遁五旬丁壬之日日中為丙午此時六丙月奇

下臨乙宮甲子是為丙奇得使
又如陽遁五局丙辛之日人定為巳亥時此時六丁星奇下臨四宮是為星奇得使
如陰遁六局乙庚之日雞鳴為丁丑此時六丙月奇下臨乙宮甲子是為丙奇得使
又如陰遁六局乙庚日日中為辛巳此時六丁星奇下臨八宮甲寅是為星奇得使

釋三奇之靈

三奇之靈宜以出行六乙為日奇六丙為月奇六丁為星奇興善人治事並開休生三吉門合則為奇之靈也三奇興三吉合臨即吉道清寧此時方可陳兵行師征伐揚兵耀武施令俱吉又宜求福安社稷化人民

假令冬至下元陽四局戊癸之日日中戊午時此戊在四宮以直符天英加時于六戊即門合六丁星奇下臨六宮西北方為吉

九天之上六甲子

謂六甲為直符當戰鬭之時直符所臨之宮擊對沖無不勝經云揚兵九天之上所以甲為九天之上者謂陽稱象乾二主壬甲乾為天道上昇則甲至壬為九故六甲為九天以六甲皆稱甲子者又干之長也

九地之下亦癸酉

謂六癸酉為九地之下者易稱坤之六乙癸從乙逆數至癸亦九故六癸謂九地之下六癸皆稱癸酉九

是甲子之終故逃亡絶迹宜從六癸之方避敵亦無人見以癸酉陰干之中故謂九地而言六癸酉也

三奇之靈六丁卯

謂六丁為三奇之靈凡出入行兵戰鬭皆從天上六丁所臨之方而去百事皆吉故經云能知六丁出入幽冥至老不刑刀須臨項猶安不驚六丁者係六甲之陰各有名字丁卯之神字文伯丁丑之神字文翁丁亥之神字文公丁酉之神字文卿丁未之神字文

遁丁巳之神字廷卿凡用事六丁出入之時宜合呼其神之字當得其庇祐故云三奇之神六丁卯然特丁卯者亦舉甲子一旬以明前甲子也

六合之中六己巳

謂六己之位皆為六合之中凡陰秘之事宜從天上所臨六己之方而出入故經云六合為私門出入無有見者故以己巳為六合之中者謂從甲數至己六甲為六合故為六合六己巳者亦舉甲子一旬之義也

釋九天九地太陰六合

九天之上利以揚兵九地之下利以藏形太陰六合之中可以逃亡冬至陽遁天上直符前二九天後二九天前二太陰前三六合夏至後陰遁天上直符前一九天前二九地後二太陰後三六合

假令陰遁上元一局甲己之日平旦丙寅時天上直符臨八宮即後一九天臨一宮後二九地臨六宮前二太陰臨四宮前三六合臨九宮

假令陰遁上元九局甲己之日直符平旦臨二宮即前一九天臨七宮前二九地臨六宮後二太陰臨四宮後三六合臨三宮

釋伏吟

子來臨子為伏吟此時不宜用兵惟宜歛財貨凡六甲之時直門符皆是伏吟

假令冬至上元陽一局甲己之日夜半生甲子天蓬

直符皆臨一宮時子在一宮休門直使在一宮一伏吟皆伏吟

釋反吟

子來加午為反吟此時不利舉兵動衆宜恤民散財凡門符對沖對此星皆反吟

假令冬至上元陽一局甲己之日雞鳴為乙丑時此時六乙在九宮以天蓬加時干即是符直符吟日晡時為壬申時九宮以直事一宮休門即是直門反吟

釋遁甲擇日

遁甲擇日出軍征討具造百事者其中有寶日義日制日伐日也寶日為上吉謂其日干生支甲午乙巳丙辰丙戌丁未戊申己酉庚子辛亥壬寅癸卯

義日謂次吉支生干也甲子乙亥丙寅丁卯戊午己巳庚辰庚戌辛未辛丑壬申癸酉

制日凶為上制下干克支也甲戌甲辰乙未乙丑丙申丁酉戊子己丑庚寅辛卯壬午癸巳

伐日凶其下伐上支克干也甲申乙酉丙子丁亥戊寅己卯庚午辛巳壬辰壬戌癸未癸丑

景祐秘纂卷一

御製奇門大全卷之二

景祐秘纂

釋遁甲利客

天蓬星水加九宮火利為客若在秋冬之月或壬癸亥子日臨戰有黑雲氣從北助戰大勝天心天柱金加三四宮木利為客若在夏秋月庚辛申酉日臨陣有白雲氣從西北來助戰勝天任天禽天芮土加一宮水利為客四季戊己辰戌丑未日有黃氣雲從東

北或西南助戰勝天輔天冲木加二宮木利為客春冬月甲乙寅卯日有青雲氣從東南來助戰大勝

釋遁甲利主

天英星臨一宮水利為主冬秋月壬癸亥子之日有黑雲氣從正北助戰大勝天任天禽天芮土臨三宮木利為主冬春之甲乙寅卯日有青雲氣從西南來助戰大勝天輔天冲木臨臨六七宮金利為主季夏秋月庚辛申酉日有白雲氣從西來助戰大勝天蓬

水加二八宮土利為主季月戊己辰戌丑未日黃雲氣從東北或西南助戰勝天柱天心金加九宮火利為主春夏月丙丁巳午日有赤雲氣從南來助戰大勝

釋門迫

宮制其門則為迫門制其宮則為迫吉門被迫吉事不成凶門被迫則凶尤甚

假令開門金臨三宮水四宮木休門水臨九宮火生門土臨一宮水景門火臨六宮七宮金此為吉門被迫則吉事不成

假令傷門木臨二八宮土死門土臨一宮水驚門金臨三四宮木此為凶門凶門被迫凶災尤甚

釋天遁

天遁者星門與六丙月奇合臨于六丁之上為天遁此時得月精之蔽

假令陽遁四局乙庚之日日入為己酉時天心直符

加時干六乙開門直事加七宮即生門與六丙月奇臨六丁于一宮是為陽遁之天遁

假令立夏下白露下寒露上立冬上並用陽遁六局戊癸之日日晡時為庚申時天蓬為直符加時干六庚休門直事加四宮即生門與六丙月奇臨六丁于九宮是為陰遁之天遁

並用陽遁七局乙庚日夜半丙子時天任為直使加時干六乙景門直使加時四宮即休門與六丁星奇合後入陰中臨六宮是為陽局之人遁

凡得三奇之時逢三遁百事大吉

釋三奇入墓

三奇入墓者乙未時為乙奇入墓乙為日奇乙墓在墓故為日奇入墓丙戌時為月奇入墓丙墓在戌故月奇入墓丁奇同丙火

凡遇丙辛之日日映為乙未日奇入墓之時遇乙庚之日黃昏丙戌是月奇入墓之時也

經所謂三奇入墓者謂六乙日奇臨二宮六丙月奇臨六宮六丁星奇臨六宮謂之三奇入墓

假令冬至上驚蟄上清明中立夏中並用陽一局丁壬之日日昳時乙巳六乙日奇臨二宮為日奇入墓也

假令陰遁四局丙辛之日平旦庚寅六丙月奇臨六宮是為月奇入墓也

假令冬至上元陽一局丙辛之日日出辛卯時六丁

星奇下臨于六宮是為星奇入墓也

凡遇三奇入墓雖得奇門吉宿亦不為吉

釋六儀擊刑

六儀擊刑者謂甲子直符時加卯子刑卯卯刑之

甲戌直符加未戌刑未未刑戌也

甲申直符加寅寅刑巳巳刑申也

甲午直符加午午自刑也

甲辰直符加辰辰自刑也

甲寅直符加巳寅刑巳也

甲子直符臨二宮

甲戌直符臨二宮

釋地遁

地遁者開門與乙日奇合臨于六巳之上為地遁此時得日精之蔽

假令冬至上驚蟄上清明中立夏中並用陽一局丙辛日日出為辛卯時天冲為直符加時干六丙景門

直事加時干七宮即開門與六乙日奇合臨六巳于八宮是為陰遁之地遁

釋人遁

人遁者休門與六丁星奇合前二太陰中為人遁此時得星精所蔽

假令冬至中驚蟄中清明下立夏

甲申直符臨八宮

甲申直符臨九宮

甲辰直符臨四宮

甲寅直符臨四宮

假令陽遁一局甲己之日夜半甲子時六辛子三宮即是也

釋太白入熒惑

庚為太白丙為熒惑若太白入熒惑對敵則賊来

假令冬至中元陰遁三局乙庚日平旦戊寅時庚寅在二宮以直符天芮加時干于三宮即六庚下臨六丙於二宮此太白入熒惑也

釋熒惑入太白

丙為熒惑庚為太白若熒惑入太白閑賊必退

假令立冬上元陰六局甲己之日平旦丙寅時六丙在八宮以直符天心加時干即六丙下臨庚於四宮此熒惑入太白也

釋青龍返首

六甲加六丙名青龍返首凡陰陰二遁此時可造百事吉若合奇門利攻戰出行尤良

假令冬至上元陽一局甲己之日平旦丙寅時此時六甲在一宮以甲子天蓬直符加時干六丙入宮此名青龍返首

釋飛鳥跌穴

六丙加六甲名跌穴此時利為百事起造動作皆佳

假令中元陽九局甲己之日辛未時六丙在七宮以直符天英加時干六辛于三宮即六丙臨六甲於九宮此時名飛鳥跌穴

釋天乙伏宮格

六庚加直符名天乙伏宮格此時主客俱不利

假令下元陰二局甲己之日壬申時此時六庚在四宮以直符天芮加時干六壬于六宮即六庚下臨六戊直符二宮此名天乙伏宮格

釋天乙飛宮格

直符加六庚名天乙飛宮格當此之時主客俱不利

假令春分中元陽九局甲己之日庚午時此時直符在九宮以直符天英加時干即符下臨六庚于二宮此名天乙飛宮格

釋天乙伏干格

六庚名太白所加為格若加日干則為伏干格此格主客不利戰門

假令小滿上元陽五局甲己之日晡時為壬申此時六庚在七宮以直符天禽加時干六壬九宮即六庚

下臨六甲日干在二宮

釋天乙飛干格

令日之干加六庚為飛干格此時戰門主客兩傷

假令小滿上元陽五局甲己日中庚午時日干加在五宮寄坤二宮以直符天禽加時干六庚於七宮即六甲下臨庚此名飛宮格

釋歲格

六庚加令太歲干名歲格大凶

假令立春上元陽五局歲干在辛以甲己之日入為癸酉時此時六庚在七宮直符天禽加六癸一宮即六甲下臨六辛于八宮

釋月格

六庚加令月朔日為凶時

假令立春上元陽八局月朔干在己以甲己之日日出為丁卯時此時以直符天任加六丁即六庚在二宮下臨月朔六己于九宮此名月格

釋日格

六庚加令日干名日格大凶

假令小暑下元陰五局日干在己四宮甲己之日平旦丙寅時此時以天禽加時干六丙于七宮即六庚在三宮下臨日干六己于四宮此名為日格

釋時格

六干加時干名為時格亦伏吟格此大凶不可舉事用兵

假令小寒上元陽二局丙辛日雞鳴為乙丑時時六己在三宮以直符天輔加時干即六庚下臨六己于三宮此為符格

釋大格

六庚加六癸為大格此時百事凶謂天上六庚臨地下六癸此時不可舉事

假令以直符天輔加時干六丙在六宮即六庚下臨六癸于八宮此大格也

釋刑格

六庚加六己為刑格謂天上六庚加地六己此時車馬破傷中道而止士卒逃亡所行皆凶

假令大寒上元陽三局甲己之日平旦丙寅時此時六庚在五宮寄坤二以直符天沖加時干六丙六庚下臨己于四宮為刑格

釋白虎猖狂

六辛加六乙名白虎猖狂此時不可舉事

假令小暑中元陽二局甲己日壬申時六辛在八宮直符天內加六壬七宮六辛下臨六乙于三宮

釋朱雀投江

六甲加六癸名雀入江百事忌

假令夏至上元陽三局甲己日日晡壬申時六丁在六宮直符天沖加時干六壬八宮即六丁下臨六癸名雀投江在六宮

釋螣蛇夭矯

六癸加六丁名螣夭矯此時不利諸事

假令冬至下元陽四局丙辛日戊子時此時六癸下臨六丁于一宮名蛇夭矯

釋悖格

六丙加六丁名時悖悖者逆也亂也六丙臨月日時干直符類同六庚所加之類凡百事凶用兵謀為主紀綱紊亂

假令冬至中元陽七局丁壬之日日昳為丁未時六

丙寄坤二中五直符天芮加時干即六丙下臨六丁于四宮此時為悖
凡遇六丙六庚之宮以直符加干此時為悖最忌舉動

釋適甲五陽所利

五陽利以為客宜舉兵耀武以決勝為時下得甲乙丙丁戊五干喜神治事上下百事吉逃亡不得
經曰直使之行一時一易行陽和為客故曰得陽者飛而不止五干存子午之東部生氣也故利客先

假令甲己之日夜半甲子時自子至辰得甲乙丙丁戊是陽五時利為客宜先舉

釋適甲五陽所生

五陽時利為主宜低折衝杖征敵後動以決勝為勝干之己庚辛壬癸惡神治事凡造事皆凶逃亡可得宜秘謀籌策會試禱祈
經曰直使之行一行一易行陰利以為主故曰得陰者伏而不契五干在子午之西部死氣也故利主後
假令甲己之日夜半甲子時自巳至酉時後動故利主

釋知三避五

天道不遠三五反覆知三避五魁然獨處三為生氣五為害氣三為畏五為五威于三衰于五亡馬隻輪無反顧
假令冬至上元陽一局甲己之日夜半甲子時至平旦為丙寅此三時為生氣

釋得威之時

六丙為威六甲為德利以為客宜發號施令入其國犬不吠馬不鳴回車止輪沖折萬里向兵自滅藏賊必亡天兵扶助賊必驚恐為客大勝不利于主惟固守屯兵以待應甲戌旬有己卯甲申旬有戊子甲午旬有丁酉甲辰旬有丙午甲寅旬有乙卯此玉女守門之時也

釋天輔時

天輔之時有罪無虞斧鉞在前天猶救護謂甲己之日時下得己庚乙丙辛丁壬戊癸也

假令甲己之日日中己巳乙庚之日日晡甲申丙辛之日日中甲午丁壬之日日食時甲辰壬癸之日平旦甲寅時此天輔時可釋訟散罪

釋天網四張

天網四張萬物皆傷此時不宜舉事乃凶網有高低

須知之時下得癸之神有高低也

假令天乙在一宮其神天地一尺在二宮高二尺謂天上六癸之下即天乙所加宮也若此時必須匍匐而出石肩而行十步外吉若天網四張高二尺以下可消息避之故准此法用之

釋四時所利

春秋之節煞氣潛藏居下陽氣在上若戰鬪對敵利居內平野之地冬季煞氣居上陽氣在下若戰鬪對敵利居外丘陵之地蓋乘其氣也

釋亭亭白奸

亭亭者天乙之貴人也背之而擊冲大勝其法以月將加時神后下是

假令正月登明為將加午即神后臨未為亭亭所在

又一法子日在巳丑日在午順行十二辰背之吉

白奸者天之奸神合于巳亥格于寅申當合之時背亭亭向白奸

法以月法加時寅午戌上見神是白奸之位常以寅巳亥四孟

假令正月登明為月將加午即登明臨子即白奸在亥此類推之

又法寅午戌日在亥亥卯未日在辰申子辰日在巳巳酉丑日在申背之則吉

景祐秘纂卷

御定奇門大全卷之二下

奇門秘纂

陽遁加刑制

凡陽遁自一至九局俱直符加時千直使加時宮

陰遁加刑制圖

順布六儀逆布三奇

凡陰遁自九至一局俱直符加時千直使加時宮

逆布六儀順布三奇

奇門遁甲總論

閏奇閏奇真妙訣神仙不肯分明說甲己二日號符頭子午卯酉上元列寅申巳亥配中元辰戌丑未下元節符遇符分是正逢萬兩黃金莫輿說節前得符謂之超節後得符謂之接惟其隐秘折局訣口訣置潤真妙絕若得折局明折補須是天邉雲外客

三才變化出三元八卦番成八番門直符每逐時千

走直使常隨天乙奔六儀六甲本同名三奇只是乙丙丁陽遁順儀逆奇布陰遁逆儀奇順行奇星如合休生開此是吉門宜遠征百事從之無不利能窮奇妙即通靈更遇直符并直使兵家得之最為貴常從此地擊其冲百戰百勝君須記甲乙丙丁戊為陽庚辛壬癸己陰藏陽時利舉施威德陰時教君利伏藏陽時先動陽為順陰時後舉有何妨若識陰陽無不吉神明暗助利君藏龍中伏吟為最凶天蓬加着地

天蓬天蓬若至天英上須知即是反明堂

八門宜用歌

休門宜見貴人留逃難藏身杜上遊覓利求財開上好生門亦吉取索傷門十倍收賭博向生須有得出獵擒拿死位求景上出逢酒食會莫往驚門惹事憂捕盜可用

十干所利

甲為天福　乙為天德　丙為明堂　丁為太陰

戊為天武　己為地戶　庚為天獄　辛為天庭

辛為天牢　癸為天藏

大將居青龍乘天之佑訴鼓居地戶三軍勇悍士卒居明堂將勇兵強伏兵居太陰天后之宮可隱匿軍門居天門天將之衢小將居地戶承順天命斬斷居天獄理治居天庭正天位軍糧藏天牢武具居天藏天府慎藏

遁奇隱身

時加六甲大吉　時加六乙上吉　時加六丙中吉　時加六丁上中吉　時加六戊上中吉　時加六己中凶　時加六庚不吉　時加六辛大凶　時加六壬凶　時加六癸不吉

吉門有氣大吉無氣中平凶門有吉星三奇亦吉

諸吉格

龍回首　甲直符加地盤丙奇

鳥跌穴　丙奇加地盤甲直符

天遁　生門與丙奇臨六丁開門與六丙合

地遁　開門與乙奇臨乙

人遁　休門與丁奇臨太陰

三奇得使　乙奇加甲戌午丙奇加甲子申丁奇加甲辰寅

玉女守門　天上三奇下遊六儀守門丁為玉女會天乙直使之門

天三門　太沖小吉從魁

地私門　六合太陰太常

地四戶　除危開定

太沖天馬　將支加在用時支順行十二逢卯止卯止之宮天馬宮出行避難宜從此

急從神　直符及天乙所在宮宜出入此

八門旺相　立春生旺夏至景旺立秋死旺秋分驚旺春分傷旺立夏杜旺立冬開旺冬至休旺

九星旺相　相于本月旺于子月死于父母月休于財月囚于官鬼月

天輔時　甲己日己巳時乙庚日甲申時丙辛日甲午時丁壬日甲午時戊癸日甲寅時凡此時能釋罪解訟

諸凶格

龍逃走　乙奇遇辛

虎猖狂　辛遇乙奇

蛇夭矯　癸見丁奇

雀投江　丁見癸時

熒入白　丙加庚

白入熒　庚加丙奇

歲月日時格　庚臨其干

大格　庚加六癸

小格　庚加六壬

刑格　庚加六己

奇格　庚加三奇

飛干格　日干加庚

伏干庚　庚臨日干

符悖　丙加天乙

飛悖　天乙加丙

天乙伏宮　庚臨直符

天乙飛宮　直符加庚

時墓　戊戌壬辰兼丙戌癸未丁丑亦同凶

奇墓　乙奇加二宮及六宮丙奇加六宮

六儀擊刑　甲子午直符三九甲申辰直符八四甲

戊寅直符二四

五不遇　時干克日干

天網四張　六癸臨時干

地網遮　六壬臨時干

宮迫　開門臨三四宮休門臨九宮生門臨一宮傷門臨二宮八景門臨六七宮死門臨一宮驚門臨三四宮杜門臨二八宮

直符相冲　如天盤甲子加地盤甲午或天盤甲午加地盤甲子之類此為符冲又如直符在天盤坎加地盤離亦是

伏吟　星門不動

反吟　星反對

亭亭　天乙貴人背而擊其冲大勝法以月將加時神后下是假令正月為登明將加午即神后臨未為亭亭所在又子在巳丑在午順行背之吉

白奸　天之奸人合于巳亥格子寅申當合之時俱背之當格之時背亭亭向白奸法以月將加時寅午戌上見神后是白奸位常以寅申巳亥為四孟

奇門總括

陰陽逆順妙難窮二至還鄉一九宮若能了達陰陽理天地都來一掌中先須掌上排九宮縱横十五在其中次將八卦論八節一氣統三為正宗陰陽二遁分順逆一氣三元人莫測五日都來换一元接氣超神為準的認取九宮為九星八門又逆九宮行九宮逢甲為直使八門直使自分明符上之門為直使十時一位堪凭據直符常符加時干直使逆順遁宮去六號元號六儀名三奇即是乙丙丁陽遁順儀奇逆布陰遁逆儀奇順行吉門偶爾合三奇值此雖云百事宜更合從旁加檢點餘宮不可有微疵三奇得使誠堪使六甲遇之非小補乙馬逢犬丙鼠猴六丁玉女騎龍虎又有三奇遊六儀號為玉女守門扉若作陰私和合事請君但向此中推天三門分地四戶門

君此法如何處太冲小吉與從魁此是天門私出路
地戶除危定與開舉事皆從此中去太常六合太陰
神三辰元是地私門更得奇門相照耀出門百事揔
欣欣太冲天馬最為貴卒然有難難逃避但當乘取
天馬行劍戟如山不足畏三為生氣五為死勝在三
兮衰在五能識遊三避五旹造化真記須記取就中
伏吟為最凶天蓬加着地天蓬若在天英上須知即
是反吟宮八門反覆皆如此生在生兮死在死假令

吉宿得奇門萬事皆凶不堪使六儀擊刑何太凶甲
子直符愁向東戌刑在未申刑虎寅巳辰辰午刑午
三奇入墓好思維甲日那堪見未宮丙奇屬火火墓
戌此時諸事不須為更兼天乙來臨二月奇臨六亦
同論又有時干入墓宮課中時中異相逢戊戌壬辰
兼丙戌癸未丁丑亦同凶五不遇時龍不精號為日
月損光明時干來克日干上甲子須知時忌庚奇與
門兮共太陰三般難得總加臨若還得二亦為吉舉

措行藏必遂心更得直符直使利兵家用事最為貴
常從此地擊其沖百戰百勝君須記天乙之神所在
宮大將宜舉擊對沖假令直符居離九天英坐取擊
天蓬甲乙丙丁戊陽時神居天上要君知坐擊須憑
天上奇陰如地下亦如之若見三奇在五陽偏宜為
客自高強忽然逢着五陰位又宜為主好裁詳直符
前三六合位太陰之神在前二後一宮中為九天後
二宮中為九地之上好陽兵九地潛藏可立營伏兵

但向太陰位若逢兵合利逃刑天地人分三遁名天
遁月精華蓋臨地遁日精紫雲蔽人遁當知是太陰
生門六丙合六丁此為天遁自分明開門六乙合六
己地遁如斯而已矣休門六丁共太陰欲求人遁無
過此要知三遁何所宜藏形遁迹斯為美庚為太白
丙熒惑庚丙相加誰會得六庚加丙白入熒六丙加
庚熒入白白入熒兮賊即來熒入白兮賊須滅丙為
悖兮庚為格格則不通悖亂逆丙加天乙為直符天

乙加丙為飛悖庚加日干為伏干日干加庚飛干格加一宮兮戰在野同一宮兮戰于國庚加直符天乙伏直符加庚天乙飛庚加庚兮為大格加己為刑最不宜加壬之時為上格又嫌歲月日時逢更有一般奇格者六庚謹勿加三奇此去若是行兵事疋馬隻輪無返期六癸加丁虵夭矯六丁加癸雀入江六乙加辛虎逃走六辛加乙虎猖狂請觀四者是凶神百百逢之莫措手丙加甲兮鳥跌穴甲加丙兮龍返首

只此二者是吉神萬事如意十八九八門若遇開休生諸事逢之總稱情傷宜捕獵終須獲杜好邀遮及隐形景上投書並破陣驚能擒訟有聲名若問死門何所主只宜弔死與行刑蓬任沖輔禽陽星英芮柱心陰宿名輔禽心星為上吉沖任小吉未全亨大凶蓬内不堪使小凶英柱不精明大凶無氣変為吉小凶無氣亦同之吉宿更能逢旺相萬舉萬全功必成若遇休囚並廢没勸君不必進前程要識九星配五行各隨八卦攷羲經坎蓬星水離英火中宮坤艮土為營乾兑為金震巽木旺相休囚看重輕與我同兮即為相我生之月誠為旺廢於父母休於財囚於鬼兮真不妄假令水宿號天蓬相在初冬與仲冬旺於正二休四五其餘倣此自研窮急則從神緩從門三五反覆天道亨十干加伏若加錯入庫休囚吉事危十精為使用為貴起宮天乙用無遺天目為客地耳主六甲推兮無差理勸君莫失此玄機洞徹九宮扶

明主宮制其門不為迫門制其宮是迫雄天網四張無路走一二網低有路踪三至四宮行入墓八九高强任東節氣推移時候定陰陽順逆要精通三元積數成六紀天地未成有一理請觀歌裡精微訣非是賢人莫輕與

奇門要畧

年吉不如月吉月吉不如日吉日吉不如時吉故選時尤吉選時之法多端惟遁甲奇門為上六壬藏没

次之藏没者一日之中惟四時可用若遇甲戌庚日則六神固藏四煞固煞矣他日則煞可藏神不没所以猶有未當若遁甲十二時中儀奇星門各有宜用無施不可止忌五不遇時避五入墓而已其餘若有奇門則無不為吉凡九宮布定則點出其時之旬頭在何宮以其星為直符門為直使挨次輪行然後以加臨法用之尋本時支落處加以直使尋本時干落處加以直符乃視其課之吉凶若時課吉又得奇門

方可用事如時課吉不得奇門不可用開休生三門即北三白也其選時每日先取四大時用之縱遇太歲金神等煞亦無害也大抵要得三門合三奇為吉如得門不得奇亦可用得奇不得門終非吉奇門俱不得即凶

御定奇門大全卷二終

御製奇門大全卷之三

景祐秘纂

第一法

詳明氣候運行於何卦何宮辨論符元正受于何起何接認氣必然確用奇門方得不暇

第二法

用滿局奇門佈九宮納儀申之靈迭換符蛇神九星之用生克制化以決主客之雌雄

第三法

用太公移宮佈門叅佈二五之則

第四法

審擊刑入墓得使

第五法

查九星格宮時令得失門宮刑廹

第六法

推符使兩家誰否誰泰以定克應

第七法

從宮從星別詳主客動移合時令言之

第八法

看日時兩干與符使星門本數三合查其克應方位時辰

第九法

遵玄女中宮納甲飛隸甲丁佈置六戊以鮮凶魔以破羅網動八門克應天門地戶運籌作事

先鋒門

謂時日先見之机與天地氣運生合刑格何如符使氣運生合向背何如主客干支生尅制化又何如三者互參以互動取用時可得其來情之妙

發端門

謂係何甲發用加詳于孟季仲之理又係何親出頭須辨于上下之殊則知其事之新舊與占之上下

值事門

謂用符於何卦何宮果合乎氣運與元局或親或疎則知乎遠近情性事業究此而得之矣

移易門

謂其加臨兩宮或財來助鬼鬼化為財臨鬼加于而得救加尅臨于徒傷神則此中之界絡其情景可玩索而得焉

歸計門

言其飛臨之宮生克制化若何而飛宮之神又飛何

宮果與本符應照各別結局何如

變體門

看本符係何宮次飛值何宮細考變胎脫体又看三元生合制克如本宮三合有合神継住付以本体論如飛宮之三合有神合住成局則以飛宮論此变胎脫体之義也宜加詳焉凡合神在三方天盤者其事速在地盤者其事遲在天盤作合而受地盤克制者凡事空好無異在地盤作合而受天盤克制者凡事

必破後方成

直使論

直使乃符之分守具其五行之質以叅賛天乙之作用故直符廵隷於東南則直使監察于西北順逆相加遥為互應凡同乎本宫有辨伏莫測之險加乎對宫有刑克冲射之慮奇仪生合抑何求而不得因漫死廢直羅網而難施至于刑和義廹已載全書而空陥孤訣另有確論故有守門而不足奇廹門而不足

慮其他門之災變又當以時令分論而推所責乎神而明之也

九星論

九星者貪狠巨禄文廉武頗左輔右弼九星之袖分隷九州具在天之五行與分宫之五形各ㄜ不同非得心傳豈能窺其堂奥五行之氣在天成星在地成形其映照于八方者益其氣之所注也必須觀察時令審魁罡之錯綜理會乾元通九星之復化運籌以定門户躡斗以名奇仪玉女旬神分别佈置納音運氣本宫旋貫就中消息先後一天是以得時得位上應乎風雲下應乎人事故避難而用戊徵名而用丁鮮凶鎮煞嵗星同征神乎神乎奇門九星

奇門吉凶格觧德断玄机

直符加丙龍返首凡事歡欣當得手加丙直符鳥跌穴経云有為事已遂只嫌刑格悖伏飛庫墓交来偏失利又忌熒白與孤虚休廢悖廹害須忌勸君就裡

細推詳吉課蔵凶理甚秘生門丙奇臨戊儀經云天遁寔為奇用兵興師稱大利直符九天百事宜開門乙奇臨九地経云地遁始為美安于戍立此中求九地從来奸詐休ㄜ門丁奇遇太陰経云人遁此為真直符生宫圖利謀媒姻經營揔稱心生門丙奇遇九天神遁行法最為先開乙生丁合九地艮宫鬼遁偷營利休門乙奇合坎宫龍遁雨水師偏椎休門乙奇合艮辛虎遁招尉威令行三吉乙合辛在震雲遁之

格最為貴三吉合乙在巽宮風遁逢之最為神三奇合景會九天々假之格不須言丁巳癸合杜門臨三門之宮地假云六壬合景臨九天人假之格有區分丁巳癸合傷門臨三隱之宮神假真五假之格何所用同前五遁究原因若關三隱何者是太陰六合九地尋　三奇三吉臨太陰真詐之格不虛陳三奇三吉臨九死重詐之格君須記三奇三吉臨六合休詐之格不須說三詐之格果非常捕獵營謀事々昌

凡杜景死驚傷合奇儀乙丙丁巳壬癸下逢四吉九天九地太陰六合各取其宜隨事用之可也至于三奇得使門之最良玉女守門利在陰和三勝之宮百戰百捷天輔之時有罪逢赦天三門利舉事之秋地四户為私出之路々私之門出行即喜奇門總照百事歡忻天馬之下有難可避三吉之宮逢吉位百事稱奇既明貴格當究凶神乙加辛而龍走則身燬殘辛加乙而虎狂則財虛耗蛇夭

矯而作動驚虛雀投江而文書有失伏干格庚臨日干出遺財物飛干格干臨六庚戰主敗亡庚臨直符伏宮格失盜難獲直符加庚飛宮格追盜無存大格庚加六癸小格庚加六壬刑格庚加六巳悖格丙臨日干庚加歲月皆為格庚臨時干巳同推丙為悖兮庚為格癸到時干天羅張壬到時干地羅遮其餘吉凶等格須精詳為妙

三盤入墓

若地盤三奇入墓為主事則暗昧欲為不為進退狐疑不決而自心反戾

天盤三奇入墓者為客事有乖張遇而不遇好事退避當圖失意明中暗投天地六儀若入墓與三奇同斷

如天地二盤三奇六儀雖臨于墓宮合吉凶等格分主客各有吉凶若奇臨干墓宮得日時相生又不可以凶言之

六儀擊刑

如甲庚加于乒坤甲申加于乒艮此謂無恩之刑以下犯上臣欺君兵泄机父母師長生憂

甲戌加于坤為恃勢之刑或貪酒色失机或争功失意同類恭商

甲子加于夘宫為無理之刑上人心变謀奪其权被人暗筭

如甲午加甲午甲辰加甲辰為自刑或謀事錯亂不

決

淮陰侯奇門秘訣歌

陰陽玄奥最難窮一千八十筭來踪符使变化無盡極統領奇儀歷九宫地道安然星宫定六十時中節局宜天道無休常轉運符使之宫順逆飛陽遁符一飛二黒陰遁符九逆艮馳如此九星飛九宫九星順逆不相同此時陽星為直符蓬任冲輔上天英此時陰星為直符英禽柱心至天蓬ㄴ芮冲輔禽順行英任柱心俱逆去年月日時循還轉九星更换逐宫移返覆二吟符使位亦有他宫反覆推十時飛遍還原位星同年月天下易八門専主飛何處陰順陽逆九宫飛若遇開門為直使休生傷杜景死驚直使丁時歸本位有時超五理當知符禽俱居中原位斯時用法奪天机符使于中分順逆遇将飛宫開閉虚天上符宫陽加坎天上符中陽加離凶門悪宿逢生旺奇儀得令盡施為吉内藏凶有吉星主客之時用最奇

主得景門奇仪旺營謀戦訟凱歌回客逢生旺來傷主利客先施主受虧門宫合卦此時宫爻中造化論六神君聖臣賢兼子孝妻孥俾妾内外親生旺貴戚諸美慶受制外人悪類推賢能貴賤成離難爻子凡財官鬼詳國泰豐年歲干見公侯伯宰月干推省府州縣日干耀人民時干考天真要知天道陰晴雨交節日時局中明要知賢主傳朝位登基時日局中推要知出師収勝歸安營發馬遁格推要知官品推陞

職到任時日決何如要知安營倉府庫勝負賢能改造時要知生涯有利息出入求謀遇吉時要知年月有興敗太歲局中格局明要知四季有吉凶立春立夏立秋冬要知日月有得失二十四節論交節要知日月有災祥六甲旬中看生傷要知旺相生合吉休囚克應忌中央要知生平休廢事禽生時日局中推同生富貴修短事再察父母得子時十二宮分坐向格二十八宿定方輿大運九七審造化吉凶成敗格

推詳陽遁符逢為初九七七天芮三九沖四九輔星禽五九六七天心七九柱八九天任九七英符加一九終九七九七星終又換符逢符運管八十一八十二丙管如初陽遁逢芮星順換陰遁逢英星更逆符加時干為初運九星順逆換符頭美運之中期有惡惡運之中美不期許多成敗皆藏格萬事皆色一色知遁年月日時用事此事干支始用神假如甲子為時始甲子就為用事神乙丑輪二壬申九十時年月癸酉同六十花甲終癸丑六十一數起用神重用甲子六十一千年萬載一同明用事之神何所使諸神各宿定根基貴人螣蛇日上定青龍明堂又建除立符天曹並月將以上四起在時日奇門各宿分宮位道格玄微莫亂傳

總發天機

蓋三奇八門六儀九星八卦九宮皆五行之所屬不過賴五行生旺克相制害刑沖胎絕養死貴祿空亡

乘生臨旺之理人能觸類引伸則三才萬物之道蓋烏可他求哉

如天地九星奇儀八門屬金加于地盤諸星屬木此謂金克木謂之客來傷主戰利為客行兵先放烽炮吶喊士卒精強百戰百勝凡求謀請益交易等事敗破憂驚宅舍暗昧遭逢小人賊盗惟行人即至若金旺木衰其凶尤甚金衰凶稍可如何盤諸星屬金或衰墓死絕之時加于木宮乃無氣之金而不能傷木

在生旺之時則木星為吉若木在衰墓死絕之宮而凶終不能免

如天盤木加于地盤火星是為木能生火為客生主戦利為主一切謀為皆如心志如有重木臨生旺之宮此謂貪生之木反壓火光火漸自滅若木臨退氣之宮或木少火旺而能枯木生火木利主兵宜暗計征討百事大吉

如天盤土加地盤金亦主遇客生若像土旺或重土雖則生金而被土埋藏必有伏兵埋伏或賢士英雄失志或忠烈高才受屈

如天盤木加地盤金乃主傷其客宜偃旗息鼓禁聲而散為勝凡謀多被破耗有始無終惟求名顯達官事得理出行亦吉

如天盤金加地盤土乃主生客宜揚威耀武征兵奏凱客兵大勝凡謀為始終營祿耗散費力後可安妥

如天盤地盤九星奇儀門宮五行一樣謂之比和如

金臨金火臨火之類若逢生旺之時由我為主客諸事吉慶軍兵奏凱若臨墓衰之時諸事宜遲宜埋伏暗動利為主客若在墓衰死絕之時遇日干相生謂之絕處逢生遲後為吉若在死墓之時又被本日時沖克謂之無氣受傷絕滅生意終不利也若諸星皆旺相之時或被沖克制害終不為凶如諸星在旺相又逢生者為喜上加喜在絕墓受克者憂上加憂衰墓逢生旺而好漸來若旺而受克美景將退

如地盤生天盤乃我生者子孫凡事先難如父母養育欲子女常懷愛惜之心待子成人有望好日新永遠吉慶為主者宜施恩佈德逸將求賢凡事謀為克已若合吉格主好事如遇蓬休壬癸主酒筵湖海水面交易或水災虛驚逢任生芮死主田土山岡坟塋老母少男喜慶災厄之費各條款在前詳言之

如天盤克地盤是克我者為官鬼大利為客凡事只宜守旧不可强為反遭破財有始無終謂之克我者

囚也
如地盤克天盤乃我克者為財行兵利主若求官求
名官訟捕獵皆吉以下之事不利于後成之終反殃
不久謂之我克者亦囚也
如天盤生地盤是生我者為父母戰為主大勝凡求
謀干謁婚姻商賣謀為營宅等事大吉不可妄為敬
謹而行永遠吉慶謂之生我者旺也
·臨機變用

人為萬物之靈感通諸事之應在我一時之動靜取
其人物器物以推兵家勝負人生得失物之成就于
出師發馬動衆安營立寨或諸事得失離合或物品
所得之日時為始逐日推查利以何日交鋒得勝何
日時賊來何方何日時利埋伏何處何日時奏凱成
就欲知人事窮通壽夭取本命年月日時佈演而妻
財子孫預可先知凡物之破敗暫久以所得之日時
或如一見之時日或取物之長短方圓按五行之所
屬配合遁時而物器之凶吉可預知之
如軍中營中有一聞一見或遇移倒斜落金鼓等項
或聽言語善惡或見其氣數目或器物破損或遇獸
鳥從何方去來或聽鳥獸聲音聲隻或風從何方來
或雷震水聲動响幾聲在于何處但一聞一見怪異
等事但可為吉凶之兆或聽人言語幾字幾聲如遇
一字一物一聲一點一鳥獸為子時二為丑三為寅
至十二時如數十三又自子至亥再餘仍再以子起

如甲子乙卯遁起甲時數有十三數第二次為丙子
三次四次如戊子庚子壬子之類也如數多用五子
晝再用乙丑己丑丁丑千時萬時皆做此也此時若
定以當時符使飛佈遁演九星八門詳諸格遁局及
大運日時一切前後盡可知矣

五行生克制他

五行者有生中克如金生水々盛則金沉水生木々
盛則水阻木生火々盛木為炭土生金々盛土衰火

生土々盛則火蔽又五行有克中生如木克土々原
則喜木克是為季聳山林土克水々盛喜土克是為
樽節提防水克火々盛喜水克是為既濟成功火克
金々盛喜火克是為煅煉成器金克木々盛喜金克
是為斷削成器水下火上木左金右土中以位言也
水黑火赤木青金白土黄以色言也水曲火炎木直
金圓土方以形言也水潤火燥木敷金煉土溽以性
言也水鹹火苦木酸金辛土甘以味言也故在天則

火為日水為木為風土為雲金為雷在地則火為火
水為河木為林土為山金為石在人則火為心水為
腎木為肝金為肺又金為皮火為血水為骨木為金
人但知火能克金不知其金遇旺令則金中有火々
欲克金而受反克此中生中克々中生變化無窮不
可不審也

如土生金土遇旺令則生之不竭如土相時未離父
母之胎則中土尚存大氣不特不能生金々且受制

如金生水金逢旺令則生水無宜如金相時則金中
尚存土氣不但不能生水々且反受其制木水火皆
此中秘訣不可不知

奇門心傳

星門之符使不分主客皆為我用所看主星之下飛
門主星之下流宮主星克門可以攻城破陣飛門克
主星徒勞無功而損折兵將主門克流星可以堅脩
固守而致賊降流宮克主門必致割地喪土而失城

疆如我生彼而我衰則彼或逃如彼生我而我旺則
彼必投順衰旺只以時令言之且主星看天煞諸曜
主門看地煞諸曜吉凶而已可立見其驗即如星克
門先吉后凶倘被克我大將被擒斷不出此要畧也
直符天盤上有一千乃主星之傍也使得地盤上有
一支乃流宮之則也兩還合配少納音妙而上下可
配者配之否則配以主星之下流宮地支乃成如不
成當配以使門天盤之干地盤之支乃成三奇到門

妙絶譬之君臣在内有大將守門邊若犯墓則三奇受制自顧不暇焉能制人如天上三奇墓制支不制宫地下三奇墓制支又制宫

八詐

九天到門宜揭宫九地到門宜立營玄武到門宜防奸刦煞太陰到門宜招降私親白虎到門宜偷敵兵冲殺滕蛇到門宜防虚詐驚恐八詐之内惟九天九地六合太陰為吉餘皆大凶然我生門不被克不妨

如被克凶

九星吉凶

天蓬即天乙主十六神知水旱兵馬灾旱一白屬坎值此星直宜安撫邊境修葺城池將兵春夏吉秋冬凶加九宫利為客秋冬月壬子癸亥日臨戰有黑雲氣從北方来大捷加八宫二宫四季月辰戌丑未日有黄雲從西南東北方来為主吉此星嫁娶移徙修造出行商賈皆吉少凶多

天任即太陰主天下陰德周賑之事八白土主艮旺于春值此星請兵謁將求財嫁娶入官皆吉移徙不利加一宫四季月戊土日有黄雲東北方来為客大吉加三宫木日有青雲從東南方来為主大吉加四宫同

天冲即軒轅以文昌三宫同占碧水屬震旺于春分後值此星將兵春夏大勝秋冬無功不宜嫁娶入官移徙加八宫利客六七宫利主雲氣同前類

天輔即招揺四緑木屬巽旺于孟夏值此星宜潜身修道將兵春夏勝得地千里宜嫁娶謀為修造春夏吉加三宫主利客

天英即天乙主戰陣九紫屬火離旺于夏值此星宜出行嫁娶若行兵移徙商賈俱不利加六七宫利為客加三四宫利為主雲氣同前推

天芮即攝提主甲兵灾二黒土屬坤旺于孟秋值此星宜受道嫁娶移徙修造不利用兵加一宫利為客

加三宮利為主
天禽即天将主后宮五黄中央土寄坤旺于四季值此星宜賞功封爵将兵四時吉百事無忌吉同天芮
天柱即咸池主建二十四氣七赤金属兑旺于秋值此星宜屯兵自守隐藏用兵士卒敗亡不利移徙入官商賣宜婚姻加三四宮利為客加九宮利為主
天心即青龍為壽心亦主兵六白金属乾旺于秋冬值此星宜治病嫁娶入官行商修造主客吉凶同柱

九星行兵吉凶
天心平稳宜堅固須知天芮士卒亡天輔遠凶近則吉天柱軍馬近為傷天英将兵用無益以上五星凶莫當揔然三奇合門户立應将危難見憎天冲楊威萬里行天禽雄猛敵萬軍傾心机密他須敗報到天任大戰贏蓬任冲輔屬陽位英禽柱心是陰鄉禽星子午陽星屬落于陽位性同方
三奇喜怒

乙奇到坎吉到坤凶到震巽大吉到乾大凶到兑凶到艮吉到離大吉
丙奇到坎大凶到坤大吉到震大吉到巽吉到乾大凶到兑大凶到艮大吉到離除子午二時不宜遽用其餘時大吉
丁奇到坎凶到坤大吉到巽中吉到乾大忌入戌到兑大吉到艮大凶到離乘旺太 不常凶
三奇貴人昇殿

乙奇到震宮為貴人昇乙卯之殿大吉
丙奇到離宮為貴人昇丙午之殿大吉
丁奇到兑宮為貴人昇丁酉之殿大吉
三奇秘訣
三奇亦有不相同甲午門使丁到宮此時雖曰三奇在吉裡藏凶仔細推甲寅乃癸儀丁奇到乃癸見丁不拘使符揔為不美主星不受克者無大害克凶甲子乙奇不得力甲辰丙奇不得力

假如時加六乙莫作六乙概論看出何方是妙詮使門之上既分明符頭何得不分明不将此處玄机辨得了一半少一半

又如六門六壬其間生中克ヒ中生活变無窮故曰玄機即如乙奇在地下生于午旺于寅病于子墓于戌絶于酉時加六乙亦有吉有不吉不可概論使門之上既分明乃主門上之一干也何宮何得不相同乃符下之一干也各當考其生旺克衰倘門上之干

符宮之干俱得地乃為全美不然是得半吉前云六乙木為何方木ヒ分四季理取榮枯此之謂也

御製奇門大全卷三終

御製奇門大全卷之四

景祐秘纂

奇門三盤辨

奇門三盤天地人三才故占吉凶者首重九星九星者天盤也以吉凶由天定故也凡占星克門吉門克星凶也

出行趋避首重八門八門人盤也吉凶由自取也凡門克宮者吉宮克門者凶杆架修造首重九宮九宫

即地盤也因事皆由地而起者故門生宮吉宮生門亦吉不宜相克者須善推之

傳曰奇門既分三盤上下盤内俱有一明干上下相對一照成格不成格顯然可知惟主星之下飛門之内暗藏一干若隱若視变化無窮古今来無識者假如飛門既生主星而飛門内勿有庚到外面雖美而中蹭蹬又如飛門既克主星而飛門内勿有奇到百事外面果凶而内中有人暗護経曰若有若無若隐

若見飛干之謂也
問奇門有天地人三盤主星主門既然飛去主宮獨不可取用乎曰三盤當均為取用又問星門乃本時日干一支主客將何取義曰主宮支干之父母也何謂不可用即如主星沖動行人心欲速來而遇主門入墓其人必心欲速而身不能出門主宮看例倣此
凡占行人必以作事之沖動處為的果然靜逢沖則動々逢沖則破旺相逢沖則發則散不可不知

即如杜門到乾乃本庫在未逢擊刑則墓開逢支相沖亦墓開秘之然而有說焉曰庫房四隅若辰戌丑未日及辰戌丑未時而星門犯墓者乃為直墓雖沖亦不開然又有日墓時墓宮墓如本時正干支乃戊子而直符輪到乾宮乃戌地也亦云入墓又云直時之墓餘倣此
欲知姓氏須看納音不能盡知須從宮商角徵羽而辨之乃可益百其人則百其姓焉能盡曉故知五音即可知了然或宮音人羽音人納音即甲子乙丑海中金此中之秘略述一二即如清晨起一數有人來否起看杜门而支干入墓者不問主门入墓不問遇刑擊不問天網四張五不遇不問否則即加時加六己陽日為貴人陰日為九流甲日為陽乙日為陰陰陽倣此而推然後干支配合以納音配合五音則貴人之姓了然可知
又須知從直使上辨其方位九星亦要辨其方位如

主门從六來即從金上斷之萬無一失然金遇旺相時令旺相方位金字之形即現否則即隱須于筆畫方圓曲直處辨之可也又加時加六乙則六乙木為何妨木從此而春而夏而秋而冬分四季理取榮枯厥道無遺且而春夏發生之木知為得時之貴人肥大之貴人而秋冬為枯落之木知其為失時之貴人弱瘦之貴人僧道不特辨姓氏乃辨容貌服色也其來人方位從干上發跡使门落處是也然來人於使

门上断之而我欲出门又干符宫上断之如天盤上有一活干支地盤上亦有一活干支上下支干乃因時所至活变無窮天盤干支一時一易地盤干支一時一易地盤干支一局一易以一時合一局則又变通無窮矣較八卦又更活動矣益八卦亘吉不变地盤干支則一千八十局如子到二宫乃土生金而金以納音方知来人貨物数目多少于一六為水二七為火三八為木四九為金五十為土之例是也旺相十百千極旺至数萬原由乎人萬千百十皆由人推之不可定泥也

傳曰以来人方位起直符此説其寔不通莫若以来人所立方位定本身生克為妙

譬如符使是休门天蓬而来人位在坤方乃土克水九百不利若立見兑方乃金生水也九百大吉即如此数主星主门被飛流所克乃大吉而本人所立方位是相生的便有救不然然飛流為重而方位次之

又可以本人立方位配十二天将使知来意

從上時看法一人從下時看亦不易之理假如一人起二数就一数可看也符使分看亦可

又一法曰假如有人来问数何能悉知其来向不如堂中値椅十二把左右各六皆寫十二辰左一寫子右上一寫亥子作坎亥作乾之類只辨上下四隅然後配以十二天将便知来人之意

東　離　坤　兑　乾

南　午巳　未申酉戌亥　辰卯寅丑子　北

左人　巽　震　艮　坎

假如本時内有人起数于符使内既断以吉凶即于本時又有人起数即以本人所立之方配看有奇無奇有门無門受迫受制否十二天将有吉無吉否彼此合看萬萬不一倘数得凶看来方有奇可解無奇不可解有門可解無门不可解庚到亦然即一人至数百人皆然

又如二人数同一先一人既断其吉凶後一人重使門看亦一時变權之理兩人適當二人交接之間除先一人斷後一人

空亡

有日旬空亡有時旬空亡十干截路空亡惟出最忌截路空亡凡吉事遇空則吉事不成凶事遇空則凶亦不成乍病遇空則却久病遇空則死如日時遇空逢太歲則却久病逼月建則空本人年命亦可正時

空而本人之方位亦可填實大約日奇重日旬空亡而時奇重時旬空旬

傳曰使門有奇到為大吉如太歲是乙巳而乙奇下之支適逢乙巳月建是丙午而丙奇下支適逢丙午為宮者得此數必得天子特恩榮薦拔庶人得此数必有貴人扶助有意外之吉慶凡事謀為如意丁奇亦做此故不拘其旬空發乙巳丙丁為游宮太歲遊宮月建故也若数內遇有庚到而其支適遇太歲月建其倍常之凶也

甲符元神秘論

問所云直符宮何曰猶府縣之有衙門也乃空位也或天蓬天任諸星到宮即如云某州縣官之姓名然均可直之勿问前甲與星符並星又與宮符故曰直符宮凡占天則星為天占地則星為地占君臣事物則星為君臣事物無不符合矣

又云直符者亦其合衆星衆门無不符合故曰直符

如主星是天蓬休門論談甲子直符不可拘以甲為木甲固木也輪到天蓬即以水合當作水相論到天内即與土合當作土相論餘星可類推如到天蓬甲為水相流飛雖有庚到此生我者也于我何害如到天任甲為土相流飛雖有庚到亦生我者也在我不過溢氣輪到天冲甲為木相流飛若有庚到乃克我者也我方受害病必死戰必敗所有貴乎適也若我克彼雖木中即有火性庚遇火即退尚不至于死戰

到天英甲為火相流飛即有庚到此我克者也于我何損到天柱天心甲為金相流飛若有庚到乃彼此是金須常看我之助者我之坐以定吉被坐乾兑我勝我坐乾兑彼坐離兑我受克于景英彼亦自先受克宜乎吉凶相半然究竟主星门被他克之故彼勝我坐乾兑彼坐震巽我勝我坐乾兑彼坐蓬休在我雖是退氣未免我是父母亦我勝我坐乾兑彼坐芮任我雖受生未免我是子孫亦為彼勝惟求財问疾我受我疾吉此天地未洩之秘在人心會而得之方可語斯道也不然執甲木庚金克制之説而毫無变化則奇門之術亦甚窮矣訣曰我坐水星问忽六庚加臨無是父母未免有頑氣之上人我坐土星门忽六庚加臨終不為肖之子孫我坐金星門忽六庚加臨終見為阋墻之弟凡我坐居旺令不足為害我處休囚不免衰逆更當以主星流飛之生克合看而吉凶了然矣倘坐生火木二门一為我克一為克我不

必再贅故曰庚之為害猶星家之為孛也有孛之為患有孛之為難然抵為不妨

干支星門條分晰辨

问本数星門受克而干居旺地是有始無終凶中有救乎曰然哉君可語数指出玄機来北有池南有台陰陽妙理貴心裁煉得三般真氣候風雲呼吸取諸懐語畢無辭君莫厭我將永别上天台

又问本干宜居旺地倘庚加時干数取最忌宜衰不旺日干與本身宜旺不宜衰

假如有人问病于符使上断其大概之吉凶復于本正時日看本年陰陽凡事未發而遇冲則動既發而遇冲則散事未起而遇合則静既起而遇合則成然當與星門合看不可以執定

假如正時是乙卯時乙禄在卯坐専禄乃為大美若坐坎宮乃乙木之病鄉雖坐病鄉其体必强旺比如壯人尚可持撐若正時之乙亥乃乙木之死地又坐

坎宮則本身久已無氣病必死戰必敗謀事必不成或又如正時是乙酉本乙木之絶地若坐到離宮是絶處逢生病樂而後痊戰陣而或起長生輪去病到何宮宮中有奇否有庚否得门否宮外受制否不落旬空中一一看之如前斷之自驗

又人問婚姻宜看冠帯宮冠帯俱成人之理也占婚姻必看此宮问初進之功宜看臨官遷移宜看帝旺謀食必禄補廪覓食看養宮產育壽考宜看長生宮若配以十二天將更得其精微

又曰四干之下各帯一支看其沖合地盤丙干之下各坐一支看其墓旺墓旺所以驗吉凶沖合所以驗動靜從靜謀事久而後成若正時是乙卯又坐到寅卯辰巳午未申諸宮方為得地最吉假如正時是丙戌時墓于丙戌入墓干若坐到巽宮其下地支乃壬辰辰戌一沖墓庫以開又為冠帯之鄉何事先难后易曰久乃成然又當主飛流合看方毫釐不差以上

只指乙丙言也餘干可以類推也

又問乙遇辛丁遇癸沖壊即成凶格独壬見丙何為不成凶格曰此皆諸書之悞也盖丁見癸郎死門癸見丁即符宮也無使门也若宮吉门吉稍見相沖不為入害宮凶見凶门之大凶更丁見癸在直门則我吉盖奇在我者也癸見丁在使门彼吉盖奇在人者也秘之又問玉女守门此奇在人又何為吉格曰守扉不過陰私和合當因時而斷之

又问詐吉门吉奇到如時加六庚六辛六壬可以出门否六辛六壬有奇可出時加六庚雖有奇亦不可出

又问逃难藏身使门既吉符門或庚到可以出門否曰逃难本身已有难矣故可出如平居無事則斷不可矣又问使門不可出可以出符宮否傳曰臨陣可背出门則不可倘本星受制則背亦不背當秘記之

又曰出三奇為吉以發兵時言也背天罡宜月建游都符法以臨陣而言也各用有准

问数既占矣三奇不到死门禁何日奇到出奇不然问向天上而去庭中六步郊外六丈是也又问與衆共是乎抑獨自出乎曰進中自出郊外同出經曰凡動作行為得三奇到方不拘年月禁忌惡煞退避化凶為吉

傳曰地下三奇避八卦即庚丁墓丑乙丙墓戌之類是也

傳曰支煞看使門干煞看符宫干為天煞支為地煞凶多吉少倘所到之煞甚凶得三奇可解遇天罡亦可解倘三奇在地下與諸煞同處諸煞遠避亦無災害如三奇在天上忽然加臨諸煞起而后退

问四遇每一宫有二支落位如使门落在艮宫不看宫地煞還看寅宫地煞兩宫俱看

傳曰本時支屬陽則看陽宫屬陰只看陰宫故經曰陽與陽化陰與陰化如杜門一到兑宫是流主門被流宫所克问行人似乎不来然杜逢克則開遇金旺必到

傳曰如生门土也死门亦土也雖土同而用異一生氣一死氣也則所以異也如杜门傷门皆木也而用亦異也杜則重而傷反輕杜則閉而不出傷則受而可救

如兑金傷克问病主刀瘡箭刀或刺膿血或肝病之類乾金尅傷门或石壓或登高而墜或傷门之類遇水旺金衰不救金旺木衰金衰木旺必死金克杜门或腹腫或骨硬或隔食或便閉逢木衰金旺則吐血痢疾之症木旺金衰雖重不妨八门由此類推也

御製奇門大全

景祐秘纂

十支星門條分晰辨下

問五行首重衰旺三月建辰應土旺又三月乃清明節條卯木司令應木旺果否

傳曰依奇門則木旺依節氣則土旺二者宜並用如生門直符則木不能克土傷門直符則木又不能克土蓋二旺因乎直符萬不易也

又曰若遇乎杜門必視其如何曰微有所別

又曰死门生门均一土也衰旺還同否曰生旺春夏死旺秋冬

又問禽芮奇而衰旺同否曰天禽雖寄西南寔居中宮無分陰陽遇辰戌丑未月皆旺矣

問人有病生死未判還看生宮與死宮否曰少年看生宮老年看死宮有奇到宮不迫為吉

問沐浴者何謂也曰沐浴者欲發未發机將露也

問何以為絶曰絶看甚多絶者生氣盡無計交遇絶則財盡而疎婚姻遇絶則情反而逆觸類而通何求不可且此中更有妙然符宮之干為主使门之干為客胎旺同推

門帝旺何義曰假如婚姻遇帝旺在南男得体而成吉則女亦强良而助家陰干得之而應女陽干得之而應男落空則為假婚姻遇空亾成非正道定以野合私通

問養字其意何居曰養字包廣甚多求謀活計皆可固此通彼非舉一而諸不通耳

問假如本年坐落之宮既得旺地而本干府庫之支乃是衰絶吉凶取用如何曰支干十有二棄取符使加臨如聯珠逢帝旺絶雖難用只看坐宮不看支干須知来意應其方不用符使因其餘舉將出兵逢帝旺指揮抄算暴乱能除若逢衰絶片甲不回君莫哀星奇即得干絶逢有始無終真奇哉

问天蓬星利于亥子月春夏将兵不利倘春夏月直是天蓬而飛門是景門乃水克火可以用兵乎曰蓬雖能克景總無力耳又問蓬子時子日何如曰稍差勝符使須先後而斷符吉主應先吉門凶主應先凶符斷符吉主應先吉門凶主應先凶符重门輕以舉言也門重符輕以出兵時言也若星门並吉而格未吉吉中有凶门門俱凶而格最吉凶中有吉也符為父使為母符受尅則父亡使受克則母亡又符為本

身使為使子生克同類推之又符為天使為地符為君使為臣亦類同推流星亦門属土主增田産属金主增財帛属水主增房宅属火主增文章属水主增秀士

问八詐一盤緣何把十二天将折去幾位又把九天九地貴人直符插入是何所見乎

傳曰十二天将所以配十二支也八詐所以配八宫也问曰假如星门直符詐得白虎可無妨否曰有害其中吉凶當隨八詐配以六壬所落宫位斷又曰傷门直符詐九天可有害否曰最吉九天九地前賢未曽分剖總之所到皆吉九天九地則天地于我無不大其覆載有何不吉

又曰倏為吉倏為凶倏為我用倏為彼用人不知神莫測天地莫能窺其微乃謂之詐蓋八詐之中惟九天九地太陰六合為吉餘皆凶也然詐凶而星吉奇到者不妨又一等詐彼不居旺令者亦不妨如不得

門又逢凶詐克于星門乃莫大之凶也

假如我坐天任生门詐得玄武宜防小人盗賊然观其土能克水雖有小人不足為害我主進旺令反者得因死者稍畏之星门克生地者吉之八詐之生克須以我生門同猷之门宫合看

八詐八属

直符　白虎　太陰属金　九天属金　九地勾陳属土　六合玄武属水　螣蛇朱雀属火

甲庚論斷

庚為七數之仇與甲對仇而相處甲所恃以無恐者賴有三奇且九符宮有庚出行以避之使門有庚居家可以避之惟甲申直符動靜皆凶得三奇到可解然三奇有墓制盛衰不一統一歲而之一旺于春丙丁旺于夏統一日而言之乙旺于晝丙旺于夜丁晝夜皆旺而尤旺于墓夜故曰惟丁奇最靈統八方而言之乙旺于夘制于酉墓于戌丁旺于巳制于子墓

于丑三奇同一救甲而衰墓旺不一不可不知即庚亦然得令于秋生于巽旺于兑墓于艮均之制中而衰旺制墓各異然主星天盤内有庚為不共之仇為救身之患凶不可解飛门人盤内有庚敵自外来猝然而至可以来可以去流宮地盤下有庚居家凶出外稍寛使门天盤上有庚出外凶居家稍寛不问軍國俗事犯之俱凶假如年奇占歲令天盤有庚必雖旱而灾瘟至人盤有庚必兵刃不止地盤有庚必山崩地陷水決石冲被所落方位配宮以分野則何地受害彰彰可見然庚到三奇到吉可知六庚固能為害若飛到火宮火门或居墓自顧不暇焉害人乎逢火盛則金化為水非為盡去可無害也三奇固吉遇墓制或年非旺令坐非旺地雖吉無力何能澤被蒼生故曰神而明之在乎其用

甲庚行兵進取論

甲庚為不共之仇故為為主庚為敵即如本時占勝

負符使上共斷其大概之吉凶到奇到門又當審其餘宮六庚之所落六庚臨符所敗道也焉復望其進兵

假如本星六庚飛出為飛門而丁克知其必喪師辱主六庚本门飛出為流宮丙丁所克知其必傾巢衆六庚被克則城可破門被克則路可截星被克則師擒勝負存亡了然胸中如我欲進師虛實未諳又當悉六庚之所在若六庚落坎宮過一里或十里或北

方水邊必有埋伏如落在震宮三里八十里東北隅山內必有埋伏如落在震宮八里三十里正東林木中必有埋伏如巽宮必林木叢中有埋伏離宮正南九里十里必有騎兵火攻埋伏冲突坤宮曠野兌宮溪澤乾宮防高岡峻嶺倘庚遇旺方旺令敵必勇多如落旬空墓囚更遇三奇加臨者不在中以上不言門而言星者以星為將故也

星门衰旺主客帮身論

假如主星是天蓬主门是休门而天蓬時值休廢以本身作弱論或主门上飛星得天心此弱中帶生水出有源不可仍作弱論问病得內治之功問行軍得內助之力又如蓬芮得力旺相本身應强論主门上飛星是天任此旺中帶剋水受其制不以强論問病有內損之憂問陣有內間之防如主星是天蓬飛门是生门飛门直廢因而下座火宮此弱中帶生土本日厚生门值旺相而下坐木宮此旺中帶克土氣日薄此中被克皆属于彼乃被身帮身由此而推時令之衰旺得帮身而更活焉

星門主客生客論

假如主星天蓬克景星我兵宜自北而攻正南水陸並進將須羽音人黑旂申排水营攻必大捷天英克驚门我兵宜從正南攻正西用火攻利騎戰將須徵音紅旂甲排火陣以攻之必勝凡九星八門生克准此推之如主星天蓬被死门克敵必自西南而攻正

北我戰應敗須急選商音將白旂甲埋西以洩其氣又將徵音將紅旂甲埋南以挫其威自統大軍青旂甲依東角列木陣以禦之更遣角音將為先鋒必捷

日干時支論

時干克日干乃賤犯貴幼犯長之義犯此大凶惟甲日庚時尤甚當審衰旺日旺時衰雖克無妨時旺日衰一克不救矣克凶生吉經日時干入墓不可救然惟丙戌時為墓到兵宫則墓關于丁丑時到坤宮則

墓開己丑時亦然壬辰時到乾宮則墓開癸未時到艮宮則墓開又天盤遇六儀擊刑其墓亦開又丙戌時遇辰月日時則墓開則隨事之大小而取裁之但我星門受克入墓者不救雖墓開亦不救時克日干必遭殃日克時干必有傷

三奇保應

每朔旦之期諸家神煞悉皆拱手朝迎三奇故遷塋立宅得三奇子孫發福倍常

上官得奇必獲君寵開山立穴得奇必發功名將兵得奇必奏凱婚姻得奇得育貴子

經曰凡動作營為得奇到方三吉奇到宮不拘年月禁忌飛天毒火九良七煞空亡一切凶神盡皆拱手而退化凶為吉受福無窮

傳曰地下三奇避八卦天上三奇勿克制蓋天上三奇日月星何有克制地下三奇避八卦即丙丁墓戊乙墓丑之類

假如某月日欲立宅興工屋坐子朝午即以日奇門排一數看有三奇到坎乃為吉期又以時奇门排一數看本時有三奇到坎者為吉辰倘日吉時不吉時吉日不吉亦不用必三奇三吉八詐吉一同到坎者方為全美或主门飛門吉詐不得吉者次之坐子朝午係坎宅開休為吉生門非吉以土克水故也凡迎取扦葬論坐不論向准此推

訣曰出行宜门克宮宮生门者吉惟行軍不宜宮生

门動作嫁娶宮生门生則大吉相克者得克门亦不吉

經曰扦葬得奇門無地亦吉婚姻得奇門有難可免大凡修造日干貴子宅主年命相生不宜相沖要訣也

凡遇三奇升殿吉不可言得主星吉门到者更吉飛门吉者次之數中者配年之法配亦吉不配亦吉不必居執如奇到宮或書符執咒鎮之更吉凡動土興

工冲犯太歲于三奇輪到之期各書符一道則諸煞遠退以桃板書符永鎮之更妙須日奇到宅書符時奇到宅懸掛

凡修房論方修灶論灶向坐皆可用灶以燒火人坐處為主修灶日支以與主婦年命相生者吉

傳曰凡桿葬日支與葬主生年相冲者凶相刑者不論相合者最吉水盤之分金納音與化命之納音相生者吉相克者凶比和者吉此配年命之法也秘之

蓋杆葬選擇甚難二尺合惟奇門到者無忌矣地下之奇到忽天上之三奇亦到以其忽然加臨不拘天上地下到者皆吉

釋義

遁甲者何天干凡十甲為之何者統領諸干其所畏者獨庚金耳故須遁匿其甲勿使庚克然乙為甲妹可以配之使其情有所牽丙丁為甲男女可以制之使其勢不得肆故以乙丙丁為三奇又十干中戊己辛壬癸乙丙丁皆傳曰甲無專位與六十同處如甲子同六戊甲戌同六己是也又以六十花甲子布于九宮起宮為甲子遁一位為甲戌又遁一位為甲申之類皆有遁甲之義獨乙丙丁無與同者亦三奇之義也八門者休生傷景杜死驚開九星蓬任冲輔英内柱心九星八门在地盤原有定位如休门天蓬属坎之類推而參差之道于此可見惟得三奇吉凶之位即歷家之所謂三奇不必他求而于動靜之處深

觀其意焉且又有諸子在天者可于地盤中互相參考自得其坐向而指之順而逆轉而迎大小吉凶定無錯舉乃萬事之符合昭昭在耳目前也不可不知惟人自度

凡例

一夏至後遁之用局只在宮上按數若移入八卦之例方位之地不拘陰陽之局自得其例

一九星在九宮之内次序井然不混惟于諸星所至

之坐向而配以八卦之向方位自可了然于意矣一六儀三奇不在外占只于九宮掌上得之或順或逆次序井然布成局面然後定位可知也

口訣

先觀一至以分順逆

冬至以三奇之時布列局位六儀三奇定在掌上夏至之望後按方順數則六儀三奇定于目前

次觀節氣以定三元

三元者上中下三局也日之所至是為一候候之至以一月之氣一年之氣共為二十四氣法以十干臨地向可否為吉凶如值子午卯酉則為上元寅申巳亥則為中元辰戌丑未則為下元其所向方以日期之起例而換其所指之符頭冬至之前五日為上元九數之分為中元八數為下元若其所使定位則從八宮定八卦而期道之前後定位得矣

次觀旬首以取符使

旬首者用事之時所轄之六位于此見也看本時旬首是何處為鄉何處為時依其宮而動靜之機寓于意計之中則即星門之定位可以于無形之安處而得其不能移易之理矣

直符時時干

看所用時干迫在地盤何宮即以直符移在是宮却從八卦按之則三奇之妙臨方而吉凶易見不可于

此而外求也

直使隨時宮

看所用時辰迫在地盤何宮即以天盤直使移在此宮亦須從此以定吉凶之位則八门之方見矣

陽遁順局

冬至驚蟄一七四小寒三八五同推大寒春分三九六立春八五二同推谷雨小滿二五八芒種三六九是庚清明立夏四一七雨水九六三為期

陰遁逆局

夏至白露九三六小暑八二五重逢大暑秋分八二三立秋五六一流同霜降小雪五六二大雪二五三相同處暑排來二九七立秋寒露三八九

此為起宮最要之訣陽載不明人皆茫然無處下手今特為辨明大抵以九宮分管二十四氣數法先認八節所局之卦如立春艮春分坎之類過冬至之後則順類節氣而逆數用宮夏至之後則逆數節氣而

順數用宮宮之合者即為三合宮一四七之類也但遇八節當尋本位其挨次數之庶不差耳法之甚簡指掌可見也

天盤九星

蓬任沖輔英禽芮柱心此九星隨時干直符使所而轉移也

人盤八門

休生傷杜景死驚開此八门者隨時宮直符所使之方而改遷也天地人三位即于所立之位地以觀其不可上下之门但以其向即布而動自無方也

八詐门

此八詐直符加九星直符一同轉及至冬至之後順行陽遁夏至之後依數逆行观其推遷無宮也

地盤圖式

地盤內立九星八门原定之位靜布不動又增入
刑制冲墓諸忌天盤臨之使知趨避

奇門大全卷四終

御定奇門大全卷之五

奇門秘纂

陽遁一局圖

甲己日甲子時三甲合宜恵賞直符休門居坎東北艮丙利惟伏吟已日尤忌

乙丑時星反開休門迫生門會兑丁半吉丙奇合休在坤上月合西南符宮皆反吟西方可行

丙寅時直符開門臨艮丙名青龍反首丙奇合休在震火入金三奇得使爭榮入白占賊退行人不來正東利為百事

丁卯時丁生在離乘九地名重作符杜居兑名相輔

捕捉亦宜
戊辰時丁生臨兌會九丙景在艮宜百事上書選士
吉星伏吟正南大利
己巳時丙開在兌名天輔宜散訟罪利為百事丁景
在巽宜奏請選士乙傷在艮利捕捉漁獵巳日飛干
格
庚午時乙休在兌下有丁為玉女守門宜修造進取
丁傷在坎名物假上乘九地名歡怡宜求財交易甲

日飛干格
辛未時丁休九地居艮丙乙奇在乾丙杜在離利於
捕捉巳日伏干格
壬申時丁開在巽會九地重詐爭門反宮迫巳日飛
干格
癸酉時坎休丙加甲名鳥跌穴爭門伏北方最吉丁
死在坤九地名神假宜安營伏獵
甲戌時星門伏雖丙生在艮非全美

乙亥時丁休在坤門迫半利艮宮白入熒合丙景敵
人行人來
乙庚日丙子時丙聞在坤鳥跌穴又歡怡利百事艮
宮甲加丙會杜門利合藥驅邪西南龍反首吉
丁丑日丁開在乾雀投江門伏時干墓宜修明刑政
戊寅時丁開在艮太白天乙格丙傷在離捕捉亦利
己卯時丙休臨艮宮符伏門迫丁死在兌名玉女守
門利破土安營誅邪漁獵宿干皆凶

庚辰時門反直符加庚又大格丁開在巽事急可用
辛巳時六合開臨兌丁乃時干祿位宜上官求謀丙
休在乾入墓生坎宮迫乙日飛干祿
壬午時乙生在離利為百事丙驚在艮爭符伏吟反
東北方利偷營傳戲捕捉
癸未時丁休在坎利百事門伏天罡乙日伏干格丙
杜在巽為奇合利興基驅邪
甲申時星門俱伏時天輔利散訟罪丙生在艮名神

遁利法醮乙景在離丁驚在兌利捕攏祈禱
乙酉時庚加時干凡事不遂丁開在坎急事從之乙
日忌用
丙戌時時干墓不吉乙休臨巽合真詐風遁利祭風
行舟龍走防損
丁亥時生在兌丁合直符丙休在坤會九天三吉門
下可用乙杜在坎宜修悚驅邪伏截
丙辛日戊子時丁休在離門反宮伏兌上離玉女守

門俱非全吉
己丑時乙休在乾會太陰名真詐利為百事庚加時
干為閉格
庚寅時丙開在艮利為百事丁景在兌利奏請争符
伏吟半吉
辛卯時乙開在坤會太陰真詐得使丁生在乾争是
雀入江丙景在震飛鳥趺穴又熒入白皆非全吉又
大格

壬辰時丙生在離會九天神遁乙景在乾丁驚在艮
合太陰又虎遁時墓半利
癸巳時乙生在艮合太陽又虎遁丙驚在兌奇星升
殿争天網奇門伏半吉丁杜在巽利伏截捕捉
甲午時星門伏吟時天輔利解訟罪艮宮丙生會九
地又名重詐俱吉
乙未時丙休在震九地重詐丁死六合在乾名鬼假
熒入白擊刑雀入江非急事不用

丙申時丁休在離六合下有乙飛宮就返首丙杜在
乾乙驚在震皆反吟忌用
丁酉時丙生在離會九地重詐為奇星升殿百事吉
戊戌時乾上生門庚加癸大格忌用乙杜居艮下丙
合利捕捉伏截興基合樂
己亥時丁開六合會坎宮休詐吉巽上丙加甲鳥趺
穴在陽門利漁捕
丁壬日庚子時丁休在坤六合休詐吉門迫符加庚

事多阻隔生兌下丁為天遁開離受制惟丙杜在坎
利伏截捕捉
辛丑時丙艮開門乘九地重詐時干墓星伏半吉丁
景在兌乙雖在傷可用
壬寅時丁生在坎六合爭宮迫乙開臨兌受制俱半
利丙景在巽臨九地奇合奏請選士最宜
癸卯時乙休在坎丁傷在震丙死在坤門伏半利生
艮亦可用

甲辰時伏吟辛天輔利散訟罪丙生在艮利動作乙
景在離利干謁
乙巳時乙生在巽為得使艮開白入熒丁杜在坤奇
合利除邪修煉捕捉
丙午時艮宮龍返首合休門但門迫星反半吉乙開
會九天在坎宜探打偷營丙景在坤鳥跌穴宜奏請
兌上玉女守門破土射獵皆宜
丁未時乙生在坤得使爭奇墓門反震丙熒入白雀

入江虎狂諸事忌
戊申時丙死離上利射獵丁傷在震下有丙壬日為
伏干格
己酉時乙生在離丙驚在艮皆伏吟利祈禱捕捉
庚戌時乙生艮丙門伏半利丁杜在巽宜修煉興基
伏截壬日飛干格
辛亥時丁開在離奇游祿位吉但開門受迫兌上生
丁可用

戊癸日壬子時丁休在兌吉爭伏吟丙杜在艮利修
煉伏藏
癸丑時丁休在坎但火入水池又天網戊日飛干格
甲寅時雖伏吟是天輔丙星艮合太陰可用符開在
乾宜舉百事
乙卯時丙開在兌太陰真詐又玉女守門丁景在巽
是天假皆吉但九宮天網尺高不宜遠行興師
丙辰時丙生在離爭門迫艮上加丁丙符開直天網

不利遠行動衆
丁巳時丁休在坤奇合得使門廹開門龍走兑上蛇
蟠戊日干白
戊午時丙生太陰在震宮真詐得使門廹半利榮入
白虎狂雀投江凡事不利
己未時丙生在乾太陰真詐鳥跌穴百事皆利忌將
兵動衆若被圍求出匍匐向西北冲出乙景在震奇
遊禄位奏謁遠行亦須破網

庚申時丙生會太陽在離名真詐利為百事乙景在
乾利干貴陳言丁驚在艮墓不用
辛酉時丙生在坤太陰真詐符冲門反吟儀刑半利
壬戌時丙生會太陰臨乾真詐爭奇星入墓乙景在
震奇合升殿求望干謁上書最言
癸亥時伏吟是天網不吉東北生門可行

御定奇門大全
奇門秘纂

陽遁二局圖

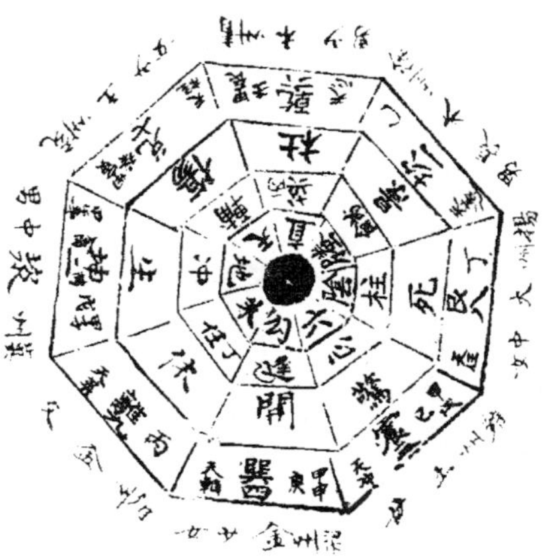

甲己日甲子時乙休在坎六合休詐出師全勝百事
吉又龍遁水戰祈雨吉丁生在艮丙景在離九天合
天假宜陳言奏請
乙丑時丁開在離門廹半吉乙驚在巽捕捉博戲神
禱風雷乃宮廹
丙寅時乙生在乾會六合休詐百事吉離宮龍返首
爭門廹巽上榮入白占敵退行人不來
丁卯時門伏星反丙休在坎合九天符生在艮非急

不用
戊辰時丁開在震丙傷在離合九天乙驚在坎北方
宜祈禱刦營爭伏吟
己巳時丙休在艮會九天爭門迫半吉乙景在坤奇
入墓開乙在坎兑上雀投江文書不利
庚午時門反奇墓艮上死門會丁玉女守門合九地
利破土射獵
辛未時乙生在坎六合休詐爭宮迫星伏半吉丁傷

在艮丙死在離
壬申時乙奇六合開震宮休詐是奇遊祿位諸事攸
宜爭宮迫福滅丁休在巽生離亦可用丙杜在乾宜
伐邪修煉伏截
癸酉時乙生艮會六合名休詐百事吉又名虎遁利
入山招撫爭門伏丙死在坤跌穴利安上破營丁傷
在震利捕捉
甲戌時乙休在坎會六合休詐星門伏半吉艮丁在

生入墓丙景在離名天假利陳言干貴謀望
乙亥時丙生在震會太陰真詐鳥跌穴爭門迫坎符
臨開下乙北方吉艮休加庚為奇格不可出兵
乙庚日丙子時離上甲加丙龍返首合生門吉丁休
在巽合九天亦吉乙開在震奇遊祿位爭宮迫丙杜
在兑宜除邪伏截
丁丑時無奇門丁杜在坎宜除邪伐亞震上庚加刑
格不宜遠行巽上熒入白占敵人不來

戊寅時乙開在巽會九地名重詐丁休在離貴人升
殿爭宮迫艮上蛇夭矯在途迷路占事有驚兑上加
庚癸大格求謀不遂人財失散
己卯時乙生在坎九地重詐爭伏吟宮迫艮上玉女
守門丁奇入墓利陰謀私和事
庚辰時乙開在艮九地重詐丁休在震為歡怡皆吉
符生加庚飛宮格兵宜不戰追寇不及離宮白以入
熒

辛巳時丙生在乾會太陰奇星入墓辛利兑上庚加
癸大格遠行車馬損折謀為不遂
壬午時生門在離丙驚在艮合太陰利祈禱捕捉兑
上雀入江文書有失休開無奇
癸未時丙休會太陰在坎雖真詐門伏星反乾開庚
加壬名小格出師不利
甲申時名天輔利散訟罪乙休在坎名龍遁利水戰
祈雨丁生在艮九地重詐爭伏吟奇墓

乙酉時丙開在艮雖吉爭庚加時干丁景在兑合九
地得使爭雀入江文明不顯
丙戌時丙生在坤是天遁奇合得使時干入墓門反
不用庚日尤忌離上白入熒占敵人行人來
丁亥時丙開在震宮迫丁景在乾合九地奇得使但
奇格儀刑又時格非急事不用
丙辛日戊子時丙休在兑為貴人升殿利為百事乙
震合景奇游禄位利陳言謀望

己丑時丁開在坎九地會重詐利為百事丙傷巽上
鳥跌穴又熒入白利捕捉漁獵占敵人行人不來
庚寅時丙開在離爭伏吟門迫非急不用乙杜在坎
丁景九地在艮宮利修煉伐凶
辛卯時乙休在震名得使利百事又雲遁宜修仙祈
禱爭庚加時干事有阻丁生在巽九地重詐亦門迫
壬辰時時干墓小格丙生坎上又宮迫不宜用事丙
日尤忌

癸巳時丙開雖在乾墓奇乙杜在巽利修煉與墓丁
景在離奇游禄位利奏請干貴選士艮上天矯兑上
大格求謀遠行不吉
甲午時天輔利散訟罪乙休在坎六合名休詐又龍
遁利為百事水戰尤宜丙景合離宜奏請干謁生丁
艮上是奇墓不用
乙未時時干墓艮上蛇夭矯兑上大格坎上虎猖狂
財物虛耗乙巽會生六合風遁休詐又門迫

丙申時丁開在坎利北方丙傷在巽宜捕獵震上庚加己為刑格刑獄生憂托人失信逃亡莫追占天主旱遠行有損

丁酉時乙休在離會六合名休詐丁生在坤歡怡丙景在坎天假爭星門反廹乾上又小格不吉

戊戌時乙生在坎六合休詐爭伏吟非急不用

己亥時生門在離合太陰利修造入宅丙驚在艮宜捕捉漁獵

丁壬日庚子時丁開在乾奇合得使爭門伏半吉符宮加庚主客不力不宜干貴謀為

辛丑時時干墓伏吟丙開在門離又門廹乙杜在坎利捕捉修煉興基

壬寅時丙休在兌貴人升殿利舉動出入飛宮半吉

癸卯時乙生在艮六合休詐吉丁傷在震利漁獵捕捉丙死在坤安坟破土吉離上白入熒

甲辰時名天輔乙休在坎六合又龍遁百事吉水戰求雨亦利爭門伏吟丁生在艮又奇墓

乙巳時吉門無奇惟丁杜在震合太陰是地假宜探敵驅邪離上白入熒

丙午時丙開在艮丁玉女守門所向通達興造方不宜開門破地丁景在兌利請謁謀望

丁未時丙生在兌丙方吉又貴人升殿利百事

戊申時丙生在震爭門廹丁驚在乾名奇合宜祈禱捕捉

己酉時丙生在乾名鳥跌穴奇入墓則福減艮上蛇夭矯兌上大格求謀不成坎上虎猖狂主損耗

庚戌時乙生在離星反又飛宮儀刑在乾上又小格出師不宜

辛亥時吉門無奇惟丁杜在乾合太陰名地假宜探敵爭門廹門反非急不用艮上奇格

戊癸日壬子時吉門無奇星伏吟艮丁宮廹丙離門廹乙傷在坎利捕獵

癸丑時乙開在乾名欢怡丁休在坎合太陰真詐人遁利百事爭門伏震上又刑格不宜行兵丙杜在巽利修煉敺邪

甲辰時名天輔坎上乙休會太陰就遁又真詐爭伏吟半吉艮上丁生奇墓丙景離上利奏請陳言

乙卯時丁休在巽六合休詐利為百事乙開在震名真詐天遁奇遊禄位爭宮廹半吉丙杜在兌鳥跌穴利捕捉修煉興基癸加時干不利出師

丙辰時乙休在兌太陰真詐丁生在乾奇使天網時不利動作

丁巳時乙生在巽名奇合爭門廹天網高兌上又大格求謀不遂

戊午時乙休在乾太陰真詐丁生在坎六合休詐宮廹半吉丙景在巽得使利奏請熒入白天網刑格出師兵散謀望不遂

己未時乙休在離太陰真詐丁生在坤休詐皆吉丙景在坎宮反門廹乾在小格不利遠行

庚申時丁生在兌名淂使歡怡休詐爭天網雀入江不利遠行又奇格丙景在艮利奏請

辛酉時乙傷在乾會太陰真詐丁生在坎休詐皆吉丙景巽上名淂使宜奏請惟熒入白天網又刑格

壬戌時丁休在艮太陰真詐人遁丁生在震六合休詐皆吉爭門廹熒入白占敵人行人則來

癸亥時乙休在坎合太陰真詐丁生在艮上休詐百事吉爭奇墓伏吟

御定奇門大全
奇門秘纂

陽遁三局圖

甲己日甲子時丙休在坎九地重詐又鬼遁三甲合
爭是伏吟半利丁景在離奏請選士利
乙丑時乙開在坎會六合休詐吉丙傷在巽具方利
捕獵離上蛇夭矯
傷寅時乙休六合在巽名休詐又風遁坎宮龍反首
會死門宜誅邪代亡破土安塋丁開在震合太陰真
詐欢怡兌上宮迫半利坤宮虎猖狂
丁卯時丁生兌合太陰真詐得使吉震上鳥跌穴在
死門利聞喪弔死乾上龍逃走防破耗
戊辰時乙生在坤休詐丁休離上人遁皆吉乃星伏
門反
己巳時乙開在兌六合休詐又天輔百事吉丁景在
坤丙傷在艮利捕獵博戲
庚午時丙生在巽九地重詐門迫半利甲日忌用離
上玉女守門乙景在坎直符加庚是飛宮
辛未時丙開在坤九地重詐利百事丁杜在艮地假

探敵匿形乙景在震奇遊祿位歡怡利謀望奏請干
謁
壬申時生丙在離九地重詐百事吉坎上地假是宮
迫星伏乙景在艮祈禱刧營捕捉
癸酉時丙開在乾九地重詐奇墓門伏半利丁杜在
巽名地假宜探敵伐邪修煉乙景在離奏請謀望利
甲戌時丙休在坎丁景在離非急不用
乙亥時丙休在震得使九事利丁景在兌奇合利奏

謁干貴乙死在乾捕獵安堂
乙庚日丙子時丙生在坤門反乙景在宮迫艮上雀
入江庚日尤忌坎上龍反首謀為半吉
丁丑時時干墓生符在離方半利丁傷乙杜皆迫
戊寅丙生在乾奇門墓迫非急不用
己卯時丙開在坎離丁玉女守門利
甲申時名天輔利散訟丙休在坎六合休詐門伏不
利遠行丁景在離干貴奏請謀望半利
乙酉時吉門無奇丁傷在離利取索捕捉丙坎利刲
營博戲
丙戌時真符開門在坎名龍返首利為謀事合蛇夭
矯出行不利丙傷在巽宜捕捉丁景在乾祈禱博戲
丁亥時乙休直符在離丁開在巽爭門反宮迫非急
不用
丙辛日戊子吉門無奇、雀入江悖格網紀紊亂改令
不行熒入太白陰私和合

庚辰時丁生在兌奇合使吉開休門迫又飛宮乾上
龍逃走財物損耗
辛巳時乙開在艮會太陰真詐利為百事丙傷在離
利捕獵取索丁景在坎祈禱劫營
壬午時丁休在乾上合螣蛇主憂滯乙生在坎宮迫
半吉離宮神假宜祈禱埋坟蛇夭矯不利遠行丙景
在巽利干謁
癸未時吉門無奇又門伏不吉事急從東北生門乙
杜在巽利捕捉
己丑時丁開在震宮迫儀刑辛日奇是入墓
庚寅時丙休在坎丁景在離九天神假是伏吟半利
辛卯時丁生在兌奇合得使又鬼遁吉安堂破土就
壬辰時時干墓小格離丁開坤合九天歡怡鬼遁丙
日尤忌丙杜在離丁邀遮修煉
癸巳時乙生在艮虎遁利入山招撫合天格丁坎合
休奇受制丙景在離門伏星反利干謁

甲午時名天輔符開在乾丙休在坎丁景在離俱伏
吟半吉
乙未時干墓又刑格虎狂急事向開門可行
丙申時丙開在艮格合反首吉合螣蛇事阻滯符景
在坎利叔營捕捉丁杜在坤修煉興基
丁酉時丁開離雖玉女守門丙休在坤皆門廹吉事
難成餘格雀入江文書有失
戊戌時乙開在坎九地重詐吉又蛇夭嬌占人有憂

己亥時吉門無奇星反事宜西南開門行
丁壬日庚子時乙休在巽九地重詐利舉動爭是飛
宮不利干貴風遁祈禱祭風吉
辛丑時時干墓星伏門反不吉急則從西南生門行
壬寅時丙生在乾鳥跌穴合歡怡又奇墓半利坎上
物假求財交易宴會皆宜
癸卯時乙開在乾九地重詐歡怡鬼遁利舉動合龍
逃走防破耗癸杜合太陰地假利修煉捕捉丙傷在

震丁景在兌利刲營祈禱
甲辰時天輔宜散訟丙休在坎名重詐爭是伏吟儀
刑非急不用
乙巳時乙生在離丁休在巽又鬼遁百事吉玖上神
假利破土修坟
丙午時丁休在兌九地重詐鬼遁歡怡利為百事乙
生在乾名得使帀遁亦吉尤宜入山招撫坎宮龍返
首合傷門漁獵求財捕捉

丁未時丁休在震九地重詐丙景在兌鳥跌穴利奏
請謀望乙生在巽九天得使風遁門廹半利
戊申時丁生在坎九地重詐乃宮廹星反半利丙死
在離宜漁獵破土乙傷在艮是宮廹
己酉時丙生在坤太陰真詐百事吉丁死艮合九地
得使鬼假利修塋破土門反雀投江文明不顯
庚戌時乙開在離爭門廹又飛宮敵退莫追防伏兵
不利客

辛亥時乙開在兑吉癸杜六合在震名地假宜匿形
藏伏丁景在坤利叔營祈禱
戊癸日壬子時丙開在坎太陰真詐奇制星伏半吉
乙景在坤天假丁杜在離地假奏請匿形捕捉
癸丑時丁開在乾九地重詐乙休在坤龍遁西北俱
吉尤宜水戰丙杜在巽伏藏捕獵蛇夭矯門伏不宜
出行
甲寅時天輔丙休在坎伏吟半利丁景在離可用

乙卯時丁生在兑丙死在震利修塋破土
丙辰時坎上龍返首合生門百事吉爭宫廹丙休在
乾入墓丁景在巽利干貴奏請乙死在離宜漁獵
丁巳時天網高門反蛇夭矯不利遠行又儀刑冲宫
宫休財損
戊午時艮宫鳥跌穴會門歡怡利百事乙杜太陰名
地假利興基伏匿丁景在離謀望俱吉
丁未時丙休在震符門伏不吉癸日尤忌

庚申時反吟天網坤離雖有奇非急事不用
辛酉時丙休雖在兑爭奇受制兼天網遇人出行興
師不宜丁景在震會六合干謁謀望利
壬戌時天網休門廹雀入江文明不顯諸為不吉
癸亥時伏吟又天網高急事宜從東北生門正北休
門行

奇門大全卷之五終

御定奇門大全卷之六

奇門秘纂

陽遁四局圖

甲己日甲子時丁休在火入水池玄武加臨又伏吟非急不用甲日為三甲合乙傷在震奇遊祿位丙死在坤利射獵破土

乙丑時乙開在艮儀刑官休財散非急不用巳日尤忌

丙寅時門反宮迫又大格熒入白主反畏阻隔無奇門

丁卯時丙開在艮會太陰真詐爭宮迫乙景在乾為天假利干謁奏請大格多阻

戊辰時丙開在坤太陰真詐符刑主災乙景在震貴人升殿干謁奏請謀望皆吉

己巳時天輔丁生在震門迫玄武防盜失坤宮龍反首利干貴求財熒入白敵退行人不來

庚午時直符加庚又飛宮多有阻又星反事急從兌上生門行坎上玉女守門利捕捉修煉陰謀丙景在艮謀望亦吉龍逃走兵不利客甲日客干

辛未時雖巽上丁生爭門迫非急事不用

壬申時符刑雖丁開在兌非急事不用兵上鳥跌穴合景門利干貴奏請白入熒坤景賊在其下必獲乙生在坎宮迫不利

癸酉時丁生在艮奇格丙景在兌其方祈禱伏藏土射獵

甲戌時乙休在坎六合休詐門伏半吉丙死在坤破

乙亥時符休在艮大格在震丁杜在坤地假利伏藏

捕捉代凶
乙庚日丙子時坤宮龍返首合景門干謁半利丁開
在坎六合休詐門伏
丁丑時時干墓門反事急從巽坤行
戊寅時丁開在兌六合休詐利為百事
己卯時乙開在震名貴人升殿爭星伏宮迫半利丁
死在坎六合神假玉女守門宜破土安塋陰和爭宮迫
庚辰時名飛宮又大格凡事阻丁傷在震六合神假

利取索捕捉乙景在離謀望亦利
辛巳時庚加丁奇格不吉丁景得使艮會六合利陳
言謀望乙日忌
壬午時乙休在兌名虎遁撫招利會玄武防小人雀
入江庯狂龍走財有損
癸未時乙開在乾六合休詐門伏奇格乙生虎遁利
入山招撫
甲申時天輔利解訟罪丁休在坎太陰真詐乙傷震

奇遊祿位丙死在坤破土修坟星門伏半利
乙酉時庚加時干又奇格丙生在坎宮迫非吉丁景
在巽利干貴陳言
丙戌時丙生在巽臨戊名天遁時干墓白入熒乙景
坎下不作龍返首看
丁亥時丙生兌上九地重詐奇格時格多阻
丙辛日戊子時丙休在艮九地重詐又門迫雀入江
庯狂龍走財主損

己丑時坤庚加己時格刑格兌上丁休蕉蛇主事憂
滯乙傷在坎求財漁獵
庚寅時乙開在震六合休詐貴人升殿宮迫星伏半利
辛卯時門反宮迫門迫惟乙死在艮破土漁獵吉
壬辰時時干墓符刑熒入白艮上時格大格凡事阻
官財失
癸巳時乙開在乾六合門伏離上大格丙傷在震索
取捕捉丁死在坤破土漁獵

甲午時名天輔丁休在坎會太陰名真詐雖伏吟可
用丙死在坤修文漁獵乙傷在震貴人升殿
乙未時星反時墓又時格虎狂龍走離上丁生雖合
真詐非急不用
丙申時符開在乾名龍返首丁生在乾會太陰奇入墓
丁酉時丁休在震太陰真詐人遁吉艮上小格乾上
熒入白事多阻亂乙傷在離宜捕捉漁獵
戊戌時乙休雖在乾會白虎又大格舉動多阻丙杜

在震捕捉伏藏利
己亥時生丙雖門反可用乙杜在乾會太陰地假利
遣探伏刑捕捉門迫半利
丁壬日庚子時丙生在兌鳥跌穴奇合神遁是飛宮
多阻滯
辛丑時時干墓星伏不吉坎上真詐又門迫乙杜在
震奇遊祿位利修煉興基
壬寅時丙開在坎吉丁傷在巽會太陰神假宜求財
交易捕獵
癸卯時符刑名損財失乙休在坎龍遁丙杜在巽利
捕捉
甲辰時名天輔星門俱伏急事從坎艮方可用
乙巳時乙休在巽風遁利祈禱行舟坎上奇格主事
滯丁景在艮利刲營祈禱聞訟
丙午時坤宮龍返首會景門祈禱刲營移文利艮上
鳥跌穴利漁獵坎上蛇夭矯離上雀入江龍走

丁未時門反宮迫不吉事急用坤生門可行
戊申時符刑伏宮小格乾上熒入白占敵人行人不來
己酉時直符在艮丙開鳥跌穴百事吉坎上蛇夭矯
占兵有損失
庚戌時門反宮迫又飛宮坤上白入熒占敵人行人來
辛亥時乙生在乾名奇合又直使凡事吉離上大格
丁開在坤丙景在震利陳言干貴
戊癸日壬子時開休門迫生上逢辛不吉事急從艮

坤行
癸丑時丙休在坎門伏奇制半利丁杜在巽宜捕捉
甲寅時名天輔丁休在坎奇制門伏乙傷在震奇遊
禄位捉捕漁獵
乙卯時丙開在巽加戊天遁得使宫迫門返白入熒
半利戊日為悖坎上玉女守門亦半利
丙辰時坤宫龍反首合景門得使奏請敵迎破圍干
貴皆吉乙傷在巽宜捕捉取索

丁巳時乙休在兑會九地重詐得使爭星反龍走動
作反覆離上入江震上虎狂主客不利
戊午時符刑天網官失財損雖丁休在乾非急不用
己未時雖丁休在艮奇墓門迫不用坎上開門可從
乙傷在巽求財捕捉丙死在兑漁獵修堂癸日不用
庚申時天網又飛宫非急不用可行巽休丁上
辛酉時天網遁人熒入白小格不急吉則從震上丁
休行

壬戌時雖丁休在坤是伏吟門迫又大格非急
癸亥時星門伏天網不吉雖丁休在坎乙傷在震為
奇遊禄位利取索捕捉博戲丙死在坤宜修瑩漁獵

御定奇門大全

奇門秘纂

陽遁五局圖

甲己日甲子時吉門無奇事急開門乾上可用會太陰尤利逃亡丙傷在震捕捉取索乙杜在巽修煉興基伐凶伏吟皆半吉

乙丑時乙開在艮九地重詐乃龍走小格事阻破財丁生在巽符迫半利丙景在坎利刦營祈禱

丙寅時乙開在坎九地重詐百事吉震上龍返首合生上逢門迫符刑

丁卯時丁生在坤會直符凡為皆利争門反星伏乙開在巽九地名重詐宮迫亦半利

戊辰時吉門無奇星伏不吉急則從乾休合太陰可用丙杜在震修煉捕捉乙景在巽陳言干貴利

己巳時大格庚狂凡事阻傷丙生雖離上會元武下受壬克不吉

庚午時吉門無奇又飛宮刑克門伏不利坤死玉女守門利澳獵破土驅邪丙杜在巽宜伏截補伐乙離謀望半吉

辛未時丙生在兑貴人升殿争熒白互加事主錯亂阻滯

壬申時吉門無奇又伏宮不吉乙景在震可以陳言謀望丙杜在艮利伏凶邪不利惟坤上合玉女守門利安塋驅邪丙杜在艮乙景在震利陳言干謁

癸酉時符休在坎門伏坤鳥跌穴得使利修塋澳獵

甲戌時吉門無奇伏吟乾開可用丁坤九地名鬼假利驅邪伐凶破土

乙亥時丙開在兌六合休詐星反又熒白交加主事
反覆乙休在乾得使次吉
乙庚日丙子時震上龍返首合休門宮陞財得吉庚
日忌用丙杜在坤利伐画修煉乙景奇合兌上宜干貴
丁丑時時干墓符刑離上小格艮上龍逃走丙杜在
坎利伏匿捕捉
戊寅時坤宮符刑丙開六合在坎名休詐丁傷在巽
物假可求財易乙休在艮門廹龍走利入山招撫

己卯時丁開九地坤宮重詐又玉女守門百事吉庚
日伏干忌用生門符乾吉丙景在巽六合宜陳言冲
敵
庚辰時丁生在離九地重詐奇合得使鬼遁吉兌上
飛宮宜阻滯乙開在震雲遁祈禱修煉雖宮廹貴人
陞殿丙景六合冲圍移文探敵
辛卯時門反坎上大格不吉離上休詐事急可行
壬午時丙生在乾六合休詐鳥跌穴奇墓半吉巽上

奇格天矯丁景在震九地利干貴陳言乙傷在坎利
漁獵取索
癸未時吉門無奇又伏宮刑格不宜舉事丙杜六合
在巽上可以伏藏丁景在兌宜祈禱
甲申時天輔吉門無奇急事向坎艮行丙傷在震捕
捉取索乙杜在巽修煉用之伏吟皆半吉
乙酉時時格奇格阻滯不利坤上蛇夭矯占人有丁
憂丁開在震又宮廹急事方從坤傷癸位會太陰物

假利求財飲會
丙戌時時干墓白入熒符悖在震動作不利丙雖在
兌熒白入非急不用
丁亥時丙開在艮奇合乙休在震雲遁奇遊祿位百
事吉癸死太陰臨乾鬼假利法醮事
丙辛日戊子時吉門無奇乙杜在震宜捕捉修煉丁
死在離奇合破土安塋坤丁玉女守門利探摘祈禱
己丑時門反奇伏又刑格將兵散占人憂事急從坤

上生門
庚寅時開休門廹生上無奇又伏宮不宜舉事
辛卯時乙開在兌奇合歡怡爭坎上雀投江文明不顯
壬辰時時干墓小格雖坎上丙開不用乙休在艮龍
走財物有損又門廹合虎遁可入山招撫
癸巳時大格求謀不遂巽宮虎狂財物有傷丁開雖
在乾非急不用
甲午時名天輔利散訟吉門無奇乾開可用丙傷在

震宜捕捉取索丁死坤上利破土修營門伏半吉
乙未時時干墓坎上大格巽上乕狂求謀不遂離上
奇逢騰蛇下壬克非急不用
丙申時丁開兌乕乾上刑格不吉震宮龍返首合杜
門捕捉尤宜巽丙在景干貴謀望
丁酉時反吟兌上震上熒白交加丁雖在坤玉女守
門惟陰私和合半利
戊戌時星門廹震白入熒兌熒入白事多紊亂事急

坎上開門合太陰可用乙景乾上祈禱刦營
己亥時乙開在艮太陰真詐龍遁利百事離上小格
多阻丁生巽上門廹
丁壬日庚子時門反飛宮坤上夭矯舉事不利占人
有憂
辛丑時時干墓星伏雖丁開在坤丙景在震非急不用
壬寅時乙生在兌會太陰真詐奇伏雀入江不利干
謁興師

癸卯時丙生在艮奇合鳥跌穴門伏坤上奇合格皆
半利乙傷在巽合太陰利求謀捕捉丁景在離陳言
干貴皆吉
甲辰時天輔吉門無奇事急用乾開丙傷震乙杜巽
丁死坤門伏惟利捕捉漁獵伏截修煉半吉
乙巳時符刑門反官失財散凡事皆不利土安塋
庚戌時丙生在離九地重詐鳥跌穴歡怡官陞財得
舉動攸宜坎上大格兌上飛宮求謀不遂

辛亥時丁休在震值滕蛇主事憂滯坤上蛇夭矯符
開在艮吉乙驚在坎利刧營祈禱
戊癸日壬子時門迫不吉舉事不宜
癸丑日乙開在乾名得使地遁丁生在艮吉兑震熒
白加交事多紊亂不利舉兵
甲寅時天輔吉門無奇又伏吟事急
丙午時丙開在坎九地重詐吉惟乾上小格多有阻
滯震上生門龍返首門迫不全吉

丁未時乾上刑格占事生憂雖丁休在兑上逢滕蛇
主驚疑乙傷在坎六合物假求財交易捕捉利
戊申時丁開雖在兑爭奇格乾上刑格非急不用丙
景在巽宜陳言謀望乙死在離名歡怡修墳破土漁
獵皆利
己酉時丁開在坎名得使雀投江不吉丙景在坎利
干謁乙死在兑利破坎上休門可用丙傷乙杜利以
修煉捕獵丁坤死上破土修煉漁獵破土

乙卯時乙生在兑六合休詐奇合爭飛干半利丙休
坤上太陰真詐門迫
丙辰時符休在震爭伏宮大格天網丁死在乾修墳
漁獵利丙傷離上太陰亦利捕捉
丁巳時癸克干天網蛇夭矯符刑不利舉事
戊午時吉門無奇天網不吉惟乙杜震上貴人升殿
丁死在離奇合利破土漁獵修煉
庚申時吉門無奇天網高龍走艮兑是飛宮多隔事

惟坎傷鳥跌穴開門坤上可用
辛酉時吉門無奇天網乾上刑格惟乙杜離丙傷巽
可捕獵取索
壬戌時星門俱反兑震熒白互加事多紊亂反覆
癸亥時吉門無奇急則開門傷杜上可捕捉索取

御定奇門大全

奇門秘纂

陽遁六局圖

甲己日甲子時伏吟乾開可用傷杜皆利捕捉伏截

乙丑時丁生在坎六合休詐爭宮迫艮上熒入白半利乙景在巽奏請謀望冲突利

丙寅時乙開在艮九地重詐官陞財得巽生龍返回雖門迫半利

丁卯時丙生在兌百事乙杜坎上會九地利伏藏修煉

戊辰時丁生在震六合休詐門迫可用丙傷在巽捕捉亦宜

己巳時天輔吉門無奇事急兌休可用丙景在震干貴陳言吉

庚午時丁生離上六合休詐利百事震上玉女守門宮迫半利乙景在乾白入熒飛宮主奔亂淹滯

辛未時門反宮迫又刑格在兌不利舉事將兵

壬申時乙休會九地在兌舉事攸宜丁死六合在巽名鬼假利修坟漁獵坤上虎狂震上奇合

癸酉時丁休在坎六合奇使丙生在艮亦吉狀宮熒

入白多阻滯乙杜巽上伏截伐凶

甲戌時伏吟吉門無奇休門可從丁丙捕捉取索吉

乙亥時乙生在離得使龍走小格非急不用

乙庚日丙子時丁生在乾名得使乙震天假宜陳言謀望破敵巽上龍走合死門利破土修塋驅邪漁獵兌上宮伏又刑格刑獄生憂

丁丑時時干墓坤上又奇格乙開在艮鬼遁利吊問安塋

戊寅時乙開在兌會九天名得使地遁歡怡利為百事丁景在巽利干貴陳言破寃丙死在離漁獵破土

己卯時伏吟不利舉事急則從巽上開門乙生在坤同

戊辰時丙生在兌飛宫事阻乙杜在坎宜捕獵興基修煉

辛巳時乙景在巽名天假利干貴陳言謀望破圍丁生在兌坎宫廹忌用

壬午時休生開無奇坎合直符可用丙景在坤干貴

謀望丁杜在離修煉捕捉乙驚在乾利冲刲驅邪

癸未時丁生在兌是奇杜格又門伏離上龍逃走非急不用

甲申時名天輔門伏吉門無奇杜巽利探聽修煉丁傷在巽上利捕捉

乙酉時吉門無奇庚加時干乙驚在艮丙景在乾可以陳言

丙戌時時干墓刑格白入熒雖乙休在乾不利舉事

丁亥時門反時干格坤上虎狂猖雖離上合丙休天乙格門廹忌用

丙壬日戊子時丙休在艮太陰真詐然吉內藏凶好事難成丁開在坎名奇合得使會螣蛇亦主憂疑

己丑時乙休在震遁兌上刑格不利舉動丙驚在坎會太陰利寃敵刲营

庚寅時門反星伏又飛宫時格不吉丙開會太陰在巽宫可用

辛卯時丙休在兌真詐利百事丁開在坤雀入江乙傷在坎利捕獵

壬辰時干小格雖乙開在離門廹龍走不吉

癸巳時符刑大格星反門伏不吉雖艮上奇合乃門廹丙開在乾非急忌用

甲午時天輔爭伏吟符宫刑宫財損乾上開門六合可用

乙未時時干墓坤上虎狂雖生門直符不吉丁開在

巽可取
丙申時巽上龍返首陞官財得漁獵並宜丙生在震
神遁天遁時加丁百事攸宜艮上鬼遁利安塋破土
乙杜在離修煉伏截利
丁酉時景門在震玉女守門利陰和私謀求謀奏請
丁傷在坎物假利捕捉漁獵艮上熒入白行人不來
戊戌時丙開在兌貴人陞殿百事皆宜丁景坤上利
刦營探聽

己亥時丙景在坤九天天假利奏請干求丁杜在離
地假玉女守門利修煉坎上開門可用巽上白入熒
占敵人行人則來
壬辰日庚子時名飛宮兌上刑格不吉丁景在乾利
陳言謀望乙開在震雲遁宜祈禱生門可取
辛丑時符刑又時干墓伏吟丁休在震九地重詐非
急不用
壬寅時丁生在兌九地重詐凡事吉乙景在艮利干

謁突敵
癸卯時吉門無奇不吉丙景在離門合伏雖天假非
急不用陳言選士吉
甲辰時天輔吉門無奇又伏吟急則從三吉門丁傷
丙杜利修煉藏匿
乙巳時吉門無奇又刑格坎上丙杜鳥跌穴利興基
修煉丁傷在乾太陰物假利漁獵
丙午時龍返首于巽上合生門官陞財得爭符刑門

迫半利吉坤上地假利探敵乙景在坎利伏截休震
玉女守門可用
丁未時丁生離太陰真詐百事皆吉乙景乾上利奏
請沖圍巽上白入熒占敵人行人則來
戊申時開休門迫生門在兌離無奇可用乙景在艮
會太陰利謀望陳言艮上熒入白占敵人行人不來
己酉時丁生在坎太陰真詐爭宮迫福減
庚戌時飛宮震上奇格坤上虎狂乙休在兌奇合巽

丁合太陰暗合三奇爭門迫
辛亥時乙休在艮門迫忌用丁死在兑太陰鬼假星
反半利
戊癸日壬子時星伏門反不吉坤上龍遁又伏吟奇墓
癸丑時丙休在坎鳥跌穴門伏兑上刑格丁奇入墓
乙傷在震利捕獵
甲寅時天輔伏吟吉門無奇丁傷在震可漁獵取索
巽丙杜上捕捉伏匿

乙卯時星伏門迫凡事不利惟乙休在坤龍遁急則
可用
丙辰時吉門無奇坤上開門急事可用巽上龍返首
利漁捕修堂門迫
丁巳時丁休在坎重詐乾上丁開爭門伏刑格占人
生憂
戊午時吉門無奇震休可用丁傷在離利捕捉巽上
白入熒占敵行人來

己未時吉門無奇天網高奇格不吉丙傷可捕捉
庚申時星門反又大格飛宮天網高求謀不遂妄動
生災
辛酉時吉門無奇坤上雀投江不利舉事丙休在震
利捕捉伏藏
壬戌時吉門無奇坤上雀入江文明不顯兵不利客
急則從休門
癸亥時伏吟吉事從開門丁丙二方利修煉捕捉餘

無吉奇

奇門大全卷之六終

御定奇門大全卷之七

奇門秘纂

陽遁七局圖

甲己日甲子時星門俱伏不宜舉事急則從乾開丁杜在巽捕捉伏截利迯亡西北

乙丑時丁生在離利為百事巽上天矯出行忌坤上小格坎上龍走財物有災非急不用

丙寅時坤上龍返首會開門官遷財得是寄宮乙休兌上可用乾上龍走震宮雀入江離上熒白入占敵退

丁卯時丙休在震爭艮上刑格將兵散退迯招咎丁驚在坎利祈禱剋營乙傷在離奇合利取索漁獵

戊辰時乙休在乾星反合蛇事淹滯丁巽在京利干貴陳言

己巳時門反吉門無奇凡事不吉

庚午時震上大格求謀不遂離上飛宮不利干貴求財巽上玉女守門利祈禱捕捉兌生亦吉甲日忌用

辛未時丙奇墓乾上坎門廹宮伏占人有憂

壬申時丁生在震門伏吉事不成雀入江文書不利

丙杜在離利捕捉熒白乕狂主損傷

癸酉時丁開在乾符刑門伏星反非急不用乙杜在巽可捕捉

甲戌時乙開在乾九地重詐吉離伏吟可用丁杜在巽地假修煉伐邪利

乙亥時丙休在巽震上合大格求謀不遂丁艮合太陰利祈禱乾上景合符利求財干貴求謀

乙庚日丙子時坤上龍返首官遷財得丁休在乾太

陰真詐庚日忌乙景在巽會九地干貴奏請野戰冲
圍吉
丁丑時時干墓門反丁生在坤會太陰真詐事急可用
戊寅時丁開在坎太陰真詐吉震生在丙門迫吉事
難成乙景在離伏截輿基捕捉艮上伏宮占事有憂
己卯時丁生在巽會太陰真詐玉女守門門迫星伏
半利漁獵修營
庚辰時門反飛宮不利干求事反畏阻滯

辛巳時乙休在兑九地重詐利百事乙日忌用丁合
太陰在震干望吉雀入江文明不顯乾上虎狂有損
失
壬午時門迫宮迫吉門無奇不吉
癸未時乙休在坎九地重詐虎遁利百入山招安尤
宜爭龍遁走物有損失丁景在離合太陰利干貴陳
言坤上小格事有阻滯巽上夭矯出行忌
甲申時天輔利散訟罪乙開在乾六合休詐雖伏吟

可用丁杜在巽合九天利捕捉除凶修煉
乙酉時門反庚加時不干吉
丙戌時時干入墓白入熒又白格巽上蛇夭矯出行
不利乙開在坎休詐非事急不用丁杜在離利捕捉
丁亥時乙休在兑六合利舉事乾上虎狂損害宜防
丁震會景天假利奏請干貴爭雀入江文明不顯
丙辛日戊子時景巽會丁名玉女守門利上書謁望
庚加時干防損傷坤上奇合利祈禱

己丑時符刑又刑格庚加時干官失財損乙杜在離
六合利捕捉伏匿
庚寅時伏宮飛干不吉丁巽乙景非急不用
辛卯時乙生在巽六合休詐風遁雖門迫星反庚加
時干半吉丁死在乾利漁獵破土修坟
壬辰時時干墓庚加干又小格坎上龍走巽宮夭矯
皆不吉
癸巳時庚加干大格門伏開休無奇丁奇入墓不吉

甲午時天輔利散訟雖伏吟乙開在乾半吉杜巽六
合利伏匿捕捉修煉
乙未時時干墓乾上龍走震宮雀投江乙巽在兌亦忌
丙申時坤宮龍返首凡事急用是寄宮又刑格時格
乙傷在離射獵利丁景在坎刲營禱探敵皆宜
丁酉時乙開在震九天雲遁利舉事宮迫半利丁杜
六合地假利修煉興基捕捉伏截
戊戌時休開門迫真符生門可兌可用震上大格不

利求謀
己亥時乙生在坎虎遁得使宮迫半利丁死在離六
合神假利修茔破土巽上天矯出行不利
丁壬日庚子時丁生在乾六合利舉事星反飛宮多
有反覆兼符刑干求忌
辛丑時時干墓星伏吉門無奇事急坎上開門可用
丁傷會六合在巽漁獵捕捉博戲
壬寅時門反又刑格求謀不遂離休可用

癸卯時乙生艮得使吉丁死坤上六合鬼遁利修茔
破土門伏半吉丁日忌用
甲辰時天輔利散訟罪乙生在艮宜舉事丁死坤上
地假伏吟半利
乙巳時丁休在坤六合重詐門迫非急不用乙景在
坎干貴陳言吉
丙午時丙開在兌坤宮是寄宮占人有憂乙乾太陰
真詐百事吉丁死在巽九地玉女守門利漁獵破土

門迫半吉
丁未時符刑宮失財損震上大格求人不見謀事不
成丁生兌宮非急不用
戊申時吉門無奇巽上天矯坤上小格多有阻滯乙
景在坎會太陰利祈禱探敵又龍走壬日尤忌
己酉時吉門無奇惟乙傷在巽太陰宜取索漁獵捕
捉丁景在乾利刲營探聽祈禱
庚戌時門反震上雀入江巽上奇格離上飛宮乾宮

龍走凡事不吉
辛亥時丁開在兌九地重皆吉乙杜在震貴人升殿利捕捉藏匿興基驅邪修煉
戊癸日壬子時丁休在巽九地重詐鬼遁百事皆吉乙景在乾干貴陳言破敵謀望星伏可用
癸丑時丁休在兌坎上鬼遁乃刑格求謀不遂乙景在離太陰又奇合利干貴陳言謀望
甲寅時天輔利散訟罪乙開在乾利舉事丁杜在巽宜捕捉修煉伏吟半利
乙卯時艮上刑格不吉丁開在坎會貽螣主事憂疑奇受制非急不用乙杜在離伏截伐凶向之
丙辰時五宮龍返首占事有喜爭是寄宮乙開在震宮迫半吉
丁巳時符刑宮失財散坎上龍走坤上小格凡事不吉
戊午時星門俱伏不吉事急開門可用

己未時乙開在兌利舉事丁杜在巽奇格乾上猖狂震上利捕捉伏匿
庚辰時飛宮又天網離乙開在艮非急不用
辛酉時震上大格又伏宮占人有憂舉事有阻坤上雖合奇門乙入墓鄉不用事急向乾上生門
壬戌時符刑離乙開在震又宮迫非急不用
癸亥時星門俱伏事急乾宮可用丁杜在巽捕捉伏匿利

御定奇門大全

奇門秘纂

陽遁八局圖

甲己日甲子時直符伏吟生艮可用丁死在坤利漁獵破土乙驚兑上全

乙丑時丙死在離九地重詐利為百事乙休在兑風遁水戰祈禱吉震上宫迫開門可用

丙寅時乾上龍返首合休門利百事丙景在坤為奇合利刦營祈禱博戲乙死在離漁獵營修營亦吉

丁卯時星門反離上刑格事多反覆坤上玉女是寄宫兵會九地可取

戊辰時星伏吉門無奇乙死在兑可破土漁獵

己巳時天輔利散訟丙休在震九地重詐百事皆吉乙開艮欢怡争兵上大格求謀不遂

庚午時飛宫門反坤上龍走財物有損兵丁是寄宫乾上白入熒事多紊亂占敵至行人來

辛未時星反離上又刑格吉門無奇

壬申時符刑宫失財損又伏宫不吉丁艮虎狂丙杜坎上熒白入占敵退

癸酉時生合丙九地臨戊名重詐鳥跌穴天遁萬事吉乙休在坎名重遁利水戰祈禱

甲戌時丙開在乾六合休詐奇義非急不用乙驚在兑太陰利刦營閙訟是伏吟半吉

乙亥時門反震上小格吉惟丙死艮六合利漁獵修煉安營

乙庚日丙子時乾上龍返首宫陞財得占人有喜會驚門利沖陣刦營捕捉祈禱閙訟乙休在艮太陰真

詐虎遁爭門迫丁開在坎會螣蛇主淹滯憂疑牟利
丙生在震九天休詐巽上大格求謀不遂
丁丑時乙生在乾太陰真詐爭墓干丙傷在乾利漁
獵捕捉熒白入事多紊亂又符刑
戊寅時離上鳥跌穴懽怡占人有喜合死門利漁捕
破土修坟乙景在巽干貴破敵謀望皆吉
己卯時星伏吉門無奇雖玉女守門坤上寄宮不用
庚辰時丙休在巽六合休詐乙開在震貴人升殿太

陰真詐飛宮刑格伏宮行事反覆利干貴求財將兵
不吉
辛巳時吉門無奇虎狂熒白諸事不占敵退乙死在
乾可漁獵修坟丙景在乾刲營博戲乙日忌
壬午時乙開在離會太陰真詐丙休在坎坤上門迫
兌宮奇格非急不用
癸未時坤上龍返首乾上白入熒門伏主事紊亂丙
景在兌刲營探事祈禱可用

甲申時天輔利散訟星門皆伏庚加干不吉驚兌利
刲營捕捉
乙酉時乙開在離九地重詐丙休在坤為奇合爭門
迫庚加時干非急事不用
丙戌時時干墓又悖格白入熒不吉丙休在兌非急
不用
丁亥時乙休在巽九地風遁丙生在離神遁雖庚加
時干可用

丙辛日戊子時吉門奇無庚加時干熒入白不利丙
杜在坎符刑可伏截
己丑時庚加時干又刑格星反主事滯遲托人失信
丙景在巽干貴陳言可用乙杜九地在震宜捕捉伏截
庚寅時星門伏乾雖神遁入墓利乙伏兌九地可遯
用遯宮神假利安熒破土
辛卯時庚加時干吉門無奇乙傷在巽宜捕捉漁獵
丙杜在離利伏截修煉

壬辰時時干墓又小格干伏門反行為不吉惟帷丙
死艮上漁獵破土安塋利
癸巳時大格求謀不遂雖乙開在兌九地休詐非全
美辛日飛干格尤忌
甲午時天輔利散訟星門俱伏不吉急則從開門可
用乙驚在兌刦營博戲利争合會螣蛇主憂疑滯遲
乙未時時干墓虎狂丙杜在坎癸入白占敵退
丙申時乾上龍返首合生門官陞財得百事吉乙傷

在坎奇合利捕捉取索漁獵震上小格事多阻
丁酉時星門俱伏坤上玉女守門是寄宮不取事急
從開乾乙驚在兌沖突刦營博戲
戊戌時乙休在震名雲遁利舉事離上合刑格託人
失信刑獄主憂捕逃有害丙生離在震合太陰又門
迫吉事難成
己亥時吉門無奇乾上白入熒占敵至行人來
丁壬日庚子時門反飛宮無吉奇

辛丑時時干墓星伏不吉
壬寅時時丙離生太陰真詐百事吉乙休在巽龍遁
利祈禱水戰尤吉坎上癸合死門九地神假宜弔問
修塋漁獵
癸卯時坤宮鳥跌穴陞官財得會死門宜除邪誅惡
修坟破土漁獵乙景在離干貴陳言謀望門伏半吉
甲辰時天輔利散訟伏吟不利行為惟乙驚兌上利
伏截刦營

乙巳時離上刑格不吉乙生在震名歡怡争星反門
迫非急不用丙傷在巽捕捉漁獵可用
丙午時乾上龍返首官陞財得合在景門奏請干貴
謀望破敵皆利乙休在巽名龍遁水戰尤宜丙生在
離得使凡事廸吉上傷門玉女利捕捉
丁未時吉門無奇大格在巽求人不見謀事不遂乙
景在艮可用
戊申時門反坤上龍走財物有損乾上白入塋凡事

紊亂占敵至行人來
己酉時小格在震事多阻隔離乙生在坎奇合宮廹
非急不用
庚戌時飛宮不用惟離宮乙傷可捕捉取索
辛亥時大格不利求謀丙巽鳥跌穴陳言破敵選士
戊癸日壬子時星伏無吉奇急則從離上生門
癸丑時乙開在乾丙休在坎得使離門伏可用戊日
伏干忌用白入熒兑上虎狂防損傷

甲寅時天輔利散訟無吉奇急事生門可用乙鷩在
兑可封營祈禱伏宮半吉
乙丑時乙開在艮六合休詐丙休在震亦吉癸日伏
干忌爭天格伏宮求謀不遂占事生憂
丙辰時星門伏又刑格離巽上鳥跌穴合開門宮廹
乾上龍返首合杜門又廹無急不取
丁巳時吉門無又小格不吉惟丙景在艮刼營祈禱
可用

戊午時丙開在坤得使可用爭熒白虎狂防損失
己未時丙開在坎白入熒乙鷩在乾六合利捕獵癸
日忌用
庚申時飛宮開丙被廹休生無奇非急不用
辛酉時丙開在艮吉乙景在坎六合爭奇格封營祈
禱門訟吉震上小格主阻滯
壬戌時丙開在兑貴人升殿利舉事坤上龍走乾上
白入熒主財破生憂

癸亥時星門俱伏符刑天網主官財損失凡事不吉

御定奇門大全

奇門秘纂

陽遁九局圖

甲已日甲子時丁開在乾六合休詐乙生在坎是龍

遁皆吉符景在離宜干貴陳言丙景在兌太陰伏藏探事爭伏吟半吉

乙丑時門反宮迫雖離上休詐兵宮真詐非全美

丙寅時丙開在坎太陰真詐百事吉艮上休詐門迫兌上龍返首宮陞財得合死門利漁獵破土修塋

丁卯時坎上刑格托人失信將兵失衆急則用符生乾上加丁相佐丁景在震會六合干貴謀望冲敵皆宜

戊辰時丙開在兌太陰真詐吉丁休在乾六合爭星伏福利滅

己巳時天輔利散訟丙生在震太陰真詐又奇合爭門迫星反非急不用丁傷兵宮名物假宜求財交易捕獵

庚午時丙景在乾太陰玉女守門奏請交易陰和事乃入墓又飛宮半吉震上雲遁利祈禱甲日忌

辛未時符刑官財損失不吉離傷鳥跌穴會傷門求

財捕獵交易利坤杜地假宜伏藏邀截、

壬申時丁生在兌六合休詐舉動皆吉丙休在坤雖門迫可用熒入白離上伏宮震上虎狂占事損乙杜在坎利伏藏捕捉

癸酉時丁開在乾奇墓非急不用休坎六合名休詐舉事攸宜

甲戌時乙開在乾符休在坎乙艮生上名虎遁皆吉雖伏吟半利

乙亥時吉門無奇惟丁杜在坎可用伏截邀遮兑上白入熒事多紊亂震上龍走財物有傷

乙庚日丙子時兑上龍返首宜遷財得會景門宜奏請遊士破敵謀望求財丙傷在離利捕捉取索乙死在乾漁獵修營庚日忌用巽上小格有阻丁丑時時干墓吉門無奇艮上虎狂坤上熒入白不吉

戊寅時星反無吉奇事急兑上生門可取

己卯時丙開在兑九地重詐百事吉丁休在乾玉女

守門亦利爭是星伏則福減

庚辰時符刑又飛宮官失財損雖休兑乙奇合螣蛇事必疑滯

辛巳時丙坎開九地鳥跌穴凡事皆吉丁休在艮門迫可用乙傷在巽捕捉取索漁獵乙日尤忌

壬午時門反宮迫刑格占人有憂凡事不宜惟丙死在艮漁獵破土修營

癸未時吉門無奇急從乾開丁景在離利奏請干貴丙杜在巽乙驚在兑捕捉祈禱門伏半利

甲申時名天輔利散訟丁開在乾會太陰真詐乙生在艮名虎遁是伏吟飛宮半吉

乙酉時宮反無吉奇又庚加時干不吉又符刑

丙戌時時干墓震上龍走兑上符悖白入熒占敵人退

丁亥時丁生在艮會太陰真詐奇入墓非吉直在乾開臨丁為相佐凡事吉丙休在坎亦吉乙杜巽上門

伏捕捉修煉半利

丙辛日戊子時吉門無奇惟乾上死門合己六合神假又玉女守門利安墳修煉破土陰和之事丁景在兑利破圍沖敵陳言謀望乙驚在坎利劫營祈禱坤上熒入白又悖格艮上虎狂不吉

己丑時庚加時干又刑格求謀有阻丁生在震太陰真假丙休門迫乙杜離上利伏匿

庚寅時吉星門皆反又伏干伏宮不吉

辛卯時乙開在兌雖庚加時干半利不過小有阻隔
丙景在離利謀望陳言丁死在離太陰宜漁獵破土
修塋
壬辰時時干墓符刑小格庚加時干雖丙生在離乙
景在乾非急事不用
癸巳時丁開在乾會太陰名真詐乙生在艮名虎遁
皆吉乃伏吟又大格謀事難成丙景在兌利剎營祈
禱博戲

甲午時天輔利散訟丁乾開乙兌生伏吟半利
乙未時時干墓艮上虎狂坤上熒白雖乙生坎非急
不用丁兌在死利漁獵破土
丙申時丁休在巽奇合得使利百事震上鳥跌穴兌
上龍返首宮陞財得又逢宮迫門迫則滅利辛日為
悖格
丁酉時伏宮格雖乙生在兌非急不用乾上玉女守
門門迫取索捕捉半吉辛日辛時克干忌

戊戌時符刑門返作事反覆乙開在巽風遁利祈禱
丁死在艮利漁獵破土修墳
己亥時乙休在乾利舉事丁景在坤剎營祈禳丙死
在離破土安塋皆吉
丁壬日庚子時符加庚飛宮坎上合刑格不利干貴
陳言丙開在艮丁休在震非急不用離上宜捕捉博
戲
辛丑時時干墓星伏不吉雖丙休在兌丁生在乾非

急不用
壬寅時乙開震名得使雲遁利舉事祈禱宮迫半利
兌上白入熒事多紊亂占敵人行人來
癸卯時丙生在艮利舉事乙景在離九天天假宜陳
言面聖謀望爭門伏半利坎上刑格托人失信從己
莫追
甲辰時天輔利散訟乙生在艮會九地重詐丁開在
乾丙丁在兌皆吉剎營祈禱亦宜伏吟半吉

乙巳時符刑宮失財散吉門無奇惟丙傷在離可捕
捉取索丁死在乾漁獵破土皆宜
丙午時兑上龍返首宮陞財得合傷門利捕捉門迫
半利丙艮在死漁獵破土坎上刑格乾上奇迫
丁未時丁休在巽得使吉丙開在震奇合乃宮迫福
減
戊申時丙生在乾六合奇入墓乙景在震龍走財物
有損兑上白入熒

己酉時丁杜在離修煉興基巽上鳥跌穴宮遷財得
會傷門取索漁獵吉乙死在兑射捕安坟破土吉
庚戌時飛宮吉門無奇不利丙杜在坎六合可捕捉
伏藏丁艮景門利陳言干貴
辛亥時癸傷離太陰神假利交易求財丁景在兑乙
驚在坎艮上虎狂坤上熒入白
戊癸日壬子時符刑星伏宮失財散丙開在兑六合
休詐貴人升殿丁休在乾不吉

癸丑時丙休在坎六合皆門伏半利丁生墓艮乙杜
在巽修煉伏藏吉
甲寅時天輔利散訟乙生在艮吉丁乾在開太陰利
舉事伏吟福利減
乙卯時丙休在震奇合利舉事爭騰蛇主淹滯丁生
在巽太陰門受迫不吉離上六合己傷物假取索捕
捉乾上玉女守門利漁獵修塋
丙辰時兑上龍反首宮陞財得合死門利破土修坟

驅邪丁開在坎太陰真詐利舉事值天網出行忌乙
生在震雲遁得使奇游祿位門迫龍逃走
丁巳時門反蛇嬌天網震上風遁又宮迫艮上鬼假
奇墓皆不吉
戊午時丁開在兑太陰真詐百事吉丙景在坤宜剋
營祈禱熒入白事多舛錯艮上虎狂防損傷又天網
己未時乙在離生吉丁開震太陰爭宮迫癸日尤忌
庚申時飛宮天網伏吟雖丁開在乾真詐乙生艮合

奇門皆非全美

辛酉時丁開在離又門迫天綱兌上生門合乙急則從之

壬戌時符刑天綱官財失損凡事阻乙生在乾丁開在坤雀入江不用

癸亥時乙開在乾太陰真詐利百事乙生在艮丙景在兌利祈禱剳營博戲伏吟福減

卷之七終

御定奇門大全卷之八

奇門秘纂

陰遁九局圖

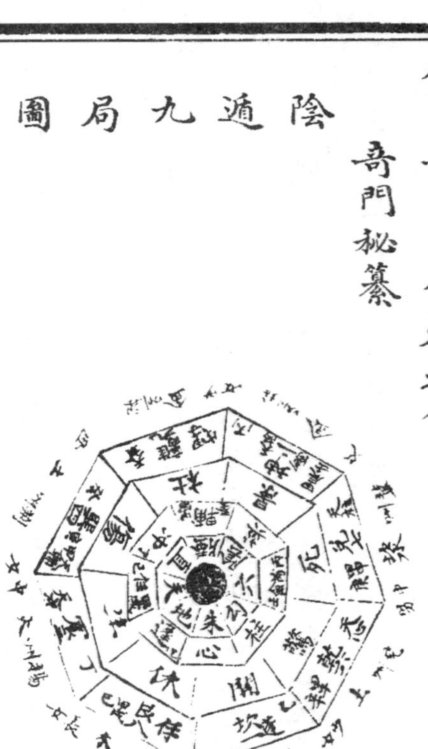

甲己日甲子時乙休在坎龍遁和集萬事丁傷在震

太陰利捕捉取索丙死在坤漁獵破土修堂伏吟半利

乙丑時丁生兌太陰真詐吉丙景在艮干貴面聖陳言謀望利爭星反事主紊亂甲日尤忌

丙寅時坤上龍返首官陞財得會杜門利捕捉興基修煉伐凶乙開臨巳地遁百事吉丙景在兌九天天假利破陣冲圍干貴陳言丁生在巽太陰真詐門迫吉事難成雀入江文書有失坎上虎狂兌上熒白占

敵退

丁卯時符刑宮失財損雖符丁相佐在震門迫不吉丙休在巽名天假東南方吉丁死在坎會太陰鬼假利漁獵宮迫半利

戊辰時乙開在坎吉丁生在震太陰真詐門迫星伏半避五

己巳時丁休太陰在乾真詐人遁利百事時天輔散釋尤宜丙杜在震利捕捉修煉巽上大格求謀不遂

庚午時乙景在震玉女守門利陰和奏請破圍己死在巽六合神假利修造破土爭門迫丙生在乾九天神遁爭奇墓丁驚在離歡怡又逢迫飛宮不急不用甲日尤忌

辛未時丙開在坎九天真詐害己杜離上六合地假宜捕捉修造興基丁景在坤利攻擊上官嫁娶艮上刑格求謀不遂

壬申時門返宮迫不吉丁開在巽太陰真詐半利坎上虎狂兌上熒白

癸酉時丁生艮太陰利學事丙景在離鳥跌穴歡怡天假宮還財得乙開在乾爭符刑龍走天矯坤上白入熒又門伏福減

甲戌時乙休在坎會蛇多憂滯丁傷震上利捕捉死丙合坤宜修營漁獵星門伏半吉

乙亥時丁景在艮九天天假宜陳言謀望乾上龍走財主損失震宮蛇矯坤上白熒己日尤忌

乙庚日丙子時坤宮合開龍返首百事吉丁休在兌丙杜在艮鳥跌穴興基修煉宮迫半吉震上小格符刑庚日不用

丁丑時時干墓門反巽宮雀入江兌上白入熒敵退行人不至急則東南開門行避五

戊寅時名伏宮刑格出行不吉占天大旱逃亡不獲乙生在巽非急不用

己卯時乙坎在開合蛇主事憂滯丙景在震玉女守

門星遁門伏俱半吉
庚辰時兌上飛宮兵上大格謀事反覆多阻急則可
用坤生
辛巳時乙開在兌奇合吉丁生在坎宮迫丙景在兵
利上書干貴乙日忌
壬申時乙生在離利舉事合螣蛇事多疑滯丙景在
艮鳥跌穴懽怡可用
癸未時丁景在離九天天假利奏請干貴謀望乙傷

在震貴人升殿利漁獵捕捉丙死在兌門伏祈禱刦
營利
甲申時天輔利散訟乙休在坎利舉事丁傷在震取
索捕捉丙死在坤漁獵修營伏吟半利
乙酉時乙生在震九地重詐雲遁貴人升殿雖門迫
可用丁杜在離修煉伏藏真符在坎伏干半利
丙戌時干墓伏白入熒乾上龍走凡事阻財物損失
震上投江乙休在乾非急不用避五庚日忌

丁亥時丁休在兌名懽怡丙驚在艮求謀干貴奏請
乙開在離九地重詐門迫又庚加時干震上奇星反
阻滯不免
丙辛日戊子時庚加干門反不吉坤上生門可用
己丑時符刑又刑格庚加時干宮墜財損出行不利
雖乙景在兵丁驚在坤非急不用
庚寅時伏宮飛宮庚加干凡事多阻利于伏匿用丁
休震上

辛卯時丙休兌上鳥跌穴乾上飛干坎上虎狂主傷
損兵上雀入江又熒白占敵至行人來
壬辰時時干墓龍走乾上財物失震上蛇夭矯出行
不利占人生憂飛宮事阻丙生在乾離景丙日尤忌
癸巳時大格門伏雖丁開在乾非急不用丙傷在震
漁獵捕捉
甲午時天輔乙休在乾龍遁利祈禱可逃亡丁傷在
震伏吟半利丙死在坤漁獵修營

乙未時時干墓又飛干坎上虎狂猖巽上雀入江凡
事有阻兌上丙伏太陰合真詐非急不用
丙申時坤生丙龍返首百事吉餘宮門反門迫不吉
丁酉時乙休在巽龍返首震開丁臨玉女凡為吉利
祈禱水戰陰和争艮上刑格出行開訟不利
戊戌時丁生在乾名權怡利舉動丙景在震會太陰
利干貴陳言破圍突敵巽上大格求謀不利
乙亥時乙生震名奇遊禄位雲遁雖門迫可用乾上

鳥跌穴合驚門利刦營探事祈禱
丁壬日庚子時飛宮雖丙開在離會太陰真詐門迫
己杜在坎九地地假宜伏兵遁匿
辛丑時時干墓星伏雖丁休在震非急不用乙驚在
坎祈禳刦營傳戲利
壬寅時乙開在兌奇合利為百事丁生在坎宮迫丙
景在巽干謀破敵
癸卯時丙生離會九天天假乙景在離真詐皆吉丁

驚在兌祈禱博奕門伏星反又震上奇格
甲辰名天輔時乙休在坎吉丁傷在震利捕捉丙死
在坤伏吟半利
乙巳時丁坤開休詐争艮上刑格半吉
丙午時坤宮鳥跌穴合休門官財得争門迫乙杜在
坎修煉伏截吉星伏
丁未時丁開在乾六合凡事吉巽上大格事多阻滯
戊申時乙景乾上為得使利干求争巽上大格阻滯

己酉時丁開在兌六合休詐百事吉乙死在離修坎
漁獵震上奇格丁日飛干
庚戌時門反飛宮多阻抑雀入江虎上猖狂乙開巽
上又宮迫
辛亥時乙生在震雲遁門迫半利祈禱丁杜在離六
合地假修煉遁迹利
戊癸日壬子時丁休在震六合休詐乙驚在坤丙杜
在震伏吟

癸丑時丙休在坎生丁在艮乙杜會太陰在巽奇伏
天乙飛宮格在乾半利
甲寅時天輔又伏吟丙傷在震利漁獵取索乙杜在
巽乙兑合死門半利
乙卯時伏吟丙杜在震丁死在巽乙開在兑又入墓
半吉
丙辰時吉門無奇惟丁杜在坎利捕獵乙死在震破
土安塋吉

丁巳時丙休六合在坎吉丁生在艮時加庚乙杜在
巽又刑擊捕獵可用
戊午時吉門無奇丙傷在坤利捕捉丁杜在兑利伏
藏藏形
己未時吉門無奇丙傷在艮丁杜在震非吉不用
庚申時乙休在巽六龍遁百事皆吉丁傷在坤得使
得可用兑上飛宮不利干求艮上刑格天網不吉
辛酉時星門俱反門迫不吉坤生利漁獵

壬戌時乙休在震六合雲遁利舉事丁傷在離捕捉
取索利
癸亥時符刑星門俱反不吉乙休在坎六合雖龍遁
非急不用

卷二十一終

御定奇門大全

奇門秘纂

陰遁八局

圖

甲己日甲子時丙休在坎利舉事三甲合尤吉伏吟會蛇不為全美乙景在離利干貴陳言丁死在坤漁獵破土吉

乙丑時丁杜在坎利伏藏修煉符開在離門迫事急可用震上天格有阻坤上天矯出行不利

丙寅時坎宮龍返首宮還財得合傷門求財捕捉漁獵丙生在乾得使奇墓熒入白占敵退兌上刑格刑獄生憂

丁卯時星門俱反巽上小格不吉急則離休可用

戊辰時符開在艮星伏可用乙傷在離利捕捉漁獵丙景在坎祈禱劫營

己巳時乙休在艮虎遁懼怕爭門迫吉事難成利入山松安丙景在坤謀望干貴陳言破敵震上雀入江文書有失

庚午時飛宮門反不利干貴求財坤上玉女守門會生門利舉事丁開在巽名奇合宮迫可用

辛未時己杜在震六合地假利伏匿修煉爭星反吉利滅丙死在離漁獵破土乙生在坎宮迫事急用之

壬申時丁景在乾利干貴陳言破敵符休在巽可用伏宮有阻滯

癸酉時丙生在兌鳥跌穴天遁得使爭門伏天矯震上符刑凡事不吉坎上白入熒占敵人則來丁景在兌祈禱刧營

甲戌時丙休在坎九地重詐利舉事丁景在坤利漁

獵破土伏吟則福減

乙亥時兑上鳥跌穴宫陞得財會死門利漁獵破土

已日悖格不用乙生在震太陰真詐爭嫌門廹丁巽

可從

乙庚日丙子時乙開在兑太陰真詐利百事丁休在

乾會蛇可取坎上返首宫陞財得合生門宜百事爭

宫廹半利丙杜在震利漁捕伏兵

丁丑時時干墓乾上癸入白兑上刑格雖丁開在離

又門廹

戊寅時門反坤上矢繑出行不利震上大格求謀不

遂巽上開門乙日忌

己卯時丁開在兑丙生在坎會九地重詐雖宫廹星

伏可用

丙辰時飛宫不利丙開在艮九地得使丁景在兑惟

怡可用坎上白入熒占敵人行人來

辛巳時兑上刑格求謀不遂乾上丙開奇入墓熒入

白乙日尤忌

壬午時丁開在兑爭門廹雀入江乙景在艮太陰利

祈禱開訟

癸未時乙休在坎太陰真詐利舉事爭門伏星反丙

景在離利干貴陳言巽上小格有阻

甲申時天輔利散訟丙休在坎利百事乙景在離謀

望干貴破敵丁死在坤太陰神假利漁獵破土

乙酉時丁景在震得使宜謀望干貴雀投江不吉丙

開在坤寄宫不用

丙戌時時干墓門反白入熒不吉惟丙死在艮利漁

獵坤上生門合休詐急則從之

丁亥時丁休在巽奇合得使人遁利百事乙開在震

六合奇游禄位休詐雲遁修煉祈禱爭宫廹半利

丙辛日戊子時丁生在乾太陰真詐利百事乙休在

兑六合亦吉坤上玉女守門丙景在震九天天假利

干貴陳言艮上符刑宫失財損不吉

己丑時兌上合刑格乾上熒入白事主阻滯占敵不至乙傷在可捕捉漁獵丁杜在離伏截興基邪凶可除坎開亦可
庚辰時丁休在坤乙開在離雖合休詐人遁爭門廹非急不用星伏飛宮在乾不吉
辛卯時乙休在震六合雲遁利百事丙景在兌九天天假利奏請破敵干貴丁生在兌奇合爭門廹吉事難成

壬辰時時干墓星返巽上小格離乙生在坎六合休詐宮廹丙死在離漁獵破土丙日忌
癸巳時乙開在乾奇合休詐吉丁休在坎太陰真詐人遁爭門伏福滅丙杜在巽伏截修煉震上大格不利遠行坤上天矯占人有憂
甲午時天輔丙休在坎利舉事乙景在離利干貴陳言丁死在坤漁獵修營伏吟半吉
乙未時時干墓兌上刑格占人生憂離上虎狂傷患耗財丙生在乾奇墓符刑不吉
丙申時坎上龍返首官陞財得合杜門伏截修煉俱宜震上小格求謀不成
丁酉時坤宮玉女守門合死門利破土安坟丙休在坎乙景在離利干貴陳言亦伏吟
戊戌時丙離生可用星反半吉巽上小格事有阻
己亥時坎上熒入白占敵人行人來此時吉門無奇開上急事可從

丁壬日庚子時飛宮門反無奇不吉
辛丑時時干墓星伏丙開在坎非急事不用
壬寅時乙開在震雲遁利舉事祈禱利景丙在兌貴人升殿利謀望陳言干貴
癸卯時門伏離上格合奇出兵不利乙生在艮虎遁利入山招撫
甲辰時天輔丙休在坎六合休詐凡事可用乙景在離漁獵破土星伏吟半吉

乙巳時丁開在兑九地重詐百事吉坎上詐白入熒
占敵人行人來
丙午時坎上龍返首官陞財得合景門利叔營祈禱
開訟乙開在兑會九天鬼遁百事吉丁休在震亦吉
雀投江文明不顯坤上玉女合杜門利斷奸伏截除邪
丁未時乙生在兑吉壬符加丁為龍符向方吸氣驅
邪穰鎮最靈
戊申時乙生在震門廹吉事難成丁傷在巽名得使

物假利捕捉財丙死在兑貴人升殿漁獵修坟吉
己酉時乙生在乾奇合得使吉巽上鳥跌穴官陞財
得合死門宜漁獵破土安塋丁傷在坎九地物假利
交易捕索壬日忌為悖格震上大格坤上天矯主傷耗
庚戌時丙生在離六合休詐利休詐爭飛宮又小格
星反宮伏
辛亥時門反宮廹不吉
戊癸日壬子時符刑星伏不吉急則從艮宮開門乙

傷在離宜捕捉漁獵丙景在坎叔營祈禱
辛丑時丙開在乾六合爭奇墓門伏又熒入白丁景
在離貴人升殿利干貴陳言乙杜在巽欢怡利修煉
伏截
甲寅時天輔丙休在坎太陰凡事吉乙景在離利干
貴奏請丁死在坤漁獵破土戊日忌
乙卯時符生在離凡事吉丁景在乾不利遠行乃天
網震上鳥跌穴合開門官廹可用

丙辰時丙休在兑貴人升殿太陰真詐吉坎上龍返
首會傷門官財漁捕皆吉乙景在震奇游禄位懽怡
利奏請干求
丁巳時丙生在巽太陰真詐爭門廹坎上癸加丁名
鳥遁利書符祈雨吉乙死在乾修坟漁獵丁景在坎
利祈禱叔營震上大格求謀不遂
戊午時刑格在兑天網不吉乾上丙休又熒白入奇
星又墓乙景在兵利陳言干貴

已未時星門俱反宮迫丁奇入墓坤生急則可從
庚申時乾上飛宮不利震上雀投江丙休在坤真詐
非急不用
辛酉時丙休在巽太陰真詐百事利乙景在乾利干
貴陳言犬艮上大格不利出行求謀
壬戌時符刑坎上白入熒丙休在艮太陰真詐爭門
迫丁兑利漁獵破土
癸亥時丙休在坎太陰真詐凡事吉乙景在離利干

求丁死在坤伏吟修坟破土捕獵利

御定奇門大全
奇門秘纂

陰遁七局圖

甲己日甲子時丁休在坎九地重詐乙生在艮虎遁
百事皆利入山招降尤宜丙景在離太陰干貴破敵
奏請吉不忌伏吟
乙丑時吉門無奇丁傷在巽宮乙杜離上交易捕捉
修煉坎上矢矯出行忌
丙寅時丁開在兑懽怡九地重詐百事乙休在乾得
使亦吉丙杜在震利興基修煉誅凶邪離上龍返首
宮陛財得合使門漁獵破土伐鬼祟

丁卯時兑上鳥跌穴會生門太陰天遁懽怡百事吉
丁死在震九地神詐又門迫巽上龍走財主破耗
戊辰時門反星伏宮迫不吉乙死在艮漁獵破土
己巳時天輔符休在乾可用乙杜在震奇游禄位興
基修煉丙驚在坤丁傷在艮暗合三奇吉
庚午時飛宮不吉丙生在巽太陰真詐爭門迫乙景
在坎會丁玉女利探事刼營祈禱丁死在乾九地真
詐埋營漁獵伐鬼祟甲日忌

辛未時乙休在兑懽怡丁開在坤九地亦吉雀入江
文書有失
壬申時符刑官失在事多阻丁生離合九地重詐可
用
癸酉時丁門在乾九地重詐乙休在坎龍遁皆吉丙
杜在巽利伏截興基爭門伏
甲戌時乙生艮名虎遁丁休在坎會九地重詐吉丙
景在離干貴陳言又伏吟

乙亥時丙休在兑六合休詐得使利百事丁景在震
九天名天假利奏請干貴破敵面覲巽上龍走財物
有損
乙庚日丙子時離宮龍返首官財得會休門利舉事
門返宮迫丁生在坤為奇使爭雀投江文書不利丙
死在艮利漁獵破土忌庚日
戊寅時丁生在乾凡事利乙傷在坎捕捉漁獵利
己卯時丁開在坎玉女守門吉乙休在艮九地重詐

虎遁爭門迫
庚辰時坤上飛宮艮上猖狂主傷亾丁生在兑可用
辛巳時星反吉門無奇事急開門丁用丁傷在離利
捕捉索債丙景在坎祈禱刼營乙日忌
壬午時丙休在乾鳥跌穴官陞財得六合休詐雖奇
墓半利丁景在巽九天天假利奏請破敵乙死在離
安坟修塋漁獵兑上天矯不利遠行
癸未時符刑不吉乾乙開九地重詐非急不用丙傷

在巽六合求財捕捉丁景在兌刲嘗祈禱艮上虎狂
傷亡破耗
甲申時天輔丁休在坎乙生在艮虎遁俱吉是伏吟
丙景在離干貴陳言乙
乙酉時符刑星反乙坤墓伏干丁離在開非急不用
丙戌時時干墓庚加干白入熒不利乙杜在坎利伐
凶伏截庚日忌
丁亥時己傷在震九地物假利交易求財乙景在離

利干謁陳言符休在坎事急可用門伏庚加干
丙辛日戊子時乙開在震雲遁宮迫半利坤上熒入
白占敵人行人不來
己丑時乾上刑格托人失信雖丙開在兌非急不用
丁杜在震為奇合得使利伏截修煉乙景在巽爭龍
走干求不吉財物損傷
庚寅時門反星伏又飛宮不利干求
辛卯時丙生在震門迫吉事難成丁死在兌漁獵修

塋乙景在乾利祈禱埽宮艮上猖狂防傷亡破耗
壬辰時時干墓小格雖丙開在艮非急不用丙日忌
癸巳時為大格星門伏遠行求望不利雖丁休在坎
蛇武交會不吉
甲午時天輔乙生在艮虎遁真詐丁休在坎俱吉爭
門伏丙景在離利干貴陳言
乙未時時干墓艮上虎狂有傷亡破耗乙休在乾太
陰丁開在兌六合非急不用丙休在震伏截除邪

丙申時乙休在震太陰真詐貴人升殿雲遁百事攸
宜丁開在坎六合休詐又奇墓半利離上反首合傷
門利索取獵捕符刑半利
丁酉時乙生在兌太陰真詐百事利丁休在坤六合
門迫半吉又雀投江丙景在艮天假利請奏干貴破
敵符杜在坎修煉伏截吉
戊戌時坎上雀入江文書有失丁傷在巽六合天假
利捕捉求財乙杜在離太陰利伏截修煉伐邪

己亥時乙開在坤太陰真詐奇入墓丙傷在坎漁獵捕捉癸杜在艮九地利伏截伏凶

丁壬日庚子時乙休在震合太陰真詐懽怡是飛宮求財不利龍走丁開在兌六合休詐爭宮迫

辛丑時時干墓門反星伏不吉乙死在艮漁獵破土

壬寅時丙生在震鳥跌穴官陞財得又神利法醮奇合迫癸傷離九地物假利求財捕捉交易丁死在兌六合神詐利漁獵修塋乙驚在坎會太陰探敵劫營

祈禱門訟俱吉

癸卯時門伏吉門無奇急從艮坎休生門可用丁傷在震名奇合得使宜捕捉漁獵丙景在兌九天得使祈禱劫營吉乙杜在巽太陰利伏截探事爭龍走財損失

甲辰時天輔丁休在坎會太陰真詐人遁乙生在艮鬼遁皆吉入山招降九宜丙景在離謀望干貴奏請吉爭是伏吟

乙巳時丙休在巽九地重詐利為百事丁乾利干貴奏請

丙午時離上龍返首合驚門利祈禱劾奸刦營丙休在兌重詐九事吉丁景在震奇合懽怡利陳言破敵巽上龍返首財物利會傷門利陰和

丁未時丙休在震九地重詐九事利壬日悖格忌坎為符合書符應試吉

戊申時雖丙生在坎九地重詐宮迫非急不用丁死

在離太陰宜漁獵修塋星反半利

己未時門反雖丁生在乾太陰真詐雀入江心死在坎漁獵破土

庚戌時飛宮不利干貴求財乙開在離門迫震上死門合神假坎上天矯

辛亥時符刑不吉雖乙開在震爭宮迫坎宮死門雖神假亦宮迫

戊癸日壬子時丁開在坎太陰真詐爭星伏丙杜在

震伏截修煉

癸丑時丙開在乾九地重詐爭奇墓半利乙景在離干貴陳言爭門伏丁杜在巽太陰利伏截探事坎上天矯不利遠行

甲寅時天輔丁休在坎乙生在艮虎遁招撫尤宜丙景在離陳言干貴伏吟半吉

乙卯時丁生在離九事吉丙死在坎玉女守門利漁獵修堂門迫星反半利

丙辰時丁休在乾吉乙生在坎宮迫半吉丙景在巽奇合利干貴陳言離上龍返首合死門利修坟破土伐山

丁巳時門反宮迫不吉巽開坤生急事可從符癸加丁虎符書符禳鎮利

戊午時乙生在震雲遁門迫可用丙景在坤鳥跌穴利奏請謀望

己未時丁休在震奇合丙兌宮迫乙景生門迫兼天網不吉

庚申時飛宮天網不利遠行又伏吟不利

辛酉時符刑艮上虎狂雖乙生在乾丁休在兌丙景在震蛇虎並交非急不用

壬戌時乙生在兌合生門吉丙景在艮利干貴陳言坤上雀入江文明不利

癸亥時丁休在坎乙生在艮虎遁入山安撫吉丙景在離利干貴陳言伏吟福減

奇門大全卷之八終

御定奇門大全卷之九

奇門秘纂

陰　夏至下
遁　白露下
六　寒露上
局　立冬上

圖

甲己日甲子時丙生在艮九地重詐凡事吉丁景在

離利干貴陳言乙景在兑利祈禱封營
乙丑時符休在兑吉乙開在坤奇墓丙傷在坎利捕
捉索取
丙寅時艮上龍返首宮財得會死門利破土伐凶修
塋反吟半利丙開在巽又重詐宮迫熒入白
丁卯時乙休在巽奇合利百事又風遁祈雨行舟水
戰吉坎上大格求謀不遂
戊辰時乙休在兑符合生門在乾雖星伏俱可用

己巳時天輔丁生在震六合休詐爭門迫乙杜在離
利修煉伏藏艮上熒入白占敵行人至
庚午時丙休在坤九地名重詐離上玉女爭門迫雀
投江蛇夭矯坎上地假俱半吉震上龍走財物破耗
兑上猖狂主傷亡甲日尤忌又飛宮
辛未時符刑官失財損乙開在艮非急不用丙傷在
離利捕捉索取丁死在乾六合神假利修攻漁獵
壬申時乾上鳥跌穴會休門官陞財得重詐利百事

爭奇墓丁杜在震六合地假利藏形伏藏修煉乙死
在離漁獵修塋
癸酉時乙開在乾丙傷在震為奇合捕捉取索丁死
在坤六合神假得使利安塋破土漁獵
甲戌時丙生在艮丁景在離利干貴陳言乙景在兑
祈禱封營闢訟爭伏吟半吉
乙亥時直符休門在兑乙生在乾俱吉丁闘在坤是
寄宮丙景在震奇合利干貴謀望離上合奇格事多

阻隔乙庚日丙子時艮上龍返首會景門奏請面聖謀望破敵坤上鳥跌穴丁杜在坎利伏截修煉雀入江離上蛇夭矯出行不利震上龍走兑上虎狂不吉

丁丑時時干墓門伏丙休在坎丁杜在巽修煉伏截

戊寅時伏宮刑格不利干求遠行託人失信丙休在熒又熒入白巽上不急不用

己卯時刑符星伏雖乙兑不用離上玉女守門合死門破土漁獵吉

庚辰時巽上飛宮艮上白入熒門及宮迫不利干求乙休離宮非急不用辛巳時坎上大格求謀不成乙傷在巽捕捉取索死門兑上漁獵破土巳日忌

壬午時符刑星伏宮失財損丙傷艮乙景兑天假非急不用丁傷離上宜捕捉

癸未時乙生在艮名虎遁直符休門在坎丁開在乾爲吉丙景在離門伏福減

甲申時天輔丙生艮上太陰真詐凡事吉丁景在離天假乙驚在兑禱祈刦營鬥訟又伏吟

乙酉時丁休在乾吉丙死在離漁獵破土可用伏干事多阻

丙戌時時干墓伏干白入熒丁休在震艮上符刑不利

丁亥時伏干休傷死門有奇昏門迫雖吉不用

丙辛日戊子時乙生在震貴人升殿又虎遁雖門迫龍走可用丁坎雀入江景會在坤太陰天假利干貴

陳言伏干多阻蛇夭矯占人生憂

己丑時庚加干刑格伏干遠行不利巽上熒入白丙日飛干丁休在兑乙傷在坎非急不用

庚寅時飛宮伏干多阻滯雖丁生在離丙景在坎非急不用

辛卯時門反宮迫乙生在艮坤上奇墓不用

壬辰時時干墓符悖熒入白又小格雖丁景在兑乙景在坎非急不用

癸巳時門伏上坎大格求謀不遂艮丁生奇入墓乙
杜在巽懽怡修煉伏截丙景在兑宜祈禱刲營博戲
甲午時天輔丙生在艮吉丁景雖乙驚兑祈禱刲營
乙未時時干墓兑上虎狂震宫龍走主傷亾破耗坎
上雀入江離上天矯遠行不利
丙申時艮上返吟合杜門伏截興基乙開在坤地遁
得使奇入墓非急不用丙傷在坎捕捉取索交易
丁酉時丙生在巽門迫丁景在兑利干貴陳言破敵

直符合傷丁玉女守門交易求財會合俱吉乙景在
坎祈禱刲營辛日不用
戊戌時丙開門兑直休在乾吉乙景在巽奇合坎上
大格求謀不遂
己亥時門反宫迫乙死在艮破土漁獵坤上生門可
用
丁壬日庚子時飛宫丁休在坤奇合九地重詐争門
迫震上鳥跌穴會死門利漁獵修營門迫半吉離上

合奇格出兵不利事多阻
辛丑時時干墓星伏雖丁生在離會九地非急不用
丙景在艮利刲營
壬寅時乙休在艮名龍遁門受迫丁景在乾宜祈禱
丙杜在離修煉伏截
癸卯時符刑又門伏白入營乾上丙奇墓乙景在離
丁在震宜漁獵破土捕捉
甲辰時天輔丙生在艮伏吟丁景在離利干求乙驚

在兑宜刲營博戲
乙巳時乙景在乾九天名天假奏請面聖謀望破敵
丙開在震門迫宫非急不用
丙午時丙景在坤鳥跌穴是寄宫艮上龍返首官陞
財得合傷門利捕捉乃宫迫丁生在坎星返雀入江
乙杜在震貴人升殿利伏截興基龍逃急事可用
丁未時門返宫迫雖丁生在乾奇墓壬加丁上書符
驅邪

戊申時乙開在坎吉丙傷在巽捕捉索取熒入白丁死兌上修営漁獵利

己酉時丙開在艮吉乙景在兌干貴陳言丁傷在離捕捉漁獵索取星伏不忌

庚寅時門伏飛宮不吉乾上丙開奇墓不吉丁景在離乙傷在震取索捕捉利艮上白入熒多錯亂又符刑官失財損

辛亥時丙休在兌爲貴人昇殿吉坎上庚加癸不利

造作求謀

戊癸日壬子時乙生在兌丙景在艮利干貴陳言

癸丑時乙生在艮虎遁丁開在乾丙景門伏可用直符休門合坎亦吉

甲寅時天輔丙生在艮神遁利行法設醮直符休門在坎丁吉在離利陳言干貴

乙卯時乙休在離合太陰爭門返丙杜在乾丁驚在震捕索尤宜

丙辰時丙生在震會九天神遁利百事符休在艮龍返首利遠行出師丁景在坤利奏請

丁巳時丙開在坤利丁傷在坎得使利捕獵乙景在震同

戊午時坎上鳥跌穴官陞財得宮迫可用符休在乾亦吉丁景在巽破敵時天網

己未時丙生在坤貴人昇殿吉坎上伏宮天網大格不吉丙生在離乙景在艮非急不用

庚申時乙驚在艮會太陰暗合三奇吉丙生在離九天名天遁利百事丁景在乾利捕捉

辛酉時丙生在巽會九天門迫半吉丁景在兌乙驚在坎利刦營破敵坤上小格多阻

壬戌時丙兌生門九天神遁貴人升殿吉坎上大格又伏宮不利干求造作遠行

癸亥時丙生在艮爲神遁丁離景乙兌驚雖伏吟可用

陰遁五局　小暑下　立秋中　霜降上　小雪上

圖

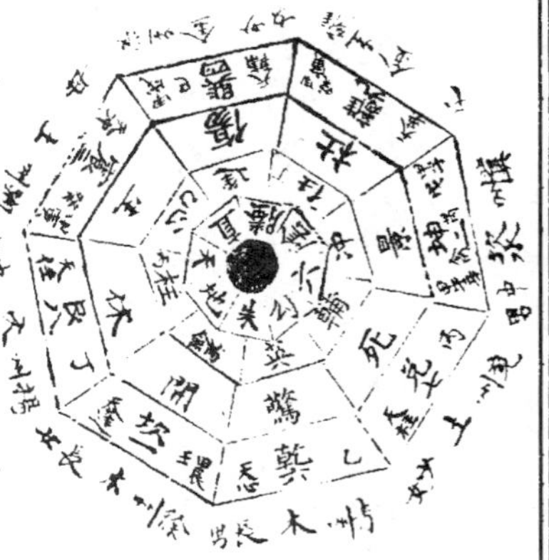

甲己日甲子時乙開在乾九地重詐雖伏吟三甲不忌丙驚在兌刼営祈禱乙杜在巽太陰地假伏截探聽皆吉

乙丑時直符生門在乾凡事吉己日忌用離上大格出行修造求謀不利

丙寅時兌上龍返首會生門百事吉傷死皆門迫不利乙杜在乾修煉伏截巽上刑格出行不利

丁卯時符生在艮星反門伏乙杜在巽修煉伏截丁死在坤利漁獵破土震兌熒白丘加事多錯亂敵人反覆

丙辰時吉門無奇事急休巽可用乙景在乾雖星伏亦利干貴陳言謀望

己巳時天輔丁休在乾吉直符在巽利漁獵修坟乾上龍走財物有失艮上小格事多阻滯

庚午時門反宮迫又奇格事多阻滯艮上玉女守門又雀入江甲日尤忌

辛未時乙景在乾利刼営博戲丙死在兌修営漁獵己傷在巽太陰物假宜求財交易捕獵

壬申時乙休在巽九地雲遁奇合利百事丙開在艮

丁傷在離雀入江半利

癸酉時乙休在坎門迫半利己傷在震物假利交易求財坤上鳥跌穴是寄宮直符景門在離破敵奏請乙景在兌利刦営

甲戌時乙開在乾吉丙辛在兌利刦営祈禱開訟伏吟福減艮上合真詐是奇墓

乙亥時直符休門在乾吉乙景在巽利干貴陳言丁驚在坤丙杜在震利刦営祈禱熒白加爭多阻滯

乙庚日丙子時丙開在艮吉乙休在震兊上龍返首
會景門奏請聖面破敵謀望尤宜丁傷在離物假利
交易取索捕捉雀入江不利為客乙日飛干忌
丁丑時時干墓開休門迫丁傷在乾利捕捉坤上龍
走坎上小格事多阻滯
戊寅時丙開在坎乙休在艮雲遁爭門迫丁傷巽上
太陰物假利交易求財又大格乾上虎狂傷亡生憂
己卯時丙休在兊吉乙生在震丁杜在艮物假丁臨

為玉女守門探事陰和吉宮星伏福減
庚辰時坤震宮迫兊上門迫不用離生急事可從又
飛宮乙為悖格
辛巳時刑格門反不利丁開在巽太陰真詐權怡乙
日時干宮迫尤忌
壬午時巽上鳥跌穴會生門官生財得凡事吉門迫
丁景在兊宜奏請破敵乙傷在離捕捉取索艮上雀
投江文明不顯

癸未時乙休在坎龍遁吉祈雨水戰尤宜丁傷在震
利捕捉漁獵交易門伏半利巽上庚加巳伏宮刑格
不利求財造作
甲申時天輔利散訟罪乙開在乾丁生在艮丙驚在
兊爭伏吟半利
乙酉時乙生在離六合休詐丙休在巽皆吉艮上雀
投江乾上奇格多阻滯
丙戌時時干墓兊震熒白互加雖丁開在坤丙景在

震非急不用
丁亥時符刑急事開艮可用乙景在兊利陳言破敵
丁驚在坎奇合剎祈禱博戲
丙辛日戊子時震杜乙奇懽怡伏藏修煉吉丁死在
離漁獵破土
己丑時伏干巽上刑格吉門無奇不吉
庚寅時星伏飛宮不利干求丙生在兊非急不用
辛卯時乙開在震六合雲遁懽怡宮迫半利丁生在

入江文明不顯丙景在艮利刦營開訟
壬辰時時干墓小格坤上龍走事阻耗財不吉丙杜
在離丁景在乾利伏截刼營
癸巳時乙生在艮六合虎遁丙休在坎丁杜在巽修
煉伏藏離上大格求謀難成乾上虎狂門伏
甲午時天輔乙生在艮百事吉丙休在坎丁杜在巽
爭伏吟
乙未時時干墓離上大格求謀不成出行造作不利

坤上虎狂離丁休巽上不用
丙申時兑上龍返首會開門百事吉乙生在坎九地
重詐宮迫半利巽上刑格刑獄生憂
丁酉時反吟門宮迫丁生在坤為帷怡可用乙開在
巽九地重詐得使地遁丙日飛干忌震兑熒白互加
事多紊亂
戊戌時休生門迫星伏丁杜在巽物假丙死在兑乙
景在乾利漁獵刦營

己亥時丙傷在離利捕捉取索丁死在乾修瑩漁獵
坤上龍走坎上小格多阻
丁壬日庚子時震上飛宮不利干求艮上蛇夭矯速
行不利乙景在離丙杜在巽利開訟伏截
辛丑時時干墓星伏離乾兑有奇不吉
壬寅時丙景在艮為天假宜奏請面聖丁開在離門
迫雀入江非急不用癸卯時符刑門迫丙死在坤利
奏請謀望乙生在兑利漁獵破土艮上奇格事多阻

甲辰時天輔乙開在乾直符休門在坎離吟可用丙
景在兑刼營祈禱吉
乙巳時門反宮迫帷丙生坤在會太陰奇會可用
丙午時兑上龍返首官陞財得合死門宜漁獵修瑩
艮上休丁玉女利陰和乃宮迫福減
丁未時丙生在乾會太陰真詐奇入墓丁景在震夭
假利干貴破敵乙傷在坎名帷怡得使丁日飛干不
用艮上龍符利書符鎮方

戊申時丁開在兑吉丙景在巽干貴陳言乙死在離
漁獵修茔艮在蛇矯占人不吉
己酉時符刑離上雀入江丙景在艮非急不用
庚戌時坎上鳥跌穴會死門利漁獵修茔丁休在巽
亦吉乙景在艮利門訟震上飛宮離上大格
辛亥日丙生在巽真詐門迫半吉丁景在艮九天天
假利謀敵乙傷在離利漁獵艮上天矯
戊癸日壬子時丙生在兑太陰真詐星伏半吉

癸丑時門伏星反熒白互加急事生門可用
甲寅時天輔乙開在乾吉丙景門兑伏吟亦半吉
乙卯時丁開在離六合休詐爭門迫雀入江半利丙
景在艮利干貴
丙辰時乙開在艮吉丁生在巽六合兑上龍遁合景
門宮迫可用乾上虎狂離上大格不利求謀
丁巳時丙休在巽九地重詐吉乙生離二惶怡亦吉
艮癸加丁虎符向方吸氣書符吉

戊午時乙門在坎九地吉丁生在震休詐門迫巽上
刑格不利
己未時乙開在兑吉丁生六合休詐宮迫丙景在坤
利祈禱移文
庚申時飛宮坤上龍走帷離宮鳥跌穴合景門利祈
禱門迫半利丁生在乾六合利百事坎上小格事阻
又天網四張遠行不吉
辛酉時乙開在乾吉符坤會景利干貴陳言巽上庚

加己是刑格
壬戌時丁生在坤六合休詐吉乙開在巽得使地遁
宮迫反吟震兑熒白互加主事錯亂
癸亥時星門伏又天網雖乙開在乾得玄武不吉

御定奇門大全

御定奇門大全

奇門秘纂

陰　大暑下

遁　處暑中

四　秋分下

局　大雪上

圖

甲己日甲子時休生無奇會太陰六合急事可用乾

開丙奇乘玄武入奇墓不吉丁景在兑宜開訟博戲又伏吟

乙丑時丁生在坎宮迫乾上白入熒事多阻占敵人行人來

丙寅時丁休在震吉乾上龍返首官陞財得合死門利修营漁利獵艮上大格遠行修造求謀不遂

丁卯時直符生門在兑艮上雀入江文明不顯

戊辰時星伏無奇門丁死在兑利漁獵修营除邪

己巳時天輔丁開在坤丙休在兑皆吉震上符刑離上小格事多阻

庚午時吉門無奇巽休可用丙景在艮兑宫玉女守門利陰和杜門迫半利甲日不用

辛未時門反震上刑格兑上蛇夭矯不吉離丁開在巽又宫迫非急不用

壬申時吉門無奇震休可用丙景在坎奇合丁死在坤宜漁獵破土

癸酉時丁景在離奇合利奏請干貴丙死在坤熒入白事多阻門伏可用

甲戌時離丙開在乾伏吟奇墓丁景在兑利封营開訟

乙亥時丙開在震六合休詐宫迫又雀投江

乙庚日丙子時乾上龍返首合生門百事吉兑上蛇夭矯占人敵人至

丁丑時時干墓星反艮上大格丁休在震名帷怡丙

巽休詐得使天遁非全美
戊寅時丁休在乾吉丙生在坎奇合爭宮迫
己卯時星伏門反宮迫急則開門可用
庚辰時符刑飛宮不利干求遠行艮上雀入江事急
從生門
辛巳時丁生在離會奇合得使百事吉乙日奇坤上
奇逢熒入白主紊亂
壬午時丁開在坎丙休在艮會六合門迫半利乾上

熒入白多阻滯
癸未時丙景在兑利博戲丁死在坤雖門迫半利
甲申時天輔丙開九地奇墓伏吟丁驚在兑利刦營
乙酉時吉門無奇急事從休巽
丙戌時時干墓白入熒已死在離六合神假利漁獵
破土
丁亥時門反無奇急則從坤生門
丙辛日戊子時伏干丙景在坤熒入白非急不用丁

杜在離為奇合利伏截修煉兑上玉女門守宜陰和
合死門漁獵亦宜
己丑時震上刑格兑上天矯出行不利雖丁生在巽
門迫丙傷在離利捕捉索取
庚寅時飛宮伏干格不利干求雖乾上奇合又墓已
傷在震六合物假利交易捕捉
辛卯時伏干艮上雀入江急則休門太陰可用
壬辰時時干墓離上小格雖丙生在兑九地非急不

用丙日尤忌
癸巳時門伏星返符星大格求謀不遂丁傷在震宜
捕捉索取丙杜在巽可伏截伐山
甲午時天輔乾上奇入墓會蛇伏吟丁驚在兑利刦
營
乙未時時干墓兑上天矯坤上猖狂財物有損震上
刑格門反宮迫丁開在巽合太陰非急不用
丙申時生休門迫開在坎丁景在坤利謀望干貴陳

言乾上龍返首合景門丙死在兌漁獵利
丁酉時兌上玉女守門直符休上吉丙開在坤名得使丙日飛干格熒入白事多阻滞乙傷在坎九地物假利捕捉交易
戊戌時吉門無奇丙傷在震伏截利事急從開門
己亥時開休迫西方生門可取丙景在艮宜干貴陳言丁景在坎地假探事伏截乾上白入熒占敵人行人則來

丁壬日庚子時飛宮不吉兌上天矯震上刑格丁休在巽太陰真詐丙生在離舉事利
辛丑時時干墓景伏吉門無奇休開丁景可用
壬寅時符刑星反艮上大格不利遠行修造求謀
癸卯時坎上鳥跌穴合休門乾開丁會太陰百事吉門伏可用
甲辰時天輔乾上丙入墓又伏吟生門會六合丁傷在兌利劫營

乙巳時丙杜在坎奇合利伏截伐凶合奇格兵不利客
丙午時丙休在震吉丁開會九地重詐奇入墓雀入江兌上玉女守門會景門干貴私謀刑乾上龍返首合利漁獵
丁未時吉門無奇休巽六合吉丙景在艮利門訟
戊申時符刑伏宮吉門無奇急則從開門丁景在坎宜破敵丙死在兌漁獵利壬日忌用

己酉時吉門無忌乾開可用丙景在坤利劫營祈禱丁死在離九地重詐修攻漁獵利
庚戌時丁生在乾九地吉飛宮求財干貴不利丁傷坎上利取索丁日伏干格
辛亥時丁生在震九地重詐門迫星反非急不用丙傷在巽艮上大格不利造作遠行
戊癸日壬子時門反星伏不吉事急休離可用
癸丑時離上鳥跌穴合景門利干求謀望符生在艮

丁杜在巽門伏半吉

甲寅時名天輔符生艮上吉乾上開休眞詐是伏吟又奇墓丁景在兑利刦營

乙卯時吉反伏宫不利干求又大格不利求謀遠行生門急事可從

丙辰時乾上龍返首官陞財得合生門百事吉開在坤太陰眞詐熒入白防多阻隔

丁巳時門反宫迫震上刑格兑上天矯坤上龍走遠行不利急則從休巽

戊午時丙開在艮合太陰眞詐吉又鳥跌穴官陞財得丁景在坎六合刦營開訟利乾上白入熒占敵人行人來

己未時丙開在坎太陰眞詐奇合百事吉丁景在乾

庚申時飛宫又反吟宫迫巽上雖丙開不吉

辛酉時丙開在兑太陰眞詐貴人升殿百事吉丁坤可開訟捕捉離上小格用兵不利事多阻滞

卷之九終

壬戌時丙開在艮宫迫丁癸艮上雀投江文明不顯

癸亥時星門俱伏乾開眞詐小格非急不用

陰遁三局圖

夏至中

白露中

寒露下

立冬下

甲己日甲子時丁開在乾六合休詐利百事乙杜在巽宜伏藏修煉直符傷門在震捕捉取索吉争伏吟

乙丑時乙生在離虎遁吉又龍走乾上天矯艮上小格主人病瘦不宜出兵遠行

丙寅時乙休在兑吉坤上龍返首官陞財得會開門是寄宫不用丁景在巽名惟怡利干求坎上熒入白飛干事多阻

丁卯時坤上刑格丁傷在離利捕捉交易六合

乙景在坎利刦營

戊辰時丁休在乾六合休詐凡事吉巽上猖狂

有傷耗

己巳時丙景在坎熒入白庚加干不吉不驚在

震玉女守門私和捕捉吉

庚午時乙景在艮丙驚在巽丁休在坤六合坎

上符宮天乙飛干格

辛未時天網吉門無奇丙景在乾丁驚在艮六

合非急不用

壬申時乙生在震會九天吉丙杜在離乙死在

兑利安坟捕獵

癸酉時丙開在乾會九天門伏半吉丁杜在巽

利伏藏伐凶

甲戌時丁開在乾九地伏吟半吉乙杜在巽太

陰利探事伏兵

乙亥時符休在巽吉乙景在艮利開訟兑上大

格求謀不遂

乙庚日丙子時丁休在乾九地重詐乙景在離

利陳言坤宮鳥跌穴寄宮又星伏符刑吉中有

凶

丁丑時時干墓門反宮迫乙生在坤奇墓則減

利

戊寅時乙開在坎太陰奇合百事吉乙日飛干

格丁杜在離九地地假利伏截修煉坤上伏宮

又刑格

己卯時符刑星伏離乙生在巽會太陰風遁爭

門迫乾上玉女守門陰私和合漁獵

庚辰時飛宮不利干求庚日為悖丁傷在震九

地地假利捕捉求財乙景在兑利刦營爭訟

辛巳時丁休在乾九地重詐吉雀入江乙日忌

乙景在震為奇遊祿位利干貴破敵巽上虎狂

傷亡破耗
壬午時開休門迫無忌傷景宮迫星反生門六合在
兑符艮皆非全美
癸未時丁休在坎九地重詐乙景在離吉艮上小格
乾上天矯出行不吉
甲申時名天輔丁開在乾乙杜在巽雖伏吟可用
乙酉時門反宮迫不吉乾上生門可用符刑官失財
損

丙戌時時干墓伏白入熒乙坎奇合懽怡丁杜在離
可伏截伐凶
丁亥時丁休在兑雀入江乙景在震貴人升殿利奏
請面聖巽上虎猖狂傷亡破耗
丙辛日戊子時乾宮休門丁臨為玉女守門利百事
私謀尤吉
己丑時坤上刑格伏干逆亡有憂遠行不利乙杜在
坎利伏截伐凶

庚寅時乙休在巽風遁爭星伏丁景在乾利干貴陳
言坎上飛宮求財干謀不利
辛卯時星伏雖丁生在巽又門迫非急不用乙死在
乾利漁獵破土艮震太陰六合可用
壬辰時時干墓小格符刑官失財損事多阻隔離上
龍走乾上天矯休開皆迫出行不利吉事難成兑上
門丙日尤忌
癸巳時乙生艮上吉丁杜在巽六合地假利伏截匿

藏門伏可用兑上大格不利求謀
甲午時天輔丁門在乾伏吟可用乙杜在巽伏截伐
凶
乙未時時干墓巽上龍返首又奇格不吉兑上丁生
雀入江非急不用
丙申時坤上龍返首官陞財得奇宮乙傷離上懽怡
利取索龍走財耗癸在乾神假利漁獵破土
丁酉時乾上玉女守門會景門私和謀敵求財辛日

時克干

戊戌時休生門迫開門坎上會太陰丁景在坤寄宮不用兑上大格求謀不遂

己亥時丁生在坤宮迫非急不用符景在坎乙死在離可漁獵破土龍逃走艮上小格乾上天矯出行求謀不遂

庚辛日庚子時飛宮星反不利求財雖乙在乾伏宮失盜難獲

辛丑時干墓符刑不吉乙傷在巽捕捉取索漁獵

癸卯時丁生在艮奇合得使門伏奇入墓不用

甲寅時天輔丁開在乾會太陰真詐符生在艮爭伏吟乙杜在巽宜伏截伐凶

乙巳時乙休在坤九地重詐丁景在離奇合又門迫非急不用癸杜在坎六合利伏藏修煉

丙午時乙生在乾九地重詐玉女守門百事吉坤上龍返首合開門寄宮不利舉事丁巽太陰會死門神假利修坟安塋

丁未時丁生在坤太陰門反半吉乙艮加丁龍符求祈雨澤利兑上大格不利造作修葺

戊申時符休在震吉乾上六合神假利漁獵修塋天矯半利艮上小格離上龍走事多阻隔

己酉時吉門無奇震生六合離門迫可用丁傷在巽太陰物假利交易求財捕捉乙景在乾宜劫營星反半利

庚戌時飛宮門返不利乾上奇格兑上雀入江巽宮龍走坤生六合可用

辛亥時乙開在兑九地重詐丁杜在震合太陰地假伏截伐凶藏形

戊癸日壬子時乙休在巽九地重詐風遁利百事丁景在乾太陰宜奏請破敵

癸丑時乙休在坎九地重詐又龍遁利百事祈禱尤宜丁景在離太陰利干求陳言癸杜在巽六合地假

利伏截修煉門伏坤上庚加己占人有憂
甲寅時天輔丁開在乾吉乙杜在巽六合地假利伏藏伏吟半吉
乙卯時乙坎六合開門利百事丁杜在離伏截伐凶坤上刑格符刑不吉
丙辰時丁開在兌名欢怡吉雀入江坤上龍返首巽上龍走乙杜在巽利伏藏隱匿
丁巳時休開門迫天網不吉急則從休太合可用乾

上符加丁為虎符利應試乙開在離宮迫艮上小格
戊午時星門反天綱急事巽開可用
己未時丁開在兌欢怡吉雀入江天綱出行不利癸日尤忌巽上就走須防損耗
庚申時飛宮天輔不利干求丁開在艮奇合得使急入墓不利
辛酉時丁開在坤吉兌上大格不利遠行修造
壬戌時丁開在震宮迫非急不用

癸亥時丁開在乾吉乙杜在巽六合又伏吟半吉

御定奇門大全

御定奇門大全

奇門秘纂

陰　小暑中
遁　立秋上
二　霜降下
局　小雪下

圖

甲己日甲子時伏吟吉門無奇急則從開門兇上壬

會九天神假利捕捉乙傷在艮丙杜在巽利伏截取
索
乙丑時符開在震宮迫乙景在乾利干貴陳言
丙寅時巽上龍返首合景門官陞財得奏請陳言破
敵乙生在坎會六合休詐是宮迫
丁卯時丁生在坤是寄宮丙開在巽太陰休詐星門
伏非急不用
戊辰時乙開在震六合雲遁貴人昇殿門迫可用符

景在坤利干貴陳言丙傷在巽利取索捕捉
己巳時天輔吉門無奇震休兇上貴人升殿利求謀
破敵乾上大格不利修造遠行
庚午時乙休在艮六合休詐吉丙傷在震利捕捉坤
上玉女守門利私謀離上飛宮巽上飛走白入熒事
多乖舛
癸酉時符開在乾吉利干貴陳言破敵坤上修塋漁
獵兇上小格出兵遠行多阻

甲戌時吉門無奇又是伏吟坎上門伏乙傷在震漁
獵捕捉修塋丙杜在巽利伏截伐凶
乙亥時丙生在坤得使離門反可用又天遁利用兵
藏形
乙庚日丙子時吉門無奇坎上開門六合地假可用
巽上龍返首官陞財得會傷門利捕捉取索丙死在
兇利漁獵修塋乾上大格造作求謀遠行皆忌
丁丑時時干墓符刑財損雖乙生在乾九地重詐丙

傷在坎惟利捕捉取索博戲
戊寅時乙休在乾會九地重詐乃符刑官財失
己卯時星伏開休門迫兑上生門會太陰事急可用
坤上玉女守門是寄宮
庚辰時星反飛宮坎上刑格不利干求謀望
辛巳時符門在艮吉乙生在巽九地又風遁門迫乙
日忌丙傷在離得使捕捉取熒入白主乖舛
壬午時生門在兑丙景在離為奇合利干求乙杜在

坎次怡得使利伏兵藏形
癸未時乙生在艮九地虎遁吉門伏龍走財物損失
丙傷在震利捕捉取索巽上白入熒占敵行人來
甲申時天輔六合生門在艮乙傷在震丙兑利伏截
伐山是伏吟
乙酉時丙景在震乙杜在坎太陰利探聽修煉震上
伏干奇格事多阻出兵不利
丙戌時時干墓雖已開在艮太陰真詐又龍走丙休

在震天矯直符加丙白入熒庚日尤忌
丁亥時乙休在巽太陰真詐風遁尤吉丙生在離坎
怡又伏悖半吉震上虎狂傷亡生憂
丙辛日戊子時坤上玉女守門合景門利干謀乙傷
在巽利捕捉取索離上熒入白
己丑時乙開在兑太陰真詐利舉事坎上伏刑丙入
墓休門不利是星反
庚寅時飛宮星反急則坤上開門可從乙景在震奇

游禄位求謀破敵陳言皆利
辛酉時丙景開坎乙生在乾會太陰利封營開訟
壬辰時門反宮迫時干墓不吉丙生在坎非急不用
癸巳時門伏乾上大格不利求謀造作丙景在兑宜
封營開訟
甲午時天輔又伏吟急事乾開可從丙杜在巽利伏
截乙傷在震奇遊禄位取索
乙未時時干墓震上虎狂離開重詐又門迫非急不

用
丙申時丙開在坤九地重詐利百事巽上龍逃走會
死門修莹安坟漁獵可用
丁酉時星門反坎上刑格不利干求坤上玉女守門
寄宮
戊戌時星反坎上刑格震休六合可用乙景在兑利
干貴陳言
己亥時符刑開門在坎吉丙生在震九地重詐又門

迫乙休在艮欢怡得使又門迫龍走財物有損巽上
白入熒事多舛錯
壬辰日庚子時門反飛宮符宮大格不利舉事
辛丑時時干墓星伏吉門無奇大格乾上休門會太
陰可用乙杜震丙景巽均利伏藏干貴
壬寅時大格不利干貴謀望乙景在乾謀望利又合
天假
癸卯時丙生在艮名鳥跌穴官陞財得又奇合欢怡

乙休在坎得使門伏則減利
甲辰時天輔星門伏急則坎休可用乙傷在震貴人
昇殿吉丙杜在巽伏藏亦利
乙巳時星反坎上刑格不吉乙離九地地假利伏藏
丙午時乙休在乾龍遁百事吉丙生在坎六合休詐
又官迫巽上龍返首官陞財得符宮刑吉中有凶
丁未時休開生臨符乙景在坤利書符巽宮白入熒
占敵人行人來

戊申時門反巽上熒入白艮上龍走不吉事急坤上
生門可用
己酉時丁休在乾得使吉乙死離上利漁獵破土己
杜在震九地地假宜伏藏修煉不利干求丙景在坤
利刦營探聽
庚戌時丙開在艮六合休詐百事利離上飛宮不利
干貴陳言乙景在坎利閧訟
辛亥時丙休在兑六合休詐又為跌穴欢怡吉己死

在巽神假門迫乾上大格
戊癸日壬子時丙休在兑六合休詐百事吉又星伏乙開在震雲遁貴人陞殿争宫迫
癸丑時符開在乾門伏可用丙景在宜伏截伐凶震上猖狂憂有亡傷耗
甲寅時天輔乃伏吟符開在乾吉乙傷在震丙杜在巽利伏截捕捉
乙卯時丙休在兑乾上伏宫不利干貴求財

丙辰時星門反人刑格事多阻滯巽上龍返首宫迫半吉争符刑吉中有凶
丁巳時巽休太陰丙景在艮奇合皆吉坤上符癸丁為虎符利應試書符最驗
戊午時丁開在巽合九天吉乙杜在乾丙死在艮利破土漁獵
己未時符開在坎吉乙傷在巽利取索捕捉丙杜在離利伏截熒入白癸日尤忌

庚申時飛宫離上符使直天網丙杜在坎利伐凶伏截
辛酉時符開在艮生上利客天網出行不吉休震利主利揚兵先舉争門迫雀入江兑上小格坤丙戌日為悖格忌用
壬戌時坎宫迫乙奇得使又龍走兑上天網合開門可行破網法巽上白入熒休門在乾可用
癸亥時星門俱伏宜固守急事從生門餘不吉乾上天網尤凶

陰遁一局
大暑中
處暑上
秋分中
大雪下

圖

甲乙日甲子時符坎吉甲日為三甲合尤吉伏吟不忌丙傷在震利捕捉丁杜在巽利伐凶伏截

乙丑時門反宮迫事急符生在坤上可用
丙寅時震上龍返首合生門大吉但門迫符刑吉內藏凶丙景在坤丁杜在離伏截修煉
丁卯時丙開在坤九地重詐丁休在兌吉乙傷在坎宜捕捉求財離上刑格出行不利
戊辰時符休在乾吉丁景在巽利奏請丙杜在震利伏截修煉爭星伏
己巳時天輔丙生兌上九地重詐奇合利百事乙景

艮上星伏事多反吠庚午時丙休在巽九地玉女守門吉丁生在離亦吉震上白入熒主事阻艮上飛宮兌上龍走
辛未時丁開在艮奇墓乙生在巽休詐虎遁又門迫丙景在艮得使熒入白坤上虎狂破耗生憂
壬申時吉門無奇六合開門為地遁丙景在艮丁死在震利漁獵破土
癸酉時乙傷在震奇遊祿位利捕捉丁休在坎虎遁惟怡吉丙開在乾會九地爭奇迫門伏
甲戌時伏吟吉門無奇丙傷在震丁杜在巽伐凶漁獵捕捉
乙亥時丁開在離惟怡又門迫己生在兌龍走震上熒入白符刑不吉
乙庚日丙子時震上龍返首會休門百事吉丁開艮上奇墓乙生在巽風遁是門迫丙驚太陰在坎利劫營祈禱乾上小格出師不利事多阻滯

丁丑時時干墓坤上龍走財物損破耗符休雖在離丙驚合太陰艮上惟利劫營博戲熒入白事多阻
戊寅時符開在坎吉乙休在艮奇合得使又門迫丁驚在乾利開訟丙死在兌奇格漁獵吉
己卯時星伏吉門無奇巽上玉女守門利陰和景門可干貴奏請丙杜在震利伏截修煉
庚辰時飛宮不利干求乾上生門合真詐又墓非急不用

辛巳時丁景在坤利破敵求謀雖乢鳥跌穴官陞財
得合杜門伏截伐凶修煉
壬午時兑上生門合丙會太陰真詐門反可用雖上
伏宫刑格不利干求刑獄生憂
癸未時丁景在離利干貴陳言乙驚在兑丙杜在巽
利伏截龍走震上白入熒又門伏主破財損耗
甲申時天輔門星伏乾上開門可用丙傷在震利捕
捉丁杜巽上伏截伐凶利

乙酉時丙生兑上奇合貴人升殿利百事乙景艮名
奇合懽怡奏請謀望破敵乙日飛干格
丙戌時干墓伏白入熒兑上雖乙休又龍走不吉驚
死亦門迫不用
丁亥時門反坤上生丁合巽又寄宫雀入江
丙辛日戊子時丁休在震九地鬼假丙開在艮九天
神遁得使懽怡皆吉熒入白又悖格事阻乙傷在離
利捕捉坤上虎狂巽上玉女守門私和利已

己丑時乙開在坎吉丙景在坤天假雖奏請破敵丁
死兑合九地鬼假利漁獵破土
庚寅時飛宫門反星伏坤上乙墓不吉雖丁開在巽
九地宫迫符刑官財損失
辛卯時丙生在坎重詐又宫迫乾休奇墓不吉乙杜
在巽奇游禄位利修煉興基
壬辰時時干墓伏干又小格雖乙休在巽風遁丙日
忌

癸巳時乙生在艮懽怡虎遁丁開在乾九地奇合吉
門迫星伏利福減丙景在兑貴人升殿坤上大格修
造遠行不利
甲午時天輔伏吟坎上休門可用丙傷在震利取索
丁杜在巽會六合地假利伏截探聽
乙未時時干墓雖丁生震又門迫丙日飛干忌已傷
在巽太陰物假利求財捕捉乙杜在離利伏截坤上
虎狂艮上熒白防損傷

丙申時丙開在兑鳥跌穴惟怡奇合百事吉丁景在
乾六合休詐亦吉震上龍返首合杜門利伏截修煉
興基星反主反復
丁酉時休門迫生上無奇巽上玉女守門會景門利
祈禱剋營私謀
戊戌時門反宮迫惟丁生在坤會六合休詐可用
己亥時丙生臨戊在坎名天遁得使離宮迫可用乙
景在巽亦利離上符刑乾上小格不利

丁壬日庚子時飛宮不利求財休震可用乙兑在壬
乾會太陰神假利破土漁獵丁景在兑惟怡利干貴
陳言離上刑格
辛丑時時干墓星伏不利乾兑休生可用丙景利謀
望破敵
壬寅時丁生在離六合休詐貴人陞殿利百事丙休
在坎吉符乾利干求兑上龍走震上白入熒兼虎壬
散財

癸卯時丙生在艮乙景在離利干求謀望丁傷在震
利捕捉取索門伏龍走主財損
甲辰時天輔符開在乾吉丙傷震丁杜巽皆利伏截
捕捉
乙巳時吉門無奇兑上休門可用丙傷在坎宜取索
捕捉乾上伏宮又小格不利干求
丙午時丙生在乾門反可用震上得使合驚門利探
聽剋營離上刑格出行不利

丁未時符刑急事從離生丁景在乾奇合利干貴求
財壬符在巽臨丁龍符向方吸氣書符乙驚艮亦奇
合利祈禱
戊申時乙休會太陰利百事震上白入熒龍走財物
損
己酉時丁開在坎吉乙生在震太陰又貴人升殿門
迫半利
庚戌時飛宮不利干求開休迫兑生可用

辛亥時丁休在震吉丙開在艮名得使又熒入白乙
傷在離利捕捉虎上狂在坤主傷亡
戊亥日壬子時吉門無奇乾休星伏丁開巽丙杜震
利干求伏截
癸丑時丙開在坎乙傷在巽物假丁杜在巽門伏乾
上小格
甲寅時天輔又伏吟乾開可用丙傷丁杜刑捕捉伏
截

乙卯時符開休坤乙墓可用巽上玉女守門丙景亦
利干貴
丙辰時吉門無奇震上龍返首會死門利漁獵修塋
丁杜在坎太陰地假利伏兵探聽
丁巳時符刑蛇夭矯天網不利遠行符癸加丁虎符
利書符祈禱
戊午時吉門無奇離上刑格坎宮天網巽休可用
乙未時艮上熒入白離上天網不吉丁杜在震太陰

地假宜探聽伏截
庚申時飛宮反吟不吉
辛酉時兌上龍走震上白入熒又天網坎上開門可
用丙震丁杜利捕捉
壬戌時吉門無奇坤上雀入江乾上天網震休可用
丙傷在離利捕捉
癸亥時吉門無奇伏吟又天網丙傷在震丁杜在巽
可捕捉漁獵

御定奇門大全卷之十終

御定奇門大全卷之十一

遁甲通明鈐

八門遁法定上中下三局訣

甲己為頭要君知　子午卯酉上元奇
寅申巳亥為中局　辰戌丑未下元推

五子遁法

甲己還生申　乙庚丙作初　丙辛生戊子
丁壬庚子居　戊癸何方起　壬子是真途

八門吉凶訣各取所用

欲求利市往生方　捕獵須知死路強
若要遠行開上路　休門最好見君王
捉賊遂驚須應得　杜門有難急逃藏
取債但從傷門去　景門酒食貴人方

八門所屬

開金　休水　生土　傷木　杜木　景火　死土　驚金

又定上中下三局仲孟季

甲子甲午己卯己酉為四仲上元　甲寅甲申己巳己亥為四孟中元　甲辰甲戌己丑己未為四季下元

坎一　坤二　震三　巽四　中五　乾六　兌七
艮八　離九

遁甲通明鈐局起例

遁甲入式從甲己仲上孟中季下傳起神接氣并換局一一從頭細分宣五日六十時中用甲己用仲上局言甲己臨孟為中局用季之時下局言伏吟甲遁

甲上是直符直使亦無偏直符且要時干取直使加宮萬餘辭甲子常遁六戊位甲戌六己甲申六庚前甲午六辛甲辰六壬甲寅六癸悶先賢九星受甲為直符直使八門隨位遷天蓬正北休門一死內西南二位眠傷入三宮上天衝杜巽相輔四宮連五禽寄取西南位乾六開心西北天七宮天柱兼驚位任生八九景英賢九星受甲六儀位乙丙丁是三奇牽陽遁順布六儀位逆布三奇取上先陰局相返六儀逆

更加天地及人元冬至為陽一七四小寒二八五中
傳太寒三九六中布立春八五二中言雨水九六三
中取驚蟄一七四分前春分旺在三九六清明四一
七禁煠穀雨五二八為局立夏四一七精專五二八
中為小滿芒種六三九秋天　夏至為陰九三六小
暑八二五中傳大暑布是七一四立秋二五八相連
處暑一四七中取白露九三六為先秋分上元七一
四寒露六九三無偏霜降五八二中取立冬六九三

思賢小雪中五八二是大雪四七一根源　奇儀九
星相推復莫教錯用顛到顛三奇入墓儀刑擊務使
凶門不可還螣蛇夭矯雀投江諸格相加是凶經詩
象都來六十四包盡人間玄更玄

先從甲已日推連　四仲相逢作上元
四孟為中四季下　各隨節氣辨根源

掌上布局用奇法

且如冬至屬陽謂冬至後陽生故用陽遁冬至天元
上局乃陽遁一局初起於坎一宮日干是甲已臨子
午卯酉為仲用仲即上元也上元一局甲子日半夜
生甲子時歷甲乙丙丁戊已庚七个至日中午時乃
得庚午時此時在甲子旬中陽遁一局甲子同六戊
在坎一宮以天蓬為直符休門為直使於左手寅上
起一宮順行訣曰野馬跳澗走逢寅數到狗一局過
一宮不用亥子丑以寅為坎一卯為坤二辰為震三
已為巽四午為五中央未為乾六申為兑七酉為艮

八戌為離九就寅上順遁六儀六戊在寅六已在卯
六庚在辰六辛在巳六壬在午六癸在未六甲隱於
六儀之下逆布三奇則六丁在申六丙在酉六乙在
戌時干六庚在辰乃為三宮直符以時干取之則天
蓬直符在三宮直使以時支取之從一宮寅子起子
謂庚午時屬甲子寅上有甲子故從寅上起子卯上
丑辰上寅巳上卯午上辰未上巳申上見午乃時支
申為兑七則休門直使在七宮則地盤以定却用掌

上飛跳九宮為天盤正北為坎一宮西南坤二宮正
東為震三宮東南為巽四宮中為五宮飛寄在西南
坤上西北為乾六宮正西為兑七宮此則尊大禹之
洛書九疇文王之後天八卦以直使休門加天盤上
七宮生門在六宮傷門在一宮杜門在八宮景門在
三宮死門在四宮驚門在九宮開門在二宮此八門
直使飛布於天盤也以直符天蓬加時干三宮天任
與六丙臨四宮天衝與六庚臨九宮天輔與六辛在

二宮天英、於丁奇臨七宮兑上有休門是休門合丁
奇在正西也餘做此
夏至後陰宮用陰遁初起九宮自九而八而七而六
而五四三二一也六儀逆布三奇順遁八門亦逆數
也地盤飛定則天盤上與符使奇儀亦定而無易矣
同志者祥之

九星所屬

天內坤土西南二宮 天禽中央土 天柱兑金正西七宮 天心乾金西北六宮
天英離火正南九宮 天禽五中央飛寄坤二 天蓬坎水正北一宮
天輔巽木東南四宮 天衝震木正東三宮 天任艮土東北八宮

九星八門定位

一蓬子上一蓬休 內死推排第二流
更有傷衝并輔杜 不離三四數為頭
禽星死五心開六 柱驚常從七上求
內外任生居八位 九尋英景遇方修

八門應候

休門三十貴人陰衣着藍黄及碧青
出此門三十里見陰貴人或五十里見蛇鼠水物
吉宜和集萬事休門臨九宮水尅火為門迫
生門十五逢公吏官人着皂紫衣巾
出此門十五里逢公吏官人着皂紫衣巾或六十
里見貴人車馬吉宜上官見貴百事吉此門臨一
宮土尅水門迫
傷門三十爭訟起凶人着皂血光腥

此門行三十里有爭訟出血之人若豎立埋葬上官出行逢賊惟宜捕物索債慱戲吉此門臨二宮八宮木尅土門迫凶

杜門二十男女萬絹皂褐碧相從行

此門行二十里見男女同行或六十里見惡人凶惟宜捕捲逃亡斷奸謀之事合日奇主烽火月奇主弓星奇主兩女人着青衣此應三奇神也此門臨二八宮木尅土門迫凶

景門二十驚憂事緋皂衣人宴會賓

此門行二十里有憂驚事或三十里見赤身人及大蛇七十里有水火失物惟宜上書獻策選士吉如起造嫁娶傷家長及小兒臨六七宮火尅金為門迫凶

死門二十逢疾病黃皂衣人見逸逃

此門行二十里逢着疾病或五里內見血光遠行不還家起造嫁娶主老婦亡新婦死只宜刑戮吊喪送葬射獵吉臨一宮土尅水為門迫凶

驚門三十鴉鵲呼官狀相逢六畜特

此門行三十里見鴉鵲官狀六畜抵觸之事或十里內有損傷四十里見二人爭打反吉如無主驚恐凶惟宜慱戲捕捉鬪訟臨四宮金尅木為門迫凶

開門二十陰人至貴人乘馬紫衣襟

此門行二十里見貴人着紫衣騎馬吉或四十里見豬馬逢酒肉吉臨三宮金尅木為門迫凶

十干尅應歌

十干克應有玄微一一皆從時位推六甲貴人端正好

甲為天福陰日青衣婦人陽日青衣男子應三年內得天祿

六乙僧道九流醫

乙為天貴主高賢陽為貴人陰為僧道

六丙飛龍見赤白

丙為天威行逢騎白馬人青衣人應

六丁玉女好容儀

丁為玉女陰中女子物色陽日火女人三七日内克應器

六戊旗鎗并鑼鼓

戊為天武陽日鑼鼓陰日親友歌樂一年内得武人財寶

六己黄衣并白衣

己為明堂陽日黄衣人年内得貴人陰日白衣人一女一男

六庚孝服并兵吏

庚為天刑陽日見兵吏陰日孝白衣四十九日貴人

文字應

六辛禽鳥并鴉飛

辛為天禽主飛禽陽白衣人一年内得財寶

六壬雷霆并分霧雨

壬為天牢千里雷霓陰日皂衣人陽日白衣人女抱瓶七日内進人口

六癸孕婦喜歡歸

癸為天藏陽日捕魚人陰日孕婦六日内得銅鏡

十二支克應定法

子時見女吃物或担酒食等物　丑時見皂衣人騎馬無馬有貴人

寅時見僧道或公吏人担物　卯時見先生或皂衣人四人把棒

辰時見女人着青衣或手有物　巳時見魚子或赤體人担物

午時見担酒物或女人相行　未時見女人担菓或担酒物

申時見飲酒人或送物同行也　酉時見女人説話或有人同伴也

戌時見男女青衣服大凶人也　亥時見公訟人把孝服物也

出入時下克應

時加六甲前開後闔宜行千里四海皆納　此時行一里見婦人懷孕抱青黄吉

時加六乙諸事皆吉興生百倍所求皆得　此時路逢君子術吉

時加六丙適途青寧所求皆遂喜慶　出逢生氣担物吉
時加六丁所事康寧路逢君子永無禍侵　行一里見抱物人至
時加六戊凶神不遇但行一里財物無數　行一里逢犬大吉
時加六己青晨不美所向不吉最行止　出逢叫喚必見口舌
時加六庚抱木而行前有凶惡定遭驚　逢着女子皆不吉
時加六辛逢着鬼神所求不遂禍事來侵　出逢小人買賣遲滯
時加六壬必有凶神欲求且止須必害人　出逢空担疾病尤深
時加六癸諸事進喜逢見僧曾出行無咎　若逢鐵器求財尤利

三奇靜應

經曰陽遁順行前取用陰遁逆行後取用

假令陽一局日中甲子直符在三宮是順取用令丙奇在四宮即月奇到巽來應時中三　奇在直符位上為時初前一位為時中前二位應在時末也

乾乙日奇到乾有着黃衣人至又有纏錢人至

丙奇到乾有披綠衣人至有黑飛禽成雙而至南方產亡大發

丁奇到乾有人執刀斧不然有擔角畜而至三七日進金銀物

坎日奇到坎有着皂衣人至不然有鼓聲應之七日進財後宅有喜

月奇到坎有執杖者不然有黃白鳥從西北方來應六十日進契書大吉若東方火驚大發

星奇到坎有人從南方來抱小兒至更有黑雲至一七日進黑物若西方有人自吊死主大發

艮日奇到艮有人着青衣過往或小兒提鐵器至黑白飛禽一隻東方來應或有提網賣魚人至週年內進人口

月奇到艮有青皂衣人至或小兒啼叫又有呂網賣魚人至或飛禽成雙而至後七日進金銀週年內進白馬大發

星奇到艮有人提文書紙筆至或小兒抱鐵器至應二七日進黃白物一百二十日進人口并文

契

震日奇到震有武士執鎗刀又主雷聲而應或打魚人應或捕獵或小兒成群應一七日進禽物若見産亡大發

月奇到震有網罟賣魚或遊獵人至或小兒成群來一七日進生物週年生貴子若見彼處有雷傷樹大吉

星奇到震有女人成雙至及南方有女人或黑飛

禽成雙至一七日進黄白物頭牲若見南方有殺傷大發

巽日奇到巽有白衣人騎赤馬至不然有小兒至應三年内生貴子進外宅田庄若東方林木枯時大驚大發旺

月奇到巽有小兒樂聲又唱喏聲或南來人有驚事應

星奇到巽有小兒騎牛來或南方有黑雲雨至見

此三七日有横財週年黄腫産死大發

離日奇到離有病眼病脚人或小兒騎牛又黑白禽東方來應一七日進雞猪犬見此方人家有鑿興旺

月奇到離有黄白飛禽成雙而至七日週年進坑畔田旺蚕發

星奇到離有披青衣人至三七日進横財見東方刀兵大發

坤日奇到坤有人成雙弃披孝服及西方雷傷牛馬或皷聲應一七日進鷄猪六十日進文契

月奇到坤有人着皂衣及烏鵲自南北二方至或皷聲應三七日進男女財帛週年進絶户田園

星奇到坤有女人着青皂衣及黑禽至或人担水過三七日獲海物之類北方山崩水破田大發

兑日奇到兑有女人三五個至不然鵲聲鳴報喜應三百日進商音人田土東方馬牛自損發旺

月奇到兑有執杖人東方來又有抱小兒鳴聲至
七日百日週年進人口田地艮坤等西方老者
星奇到兑有人將文書紙筆來或打魚賣網及黃
飛禽至應七日進契書艮坤有卒死時大發

釋三奇貴人昇殿

乙日奇下臨震宮為出日扶桑之地有祿之鄉為貴
人昇於乙卯之殿也

丙日奇下臨離宮為南離火旺之地月照端門之鄉

為貴人昇於丙午之殿

丁星奇下臨兑宮丁見兑為天乙為之神為貴人昇
於丁酉之殿

右開休生三吉門會三奇貴人昇殿之宮門無迫
無刑奇無墓此方出師用兵遠行征討嫁娶起造
謁貴交易百事大吉

占見貴人

休生為上又與三奇全會吉得與相合則大喜悅而

有酒肉財物開門則未見亦利餘門星則不美也

占見與不見

生門有便見也開休未見餘門不吉更得三奇全吉
星為上吉也

占起造法

須得日辰生門全吉在此地基上又上全合吉又日
干無建合為上若修造屋宇中門須得生門合天
禽星此一時在中宮金全生門飛入中宮吉若修

方隅之所須得生在甚時上若全吉在所修之方
上則易下手修之百無忌

占營田有利法

休門生吉禽星於土木之上吉更得三奇及十干見
合則十干有利其餘星不在土木之宮上不利也

占蠶有利法

三吉門合三奇吉宿於金木之宮為吉須要下不尅
上宮不尅門為良若門吉宿星皆不至金土之宮

若更尅正宮星及門為無害也

占盜及逃亡法

六癸為天網若人在網中則不利逃亡若捕盜見獲若上宮六癸一二三四五宮其人過網則可逃之其賊可隱若癸在六七八九宮為網過人頭不利逃亡其賊必被執縛則出天網不得看天網在何宮上可尋蹤而去尋也

占捕獵法

驚死二門若更合三奇吉得為大吉

占病法

凶星凶門加病人生年之干更無救神不可救也凶星上奇門及上下干相救即可死中得生若三吉門合三奇更上下干有合雖病不服藥自可

占晴法

陽星陽干合於陽門之上及有干元帶合則尅日開重晴凶干相合未晴也凶星凶干合凶門更無干元之合定是不晴必有雨也

占行人

伏吟未來反吟來若卦占在四隅宮上為來在四正宮上為未來庚加日干三奇三門相合於行人年干為便到凶星凶門凶干必此人有妨碍未來也

占求財

切忌三吉不得臨於上尅下之宮則事不成若三奇三門合相生旺比和宮之上必事有財喜吉門臨

上尅下者休臨二八金到火木到金宮之類皆為門迫事不成也

占爭訟

景與奇合吉星在利宮不迫則爭訟有氣不如事不吉若驚傷死與凶星合一宮則凶也

三奇尅應

乙奇到乾有黃衣人至不然有纏錢為信日奇乾上足堪誇身着黃衣貌似花更有資財并利物自然

聲價得人嗟
乙奇到坎有皂衣人來手執木棒金器至不然有鼓應七日進財喜人口并色衣來家
乙奇到艮有黑白飛禽二隻從北方來不然有着青皂衣人至及罩網賣魚人來及捕獵人應并三五小皂來應三七日進金寶財帛東方人家有產難時大發
乙奇到震有着青衣至公吏騎馬言官事或四足閙

戰又有雷聲應之
乙奇到巽有白衣人騎馬過及小兒來應週年生貴子進外庄田土主東方林木自枯火驚自縊時大發
乙奇到離有患足目疾人來及擡騎牛過并黑白飛禽一隻從東南方來應三日進猪犬鄰家動瘟火時大發
乙奇到坤有白衣人來應二七日進鷄物六十日進

契書西方雷傷牛馬樹大發
乙奇到兑有三五女人并喜鵲聲應三七日進商音人田土生氣物東方人家牛馬自損方發
丙奇到乾有雙飛禽過并黑衣人來應百日内進女人財物南方女人產死時大發
丙奇到坎有人持杖來有黄白飛禽從西北來應六十日及一百二十日進田契東方火驚大發
丙奇到艮有青衣人過來并小兒啼聲或持鐵器物

來應三七日進青色物一百二十日進人口田地契書
丙奇到震有武士持鎗刀器械春夏秋有雷聲鼓樂聲歌唱聲二七日進生氣物週年内生貴子北方雷打樹大發
丙奇到巽有鼓樂聲及歌唱聲并屠宰人來七日進色衣人財并有貴人到家南方大驚後進契書財物大發

丙奇在離有黄白飛禽成雙來應七日并六十日進横財田蚕契子大發
丙奇到坤有色衣人來應并喜鵲北方來應二七日進南方女人財物週年進户絶田地色衣人上得横財大發
丙奇到兑有人執杖從東方及老婦抱小兒應或鼓樂應一七日内進財帛百日週年進田土艮坤二方有老人死時大發

丁奇到乾有人執刀斧鐵器來不然犄牛畜犧牲應二七日進金銀財帛又主進白生氣之物
丁奇到坎有人抱小兒來及南方有雲雨黑色來應二七日進黑物西北方有人自縊卒暴死時大發
丁奇到艮有人將文書紙筆及小兒持器物應三七日進青黄色物一百二十日進人口契書
丁奇到震有二女人來及禽一隻從南來應七日進黄白物及生酒至東方有殺傷人死時大發

丁奇到巽有小兒騎牛不然南方黑雲雨應三七日進横財添人口北方有人落水及産難時大發
丁奇到离有青衣人來或赤色人應七日進横財添人口有人送酒物主東方有人動刀砍伐時大發
丁奇到坤有龍顔色衣人至及女人挑水應有飛禽來應三七日進水族物北方山崩水破田禾其時大發
丁奇到兑有人將文字紙筆來西方有飛禽聲應及

罩網人來七日進豬鵝二七日進契書坤艮二方有人卒暴死大驚大發

三奇喜怒

乙奇者日奇也到震謂白兎遊宫造作見謁出行吉到巽謂玉兎乘風吉到離謂白兎當陽宜作顯揚煆藥煉丹百事宜良到坤為玉兎暗目又名入墓上官遠行市價還徙修葉用之立見哭殃到兑名曰受制事多不利到乾名玉兎入林上官遠行修

築並吉到坎名玉兎飲泉到艮名玉步青龍百事宜利

丙奇者月奇也到震謂月入雷門架柱修營求達吉慶到巽名火行風起龍神助威到離謂帝旺之鄉但除子午二直符不可急用外其他寅申辰戌用之是良到坤謂子居母腹吉到兌爲鳳凰折翅到乾爲光明不全又名入墓凶不可用到坎謂發生之道事皆宜良到艮名鳳入丹山艮爲山又丙火爍然凶必分矣吉

丁奇者星奇也三奇之中此星最靈六丁本火之精化而成金到震最明若修營此方可用竹篾七箇燃火前引人夫行四步外滅火則興工必有祥應到巽巽爲少女名玉女留神火風成象是也到离水旺而火炎能消爍萬物爆暴不常到坤坤爲地户謂玉女遊地方吉到兌火死金旺之鄉能凶能吉

到乾名火照天門又名玉女遊天門其妙異常之比到艮名玉女遊逢鬼凶到坎名朱雀投江又丁人壬癸鄉威德收藏可慎靜勿顯揚

御定奇門大全卷十一終

御定奇門大全卷之十二

遁甲通明鈐

八門路應法上

休門入生門一八里逢婦下黄上黑或公吏人

休門入傷門四里逢匠人手擎木或棍棒及有皂衣人

休門入杜門五里逢婦人着皂衣人引孩兒行唱歌令

休門入景門一二里九里逢皂衣馱騾馬公吏飛禽

休門入死門十里逢孝服人皂衣并啼哭上黄下黑緑

休門入驚門一里八里逢皂衣公吏人打四足或婦人引孩兒

休入開門十七里逢四足鬬戰打嘆唱皂衣陰人

休入休門二里九里逢皂衣人婦人應同伴聲歌

生門入傷門三里十里逢公吏打棍棒匠工將木行

生入杜門四里十里逢公吏行急嘆說長道短聲

生入景門九里十七里逢勾當人騎騾馬步行隨從人

生入死門十里公吏又逢孝服人或啼哭聲

生入驚門八九里逢公吏赶四足人言訟理

生入開門六里十六里逢勾當人共四足鬬後有事底

生入休門一里十里內逢皂衣人或公吏人應

生入生門八里逢陽人着黄或皂衣公吏勾當

傷入杜門七里逢公匠棍棒或婦人引孩兒

傷入景門一里九里逢工匠棍棒公吏騎馬行

傷入死門二里十二里逢巧匠把棍棒孝子啼哭

傷入驚門驚恐十里逢匠人赶四足或婦人引孩兒

傷入開門五六里逢匠人把棒四足共鬬敵

傷入休門一四五里逢匠勾當公吏人婦人皂衣

傷入生門八里逢巧匠棍棒公吏陽人

傷入傷門三里或六里逢棍棒公吏陽人隨使禮

八門路應法 下

杜杜入死門一里二四里婦人引孩兒及孝服人急唱聲

杜入驚門七里逢唱歌赶四足亦言官訟事

杜入開門五十里逢唱歌赶四足鬭敵打此暗逢應奕

杜入休門十里急唱令又逢皂衣人引孩兒

杜入生門七八里急唱令却是公吏人陽日應奕行

杜入傷門五里逢赤身人言官訟事

杜入杜門四里十四里逢唱令婦人引孩兒

杜入景門一旦九里婦人引孩兒公吏騎騾馬

景入死門二里十二里逢孝子啼哭公吏騎騾馬

景入驚門七里十七里公吏人或騾馬婦人引孩兒

景入開門六里十里公吏或騎馬孝服人啼哭

景入休門一里十里逢皂衣人哭公吏訟言官訟事

景入生門八里十八里逢勾當或公吏騎赶騾馬行

景入傷門三里十三里公吏騎騾馬匠人把棍棒

景入杜門四里逢公吏騎赶騾馬婦人引孩兒

景入景門八九里逢官吏騾馬四足

死入驚門五里十五里逢出血之人大凶

死入開門二十里陰人至貴人乘馬紫衣巾

死入傷休門三十里逢蛇鼠水物吉余物凶

死入生門五里逢陰人疾病着黄衣人應

死入傷門八里逢爭鬧人宜索討財物他皆凶

死入杜門十里男女輩絹帛宜捕捉逃亡斷奸謀

之事
死入景門二十里驚憂事惟宜投書獻策
死入死門八二里十二里逢喪葬不吉遠行不歸
大凶
驚入開門五六里十里婦人引孩兒或言官訟事
驚入休門三里十里婦人着青衣亦言官訟事
驚入生門八里十八里婦人引孩兒陽人赶四足
驚入傷門三里十里婦人引孩兒巧匠把棍棒

驚入杜門四里十四里婦人引孩兒或唱赶四足
驚入死門一二里十里婦人或四足更孝服哭聲
驚入驚門七八里逢小兒或四足言官訟事
驚入景門九里有婦人公吏騎馬行言官訟事
開入休門一二里十里逢四足閑婦人着皂衣
開入生門八里十八里逢婦人共四足或陽人言
官訟事
開入傷門三里十三里逢婦人共四足或匠人把

棍棒
開入杜門四里十四里急唱四足閑陽人言官訟
事
開入景開門九里十里逢人騎馬或四足閑戰
開入死門五里逢生肉或腥物上黑下黃
開入驚門七里十七里婦人引孩兒公吏言官訟
事
開入開門五六里十里逢人共四足閑鬧敵或打

四足
九星吉凶所主
蓬屬水　任屬土　衝屬木　輔屬木　英屬火
内屬土　禽屬土　柱屬金　心屬金
輔禽心為上吉將衝任小吉理須明大凶天蓬與天
内小凶天柱及天英更論五行旺相氣吉凶輕重
自然分大凶旺相凶却小〻凶旺相號中平吉星
旺相吉無比若還無氣也中平

假如陽一局上元甲子日丙寅時天蓬加八宮時下
得天任星丁卯加天柱為小凶星
天蓬宜安邊田主保守家國修城池不宜婚姻移徙
鬪爭入宮及修宮室春夏吉秋冬凶若加八宮在
四季月或戊己辰戌丑未日有黃雲氣從東北來
或西南來助一陣戰大勝利為主加九宮或壬癸
亥子日有黑雲氣從北方來助一戰大勝利為客
天蓬之宿主熒明固壘安邊宜守城不擊時中如若

用似同皎月出群星
天任宜請謁慶賀進財求官陳訴立國見貴將兵四
時吉婚姻宜子孫移徙築室凶
天任之宿照其身改用遷移見貴人任意所求皆吉
慶災殃自去福來臻
若加三宮冬夏月或甲乙寅卯日有青雲氣從正
東或南來助一戰大勝利為主若加一宮在季月
或戊己辰戌丑未日有黃雲從東北或西南來助

一戰大勝利為客
天衝宜出師擒執不宜嫁娶遷移築室祠禱市出師
春夏勝秋冬無功
天衝轉震主驚惶積善由來未可當出師攢兵從此
去萬人難戰一人當
若加六七宮在季下及秋月或庚辛申酉日有白
雲從西北來助一戰大勝秋利為主加六宮或冬
春月有甲乙寅卯日有青雲從東來助一戰大勝

利為客
天輔宜蘊身修道設教修理出入造作治病拜官迎
恩作商筵會改堂將兵春夏勝嫁娶多子孫作事
皆吉春夏用之喜有時下得此有罪者必釋
天沖日輔掃天雲煙靄重重曉曉然萬事斷成時用
事人生富貴得長年
論用兵利主客與天衝同斷
天英宜出入遠行嫁娶謁公卿不宜出兵移徙築室

祭祀商賈皆不利也

天英皎皎月團圓照耀無私衆可觀千里往來觀聚會佳期榮祿足看觀

加一宮在秋冬月或壬癸日亥子日有黑雲氣從北來助戰利主加七宮在春夏月或丙丁巳午日有赤雲氣從正東或東南來助戰大勝利客

天內宜受道交友下穴嫁娶移徙築室秋冬吉春夏凶

天內文星號貴人時宜發解定科名修工出入皆大吉遠譽榮華萬里名

論利主客與前天任同

天柱宜隱跡藏形嫁娶修造祭禮藏窖出入不宜還從入官市賈用兵主傷敗

天柱比和主隱藏貴人起接喜惶惶也兵固守須為吉若是行兵主敗傷

加九宮在春夏月或丙丁巳午日有赤雲氣從東來照戰利為主加三宮在季下并秋月或庚辛申酉日有白雲從西北來照戰利為客

天心宜治病合藥針灸將兵秋東勝春夏不利婚姻入官築室祭禮商賈秋冬吉春夏凶利見君子不利見小人更宜求神奏章

天心辰患若臨身治病還須告鬼神更宜志誠修藥餌所為吉祥禍無侵

論利主客皆與前天柱同

天禽宜祭禮求福治病合藥賞功封爵遷移入官市賈嫁娶出入俱吉將兵四時皆吉不戰用謀敵斷決郡凶人畏伏

天心一宿與天禽二宿文起反貴神若是所求如用此榮名遠譽保安身

論利主客與前天任內皆同

九星旺與我生月相與同類月死於我生月囚於官鬼月休於妻財月假令逆水星旺於寅卯月相於

亥子月死於申酉月囚於辰巳丑未月休於巳午
月餘倣此
由是推之先排九宮於掌上
坎一坤二震三巽四中五乾六兌七艮八離九乃飛
跳九宮為天盤也以寅為坎一卯為坤二辰為震三
巳為巽四午為中五未為乾六申為兌七酉為艮八
戌為離九此則野馬跳澗走之法名遁九宮以應地
盤也

次分八卦於其中
離南坎北震東兌西坤西南乾西北巽東南艮東北
此是天之八卦也
縱橫十五錯綜三元
按神禹洛書之數九前一後三左七右四前左二前
右八後左六後右五居中所以配九宮之數而縱橫
十五也一宮分三氣分三元仍以天地人三元作下
中上三局而錯綜用之也

將八卦以分節接每節而統三氣
冬至在坎立春在艮春分在震立夏在巽夏至在离
立秋在坤秋分在兌立冬在乾此八節分於八卦也
冬至統小寒起坎一宮立春統於雨水驚蟄起艮八
宮春分統清明穀雨起震三宮立夏統小滿芒種起
巽四宮夏至統小暑大暑起離九宮立秋統處暑白
露起坤二宮秋分統寒露霜降起兌七宮立冬統小
雪大雪起乾六宮是每節統三氣也

定一氣三局一局五日法
按歷書法一年二十四氣一氣十五日五日一局是
一氣三局而一局五日也如甲己為符頭歷甲乙丙
丁戊五日為一局自己又為符頭歷庚辛壬癸五日
為一局至二十日戊申十五重用大雪奇局所謂閏
奇也雖十七日乙巳交冬至節然閏奇未滿合從
二十一日己酉方用冬至節上奇局是之謂接自閏
奇奇之後一向用接接者閏奇也閏奇者非閏月乃

重疊用奇也

仲上局孟中季夏下識中閒天地人元子午卯酉四支日為仲如甲己二干臨子午卯酉謂甲子甲午己卯己酉為上局也寅申巳亥四支日為孟如甲己二干臨寅申巳亥謂甲寅甲申己巳己亥為中局也辰戌丑未四支日為季甲己二干臨辰戌丑未謂甲辰甲戌己丑己未為下局也上中下三局依節氣而分天地人三元如冬至為天元小寒為地

元大寒為人元夏至為人元小暑為地元大暑為天元陰陽順逆類倣此超月過神旬之餘當以閏奇為貴二至之前陽終陰續無節氣之相代故立閏畢其餘為折局補局之法乃超節閏奇之例

凡超神謂節未至而甲己符頭先至若先用奇局至十二日之後方遇節當用置閏之法如冬至〻以甲己日半夜起甲子時

一日十二辰時足而三奇已之遍九宮矣

逢甲己為符頭當超神而接氣符速節遲超神看甲己臨在何支凡遇甲己日辰至則為換局之首乃用超神接氣之法謂甲己日辰先至而節氣為至合用超神之法如某年十一月初六日庚子冬至却在己亥符頭乃冬至中局管十月二十九日甲午己屬冬至上局管何也蓋十月二十四日己丑屬大雪下局至二十八日癸巳已滿則二十九日甲午當超冬至上局分一七四也便於一宮起冬至

奇初六日交節已換先用過六日矣是謂之超

節前符後接氣驗日辰何臨甲己

凡遇甲己日辰到來即當換局緣節氣先至而甲己日辰未至乃用節氣之法如某年十一月初二日庚寅交大雪十月二十一日己卯已起大雪上局自己卯至庚寅已過旬余初一日己丑大雪下局初五日癸巳下局已終無再超之理當用冬至閏月者向自初六日甲午以芒種陽氣已終遇夏至陰生當用陰

局夏至又大雪陰氣已終遇冬至陽生當用陽局故謂芒種及大雪節內超神過十三日之後而有置閏之法閏奇十五日後方用正局如閏奇之後下局未滿已交夏至之節仍待下局已終方用正局符頭以接其氣所謂折局補局也

子午東部屬冬至後陽局已定

子為坎位冬至後在坎歷坎艮震巽四卦十二氣一百八十二日六十二分半在子午之東部屬陽氣用

事惟用陽遁

子午西部屬夏至後陰遁無移

午為離位夏至後在離歷離坤兌乾四卦十二氣一百八十二日六十二分半在子午之西部屬陰氣用事惟用陰遁則時干六乙在離九是天蓬直符在九宮也以天蓬在離則天任在坤天衝在兌天輔在乾天英在坎天內在艮天柱在震天心在巽

尋直使於時支

時支住處為直使起首如陽一局甲己日乙丑時以休門為直使乙丑時則時支丑在坤二休門直使在二宮也以休門在坤則生門在兌開門在離是休門合天盤上丙奇在西南二宮也

先遁五子之元

如甲子日半夜起甲子時乙庚日半夜起丙子時丙辛日半夜起戊子時丁壬日半夜起庚子時戊癸日半夜起壬子時訣曰

甲己還生甲乙庚丙作初丙辛生戊子丁壬庚子居戊癸何方起壬子是真途是也

次尋六甲之首

六甲謂甲子甲戌甲申甲午甲辰甲寅也九五百四十

陽局順由一而之九

九遇陽局則自坎一宮而至坤二宮震三宮巽四宮中五乾六兌七艮八離九順飛九宮而尋局面也

陰遁逆自九而達一

凡遇陰局則自離九宮而至艮八宮兌七乾六中五巽四震三坤二坎一逆飛九宮而尋局面也

認取九宮安九星而為直符

如坎一宮為一局則以天蓬星為直符天蓬一宮天內二宮天衝三宮天輔四宮天禽五宮天心六宮天柱七宮天任八宮天英九宮此九宮安九星之法也分配八卦

分配八卦列八門而作直使

如西北乾上則以開門為直使開門在乾休門在坎生門在艮傷門在震杜門在巽景門在離死門在坤驚門在兌此八卦八門之定位也

遣直符於時干

時干住處為直符起首如陽一局甲己日乙丑時十二時在六甲旬頭之下本時直符以六甲取之見此時係甲子旬頭也

六儀為則本與六甲之同名

六儀則戊己庚辛壬癸也甲子常同六戊甲戌常同六己甲申常同六庚甲午常同六辛甲辰常同六壬甲寅常同六癸六甲隱於六儀之下故曰同名

三奇取象猶配三光之照臨

三奇乙丙丁也天有三奇日月星地有三奇乙丙丁乙為日奇丙為月奇丁為星奇此三奇配於日月星之光也

六儀則戊己庚辛壬癸三奇則乙日丙月丁星

以戊己庚辛壬癸常同六甲旬頭號為六儀以乙丙丁配天上日月星號為三奇凡日用有為常從三奇合開休生三門出入為大吉則百事可舉

陽遁也出儀順行奇則逆布陰遁也儀逆布奇却順行

陽遁六儀順布自一而之九三奇逆布自九而之陰遁六儀逆行自九而之一三奇順布自一而之九按

之數分順逆而飛跳九宮也

順焉從直符而順飛於九宮

陽遁一局甲子六戊直符在坎一宮甲戌同六已在坤二甲申同六庚在震三甲午同六辛在巽四甲辰同六壬在中五飛寄在二宮坤上甲寅同六癸在乾六乙奇在九宮丙奇在八宮丁奇在七宮也

逆焉由直符而逆於八卦

陰遁九局甲子六戊直符在離九宮甲戌六已在艮八甲申六庚在兌七甲午六辛在乾六甲辰六壬在中五飛寄在坤二甲寅六癸在巽四乙奇在坎一丙奇在坤二丁奇在震三是也

上飛天盤按天道運於行時候下例地盤由地道安靜而不移遁甲三層上層象天為天盤下層象地為地盤中層象人列八門以應八方

天盤九星分共奇儀一時一易地盤九星另與奇儀五日方儀移天盤九星每一箇時三奇六儀八門皆

移一位地盤九星每一局五日六十時足與三奇六儀八門方換一局可見天道運行地盤安靜也

天盤臨地審吉凶之消長地盤加天知休咎之盈虧

天盤上直符與三奇六儀加臨地盤上三奇六儀以知天之休咎吉凶消長休咎盈虧詳見下文

天上甲子臨甲此號為伏

天盤子集臨地盤子上為伏吟此時不宜用兵宜收身斂財九六甲之時門符臨本宮皆為伏吟

天上天蓬遇天英斯稱為返

天盤天坎加地盤上離為返吟不利舉兵動衆利散恤倉廩之事門符加衝宮皆為返吟

開居乾上伏吟咎生臨死地返吟凶

如開門見乾則八門皆臨本位故為門伏生門坤上則八門臨衝方故為返吟伏吟俱不利雖合三奇不宜舉動

吉門合於三奇方舉動皆利

開休生三吉門更得三奇又合九天九地六合太陰之位乃為三詐之宮可以揚兵動衆剋敵致勝而舉造百事也

奇門嫌入墓迫乃所作非宜

凡九星三奇八門入墓吉門受迫皆不可舉百事雖有奇門亦皆凶也

奇臨本庫為三奇之入墓

如木墓在未乙未時乙奇入墓火墓在戌丙戌丁亥時丙丁入木乙奇臨坤丙丁臨乾是為三奇入墓也

門制其宮為八門之受迫

門制其宮為門迫宮制其門為宮迫吉門迫則吉事不成凶門被迫則凶災尤甚也

奇門發用

十二支辰連八卦神殺相似無蹤跡人人默奚盡皆知個個說來言總怕欲求年月利修方金神劫煞急身惶血叉飛廉劍鋒煞毒火刀兵并大血無端蚕室與流財一坐三年方不脫人間吉急切要修營爭柰其方多惡星逃山羅睺空亡占官符燥火及亭亭轉運行術難可準寶曜滕雲未必靈帝星年月六壬好雷霆合氣吉星到須劫守到通利時日月蹉跎難可保遁甲奇門說與君天關只在掌中輪六甲直符與直使三奇出處布諸門奇到門通無不利管甚官符并太歲日月星辰照下來惡

煞凶星皆拱避飛到九宮皆有驗爭柰時人會者希多有遇人心不伏只道主人福相隨出兵戰鬪尚合功始信神仙玄妙通不用書符并撒土但將此訣掌中輪若有時師明得者方信奇門不悞人

超神接氣閏奇起例

陰陽二遁原洪造超神節未奇先到接則節先奇後來超神接氣通玄妙二至之前有閏奇此奇累日疊成之陽極陰中終無後奇節門因此露真奇

夫超奇之後置閏々奇之後有接々之後有正々之後復超々奇帝多九過超十日則閏每於芒種大雪二節內驗超日多少定之閏者重使前一節局也假令癸未年十一月初十日大雪節庚申則超過十一日合於此置閏十四日甲子仍舊用大雪節謂之閏奇直至二十九日己卯方是冬至上局即是節先到而奇後來謂之接氣此一向用接奇直接到甲子己卯甲午己酉日節氣到謂之正奇至

如第二年十二月初六日庚辰冬至纔過一日謂之超奇自此已後一向用超奇超滿後復置閏周而復始無有盡期以此其故名奇門

御定奇門大全十二終

御定奇門大全卷之十三

遁甲通明鈴

奇門超接正閏秘旨

超者越也神者日辰也接者承接也氣者節氣也謂有未得立夏九日則預先甲子下超先用立夏中局自甲戌以下用立夏下局此先得奇而後得節而日速此謂之超神

接氣

淳祐七年二月二日丁未交清明節二十四日己酉方是清明上局奇此先得節而得後奇為遲此謂之接氣故其月二十二日是丁未戊申仍用春分下元此是以得本節而奇星尚用前節也

正受

淳祐七年丁未六月二十八日己酉交立秋節正值日辰與氣同到其日即合使用立秋上局此謂之正受換奇皆用甲子日換也

閏奇

閏奇非謂閏月重疊用奇也或二至之節未便值甲己四而日辰於是重疊用二節：前氣之奇故謂之閏奇也然見諸節皆有節先至而甲己未至者故謂而閏大雪與芒種而節乎盖芒種以後夏至節氣陰局大雪以後冬至起陽局所以須閏奇以補其節之餘也如仲日先至而二至之節後來即無閏奇矣其理乃天地之成類也五年餘三十日

每年餘六日五年餘三十日故歲再閏奏定成數所以奇法兩閏亦有三十日也此矣與天地日月同流依天地日月以定閏四時非他文也

又說閏奇定例

且如淳祐六年丙午閏四月初一日己丑至初五日癸巳用小滿下局奇終而四月初六日甲午起先用芒種上局奇矣其四月十五日癸卯方交芒種節然日辰以先來十日而借用之其閏四月初六日甲午至初十日戊戌用芒種上局十一日己亥至十五日癸卯先借中局其十五日須得芒種節然辰超越過之其閏四月十六日甲辰至二十日戊申用芒種下局奇而芒種前三日小滿至五月初一日戊午方交夏至節宜候初七日甲子方得夏至上局其閏四月二十一日己酉至五月六日尚餘一十五日所以令再閏芒種節上中下三局奇星故謂之閏奇也於是從閏四月二十一日己

酉至二十五日癸丑用芒種上局二十六日甲寅至五月初一日戊午再用芒種中局奇後初二日己未日至初六日癸亥用芒種下局此閏奇之終也從五月初七日甲子則入夏至節陰局矣

又如淳祐七年丁未十一月十七日丙寅交冬至節則十一月十五日甲子以起用冬至廿上局奇矣其大雪節為甲己所拘所以不用有閏凡是閏奇只在夏至前用之永不在冬至後亦不在閏月之

例內若然淳祐六年丙午夏至節四月立例其他閏奇月不閏奇也凡閏奇只在芒種大雪之前

頌曰

九宮八卦合為圖何以皆名遁甲乎遁取六干藏六戊六儀所以號陰符陽氣九數陰戊六陽九秉陰天上宿陰戊凝陰也下門表裏相生成一局

陰陽二遁原洪造時未節遲奇先到遲時交節奇後來超神接氣通玄奧四仲未到節先來本節端然

天柱字子韋 星七宮梁州 天任字子忠 星八宮袞州

天英字子然 星九宮楊州 謂之天上九星布於九地也

中有八門常轉移

九宮之上又有八門分從八卦以應八方則開門在乾休門坎生門艮傷門震杜門巽景門離死門坤驚門兌常隨天乙飛之九宮天乙即直符也

二遁三元當月局

冬至後為陽遁夏至後為陰遁各行天地人三元而

遁奇之有閏與歲之有閏名雖同而理則異蓋歲三閏者積日之餘以閏月奇之閏積時之餘以閏日月則餘日三旬閏奇則十五日已積時而起自正受之日以積餘時積餘十二時則起一日矣即起日已用節氣起之已盡十日則近於二至二至者陰陽順逆之始終也於是用其終以成閏奇所以終前氣逆順之奇也既閏之後陰陽必皆始終也接氣以成已來之節亦近十日每節漸消〻日盡

要剪裁雖然移節以交氣柰死緣四仲未胳胎四仲先來節後至超用合來之節氣有時超節過旬餘門屬時乃奇屬日奇嫌入墓門嫌迫墓宮三位有消息門剋本宮為彰隔時干剋日為損明六儀交刑為摩擊天網日時之死凶更忌支神返伏吟神煞陰陽消與息本宮凶消息為吉以凶助吉蓋回之近福致祥皆堪日

超神正閏篇

節氣雖緣新節以交過去緣舊節未足裁日先來節後至超用未來之節氣有超無越過旬餘所以積餘成閏歲二至之前有閏奇以後節々疊成局陰終陽始無氣節故立此法續其積

天有九星分九地

天蓬字子禽　星一宮冀州　天內字子成　星二宮荊州

天衝字子翹　星三宮青州　天輔字子卿　星四宮徐州

天禽字子宮　星五宮豫州　天心字子囊　星六宮雍州

而成正受之後必漸盈積盈積而成日逐先用日以超神每節漸至漸增至極而成超越亦近十日又極陰陽之極於是以成閏奇蓋超神十日正受十日接氣十日而奇閏之理足以超神盡而接氣皆以成正受內中判而消息其意如此

又奇門超神接氣法

陰陽二遁原洪造節遲奇速日先到節速奇遲日後來超神接氣通玄與日後來節先至還用過去之上當用之局節氣也

順逆三奇與六儀

陽遁逆布三奇順布六儀陰遁順布三奇逆布六儀逐宮而遍之九宮故乙丙丁為三奇六甲為六儀冬至始於陽遁天元上一局甲己日半夜生甲子時此時天英乙奇在九宮天任丙奇在八宮天柱丁奇在七宮謂之三奇逆布甲子與六戊在一宮甲戌與六己在二宮甲申為六庚在三宮甲午與六辛在四宮

甲辰與六壬在五宮甲寅與六癸在六宮謂之六儀順布而五日一局終矣夏至陰遁人元上九局甲己日半夜亦起甲子時此時天蓬乙奇在一宮天內丙奇在二宮天衝丁奇在三宮謂之順布三奇甲子六戊在九宮甲戌六己在八宮甲申六庚在七宮甲午六辛在六宮甲辰六壬在五宮甲寅六癸在四宮謂之六儀逆布而五日一局終矣故二遁各隨六甲所得之星為直符所得之門為直使用遁之法也

直符直使加宮干

九星受本時旬頭上六甲者為直符八門同本宮所得之九星者為直使直符尋時干住處起直使尋時支住處起先從三奇乙丙丁後之六儀戊己庚辛壬癸行陰陽二遁皆以地盤為準也

方在消詳辨興衰

直符隨時干直使隨時支已辨興衰亦隨六甲之首所得之門陽遁以少之多陰遁以多之少飛行九宮

正時之宮以五行衰旺之定吉凶也

勝地要當推處所天乙宮中更勿疑

天乙則總於九宮即從六甲之行分於二遁且直符直使本同宮而異位九星從於時干八門行於九宮九局終五時合會而同行五宮遇交換之甲後復還本位總謂之天乙若直符直使所至之宮皆利宜背之擊其冲百戰百勝謂之第一勝

九天生門此日吉從強擊弱震兵威

陽遁直符前一宮為九天陰遁直符後一宮為九天經云九天之上可以揚兵生門之方宜背之而擊死門則大勝也八門直使之宮與生門不可擊之此行軍之三勝地也

直使之門地遁為五不擊之處莫施為

九星為直符直使則當用門即天乙之宮也陽遁直符後二宮為九地一不擊天乙宮二不擊九天宮三不擊生門宮四不擊九地宮五不擊直使宮此不擊

之地宜背之而大勝也

藏伏最宜居九地

九地之下最宜伏藏人不見形影也

六合逃亡路坦夷

陽遁直符前三宮為六合陰遁直符後三宮為六合六合之下利逃亡神靈幽護之人不見逃者之形影也

三奇出方萬事事吉但能依此免迍危

天上三奇日月星地下三奇乙丙丁更合開休生三吉奇門利為萬事經曰乘三奇出三奇敵之必勝以此時出三奇得三奇其遁甚良可志心而自天祐之矣如乙奇得甲戌甲午為得使丙奇得甲子甲申為得使丁奇得甲辰甲寅為得使陽遁一局甲子日癸酉時天蓬直符加六宮休門直使歸一宮則休門下有丙為月奇臨甲子在一宮謂之丙奇得使陰遁九遁局甲己日癸酉時天英直符加四宮景門直使歸

九宮則開門下有乙為日奇臨甲午在六宮謂之乙奇得使經曰三奇所使九益甚良者也

生門合月加六丁天遁華蓋乘日精

丙為月奇生門合丙為月奇加於六丁為天遁也陽遁四局乙庚日乙酉時天心直符加三宮開門直使加七宮則生門合丙加一宮臨丁星奇故曰生門合六丙為天遁而得華蓋也

開門合乙加於巳地遁紫微方最靈

陽遁八局乙庚日乙酉時天蓬直符加七宮休門直使加二宮開門合乙加巳於九宮為地遁經曰開門合乙為地遁方神靈最驗凡隱遁逃亡能避於華蓋紫微宮也

休與星奇合丁乙人遁太陰能蔽形

蔽者閉也言其位能閉藏身形也陽遁七局乙庚日丙子時天任直符加五宮生門直使加一宮休門合六丁星奇在天心直符前二位六合太陰之下故經

曰休門合六丁為星奇合陽遁直符前二位陰遁直符後二位於太陰之下以為人遁得太陰之氣而所蔽形體也

斗之三奇六儀利玉女門中遇吉星

若要知玉女之門須要知六丁所在而六儀所之則玉女守門時陽遁一局則六丁在七宮則甲子有丁卯以庚午而之甲戌有丁丑以己卯而之甲申有丁亥以戊子而之甲午有丁酉以丁酉而之甲辰有丁

未以丙午而之甲寅有丁巳以乙卯而予之陰遁九局六丁在三宮與陽同經曰斗之有三奇遊六儀利以陰私會合之事諸遁以陽遁陰遁而之九宮則玉女守門時也

斯遁通明符聖德天乙之宮合帝庭

六儀之時以乙丙丁戊庚丁巳之玉女守門户以日為天乙所之貴人玉女之術非常人之用宜秘之不可妄傳

玉女常居干四維予日在庚順求之且如丑日辛干上寅日從乾逐位移遁甲玉女之時玉女方常居八干四維乾艮巽坤也凡諸遁甲出入宜用玉女為吉也

天門子丑及於寅三日俱來丙上論卯辰巳往庚方去午未申從壬子逵酉戌亥來居甲上行軍宜利息沾恩

凡欲入軍陣先乘青龍歷逢星過明堂逵太陰出天門入地户步斗罡伏天藏一可當百將士俱沾恩也

地户子丑乙寅庚卯辰丁位巳居壬午未在辛申臨甲酉戌癸位丙亥尋

凡欲謁貴人事大體重必先乘青龍歷逢星過明堂出天門入地户逵太陰推玉女方而無不遂意也

時加六合言開合六甲雖同用不同

言開時利陽合時利陰也

陽星加時攻戰吉陰星開合所為凶蓬任衝輔禽陽

宿英柱内心陰氣濃

天蓬天任天衝天輔天禽屬陽星天英天柱天内天心屬陰星遁之乾道之亨易曰開户乾而有生生之變成天下之務甲巳之日甲戌時丁壬之日甲辰時合天輔時利以揚兵可以先起天心時可以應後天任時利以破城合天蓬天内天柱天英可以固守城池吉天英天柱天心為陰星合甲申甲寅甲子甲午合宜固守不可舉動陰遁之時天禽為坤之合包萬

物藏形易曰合戶謂坤不彰揚事惟固兵因而自勝也

孟加形門難出入惟宜隱匿莫當鋒

甲寅甲申時為孟合陽星陽氣在內合陰星陰氣在外利以固守城寨謀畫計畧不成不可舉兵出入敗兵必矣

四仲甲時陽在內堅守藏兵主自雄

甲子甲午時合陽星利以為主後應即吉故陽星合

時星陽氣在內可以固城不可遠出陰星合時為開格其刑在門不可出兵惟利守固陰謀自勝吉利也

四季甲時陽在外不可揚兵立大功

甲辰甲戌合內星天英天柱天心天禽星為吉不用合天蓬天任天衝天輔天禽為半開半合甲午為主人命甲辰甲戌合陽星可以遠行揚兵動衆為客合陰星且宜逆閉為客大勝為主大敗故六甲之時但陽星合孟甲內開外闔仲甲半開半闔季甲俱開陰

星合孟甲合仲甲內開外闔季甲外大開內半開陽開利主闔則固守開則揚兵故經云能知三甲一開一闔不知三甲六甲盡闔故甲辰甲戌為飛甲子甲午為天甲寅甲申為地甲乙青龍上將居之陽利客陰利主時應於乾為天則九天之上可以揚兵故六甲分為主客之道也

時加六乙為天德決勝推雄向此中

經云時加六乙與神俱出行來恍惚日奇之下利以

揚兵以安軍鼓者也

六丙天威無不利敵人亡敗莫爭功

一云敵亡不得向前故六丙所加若大勝不逐敵人六丙之時萬兵莫往彼若王侯故丙為火有大威勢之兵若經金雖剛勁而不能勝大故象云而賊為葬敵人以金赴火故賊退也故齊軍入魏而孫臏能滅之術魏軍趣利而龐涓用金不料得失於馬陵故故孫臏能火計故遁甲經云威德之利時以為主客

人不利六丙之時威勢相隨明堂之下聚衆安營也
六丁潛形名玉女此時征戰必亨通
六丁之時出幽入冥至老不行丁為星奇玉女當時刀酒臨頭尤不驚疑謂之三奇之靈六甲之陰其下可以伏兵故六丁之下潛伏莫見形也
六戊乘龍與奇合遠出揚兵獲寇戎
六戊為龍可從三奇門出兵大勝百勝百尅六戊之時乘龍萬里縱有狂徒莫敢呵止天威之下利以遠行軍門之中宜以出入故經曰六戊為天門則軍門亦在其上

六己明堂宜秘密偷營劫寨可潛踪
六己之下利以陰謀出處人莫見形經云六合之下可以潛形地戶之下小將居之六己明堂惟宜隱伏偷狒劫營寨也
六庚之時殺氣橫若営攻擊禍先萌
六庚之時抱木而行强有出者必見鬬爭天獄之下各衆斬砍揚兵遠出禍先萌災故經云六庚為天獄可以寧衆軍旅行刑罰也
六辛行師多失律莫將容易引軍行
時加六辛行逢死人强有出者罪將其身惟宜判辜治事天庭之上宜停積軍粮利居六辛之下聚積軍備以治事决罪而也
六壬之地多凶咎若有施為必損兵
時加六壬為吏所禁强有出者非禍將臨此時不可遠行出入百事皆凶壬為天牢可以積斂擊囚故經云六壬為天牢可以積斂擊囚聚備軍食而已

時加六癸為天網惟利逃亡不利貞
六癸之時衆人莫視不知六癸出門則死六癸為終陰之德原其包藏萬物神通變應以為天藏華蓋可以藏軍避兇人不得見六癸屬坤主地曰軍府故經曰九地之下利以逃亡六癸之下利以伏兵逃亡隱形也

青龍返首甲加丙

假如陽遁一局甲巳日丙寅時天蓬直符加八宫休門直使加三宫天上六戊合地下六丙在艮又得開門謂之青龍返首時最利出行舉造百事也

飛鳥跌穴丙加甲

假令陰遁八局甲巳日癸酉時以天任直符加三宫生門直使加八宫天上丙合地下戊在艮又得生門又如陽遁一局癸酉時天蓬直符加六宫休門直使加一宫天上丙合地下戊皆為飛鳥跌穴大吉之時出軍謁貴出行造葬百事順快

更若從生而擊死必然大勝立功名

冬至陽遁一局天蓬為直符休門直使加三宫生門四宫死門六宫癸酉時生門八宫死門二宫此二時從生門擊死門大勝

朱雀入江丁加癸

六丁之時加六癸陽遁一局丁丑時天内直符加七宫天上丁加地下癸在六宫謂朱雀入水江也此時大凶

螣蛇跃蹻癸加丁

陽遁七局癸未時天任直符加三宫天上癸臨地下丁在四宫謂之螣蛇蚨蟜之時大凶

若遇此時凶惡甚莫倚門奇錯用兵

莫倚奇門强戰争癸入丁丁入癸强戰争值此二時縱有奇門亦災凶也

六乙加辛龍逃走

陽遁四局乙未時天柱直符加三宫乙奇在七宫臨辛謂之青龍逃走此時百事大凶

六辛加乙虎猖狂縱有奇門亦難用切須息莫愴忙

陽遁二局辛巳時天衡直符加五宫六辛臨一宫六乙謂之白虎猖狂六辛入六乙六乙入六辛此時大凶縱得奇門不可用也

日干若被庚加首伏干之格主多凶

陽遁五局丙午日丁酉時甲午直符在二宮地下丙在三宮以天上庚來加之謂之庚加今日之干名曰伏干格大利客不利主敗之

今日之干加六庚飛干之格主人亨

陽遁五局甲巳日庚午時天禽直符加七宮即日干六甲下臨七宮庚上名飛干格此時開戰主客兩傷皆不利也

六庚加符不利主伏干之格事相辜

庚來直符為伏宮格不利主謂陽遁八局壬申時甲子直符天任在八宮天上庚加八宮直符上謂之伏宮格此時尊者敗不利主大利客也

又名太乙白格天乙主將令朝定失途

謂天上六庚為太白主兵器來侵天上六庚今日直符宮名曰太白與天乙格

符加六庚宮不利飛宮之格莫輕謀

今日直符加庚為飛宮格也謂不利客陽九局庚午時天英直符加二宮庚上謂之飛宮格也此時甲者凶不利客為先攻者敗之也

又名天乙格太白若有師陳將必徂

直符為天乙主先攻敗謂天上直符加地下六庚名曰天乙與太白格且如今日之使加六庚名天乙與太白格不利為客先攻必敗陰遁九局庚午時天英直符為天乙而臨七宮庚上謂之天乙與太白格不

利客先主敗者也

天乙之氣貴人并臨庚戰野敗精兵

天乙謂當旬直使也陽一局巳巳時天衝甲申庚臨六宮休門直使同居謂天乙貴人而併臨六庚乃臨兵革戰于野不利惟宜守固吉

太白復臨天乙位國中格鬬失英雄

太白謂天上六庚也陰遁一局巳巳時天蓬直符在九宮甲申庚臨五宮休門直使同居謂太白臨貴人

之位也乃太白與天乙格此時用兵必至亡國也
太白入熒庚加丙
陽遁一局丙戌時天上庚加地下丙天衝直符加丙于八宮謂之太白入熒惑宮此時必至退敗也
熒投太白丙加庚
丙入庚、、入丙總遇奇門亦不可出兵謂陽遁一局丙寅時天蓬直符加丙在八宮休與丙臨三宮此時不可入敵地總合奇門不可用兵也皆凶

二時主客皆不利莫倚奇門强戰爭
丙入庚、、入丙此二時主客皆不利為金入火時外兵來侵火入金宮先敗後勝在消息而用之
占賊若來庚入後火
庚為太白火乃丙寄居庚入丙時即太白入熒惑也此時對敵宜防賊來夏至中元陰遁三局乙庚日平旦戊寅時六庚在一宮以天內直符加干於三宮即六庚下臨六丙於二宮也天上庚加地下丙金入火其賊必來也
火入金宮賊退聲
丙為火金為庚若丙入庚時即熒惑入太白也此時白賊必當退避不來也陰遁六局甲己日丙寅時六丙在八宮以直符天心加時干即六丙下臨六庚於四宮也天上丙加地下庚火入金宮賊必退也
庚加六乙為刑格一切凶神不可行
大寒上元陽遁三局甲己日丙寅時六庚在五宮以

直符天衝在時干六丙於一宮即六庚下臨六己於四宮謂之天上六庚臨地下六己名曰刑格故甲與己合陰陽夫婦之道而庚臨乙則金能克木此時用兵主車破馬死士卒亡于中道也
天地大格庚加癸此時輒輙取亂崢嶸
庚兵之氣鬼藏萬物之形故於癸中藏於坤不可用事舉兵經云天上六庚臨地下六癸名曰天地大格此時不可舉動用不利求望不得遺亡者不可求謁

人即不在秋分下元陰遁四局甲己日丙寅時此六庚在二宮以直符天輔加時干六丙於六宮即六癸下臨二宮六庚也

庚加歲干名歲格

如己酉年陰遁五局己丑時天衝甲申臨四宮六己是六庚加今歲之干名歲格此時凶百事不利

如加月朔格月凶

謂六庚加今月朔之下如己酉年六月辛未月陰遁

八局庚午時天臨任甲子臨六宮天上庚加地下辛於五宮此名月格百事舉動皆凶

丙加今日干名悖

丙為威武丙加日干則不順之象謂六丙加日干皆為悖亂之道行兵不利為客為主吉如年月日時之干皆名悖

庚加今日格不利

加時干為時格以庚加日干為格之道也如陽四局

乙丑日乙酉時天心直符甲申在三宮臨日干六乙揚兵動衆不利客也

時克日干五不遇此則名為辱損明

一云為之定損明時干克日干為五不遇時如甲己日乙庚時乙庚日丙辛時丙辛日丁壬時丁壬日戊癸時戊癸日甲己時皆損其明時克日干也甲日庚午時乙日辛巳時丙日壬辰時丁日癸卯時戊日甲寅時己日乙丑時庚日丙子時辛日丁酉時壬日戊

申時癸日己未時

三奇入墓失威利

如乙奇屬木木墓在未未即坤也丙丁屬火火墓在戌戌即乾也傷杜二門到二宮木入墓內戌丁亥時時干入墓也此時百事不宜舉動凶也

六儀一切忌擊刑

如甲子為直符下臨震子刑卯也甲戌臨坤戌刑未也甲申臨艮申刑寅也甲辰臨巽自刑甲午臨離乃

自刑也甲寅臨巽寅刑巳也

舉事逢之終不利朝行暮決敗精兵

一云晝行至損敗動衆失其光明謂時干克日干時支克日支甲乙日庚辛時庚辛日丙丁時丙丁日壬癸日壬癸日戊己時戊己日甲乙時寅卯日申酉時申酉日巳午時巳午日亥子時亥子日辰戌時丑未日寅卯日並是天乙星在紫微宮外爲天地之貴人也此時不宜鬬戰最凶也

反吟伏吟俱不利將軍出塞細消停

如天蓬在一宮爲伏吟在九宮爲反吟天英在九宮爲伏吟在二宮爲反吟開門在六宮爲伏吟在四宮爲反吟生門在八宮爲伏吟在二宮爲反吟皆爲不利切在消停其六甲開闔其吉凶也

驪山老人跋

此書包羅天地橐籥陰陽有不測之機有保身惜命之術爲衛國之大計實輔治之良策子房用之佐漢滅楚武侯習之大伯三川得之者當秘密爲寶可傳之君子而不傳之於小人戒之

搜微易妙通神訣以輔將軍應太平

御定奇門大全卷十三終

仙機

三奇靜應

經曰陽遁順行前取用陰遁逆行后取用假令陽遁局中甲子直符在三宮是順取用令丙奇在巽即用奇到巽來應時中如三奇在直符住上為時初應前一位為時中應前二位在時末應

三奇乾宮尅應

日奇到乾有黃衣人至與腰纏財物人至又為貴人老人僧道或頭目之病與父女同行之應

月奇到乾有皂衣人來或色衣人與炉火道人黑白飛禽又為林下貴人與兵卒將至或雙飛黑鳥至南方產亡一月內有人財添進大發

星奇到乾有執器械之人與少女遊戲之事又為陰人奴婢挑擔牽畜之應三七日主進金寶及有生氣之物為應

三奇坎宮尅應

日奇到坎有皂衣人至與車馬舟船汲水搖櫓子母謳歌高人逸士潮海漁翁僧道金鼓之應應后七日內進財並生氣又宅有喜事大發

月奇到坎有執杖人至鷹擊沙鷗又為婦女小兒漁鼓喜笑與烹茶炙蝌之應或黃白飛鳥從西北方來應六十日內進契書東方火驚其家大發

星奇到坎有人自南方挽小兒來與爭論謳訟之事

或女被傷疾苦之事或黑雲雨為應一七主進黑色物西北有人自吊死大發

三奇艮宮尅應

日奇到艮有人着青衣或持鐵器黑白飛禽從北方來豬狗相併提網賣漁又為少年願官勅書走報山人兵卒貴人之婦肩輿走狗之應週年得財

月奇到艮有網罟魚獵貴人皂衣跎背麻面又為壽星勇士弓弩詩畫炉瓶灣曲方員之物或小兒對鐵

器啼哭為應双飛白鳥南來三七日内進喜財物週年進白牛馬大發

星奇到艮有人挾文書紙筆小兒幼女穿林過嶺又為陰人獨行與私奔僧尼害治之應或小兒持鉄器為應一年内主進財產

三奇震宫尅應

日奇到震有武士執器械與顯官大人雷鼓响振又為兵戈漁獵漁人及小兒為應三七日主進金寶東

方女產厄其家大發

月奇到震有執火燒林乘馬漁獵醉翁寒士武人持刀劍杖來春主雷鼓聲小兒成羣為應七日内進生氣物一年生子若見破處有雷傷樹大發

星奇到震有架鷹逐兎墳女餉饋陰人病厄妓女私情柳柴取漁之應或烏双至進黄白物若見東方有傷財發大發

三奇巽宫尅應

日奇到巽有文人墨士僧人少女貴人乘轎馬負竹柳柴簫管之應又有白衣人乘赤馬或乘白馬至小兒抱小兒三年生子進南人契書田宅東方林木自枯犬驚人縊大發

月奇到巽百鼓樂笙歌與官長吏卒登高眺遠之應及唱咭聲南來人見驚恐事

星奇到巽有小兒騎牛馬與風雲聚會又為有祿陰人喜事嘻笑之應三七日進財北方人落水一年有

黄腫產死相發大發

三奇離宫尅應

日奇到離有病眼跛足小兒牽馬又為三教名人博士善辯女人火烟之應及黑白烏東方應七日后進猪犬見此方人家動時即發

月奇到離有黄黑飛禽螃蟹横行南嶺烽火又為陰貴受封燈燭輝煌之應七日六十日或一年進坎壠田宅兼蚕絲大發

星奇到離有青衣人女子牽羊與爭婚交合之事火炉柴炭烘籃之應或黄色衣人三七日進横財東方有人持刀斧互砍破或一百二十日進書大發

三奇坤宮尅應

日奇到坤有孝服塋葬之事與寡婦孤女疾病肚腹之情與鋤土種田之應或孝服人自西來及烏鵲自南北二方至或鼓聲或西方斗雷傷牛馬之類一七日進猪鵝六十日進女人文契

月奇到坤有飛鳥過山及皂衣人挑粮運土與男女私情爭鬧之應或挑水過者應及鼓聲並喜鵲南北二方來二七日進女人財帛一年進絶產大發

星奇到坤有私奔之女子牽逐牛羊害台烟起與青衣人担水之應及黑飛鳥至三七日進水利之物北方有水破田則發

三奇兌宮尅應

日奇到兌有婦女成羣婚喜嘻笑飛鵲噪聲牽羊過嶺或鐘鼓金磬之聲爭鬧口舌之應百日三百日内進商因入田地東方牛馬自損大發

月奇到兌有執杖女人自東來抱孩子與羊鬧之事又為妓女歌聲艮匠鑄造之應並小兒哭聲及鼓聲七日進鉄器百日一年内進人口田地坤艮方上有老人死即發

星奇到兌有文書之事與合婚之喜及漁罟之應并黄白飛鳥為應一七進血財二七得契田地坤艮方

有人卒死大發

三奇之中丁奇最靈若修之方奇門到向可用竹紐七个燃火前引人夫行四步外滅火即興工必有祥應六丁乃火之精化而成金若到震更明必門奇到震愈吉用者尤宜審焉

乙加中

為種菓栽樹伐木男女相通或挖土築墻與做瓦器之事

丙加中

為修坟造窖填塞道路與人捧令喜悅之事

丁加中

為女掌家或燒煉之人與紙墨詩畫之事

三奇尅應此為動應

甲子乙丑丙微雨后逢孝衣人

乙長蛇當道有娠婦人

丁水族中物及蛇鼠

乙輜衣人官貴

丙寅丁卯丙水族中物漁獵人

丁黑衣人微雨

乙孕娠猛風

戊辰已巳丙公吏子母牛

丁山獸物赤頭吏人

乙老嫗水族中物

庚午辛未丙奱樊鑿人金寶物

丁頽頭人兵器物

乙巫人微雨

壬申癸酉丙羣鴉老婦

丁二三馬牛背人

乙僧道物外人商旅

甲戌乙亥丙竹器車馬

丁舟車一男一女同行

乙血光人巫匠人

丙子丁丑丙磁器孕婦

丁出頭吏人蛇鼠

乙旌旂子母牛

戊寅已卯丙黑衣人羣羊

乙羣馬黑雲飛

乙竹器老嫗

庚辰辛巳丙舟車羣人

丁孕娠車馬

乙黑衣人捕盗人

壬午癸未丙丫頭童子金銀器

丁紅云醉人

乙青衣婦人猿猴

甲申乙酉丙僧道物外人商旅

丁公吏孝服人

乙疾風人

丙戌丁亥丙官員車馬實物

丁負担人孕婦

乙射獵人白云

戊子己丑丙竹器羣鴉飛集

丁狂風蛇富道

乙赤頭吏人黑衣人

庚寅辛卯丙車具三四匹馬

丁禿頭人一男一女

乙丫頭童子微雨或狂風

壬辰癸巳丙水族中物猛風

丁朱衣人老嫗

乙缺衣人孝服人

丙申丁酉丙黑衣婦人

丁磁器物頂笠人

乙紅云紅光起遇貴

戊戌己亥丙申胄人羣鴉飛集

丁物外人水族物

乙紫衣人旂鎗

庚子辛丑丙轎乘白云起氣

丁黑衣人猿猴

壬寅癸卯丙孝服人

乙公吏舟車

丁兵刄器寶貝

乙朱衣人貴人

甲辰乙巳丙射獵人牛馬物

丁禿頭人兵刄物
乙蛇當道孕媍小兒
丙午丁未丙黑衣人血光人
丁羣鴉飛噪赤頭吏人
乙刑人捕盜人
戊申己酉丙寶物猛風后有雨
丁聾瞽人毛衣人
乙樂器疾風

庚戌辛亥丙宰殺人捕吏
丁負荷人車輪
乙紅衣紅光起黑衣媍人
壬子癸丑丙丫頭童子乘馬人
丁捕吏紫衣人
乙轎乘兵刄物
甲寅乙卯丙樂器公吏人
丁緋衣人甲衣

乙羣羊刑人
丙辰丁巳丙兵刄物牛羊
丁竹木孕婦
乙鐘鼓金玉
戊午己未丙旌旂禿頭人
丁貴官色衣人
乙僧道老嫗
庚申辛酉丙兵刄物牛羊棺槨

丁子母牛孕婦
乙死氣物微雨后雨
壬戌癸亥丙刑人血光人一男一女緑衣人
丁頂笠人猿猴鳥噪

三奇神應取直符前一位八卦宮中所臨之奇以驗其感應

經曰陽遁順行前取用陰遁逆行后取用假令陽一局日干甲子直符在三宮是順取用令丙奇在四宮

即月奇到巽來應時中三奇在直符位上為時初在前一位時中前二位為時末也

甲干論

姓王字文卿隸寅木而統震位寔乃十干之首為開物成務之原扶桑之木乃昧爽呈象之始其為質也勁其為往也直其為色也青其為味也唆其為声也濁其為體也方與長有胎胚含畜之情其為用也萌與動有開展作為之力本無枝葉根蒂得時令可以作棟樑柱機若逢生旺太過反為漂泊無依失時令廢蠢斷材尅戰太過為朽腐破折本有動之體而無動之機有可戰(造)之材而無自成之量蓋由其自負亢龍而于世故尚未覩切耳

甲為青龍利遠作事客勝

午時五不遇甲加乙二龍相杭凶甲加丙青龍返首甲加戊青龍受困甲加坤及未時青龍入墓

主頭目瘋疾肝氣之症

甲戊加乙 青龍入雲格

主得同人之好帮助之機凡事主客皆利若逢門宮迫制則相機之嫌須論上下之分以辨主客之用可也

甲戊加丙 青龍得明格又為青龍迴首格

主有文明顯達之意窑灶修理之情凡宮門無尅期諸事大吉門尅宮利(客)尅宮尅門利主諸事費力而成又主有土木動作之意宅舍光輝之美又為父子榮登之象凡宮門無尅諸事進益有不謀自就之好若門尅宮戰不利主宮尅門戰不利客再分生旺衰墓明主客之用可也

甲戊加丁 青龍耀明

主得暗助之美又為迅速之機門宮相生諸事大吉門宮相尅諸事反復又當察旺相以分主客也

甲戊加戊 青龍入地

主有迴環展轉之意進退未決之情如臨生旺得令

之時方顯經綸謀為之用行事大吉如逢失令則百事遲疑為偃蹇愁嘆之形戰則再詳門宮迫制以論主客之利

甲戊加己 青龍相合

主有幣帛婚媾之喜室家敦厚之情若門生宮或比合百事吉謀遂若門剋宮好事蹉跎有始無終

甲戊加庚 青龍恃勢

主有探驪龍而得珠入虎穴而取子之情若門生宮

比合諸事吉剋制則察旺相得令再分主客之勝負

戊加辛 青龍相侵

諸事阻滯不通若門宮迫制看戊辛衰旺以分主客若門生宮比合主利主而諸事平常

甲戊加壬 青龍破獄

若門剋宮為客吉若宮剋門壬臨得令之時戰反利主諸事耗散無后察生旺休囚論主客

甲戊加癸 青龍相合

主首尾無濟隱明而逆生比諸事大吉若門宮剋制成中見破詳戊癸之囚旺以辨主客之吉凶也

乙干論

姓龍而字季卿隸卯而攝震氣寔乃甲木之帮手為開元之發端而其為質也閏其為性為也曲其為色也碧其為味也酸甘其為聲也婉轉其為体也柔與嫩有繁行生發之情其為用也參與差有長短曲直之別盡堪矯柔造作得財則富麗繁華失財則枯槁

黃殞有可貴之質而不能自貴大約求直則直求曲則曲貴之則貴賤之則賤盖由其具品純柔而于世道惟知附會向榮耳

乙為日奇宜從天上六乙方出巳時五不遇乙加辛乙臨坤乙入乾諸事莫舉

乙為天德乃木之華陽之精其神尤光明正大逢生旺作事宜顯揚衰墓宜斂藏

乙加震 主凡乘風吉

日奇有臨祿之鄉升于乙卯之殿又曰升天凡事漸漸興發主上官請謁迎駕婚姻安葬覓利出行求名征伐百事大吉

乙加巽 玉兔乘風

日奇玉兔臨神風之地乃升于中天照映四方秋毫之察諸事顯揚大吉戰征大勝

乙加離 玉兔當陽

日奇玉兔臨生旺之地又曰當陽宜顯揚戰兵大勝

作事亨通利于煉丹藥學道修真之事

乙加坤 玉兔暗日

日奇臨于未坤為胎養之宮漸入于地其光將暗事宜收斂固守防奸細暗欺為事多阻隔而且曖昧不明下不上達負屈不伸之象宜后則重見光輝

乙加兌 玉兔受制

日奇入于酉宮為之威德收斂諸事不利戰宜防守若合吉格久后禎祥如逢凶格永為災否强行兵主客大敗一且圖謀必遭刑厄非災

乙加乾 玉兔入林

乃玉女朝天門宜上官遠行築造凡事大吉

乙加坎 玉兔飲泉

乙入生鄉又曰父母相逢不能自立百事遲緩

乙加艮 玉兔步青

乃玉女升堂又曰旺方百事大吉

乙加乙 奇中伏奇格

凡伏吟與飛而復伏皆宜堆積栽種等事若遇刑門再詳門宮迫制以分客主之用

乙加丙 奇敵明堂

有先明后暗之局聲勢不久之情門宮相生再乘生旺諸事顯揚休囚暗昧阻滯

乙加丁 奇助玉女

有逢中得達之妙陰人扶助之情門宮相生大利為主尅制損人多災須詳門宮生尅用之

乙加己逢開門地遁格
有利見大人之局依尊負附貴之情再詳門宮生尅旺
墓分主客用之諸事大吉
乙加己日入地遁
有姑嫂相見之情農人來耜之象相生客主皆利尅
制不利為主再看門宮生尅以用之
乙加己逢開門地遁格
是得日精之蔽內應于脾外主于形又曰黃婆金公
宜安塋修墳遁形隱跡修仙學道伏兵取勝若逢此
時當請本旬玉女符咒作法步罡而去則百戰百勝
有神威之助
乙加己三奇得使
大利為客若宮門相生萬事皆吉一切行為無阻若
門宮尅制再詳主客用之
乙加庚奇合太白
有用柔制剛之意婚姻和合之情相生主客皆利尅

制須分旺相以辨主客之用可也諸事主吉
乙加庚在巽又逢開門風遁
此時宜祭風興云更利火攻得神化之助若此之時
祭神取氣噴旂号或托異香令士卒聞之念本旬玉
女符咒用火順風擊之大勝
乙加辛龍逃走又得為使
宮門相生為主大吉有吉中之吉百戰百勝若宮門
相尅有逃走之情
乙加辛逢生門臨艮虎遁
宜招撫叛逆設計取勝請本旬玉女符咒步罡凡事
大有威力是得虎威之助
乙甲辛在坤逢開休生云遁
宜藏形蔽迹祭祀鬼神禱雨興雲起霧轉風如有急
難本旬玉女破雲生霧取氣作用當有雲氣之蔽
乙加壬奇神入獄
彼此俱宜固守再詳支干生旺宮門尅制以分主客

之勝負

乙加壬在坎遇開休生龍遁

宜立壇禱雨掩敵計量積水冲陣或水戰屯河開井

新船下水等事吁本旬玉女符咒當有龍神之助

乙加癸奇遁羅網

主隱明就暗凡事開阻之象門宫相生彼此尚為得

吉剋制而又臨墓絶之地諸事遲滯艱難其主客以

門宫上下較之諸事先耗財而后得意

乙干真言

天地威神誅滅鬼賊六乙相扶天道贊德吾今所行

無攻不克白虎潛路青龍踴躍前遮后護尊欽存納

仁德洋洋大虚寥廓天乙追攝萬祥俱作急急如律

令

御定奇門大全卷十四終

御定奇門大全卷之十五

仙機

丁干互用

六甲加甲必是財常門門合喜信來若門不合終難

望吉星門合喜旺財

六甲加乙合二龍門合開休生貴人吉星同入大財

發若門不合事不成

六甲加丙龍返首當時合門財利有大吉星合貴加

宫門合進喜不合否

六甲加丁龍更臨門值門休生貴榮吉星同合官榮

祿吉符同加訟陰人

六甲加己名干格求用吉星財利多星門不合終是

吉大求必望自磨羅

六申加庚龍入刑吉星才合損才人凶星相合將軍

忌遠遊失路淹路塵

六甲加辛青龍驚當用合門萬事稱凶星不合開休

生縱得財時終是輕
六甲加壬龍陷羅陰人用時殃不多弱門陽人不煩
用財破無成渡江河
六甲加癸青龍蓋門合吉宿無灾害若凶殃陰人死
狀破財奸詐名妨礙
六乙甲加陰反陽凶星財破人損傷陰人當門求財
合貧賤陽人有文章
六乙加乙奇伏刑貴人當開失其名門合失路終再

得切忌常問死傷煩
六乙加丙順儀奇合之吉星貴人宜營官見擢宜上
貴當問常人夫婦離
六乙加丁墓朱雀官詞文狀利財時少木微火亢水
灾無財口舌私事縛
六乙加己奇入墓為木為土相交互見財門合終是
微望財不成終相悞
六乙加庚奇入刑爭訟私財獄因人星門不合破財

禍相爭夫婦主私情
六乙加辛青龍走失財逃亡課內有夫財婦帛俱不
合總然強得非長久
六乙加壬是返吟次客常令灾害臨陽人夫財自無
害床中病者是陰人
六乙加癸奇入網陰人望夫道路傷夫財不至門不
合吉星門合事無妨
六丙加甲鳥跌穴共甲相加定無差營貴求信動夫

祿財合印信即利奢
六丙加乙奇伏吟貴人求信事有成並有印信增其
祿求文印狀不輕：
六丙加丙二奇同兩重文字遭刑厄名合爭財利訟
起若門不合只因色
六丙加丁三奇同朱雀文書同貴人有貴有權兼有
殷常人門者求入篭
六丙加己勃入刑貴人門合獄囚人貴人門合空見

禁常人妻小洛軍人
六丙加庚熒入白破財盜物灾禍來將物賊人心自
退空見賊人不動財
六丙加辛干合支灾人久病遇明師詞訟見官終是
利病合文字正當時
六丙加壬天勃臨官訟文書起女輿勃是心煩因色
動常人入獄貴逢刑
六丙加癸蓋師屋用着多灾仍少福勃師鬼賊因訶

詞訟未見公方終是伏
六丁加甲奇乘童貴食千鍾萬事榮為事亨通無阻
礙常占時合祿財充
六丁加乙石奇遁萬事偏宜人間不占常人必是官
致祿受權〻合天祿
六丁加丙干合多重〻口舌事多羅貴人印綬權重
過當刑禁見妖訛
六丁加丁奇太陰學道求書宜遠過門重來屋展家

風近覓難逢為伏吟
六丁加己雀難陳詞訟公私共煩人自奸勾陳陰情
事常謀其人必被刑
六丁加庚女陰私不是私情為財資相纏夫事遭刑
禁陰人無理為狂思
六丁加辛朱雀獄官私口舌灾相逐常人事主遭枷
禁貴者失官並退祿
六丁加壬名干合丁壬相遇喜財豐貴人印綬當權

利文狀公私事必通
六丁加癸雀入江陰人詞訟起灾殃不和一定不明
事煩爭貪淫致禍傷
六戊在局
六己加甲二童合吉星門合財利源求官利門多和
喜公事無妨定入門
六己加乙成小明當合門時事〻平門合吉星財不測
若門不合客登程

六己加丙字師推陽人受官祿加時門合六陽太陰
忌色亂奸狂為小兒
六己加丁墓奇名朱雀文書與訟刑吉星相合宜先
訟若還后吉獄囚臨
六己加己尸刑鬼望信陰人信不明門合遠謀求望
得若門不合信非成
六己加庚伏有刑陰人占陽灾禍隨若門不合莫望
籃陽人門女有陰私

六己加辛墓魂井家內陰人閑泣聲門合小兒小灾
禍若門不合禍非輕
六己加壬刑網張陰私纏擾見陽傷凶門奸詐失身
課暗門難明五位當
六己加癸為元武險人沉陷為灾醜吉門虛灾見不
成若門不合應殃咎
六庚加甲格青童受財必利：多驚凶吉不合開休
生求財空見事難成

六庚加乙日奇干乙庚合后小車安若門同星事為
吉凶事加臨事入官
六庚加丙曰入熒當門遭賊失賊凶門合吉星財不
失切忌凶星刑尅兒
六庚加丁格亭：争人詞訟有私情吉星門合虛官
事若門不合損人刑
六庚加己名刑格獄內遭囚人刑厄吉星門逆死囚
禁門順吉星虛情色

六庚加庚伏格星當門官灾牢獄情門合百日看灾
受凶曜臨時囚禁刑
六庚加辛干格虎當來合時争客至門合主論客必
傷路占中道失伴侶
六庚加壬蛇格併占信陰人路難望傷門死路二門
傷門合得見陰合旺
六庚加癸名天格占路出遠囚疾厄星門不合休望
事求財失利多思賊

六辛加甲青童陽從訟爭財陰不妨人門逆必凶星
損門損吉星利陰陽
六辛加乙虎猖狂失財破賊人死亡路行千里看門
順門合凶星當路防
六辛加丙干合熒文狀官生見者榮吉星不合處無
事切忌當時見者人
六辛加丁獄入刑文字官私人路迷合門宜先鼓擊
動門逆凶星夫婦離

六辛加己刑獄格奴婢傷主如凶戰門合奴婢遭官
刑門傷ゝ人必主見
六辛加庚干合格兩陰相鬪爭夫色門合家訓無宮
刑凶星門逆爭危厄
六辛加辛獄自刑求喜合財宜陰人門合吉宿陰陽
論陽人門凶災禍臨
六辛加壬蛇格獄兩男爭女陰癡災凶星獄內不刑
尅陽火陰凶必禍來

六辛加癸刑自益陰人用財無失宮害吉星陰合宜
陽事陽人財喜陰人愛
六壬加甲蛇青童陰人求喜在門庭若陰不合求空
見陰人求喜終是輕
六壬加乙蛇小明陰人伏災貴人生奇門貴子必來
祿若門不合損無刑
六壬加丙蛇熒惑文詞爭論似風云門合吉星宜先
用凶星入獄主災逃

六壬加丁午合星爭財文狀利陰人吉星門合喜文
字小者平常貴祿臻
六壬加己大出星熒禍官私事不明門合吉星見不
吉若門不合夫婦爭
六壬加庚並格[蛇]占名如羊入虎穴凶星合門夫婦出
陰人合吉與陽別
六壬加辛蛇入獄暗裡陰人無訊處門合星見凶災
失若門不合凶遠路

六壬加壬門羅網陰人求財多財利門合不測暗才
喜陰陽用陰和失道理
六壬加癸雙蛇蓋門逆不合他人愛室女占時事須
悵門合他人空喜在
六癸加甲青童旺才合親戚宜陰人門合陰陽俱無
用若門不合陽損身
六癸加乙合逢星〻貴官常財不輕門合貴人多印
綬凶門常人才哭声

六癸加丙蓋其列貴人受官神自悦門合吉星宜印
至常人文状失本業
六癸加丁蛇夭嬌陰人文詞逓凶曜門合不定灾伏
事損才遭刑課先此
六癸加己蓋蛇尸陰人門合失親住門合吉星失娟
宜門逆夫妻夫亡路
六癸加庚大路翻不宜常人宜貴官門合官受兵權
印門逆貴賤事多艱

六癸加辛獄並牢禁軍公戎與吏遭門合欲事空自
禁門庭灾訟必煎熬
六癸加壬復益蛇陰人無夫子孫絶門順星合須后
嫁陽人旺妻與陰別
六癸加癸四網張陽人亡旅並鄉失門順星合文字
到若門不合陽人傷

十干尅應歌

六甲歌曰十干尅應有玄微一一皆從時位推六甲

貴人端正好甲為天福吉有餘
陰日青衣婦人陽日青衣男子主三年内得天禄
大吉
六乙僧道九流醫　乙為天貴主高賢陽為貴人陰
為僧道或赤頭白衣使者
六丙飛龍見赤白　丙為天威行逢持弓弩斧騎赤
白馬人着青人應
六丁玉女好儀容丁為玉女陰日為女子物色陽日

見陽人或大女人二十七日內有古器進大吉
六戊旂鎗並鑼鼓　戊為天武陽日鑼鼓旂鎗陰日
親友歌樂半年內得武人財寶
六己黃衣並白衣　己為明堂陽日黃衣人或又逢
州縣守牧陰見白衣人一男一女或年內得人財
六庚喪服並兵吏　庚為天刑陽日兵吏罪人扭鎖
陰日見孝子白衣人四十九日有貴人文字來應
六辛禽鳥並鵶飛　辛為天禽主飛禽陽日白衣人

陰日見飛禽至一年內得財寶
六壬雷霆雺霏雨　壬為天牢乃千里雷霆故主雨
陰日見皂衣人陽日見白衣人或女人抱瓶主七十
日內進人口
六癸孕婦喜忻歸　癸為天藏陽日見漁人陰日孕
婦歸主六十日內得銅為應大吉
十二支神神名情性數目並尅應定法
子神后其數九其味鹹女虛危三宿主之十二月將
玄枵水　將神
子天后天乙影女家在壬子其將主婦人賞賜姦私
之事　貴神
子時見女人吃物或酒食等物　尅應
丑大吉其數八其分甘牛斗二宿主之十一月將星
紀土
丑天乙黃帝之精家在己丑旺于四季其將主貴人
宮祿珍寶

丑時見皂衣人騎馬或無馬應有貴人
寅功曹其數七其味酸尾箕二宿主之十月將析水
木
寅青龍天乙大將相家在甲寅其將主官祿財分酒
食喜慶事
寅時見僧道或官之人担物
卯大衝其數六其味酸氐房二星主之九月將大火
木

卯六合天乙光祿卿家在乙卯其將主婚姻和合丈
夫隱逸之士
卯時見出光或皂衣人四人把棒
辰天罡其數五其味甘角亢二宿主之八月將壽星
土
辰勾陳天乙將軍家在戊辰其將主兵器爭闘訟論
之事
辰時女人着青衣或手中有物人

巳太乙其數四其味苦巽軫二宿主之七月將鶉尾
火
巳騰蛇熒惑之精家在丁巳其將主驚恐怪夢是事
不安之象
巳時見漁子或赤体担物人
午勝光其數九其味苦柳星張三宿之主將鶉火鶉
朱午雀南方捧騎尉家在丙午其將主文書口舌遠
信午時見担酒物人或女人同行

未小吉其數八其味甘井鬼二宿主之五月將鶉首
土
未太常天乙太常卿家在巳未其將主官祿印綬衣
服喜事
未時見女人担果或挑酒食物
申傳送其數七其味辛觜參二宿主之四月將實沉
金
申白虎金神凶將家在庚申其將主患病死亡道路

出入之災
申時見飲酒食人或送酒食物同行
酉從魁其數六其味辛昴胃畢三星之主三月將大
梁金
酉太陰金神吉將家在辛酉其將主欺蔽隱匿陰私
不明婦人之事
酉時見女人說話或有同伴之人
戌河魁其數五其味甘奎婁二宿主之二月將降婁

土
戌天空土神凶將家在戌戌其將主虛詐不寔虛驚
奴婢奸亡之事
戌時見男子婦人着青衣服大凶
亥時明其數四其味鹹室壁二宿主之正月將取訾
水
亥玄武水德凶將家在癸亥主盜賊遺亡奸私之事
亥時見公訟之事人把孝服等物

三奇吉凶斷

時加六乙與神俱出不知六乙往來恍惚
乙奇吉神臨方得日精之蔽凡攻擊往來逃亡宜從
天上六乙而出所向獲功求財得利聞憂無聞喜有
移徙入官市價嫁娶吉一里行見君子術士僧道九
流人應之不可行譴怒鞭杖嘖責之事
乙為天德又名天蓬星此時人君宜施恩惠賞功行
吉慶事不知六乙者乙奇在天盤甲午辛上或臨地
盤甲午辛與乾宮不吉或乙奇值死絕休囚氣亦減
福
乙奇到卯謂日出扶桑有祿之祿又為貴人昇乙酉
之殿大吉
到震為玉兎遊宮吉　到巽為玉兎乘風吉
到離為玉兎當陽吉　到坤為玉兎暗日又為入
墓凶　到乾為玉兎入林半吉又
為木入金鄉凶　到坎為玉兎飲泉吉

到艮為玉兎步青吉
時加六丙敵人自恐不知六丙如入陷穿
又曰時加六丙萬兵莫往王侯壓伏賊兵不起
丙奇吉神臨方得月華之蔽為威火爍烘以銷金精
兵不起從天上六丙出賊自敗將兵大勝聞憂無憂
喜有入官得遷市價得利百事大亨行一里見担牽
生氣物人至
丙為天威又為明堂人君此時宜發號施令以彰天

威不知六丙者如丙奇得使臨天盤甲申上又為熒入白不吉或到乾為入墓亦不吉值囚死絶休氣減福

丙到離火旺之地為月照瑞門又為貴人得丙午之殿大吉

到震為月入雷門吉　到巽為火行風起龍神助威吉　到坤為子居母腹吉

到兌為鳳凰折翅凶　到乾為光明不全又為入

墓凶　到艮為鳳入丹山吉又艮為鬼道丙火爍煞凶　到坎火入咸池凶

時加六又丁幽入出冥刀鉅臨頸猶安不驚

又曰至老不刑臨險不驚

丁奇玉女貴神臨方得精星之蔽匿（藏）逃亡絶迹從天上六丁出隨丁奇使玉女入太陰而藏人不見故曰出幽入冥敵人不敢侵將兵主勝憂喜各半可以請謁嫁娶及陰私事入官商賈皆吉行一里見捧物之人應之丁為太陰此時人君宜安靜居處不可行威怒

不知六丁者如六丁玉女騎龍虎以丁加甲寅癸上又為雀投江故不吉到艮八人墓不吉值壬癸休囚絶死氣減福

丁奇到兌天乙之神又為貴人升丁酉之殿穴吉到震玉女最明吉　到巽玉女晉神后吉

到離玉女乘旺又為玉女食祿大吉

到坤玉女遊地戶吉　到乾玉女遊天門又為大照天門大吉　到艮玉女遊鬼門凶

到坎朱雀投江入壬癸凶

六儀吉凶斷

時加六甲吉慶大發不知六甲被人征伐

又曰時加六甲一開一合須辨陰陽上下交接

又曰能知三甲一開一合不知六甲：：盡合

六甲者甲子之類也此六時本是伏吟直符乃天乙

之貴人則宜出不動之直符飛動則宜從直符加臨之方出吉不知六甲者悞出擊刑之地則凶有凶星犯之者亦忌無犯無擊刑者全吉甲為天符此時人君宜行恩惠進者有德賞有功又曰甲為青龍利以遠行將兵客勝上官見貴移徙嫁娶百事吉不可行誅怒鞭杖事出行一里見孕婦手執青黄之物應之六甲地下之時陽星加之為開陰星加之為合陽星者逢任冲輔禽陰星者芮柱心英是也三甲者甲寅甲

申為孟甲甲子甲午為仲甲々辰甲戌為季甲孟甲宜守家不可出入凶仲甲不宜出大利逃亡季甲百事吉

今日是甲直符又是甲時又是甲日為三甲合吉甚

時甲六戊乘龍萬里不知六戊被人阿指又云莫敢阿止凶惡不起

六戊乃天陰也此時出兵利客聞喜有聞憂無遠行商賈從天上六戊而出挾天武入天門百事吉逃走亡命遠萬里凶惡不敢拘止行一里見担挑財物人應此時人君宜發號施令以行誅戮斷除凶惡不知六戊者悞從凶方凶門返吟之宮而出則不吉如陽遁五局甲己日午辰時甲子帶戊在中寄坤即以禽芮為直符甲戌時戊在中亦寄坤々在西南于此舉事則吉　又陽局用天上直符方陽局用地盤直符方加六己如神所使不知六己出被凶咎

己為六合吉神宜作陰私秘密之事隐匿則如神所

使不知六己者悞用刑犯之方及强為顯揚之事必逢凶咎入官嫁娶遠行凶此時人君宜發明舊事修封疆理城廓

時加六庚抱木而行不知六庚必見鬭爭

庚乃天獄又名天刑此時不宜舉事强為必遭刑罪故曰能知六庚不被五木不知庚六俱使入獄或被凌辱將兵主勝客死市價無利入官嫁娶凶只宜固守屯營不宜出動行一里見女人穿孝服應之此時

人君宜斷决刑獄誅戮奸邪
時加六辛行遇死人强有出者罪罰纏身
辛乃天庭凶惡之星此時諸事不利大凶將兵主勝客死故曰能知六辛所往行來不知六辛多被杻械此時人君宜正刑法决罪囚行一里見貫責人應之
時加六壬為吏所吏强有出者非禍相臨
壬為天牢凶星出行謀為百事凶强有出者必被仇怨所稽將兵主勝藏利以伏藏行一里見空虛之物此

時人君宜平訴訟决刑獄不可為吉事
時加六癸衆人莫視不知六癸出門見死
癸乃天藏之星宜藏匿逃亡絶迹從天上六癸方出家人莫見將兵主勝其餘凡事不利癸又為天網故不吉行一里見鉄器之人為應此時人君宜行威武赦罪責罰積貯收斂
直符返吟不利舉兵動衆只宜散恤倉庫之事凡事符對冲皆返吟遇奇門益之不至凶害不然災禍立至
直符伏吟此時不可用兵惟宜收貨財物
以上六儀者六甲常隱于六儀之下六甲雖不用而為天乙之貴神謂之直符其發用在此故為之遁也甲乙丙丁戊己庚辛壬癸在遁為三奇六儀在時為時干其吉凶發用皆録之于右當以其旺相輕重審而用之

遁甲三奇保應章

夫奇者乙丙丁乃上〻界真宰天上號日月星地下號乙丙丁以為天地中萬神之主每月朔旦之日九十四家年月日時三百六十神諸煞將軍太歲年禁退星拱手朝臨安門出行得三奇多獲吉利五姓大葬破土斬草立卷安葬開山立向野外權厝改卜新營開故塚合葬附葬得此三奇到山頭或臨坐向者並不忌山家墓運陰符九十四家年月日時三百六十神煞年禁退神太歲將軍土旺用事相尅日期一

概不忌諸神煞擅退六十步拱手進福大壟安宅得三奇子孫發福上官赴任得三奇未及三年受皇封開山立向得三奇子孫必定換緋衣求官應舉得三奇定至若甲移徙入宅定主興旺迎婚嫁百年偕老子孫綿綿

御定奇門大全卷十五終

御定奇門大全卷之十六

仙機

丙干論

姓唐而字仲鄉隸午火而轄巽位以作甲符之健將者赫奕之文明其為質也虛其為性也烈其為色也紫其為味也辨若其為聲也蒼雄其為體也裊與復有威福自作之情其為用也挪與揚有展轉變遷之勢難以干犯欺凌得財則勢焰輝煌失令則形質呆槁有可大之材而不能有恒大約激之則升有始無終撲之則滅蓋猶其剛愎自用而于世故惟好承奉趨附而已

六丙乃明堂天威宜施恩佈德彰動威福解厭凶災經曰丙火銷金强梁畏伏不知六丙出迷惑作事宜從上天六丙旺方而出則彼人自敗辰時五不遇丙如庚兮熒入白赤松子曰熒惑入太白上下相擊剝內往外滅以謀賊陷又丙丁值為悖火星熒熒大屋

移徙得安然獨自聞愁哭又丙加時干爲悖格：者鬬格不通之象丙加直符名飛鳥跌穴此時作事夆造大吉以生擊死可以取勝丙奇臨六及戌時入墓丙奇臨坎火入水池莫事萬夆

丙加震 月入雷門

奇入父母之鄉萬事大吉

丙加巽 火行風起

臨有祿之鄉又曰火之風門再得生氣大吉

丙加離 帝旺格

奇入本鄉又曰升殿但除子午二直符不可急用其餘四符用之大吉

丙加坤 子居母腹

入子孫宮盛德收藏子息代事凡事遲緩

丙加兌 鳳凰折翅

陽入陰宮和合暗圖凡事遲延之象

丙加乾 光明不全

奇神入地不宜明顯行事只宜暗圖

丙加坎 癸生之格

奇神得地其光明灼著凡事漸亨

丙加艮 鳳入丹山

艮爲鬼道有火照臨凶厭必散乃奇入丹山鳳凰入林百鳥來朝萬事大吉

丙加乙 月照倉海

有龍鳳呈祥之美文明赫奕之象門宮相生彼此大利尅制必有一傷須詳時日支干上下休旺以辨主客之利鈍

丙加丙 二鳳和鳴

有勢焰輝煌之象以文人友之情門生宮旺彼此和同時日休囚有始無終

丙加丁 星月輝光逢生門亦爲天遁

有燈市觀妓之好佳人才子之情門宮相生萬事顯揚尅制防爐滅再以宮分詳休旺可也

丙加戊逢生門天門為天遁加直符又為跌穴奇逢重生生

主客大利詳日時干支門宮生尅而用又天遁有王侯之權威鎮天下之象宜上策獻書求揚謁貴修身學道剪惡除邪當請玉女作事得月精之蔽再立華蓋方上百事皆吉

丙加己奇入明堂加直符為跌穴

有出美遷喬之喜又為隱明就暗之象凡事欲速不能恩中招怨乍生乍疑務詳丙己所臨之宮生旺定主客勝負

丙加直符之已飛鳥跌穴

大利客勝任其往來諸事皆吉再詳所臨之宮看休囚旺墓以分主客之勝負

丙加庚庚入太白加直符又為跌穴

主客大利門宮相生諸事可謀門宮尅制須詳丙庚所臨旺廢分主客大約諸事守舊不可妄動如占賊盜奸宄則為消滅之象若自作孽則為招殃

丙加辛奇神生合加直符為跌穴

有恩威並濟之美禮義投合之情門宮相生凡事有就尅制調和不成詳上下時令以分主客用之

丙加壬神奇遊海為跌穴

諸事雖吉但防不寔惟求名官訟吉戰利于為主詳丙壬所臨休旺以分主客勝負

丙加癸奇逢華蓋加直符為跌穴

諸事得吉名利有成詳丙癸所臨生旺以分主客丙奇所領之星能制癸宮則利為客如丙儀所居之宮尅丙奇之星利為主凡言主客皆以此斷要決

丙干真言

吾德天助前后遮羅白虎在左朱雀導前使吾會他六丙除病天威揚威玄武后隨玉樑搖曳熒惑流輝神光照耀太白成瑞六丙來迎百福悠歸急急如律令

丁干論

玉女姓季而字遊往統巳大而拜未位寔為甲干之陰神有内助之德可以排君父之難可以督符信之權其為質也媚其為姓也順其為色也淡紅其為味也爽快其為聲也清亮其為体也秀而揚有窈窕順遊之情其為用也便而捷有輕重合宜之致得時則能消鎔暴戾失利則為窮愁呻吟幽人婺媍如投其机則似可狎如當其鋭則不可攖盖由其賦性柔險可用而不可測耳三奇之中惟丁奇最靈丁本火之

精化而成金宜隱謀密計私約交通隱形遁迹卯時五不遇丁入乾及艮丑時為入墓入坎火入水池諸事莫舉

丁加離 玉女登堂

臨有祿之鄉凡事顯揚之象但到離秉旺而火焰飛騰能銷爍萬物爆燥不常凡事防虛詐

丁加坤 玉女遊地户古

有子母相見之情遲中得速之妙當有陰助事宜暗圖宜伏兵冲敵而取勝

丁加兑 二女穿珠

有爭妍妬寵之情嘻笑昌和之象然丁奇到兑火犯金旺之鄉可凶可吉雖入生氣之宫諸事顯揚易成亦須奇神得令為可用

丁加兑 火照天門又玉女遊天門

凡事利于私與暗計大有神助之妙

丁加坎 朱雀投江

丁入士鬼之鄉乃威德收藏之際凡事靜守得吉戦宜固守伏兵

丁加艮 玉女遊鬼户

丁在艮其光不顯事主遲滞憂疑之象又為入墓凶

丁加震 玉女入雷門

事有虛驚宜于收斂

丁加巽 玉女乘風

凡事顯揚謀為順利若當旺方戦勝

丁加甲 玉女奇生

大事大吉丁巳各有生旺之時須詳門宮迫制以分主客

丁加乙 逢太門生門大道逢九穴開休二門為鬼道

宜探訪賊情偷劫伏匿等事宜祭亡賑孤驅鬼遣神拜神祭煉請本甸玉女符咒作用得鬼神之助又得星精之蔭

丁加丙 奇神合明

百事吉慶大有施為丁丙所臨生旺衰墓門宮迫制分主客論

丁加丁 奇神相敵

凡事雖吉恐有相爭知机暗圖宜于先舉得意利于為客若逢伏吟宜收貨積粮置炉作灶煉丹等事

丁加戊 玉女乘龍

萬事大吉所圖皆利須查丁戊門宮生墓以分主客

丁加己 玉女施恩

凡事如意情投意美私心眷戀須看丁己所臨主墓門宮迫制以主客之動靜

丁加庚 玉女刑殺

萬事難以強圖其中必有反覆若庚臨生旺之宮事有勢而成戰當利主須詳門宮尅制生墓以分主客

丁加辛 玉女伏虎

求謀不利凡事艱難利為客宜入旺鄉詳門宮以分客主

丁加壬 玉女乘龍遊海加直符為得使

百福來迎萬事皆亨貴人和合淫佚私情主客俱利營謀可成須詳丁壬所臨上下門宮生尅以定主客之利

丁加癸 朱雀投江加直符為得使

萬事不利文信遺失彼此猜疑凡丁主動癸主靜未免動靜激搏生死關頭須詳丁癸之生墓知主客之雌雄

丁干真言

天帝弟子部領天兵賞善罰惡出幽入冥来護我者玉女六丁有犯我者自滅其刑玉女靈神太陰淵默華盖靜復我形不惑我氣浩然悠然寰域六丁道前善惡來格急急如律令

波吒羅波都羅禪微那陀濯那摩泥羅和闍那仁高護我仁貴護我仁和助我修晉魂仁恭晉魄仁敎養神太虛華盖地户天門吾行禹步玄女真人明堂坐卧隱伏藏形急急如律令

戊干論　論加宫干断見前篇戊為天門凡面君宜及天上六戊行呼請本旬玉女去六章

戊神天武司馬羊胎坎宫治巽位司中氣而協勾陳尊同六甲有保障之威權拥六丁神变化之用其為質也烈燥其為性也耿介其為味也甘辛其為聲也剛雄其為体也溢而滯有堅執自高之志其為用也鹵而粗有不懺不恥之情得時則雄毫果然失令則

柔蠢癡愚盖由其賦性撅拗可化而不可制耳

己干論

姓季而郎遊卿胎離宫而隷未位守中氣而配勾陳德堪擬坤有載承之義權堪化甲有經濟之能其為質也博厚其為性也坦和其為味也甘辛其為声也婉切其為体也沉而靜有色含忍耐之象其為用也剛與柔有安舒幽貞之情得時則陶鎔品彙失令則抱質堅持盖由其禀性寬宏不凝滯于物而能與世推移耳

六己乃明堂六合神又為地户一切事不宜丑時五不遇

己甲乙日入地户

凡事暗昧難圖主有蒙蔽侵犯之意再詳己乙所臨生墓門宮迫制以分主客

己加丙地户埋光

有大炎土燥之象恩中成怨之情凡事阻屈難伸先

暗后明之意利于為客再詳生墓門宮分主客之利

直符己加丙為青龍返首

凡謀有益諸事易成大利為主然丙臨生旺之宮則生机可就圖為顯揚戰宜攻勦臨衰尅事反暗昧宜于密圖兵以暗机取勝詳門宮生墓分其主客

己加丁 明堂貪生

凡事雖吉先貴后益暗中生扶大利為客逢午未入廟詳丁己生旺門宮比迫以分主客

己加戊 明堂從祿

萬事大吉喜忻重逢己戊若臨生旺之時門宮得生助之吉主客皆利

己加己 明堂重逢

凡事自屈難明進退不决則宜固守靜中得合若逢伏吟則宜積粮草開田添土築塞等事

己加庚 明堂伏殺

凡為利主諸事有益再詳所臨生廢以分主客

己加辛 天庭得勢

凡事喜悅兩意相投凡謀進益更利為主其臨生旺得祿之宮更得詳門宮迫制以分主客之利

己加壬 明堂被刑

百事無成参商各别須查己壬逢時下之生旺以分主客之利

己加癸 明堂合華盖

凡事反覆難成圖謀齟齬拂意詳己癸所臨生旺以

分主客之事

庚干論

鄒姓而字元陽隷坤宮而統申位德侔白虎享殺伐之權威振西方懷戰闘之志其為質也剛勁其為性也急鋭其為味也辛辣其為聲也雄夫其為体也梗真有慷慨激烈之謀其為用也暴戾有果敢勇往之力得時秉掃蕩之威失令同廢棄之質可柔以化之不可剛以制之盖由其具品執拗惟顧屈人而不屈

干人子時五不遇萬事皆凶病主肺經大腸

庚加乙 太白貪合

凡事大吉所為皆順再詳庚乙所臨生旺之時門宮迫制以分主客之利

庚加丙 太白入熒加 遁得龍返首

凡事雖吉費力方成利于為主必庚癸刑若乘旺氣主反拂情再詳門宮生尅以分主客

庚加丙 太白受制

凡事不和有更改叮嚀之象刑戰疑閑之情事多反復若奇臨生旺可以用柔制剛若庚儀臨生旺則為暴客雪主再詳門宮迫制以分主客

庚加戊 太白遊忌

凡事先迷后利先損用后益之象陽時利客須詳庚戊所臨休旺門宮迫制以分主客

庚加已 太白大刑

凡事不吉惟宜守舊陽時利客詳主客分勝負

庚加庚 太白重刑

有英雄未遇而自作憤激之情不能傷人而轉為自刑須詳門宮陰陽參断主客也

庚加辛

有兩相强持之象以剛伏柔之情凡事必有爭論之端陽時利于為客詳生旺以分主客

庚加壬 太白退位

凡事有益只宜斂跡利于為主事多疑惑詳生旺以

分主客

庚加癸 太白刑融

凡事不宜人情悖逆謀為多阻須防不測陽時利于為客陰俱不利須詳生迫以分主客

辛干論

高姓而事子張隸酉宮而拜位氣同白虎掌肅殺之權威位振西方宣白帝之政令其為質也芒鋭其為性也柔剛其為味也苦辣其為声也鏗鏘其為体也

沉靜如錐處囊取其為用也堅耐似玉出璞得時財黄鍾振响失令則瓦缶混淆蓋由其鵾鵬之翮必待秋風方能扶搖而直上耳六辛白虎天庭經曰能知六辛往來皆吉不知六辛灾害臨身凡事不利酉時五不遇占病主瘋痰胸膈之症婚姻更凶

辛加乙 白虎猖狂

有走失破財之事與迯亡隐匿之情所謀难就若辛乘旺而乙逢生反可得財詳門宮生尅以分主客

辛加丙 天庭得明

有威權作合之情炉冶錢谷之事凡事吉昌更詳休旺以分主客

直符辛加丙為青龍返首

凡事吉慶所謀皆成大有權勢之意而陶鎔燬煉之情得令相生主客皆利反此別断

辛加丁 白虎受傷

凡事有始無終内多耗散惟利求名官訟若門生宮尅門大利為主如門尅宮丁臨衰墓只宜固守

辛加戊 龍虎爭强

凡事不知求謀不利詳門宮墓以分主客

辛加己 虎坐明堂

凡事費力方成利于為客門宮生喜

辛加庚 虎逢太白

凡事反覆爭論羈留遅延驚疑若門生宮宮尅門又庚臨枉禄利于為主

辛加辛 天庭自刑

凡事自敗有勢難行進退狐疑柔奸無用門生宮利主值伏吟宜演武士戢威斂迹以防内变

辛加壬 天庭逢獄

凡事不利所謀難成須防脫詐隐昧憂生詳門宮生休以分主客

辛加癸 虎投羅網

凡事有就謀事有成但先塞而后通先遲而后利詳

門宮以分主客

壬干論

任姓而字禄御隸乾宮而治亥氣其為質也順其為性也滔其為味也鹹其為声也洪其為体也圜浩有磊落不覊之情其為用也流通有泛濫無常之勢得時濟物利人無能方其才調失令則防病國不及察其潛浸蓋由其賦性柔險可與同患難不可與共安樂宜伏机暗藏思謀遠慮占病脾胃眼目耳腎之症

申時五不遇加子為地網遮不可行遠一切皆凶

壬加乙 日入地户

凡事不利謀多驚詳生門休尅制以分主客

壬加丙 天牢伏奇

凡事不利求謀多凶詳門宮分主客利客

直符壬加丙為龍返首

凡謀得吉貴助禎祥分主客論之

壬加丁 太陰破獄

凡事有阻謀為暗昧分主客論之

壬加戊 青龍入獄

凡事有始無終官訟求名得吉分主客論

壬加己 天地刑冲

凡事不利求吉得凶分主客定之

壬加庚 天牢倚勢

凡事虛耗難成未免驚疑反復分主客論

壬加辛 白虎犯獄

凡事憂驚每多反復分主客論

壬加壬 天牢自刑

凡事破敗諸謀不利詳得令失令以斷動静

壬加癸 陰陽重地

凡事不宜圖謀計窮分主客論

癸干論

管性而字子光隸坎位而通五宮其為質也重其為性也燥其為味也濁其為声也亮其為体也厚有飢

寒由己之情其為用也淺陋無包容藏蓄之險得時則從龍变化著赫〻之名失令則伏棲長存恹〻之度盖由其賦性褻直惟知排難解紛而不知察奸防險耳

六癸乃華蓋宜迯避凶灾埋伏隱遁求仙凶暗不明之事其餘皆凶病主耳腎下元之症未時五不遇癸臨時于為天網

癸加乙 入沉九地

凡為有益陽貴相扶或暗中生助但遲疑不速詳生褻分主客論

癸加丙 明堂犯悖

凡謀阻滯事有变驚分主客論

直符癸為龍返首

事皆吉慶謀幹稱心察生旺定吉凶

癸加丁 螣蛇妖嬌

凡事不宜求吉反凶利為客更詳主客論之

癸加戊 青龍入地

凡事雖吉宜陰謀私和亦有恩怨交加之象詳生褻分主客論

癸加己 華蓋入明堂

凡事雖吉無不耗費諸事勾連每多揆度之意又為隱蔽私匿之象名訟得利〻于為主分主客論

癸加庚 華蓋受恩

作事刑害求謀無益雖為相生未分揆隅分主客論

癸加辛 天網冲犯

凡事雖吉費力方成分主客論之

癸加壬 天網從獄

凡事不利且無定見上下蒙蔽暗昧難圖分主客論

癸加癸 天網重張

凡事重〻閉塞抑屈不伸宜于暗中圖謀隐伏私肩

若伏吟宜收粮積水通濟賑救

干支合变論

子合丑寅丑合子虛二合化土為房闈之合夫婦之義也

寅合亥破亥合寅就二合化木為生洩之合父子之義也

卯合戌新戌合卯回二合化火為規矩之合兄弟之義也

辰合酉覩酉合辰離二合化金為投托之合朋友之義也

巳合申信申合巳疑二合化水為合夥之合僧道之義也

午合未明未合午晦二合化火為經綸之合君臣之義也

甲己化土田園之土情同夫婦中正之誼

乙庚化金釵飾之金情同將士有恩威之用

丙辛化水漿腋之水情同君臣為勢利之交

丁壬化木朧羅之木情同明支為淫訛之局

戊癸化火焰爍之火情同僧道為妒忌之嫌

御定奇門大全卷十六終

御定奇門大全卷之十七

先天要論

太極三元賦

太上三元先天一氣飛佈九宮法天象地運比斗於飛宮取生旺於月氣是以坎離消長於四時風雷發洩於九地斗柄與時令而聿轉時支隨野馬而佈置九宮定而八門旋五行分而一元注值休而野鼠渡河鳥猪搖耳進杜而蚫伏青郊牛潛碧樹虎值傷而歸林龍進景而回首蛇入破而受驚馬行開而奔走猪雞趨生而飛躍羊犬入死而得偶天地交會同於六二朱雀投江本於九一龍歸大海三加一而進生猛虎歸山七居八而伏首紫居碧而丹鳳栖梧黃入紫而金符入斗

以上用為宮所到之門遇飛來之時與星所屬

如此即得如此之外應也

地應於下人位乎中天運於上星飛南列時因順逆門

隨方向黃黑二道值符趨避全憑衰旺先兆可定吉凶動機關乎得喪太上無形其次掌上識透根源酒知閬苑仙望

八十老人騎竹馬歌

八十老人騎竹馬失脚跌到長林下仰天大笑白雲間道出軒轅多少話先分二至定陰陽甲子三元節氣藏二至須尋真甲子符頭方合古軒王五日一候六十時三候為氣無移易甲己上為元候始子午卯酉為上元數數餘即閏二至宜冬至陽遁起一宮小寒大寒二三進立春換宮從八起雨水驚蟄九一中春分三上起符頭清明谷雨四五流立夏還從四五換小滿芒種五六進夏至陰遁九宮前小暑大暑七八邊立秋二上符頭轉處暑白露一九天秋分七上五子來寒露霜降六五排立冬六上為正位小雪大雪四五闕天上三奇甲戊庚人間三奇乙丙丁地下三奇壬癸辛三奇缺一日月會日辰月煞與星生九宮遁甲為

人事地下八門是地輪三奇喜與三才合天干地支有差別盛衰變化是長生只在掌中十二訣青龍十二最為奇發動之時任我知更與用宮相契合避凶趨吉不須迷三元原是合三才人事此中早已排有始方知何事吉凶終此事已成成天干合化定根苗支上沖空庫合格還有三奇虛透出六親得力契如膠伏吟宜動喜相沖忌日用之冲冲則散惟有反吟靜自榮沖貴有情還忌克靜居生養始成功原來是一水宮王

辰庫天刑玄武藏若逢亥子江河漫怕遭壬癸天雨殃九紫原為熒惑宮受生得氣便多風須知巳午人間火還是丙丁天逢七赤宮金為破軍五為飛火中央煞破軍火煞兩相逢定決干戈道路中相逢申酉為刀戟若遇庚辛天亦同時值金匱武曲良白虎大難禍難戕更逢支干合與會只宜征戰在西方四為田野五穀苗逢金削草禍自格八為稻麥稷黍倉若居逢沖散更虛張二為稻黍稷麥場白虎闖入必多殃

民之嗟嘆受飢餓朝朝走竄啼他鄉龍入虎穴忌秋場寅卯相逢是故鄉二六牛耕在白沙若臨肥地亦堪誇遇辰戌丑未月日寶鏡沉水嫌夏冬動中申酉喜相逢犬吠空林春不宜牛羊值之亦得時青山綠野二八逢四季安閒巳午休也養雞入火口怕遭焚時逢寅卯亦無憂龍逢寶劍忌金風申酉月日青郊相值亦安容寅卯月日鏡墜紅爐忌巳火申酉之時不受苦羊入水月怕水旺秋風起号可無恙細雨微風嫌春夏冬來得意

逢土怕四季五谷入山庄寅卯相逢豬見狼雞鳴牛背忌秋郊黃風一起喜相招黃金失色在亥子若逢寅卯罪不死雞入刀砧在四六和春蕩鼓猶為福羊遭湯火畏熏風秋月明時聽曉鐘青山綠水遨遊遍桃綠桃紅性不同寅卯月日牛逢毒草怕青春碧水流連六可驚豬觸雷門愁碧湫涵涵水流亦無慮亥子月日豬走荒郊怕土崩忌辰戌丑未月江湖溪河可潛形墮鏡埋塵尺許中偏逢厚土享安樂日落寒江亥子愁鮑頭牛

尾亦無憂牛集龍位怕春雨四季平安亦可許牛馬雞犬兩相逢只怕安然四季同此常言伏吟伏吟宜静不宜静旺則動沖則動見龍在田春雨時迫遭秋日猴雞欺天門金鎖秋更開此間鼍馬不許來牛耕水田夏雨成不宜春鄉兩傍生草欺五谷宜除草應加厚土培根早風送雷門春日好金風一起生焰愷秋山落照不宜秋夏日炎〻正可遊雞鳴曠野東（喜）風草木黄落燕無踪月鹿羸中天秋不宜夕陽西墮朔風催犬逢獵箭隨牛羊

龍狗臨之亦奮揚馬嘶芳草在西郊不應南向馬蹄劳黄牛觸雷茂土中兎虎相逢命不容犬入深潭猪亂宜若驅鼍馬步行遲田庄五谷宜加土怕入青林逢兎虎鷹入天門夏日長不宜渡海入長江龍行土坑畏金風寅卯交加喜自從虎嘯風生秋月上威風凛烈坐玉帳馬嘶芳草怕宲灶西郊相遇成吉耀牛食青山四季天若逢春樹是窮年牛入虎穴穴要深重重厚地得安身雞奔湯火愛東郊刀砧相遇禍非

還五福聚井貴四季榛樹叢中元耕地荒山曠野怕逢春〻日逢之山不寧白虎歸來喜在秋火山相值更生愁茂樹重山春雨青不應刀斧入山深蓬入官宫旺好施若臨財地起貪思難中化解諸神惡病疾訟厄其能化解遇貴還應合有時天罡求財田土多官宫遲〻事如何諸獻謀望皆執塞疾厄逢之多病魔天任司財和合宜貴人相值逢有期避禍潛身皆可用婚姻牽合亦猩之天沖財散定囊空徃動求名難散中六

情骨肉情如雪禍患逢之却似風天輔文章可得名求財亦得遇良朋出門和氣多侶伴貴人提携百事成天禽田土主安和厚蓄深藏喜氣多若遇求名多官索捕比園徹似天網天柱求名利武場求財剥削惡名揚揚〻口舌許為鮮白虎相逢定禍殃天心剛衡利圖名主掌錢谷正且平更與貴人相合處利名獲得旺堪覩天英文彩文令收献策陳謨入鳳樓相見財官還有益玉堂金谷百無憂太乙權衡生死關

利名先得貴人顧（為官有作為覓利善經營）求財定獲經營計圖
貴還因衣錦歸青龍財氣最為先若是求名利亦添
百事逢之多喜氣禍消厄解病還痊太陰和合利求
財（太陰遇貴則吉逢戩則凶）得遇官宮滿載回田地婚姻俱是利
猝然有難可潛災天乙文明是貴人求財亦許有佳
名科場名字高天下禍事逢之災亦災消咸池自古
為酒池白虎臨之口舌危求名利武財須避百事如
逢信亦疑天符官鬼主文書私若求財官粟如五豐

絕處無生救口舌重重訟必輸招搖飄蕩不宜親名
利復〻多不成人情反覆如波浪出入流連性不寧
揖提相值定紛爭鬥打劉強遲滯因求財剝奪俱宜
忌賭博傷禍必侵軒轅變動事多遷竹木經營度凡
年名利到頭終欲變藥王遁甲此先天貪狼秀宿利
科場飛入財鄉亦好藏凶事逢之能化解吉臨貪處
亦成殃（見財起貪成凶）巳門田土慶有餘安靜平和富貴居
圖名圖利皆獲福一家和氣樂只宜祿存土宿是陰

星若值官宮俸祿深飛入財鄉為是祿相逢陰宿是
奸淫文星原來性亦淫最忌相逢值太陰官鄉得此
文章顯疾病逢之主瘋病若入財宮必陷須破軍財
散定人亡官事逢之口舌任吉事逢之皆必破婚姻
和合不相當武曲原來天貴星將軍出戰有奇名太
平富貴將軍定出入相逢百事成佐輔朝綱奇品官
堆金積玉有餘歡始終定有幫扶力良朋好友善圖
圖右弼名聲揚鳳樓富名亦許遍他州從此貴人多

瘋護聲傳四海今名揚廣貞飛火是殃災天患臨之
之不可當（病俱臭腹大癌）飛入財宮多不利官鬼逢之廣潔
鄉休門養息主安和到此澄心寡慮多生門生氣浩
无殭人物賴之少禍殃傷門損破定生憂總有強梁
到此愁杜門絕塞好潛藏不通音信不虛張景門美
大且光明正好陳書見大人死門自有永无歸氣絕
无生一命孤魂門惟懼動無憑遠近迷亡不見人開
門豁達大亨通一任遊行出入同用神最喜旺生榮

月日時伏氣相充用衰星旺凶中凶用旺星衰衰裡凶身用沖相嵌不宜若逢空庫事遲遲凶事沖空終必散吉逢空庫敗無耗克中帶合敗還成庫內逢沖切忌身動出泄宮為得。氣五行無救事無因貴格遠來喜得時若還失氣定他期假如賤格無無氣立定囚為敗可知三合三奇身中用虛中遠出日相逢用神若得居生旺此日求謀決有終玉符遁甲理精微道畢還騎竹馬歸達得歌中真妙意青青楊柳燕飛飛

九宮別音

天蓬明音 天芮宮音 天沖角音 天輔角音 天禽宮音
天心商音 天任宮音 天英徵音

九星合卦所屬

一白水其貪狼其神天蓬其用神太乙其方正北其德柔其星性臨就下善通其色黑其体濕其味鹽其卦屬坎為中男生木尅火亥子月旺寅卯月休申酉相辰戌丑未月死巳午月囚其在天也為月雲霧雨其於人身為耳背血臂為盜其象物也為狐依為紙為帛為帶衣為叢棘為梏桎為蒺藜水族溝瀆

二黑屬土其星巨門其神天芮其用神摂提其方西南其色黑其門死其卦神老陰其德厚其性柔順其味甘其質為地其形方辰戌丑未月旺申酉月休巳午月相寅卯月死亥子月囚其於人身也為腹為老嫗其象物為牛為牝為囊為裳為布為帛文字墨皮

三碧屬木其星祿存其神天沖其用神軒轅其方正東其色青其門傷其卦震為長子其德生其性動其形長其味酸生火尅土寅卯月相巳午月休亥子月相申酉月死寅卯月旺辰戌丑未月囚其在天也為龍在地為大途在人為手足為肝骨髮為決燥剝正有敷布為初任其象物也為青馬為大林為蒼茛竹為萑葦其究為震動之物

四綠屬木其星文曲其神天輔其用神招搖其方東

南其色綠其門杜其卦巽為長女其性入其形秀為進退為不果為强任為卯月旺巳午月休亥子月相申酉月死辰戌丑未月囚在天為風於人為胆象物為紙香繩扇桑木嫩葱藤蘿葦草為雞為百要

五黄屬土其星廉貞其神天禽其用神天苻其位中央其色黄其德厚其性吝其味甘生傘火尅水辰戌丑未月旺申酉月休巳午月相寅卯月死亥子月囚在天為大煞於人為帝王為心腹鼻象物為死果核為沈

丸為色涵為枯骨腐草黄石

六白屬金其星武曲其神天心其用神青龍其位西北其門開其卦乾老陽其性剛其形圓生水克木申酉月旺亥子月休辰戌丑未月相巳午月死寅卯月囚其於人為頭於物為商帝大厦玉水白石錢金鈴鏡果實為馬

七赤屬金其星破軍其神天柱其用神咸池其位正西其色白其門驚其卦兌為少女其性剛其味辛申

酉月旺亥子休辰戌丑未月相巳午月死寅卯月囚其於人為口齒象物為口舌為澤為闕缺金金鎖鉞斧缺石為羊

八白屬土其星左輔其神天任其用神太陰其位東北其色黄其門生其卦艮為少男其德和合其性止止辰戌丑未月旺申酉月休巳午月相寅卯月死亥子月囚於人為胸膈脾為觀寺為有終始象物為山為小石堅土徑路覆碗為狗虎為黔鳥嘴之物

九紫屬火其星右弼其神天英其用神天乙其位正南其色赤其門景其卦離為中女其性烈其体外剛內柔其神上炎下潤其味苦生土尅金巳午月旺辰戌丑未休寅卯月相亥子月死申酉月囚在天為日電於人為目心象物為向陽地為官殿紅土文彩文章百花雉朱鳥龜鱉羽毛

伏宮歌

一白入中宮居六　二黑入中宮居七　三碧入中

身在八　四綠入中身在九　五黄入中身在一

但得飛身顛倒訣　未來過去如明月　惟有酉居坎不同　一白入中身在五　戌亥之時機甚微　令將用法傳今古（五爲戊巳大煞常人不用酉戌亥皆係一白入中身居五）

六親訣

生我（中官爲我）者爲父母　叔伯　長者　文書（子孫占以文書爲杖墓）　印綬　田宅　咸池

克我者爲官鬼（妻占夫以官爲夫占病以鬼爲病）　上司　數賊　坟墓　官職

我生者爲子孫　福德　僧道　丁屬　衙役　葯

我克者爲妻財　奴婢　六畜　五谷　舟車　酒食　衣服

比合者爲兄弟　朋友　同事　親戚　同僚　同年　同輩

定用神訣（以數少爲先數多爲後恐不分前後以落宮爲也以身居之宮）

身居之宮發動時時先時后任君推時先適宜再運之時後將來應有期若還日期辰作主相逢月建亦同之年月日時皆有用事遲速近定相宜

定身法

已占已身即己身若問他人便有因與我有因身自我與他無涉即是他

十二值時星（子日起申寅日推去每間一位起）

青龍（木主建太黄道日）　明堂（木除黄道吉日）　天刑（土滿黑道凶日）　朱雀（火平黑道凶日）　金匱（火定天寶黄道吉日）　天德（土執貴人天財黄道吉日）　白虎（金破黑道凶日）　玉

堂（金危天庫黄道吉日）　天牢（土成黑道凶日）　玄武（收水天耗黑道凶日）　司命（水閘天官黄道吉日）　勾陳（土開黑道凶日）

天元九星

蓬芮冲輔禽心柱任英

地元九星

貪巨祿文廉武破左輔右弼

人元九星

太摂軒招符青咸陰天

先天定六親訣

青龍發動定求財田宅明堂父母排詞訟天刑官鬼事文書朱雀遠人回天遣二位成交易天德恩星官祿來白虎武名主口舌功名定是玉堂財天牢奴僕同六害元武陰宮妻妾陪司命子孫為福德勾陳疾厄不須猜

三元值符以日支論

上元一蓬七柱四輔二拇五符八陰九右三祿六武

中元一太七咸四招三巨五廉八左九陰三沖六心

下元一貪七破四文二尚五禽八任九天三軒六青

遁甲天元金口訣 以時干推用此第盤九星也

甲尋狗虎方丙戊牛蛇鄉壬從羊豬地庚從龍猴纏辛在牛雞位丁己狗馬藏乙居羊兔起癸向龍鼠場

元遇甲不論陰陽遁皆尋狗如應值星辰巳有於本盤則換虎也餘倣此

九星轉運歌

九星轉運最為佳年月周天十二支發動之時隨變化運行順逆遠近宜陽遁用飛須順轉陰遁用伏退一推行至數窮不動處便是神仙也皺眉

一時一局兩占用此一人一事占將用此不換六親一人占兩事一時用此換六親着看順逆變化長短生克以定吉凶若陰陽皆五黃居中於動宮凶用伏盤退一宮飛入退至五黃為極數總之換星不換時

都天轉甲法 如遇五星不動用原一局再陽用進一飛入陰用退一飛入

都天轉甲妙無窮發動之時飛入中外佈九宮用居地 用地者所求之事也 日時年月辦枯榮日時年月何當吉當月日時佈九宮飛入用宮值生旺此年月日吉重重

此一局管十二年用飛星以斷省十二年之每年數十年數百年後皆以此法推算其法將原發動之時與各星總飛入中宮通盤番換若再問月會以本年太歲所向之九星飛入中宮換輪

符經用法

按查值時飛宮每用一盤管十二年月日時之吉凶再用都天轉甲法以管數十年或數百年後時再飛九星以觀十二年每年何宮之生克則用十二局推凶於太乙三元推斷之法無二也至九星轉運陽用飛星陰用伏宮退一法不過看日前日後于何年月值凶值吉生旺者與都天轉甲不同不可錯用

起手總歌

排山手訣定符頭伏數隨宮五子遊發動時星飛入內六親身合認中流三元先後分飛伏十二青龍支上遊手上八門移轉動吉凶生克手中收

起訣

其法照二至後三元陰陽順逆以本日值支定上中下三元合於原盤之定數起子時十二時支干飛佈九宮繼看發動時支佈於所佈何定數之內即將此定數移入中宮并飛佈各定數於旁八宮方查中宮

飛數係本元何星值符天地人星總歌自中宮起飛佈九星於各宮再照天元金口訣看發動時支所以聯之於應於何宮時支以此時伏宮數尋對本元值符何星亦照天地人元總歌自中宮起飛佈九星於各宮如所應時支本元值符之星已經飛入照數借用別元然後照伏身歌論中宮定身位及看中宮飛入之數所屬五行與各宮飛佈之數所屬五行乃派生克定六親又以所起子時之門移星發動時支所值之門挨順佈之旁八宮推五奇於二復以值時十二星亦看本日值支照轉輪歌坐支起順時佈于九宮

斷中宮九星

問君何事是何人發動中宮辨九宮太乙青天知足貴太陰說合享和平咸符揖土紛爭事變動招搖動有因惟是軒轅不安靜傷門遠化必多驚

斷數總歌

九星轉主旺生榮沖空庫合會時中十二青龍吉凶
定三元終始直符逢
以九星為用得月氣為旺得地宜為生得坐支長
生帝旺為榮
五符生因泄克受克值空可免灾危
火生於春土生於夏水生於秋木生於冬金生於四
季
金囚於春水囚於夏火囚於秋土囚於冬木囚於四

季
水泄於春木泄於夏土泄於秋金泄於冬火泄于四
季
土克於春金克於夏木克於秋火克於冬水克於四
季
生我者休我生者相克我者囚我克者死比和者
旺

九星斷訣

以身為体以六親為用〻生体大吉体生用泄氣体
克用半吉用克体全凶六親居受生之地則吉居受
克之地則凶揔看四季生旺凶地有氣則凶吉地有
氣則吉無氣無生雖凶不凶雖吉不吉

六親斷訣

六親最忌克身鄉親遇生鄉美且强若還克我俱無
益惟有相生相合良六親最喜旺相時親逢衰敗亦
何益身旺親衰生亦吉身衰親旺克何疑假如占財

財旺克克非無財有財與我無益

奇門大全卷十七終

御定奇門大全卷之十八

先天要論

斷用星訣

用星居生宫得月氣生身比和可和可斷大吉應速如克身半吉應亦速不得月氣生身次吉應遲不得月氣克身小吉應遲受月克凶月破凶

用星居于克泄宫得月氣生身半吉應稍遲得月氣克身小吉亦稍遲不得月氣生比和無凶無吉美中不足如不得月氣受身克克身全凶亦看長生之方驛馬用星生旺旺生身而坐支逢沖占行人用斷美中不足用星衰敗克身而坐支逢合占行人用斷不美中美

斷數總訣

九宫定位為地盤時支為人盤時干飛星為天盤地為伏宫天為飛宫伏克飛凶飛克伏吉伏生飛大凶比和得意飛生伏泄氣又以身為我飛動六親為應看屬何門係何生克揔之五行盛則能生衰則不能

生盛則能克衰則不能克衰則忌泄旺則不忌泄衰則受克旺則不受克生我者得氣我生者泄氣克我者刑傷我克者得意比和者相和得合者大和衰敗者無力旺相者生氣反伏者不祥空亡沖塞者不順再看十二時以定黃黑分宫值將凶神生我亦吉吉神克我亦凶生時本乎月氣取用在乎臨時外應隨机而至因時而定神明全憑乎理類而推之趨吉避凶不越乎此

悟變

九居六天開見日事必光輝　二居四風起塵飛物當失色　八居八重山為阻隔之險　一居一重水為浸潤之深　一居六水流而事通　五居五二居八八居八土厚而事滯艮為堅心始得巽乃放手見空　一居四風來浪激主波濤之驚　一居八水渌山崩主田土之失　七居九旱澤之旁心中俱竭三居七枯木之形貌皆衰震雷定有虛驚巽風必多

飄蕩　三居三四居四三居九午一木三火者榮顯
之象　九居三火入林中焚燒之象　一居二丑三
牛爲奔走之憂　四居七二子三女有姦　一居一
孩子月水歸冬旺　三居三寅卯月木向春生　四
居九夏月風火相交萬物成厭　九居六火在天上
所照者廣　八居八丙山知出處之分　九居九丙
日定歸期之限　四居一冬月枯木遇水斷然踪跡
飄零　五居九飛龍在天必定超陞高擢　三居四

木遇風而葉落　一居二水遇土而流遲　一居九
夏月一杯之水難救車薪之火　八居一冬月一拳
之石難塞千丈之流
、斷處逢生可斷反凶化吉合中遇克好知樂事成
憂無氣之生求謀遇而不遇無根之木財源得而
不得天地造化循環盡在五三八九

五行斷決

玉符經水得金而汪洋　木得水而劵労　土得火
而敦厚　火得木而輝煌　金得土而生旺　金得
水而精光秋金　木逢金而折損秋木　火遇土而埋藏
四季土　水遇土而壅塞四季旺土　土遇木而踉蹌春木
金逢火而銷鑠夏金　火見水而滅亡冬火　金削木而
成器春木　水附火而揚光冬水　土得水而滋潤四季旺土
木得土而根長春木　火逢水而不熾夏火　水得土
而隄防冬水　金得火而煆煉秋金　土得木而疎康冬
土逢水而崩塌冬水　金得土而掩光四季旺土　水逢

火而澤竭夏火　木逢水而飄蕩冬木　金入水而沉沒
冬水　木逢火而焦傷夏火
土主安和木主震動火主亂揭金主埋藏水主流蕩
木無土不生金無土不成水無土不蓄火無土不榮
火克金而不吉而金多無火秋金其金則頑金克木固
受傷而木多無金春木則不成器木克土固凶而無木
不能疎通土克水而涸而水無土制冬水則水漂蕩水
克火故滅而炎火無水則焚夏木水生木而本吉而水

多木少柊其木則泛木生火雖明而水衰火烈則炎無制火生土則厚而火多土燥萬物不生金生水則源深而金多水濫則水猖狂而土厚埋金則金失色摠之五行生克妙在適中智者變通

三豕並食格

一居一碧水長流乾坤一色秋莫騎赤馬馳驟豬走曠野

一居二澗壑對荒丘都入牛羣君子無可求若逢水母申為水母可以變舊雨逢雷散又名豬觸雷門

一居三雷雨泛孤舟衣寒不如西北遊細雨淒風水歸大澤流

一居四風湧水空流魚翁下釣鉤早把然綸收紫微升殿

一居五窮池無水豈得金魚上釣鉤水底碧天

一居六海濶天長任意去留若見青龍辰為水庫及早回頭白虎入淵

一居七猛虎赴長流無慮無憂福自投慎勿貪花與鬼偶犬入空淵豕止深山

一居八水漾山崩難保千年舊值待鼠出豬頭方顯扶危手雀投江

一居九寒潭秋月明明如畫龍蛇變化難免悔尤牛畊水田

二居一野水崇邱最堪遊青郊出鬼急泛歸舟二牛並畊

二居二古道悠悠大地德厚桑麻處處收牛奪龍位

二居三一盃浮土樹根穿透卜平安赤馬黃牛牛逢春草

二居四風起塵飛砍拂無由牛畊白沙

二居六迷天塵垢不見星斗一聞犬吠優攸兇咎牛入虎穴

二居七畊中有虎如何可久薰風一起鳳舞南樓牛入青山

二居八出生入死只宜遠謀不須變舊動而見尤月日沖晝入九重地起南樓

二居九丈地之內先射斗牛金雞一唱草木皆秋青龍歸大海神蛟躍浪

三居一順水行舟東風何處不攸攸惟有松筠挺秀見龍在田

三居二平林曠野望中收莫往羊群逍遥二龍並穴青龍歸穴

三居三層層碧樹青春時候一寒雁勇退急流風雲際會

三居四風雲附會青草綠和風入牖

三居五春風達中州人在杏花深處有不宜騎馬怕見金猴龍逢寶劍春日為龍飛九霄

三居六跳林被風剷瘦春寂寂恨攸攸春龍奔走春為龍虎文會陽遁為龍入虎穴

三居七猛虎坐林丘誰肯諭基數好時光鼠尾虎頭茂樹崇山

三居八春樹悠悠春色靄山頭休遇猴出岫龍行大坑春為地日高林

朱雀跌穴三居九野樹千重野火燒透一朝時雨翠滿山

丘鴉化海蚕四居一勞草渡頭王孫泛孤舟百事無憂鴉鳴

曠野四居二青鎖田疇陌上少女遊莫向西隣走風遮雷門

四居三嫩柳曉風搖春光處處留休與金天戰鬥二鴉

齊鳴四居四青青翠〻春色凝眸百花深處最忌鼠東

東遊四居五春風滿地碧光曉浮春色十分九鴉入刀砧

四居六難與松竹友吹散梧桐葉落秋故園誰是

主思悠〻野豬回家一番新舊鴉入春為破虎口浪乘風四居七

門當伍歛勸君閑户潛修須等東風入牖碧樹毒山四居

八深谷陰〻石木幽春拂〻碧山頭忌見馬出西樓

鴉入湯火春日為晴光綠剪四居九抱薪救火如何能向狂風一

陣焦頭破袖五福聚井五居一一杯浮土激中流也可深

耕易穫五谷登田庄五居二二五相居更相求風月常相

守歡娛到白頭黃牛錮樹五居三拂白紅塵遠樹頭人在

塵中否執斧伐柯可以永久草歎五谷五居四風木地中

棲難保平陽如舊直待風息時得安居神岫五居五

火煞入中州三春可無憂塋鏡塵埋五居六黃金被掩莫

雄何日出頭不遂白犬要見火牛五居七白虎伏荒

丘不前不後早計策可無咎五谷山庄入五居八山上旅

雲五色出岫四季安和福祿畢湊金符入斗五福歸元五居九

紫詔遠懷柔遐邇拜御濤歡騰九有寶鏡沉水動為躍水秋亦同

六居一黃金失色赴東流遊子囊空賦悲秋須尋赤

蛇去寶天地交會馬嘶碧野六居二天高地厚耕田鑿井樂以

忘憂馬嘶垂柳執斧入山六居三執斧入林丘採樵人長歌短

謳馬嘶芳草六居四金風送暑滿天愁落花吹入遊人袖

六居五真金土厚富比陶朱永久須防赤熾為殃二馬

並行馬聚天門六居六碧天如洗正深秋風清氣爽雁字書

成瘦六居七秋色正當時候黃花滿地綠野如繡山中

別天六居八山遠鍾悠似神仙洞裡遊只畏赤符入斗

宝鏡動紅炉秋為紅炉鑄鏡動為安乾主本位六居九火爍金消驟此苦奚

堪受山猴摘果方休羊入水穴動為劍躍入深淵七居一白虎渡

淺流還問口莫向他舟最好雞鳴時候虎歸舊穴七居二

虎落平陽縮頸低頭居民遠害歡聲鼓掌（白虎歸林龍吟虎嘯）七居二樵夫執斧入林遊伐木丁丁鹿鳴呦呦不宜見牧童歸去騎牛（虎嘯生風兒居位）七居四吹送桂花香滿袖折桂客伐桂斧秋光一望收七居五黃沙塵白金可長可久宜於四季同根茂（天門金鎖）七居六無奈新秋又復深清風不盡黃花遍收（二居茔穴）七居七兩相鬥兩相傷薰風起方成偶始得死夾到白頭七居八樵夫執斧入山頭豈肯空白首七居九烈火燒金有術難

收楊枝一滴可免無咎（高山流水）八居一千岩競秀萬壑爭流多少行人去而無留（青山綠野）八居二平地起山頭山高還地厚（犬吠空林）八居三木折山崩誰保千年後守道青龍隨獵狗（荒山曠野）八居四前山後悲風颼颼西風不起青山依舊八居五巍巍遠岫碧野凝眸可藏可收以永以久（火逢獵箭）八居六山中小穴居之難久要卜出頭艷陽氣候（犬入虎穴）八居七猛獸山前大開其口早早回頭莫向金方走（疊疊青山）八居八疊疊青山萬古千

秋一望天涯香塵滿路春水東流八居九紅日照九州光被山前山後（落日重輝）九居一孤竹夜雨短燭赴長流不如入虎頭（鴉鳴牛背）九居二日暮窮途古渡頭寔難分手相須斗柄南難回候（彩鳳乘風）九居三明明曉日柳梢頭淑氣滿滄洲九居四風火交相投有緣千里應非偶九居五野火燒荒卝寸草無留青青翠翠應事郊兎出南畝（鸞舞天門）九居六杲日當空照九州只怕金雞報曉籌（日掛金天）九居七一輪明月皎皎西樓千秋萬

照人依舊（秋山落照）九居八日落西山遊子愁蹤歸鞭難措手如何勤馬南陌頭（金鴉歸樹）九居九重重火焰耀千秋數窮九九造化與時洗

九星凶吉

天蓬會得解凶神天芮平安遲滯因天任和合可避難輔凶圖獵在天禽天冲性動主失散天輔文章喜得朋天柱口舌宜武事剛明果決合天心天英文彩臨何吉獻策陳謨利大人

貪狼斗柄紫微星化解諸凶秀且靈安靜巨門田土樂祿存土宿不宜陰文曲性深常欲動破廉凶暴不堪臨太平輔有將軍力輔弼朝綱大貴人

太乙持衡必稱情（逢凶化吉）青龍財喜滿門庭太乙得遇謀為利（主和合潛藏天心青龍同宮為財星為妝山最吉）天乙提攜是貴人（求名）天符咸池遭口招搖拇提不堪親（招搖變動主飄蕩奔走拇提門打紛争）軒轅居震能持重（主造作）凶吉星神仔細尋

八門生合（凶門要剋吉門要生）

八門順轉吉凶星用法全憑生旺尋有用無門難出入有門無用亦遭迍星隨門轉須生吉門克宮星旺不宜杜值兌方原不杜生臨剝處本非生死傷得氣能無咎驚若生時性亦寧門逢克地終多阻休景無生亦困人若得逢生地還忌八門克用門宮合三元何地不安寧

十二值符凶吉

時值青龍喜氣濃（屬寅木為太陽其性生長萬物）明堂安樂必尊榮（柳木其性矯達大通顯貴功名）天刑官災並水厄（辰土為水庫性陰百事坑害青龍星能解）朱雀文書口舌逢（巳火文明君子值之主文書小人值之主口舌司命解解）天醫天寶多遂意（午火向明顯豁值之倉庫充盈家業茂盛）生則天德星吉從（未土為養生之本庫性好施能化諸凶）白虎破財兼爭鬥（申金性剛肅煞主口舌爭鬥武事孝服官災金匱能解）玉堂天庫貴星宮（酉金性精粹光明主功名百事大吉貴人相助）天牢刑獄俱無利（丑土為金庫性遲滯主田土空亡青龍能化）玄武凶星天耗中（亥水）司命天祿增福祿（水子）勾陳遲滯事多空（戌土）

坟墓

坟墓須看官鬼宮右為白虎左青龍生崇得氣為大吉衰敗空亡星忌凶

謀望

謀望須知旺六親六親生我事多成若還我克他為用他克我來定主凶

冲則必散空則無寔生中帶冲有始無終

求財

求財須看用神强不空不敢定為良空拳求覔他生我索債還須尅彼方
財星入庫求財無路財支冲財主旬不逢冲

求官

官星旺相甚為昌九紫青龍最為良有官但看文書吉無官定是值空亡
圖名須是臨官日年月亦同覔利長生日上宜會合應從身上取時前時後定生期白虎真人斷名利臨官長生身用與日會合看

問訟

問訟須求官吉星我來克鬼必然羸鬼若旺來我必敗兩逢空絕兩相平
以文書為用以鬼為凴問訟得冲會狼能解凶天杜問官需索天蓬同軒轅必加刑責破軍受傷

行人

行人最忌二四空二四即死杜驚門開震路逢濃休景生門身不動伏吟定相逢八宮相合
以六親為用以身為凴生中帶冲來而不逢克中帶合行人下榻日冲用支行人起時用支值空行人路中靜而逢冲必主身動動而逢冲決不相逢靜中逢冲必動動中逢合必逢若還親再逢冲必定往來題鳳身冲用神行人不來用克身宫行人立至居于發動之宫主動居應亡動日冲則動日合則到年期月日時照斷休生景生皆靜敬開死傷地皆動伏吟最凶行人不見日冲則動反吟最

凶去者必返天心時刻不爽天乙太陰〻逢天輔羈滯天輔中途有阻拈搖無定天芮阻逢青龍不動軒轅方起身冲破主驚散太乙主有事天英信即到朱雀即到駟馬起身

斷狐中訣

一九入中宫六親與弟兄若非中途走羽翼亦空如看兄弟只看中宫坐支如占行人九紫入中宫無弟、兄勾陳值時行人必不來如占兄弟一白入中無兄弟如天刑值時必主凶危

定行人起身訣

先定親身生合支路逢遠行須相宜但逢驛馬親冲日便是行人起道時

生合何人何日回須知驛馬日中裁（坐支入庫要冲動）路程遠近君須看支旺還從支上来若逢衰敗須從會無會方從令日排時前時後宜仔細未来已往此中推

身用相生相合斷行人必来後再看何日起身可到如克身亦来若身克用或身用相冲行人不至也

婚姻

婚姻生合最相當（身用相生相合相得並相應）若遇冲衰甚不良兩家若是逢吉旺（太陰主婚姻）貴人喜氣映門墻（太陰和合以妻財為用以身為憑）

疾病

病人最忌死傷鄉星值青龍喜氣揚若逢惡宿並敗絕（軒轅受傷招搖受風）水消丸解甚非良咸池口舌天符傷中以所屬六親為用以鬼為憑官鬼逢冲百病無逃官鬼逢空疾去如風親空必死身空亦然鬼空必愈用空不生男忌節前女忌節後已看身空他看用宮天元敗絕用因凶元天即中元月日時俱逢絕此年此月命必絕逢白虎入死門更逢敗絕是德福

家宅

平安宅是六親生又喜官臨黃道星六親若是逢惡吉吉凶須向此中尋

晴雨

晴雨（水庫動出定主滂沱地下三奇透合主降大雨）

晴雨須看九一宮（水星得生合日則雨火星得生合日則晴）雷震電坎巽為風紫入四三晴可必一臨九六雨濛濛

水空逢冲細雨濛濛水庫若空一陣狂風九紫若空杲日當空旱雨晚霞紅一臨四宮連雨帶風一臨三宮雷聲轟轟一臨八宮白雪紛紛雲出於山雷奮於地返吟必雨伏吟必晴天乙司雷太乙司雨軒轅司電招搖司風一臨太陰夜雨日晴

占天文

水動見雨地動見雷木動見風山動見雲火動見日

捕捉

賊鬼奴（才宮）兩處尋（捕提能獲盜賊天沖脫逃無踪）休生開景定無形（天輔必同人行走）若逢死杜兼敗絕（天沖在太陰入此必潛藏天柱必然推捕）任他百足也難行（武曲天乙天禽必定掌破軍當場見獲以鬼為賊以子孫為用若逢沖驚散無從鬼若值空逃脫無踪子孫尅他必定拿獲有此律多文書克鬼必獲鬼若生身必自來數少為本人餘作伴論）

尋失（人間三奇透合亦尋必見）

失物須知認五行（看財宮亦可）門凶克陥不須尋（破沖財物無踪）若臨星旺並吉宿便是珍珠定穩存（失物逢空失物無踪失物逢沖四散失物無踪）

訪覓（天上三奇透出合主和氣相迎）

九紫青龍朱雀强大人得此旺相當星臨吉地來生我最忌返吟到客鄉（文書逢空無力無終動而無沖主散靜而遇沖主連文書入沖不發文書落空不發別衙門天乙定主官爵招搖必為奋温太乙咸权馳名轉移生死榮枯太乙定是婚姻提捐必因田土軒轅必是造化咸池定因口舌青龍必為求財）

田宅

田宅須看生我宮生身旺氣吉星逢財有力終須盡無氣凶星克亦凶

避難（惟福德方可避）

人逢離亂避凶方或為官灾去縣藏用旺子興門得吉官哀入墓永平康

奴僕（以剋為用身用而沖必無能成功）

原来奴僕寄財鄉克我星凶大不良輔弼生財旺最吉句逃玄武虎多殃

問孕

陰陽須看子孫宮地天合數在其中（天地合數有氣）數單值吉應生子克敗傷陰定女踪

問姓

問姓先斷五行傍次辨星音兼屬方旺則宜從全處斷衰短畫此中藏（、屬水丨屬木一屬土乛屬土丿屬金㇏屬火）

斷數

旺則從加衰則從減（俱照月氣之衰旺而斷）數多減半（以衰言）數少加半（以旺言）不多不少照數合斷（加者謂上下合算，減者謂或上或下減去其半，如一居六之數，總照月氣之衰旺而斷之）

斷人容貌

木瘦青金白方水肥黑土敦黃尖頭赤色皆為火兩樣相兼定不常旺則宜從单裡算衰須減合兩相當當有人逢得青黃裡便向蓮棗姓氏楊

起太陽（即本年太歲）

一太歲　二太陽　三喪門　四太陰　五官符

六死符　七歲破　八龍德　九白虎　十福德

十一吊客　十二病符

相得

一與二　三與四　五與六　七與八

九與十

相應（世克應、應生世，大吉；比和，克應中吉；應克世、世生應，凶）

一與九　二與八　三與七　四與六　五與十

奇門大全卷十八終

御定奇門大全卷之十九

先天要論

五符總斷

五符總斷先立用神次驗憑星

如求利以財為用以福德為憑求名以官鬼為用以文書印綬為憑

取用之要先定三奇次合三才

三奇者月干日干時干三才者天地人以用星五

行審月氣之休囚旺相死與日辰之長生墓絕以觀天道再看伏宮之生克比泄八門之凶吉以察地道又看坐支冲空庫合會並十二星之黃黑二道吉凶三元九星之現在終始以稽人道

三才合成吉凶攸分旺者取之衰者舍之生者趨之克者避之定以年月限以時日

如星得月氣更得日辰又得坐支伏盤之生益天元始終之妙合是為全美之局當取而用之斷以一季之吉如用星不得月氣但得日辰得坐支之生合天元之有終亦當舍其衰而取其旺斷以旬內之吉如不得月氣不得日辰而但得坐支斷以一候之吉凶趨避之至精者也

如求利而財坐空庫之類身用相冲吉中之凶身用相合美中之足此專言身用之冲空雖得月氣日辰伏生總無益也身用之相生合會雖不得月日但有一氣之通有益也

一氣之通伏受月氣日受月氣時坐絕支受月氣得生

如用星不得月日之氣而伏宮受月之生是謂一氣之通亦可取而用之時支坐於死支月氣受生是死中得活絕處逢生未可斷其死絕

月氣既絕還看日辰得生

此言日月得氣日辰用亦是一氣之通非耑言得日之生也

冬日之火夏日之金

如亥子月水旺火絶得日辰之生則冬火亦炎如巳午月火旺金絶得日辰之生則夏金亦白

空中得沖庫中得出不喜自用在於月日

如用星坐空庫而自用相沖返為不善如得月日之沖始為美外之美

天元之星一始一終

天元九星凡二十七端言人事不論五行生克吉

星在初事必有吉吉星在後事必有終

因事論意神妙莫測

當取天元星之性并意因事而斷之其中如神見也

吉中之凶逆中之順運以權衡計以分寸

事有半吉半凶一分吉九分凶九分吉一分凶此皆吉中凶順中逆

十二青龍審其有氣

吉神有氣則吉凶神亦然凡不有氣雖吉不吉雖凶不凶

八門少出動靜攸關

如斷行人或捕獲則用門以觀其動靜或專遠行則用門以卜其咎

星宮神門各有專司

九星九宮天元遁甲八門各有專司不可紊乱

五行二氣其細如髮其理甚微發動之机貴於無欲

斷事之机貴於自然吉凶在天趨避由我

名利章

名有官宮利詳財位月日時伏貴生旺而氣通庫合沖空審身用於月日旺則得時而應速衰則失氣而應遲空值日沖意外之名利可得用星入庫日月之沖出可期求名最喜官星覓利全憑帝王子孫得力獲息於千萬印綬應時進位品於一二六星天貴喜相於有終五福天財期會合於最後化合臨於日用

得氣則長奇遇於用身值日則速坐支如過去虛而應遲坐支值未來寔而應速三元文明梃秀為廊廟之需非田園之罷六七勇毅剛强作將師之用作室家之安二八多蔵厚蓄不利求名四一惟入流最宜圖利青龍旺而財氣多朱雀興而文明盛覓利怕遇元武求名最忌句陳印臨身地祿值官宮即選無疑財坐身鄉旺臨時日覓利可得

詞訟章天上三奇透合定主和解人間三奇透合官斷分明地下三奇透合恩星寬宥

詞訟贏輸當看身鬼身旺克鬼則贏身衰克鬼則輸人空而兩意相嬾入庫而結案必遲身鬼相冲一時事敗身鬼相合兩造平和白虎臨而口舌妄興身衰則禍起天刑值而官災立至身旺可以無虞朱雀重興詞訟青龍化解諸凶天牢主牢獄之災句陳為羞押之役恩遇天德定主赦詔遠傾神值明堂最喜沉冤得雪玄武興官貪財司命臨而主持定金匱投詞結案玉堂文筆超生

出行章看八門為要訪朋友宜相生合求名利忌相冲克

未問出行先問何事六親最喜身旺身宮亦忌因衰身旺出生門無喜而有喜身衰值死户無憂而有憂出杜而有事羈滯出驚而神䰟变動景有利見大人之慶傷則生災開有豁達無碍之通休則身静身值旬空起身意嬾用臨庫地謀望徒勞月日冲而身動則速身冲用而謀敗無疑

行人章

先觀身用合則定然相親冲則必主分散次察姻緣生我必主眷戀克我定有求謀喜月日之相冲冲則身動怕伏宮之受養養必安居受克之宮身無所在受泄之地心恋有人騐馬見於日辰起程在卽旬空列於生位定在中途三合三奇身用月日合奇虛中透出可必六合九化日時相見乃知衰則意嬾而遲旺則情濃而速庫中冲出喜月日之來生内見冲因他時而敗休景生主好事之羈滯杜死傷知未來之憂患驚

門無定而身動關門通達以起程伏吟逢日沖亦動反吟逢日合即来

婚姻朋友章

婚姻最相生財身須並看朋友因何相得身與兄仮關旺而益我定合朱陳貴而合我必作管鮑六合五化全憑身用之交三合三奇定會日身與用得氣而吉星全彰不問而得福失時而凶星並見無事而生災身用相冲一時而失散身用皆空而家意蝋庫中

冲出不庫空中冲寔不空

疾病章

疾病根由但並身鬼ㄈ坐金而兑泄定主肺脹官屬土而哀因必然胃弱遇九為心經目屬虚寔應分值一為腎水耳根旺衰宜别忽然木動定為風邪肝經仮候而水寒必主冷疾表裡所關乾受傷而首應之震受克而足病無疑鬼值空沖須吏病愈身逢空庫倏忽灾生有鬼不死受氣之身元有醫不治無救之死絶白虎臨而氣未絶不得成灾青龍發而身已空難言有救怕合中之有克喜絶處之逢生

壽元章

壽數長短先看身宫次看天元身元衰旺先看年月次看日時福德而天禄無窮五行生而中元無盡年月日時是謂四紀身元福德衛是謂三常四紀受生三常得氣轉運一局壽延一紀轉展而推可知百年福德逢沖身元坐空四紀不生三常衰絶五行無救

天命将終

晴雨章 入四宫不空不冲連雨帶風

一為雨九為日當觀生克四為風三為雷須别盛衰九旺克一則晴得伏生晴可必以時日論不必執月氣論一旺克九得雨得伏生而雨可知四冲一白風伯吹雨散然一入三宫雷電轟隱而点一逢空而風起九逢空而雲與一入中而青龍發非雨必陰九入中而朱雀臨雲開雨散水星得生合明則日反吟為顛倒乾坤必

有大雨伏吟為水火不轉必見晴天定時位於坐支陰晴不爽取生旺於日月水旱攸分風起東西但看飛星臨於何地雷鳴春夏須三碧臨於何時入庫而風雷雨皆收坐空而日月星皆見

捕捉章

捕捉當人當詳官鬼逃亡奴僕只看財宮子孫係捕捉之人旺則克他必獲文書為緝獲之具衰則生彼無成克中帶冲必因事驚散生中見合主賣放而得

財入杜必是潛藏入休定有窩主驚開遠遁無疑傷死被擒無慮景為酒食享歡樂之荣生主安和脫羅網之禍日冲被擒於意外太歲更凶身合欽跡而私歸坐鬼遇忌身鬼之相冲怕用鬼之相合鬼居何向九星所列於八方逃又何藏轉輪流於安地林木定於三四水旱必是坎離六七為火澤高阜之鄉二八為高山村庄之地時臨申酉定有廟宇平房支坐卯寅必是草堆林木亥子在河漾溝瀆巳午為火灶為窑艮為水坑洞底戌為山崗大坡丑為泥田禾為曠野

文書科場

文書最利火九遇二八而行遲科場首重木三值六七而武利四行飄蕩於無涯寅卯遇之大吉一值流連而不盡亥子值之不凶庫中冲出喜日月之來空中得冲有意外之變空冲最忌身用一散不收墓庫尚有待時進冲則出

襍辨章

天干屬先天之始事之未定者地支主後天之事々之已定者天干化而地支不化地支生而天干不生三奇三合生身用乃吉六合五化克身用則凶日用冲則主暗動定有机緣必是大貴之得遇衰敗得力旺相益氣身坐空而用冲則寔用坐空無氣而身冲冲則散身坐庫而用冲則出用坐庫無氣而身冲則離身用冲而日月亦冲立見消敗身合用而日月亦

冲立見消散身用合而日月亦合定得睛扶身冲用而日用合另有意外之事身合用而日月冲必得貴人之助冲正不冲偏别有生机

八門生克

乾六　戌亥二宫　河魁登明主之

乾為天為圜為君為父為玉為金為寒為氷為大赤為良馬為老馬為瘠馬為駁馬為木果

内赤外白内方外圓逢火即軟遇水即堅亦有文

字繩索相連聚而成寶散而無緣細想是卦無過是錢卯如鏤髙覆如鍾懸若非金鉄即是銀銅圜圓外寔衆畔空虛人見欿貴能鑒身容

河魁數五戌中有襍火或五谷鏡石碎細之物其數五味甘奎婁二宿主之戌作天空元武主奴僕　戌作六合加日上衆人占名衆衆相會　戌作雀印綬　戌作申兵士申加戌同　戌作天空加寅上主買貽　戌作朱雀加日辰主官長　戌加月建主監司太歲都轄　戌作常勺加支主官　戌日加寅主損墻　戌作虎克日辰惡積疾　戌日玄武坑　戌加四季日辰主墻壁日辰上舊物　戌加亥厠　戌作虎克辰强盗　戌癸日墻　戌加年命主足占病足疾

登明數四亥為重陰其物無定遂人情意小而戲物或盐味魚子醋醤之物

其數四味盐室壁二宿主之　亥加孟仲日幼子

亥加乘天空加卯酉孩童　亥加酉醉人　亥作雀遺棄小兒　亥六辰日壬癸日主獄人　亥克日辰主病人丙丁日上主盗　亥加罡辰主屠宰　亥作勺為氣　亥上傷殺人寅午戌用之　戌作龍為楼　亥作合為閣　亥加巳為壞頭面又巳加亥同　亥加戌為厠　亥日辰上為柱占同上主醉散點主力畫　亥空加太歲上主上天　亥作常樂　巳加日上米　酉加丙變　亥加歲行年上多病常占忌患渴

巳酉丑三日主失物　亥加子癸上不明　連三傳主重叠　朱雀臨亥是塩引

坎一　子宫　神后主之

坎為水為溝瀆為隐伏為矯輮為弓輪其于人也為加憂為心病為耳痛為血卦為赤其於馬也為美脊為亟心為下首為薄蹄為曳其于輿也為多眚為通為月為盗其於木也為堅多心

坎性從風依近水中下浮南北又從西東有形不動

露影無踪騰浮萬物便以飄蓬悠悠之象外黄内黑性樂潜藏情隐意匿長在家居唯能野合去即被擒逢主不識

神后數九子為純水在石中或主音樂人所用之物其数九味盐女虚危三宿在内　子加日上乘后乃小女　子加小吉加土為老婦　子乘六合匪婦　五子加日辰翁婆　子加太陰卑妾　子作太常加未姑　酉加子上孀婦　子加辰作軍婦　子加太常娼婦　亥加子孩童　子加天空幼女　巳加子日嫁婦　子加辰女患　亦為水鬼　子加勾陳駝子　子加日辰上房　虎作年上哭人　子加辰戌土瓮　日辰上為餅盂　子加巳悲聲　子作虎克日無病　子加元武亥上糖　子生炁加寅燕子　空亡中用遺失　寅未加子鬼神　子巳冬至後雪　子加六合加日辰布　丙丁日辰上河崇　子加酉陰天

艮八　丑寅二宫　大吉功曹主之

艮為山為路徑為小石為門闕為瓜果為閽寺為指為狗為鼠為黔喙之屬其於木也為堅多節

艮青之物不動其聲内虚外寔團圓所成旺相則寔死炁則虚木脉生火能起亭亭人驚响谷形如覆盆春秋不改積世常存此物團圓外虚内圓能屈不動若非清白即是暈紋

大吉數八丑為稼土其物塚墓中看臨何位仔細推

詳　其數八味甘斗牛二宿在内　丑作天空矮子
丑加卯酉上鉄唇日辰上長者戌為農　丑加歲
宰執　丑加亥橋寅加丑同庚戌日為墓　卯日
卯加丑橋子　卯日丑加卯棹子　丑加戌已為
土地　六丑日為午卯加未主不全物　丑加子
為鱉　加空亡日辰上田野合加常嵜物　丑加
已上坑已加丑同　丑加卯酉同　丑加亥腸瀉加
丑同　丑加申僧舍合亦然　丑加卯春夏雨雷

丑加申卯雨後雷　卯加丑雷後雨　丑加雀舉
荐　丑作貴人名
功曹數七寅為柔木物青色五色文章旺為茂盛花
果或結寔而細長
其數七味酸尾箕二宿在内　寅作六合青龍秀
才　已加申道士戌已公吏午加寅同　寅加已午
患人　寅虎風子　寅加雀文書　寅加午為屋
柱午加寅同　寅加辰戌林欝　寅作天空棒杖

寅加六合從人　寅加已亥二辰下迷路丑戌日
舊籍　寅加亥上主究轉　寅加已主大風已加寅同
申子辰日主遠出　丙子日主生心
震三　卯宮　太冲主之
震為雷為龍為元黃為旉為大塗為長子為決躁為
蒼筤竹為雀常其於馬也為善鳴為馵足為作足
為的顙其於稼也為反生其究為健為蕃鮮
震物亭亭内白外青頭圓尾小時變其形震主變動

自自無定形先生後死緣織成經如蚕作繭似獸能
聲能盛能旺能團能圓過時變改色体蒼然下不
着地上不侵天若非果寔即是魚筌
太冲數六卯為純木其物無根水陸行動盤絡絲綸
或門户動用或園桑軟
其數六味酸氐房心三宿主之　卯加乙為兄弟
木加同　卯作虎匠人　卯加申醫術申加卯同
卯日辰六合羅網　卯加亥梢子　卯作天空七

患人　丑未日加卯上竹籬日辰上主門户　卯
乗天后加子水車　卯加午目疾午加卯同　卯作
天后加子眷主瘦疾　卯作龍竹棒　日辰上主
私約　卯作壬癸日船
巽四　辰巳二宫　天罡太乙主之
巽爲木爲風爲長女爲繩直爲工爲白爲長爲高爲
進退爲木果爲臭其於人也爲寡婦寡髪爲廣顙
爲多白眼爲近利市三倍其究爲躁卦

巽凛風雲体氣氤氲聲添琴韵遠聽時則作吟作嘯
時叙時群形如采蝶影似青蘋簑笠爲形光彩全
生遊行影照繩索之形空中隱映裡寔茲成神歌
鬼哭响如虚聲
天罡數五辰中有襍水其物近水池或物堅剛火烟
因死焦破之物其形方圓
其數五味甘角亢二宿在内　辰加月建宰公監
司　辰加巳午老人用上克日辰主殺人　辰加

子作玄强盗　辰作天空加丑土上坡　辰加虎
屠宰人　辰加亥主哭亥加辰同　辰加日辰上昇
子午爲阻節　日辰上主大驚　辰作初末傳主
多慮　辰加壬癸日主官司　辰加月建上城門
辰加亥爲文綉加卯手有龍　辰加戌足有績文
辰加亥主食魚　辰加蛇虎克日自縊死鬼
太乙數四巳中有襍金其物弓弩鎖鑰其色青黄生
山野與利併飛禽之類

其數四味苦翌軫二宿主之　巳加太陽主娼
巳加辰戌上囚禁人　巳旺克日爲蛇　巳加辰
戌窑　巳克日辰詈罵　巳外加虎日辰外服
巳申加子鑊主釜　巳冬至後爲雪　巳加酉主
徒配酉加巳同　巳作蛇加日辰主獲照月厭加巳
夢蛇　巳加未灶井未加巳同　巳加午生旺生
地上房　巳作太陰口瘡　巳亥日戌加巳灶厠
相連見

離九　午宮　勝光主之
離為火為日為電為中女為甲冑為兵戈其於人也為腹為乾卦為鱉為蟹為蠃為蚌為龜其於木也為科上槁
似龍無角如馬頭訛莫非牝馬即是騾驢入墳即少離体自多不臨溪谷即近長河先白後赤以土固藏雕形鏤彩内柔外剛頭難寔衆畔盧張盜賊人物灰土埋藏

勝光數九午為純火又為太陰其物有彩色光明或絲蠶或文章𥿄物之用
其數九味苦柳星張三宿主之　午作太陰為妾　午加酉婢 酉日同　午加辰老婦　午加日辰行年老屋　午加戌辰半路　午加申酉或庚辛日上并妻　午加寅卯日主宅　午加六合太常衣服　午蛇日辰上兒童發驚　午夏主患眼 卯酉加同　午加罡星信至魁罡加午亦然　午作鮑雀丙丁

上冬夏逢之主燒衣
坤二　未申二宮　小吉傳送主之中五宮土寄坤
坤為地為母為布為釜為吝嗇為均為子母牛為大輿為文為衆為柄其於地也為黑
坤体外黃其色内蒼水土而寔内圓外方形如瓦礫堅復能剛若非古𥿄即是棋囊卦体名坤土性長存朝依平野暮則孤村人來把捉遂伴遂郡若非牝馬即是其犉

小吉數八未中有襍土其物酒𥿄碎微塵綫為絹帛或女子衣物或有物魚類或滋味
其數八味甘井鬼二宿主之　天加亥繼父　未加酉繼母　合日陽比兄陰比弟　丙丁亥加未醉人　寅加未婚眷或老樹　未加酉丑老人　未作常合主在日辰上樂　未子午上子日加主醬　未加巳麻 巳加未同又大風　未加辰園　未加卯林　未加貴加日辰上廟神　未生炁日昌主信

未空七日辰上廟墓　亥日為井　未作天宮日
辰上翁姑　未作天空加辰古屋基　未作龍為
佛作六合為僧
傳送數七申為少陰其物有心又硬心空竇踻物或
砂塵鉄石
其數七味辛觜角二星主之　申作虎獵人如六
癸日主遷移刀斧　申加四仲上客人　申加戌
亥上仇人　申加卯僧人　申加虎刀斧　申加

太陰加日辰魁罡上軍人　申加巳午日加午用
主孤兒壬作子　申乘太陰加日辰銀踻　申龍
令加日辰上藥　申加卯改門卯加申同申加亥
克日辰水厄　申作玄武加亥子主失脫　申加
日辰主憂　申加午戌日巳皆大麥　壬癸日為
溼　申加辰戌上磨石
兑七　酉宫　從魁主之
兑為澤為少女為巫為口舌為毀折為附決其於地

也為剛鹵為妾為羊
兊為金鍍堅硬裁截作剛作柔有時屈折內柬光彩
外能圓缺若非連珠衣如帶玦兊性居平外缺柬
明形依靜域炫燿光生逐泳安殿似佛因栄
從魁數六　酉為純金其物形有耳目或頭類或尖
圓或金物刀鎖
其數六味辛昴胃壁三宿主之　酉作六合為婢
酉作龍為妾　酉作天空主小妖　酉作天后

姑舅子丑上老婢　酉作太陰加日辰主妾為妻
六主錢帛　酉乘太常加外未上樂妓　酉加巳
為海　酉加子為江　酉寅卯上加勾陳小麥
酉空巳上無後　酉作蛇加卯酉主鴉鳴　酉至
虎甲乙日服至　酉加年命刀傷　酉作蛇雀眼
目疾　酉作龍合斜目　酉加丙丁上主赤眼丙
加子主水邊　酉作雀主喧聒克甲乙日爭鬥或
毆打　酉加子為霖雨　酉加戌主霜巳午加主

主雪

奇門大全卷十九終

御定奇門大全卷之廿

先天要論

陽遁歌九局

一局甲子值符歌

符使逢冬樂事多坎宮先天原納戊甲只論戊運時
如何白兔當陽乙到離煉丹制藥事顯奇又兼勾陳
來臨會暗助聲勢可尚維鳳入丹山艮丙奇光爍兔
戶任謀為騰蛇會丙群小附旅虛因廢細推詳

金精顯兌丁奇火死金旺吉凶殊九地遁丁堪會合
旬逢甲子失便宜
己儀到坤有微疵無限風姿一旦摧況又朱雀頻喧
噪田宅交差事可疑
庚儀到震虎龍傷那堪太陽助其鋒木旺猶疑風雲
會金强門有忤逆蹤
辛巽龍虎欲爭鋒辛有解制在西宮斷輪鑄印從中
別議論風生健大功

壬寄中宮何所宜乘網坐死力難施縱有丹書堪破
賊爭奈時沴伏凌欺
癸到乾方暧昧情天門羅網事無成任君縱有高掀
志怎效鵬飛萬里程

二局甲子值符歌

二局甲子值符歌墓生交合事差訛入殺胎財冲防
制只有運氣都如何
玉兔飲泉坎宮乙艮朋揮塵泝舟立筴看二姤如嗔

痴慎勿輕身入虎穴
丙入離宮帝旺鄉聲勢恢張且漫揚花堂另有垂青
處天假得運穩隆昌
玉女惟孀鬼戶遊無端勾引旁人愁必須得候方為
本玉人蕭隔楚江秋
己到震宮有孀疑犬吠黃昏半掩扉朱雀不傳雲外
信玄武何須鬥是非
庚儀到巽虎生風九地伏險不生進符九得氣官聲

起鬼儀台運本興隆
辛儀到巽及避五虎伏中堂自可憂几番欲試屠龍
枝卻彼牽合苦淹留
壬儀到乾事歡欣眉鎖開時天祿臨金釵十二為屏
障怎及高樓結彩人
癸儀到兌病訟由只為螣蛇墜水游氣旺自然消口
舌金火連局婦人愁

三局甲子值符

三局甲子值符歌干旺支刑儀受磨顧教青帝長為
主運氣相扶樂事多
玉兔暗目乙入坤驕人墨客半相魂雲台柳色青青
否無限幽思寄嶺雲
月印湘江坎丙奇剛柔相濟可施為上乘九地為重
詐晴度陳倉是所宜
日中見斗丁到離陰火暴戾似非宜色厲內 任當權
位事業於中有改移

巳儀到巽財寄比双虵夾墓憂與喜勢后宅眷恐生
災冬深胎氣宜女喜
辛在乾宮可相依莫倩旁人說是非玄武入水逃亡
遠朱雀投江音信稀
壬儀到兑假司馬計鎮西陲風謦雅只因均白佐僕
威邊庭优堪傳玉笋
癸儀入艮得化氣本符禄馬財源寄安居自然獲貞
祥須慎同類起悖戾

四局值符歌

四局值符起於巽六順數足時事順厥陰當令際風
雲婉轉為謀堪漸進
白兎遊宮乙震遊披雲見日事光明造作謁貴出行
利怕聽西山晚寺鐘
月轉崑崙丙寄坤金星相伴得光明若問求財得陰
助就裏包藏深育情
丁入坎兮事不揚双亡朱雀並投江不惟文信遭遺

失尤宜小口作驚惶
巳儀入五守財官內助多能喜氣生况兼太陰來照
會只嫌性度少含容
庚儀到乾入病鄉狐假虎威自作狂為南須防有阻
碍策驥東方得志揚
辛儀居兑廟旺鄉氣運臨之禄位揚六合來乘張威
福西南得遇李周張
壬儀到艮八九地暗鬼張羅事有忌龍入虎穴鬥風
雲惟防危險始無慮
癸到離宮人會勝陰人口舌是非生雖然虛詐無驚
險好向東南問主盟

五局值符歌

甲子值符入於五氣數與衰宜細睹泥塗轉折勢難
施凡有為維涉西可
玉兎乘風巽宮乙才貌驚人為謀吉恨煞局氣不相
扶手撥琵琶向西域

月入雷門震丙奇修營造作揔為宜幸逢九天開昌
運凡事顯達遂心機
坤丁玉女地户遊九彩明珠暗裡投事宜秘密堪成
就營教紅葉御溝流
已儀分符在乾宮未得風雲怎化龍入庫螣蛇必墜
水陰小虛驚怪夢遊
庚儀分符守巽方如虎生翼振威光兼乘太陰藏腹
劍割地路秦豈無殃

辛儀居艮入虎窩二虎爭雄起陣魔縱然六合來臨
此又象逆龍沒奈何
壬儀分符寄居離胎財生意可留維勾陳白虎來臨
會程途之信有差疑
癸儀分符居坎宮水運生扶財祿隆只為朱雀來襍
處口舌遺凶局裡逢

六局值符歌

甲子值符起於六金水起運天賜福財祿事業總堪
留陽之陰小為鬼蜮
玉兔伏窟一八五九事迍邅難成投武南須防起禍
殃東北有人堪依輔
火行風起丙入巽名若春雷事業振勾陳白虎天來
臨氣運相扶財位進
蒼龍現珠震宮丁前有留謀盡遂情況又六合來生
助營教談笑取功名
已儀分符到兑宮酉戌相刑事不寧況又九天為逺

涉遇合應知破後成
庚儀分符到艮宮無緣祿馬鬧匆匆太陰文書疑暗
動動有際遇隔簾籠
辛儀分符飛到虎離居大地怎施為朱雀臨午徒喧
噪大符自刑事必虛
壬儀分符到坎宮儀神得地事興隆螣蛇丁神合壬
化見遇迍邅后稱情
癸儀甲寅暗居坤一冲一墓事況吟九地加來多險

阻羅網徒暗算人張

七局直符歌

甲子直符起於七燥金濕土皆得吉水火木運總休

因作事於中有興廢

玉兔入林乙到乾日麗天門可進賢只因飛來螣蛇

照小口夢怪憂更煎

月朗中天丙到戶光輝四記人皆覩太陰寒水來司

天公事反遭陰事苦

玉女留神丁到巽經國文章誇八駿朱雀飛來報好

音才名獲美皆堪問

己儀分符在艮宮濕土司令生意濃況又六馬為媒

証皆歡喜事樂陶陶

庚儀分符在離九似為失勢不可守雖乘九地為伏

陰終須敗露亦逃走

辛儀分符寄在坎金水相生事婉轉太陰生子又取

儀就裡沖突胎財管

壬儀分符輪寄坤生合於中別有因上乘九天為符

卯丁火當經喜相尋

癸儀分符到震三凡番際遇在函關句陳白虎為刑

鬥縱有生机不得閑

八局值符歌

甲子直符入艮宮統領生事業弘惟嫌孤虛與囚廢

縱有作為也難從門

龍入金鄉乙到兌縱有威勢被他欺更值朱玄交格

鬥傷鱗折角失便宜

光明不全丙到乾凡事休囚數已然上乘九地真幽

暗金水火悖起憂煎

丁奇入五自韜光雖有机謀也不張惟有趋三可避

難莫往東南惹禍殃

己到離宮入胎元群力扛鼎傲傳上乘六合相助美

金木成用有威權譽

庚儀入坎金水寒甲子相會成水泉雖有九天來應

照反作退後一深潭
辛儀到坤土裡金惟在蕭墻已禍心勾白交横徒濟
惡不知計已滅他人
壬到震宮得化才其如申辰受卯突螣蛇附木生陰
火空謠詭謗讀上台
癸到巽宮儀乘絶太陰相怨尚和悅其如符神作刑
咸反有妖嬌驚惶欸
九局值符歌

九局直符到離宮陽遁之符至此終凡事於此轉胎
竅氣運恭考辨窮通
兎步青雲乙到奇朱雀乘之名利齊只宜守已群宵
遑欲望提携事轉岐
鳳凰扶翅丙到兑月暗西山多暗迷上乘太陰多陰
象惟宜幽會得便宜
女遁天門丁到乾光肆四達事畢然宜乘六合堪已
巧氣運衰微有灾慫

坎宮己儀符甲戌本戊合神為鬼賊勾陳白虎伏其
宮咸福無事不從容只嬿螣蛇來鑽刺未免宵小不
相容
辛儀到震符甲午龍虎相沖氣運覩九地虎穴果難
搮若得氣運振威武
壬儀到巽符甲辰直符旬刑不堪覩得令九天風雲
會笑殺於中作硬人
癸儀到五倩誰扶好教立志向南齒休得出坤逢格

鬥致令螣蛇作謗誣
陰遁歌九局
直符戊休彼此相授更得氣旺進退悠遊螣蛇千鬧
憂喜兩胎先見驚怪後始和諧太陰辛鷲大有威名
先救奪氣凡事有成六合乙死俱投墓鬼只可潛修
不能顯著勾白己景文書緊急財利艱難家宅安穩
朱玄丁杜信息在路一閑一開后逼先隔九地丙傷
內裡停當初雖斂跡終必顯揚九天庚生絶處逢沖

雖然騎馬虎門有驚癸儀入中埋伏暗兵正北得利東北休行

直符戊死濕土方宜德宇寬宏土谷得利螣蛇庚景前後有驚空自張威不能調愬太陰丙杜凡事有助陰人當權營求后遂六乙合傷俱得旺鄉畜謀得利家宅榮昌勾白辛生虎入本宮威勢不作也令人驚朱玄己休事難禳搡雖無大吉亦無凶犹九地開鬼暗地謀害若能防險自然充災九天壬驚空設虛情

就裡作合災有風聲中宮丁奇淵女垂維維然貞靜却悉似離

直符戊傷刑克伏蔵縱然顯耀到后乖張螣蛇壬生宅墓怔驚夏疑得濟可以經營太陰庚休情性相投況滯還得悠遊六合丁開士女相諧亦皆受制免費心怔雖然勾白鬼驚門户夏凡事詭詐娼女勞瘵朱玄己死刑鬥無禮擊聒婦人老而不已九地辛驚自持剛勇伏險無謀空作臥虎九天乙杜快登雲路事業有成可以進步中宮丙奇事多光睿雖然制伏到南得利聲

直符戊杜蟾宮折桂空有地方惜非屬部螣蛇己傷作何成詳夜夢淹滯小口風戕太陰癸生事可稱情多得暗助財祿高增六合辛休迸龍歸洲内有冲制叙散情由勾白丙開暗昧延挨事難顯達攪亂心怔朱亥丁驚少女相爭雖有口舌真偽無跡九地庚死得祿知止性剛体柔擬作臥虎九天壬驚堪閜胎穩

水火交情冰炭矛盾乙奇中五風雲龍虎西南得朋惟忌北堵

直符戊中陰險困業雖有名位權揖不同螣蛇癸景雙蛇入穴夏不成災喜不為福本陰己壯虎勢遇狂更得旺氣門户有喪六合庚傷墓克勞蛊縱然無傷良善夏苦勾白丁生水勢悠户若問財喜險中去求朱玄壬休鷗鷺江濱空傳消息人不驚人九地乙開事不光明勉強做作也是虛情九天丙驚大有威名

只恐不久湮沒無稱辛儀到死孤鴻大外曲高寡和幽人自在

直符戊開氣旺堪諧如值囚廢呼名不來騰蛇乙驚突訟憂情龍蛇混雜陰小謀生太陰壬病產疾不止陰謀用事反得為喜六合丁驚文信交情金蘭氣味凡事歡騰勾白庚杜虎守地戶刑傷鬥情生合有助朱雀辛傷虎步龍翔飛來喜口舌無傷九地丙生重詐之情田微至著事必光明九天癸休勢旺悠遊諸

事顯遠乘旺無憂已儀入中因而得亨只宜守已不可紛爭財

直符戊驚聲價千金氣運扶助鵬飛萬程騰蛇癸死事宜中止信息憂疑如履虎尾太陽丙驚事如纍卵紅拂當爐日中無影六合辛杜鳳生地戶上下同心內生嫉妬勾白壬傷財祿分張網張門戶事難顯揚朱玄乙生虎遁成生名利皆隱信息在桂九地丁休似有隱憂辛逢詐遁可以尤遊九天已開事可和諧

功名顯達福自天來庚儀入中東西不通三方有礙惟宜八宮

直符戊生病馬歸林氣運囚廢鬼魅侵人騰蛇丙休水火憂驚若逢火旺可無愁太陽庚開執拗不諧以貌柔心險水性難精六合己驚有敗有成合而不合暗裡沖刑勾白丁死陰人病齒老嫗碎聒丁旺禍止朱玄乙景文信有准鳳竹當陽功名事穩九天癸傷低網四張捕捉有用鬼賊難防九地壬杜張網在路

門坦款斜蒼老抱住中宮寄辛虎難傷人雖有外勢到底不親

直符戊景氣運陰生子午胎鬼革故鼎新騰蛇癸杜刑害憂惑先信後疑泰生否極太陰丁傷大得木揚文書暗動生意偏長六合己死土木深盛胎才交易皆為稱情勾白乙休風雨淹留憂喜不寔何必唧啾朱玄辛開口舌生突成中見破防生禍胎九地庚驚陰患陰生如砒寄蜜勢不可攖九天丙死陰霾象起

雖得亨通還防破阻壬儀步五似難張武欲求際遇
須復東土

立春三元

天任艮門左輔八　天禽廉貞五　天芮艮門左輔二

看得本氣卦節氣起於艮之初六六二以丙辰丙午納甲先天適二四之數后天適土木之氣正以土得火而溫木遇陽而暢則懸感著象之功始基於此而天地之炁寔行於天之六四用戊申納甲

為大駟之土氣從火來所以陽從地起故立春必起于艮者盖体人生於寅之義以合三陽進太之符且艮者土也得陽而和則甲乙有气故發而東風地酥潤故蟄虫轉動陰气上升故潛鱗動躍然而運行風木皆氣之先聲也是以本元甲己分八五二局統艮中坤之土運

斗府分得天任天禽天芮三星君變理氣暌盖以萬物皆歸於土至上元某奇中元孤某儀下元孤某奇儀是以凍之解虫之振魚之躍有值其時而不應其暌所貴詳審孤虛之義而通消息之機耳

雨水三元

天英貪狼右弼九　天心文曲武曲六　天冲破軍祿存三

看得本節卦氣行於艮之九三六四以丙申丙戌納甲先天適三二之數后天隸火土之支而天地之氣寔行於坎之九五朕九五者陽爻也於易為龍為天有出險施化之義則雨水命名有自來矣

況卦氣三相火二生土有木火土遞生之旨則獺之報本鴻之思鄉艸之萌動皆寔應乎風木司天得生氣之中分得九六三局統未亥卯之木氣隸丁乾甲之運旋臨官之木其机如此

斗府分得天英天心天冲三星君斡旋造化則上下之火本通明而中元間以金星者正以伏驚蟄之机而成帝出之勢也至三元各孤奇儀當逐暌而詳

驚蟄三元

天蓬左輔貪狼 一　天柱祿存破軍 七　天輔文曲武曲 四
看得本節卦氣歷至於艮之六五六二爻以丙申
丙午納甲雖肰春雨暘暘未免水火交摶之情肰
闢物成物之義至於大暢其机雖然卦氣而天地
之正气寔行於乎坎六用戊子納甲為霹靂之火
則驚蟄之說蓋根於此坎卦始于冬至終於驚蟄
皆水氣也故運行風木此气先乎運而氣運相通
之大理也本元甲己符頭分得一七四局統子申

辰之氣隸癸庚辛之運也
斗府分得天蓬天柱天輔三星君主持造化分理陰
陽則首尾之水火相生而中間以金氣者正以木應
雷而金兑之始得以發其威聲且兼大壯司令而陽
破於陰故耳所以驚蟄又歸於一七四而上同於冬
至蓋以用坎之卦氣以啟春分之震氣也至於三元
奇儀又當逐候而推是以桃之華庚之鳴雖值其候
而間有不應其机者皆由於此

春分三元
天沖破軍祿存 三　天英貪狼右弼 九　天心文曲武曲 六
看得本節卦氣得君火司天為舒氣之初而天地
之正氣行於震之初九厥陰之氣至此而終少陰
之氣於此而始凡造化之陽運有二六之别其陰
中之陽六氣於坎闢之艮成之而陽中之陽六氣
於震發之於巽齊之故春分之義于此而着且震
初爻甲納庚子伏火土之氣蓋前此之六陽陽行

於地中温根和蔕而后此之六陽則陽升於天發
沃幹蘊條兼魁罡坐臨二八之門為離者合而合
者離之際玄鳥為大乙之鳥因二門闢而應候斯
主雷聲寔震庚之氣電光為金火之精因八門闢
而得氣以符本元某甲某己符頭分得三元六局
統卯未亥之運理甲丁乾之氣
斗府分天沖天英天心三星君斡旋造化肰初本于
火而末於金星者蓋以成桃李之寔耳且梨李之白

花寔得乙庚之化至三元派某奇儀此又門氣之偏隘而應睽有不齊所當深玩於消長也

清明三元

天輔武曲文曲四　天蓬右弼貪狼一　天柱祿存破軍七

看得本節卦氣係君火二司為舒氣之始天地之正氣行於震之六二以庚寅納甲內適土木通明之義以呈萬象昭著之情且青帝之令此于而清其栽植傾覆之机君火之氣於此發煥乎文章之

盛清之明義於此而著且桐者明木也且乙庚之質得震三之陰以化是以主睽于巽田獵者陰精也抱土木之質得火木之氣以变是乃主睽乎坎虹霓者金火之精火木之氣故應三睽而見是以司元於兑益以震之六二上應于六五下應乎初九為陰陽相感之氣而本節某甲己符頭分得一四七局統辰子申之運揖巽癸庚之氣益歸庫之水斗府分得天輔天蓬天柱三星君主理氣運肰初木中水末金者益逆以求生順以受胎之義也至三元之派某奇奇儀此又派靈之間氣而致睽有不齊之微非深明天道者不可語此

奇門大全卷二十終

御定奇門大全卷之二十一

先天要論

立夏三元

天輔武文曲四　天蓬右弼貪狼一　天柱祿存破軍七

者得本節卦氣行於巽之初六九二以辛納甲巽辛合者丙也巽宮有臨官之丙火上應君火舒氣之末運故於此而立夏天地之氣行於震九四用庚午納甲運若卦氣則震巽兩納甲皆庚辛正以見谷草之秉令於金者至此俱育是蘊精將以啟小滿之告成至于巳宮屬水因丙辛之化氣金生在巳以乙庚之合神木局多得四一七宮繞巳酉丑之運拱巽癸庚之氣

斗府天輔天蓬天柱星君斡旋逆以求木之胎於金順以發火之旺於木巽初候螻蟈鳴者以巽之初陰應震之四陽故二候蚯蚓出以巽之二陽升於初陰之上而震以九四應之故晚陰而出也三候王瓜生者得震納甲之土會君火之氣適金水之机故得候而生也

小滿三元

天禽廉貞五　天芮左輔巨門二　天任巨門左輔八

者得本節卦氣行于巽之九三六四以辛酉辛未納甲而天地之氣行于震之六五以庚申納甲皆木土之交初值少陽相火之令乃五行穠處之宮而六陽之用于此滿而谷種於秋者結寔于斯得氣于厥陰者則死委於少陽乃萬物告成之小局故命名小滿若起於五二八者以其小成之利而上應于

斗府禽芮任星君分丑未之土挈艮坤之質休艮生坤成之大義故菜之秀靡之秀靡之死麥之寔自當應候時而照三元之奇仪則無惑乎物之不齊實

芒種三元

天心文武曲六　天冲破軍祿存三　天英貪狼右弼九
看浔本節卦氣行于乘之九五工九以辛巳卯納甲而天地之氣行于震之工六以庚戌納甲則陽氣發甲之机於此將盡而少陽相火之令已浔其二益陽消陰萌之睽成谷艸之浔实於陰者則當乘氣而佈其種故芒種之說于此而着其螳者陰虫也原育于仲秋則生于仲夏故應於初明之金符而生鵙者陰鳥也浔二睽之本符而鳴反舌者浔坎之陽鳥也因三睽之火符而水復結胎氣則無聲矣是以三元六三九上叨
斗府天心天冲天英星君者主睽若三元其奇仪則三徵有先后之參差究竟統本元戌午寅之支運揖辛艮丙之幹旋益以冬至小寒係寒水司天乃天心星之氣運大寒立春雨水驚風木司天乃天冲之氣運春分清明谷雨立夏君火司天小滿芒種相火司天乃天英之氣運故此節之用六三

九者寔以續補前節水木火之氣運以周六陽之用且陽始于一而終于九故起冬至而終芒種已以離火陰胎原生於坎水之旺氣而坎水陽胎原生於離火之旺氣足見水火者天地陰陽之樞也不旺不可以寄胎一九者造化進退之數也不偏不可以换氣故芒種者陽九之數至此而終夏至者陰九之數至此而終夏至陰九之數自此而始且陽氣順起於坎而終於離者益天一生水之義一者陽数也爲萬物之体陰氣主逆起於離而終於坎者益地一生火之情二者陰數也爲萬物之用一二既濟五行乃基獨芒種之分氣於六三九者實以外應子火局而偹其陽机故獨此節之中有符節之先後而先哲諄諄於此着閒者益以陽之不可淪於陰陰之不可溷於陽以示氣無偏勝而運雖統移必於此即較閒者夫豈說以處此

夏至三元

天英 貪狼右弼 九　天冲 破軍祿存 三　天心 文武曲 天心六

看得本卦節氣係少陽相火之相氣司天為長氣之中而天地之氣行於離之初九以己卯納甲益己者陽土也自先天己配於離而乙木長生于午皆以陰著義況月令以姤卦用事則一陰始生則前後之復臨天夬壯純乾六陽之月卦已終而坎艮震巽之四陽令已盡故夏者陰令於此始生是以鹿本陽首得陰之初候而角解蜩本陰虫得陰之二候而鳴半夏陰水得陰之三候而生然本元統五午寅戌之火運隸丁甲幹旋之乾故前節終於九者益以畜歸一之基而開相火之令且著炎熱之威以結陰生之氣故甲己符頭上統斗府英冲心三君上持造化上中下奇仪此三候之徵又式不孚者矣其間有不限于孤虛之義者所當詳於得氣之先後也

小暑三元

天任 巨門左輔 八　天芮 左輔巨門 二　天禽 廉貞 五

看得本節卦氣係相火終氣司天乃長烝之末而天地之氣行於離之六二納甲己丑適應於鷙蟄坎之上六納甲戊子均為霹靂之火然前節陽氣也故雷有震驚之義而本節陰氣也故發霹靂之聲凡天者所以燮理陰陽之道則庶無蕩陽陰陰之患必氣得二陰之卦而月令以避用事誠哉陽外而縮陰內而伸陽上而退陰下而進乃陰漸錮陽之際而陽剛虛浮為陰所激故其烝孚之氣有燥熱薰煩之情是以命名為小暑然暑者著也陽氣薄蔽而著於兩間益陰之萌動尚潛而淺陽之德化雖慄猶仁故小暑之說則核其義象之大勢而言之究本元起於八者益体陰逆之義而續夏至之九且三候皆土符正將以育陰之濕土故耳是以初候温風至益以星符居坎統轄上門而風氣尚溥其薰烝之化則三候蟀居壁者星符居坤分

隸死門而蟀感時動歸穴之情三候鷹始摯者蓋星符居中背工用死而鷹鳥振翮振八荒之志工中下奇仪於其甲者

大暑三元

天柱祿存破軍七 天蓬右弼貪狼一 天輔武文曲四

者淂本節卦氣係太陰溼土司天為化氣之初而天地之氣行於離之九三以乙亥納甲則離火之体於此已極而陰氣之運於此已伏伏陰與陽剛相格而成其焰烈之徵則大暑之義於此而着是以工屬

斗府柱蓬輔星分理三候上元始於金鶩故草必腐乘以化氣為螢淂金精之氣故明如星無焰而光陰火之徵耳中元始于坎体稟于未建因化炁之初故工淂化而潤暑逼水而溽下元始于巽杜蓋以二陽居上一陰居下為龍雨之象益以乘氣之三陽而因乎化氣則萬物咸需於時雨之化故大

雨時行至三候鼠酉丑巳之金運捍庚癸弄之幹旋蓋於此已醸金秋之胚胎故秋分之同此局者皆先天後天体用之閒耳然三元之奇仪三候之徵此权也

立秋三元

天芮左輔巨門二 天禽廉貞五 天任巨門左輔八

者淂本節卦氣起于坤之初六六二以乙未乙巳納土先天適二五之數后天適金火之氣而天地之氣行於離之九四以巳酉納甲查淂立春以戊申納甲均於大駟然一則立春一則立秋其義何也蓋立春立戊申陽土因坎之水氣寄生坤病於艮故寅為木馬戊駟土以應之立秋納巳酉陰土属離之火氣寄生於艮而病於坤故申為大馬則有駟土巳以應之然立春生机以生門主之故起于八而順進于二者雖為着其生机亦以示生之必賜于死立秋死机也以死門主事故起于二而逆退於八

雖為著其死机亦示死之必継於生然而氣皆用土符者正以發艮坤之大義別生死之関鍵彰順逆之玄工耳況乎月令以否主卦則純陽之氣然下成其勢不得不立故於此而主秋且敬天尊陽者於此又有愀然之意焉故初候之涼風益以坤納而感於大陰其風也涼二候白露霜降者益以濕土之氣上蒸于離氣九四之陽故以氣化成露因感於坤体初六之納氣金故降也白三候寒蟬

鳴者正以陰氣初行于濕土而寒蟬乃濕土陰化之物故得陰化之氣而鳴然叨

斗府芮禽任三星君主持氣運而周三候實將以濕土之氣遍運於九宮也

處暑三元

天蓬右弼貪狼一　天輔武文曲四　天柱禄存破軍七

看得本節卦氣起於坤之六三六四而天地之氣行於離之六五係濕土之三氣司天為化氣之中

則赤帝之權於此將替且坤之陰氣已彌三四而離之三四火已進已進五爻則天地之暑氣於此將位故名處暑益以天地舒生長化之氣歷至於當萬物告成之際而非復前節蓄發之時於此著溽暑之机正以啟將來収藏之義故召九於金西巳丑之金局統癸乘庚之幹旋而義德之流行自應於時物則祭鳥者義也氣肅者否也未登者化也是以乘令

斗府運輔柱星君正以見物之具質於水木者而終成於金也然三候之奇仪時物之变可以伸明

白露三元

天英貪狼九　天沖破軍禄存三　天心文武曲六

看得本節卦氣係湿土之終氣司天為化氣之末而天地之氣行於離之上九而得土之六土工六則離卦之氣於此終而坤陰之氣於此備氣運行於庚月卦值乎觀濕土之氣上凝而成露因感於

庚金故稱白露白露者金英也故溥博於秋至於鴻雁得金庚之質故玄鳥來乃乙木之鳥逢庚化而思歸秋令主義群鳥養羞而不合然分元九三六上同於夏至之九三六者蓋以離卦起于夏至而終於白露則夏至之九三六者乃帝旺之大局也白露之九三六者乃死癈之大局也絕火死而金始得旺上統

斗府英沖星君主持氣運分局午庚戌偕氣而艮

辛均以着火之盛衰而示溼土之所由造物睽之由分也三元應睽當別遲早也

秋分三元

天柱祿存破軍七　天蓬右弼貪狼一　天輔武曲文曲四

看得本節卦氣陰陽燥金司天爲収氣之初而天地之氣行乎兑之初九太陰之氣至此而終陽明之氣於此而始造化之陰明二六之別其陽中之陰六氣于離生之于坤結之而陰中之陰六氣於兑葳之于乾成之故秋分之義於此而着蓋以前此之陰六乃陰褀於火土之間所以育收氣之化而后此之六陰乃陰行於金水之令所以成收氣之功兼以斗柄西横而左魁西魑生死之門各别闔合之机允木旺而金胎故雷震於春分之際令金旺而木胎則収聲於本氣之初將以固胎氣也惟在胎而無聲耳蟄出感於兑丁之氣睽草之机故懷户而納金允水敗于酉故於此而涸然本氣分

局上同大暑者蓋大暑乃冠帶之金養氣於濕土而秋分則帝旺之金着令於陰陽均以酉丑巳統運庚癸奚拇氣而体用之功化亦自不同上統

斗府柱蓬輔星君遞至主三睽取旺金生相水相水生胎木雖金居至旺之秋而木已成遞生之氣足見造化之理原不因勝氣而絕物也三元奇仪燥金之初氣不能周匝於九宫九宫之克位或有門符之罕應者若必拘物以求睽也

寒露三元

天心文武曲六　天英貪狼右弼九　天冲破軍祿存三

看淂本節卦氣陽明燥金司天值収氣之始主令子辛分卦於剝而天地之氣行於兌之九二蓋兌者澤也氣行而成露因感於純陰故名寒露分元於六九三統戊午寅之運捍辛艮丙之權正火庫於戌而本節之氣分符火元蓋以周庫之收氣而敦厚其化原也是以上統斗府必英冲星君斡旋物睽又有以由墓傳生之義以見五行生生不息之机至於賓鴻為義爲寒露而排入黄雀為丁禽兌草而羽化菊英本金稙戌建而黄肽三睽以燥金収氣之運或有不洽於九宮而符使克應之徵或有不應於先後者矣肰本節之局進同於立冬局雖同而義名别此乃戊午寅之火局亥未卯之木局也

霜降三元

天禽廉貞五　天任巨門左輔八　天芮左輔巨門二

看淂本節卦氣陽明燥金司天值収氣之中而天地之氣行於兌之六三則兌金之体於此已俻而肅煞之氣於此已行凡燥金之氣陰結成霜霜者爽也萬賴於此有爽肰惆悵之義皆由陰氣上蒸而陽不能化故凝其嚴肅之質而霜降矣肰工局符正以魁罡伏於本位而土旺用事於秋深上統斗府禽芮任君捍理三睽豺本報而祭獸蓋以金義之徵草木黄而葉落蓋以陰剝之義蟄虫伏而咸俯盖避肅霜之嚴也

立冬三元

天心文武曲六　天英貪狼右弼九　天冲破軍祿存三

看淂本節卦氣燥金司天収氣之末天地之氣行于兌之九四以丁亥納甲起于乾之初九九二以甲子甲寅納甲適金水之氣月卦值坤气卦值乾皆陰陽之極氣四時之序淂此而終故冬者終也

因氣行兑四而運始溢於乾維故于溢而立冬將以著金水之变遷時物之改革也至于水金之子也感于金寒而氷是以君子有怵惕之憂地者陰之体也感於陰盛而凍君子有固窮之志雄者雌之屬也乘于兑格而化是以萬物有変態之机其其今元于九六三統亥未卯之局拱乾甲丁之運蓋以木主在亥凡占木艸之徵兆者當於此以察其盈虛上叨

斗府心英沖星君主持三晹其培復之机區别者也

小雪三元

天禽廉貞五　天任巨門左輔八　天芮左輔巨門二

看淂本節卦氣歷於乾之九三九四值太陽寒水司天為藏氣之初而天地之氣行于兑之九五誠哉金寒水冷積陰而成雪况六陰之氣於此亾極集其小成故小雪之名矣且虹者陰之氣也感於精而淂陰成形令陰氣变化而成質陽精固甲而不應則虹体已不能成無感而藏乎不見也天氣主陽地氣主陰陰蒸于陽則陰氣上升陽求於陰則陽氣下降此少陰少陽之晹也然此晹陰氣凛烈之際陽氣剥削之餘陽不能應陰惟存其真陽而上升且其受蝕于陰之氣盡升洩于外陰不能化陽則抱其真陰而不降且各眼乎陽之精气盡退藏於内而兩間之氣閉矣上統

斗府禽任芮星君備陰陽之半故理初晹而藏虹任之星背艮凶之权故分升而分降芮星拱死門之令於末晹而閉塞陰陽也三元之奇仪知氣之盈虛燮理之妙訣也

大雪三元

天輔武文曲四　天柱破軍祿存七　天蓬右弼貪狼一

本節卦氣歷於乾之九五壬申金上九壬戌水天地之氣行于兑之上六丁未水值寒水司天屬藏

氣之始則兩間皆金水之氣而積陰成大成之机故大雪之名曰此而著且鶡鴠者得陰氣而鳴者也本候六陰已極益數窮而不鳴鴠者陰獸也受精於陰而賦性於陽故必于陰之極之交也荔枝味雖煖而性實寒故感於寒水之二氣而出上統

斗府蓬輔柱星君主持四七一之候蕙辰甲子之水運隸巽庚癸之幹旋益以陰氣之三十六候終歸天一之水而水者混沌之象也惟陰氣至混沌之際則陰氣消矣而消者息之机陽可以復生故冬至之起於一者乃先天之陽水也而大雪之終于一者乃后天之陰水也均以子水為橐籥之關鍵則先哲云冬至之半良有以也閭奇補氣之妙又豈能外此節而他尋哉

冬至三元

天蓬右弼貪狼一　天柱祿存破軍七　天輔武文曲四

本節卦氣係太陽寒水司天屬藏氣之中而天地

進行于坎之初六以戊寅納甲益戊者陽土也可以制陰水寅者陽木也所以脫陰水自先天戊配於坎而化合陰癸以成火則火之胎在子者其理明矣且火乃陰之精因前節水盛而泯令得戊合水而化火兼以承前卦丁壬之化而得以紹陰之一脉于陽之初也故坎之初文為一陽始適于下而月令以復卦主事則一陽始生則前此之姤遯否觀剝純坤六陽之月卦已終而離坤兌乾之四陰已盡故冬者終也動也乃陰終而陽動也至者極也到也乃陰之極而陽之到也則冬至命之名其義如此是以蚯蚓出者益黃泉積壤得一陽之和而結以養性麋鹿陰獸也感一陽之氣而角解泉水者陰水也得一陽之升上統

斗府蓬柱輔星運子申辰之水局揖癸庚巽之幹旋經理坎氣坐于天開子之一義故前節之終於一者益以畢陽九之數而本氣復始於一氣者益

以昌陽九之宗而釀風水之本至三睺奇仪則一陽之初氣凢造葬山向生人年命而局中六親無陷于孤虛矣

小寒三元

天芮左輔巨門二 天任巨門左輔八 天禽廉貞五

本節卦氣係寒水司天屬箴氣之終而天地之氣行於坎之九二益以九二之陽伏于二陰之間處寒水之際則其象寒矣然猶上應於九五則為位故小寒於此而立名至於雁傳秋令其性屬金金庫在丑故於金旺之時則北而南值金庫之睺則轉而北鵲乃靈禽也其性屬陽感於陽復而營巢雉本屬陰也感子胎養之睺而雊上統

斗府芮任禽星主持氣睺用二八五之局理艮坤中之土益以襲水土之机而專地闢於丑之義

大寒三元

天沖破軍祿存三 天英貪狼右弼九 天心文曲武曲六

本節卦氣厥陰風木司天為舒氣之初天地之氣行於坎之六三遥應於坎之上六皆陰發於外而陽伏於內之氣也厥陰司天則陰寒之氣於此太甚故大寒之名也至此鷄屬巽為風為木得乎風木司天之運感於坎水六三之氣故乳出於冠而鴝可育征鳥得舒氣而翩健會風木而翺翔是以應睺厲疾矣澤水者陰精之化氣也因陽已伏生於內而陰陪蒸結於外應其睺而澓堅益隆之發於表者上統

斗府沖英心星居捍卯未亥之運理甲丁乾之氣正以幹旋風木之氣於九宮同於春分三局者彼乃帝旺之木此冠帶之木體用之机亦自有別三元奇仪則其氣自不同矣

奇門大全卷二十一終

先天要論

杜門神名耀武配天輔巽四宮木也

冬至沒立春胎春分絶立夏旺夏至廢立秋休秋分囚立冬死

夫杜者於五德為仁於五行為木乃萬物茂盛之時陽炁發洩之際而君子制禮作樂之志將以成庸變豹変之文為道德之体脩齊礼之用轄辰巽巳

之方然立夏小滿芒種三節易曰巽者順也乃齊乎巽之象益六陽之炁始於休則自乾以開陽机六陰之氣始於景則自巽以杜陽机故閉杜之桐對者乃陰陽之轉軸也凡萬物之秉陽順以生者則自此而齊發其精華故命名杜者言其外相森羅可以蔽藏本体而陽炁至此有絶適之侭也宜掩捕逃亡誅斬凶惡剪伐不詳判決刑獄填塞溝塹遮截道路避災去禍埋伏砌補等事出此門百步或四十逢築修驚惶二十里女人身碧綠之衣男子相從橋梁道路不通六十里見凶惡人應之若豎柱安營立寨破土之時定主牛羊多在路傍或西方工有啼哭主傷小兒男婦失職横禍百日内應之臨二八宮木吉土凶

經訣曰杜門為節制凡事多阻滯僧尼寡婦憂適亡官理被屈夛魂作恐驚六合生災疫築犯有傷刑暗啞從此出

杜加巽

巽卦彖象曰隨風巽君子以申命行事巽小亨利有攸往利見大人

乃宮門比和天上奇儀克則不吉生奇仪皆吉如下克上宜為主名訟皆利餘事有忌如天輔星同臨巽宮宜積粮収貨栽種隱修

類神

山林竹舍進退藏匿茅岡樹蓬長途遠道懸吊安柱

工巧机関形長繩索諸事不果秀士隐倫長女新婦絶烟神廟肱股手足風寒氣疟肝胆眼目鮮味果目

克應

出杜門入杜門一九里婦人引孩公吏騎馬二十里男女同行六十里見悪宜擒捕逃亡如臨日奇主兩女着青月奇臨主烽火星奇臨主弓弩在物為繩索懸吊精巧竹木果品文人墨士

杜加離

家人彖令象曰風自火出家人君子以言有物而行有恒家人利女貞

乃門生宮上生下利於主求有益

克應

杜門入景門四里九里逢僧尼托鉢賓主降階又主陰人之利二女姤姦在物主鋤杓風箱鴨鹿烏雀之類

杜加坤

觀卦彖令象曰風行地上觀先王以省方观民設教观與而不薦有浮顒否

乃門克宮合吉格凶半

克應

杜門入死門二里四里逢老媪引少女耘耨孝服喪吊又主山林之厄婚姻破阻在物為竹梧老牛駝馬

杜加兌

中孚彖令象曰澤上有風中孚君子以議獄緩死中孚豚魚吉利涉大川利貞

乃宮克門上盤奇仪生下盤奇仪利于為主凡事皆吉

克應

杜入驚門七里四里逢僧道齋醮雌羊成群主口舌虛驚在物主破損參差不齊工方下圓開閉之物

杜加乾

小畜彖令象曰風行天上小畜君子以懿文德小畜亨密雲不雨自我西郊

乃宮克門下克上奇儀利為主

克應

杜門入開門九里六里逢公吏及鍾鼓聲婦女相爭迎神賽會在物主金石相蔑上缺下圓奇巧精經之物

杜加坎

渙卦彖令象曰風行水上渙先王以享於帝立廟渙亨王假有廟利涉大川利貞

乃宮生門若合吉凶下盤奇仪生盤奇仪利于為客

克應

杜門入休門一里四里逢皂衣歌及舟楫破浪又主魚鹽水物之財在物主輕浮飄蕩以及橋梁關津

杜加艮

漸卦彖令象曰山上有木漸君子以居賢德善俗漸女婦吉利貞

乃門克宮上克下利為客上生下宍積可

克應

杜門入生門四里及八里逢公人及僧道同行又主陰人田產婚姻破耗在物主軟曲上寬下虛之器物

杜加震

益卦彖令象曰風雷益君子以見善則遷有過則改益利有攸往利涉大川

乃宮門比和上下生合則吉

克應

杜門入傷門三里四里逢匠作持木器雉兔圍獵之事林木歌唱又主山林交易在物主長短參差上

缺下段中空之物

杜加中宫

乃門克宮上克下下生上利為客但防破財生非之驗

兌應

主家宅不安古樹為殃陰人生非誤犯土府主老陰少男多生瘡疾虫膈之災在物為碓磑花盆籐床竹几之類

景門 神名赤帝配英星九宮火也

冬至死立春沒春分胎立夏絕夏至旺立秋廢秋分休立冬囚

夫景者於五德為禮於五行為火乃萬物明光之際陽極陰生之時乃日中之象而君子於此有防危杜漸之意礼樂文章將有單㬎之情為外陽內陰有順中生逆之机轄丙午丁之方統夏至小暑大暑三節昜曰離者麗也乃相見乎離之義益陰陽反代賓主交會威儀燦爛之象故其命名景者乃日中測影之旨與景行行止之事宜上書獻策求名拜師造葬上官嫁娶皆吉從此門出九十步或九里逢見祭賽之事或見失物及雨雪二十里見人爭鬥驚憂之事或紅衣人及宴會事三十里外見赤身爭鬥犬吠七十里有水火失物之事應之若豎造埋葬破土開門嫁娶主殺賊宅長及小兒見官事血光逃亡敗絕行商觔本遠行求財疾病爭鬥出戰

則兵折將損諸事不宜也 如臨於六七宮乃火克金凶

經訣曰景門主血光官符賣田庄飛災多應有兒孫受苦殃外亡并惡鬼六畜也遭亡生離并死別用者要提防

又曰景門上書宜文詞晏會期訟病非為吉虛寔有因依

景加離

離卦彖令象曰明兩作離大人以繼明照於四方離
利貞亨畜牝牛吉
乃門宮比和若吉格相生主客皆利凡事有成反
此虛費
類神
神聖公像閃電星光赤鴉丹鳳窑坑烟壑煩燥性熱
緊急爐蒸祖先宗廟明堂客舍炉冶火具詩賦詞
文眼目心血朝熱虛驚焙炙藥物酒食馨香房舍
火疫帶殼堪嘗
兌應
景門九里憂驚事緋皂衣人宴會賓此門出九里十
九里有憂驚事十五里之外見赤身人及長蛇水
火災斗與麻面婦人大鼻公吏及四足物赤馬奔
馳文章遠達之應嫁娶有離異之災造作有回祿
之變又主有中女婚事家宅粉節文書交易在物
為中空明亮之罷或有囊腹甲冑弓矢燈燭焦炙

之物
景加坤
晉卦彖令象曰明出地上晉君子以自昭明德晉康
侯用錫馬蕃庶晝日三接
兌應
景門入死門二里十二里逢孝子啼哭父子或公吏
人騎馬文書田產交易之益有房產之喜母女相
會之情又為孕婦之兆
在物為文彩精罷與夫煆煉炉冶之物燈大土府
之類
景加兌
睽卦彖令象曰上火下澤睽君子以同而異睽小事
吉
乃門兌宮若天盤奇仪克地盤奇仪或生上則宜
為客凡事凶若上生下其憂稍可
兌應

景入驚門七里九里逢公吏或婦引兌二女嘻戲與缺唇麻面入又有赤馬白羊之應金鼓之聲煉丹華事又主二女參商炉冶傾頹燒煉破費火災驚疑之事在物為缺損首飾瓦研有口腹之器或煆煉之物也

景加乾

大有彖令象曰火在天上大有君子以遏惡揚善順天休命大有元亨

乃門克宫若天盤奇仪克地盤奇仪利以為客仍防墓敗

克應

景門入開門六里九里逢公吏人及貴官長赤白馬相鬥與孝婦服白男人啼哭之事鑄鼎淘沙之舉又主奏章之厄夫婦不和宅舍火災驚憂飛禍文卷失落老人病目之疾在物為文具美器火炉炭盆光炎之物

景加坎

未濟彖令象曰火在水上未濟君子以情辨物居方未濟亨小狐汔濟濡其尾无攸利

乃宫克門若地盤奇仪克天盤奇仪凡事先耗後益利於為主若克至上克下事多反復又或同天英臨此為星門反吟更改宅舍為宜厨灶水道等事不宜文書干謁

克應

景門入休門一里九里逢木火災異婚姻迎送男女爭鬥之事鼠走馬奔之應房幃火燭之災又主陰陽不和或訛飛水走在物主水桶石匣或上室下寔之物

景加艮

旅卦彖令象曰山上有火旅君子以明慎用刑而不留獄旅小亨旅貞吉

乃門生宫若天盤生合地盤奇仪則利為主凡事大

吉若上克下吉事减半
克應
景門入生門八里九里逢騾馬同行燒山煨積之事
又主圖書古画大廈樓台坟山吉地寺观来脉或
有貴人相扶婚娶礼物之事又或虛实兵火文書
是非
景加震
噬嗑彖令象曰雷電噬嗑先王以明罰勑法噬嗑亨

利用獄
乃宮生門若地盤生天盤則利為客諸事有益若
上克門則有思中生怨
克應
景門入傷門三里九里逢漁獵人走狗逐兔之事
及匠人監造鼓樂之聲文書争鬥之應又主宅舍
火燭男女婚事在物為火櫃竹罷蒸籠食盒以及
火烘之類

景加巽
鼎卦彖令象曰木上有火鼎君子以正位凝命鼎元
吉亨
乃宮生門若下生上則利為客逢凶格吉事减吉格
凶事無
克應
景門入杜門四里九里逢僧道同行姊妹嘻呼喚門
失火之應村舍雞鳴之聲孩子舖箍之事又主佛

事羅齋二女倚門酒食歡會秃頭病眼在物主簫
管樂罷干菜烈火之類
景加中宮
乃門生宮若天盤奇仪生地盤奇仪則利為主但防
分罷争愛之嫌
克應
主遠信到来田產文書交易與窑冶之財在物為土
府天盃炕灶

死門神名審順配芮星坤二宮土也

冬至囚立春死春分沒夏至絕立秋旺秋分廢立冬休

夫死者於五德為信於五行為土乃萬物告成之際陰氣昭著之時而君子成已成人之學時以動時潛隱之事為險伏之徒偹柔順之用韜未坤中之方統立秋處暑白露三節易曰坤者順也乃成乎坤之象萬物之秉氣于三陽者則必成實於三陰之時故命名死者言其收精畜氣有究實還魂之義而非復發洩長育之時也宜射獵捕捉耕種埋葬訓練斷流田產交易等事皆吉

從此門出三里七里見喪葬之事二里二十里聞哭聲或見疾病黃皂衣人或枷械囚人及血光災事之應以死門受敵不開逢防不出若行兵亦主損折遠行不歸上官失職考試不第商賈移徙皆不吉若豎造安葬斬草之時定逢歌唱之聲主百日新婦少亡主母病亡人離財散凡事皆凶如臨一宮土克水凶

經訣曰死門之宿是凶星修造逢之禍必侵犯者年年田地退更防口舌損財凶

又曰死門為伏陰災害暗相侵修造固不利嫁娶亦遭迍人情多渙散經營不遂心凡事有反復病症必遭涸

死加坤

坤卦秉令象曰地勢坤君子以厚德載福坤元亨利貞君子有攸往先迷後得主利西南得朋東北喪朋安貞吉

宮門比和若上下相生主大利為客君合凶格諸事不吉又如天芮星同在坤宮乃伏吟之格諸事宜守安葬耕種置產築牆積糧收貨餘皆不吉凶多之象

類神

城隍司命土灶之神田野倉場雲霧沙石老母道姑脾胃皮膚肚腹腫脹思慮牢獄符葯丸散醫筮星卜

兌應

出死門入死門二里十二里逢孝子哭聲公吏騎馬死門出行逢黃皂疾病人見遭迍二十里逢蠱腹癱跛之人或五十里內見血光凶事又忌遠行須防凶變只宜喪吊送葬射獵漁罟之事又主陰人

田產交易鄉農鬥毆在物布帛絲粟與囊腹之物帳橋上下之類

死加兌

臨卦象曰澤上有地臨君子以教思無窮容保民無疆臨元亨利貞至八宮有凶

乃門生宮若奇儀生合比和則利為主凡事先难後易若合凶格與上下克戰宜防詐偽見陰人是非事

兌應

死門入驚門二里七里逢孝子哭與老婦少女牽牛犢驅牛羊又主安葬遷坟進產婦女交易在物則主有口腹之物或鍋灶缸罐以及懸罷土鉄金木之物

死加乾

泰卦象曰天地交泰后以財成天地之道輔相天地之宜以左右民太小往大來貞吉

乃門生宮為天地交泰若合吉格與奇儀生合凡事利主如合凶格克戰及生破財不遇凡事不就之象

兌應

死門入開門六里八里逢夫婦年老牛馬成群與開營安葬又主和合婚姻捕獵耕耨交易之財如在物則主貴重物古罷及上圓下方以及寶石鏡劍之類

死加坎

師卦彖令象曰地中有水師君子以容民畜衆師貞丈人吉而無咎

乃門克宮若奇仪相生比和合則利客反此則主客皆凶

克應

死門入休門三里二里逢孩子孝子女人皂衣啼哭與老嫗涉水黃黑牛遂之應又主田產生非坟水

反跳舊事不明陰人灾厄在物為有腹之物形方而圓中有節或井欄瓦罌

死加艮

謙卦彖令象曰地中有山謙君子以裒多益寡稱物平施謙亨君子有終

乃門宮比和若上下奇仪相生又合吉格主客皆利若合凶格凡事反覆艱難成而又散如同天罔臨此宮是為反吟宜拆墻燬屋開河空井餘事反復多凶

克應

死門入生門八里十里逢人勾當及女人產育之事又孝子塋壙之舉又主陰人合和之事以及田產反覆之憂在物為五谷襍粮及坟塋田土瓦石之物

死加震

復卦彖令象曰雷在地中復先王以至日閉關商旅

不行后不省方復亨出入無疾明來無咎反復其道七日來復利有攸往

乃宮克門若合吉格則利為主若合凶格奇仪克戰有死亡之驚

奇門大全卷二十二終

御定奇門大全卷二十三

先天要論

動靜占驗

休門 神名 建章配蓬星坎一宮水也冬至旺立春廢春分休立夏囚夏至死立秋沒秋分胎立冬絕

夫休者於立德為智於五行為水乃萬物憩息之機一陽始生之象而君子闔休慎獨之時將以蓄敦化之德為潛龍之體備剛中之用斡壬子癸之方統冬至小寒大寒三節易曰坎者陷也天一生水惟習坎而生物旺在冬令利於休心寧志可也宜上章守寨修城池謁貴求謀造葬嫁娶上官赴任積水開渠穵井取魚新舟下水皆吉從此門出一里或百步見僧人或十里五十里見蛇鼠水物卅里見貴人或陰人身著藍黃碧青之衣四十里親故酒食為應大吉若逢埜之時用此門主西北有貴人或小兒騎馬過春夏相應百日內必進橫

財或宮羽姓人送物主子孫衍緜富貴若同丁奇臨太陰為人遁大吉臨九宮水克火大凶

經訣曰休門宜好足資財所謀際遇許和諧外口婚姻南上利遷官職位近三台定進羽音入産業家居安穩永無災

休加坎

坎卦彖全象曰水洊至習坎君子以常德行習教事習坎有孚維心亨行有尚

乃門宮比和須詳吉凶之格以分主客作用且知起宮伏吟事以固守未免塞而後通之象宜謀積茶水之酒開濟通渠之用

類神

北道舟程黑色鹽味醬糊冰膏水瀉遺精耳腎腰脊深聽智謀惕事曲折

剋應

出休入休十八里見黑衣婦人或同伴唱歌休門三

十陰貴人身着藍黃及碧青一里九里見蛇鼠牛
蝎害又主有弓弩灣曲之物或無足物水中魚鱉
茶盞酒醋繩索樂器之聲占病人主耳臂血疣吐
瀉與中男疾厄北方賊盜一切隱伏之事險陷之
憂

休加艮

蹇卦彖令象曰山上有水蹇君子以反身修德利西
南不利東北利見大人貞吉乃宮克門凡利主若

合吉格求名官訟皆利但凡事耗費先難後易合
凶格固守

克應

休門入生門出行十八與九里當逢婦人上黃下黑
及公吏僧道爲應又主內黑外黃形方面曲之物
瓦罐神象古廟斷橋有登山涉水之憂并山林是
非水田爭界之事

休加震

屯卦彖令象曰雖盤桓志行正也以貴下賤大得民
也屯元利亨貞勿用有攸往利建侯
乃門生宮亦利爲主若合吉格吉凶格凶不主客
用之

克應

休門入傷門四里逢匠人手槃木棍等物及皂衣人
雷雨之應又主魚鹽酒貨之財根葉浸潤之物鹽
盒鮮菓及海市蜃樓之應

休加巽

井卦彖令象曰木上有水井君子以勞民勸相井改
邑不改井無得無喪往來井井汔至亦未繘井羸
其瓶凶
乃門生宮惟主大利其宮若得上儀生下儀或於
支幹合百事吉若干支反凡事有始無終

克應

休門入杜門五里逢女人着皂衣引孩子行並歌笑

之聲及僧尼文士之應當有婚姻和合之絕索相
連枝葉色鮮之物又主應伏風雲際會之美

休加離

既濟彖今象曰水在火上既濟君子以思患而預防
之既濟亨小貞初吉終亂

乃門兌宮合吉格大利為客合凶格則多破敗如
上儀生下儀諸事先憂後喜

兌應

休門入景門一二及九里逢皂衣人歌唱及驟馬鵝
飛鵲噪之應又主水上虛驚或酒中生非或湖海
中人相害及水火相濟之物與破損尖曲之形有眼
之器

休加坤

比卦彖今象曰地上有水比先王以建萬國親諸侯
比吉原筮元永貞無咎不寧方來後夫凶

乃宮兌門若下干克上干利為主凡求名官訟吉

若下克過上干克須防敗有始無終

兌應

休門入死門十里逢孝婦與皂衣須白人黑綠人並
啼哭之聲有農婦小兒之應主田莊是非又老母
險人之厄遲散之情卑濕成土連売長生

休加兑

節卦彖今象曰澤上有水節君子以制數度議德行
節亨若節不可貞

乃宮生門合吉格下生上或下干受上克利客反
此則多破損

兌應

休門入驚門一里八里逢公吏皂衣謳歌唱飲打足
婦女引孩汲水主婚姻和合事巧言舌辨之事或
說合得財鐘磬之聲盤碟水物破損之象

休加兑

震卦彖今象曰雲上有天需君子以飲宴需有孚

元亨利貞吉利涉大川
乃宮生門下干生上干或上干克下干利為客求
官訟吉反此耗散無終
克應
休門入開門十七里有四足鬪或打唱父子唱歎及皂
衣陰人主貴人扶助得珠寳或親上結親物主形
圓貴重或墨壺琉璃斧鍋針鏡之類
休門入中宮乃宮克門合吉格大利為主不戰自退

上干克下干當防虛詐
克應
有小兒吽跳婦人同伴主田產之財或陰人主事茶
酒盤盒之貨物主土石瓦缸方形中實之類
生門神名仁德配任星艮八宮土也冬至絶立春旺
春分廢立夏休夏至囚立秋死秋分沒立冬胎
夫生者於五德為信於五行為土乃萬物萌動之
机三陽開泰之際為君子內聖外王之學將以著至

微知顯之謀為創治之休併陽和之用轄丑艮寅
之方統立春雨水驚蟄之節易曰艮者土也前乎
此則震巽木生離火離火生坤土坤土又生兌乾
金兌乾生坎水坎水遇艮土而逢克制而為靜止
之象且靜者動之机止者生之兆也況萬物必於
動止之極始開發洩之原故命名生者言其前此
而尚未昭著而后此諸事發揚以續不息之机以
敢造化之妙耳宜上官赴任更移入宅道葬嫁娶

謁貴求謀入山採藥耕種市賈修造皆吉從此門
出八十步或八里逢貴人着紫皂衣五十里公吏
人紅巾色服或將六十里貴人車馬應之中吉造
葬用此時定有歌鼓聲及西北上有騎馬四日內應
陰人寄物不取得西南方上財物大吉與丙奇同臨
丁奇之上為天遁臨一宮土克水凶
經訣曰生門臨着土星辰人旺秝財每得情子丑年
中三七月財源萬斛進門庭蚕絲豊足多布粟米嵗

兒孫任帝職商上商音田地進營商更許利加增

生入艮

艮卦彖令象曰艮君子以思不出其位艮其背不獲其身行其庭不見其人无咎

乃宮門和比若合吉格或上下相生合主客皆利為事遲滯若值伏吟宜収貨積糧砌墻填塞等事皆吉

類神

少男山崗村居阻隔逕路石岸山林寺觀動必不常生滅有時堅硬多節剛柔進退土石瓦塊鼻背手指血氣積結癰毒瘡疤鼠狗土物色黄味甘虎豹狼狽

克應

生入生門八里逢陽人着紅共皂衣公吏句當人生門十五逢公吏官人着黻皂衣巾出此門十五里八里見貴人車馬吉又主山林田産之交或坟塋動移水界開塞之事両剛柔偏曲可覆可仰静止之物占病主脊背癰疽手足風腫少男癰痪之症

生加震

頤卦彖令象曰山下有雷頤君子以慎言語節飲食頤貞吉觀頤自求口吉

乃宮克門若地盤克天盤則利為主破後方成工

生下大吉

克應

生門入傷門三里十里逢青衣人及騾馬爭鬥入山伐木捕獵雲龍雷雨之應又主兄弟不和爭産是非或因山林有厄動止不決在物主土木相兼之物或酸甘笋菜長曲之類

生加巽

蠱卦彖令象曰山下有風蠱君子以振民育德蠱元亨利涉大川先甲三日後甲三日

乃宮克門若下克上或吉格利為主上克下先吉

後敗戰勝勿追

克應

生門入杜門四里十里逢公吏僧尼與逃亡等人嘆息歡笑又主山林之財婚姻之貴或躲閃阻隔事防暗害在物主外土内木及風炉火灶或連土帶根花果

生加離

賁卦彖令象曰山下有火賁君子以明庶政元取折

獄賁亨小利有攸往

乃宮生門若地盤奇儀生天盤奇儀利客凡事先難後易若上生下光彩尤多

克應

生門入景門九里十七里逢勾當人騎馬有步行隨從又兄妹相見之情室治造作之應又主文書有益陰人相助田産之利婚姻之喜在物主煉煆藥石瓦盆土灶之類

生加坤

剥卦彖令象曰山附於地剥上以厚下安宅剥不利有攸往

乃門宮比和若吉格又上下或奇儀相生主客皆利若上干克下凡事先成後破事多反復星門若值反吟宜穵河開井拆墻賞賜

克應

生門入死門十里逢公吏孝服人老嫗笑聲又主田

産反復之疑子母離合之意在物為土石罷山水景物或坟向差錯與墻路倒塞之象

生加兑

損卦彖令象曰山下有澤損君子以懲忿窒慾損有孚元吉无咎可貞利有攸往

乃門生宮若合吉格相生主客皆利若上克下諸事雖吉但美中不足

克應

生門入驚門九里逢公吏赴四足或言官訟事又少女嘻笑及重〻喜事房產得利又因戀色而敗在物爲美罷金玉瓦石簪飾之物

生加乾

大畜彖令彖曰天在山中大畜君子以多識前言往行畜其德大畜利貞不家食吉利涉大川

乃門生宮若天盤奇儀生地盤利于主若上克下吉事減半先成後敗

克應

生門入開門六里六十里或四十里逢老人勾當人或四足門上黃下白及跎跛男子與官貴長者宴喜又主田產山林進益子秀孫賢父子顯達在物爲首飾戒指金玉圖書印璽劍鏡

生加坎

蒙卦彖令彖曰山下出泉蒙君子以果行育德蒙亨匪我求蒙童童蒙求我初筮告再三瀆〻則不告利

貞

乃門克宮若天盤生地盤利爲客凡事先迷後利若上克下下生上凡事防凶

克應

生門入休門一里九里逢皂衣人或公吏小兒成群與山澤魚樵之事開渠塞流之舉主山林田產之厄及同類相欺背月不親坟水阻泄在物爲瓦石積水罷或渠溪塞閉

生加中宮

乃門宮比和若奇儀相生合客主皆有利凡事皆吉若上生下尤吉此謂之簣土成山高高敦厚之勢

克應

主田產山林之益及母子和合田宅光輝在物則爲方靜之罷花瓶石竹石林石鼓石屏土牛之類

傷門 神名高陽配沖星震三宮木也冬至胎立春絶春分旺立秋廢夏至休立秋囚秋分死立冬沒

夫傷者於五德為仁於五行為木乃萬物昭著之始陽机煥發之時而君子創業垂統之猷將以釀丕顯丕赫之績為宸斷之体脩鼎新之用轄甲卯乙之方統春分清明谷雨三節易曰震者動也乃帝出之象將以繼前次之昧爽爽而後開此之文明未免破甲而出於艮土有德故命名傷者言其

破甲而長之加折副之義也宜擊賊張威捉捕索債斬邪伐惡積粮収貨陰謀密計動中有益射獵等吉出此門三十步三里見物損傷三十里見鬥血光之人或凶人著黑衣五十里逢盜賊或枷鎖凶囚方免自身之咎若嫁娶主產死移徙見血光入官遭刑商賈被盜上官失職赴考不第求則空囬謁見不遇竪造葬埋斬草主刃傷人損失橫禍不過百日臨二八宮木克土大凶

經訣曰傷門不可論夫婦定遭逃瘟疾行不得折損血財侵天災人枉死終年有病人商音難得好餘事不堪聞

傷加震

震卦東爻象曰洊雷震君子以恐懼脩省震亨震來虩虩笑言啞啞震驚百里不喪匕鬯

乃門宮比和若合遁假吉格主客皆利各詳用法如天上奇儀生地下奇儀喜慶重重逢伏吟宜固

守培養銳氣種蒔編籬等事

類神

内輪禁逢風雷恭肅甲乙青龍泰岳宮觀山林震動廟宇家神舟船車馬林欎妖怪肝胆四肢長男憂喜遊獵威聲相貌長久蔬菜瓜菓腥酸鮮味巧様雕刻雲龍怪异

克應

出傷門入傷門三里五里逢匠人公吏持棒三十里

有爭訟血光若監造埋葬上官出行主遣賊盜只宜捕捉索債漁獵博戲等事又主山林交易或木貨得財或長男和合之事在物多節或有聲音之器或繫鮮笋菜兜魚之類病主跌損傷風中痰驚癎之症

傷加兌

恒卦彖今象曰雷風恒君子以立不易立恒亨无咎利貞利有攸往

乃門宮比和若上下奇儀生合主客俱利上克下凡事更改

克應

傷門入杜門七里逢匠人持棍引小兒携雨蓋竹木主和婚姻男女喜事動中得利木貨帛竹交易在物主長短不齊懸吊之物出行有風雷之應豎造之事

傷加離

豐卦彖今象曰雷電皆至豐君子以折獄致刑豐亨王假之勿憂宜日中

乃門生宮若合吉格或上盤合下利主凡事不謀自就若上克下利於客凡事先憂而後喜

克應

傷門入景門一里九里之間文人女子匠作公吏執木文書宴舉騾馬成群與餉饋之應又主喜悅文書交易宅舍光輝山林之利在物主詩畫史長野

烘釀等物

傷加坤

豫卦彖今象曰雷出地奮豫先王以作樂崇德殷荐上帝以配祖考豫利建侯行師

乃門克宮若上奇克下或上受下生則利為客而圖皆吉未免破而後成快中得遲若上克下及比和以守有動以擊靜之以致動

克應

傷門入死門二里五里二十里巧匠孝子啼哭及病足老媪棺槨之事與入山伐木牛犢相隨之應又主林木之憂婚姻之費陰人災厄風蠱脹隔之疾在物爲占盆石缸碾段樑古橋詔來之應牛羊魚脯之物

傷加兌

歸妹彖令象曰澤上有雷歸妹君子以永終知敝睽妹貞凶无攸利

乃宮克門若下仪克上或上生下大利主下克上以防詐偽事有成敗之殊若天冲星同入兌宮爲反吟宜散叙賞賜伐木賦貸又爲夫婦反目之象金石相傷之情病主喉嗌手足瘋麻跌損之患

克應

傷門入驚門七里十里逢女子持竿匠人伐木赶四足物婦人引孩或少女喜笑犬羊相逐雷電之應又主口舌憂驚陰人破敗房產交易在物爲金木相兼刀斧之器有口之物雞魚之味

傷加乾

大壯彖令象曰雷在天上大壯君子以非禮勿履大壯利貞乃宮克

乃宮克門若合吉格利爲主先破後成若合凶格又上克下事防破敗

克應

傷門入開門三里九里及五六里逢匠作負木器漁

獵爭鬥之事老人跌仆之象又主貴人發山林之財在物主珍寶之器或鐘磬鏡劍或菜核豬鵝又占天仰日從龍變化之情

傷加坎

解卦彖令象曰雷雨作解君子以赦過宥罪解利西南无所往來復吉有攸往夙吉

乃宮生門地盤奇仪生合天盤大利客若上克下下生上凡事成而後阻

兑應

傷入休門一里五里逢公吏人婦人皂衣并架橋造作事津梁涉水伐木車船又主五谷魚盐之利栽植之情在物為近水楼台舟楫雨傘龍飛入潭鮮果佳味

傷加艮

小過彖令象曰山上有雷小過君子以行過乎恭喪過乎哀用過乎儉過亨利貞可小事不可大事飛鳥遺之音不宜上宜下大吉

乃門克宮上奇仪克下利為客未免破損若下克上反有格戰如比和事少終

兑應

傷入生門三里八里逢採樵匠作公吏跎背跛足黄犬玄兔相逐又主長男破敗弟兄相爭田産是非林木為害在物主可仰可俯或山景花木或土木連之或甘酸之味

傷加中宮

乃門克宮合吉格利客主事拙若下克上防有伏險事宜固守

兑應

有大厦一木難支之象凡事不動或開渠築基宅墓移祠以招疾厄在物為木器彩畫及瓦盆枯樹之象

奇門大全卷廿三終

御定奇門大全卷之二十四

先天要論

克應

死門入傷門三里五里逢孝子扶柩輿木匠豎造之應又主田產退敗陰地崩損及陰人灾病路死扛尸之象在物爲土木相兼之器又輿門柱木杵之類

死加巽

升卦秉令彖曰地中生木升君子以順德積小以高而大升元亨利見大人勿恤南征吉

乃宮克門如得吉格則利爲主如上下奇仪相戰凶格須防詐僞有始無終

克應

死門入杜門四里及六里逢婦女啼哭又僧尼音樂之應又主宅有暗耗妻妾不和或因園圃生災重婚私配之事在物上懸而下吊之器几蓆地板之類

死加離

明夷秉令象曰明入地中明夷君子以莅衆用晦而明

明夷利難貞

乃宮生門若合吉格奇仪相生利爲客如合凶格奇仪相克諸事耗費

克應

死門入景門二里及九里逢祭奠慰唁或文書舛錯

又主陰人當权母子相依因喜發財宅舍光飾在物主文書筆研煆煉之事

死加中宫

乃門克宮比合若上下奇仪相生得吉上下相克凡事阻滞無功

克應

主田產文書交易陰人財利之事宜安塟動土築墻等事在物爲土器舊物坑坎石匣之類

驚門神名武雷配柱星兌七宮金也
冬至休立春囚春分死立夏沒夏至胎立秋旺立冬廢
夫驚者於五德為義於五行為金乃萬物芟艾之際除陰肅殺之行而君子察奸除暴之用將以動履霜堅冰之思為陰盛之脩脩收藏之位轄庚酉辛之方統秋分寒露霜降三節易曰兌者說也乃說言乎兌者之義凡萬物之告成於秋者則於此有怵惕改革之情故命名驚者言其氣象嚴為魂魄徂落之意而驚惻驚愕之懷宜祭風祈雨詭言破敵剖白對詞攻擊修築博戲漁獵養畜德皆吉
從此門出八十步遇驚怪之事十里見陰女過路阻隔牛傷三十里見鴉噪六畜觝觸之事四十里見二人爭打則吉如無恐自身有驚應之行兵則折損遠行主病求人多詐移徙怪異嫁娶兩離工官招訟科舉空回若造葬斬草之時主有孝服農

夫狂風雷電應之百日必有刑傷飛災橫禍失財人離若臨三宮金克木凶
經訣曰驚門不可論瘟疫死人丁辰年并酉月飛禍入門庭
又訣曰驚門防災疫口舌事恍惚婦女起爭端宅舍生怪異

驚加兌

兌卦秉令彖曰麗澤兌君子以朋友講習兌亨而利貞
乃門宮比和若合吉格與奇儀相生主客皆利合凶格相克則不吉

類神

破損毀折陰人災厄少女妓妾咽喉口舌妖邪不心詭言虛缺缺地廢井刀針銅鐵

克應

驚門入驚門七里八里逢小兒或四足物或言公事

人驚門出行鴉鵲飛畜抵觸争打損傷又主陰人口舌家口不和瘟疫灾殃在物為聲口之物及破鏡損罷缶角之屬

驚加乾

夬卦彖令象曰澤上有天夬君子以施祿及下居德忌兵揚主庭孚號有厲告自邑不利即戎利有攸往

乃門宮比和若合吉格上下相生諸事大利若合凶格所謀有阻

克應

驚入開門七里六里逢老人攜幼女持金玉之罷或言公詞與啼哭或笑声又主老少不合宅舍生非陰人鬥毆在物主鐘鼓及金銀人物鴛央羊馬之類

驚坎

困卦彖令象曰澤水困君子以致命遂志困亨貞大

驚加震

隨卦彖令象曰澤中有雷隨君子以向晦入宴息隨元亨利貞无咎

乃門克宮若天盤克地盤奇仪須利為客又有争鬥之情若下克上凡事破耗

克應

驚門入傷門三里七里逢伐木漁獵又主陰人之非争鬥之憂斫伐之害夫婦反目之象在物為金石相兼有聲口之物

驚加巽

大過彖令象曰澤滅木大過君子以獨立不俱遯世无悶大過棟橈利有攸往亨

乃門克宮若合吉格須利為客亦主攻伐反此更凶

克應

驚門入杜門四里七里逢婦人争鬥簫管之聲鬥雖

人吉无咎有言不信
乃門生宮若天盤奇儀生地盤奇儀利於主諸吉
若上下克戰有憂阻
克應
驚門入休門七里八里逢皂衣婦人抱女孩言疾病
及婚姻之喜又主陰人孕兆及婦人財物在物如
銅壺酒漏之類
驚加艮

咸卦東兌象曰山上有澤咸君子以虛受人六咸亨
利貞取女吉
乃宮生門若合吉格與上下相生為主大利若上下相
克則主驚阻
克應
驚門入生門七里八里逢男女牽扯犬羊相逐之應
又主婚姻財喜媒妁之利在物為金石相黑古器
之類

之事屠宰傷害又主妻妾不和陰人災厄口舌虛驚
在物缺損不全
驚加離
革卦東兌象曰澤中有火革君子以治用明時革已
日乃孚元亨利貞悔亡
乃宮克門若地盤克天盤求名官訟皆吉餘有耗
損
克應

驚入景門七里九里聞鐘鼓之聲爐冶之事及二女
攜笑之聲又主寡婦當家文書驚詐口舌爭鬥小
口痘疹之災在物為舊器破損與鑄造未成之物
為應
驚加坤
萃卦東兌象曰澤上于地萃君子以除戎器戒不虞
萃亨王假有廟利見大人亨利貞用大牲吉利有攸
往

乃宮生門若天盤得地盤生利為客亦遲緩有費耗
若上生下合吉格則利小往而大來
兑應
驚門入死門七里二里逢跌仆之聲行喪吊問之事
又主陰人退耗或母為其女婚娶破財之事或用文
田產利益之事在物則主鋤鏟之器又坟茔所藏之
寶
驚加中宮

乃宮生門斷意同驚加坤
開門 神名天啟配心星乾六宮金也
冬至廢立春休春分囚立夏死夏至沒立秋胎
立冬旺
夫開者於五德為義於五行為金乃萬物成除之
際烝消長之時而君子勵志明德之用將以着乾
靖坤夷之宮為陰極之位備守靜之量轄戌亥乾
之方統立冬小雪大雪三節易曰乾者健也乃戰

乎乾之義凡萬物之藏伏於冬者則於此有懲創營
潔之志故命名開者言其外象而並無障礙而萬
緣通達之形也宜求賢訪道積糧收貨埋伏取勝
皆吉
從此門出六十步或六里見酒食歡悅轎馬二十里
見貴人武將或陰人乘馬着紫衣吉六十里遇親
友豬羊酒食為應行兵百戰百勝造葬斬艸之時定
有旂鼓或婦人担傘或手執信物抱小兒主子孫興

旺百日內得貴人財或見二人分別為應
又云不可破土開掘坟茔若乙奇臨巳為地遁吉
臨三四宮金克木也凶
經訣曰開門為上吉出行最崇昌投井並謁貴財喜
捉僞揚造作多興旺置產裕資粮子孫拜帝闕金
命喜非常
又訣曰開門欲得照臨來奴婢牛羊百日迴財寶
進時地户入興隆宅舍有資財田園招得商音送

巳酉丑年絶户来印信子孫多拜綬紫衣金帯

拜三台

開加乾

乾卦象令象曰天行健君子以自強不息乾元亨利

貞

乃門宮比合若上下相生主客皆利星門皆伏宜訪

道求賢埋伏取勝

類神

右文顯官老人僧道寶石銅鐵金石絲竹聲色白形

圓体豎味辛刀針鍵鈴首腦股筋

兌應

出開入開五里六里十里見人鬥及四足物鬥或打

四足開門二十陰人至貴人乘馬紫衣服出此門

貴人着紅紫衣騎馬吉四里六里見猪馬送酒食

監造又主貴人相欽士庶同心在物為有首聲或

鏡鐃之物

開加坎

訟卦象令象曰天與水違行訟天水訟君子以作事

謀始訟有孚窒惕中吉終凶利見大人不利涉

大川

乃門宮克宮若天盤奇仪生合地盤奇仪而合吉

格利於主諸事受益若上下相克刑沖凡事宜相

勢而動

兌應

開門入休門六里七里逢婦人引孩與衣皂老人濃

河汲井之應又主有公吏之望珍寶交易浮官貴

之力享蔭庇之隆在物沉重閏澤之罷或茶酒盆

盤之属

開加艮

遯卦象令象曰天下有山遯君子以遠小人不惡而

嚴遯亨小利貞

乃宮生門若上奇仪相生諸吉若上克下先吉終

器

兌應

開門入生門八里九里逢老人携孩子或受傷之人言官訟事入山修塋與官訟爭鬥逃亡等事又主山林破費因名失利

在物主金石相兼或首飾金石玉器之類

開加震

无妄東令象曰天下雷行物與无妄先王以茂時育

萬物无妄元亨利貞其匪正有眚不利有攸往

乃門克宮若上克下則利為客若下奇仪克上多主破損

兌應

開門入傷門三里六里逢捕獵戰鬥匠作伐木把火之應

又主官貴長者之厄在物為金木相兼鏡鼓之聲

器物

開加巽

姤卦東令象曰天下有風姤后以施命誥四方姤女壯勿用娶女

乃門克宮若上克下則利為客諸事有成中見破若天心同開臨此宮宜以開門放水遷坟塋改造等事皆吉

兌應

開門入杜門四里及六里聞歌唱之聲陽人言官事與僧尼老人官貴長者謁廟焚香之應又主老少不和陰人是非力傷虛驚之厄

在物為金木相兼之器

開加離

同人東令象曰天與火同人君子以類族辨物同人於野亨利涉大川利君子貞

乃宮克門若下盤克上須利主求利名官訟事吉

餘事皆退敗
克應
開門入景門九里逢老人騎馬與公門役吏酒食喧
鬧之事
又主文書之憂陰人爲禍或因燒丹費財與觸犯
官長之怒
在物主炉冶傾銷之器以及與外圓中虛懸殊
之物

開加坤
否卦彖令象曰天地不交否君子以儉德避難不可
榮以祿否去匪人不利君子貞大往小來
乃宫生門若下生上或合吉格諸事先虛後實若上
克下凡事休動
克應
開門入死門二里六里逢女人啼哭與獨孤夫妻言
離合之事牛馬成村之應

又主和合婚親之喜布帛絲粟之利在物爲金石
器用或土中古器
開加兑
履卦彖令象曰上天下澤利君子以辨上下定民志履
虎尾不咥人亨
乃門宫比和若奇仪相生則吉若上下相克戰則先
吉後凶
克應

開門入驚門七里六里逢老人與陰人同行公逢句
捕主花酒敗家陰人口舌
在物爲圓缺之器與刀針燈台央前之屬
開加中宫
乃宫生門此爲子入母腹之格若再合吉格又逢
奇仪相生則主客皆利百事有就如合凶格萬事
艰難
克應

有貴人臨門與子母親眷重會舊交相訪歡悅之情在物為金玉寶石大小方圓以及上下相塞腹滿之罷

八門總歌

歌曰　奇到開門宜遠行　休門上書並理訟
生門婚姻堪入宅　傷門索債君必用
杜門逃閃並塞穴　思量酒食景門動
死門捕獵又上陣　驚門求雨並伏象

欲求利市往生方　捕獵須知死路強
索債但由傷上去　杜門有事好逃藏
若要遠行開上好　休門宜吉見君王
捕捉驚門應得合　思量酒食景門香

以上八門休生開為上吉杜景為小吉死傷大凶驚為小凶各有所宜以五行生克衰旺之義審而用之故曰得其說則門門皆吉不得其說則門門皆凶要知返逆之功仍考墓旺之氣避其反復二吟忌其刑克諸星細詳三奇之議論通變八門之精微得其神妙乃天產地仙失其要旨乃涉獵庸人

奇門大全卷二十四終

御定奇門大全卷之二十五

遁甲符應經

遁甲總序第一

遁者隱也幽也甲者儀也謂六甲六儀互為直符天之貴神常隱六戊之下蓋取用兵之機通神明之德故以遁為名

造式法第二

黄帝變龍圖之法命風后濟之而為遁甲造式三重法象三才上層象天布九星中層象人開八門下層象地布八卦以鎮八方即冬夏二至立陰陽二道

九星所直宮第三

天有九星鎮九宮地有九地應九州其式托以靈龜出洛戴九履一左三右七二四為肩六八為足五在中央者土乃火之子金之母寄於西南坤之位也

天蓬一宮　天芮二　天冲三　天輔四

天禽五　天心六　天柱七　天任八

天英九宮

八門第四

天有八風以直八卦地有八方以應八節一節三氣一氣三候八節以三因之成二十四氣更以三乘之七十二候備焉

推八節以主卦為初直第五

冬至一宮坎卦　立春八宮艮卦　春分三宮震卦

立夏四宮巽卦　夏至九宮離卦　立秋二宮坤卦

秋分七宮兌卦　立冬六宮乾卦

陽遁布局第六

冬至天元　一七四　小寒地元　二八五　大寒人元

三九六　立春天元　八五二　雨水　九六三

驚蟄　一七四　立春　三九六　清明

四一七　穀雨　五二八　立夏　四一七

小滿　五二八　芒種　六三九

陰遁布局第七

夏至（天元）九三六　小暑（地元）八二五　大暑（人元）
七一四　立秋　二五八　處暑　一四七
白露　九三六　秋分（天元）七一四　寒露（地元）
六九三　霜降（人元）五八二　立冬　六九三
小雪　五八二　大雪　四七一
以上四節十二氣三氣分天地人上中下三局
布上中下局第八
甲己之日仲為上局謂甲子己卯甲午己酉為上局

之首也
甲子至戊辰　己卯至癸未　甲午至戊戌　己
酉至癸丑
二十四氣在此二十日中用上局
甲己之日孟為中局己巳甲申己亥甲寅為中局之
首也
己巳至癸酉　甲申至戊子　己亥至癸卯　甲
寅至戊午

二十四氣在此二十日用中局
甲己之日季為下局甲戌己丑甲辰己未為下局之
首也
甲戌至戊寅　己丑至癸巳　甲辰至戊申　己
未至癸亥
二十四氣在此二十日用下局（假令甲子至戊寅十五日為三元上中下五日為一元也）
超神接氣折局補局第九

如甲己日季局第二日乙庚遇立春便使立春下局
只得四日至十五日甲己補足下局共五日六十時
足其雨水氣進此折局補局超神之氣明矣
超者超過也神者進神也甲子己卯甲午己酉乃進
神為符頭接迎接也氣節氣也超神者謂節氣未到
而甲子己卯之符頭先到謂之超接氣者謂甲子己
卯之符頭未到而節氣先至謂之接　如淳祐六年
丙午前四月十三日壬申交立夏節而本月初五日

是甲子巳到即以立夏節用立夏前九日矣則合前初五日起起在先借用立夏上局奇自初十日巳巳為立夏中局自甲戌五日用立夏下局奇此乃先得奇後交節謂之超神　又如淳祐七年丁未二月二十三日雖交清明節上局奇然二十五日方是巳酉方是清明上局奇此乃先交節而後得奇為接故為接氣遲至二十四日戊申仍用春分下局是巳交節而奇星尚用前節也又如其年六月二十八日巳酉

交立秋節正值節與日辰同到即用立秋上局謂正授奇凡換奇皆甲子時換也又須知閏奇之法方能超接得真積日以成閏月積時以成閏奇以五日一換過一節氣通換六局凡一月節氣必三十日零五時二刻以三十分六局餘五時二刻置閏超神不過十日過芒種大雪超過九日必置閏也　如丙戌年五月初一日巳卯至初九日丁亥巳刻過九日宜置閏即用初一日巳卯作芒種上起局初六日甲申作芒種中局十一日巳丑作芒種下局畢於此重用一局作三奇用法以十六日甲子作芒種閏奇此超神置閏之法也二十四巳交夏至是為夏至借夏至七日其五月小盡至六月初二日巳酉方作夏至上局初七日甲寅作夏至中局十二日巳未下局以節氣遲也閏奇之法每遇芒種大雪二節內如超過九日即合置閏以歸每節所餘五時二刻也蓋奇以冬夏二至分順逆故於二至之前置閏以均其氣無不應

也但人不知置閏之法止按成局以擇奇門日時必致顛倒錯亂俱無應驗直擇焉不精故也

氣應變局第十

且如甲子日巳時交立冬中氣方作陽遁天元上局其辰時以前只作陰遁大寒上局

天乙直符起宮異所第十一

此所謂直門相衝也陰陽二遁名作二使　如冬至後陽使初起一宮陰使初起九宮夏至後陰使初起

九宮陽使初起一宮故曰起宮異所直門相冲者冬至後陽使起休門陰使起景門夏至後陰使起景門陽使起休門故曰直門相沖　今之用遁自冬至後一百八十二日六十二分半歷子午之東部陽氣用事惟用陽遁陽使夏至後一百八十二日六十二分半惟用陰遁陰使古今經云冬至後用陰使夏至後用陽使者經術不顯隱伏之事也窮天地侔造化通神明之德類萬物之情三光之回旋四季之往復一

消一息或升或降運於無形布於無象有所不見以俟後人也

一順一逆應節變第十二

冬至後氣應陽氣順行陰使逆行夏至後氣應陰使順行陽使逆行應節變者令用節要內有四斗攢周天算法北斗取氣合於冬至夏至加時氣應以明之二十四氣各於加時用遁甲起神接氣法精要之微但使吉凶有憑用之無悞也

二遁直符合於中宮第十三

合于中宮者謂陽遁陽使冬至上元甲巳日夜半生甲子初起一宮順行歷五時至戊辰在五宮陰使初起九宮逆行歷五時至戊辰亦在五宮陰遁陰使夏至上元甲巳日夜半生甲子初起九宮逆歷五時至戊辰在五宮陽使初起一宮順歷五時至戊辰亦在五宮故合於中宮也

二遁出於六四第十四

踰出五土歸於九一者謂陽遁陽使起於一終于九

陰遁陰使起于九終于一也

二遁陰陽第十五

陰陽二遁者謂冬至後自一至五為陽自五至九為陰遁夏至後自九至五為陰遁從五至一為陽遁以五宮為陰陽共遁冬至後五宮半南為陽遁半北為陰遁夏至後五宮半北為陽遁半南為陰遁九直使在五宮主客勝負難分是為凶時故避五也

九宫吉凶第十六

三元經曰時下得天輔天禽天心為上吉得天冲天任為次吉天蓬天芮大凶天柱天英小凶以五心休旺言之大凶星得旺相氣為小凶小凶得旺相氣中平上吉次吉之星無氣則亦中平如冬至后得天任星乘旺相氣為上吉也

九星休旺第十七

三元經曰九星旺於我生月相於同類月死于生我

月囚于官鬼月（尅我者為官鬼）休于妻財月（我尅者為妻財）如天蓬水星旺于寅卯月相亥子月死申酉月囚于四季月休于四季月休于巳午月（日時同）

九星所主第十八

天蓬時　宜撫安邊境修城池春夏勝秋冬亡其士卒利主不利客嫁娶兩凶移徙失火爭鬬見血入官多盜修塋室商賈皆凶

天芮時　宜崇儒授道交結朋儕不宜用兵嫁娶爭訟移徙築室春夏秋冬皆凶

天冲時　宜出師報仇春夏勝秋冬無功不宜嫁娶移徙入官築室祠祀市賈

天輔時　宜設醮修齋將兵春夏勝得地千里嫁娶多子孫移徙市賈入官修塋春夏用有喜不宜請謁

天禽時　宜祭祀求福斷滅羣凶將兵四時吉戰不用謀敵服封爵遠行移徙入官嫁娶商賈造葬謁見并吉

天心時　宜療病合藥將兵秋冬勝得地千里春夏不利凡嫁娶入官築室祠祀商賈吉秋冬吉春夏凶利見君子不利小人

天柱時　宜遁形藏跡屯兵自固將兵大凶宜嫁娶修造祭祀不宜移徙入官市賈

天任時　宜請謁將兵敵人降嫁娶子孫多入官吉移徙築室凶

天英時　宜遠行飲宴不宜出兵移徙入官築室祠

祀商賈

如冬至上元陽遁一局甲己日甲子時起一宮順行至丙寅時三宮下得天冲為直符宜出臨報仇春乘三氣也　如夏至上元陰遁九局甲己日甲子時起九宮即天英為直符至乙丑八宮下得天任宜請謁通財利

八門所主第十九

開門大吉出門四十里見猪馬逢酒食遠行征討所

向通達與乙奇臨丙為地遁臨三四宮剋木凶

詩曰開門使得照臨來奴婢牛羊百日回財寶進時田地入宅舍旺處有資財田園招得商音送已酉丑年入戶來福蔭子孫多爵祿紫衣金帶拜崇堦

休門宜和集萬事治兵習業與丁奇臨太陰為人遁臨九宮剋火凶

詩曰休門最好足錢財牛馬猪羊自送來婚姻南應陞官職羽音産業永無灾買羽音人産也

生門出行六十里見貴人車馬吉嫁娶上官營造百事皆吉與丙奇臨戊為天遁大吉臨一宮土剋水凶

詞曰生門是吉星人財俱稱情子丑年中三四月牛羊鞍馬進門庭穀帛足官祿豊南上商音田地進朱紫兒孫任帝京

傷門宜漁獵捕捉出行逢盜宜索債博戲若臨二八宮木剋土凶

詞曰傷門夫婦盡遭迍疼痛折損有病人音商惟得好餘姓不堪聞

杜門宜隱伏誅凶逆出門六十里見惡月奇臨烽火日奇主兩女人着青衫星奇主弓弩

詞曰杜門犯時多災損逢亥卯未入獄門主離死別六畜病痛纏時血濃淋

景門宜上書遣使哭陣破圍若起造嫁娶報宅長反小口臨六七宮火剋金凶出行三十里見赤大蛇七

十里見失火

詩曰惟有景門主血光外亡惡死賣田宅莊莫道兒孫多苦惱就是六畜也遭殃

死門宜誅滅弔死送喪射獵餘凶臨一宮土尅水大凶

詩曰死門不堪聞遭逢禍必侵年年田地退損財又損身

驚門宜掩捕鬭訟博戲行四十里損傷道路不通若

見一人爭打則吉無主驚恐臨三四宮金尅木凶

詩曰驚門必主驚瘟疫損人丁辰月并酉月非禍入門庭

開休生三門吉若合三奇為上吉餘凶宜避之

如冬至陽遁一局甲巳日甲子時伏吟生門在八宮宜見貴營造吉

三甲第二十

土局仲甲謂甲巳日甲子時丙辛日日中為甲午是也鬭格刑德在門兵先舉者敗不可出入利以逃亡

中局孟甲謂戊癸日平旦甲寅乙庚日晡時甲申是也陽氣在內陰氣在外宜固守莫出師利主不利客

下局季甲謂丁壬日食時甲辰甲巳日黃昏甲戌是也陽氣在外陰氣在內利出行動衆百事吉利客不利主又云六甲之日夜半之時三甲皆合謂今日是甲直符與時是甲故名三甲合也

三奇得使第二十一

謂在六甲之上自得所使甲辰甲寅丁為使甲子甲申丙為使甲午甲戌乙為使　凡用遁甲三奇得使更合吉宿奇門者諸事大吉

假令陽遁三局丙奇日壬辰時此時六乙日奇下臨九宮甲午乙奇得使陽五局丁壬日丙午時此時丙奇下臨一宮甲子丙奇得使陽五局丙辛日巳亥時此時丁奇下臨四宮甲辰丁奇得使

三奇之靈第二十二

葛洪曰三奇之靈可出行謂三奇與善神休開生合即三奇之靈大吉如冬至下元

如冬至下元陽四局戊癸日戊午時此時六戊在四宮以直符天英加時干六戊于四宮天英加四宮者為四宮有戊也即六丁星奇臨六宮以直使景門加四宮即休門與六丁星奇下臨六宮西北方百事吉

九天之上六甲第二十三

九天之上六甲子為直時當六甲時士衆背直符所臨而擊其沖無無不勝也經曰揚兵于九天之上夫甲為九天之上者謂易稱納甲壬為天道上升以甲數至壬其數九故六甲為九天之上六甲皆稱甲子者六甲之始支干之長舉上以明下故皆稱甲子也

九地之下六癸日謂六癸之位皆稱九地之下凡逃亡絕跡當以天上六癸所臨之方出入易稱坤之乙癸又坤為地地道下降從乙至癸亦為九故六癸為九地之下所以六癸皆稱癸酉謂癸酉是甲子之終也

三奇之靈六丁者為六丁是三奇之靈也凡出入用兵皆吉故曰能知六丁出幽入冥至老不刑刀雖臨頸猶安不驚六丁者六甲之陰丁卯之神字文伯丁丑字文孫丁亥字文公丁酉字文通丁未字文卿丁巳字巨卿凡鬥爭出入行來六丁之神常呼其名所謂三奇之靈六丁卯者以丁卯為甲子之陰故也六

合之中六巳巳為六巳之位皆六合之中凡陰謀祕事從天上六巳所臨之方而出無有見者經曰六為私門獨出入人莫之見所以六巳為六合中者從甲數至巳但甲合故六合之中六巳巳者亦謂舉甲子旬之義故俱六巳巳也

九天九地太陰六合第二十四

張良曰九天上利陳兵九地下利伏藏太陰六合中可逃亡凡冬至陽遁直符所臨之宮後一九天後二

九地前二太陰前三六合是也

伏吟第二十五

子來加子為伏吟不宜用兵宜聚斂財貨凡六甲時門奇俱伏吟餘倣此

反吟第二十六

子來加午為反吟下利舉兵利散恤倉廩事門符對冲皆反吟也

遁甲擇日第二十七

寶制義和日吉伐日凶寶日上吉如甲午之類木生火也義日次吉支生干也如甲子之類水生木也制為中平干尅支也如甲戌之類木尅土也和日次吉干同類也如丙午之類皆火也伐日凶下尅上也如甲申乙酉支尅干也

遁甲利客第二十八

經曰天蓬加九宮利為客在秋冬月壬癸亥子日戰黑色雲氣從北方來助戰大吉天心天柱加三四宮利為客在秋月及季夏月庚辛申酉日戰有白色雲氣從西方助戰客大勝天任天禽天芮臨一宮利為客若四季戊己辰戌丑未日戰有黃色雲氣從東北西南來助戰客大勝天冲天輔加八宮利為客春冬月甲乙寅卯日戰有青色雲氣從東方東南來助戰客大勝天英加七宮利客若春在夏月丙丁巳午日戰有紅色雲氣從南方來助戰客大勝我為客我尅者為我勝也

利主第二十九

天英加一宮利主秋冬壬癸亥子日有黑雲氣從正北來大勝天任天禽天芮臨三四宮利主如冬夏月甲乙寅卯日有青雲氣從巽震方來吉天蓬加八宮利為主主為土克天蓬之客水也天輔天冲加六七宮利為主主為金克天輔天冲之客木天柱天心加九宮利為主主火克客金也可類推之我主者我尅者為我勝也

門迫第三十

宮制其門為門迫門制其宮為宮迫吉門被迫吉事不成凶門被迫凶禍尤甚　如開門臨三四宮休門臨九宮生門臨一宮景門臨六七宮此謂吉門被迫傷門杜門臨二八宮死門臨一宮驚門臨三四宮此謂凶門被迫凶尤甚也

三奇靜應第三十一

經曰陽順行前取用陰逆行後取用　如陽遁一局日中甲午直符在三宮是順行取用令丙奇在四宮

即月奇到巽來應時中如三奇到直符位為時初前一位為時中前二位為時來也

三奇臨乾應

日奇到乾有著黃衣人又有纏錢人或帶財應之吉

月奇到乾有背衣服人來黑禽成双或有雲及白衣色衣人來百日內進女人財物西方有産死大發

星奇到乾有人執刀斧至或角畜三七日進金銀鉄器純白生氣物應大發入墓不應

三奇臨坎應

日奇到坎有著黑衣人有鼓聲一七日進財應之大吉

月奇到坎有執杖人有黃白鳥從西北來或黑衣人應之吉一百日進契書東方有大驚發

星奇到坎有人抱小兒從南來或風有黑雲雨來應吉一七日進黑色物并生氣物西北有人弔死大發

三奇臨艮應

乙奇到艮人著青白衣過往或提鉄器物來應之吉東北黑白飛禽一隻來罩網賣魚人水族之物應之

丙奇到艮有青衣皂衣人至罟網賣魚人飛禽成双應之吉持鉄器用工七日進財周年進白頭牛馬大發

丁奇到艮有黑衣人小兒抱鉄罟至或携文書紙筆

至三七日進契書應吉

三奇臨震應

日奇到震有人執鎗刀雷𩐳鼓𩐳應之一年内大旺
漁人打獵小兒成羣東方有人産死大吉

月奇到震罟網賣魚人至遊獵人小兒成羣應吉進
生氣物周年生貴子北方雷打樹吉

星奇到震有女成双飛鳥双南方應吉一七日進黄
白生氣牲酒之物東方公事起大發東方有人被

殺傷大發

三奇臨巽應

日奇到巽白衣人乘赤馬小兒至應之吉一二年生
貴子進外財東方林木自死或大驚自弔火燒屋
燒山大發

月奇到巽樂𩐳唱喏𩐳南來應時一七二七南方火
驚色衣人進財物屠宰貴官至宅大發

星奇到巽小兒赶牛來南方黑雲馬騾至三日進人

有雞死黄腫人死反落水人應大發

三奇臨離應

日奇到離有患足目人小兒騎牛馬驢黒白禽從東
來應吉二七日見猪太見人家瘟病大發或黒風
作雨至

月奇到離有火風黄黒飛禽成双至應吉患足目人
小兒騎牛馬黒白禽來一七日進六畜生氣物北
方人病火燒屋爲應大發

星奇到離青衣人至進財吉二十七日進水族物或
籠養黒禽三七内進横財或寄財物東南有刀兵
大發

三奇臨坤應

日奇到坤孝衣人西方雷馬鐘鼓𩐳應吉患双目人
七日進猪豕雞六十日進契書不然雷傷牛馬

月奇到坤有皂衣人喜鵲自南北二方來鼓𩐳應吉
二七日進南方女財北方死大發

星奇到坤有青衣人及黑飛禽或擔水人過應吉三七進水族海味大發北方有山崩水破及屋宇大吉

三奇臨兑應

日奇到兑女人三五至烏鳴應吉三七日進角羽商音人田土東方牛馬自損

月奇到兑執杖人從東方不然抱小兒過烏至應吉鼓聲一七日或二七日進財周年進人口興田地

坤艮方老人死大發

星奇到兑有人將文書紙筆打魚責網人黃飛禽應吉進豬物坤艮方有人卒死或火發主大發

奇門路應三十二

乙奇遇生門兩鼠鬭或孝衣人　休門牛馬或扛水人　開門客人或紅衣公吏人

丙奇遇生門逢患眼人或人相鬭　休門五十里聞鼓聲或樂器　開門老人執杖或哭聲

丁奇遇生門逢獵者或犬　休門二十里有皂衣白衣人　開門小兒執杖竹等物應之大吉

御定奇門大全卷二十五終

御定奇門大全卷之二十六

遁甲符應經

擇天遁第一

陽遁四局乙庚日酉時天遁可類推　陰遁六局戊癸日申時亦天遁類　生門與六丙月奇合地下六丁星奇為天遁此日得日精之蔽

地遁第二

陽遁一局丙辛日辛卯時天沖直符地遁也餘倣此

開門與六乙日奇合臨地下六己為地遁此時得月精之蔽

人遁第三

陽遁七局乙庚日丙子之天任直符便是人遁餘倣此　休門六丁星奇合前二大陰中亦合地下六乙為人遁此時得星精之蔽　凡得三遁之時出奇門百事吉

奇門四十格第四

龍回首　甲直符加地盤丙奇百事吉

鳥跌穴　丙奇加地盤甲直子符百事吉

天遁　又生門與丙奇臨戊　又開門與丙奇合

地遁

人遁

神遁　生門與丙奇臨九天　步罡行術造壇攝魔祕計塑神以候神應

鬼遁　休門與丁奇臨九地之下　探敵偷營設

伏攻虛詭書起亡以待鬼應

風遁　開門與丙奇臨巽宮　又辛儀與奇門下臨六乙　其方可默吸風雲　又丙奇開門合下臨坤宮　宜祭風伯雨師敵壘立旂

雲遁　乙奇與開門合下臨坤宮　又乙奇與開門合臨六辛　其方可吸風雲求雨澤助農立營造軍器以候雲應

龍遁　乙奇與休門合臨六癸或坎宮　其方可以祈水習水移舟開江造舡祭神填河修橋穿井候龍應

虎遁　乙奇與生門臨辛　一云辛儀合生臨艮　其方可招安設伏據險立寨修関以候虎應

三奇得使

龍逃走　六乙加六辛是也　凶

虎狂猖　六辛加六乙是也　凶

大干格　六庚加六癸是也　天上六庚臨地下六癸百事凶　亡遺者不可求

小格　庚臨壬

刑干格　六庚加六巳　天上六庚臨地下六巳車破馬傷士卒逃亡

歲干格　庚臨今歲之干是也　凶

月干格　庚臨今月之干

日干格　庚臨今日之干

時干格　六庚加今時之干　亦名伏吟格　又庚臨三奇亦為時格

天乙伏宮格　六庚臨直符為天乙伏宮　戰闘主客不利

天乙飛宮格　直符加六庚是也　主客不利

伏干格　六庚為太白加日干即為伏干格　主客闘傷不利

飛干格　今日之干加六庚是也　主客兩傷

朱雀投江　六丁加六癸

螣蛇夭矯　六癸加六丁

太白入熒惑　庚為太白丙為熒惑庚加丙防賊來　如夏至中元陰三局乙庚白戊寅時六庚在一宮天芮直符加時干於三宮六庚下臨六丙是也

火入金鄉　熒惑入太白也夏至下元陰六局甲巳之

日丙寅推之便是　賊不來

三奇入墓　乙臨二宮　丙丁臨六宮　乙爲日奇木墓在未乙未日奇入墓　丙爲月奇火墓在戌丙戌爲月奇入墓

反吟格　星加對宮

伏吟格　星加本宮

五不遇格　時干尅日干

時勃格　丙奇臨時天上六丙臨年月日時之干直

符類全必主綱紀紊亂　凶

天網四張　三元經曰天網四張萬物盡傷百事皆凶又神有高下必須知之謂時下得六癸時也　如天乙在一宮去地一尺在二宮去地二尺天上六癸之下即天乙所加之宮也此時必須匍匐而去以左右肩細而前行過十步吉若天乙二尺以上可消息避天網匍匐而去也

六儀擊刑　甲子直符三甲午直符九　甲戌直符二甲辰直符四　甲申直符八甲寅直符四

葛洪曰六儀擊者甲子直符時加卯謂卯刑子子刑卯甲戌直符時加未謂丑刑戌戌刑未未刑丑甲辰直符時加辰謂午酉亥自刑甲午直符時加午自刑甲寅直符時加巳

如陽遁上元一局甲己日甲子時爲直符以日出時六儀擊刑至庚午時以甲子直

符加六庚于三宮即六儀擊刑時

六儀受制　休門加離水克火也　傷門加坤艮木克土也景門加乾兑火克金也　生死加坎土克水也開驚加震巽金克木也

玉女守門　甲己時丙　乙庚時辛　丙辛時乙丁壬時己　戊癸時壬

尺寸高低格　直符臨二三四五尺寸低宜低腰出入直符臨六七八九寸過人可直身出入

天三門第五

遇太沖小吉從魁為天門　以月將時支順數如正月雨水後用午時出行則以登明加時支午神后未大吉申功曹酉太沖在戌為天門天罡亥太乙子勝光丑小吉在寅為天門傳送卯從魁辰為天門餘倣此

地四戶第六

遇除危定開四方為地戶　以月建加用時如九月建戌用巳時則以建戌加巳除在午方定在酉方危在子方開在卯方俱為地方戶餘倣此

五陽所利第七

五陽時利為客謂時得甲乙丙丁戊五干善神用事可出兵遠行求利建國入官移徙嫁娶修造百事吉逃亡難得經云直使之行一時一易陽利為客故曰得陽者飛而不止陽五干在子午之東部生氣也故為客利先舉　如甲巳日甲子時自子時至辰時得甲乙丙丁戊是五陽時利為客先舉不論陰陽二遁皆如此例

五陰所利第八

五陰時利為主謂時下得巳庚辛壬癸五干惡神治事上所云諸事不吉逃亡可得宜　冢偷武禱祝祈福故曰得陰者伏不起陰五干在子午之西部殺氣也故利為主後動　如甲巳日甲子時自巳至酉得巳庚辛壬癸是五陰時利為主不拘二遁如此例也

出行呼神字入太陰中第九

欲出行所向之方呼其神之名字而行六十步左轉入太陰中直符陽前二陰后二皆太陰六丁又為太陰亦是也呼其神名謂呼所出門天上所得之星字

天蓬子禽坎　天芮子成坤　天沖子翹震

天輔子卿巽　天禽子公中五　天心子襄乾

天柱子申兌　天任子常艮　天英子威離

假令冬至上元陽一局甲巳日丙寅時六丙在八

宮天上六甲直符加八宮出東北呼其神名字子禽行六十步入太陰中此時前二太陰下臨四宮東南天上六丁臨六宮西北左回入東南或西北皆入太陰中也餘倣此

出入呼六甲神名字五行相制第十

三元經曰凡用事者向六甲所在之方呼其神名行六十步左轉入太陰中見貴喜戰必勝甲子旬首神名王文卿若拜將授兵符設伏留粮皆向其方呼神

名而行六十步入太陰中 妙應如神甲戌徐何若開溝決河平道開路向其方而呼之甲申名盖新若入山田獵捕捉諸虫呼之蛇虫不動甲午名靈光若安營廹狩戰鬬向而呼之甲辰名含章若求官上任向而呼之甲寅名曰藍兵若揚兵行軍向而呼之行六十步入太陰中若出行安邊盜不起也 又曰六甲內營五行而動應無方具五行而含勝有相生相克左手象天右手法地其神好靜故書五行相制運化

之道無不兼該若見貴求官二千石及令長者則于左手書天字若商賈和結交友嫁娶立契則書和字若入山收捕畋獵則書師字部工居衆書強字過河治水書土字或戊字波翻舟將溺者猶忌八風觸水龍招搖咸池之日若遊山入道書龍字其蛇虫不動此五行相制勝負之道也

出入呼時下十干神名第十一

三元經曰凡出行呼十干神名

甲為天福之神字王文卿 乙為天德之神字龍文卯 丙為天威字唐仲卿 丁為玉女名季由往 戊為天武名司馬羊 巳為明唐名紀遊卿 庚為天刑名鄒元陽 辛為天庭名高子張 壬為天牢名正祿卿 癸為天獄名受子光

遊三避五第十二

三元經曰天道不遠三五反復遊三避五恢然獨處三為生氣故遊三也五為害氣故避五也三為威五

為武盛于三衰于五匹馬隻輪無有反顧　如冬至上元陽一局甲己日丙寅時宮得三此時為生氣百事吉故曰遊三至戊辰時為害氣百事凶故曰避五

六丁陰神名第十三

丁丑神名梁立叔　丁卯神名孔林稼

丁巳神名許咸池　丁未神名王屈奇

丁酉神名費陽多　丁亥神名陵成陸

威德之時第十四

葛稚川曰六丙為威六甲為德利為客發號施令入其國犬不吠馬不鳴大畏小懷行動萬理敢有舉兵來向者皆還自滅賊必亡矣天兵不動敵人自恐天兵未行敵人自驚將兵征討客大勝不利為主惟宜固守以待天時也

三奇遊六儀第十五

三元經曰三奇遊六儀利建營宴會喜樂之事六儀者六甲也三奇者乙丙丁也所謂乙丙丁遊六儀之上也

甲子旬中有庚午　甲戌旬中有己卯

甲申旬中有戊子　甲午旬中有丁酉

甲辰旬中有丙午　甲寅旬中有乙卯

此為玉女守門之時故利宴樂也

天輔之時第十六

三元經曰天輔時有罪無懼雖斧鑕在前天猶救之

甲己日己巳時　乙庚日甲申時　丙辛日甲午時　丁壬日甲辰時　戊癸日甲寅時　皆天輔時也凡此時有罪者皆自釋

天網四張第十七

三元經曰天網四張萬物盡傷百事凶　謂六癸時也

四時所利第十八

三元經曰春夏氣殺氣潛藏陰氣居下陽氣在上故

戰鬬者利居平野之地秋冬節殺氣在上陽氣在下利居野外高下順其殺氣也

亭亭白奸第十九

亭亭天之貴神也背而擊其沖為勝　月將加時神后下為亭亭所居也如五月未將小吉加至寅時即神后臨未為亭亭位也

白奸者天之奸神合於亥格寅申當合之時俱背之當格與不格合與不合者背亭亭向白奸　月將加

時寅午戌上見孟神即白奸之位也寅申巳亥孟位也如正月登明加午登明孟神臨即白奸在亥也餘倣此

孤虛法第二十

黃石公曰背孤擊虛一女敵十夫古法十人用時孤百人用日孤千人月孤萬人年孤惟有時最驗立式於後

甲子旬 孤在戌亥 虛在辰巳　甲戌旬 孤在申酉 虛在寅卯

甲申旬 孤在午未 虛在子丑　甲午旬 孤在辰巳 虛在戌亥

甲辰旬 孤在寅卯 虛在申酉　甲寅旬 孤在子丑 虛在午未

卜賊多少第二十一

三元經曰欲知賊多少以月將加闘賊時視上神見天罡河魁五百五千五萬人見登明太乙四數神后勝光九數見大吉小吉八數功曹傳送七數從魁太沖六數其神旺氣十倍相氣五倍休氣如數囚氣減少死氣減半也

軍行迷路法第二十二

黃石公曰軍道逢三路以月將加時天罡臨孟左道通臨季右道通臨仲中道通

出軍疫癘禳法第二十三

三元經曰出軍瘟疫甚者號曰軍氣上風焚死故之人髑髏聞尸氣即解

田螺卜勝負第二十四

兵家塋用之法與他異可用一盤以墨為界置二螺

於其中以左為主以右為客而作咒曰田螺舞舞能知風雨賊若來犯入我城所田螺索索風雨不著賊若不來各守城郭急急如律令咒訖露于星斗之下左侵右則勝右侵左則敗兩不相侵不戰也

十干人君所利第一

甲為天福人君此時宜施恵進賢賞功　乙為天德亦為蓬星宜與甲同　丙為天威亦為明堂宜戰鬪發令以振天威不可行罰　丁為大陰宜靜處不擾

勿行譴責　戊為天威宜施令誅伐除凶斷惡　己為地戶宜發明密事修封疆理城郭　庚為天獄宜決刑誅戮　辛為天庭與庚同吉事不利　壬為天牢宜決訟刑獄吉事不利　癸為天藏宜行威責罰積貯厚藏驗

十干吉凶第二

經曰時加六甲一開一闔上下交接又曰能知三甲一開一闔不知三甲六甲盡閉　六甲者甲子甲戌甲申甲午甲辰甲寅陽星加時為開陽星者天蓬天任天沖天輔天禽陰星加時為閤陰星者天芮天柱天心天英六甲時遇陰加時為閤也宜戰鬪往來事吉

又曰甲為青龍利以遠行　將兵客勝閗憂無閗喜育宜謁尊見貴吉移徙嫁娶百事吉不行可謹及鞭朴事利遠行　如上元陽遁一局甲己之日黃昏時得天芮陰星加時為閤百事凶　如陰遁九

局甲己日黃昏時得天任陽星為開百事吉

時加六乙往來恍惚與神俱出　六乙為日奇從天上六乙出既隨日奇恍惚如神人無見者將兵客勝閗憂無閗喜育行逢飲饌移徙入官市賈嫁娶吉不可行譴責事　如冬至上陽一局甲己日天蓬直符至乙丑六乙在九宮以直符加時干此時天上六乙下臨一宮出北方吉

時加六丙萬兵莫往此時侯王厭伏兵災　將兵閗

憂無聞喜有入官市賈利　丙為月奇又為天威丙火以銷急精兵不起攻代者從天上六丙出旣挾月奇又乘天威丙火相隨故曰厭伏兵災　陽四局甲己日丙寅時六丙下臨六宮出西北吉

時加六丁出幽入冥至老不刑　丁為星奇又為女從天上六丁出隨星奇挾玉女藏太陰中人不能見故曰出幽入冥敵人不敢侵將兵主勝憂喜半宜請謁嫁娶私事入官商賈　如陽遁二局甲己

日丁卯時六丁在東北以直符天芮加時干六丁在二宮出西南大吉

時加六戊乘龍萬里莫敢呵止　戊為天門又為天武宜遠行萬里百事吉從天上六戊出挾天武入天門凶惡不敢害雞不鳴犬不吠憂無喜有利遠行市賈小人驚走吉　陽五局甲己日戊辰時六戊在五宮寄二宮以直符時干六戊臨二宮出西南吉

時加六己如神所使不知六己出被凶咎　己為六合宜祕密事從天上六己出不宜為顯揚事不知六己者謂顯揚也又為地户獨出獨入人無見者將兵喜無憂有利以出行入官嫁娶小人利亡命驚走若有人逃亡陰私吉　陽八局甲己日己巳時六己在六宮直符加時干六己下臨六宮出西北方吉

時加六庚抱木而行必見鬭爭　從六庚出必遭刑

罰市賈道死物傷百事大凶將兵主勝不利為客利屯營固守憂有喜無

此以下至六癸時皆不宜動

時加六辛必遇死人强有出者罪罰纏身又曰辛為天庭羅網自纏　將兵主勝不利客聞憂有憂賈喜有喜宜決罰行刑不宜嫁娶入官市賈問疾

時加六壬為吏所禁强出入者飛禍將臨　壬為天獄出必有牢獄將兵主勝利伏藏不官入官移徙

嫁娶迎亡病者進退不死
時加六癸衆人莫視不知六癸出門見死　宜亡命
遁跡人無見者癸為天藏宜伏匿將兵主勝憂有
喜無不宜入官市賈嫁娶移徙治室凶疾病者重
亡遺不得

六甲下營法第三

三元經曰安營育法以六甲首十時一易或以歲月
旬為伏或依歲或取六甲旬首而排布　大將居青
龍甲 旂鼓居蓬星乙 士卒居明堂丙 伏兵居太陰丁
軍門居戊字斬罰居天獄庚 判斷居天庭辛 囚繫粮
備居天牢壬 府藏居天藏癸
如甲己日甲子時青龍在子大將居之蓬星在丑
旗鼓居之明堂在寅士卒居之太陰在卯伏兵居
之天門在辰軍門居之地户在巳小將居之天獄
在午斬罰居之天庭在未判斷居之天牢在申囚
繫儲粮居之天藏在酉府藏居之

三元經曰天上十干所臨地下之宮　如冬至上元
陽一局甲己之日甲子時六甲一宮六乙九宮六
丙八宮六丁七宮六戊一宮六己二宮六庚三宮
六辛四宮六壬五宮六癸六宮

三勝宮第四

第一天乙宮　天上直符所乘為天乙宮上將居之
用兵擊其冲百勝萬一訣云若在陽遁即用天上
直符所居宮上若在陰遁即用地下直符所居宮
上將居之而擊其冲勝
第二九天宮　陽遁天上直符後一九天　陰遁直
符前一九天我軍立九天之上而擊其冲敵莫敢
當矣
第三生門宮　生門合三奇將兵從生門擊死門百
戰百勝上將引兵背生門擊死門又曰背亭亭向
天門一勝背月建二勝背生擊死三勝皆小異也
如大寒上元陽三局甲己日乙卯時天上直符

乘六丁臨九宮正南為天乙一宮為第一勝地九天在四宮東南為第二勝地生門與丁奇合臨七宮正西第三勝地也　陰八局平旦時地下直符在八宮東北為天乙宮第一勝地九天在八宮為第二勝地生門臨六宮西北為第三勝地

御定奇門大全卷二十六終

御定奇門大全卷之二十七

遁甲符應經

五不可擊第五

一不擊天乙宮二不擊九天宮三不擊生門宮四不擊九地宮五不擊直使宮我軍居之必勝也　如陽八局丙辛日辛卯時天乙在二宮西南陽遁天上直符所在宮而擊沖也九天在九宮正南生門在三宮正東九地四宮東南直使八宮東北以上皆

不可擊我軍居之必勝　陰七局甲己日丙寅時天乙在七宮陰遁居地宮也宜正西而擊其沖正東天乙直符臨九宮陰遁前一九天在二宮西南生門一宮正北九地七宮正西直使五宮寄二宮西南不可擊

涉危險之中第六

若涉危險兵難轉移者賊從利方上來即視天時陽時令士卒前袒左肩引聲大呼鳴鼓擊鐘先擊之陰

時令士卒啣枚停車馬桴鼓靜以待之敵四面圍之者當分軍為三部一部居月建上一部居日德上一云日月德一部居生神上大將居亭亭上引兵擊之大勝

五不遇時第七

葛洪曰謂剛柔相克而損其明時干克日干是也縱有奇門百事凶　如甲日庚午時乙日辛巳時丙日壬辰時丁日癸卯時戊日甲寅時己日乙丑時庚日丙子時辛日丁酉時壬日戊申時癸日己未時之類是也

飲食左右冠帶步履法第八

三元經曰六甲為飲食宜向旬中六甲　假令甲子日子上也　左右六丁謂左右宜向旬中六丁假令甲子旬向卯上冠帶六戊謂向旬中六戊假令甲子旬辰上步履乾坤者初舉左足而言乾次舉右足而言坤又舉左足言元右足言亨左足言利右足言貞一步一言行六步而去勿回顧隨所去害不能及也

急則從神緩則從門第九

急事不暇擇時并三奇吉門當天乙所在之宮及直符神若緩事可待三奇吉門而去及天上六戊所在六戊常為天門　如陽一局甲己日丙寅時此時天乙加六丙於八宮直符在一宮　急事東北天乙下及正北直符六戊下去皆吉也

出天門入地户過太陰居青龍第十

初出天門（六戊）入地户（六己）過太陰（六丁）居青龍（六甲）所居之下百戰百勝　如冬至上元甲己日甲子時初起兵出天門辰下入地户巳下過太陰卯下居青龍子下吉　又法出天門天上六戊在一宮入地户六己在九宮過太陰在七宮居青龍在一宮餘倣此

伏匿藏形第十一　伍子胥法

伏匿者乘青龍（六甲）從蓬星（六乙）過明堂（六丙）出天門（六戊）入地戶（六己）過太陰（六丁）取草折半障人中入天藏（六癸）　如六甲日甲子時匿者起甲子歷乙丑過寅出辰入巳還取艸折半障人中置卯而入酉地下人無見者過太過陰時念呪曰　天翻天覆九道皆塞有來追我至此而極強見我者死追我者亡吾奉　九天玄女道母元君律令

入天藏無反顧庚為天獄辛為天庭壬為天牢宜避如誤即被擒縛

玉女反閉局第十二

凡用遁甲無奇門不可出行室玉女反閉局出在室六尺在廷六步在野六十步并以為數先定六數訖先左手持六籌各長一尺以右手執刀向旺方呼濁氣一口次吸旺氣嘿飲訖叩齒三十二過了禱祝心下事然後回身背旺啟請　祝曰維年月日時敢昭告於

天父地母六甲六丁玉女六戊藏形之神某好樂長生之術行不擇日出不問時今欲為某事處吉天地神祇丁甲大神謹按天文拜請六丁玉女真君畫地局出天門入地戶閉金關乘玉輅青龍白虎朱雀玄武勾陳螣蛇六合六甲神十二符士神靈乘我而行到某所居巡防隨行隨止隨卧隨起辟除盜賊鬼魅消亡君子見我喜樂非常小人見我驚躍皇皇男女見我供侍酒漿百惡鬼賊見我者亡今日禹步上應

天罡玉女侍旁下避不祥萬精厭伏所向無殃所罹病疾所伏者達所擊者破所求者得所顧者成帝王大臣二千石長吏見我者愛我如子今日請召玉女真君隨我者進急急如

九天玄女道母元君律令　呪畢畫局排東西南北玉女十二支八千四維于日在庚周而復始凡入陣掩捕出入遠行見貴上官赴任即出天門入地戶乘玉女而去人皆不見凡布局左手執籌右手執刀自

鬼門起左畫一圖布四方八干十二神位先取丑上一籌掩閉天門次取申上一籌横閉地户十二日圖如子日庚玉女酉華蓋子青龍乙地户丙天門餘日依之布圖局也

九星八卦之圖局

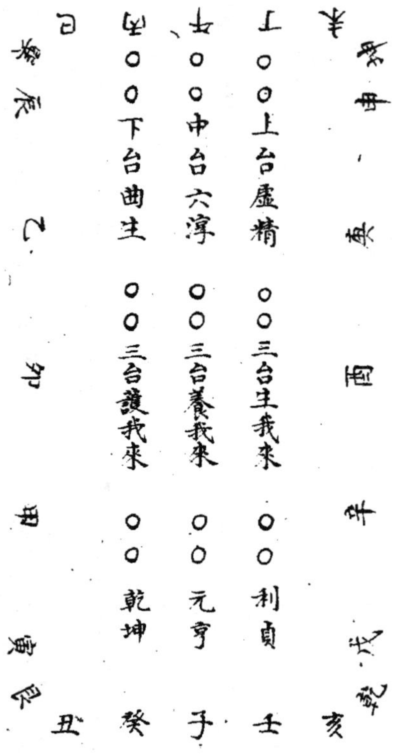

呪曰吾左魁右魁右魁左魁下魁上魁吾藏身三五之中魋䰢之内[illegible][illegible]之裏顛倒三五低昂步罡魁為我生形吾戴日戴月足履北斗三台七星履我五星照我二十八宿羅列衛我璿璣玉衡衛我身形依斗履斗與斗同儀令步罡三五合成步璿珥衡超祥紫微三五勝毃乘罡御斗秉正天威萬世常在日月同曜邪道五害皆伏魁罡之下無動無作急急如律令

天門地户玉女反閉立成第十三

子 天門丙地户乙玉女庚　丑 天門丙地户乙玉女辛

寅 天門丙地户乙玉女乾　卯 天門丙地户乙玉女壬

辰 天門丙地户乙玉女癸　巳 天門丙地户乙玉女艮

午 天門壬地户辛玉女甲　未 天門壬地户辛玉女乙

申 天門壬地户甲玉女巽　酉 天門甲地户癸玉女丁

戌 天門甲地户癸玉女丁　亥 天門甲地户丙玉女坤

經曰若不布局喝籌請神則無驗矣

真人閉六戊法第十四

畫局訖便從心下排東西南北一十二神四維八干

位

如甲日便從甲地入局乙日從乙地入局丙日從丙地入局丁從丁入庚從庚入辛從辛入壬從壬入癸從癸入惟戊日從乾地入局己日從艮地入局內　一說戊日從乾入局己日從巽入局內手執六籌禱祝四方

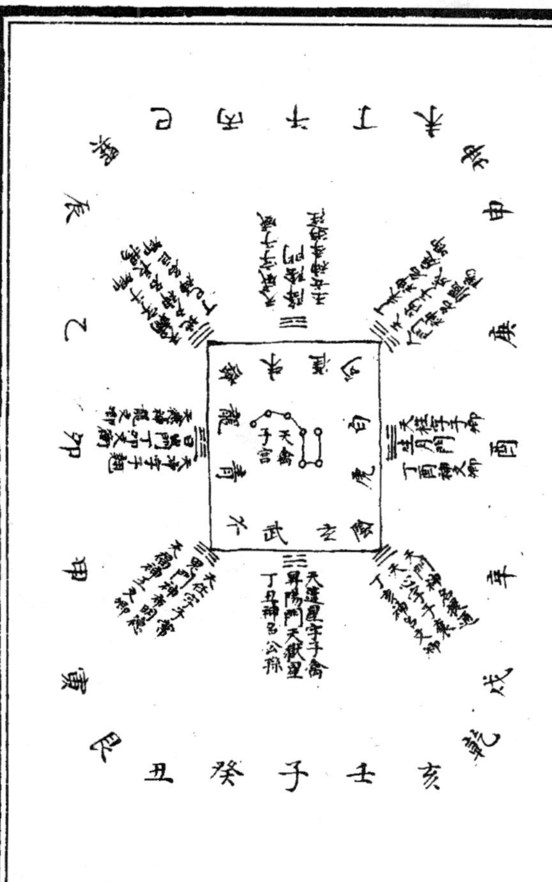

謹請　東方功曹太冲天罡青帝大神甲乙大神降于局所侍衛我身云云

謹請　南方太乙勝光小吉赤帝大神丙丁大神降云云

謹請　西方侍送從魁河魁白帝大神庚辛大神降云云

謹請　北方登明神后大吉黑帝大神壬癸大神降云云

右請訖便從所求日辰上安置籌法

如子上第一籌丑上二籌寅三籌卯四籌辰五籌巳六籌訖但有兩支挟一干先成為天門後為地戶四仲日地戶不成取初第籌一籌安辰所冲部從上命起自然成門

術曰　鼠行失穴入狗市移子上一籌安戌上大呼青龍下牛入兔園食百艸移丑上二籌安卯上大呼朱雀下猛虎眈眈來上巳移寅上三籌安巳上大呼勾陳下兔入牛欄伏不起移卯上四籌安丑上大呼白虎下龍

入馬廄囙留止移辰上五籌安午上大呼玄武下騰蛇宛轉來申裏移巳上六籌安申上大呼六合下若午日即從午上命第一籌即馬入龍泉飲甘水移午上籌安辰上羊腸易位入酉裏移未籌安酉上猿猴踴躍奔北承移申安亥雞飛撲落羊欄裏移酉安未狗入鼠穴捕于子移戌安子猪入虎穴自求死移亥安寅喝籌訖先成者為天門后成者為地户四仲地户不成者將初籌第一籌安於冲辰命之乃成

呪曰　乾尊曜靈坤順内瑩二儀交泰要合利亨配

天享地永寧肅清感應玄黄上衣下裳震離坎巽翊賛扶將乾坤艮兑虎步龍翔令日行籌玉女侍旁有急相佑當　扶匡追我者死捕我者亡牽牛織女化成河江急急如律令

玉女左行八干四維子日從庚起周而復始乘玉女去時有呪當呼玉女所居庚上便呼庚上玉女速來護我勿令百鬼傷我敵人莫見我見我者以為束薪獨開我門而避地户每移一步持呪一句

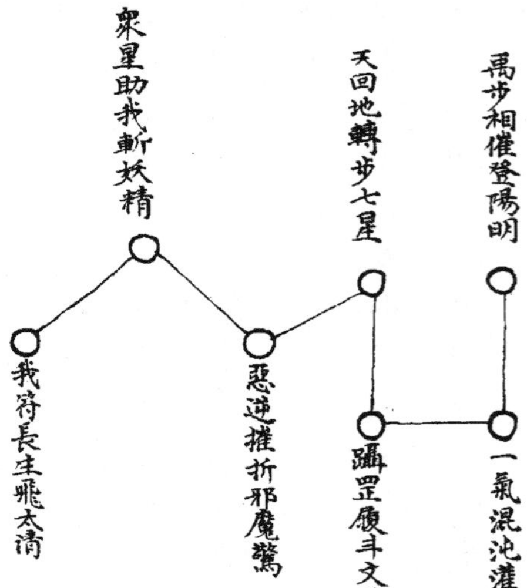

急急如律令　右禹步罡呪曰　六甲九章天員地方四時五行青白赤黄天乙為帥日月為光禹前治道蚩尤治兵青龍扶輦白虎扶衡熒惑在前辟除不祥北斗誅伐除去凶殃五神道我周遊八方當我者滅嫉我者亡左右社稷冠盗伏匿行者得喜留者有福萬神護我永除盜賊急急如律令

凡欲為急事遠行見貴上官赴任者出地户入天門乘玉女而行呪曰　天門天門令日惟良玉女侍我

大夫遊旁行來四出不逢禍殃君子一見喜樂倍常所求如意萬事如意萬事吉昌急急如律令

凡入陣掩捕事出天門入地户而行呪曰　諾諾嗶嗶行無擇日遊無擇期隨斗所指與神俱出天地反復中心所欲皆得心意使汝迷惑以東為西以南為北知我者亡避汝不得以籌閉門而去乘玉女呪曰一心虔誠三呼玉女　玉女玉女玉女天神至矣護我保我侍我行到某鄉里杳杳冥冥莫觀其形人莫闚

其啟鬼莫視其精愛我者福惡我者殃百邪鬼賊當我者滅阻我者亡千萬人中見我見者喜急急如律令次以刀畫地攝禁諸惡呪先叩齒七遍應北斗天罡氣以右手持刀畫地

呪曰　律令律令四縱五橫萬鬼潛形五去千里者回萬里者歸呵我者死叱吾者亡惡我者自受其殃

急急如律令

又呪曰　律令律令四縱五橫猛火烈兵遊行天下擒捉邪精所有一切天魔外道并向吾天罡勅下滅急急如律令

右前呪畢更步三台星自上台虛精星為初步次中台六淳下台曲生一步一呪三台主我來三台養我來三台護我來

經云凡欲止宿安營除病去害當用真人閉六戊法

百惡莫敢近神驗祕之　為術之法先置其營落訖在旬中之戊上

如甲子旬戊在辰上以刀從鬼門起左行畫地一周次取中央土分置六戊之上六處各置一斗土置訖於取土之處入中央呪曰太山之陽常山之陰盜賊不起虎狼不行城郭不完閉以金關千凶萬惡莫之敢干乃在營中宿不復出也欲驗此法者先置營落訖置六戊土取有犢牸牛繫其母于營犢不敢入欲

令入舉一戊土擲即從空處入甲子旬戊在辰甲戌旬戊在寅餘倣此

遁甲門戶神名第十五

甲子旬門名徐儀戶名公孫齊解衣而去

甲戌旬門名天可戶名徐何仰天大呼而去

甲申旬門名司馬光戶名石戰解冠而去

甲午旬門名石衆戶名于可解衣振迅而去

甲辰旬門名公孫錯戶名司馬勝解髮更結而去

甲寅旬門名公孫光戶名司馬强解帶而去

大將往止之方必法度也以六為法大將列士卒左旋入太陰中門神名呪曰某甲有急請神佐我佑我匿我藏我勿使敵人傷我覆我蓋我五兵摧折勿令至我當我者死視我者亡使敵人冥冥嘿嘿視我者迷惑我者亂其魂魄使敵人不敢起呪曰訖令士卒左旋直去勿反顧藏于六癸者　如甲子旬中六癸在酉餘倣此

行千里法第十六

行千里呪　六甲九章天圓地方四時五行日月為光禹步治道蚩尤避兵蒼龍扶輦白虎扶衡熒惑前引辟除不祥北斗誅伐去除凶殃五神從我周遊四方當我者死嫉我者亡左社右稷冦賊伏匿行者有喜留者有福五神護佑所求者得急急如律令

出三奇吉門第十七

經曰出六乙奇門禹步之呪曰　白虎除道路當前

虞吾慎勿慢仁德之士便來助急急如　九天玄女道母元君律令　出六丙門禹步之呪曰　天罡揚威武當從青龍伏白虎行誅天賊及天驕敢有不從伏天斧　出六丁門禹步之呪曰　六丁玉女名神母呼而閻之道所在當從斗表入斗裏清冷之淵名神艸所以自障勿驚駭　凡出入三奇門事速亦可直去志心信之其神立驗慎勿反顧

直人步斗法第十八

步斗經曰天步可以通神當夜半居星下畫地作九斗星間相去三尺天蓬從天罡起隨作次第之人居魁前送步之立正天英而歌斗呪謂前至天英便先左足并呼星名以次依經步之左右更遍歷之如此法為之百日與神通祕之勿泄匪人盜視者無驗乃謂曰斗要妙兮十二神承光明兮威武陳氣彷彿兮如浮雲變動兮上應天知變化兮有吉凶入斗宿兮過天關合律呂兮治甲榮履天英兮度天任清冷淵可陞沉支天柱兮擁天心從此度兮登天禽倚天輔兮望天衝入天芮兮出天蓬斗道通兮剛柔濟天福祿兮流後世出幽冥兮千萬歲急急如律令

九星式

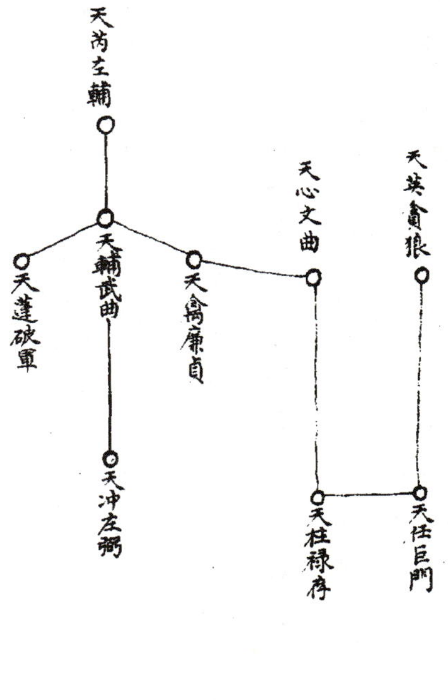

六甲陰符第十九

經曰上將對敵須作六甲陰符令敵人自誅故曰寧與人千金不與人六甲之陰天地之間此道最禁藏之金匱貫之于心不傳非人慎勿輕泄盜視者盲盜諸瘖須齋戒沐浴觸犯則無驗矣

六甲之陰者

甲子旬陰在丁卯其神兔首人身　甲戌旬陰在丁丑其人牛首人身　甲申旬陰在丁亥其神猪首人

身　甲午旬陰在丁酉其神雞首人身　甲辰旬陰
在丁未其神羊首人身　甲寅旬陰在丁巳其神蛇
首人身
作符法以月蝕時伐壯荆或梧桐陰上枝亦可用栢
心長九寸横二寸厚二分以雌黄氣畫之神像并神
名着椽下
丁卯神名孔林字獉音若人吹茄可使致人物
丁丑神名梁丘字叔音若犬俱嗥可使遠行人歸

丁亥神名陵戌字陸音若壞城聲可使致大水平城
成山林
丁酉神名費揚字多音若羣鳥直鳴可使致為大呼
嚾萬人恐
丁未神名王奇字奇音若羣獸入城可使飲食
丁巳神名許咸字池音若魚躍于泉可使致水虫有
甲之類
凡畫符以錦囊盛之大將自隨身遇兵便出當旬之

符持于囊外以指敵人敵自敗不敢反兵也　凡取
木時必齋戒以酒一升鹿脯二朐盞一杯維祭之日
以白茅為藉向地再拜祝曰　壯荆之先百鬼之神
曾孫某甲敬與俱逊六甲之陰百鬼之神與子變化
某身以予所指莫敢不服謹奉清酌美脯願如饗之
呪畢再拜凡三呪畢乃伐木取時勿令樹旁有穢物
汚之又女狗見之　凡受持之法齋戒五日沐蘭湯
食香潔淨飲勿食五辛之物乃可畫符竟六甲之日

直手醮於方壇之上為壇方一丈二尺外埒方十二
丈開十二辰門以竹為纂長三丈一云九天隨地色
列上埒六陰之符壇上依位色以色繒絲三尺五寸
為藉各置酒三杯鹿脯三斤盞一杯向坐長拜跪呼
其四方所向之六甲陰神名及門户神名者如甲子
日陰在丁卯者正東再拜而呼其神而祝之以錦為
囊盛陰符常隨身則百鬼萬兵不能侵以陰符指敵
自滅若卒無壇者俱於庭中野外畫壇為之倣此

假陰符令敵兵不起第二十

三元經曰假陰符可令敵人不起為術之法甲乙日平旦南向丙丁日食時西向戊己日日中北向庚辛日日晡東向壬癸日日入南向以上各日依所向取方寸桃枝書其姓名著左履下求者必得呪曰　惡某不善大逆罵天罵地罵日月代社稷使君不得血食君但持之吾自與君擊之陰陽之神共來誅之先於地畫敵人像從月建上來呼其人姓名隨六甲之神所在滅之則敵仇怨自消已矣

甲子旬神在頭　甲戌旬神在左足

甲申旬神在右足　甲午旬神在體腹

甲辰旬神在左手　甲寅旬神在右手

凡軍行遇惡風旂杆倒折者取四窮上土作泥人長三尺持桃弓葦矢執刀披髮三叩齒囑曰　天有四局以守四境吾有四局以守四隅以城為山以池為河魅賊不過來者不得進出者不得逸去者不得還

急急如律令　呪畢棄之而去逆風之道則災殃消除也

正閏接氣歌

甲己居仲上元逢孟為中元季下宗五日一元周二遁十時一甲用皆同陰陽二遁原洪造速氣未來符先到遲時交節奇未來超神接氣通玄奧四仲未來節先來節符仍將本局裁雖然新節已交氣奈何仲日未胚胎四仲先來節後至超用未來之節氣有時超越過旬餘所以積餘成閏位二至之前有閏奇此時累積疊成之陽極陰終無後節因此立閏畢其餘

奇門九遁歌

奇門九遁少人知祕在仙經真奧微丙合生門居丁上便為天遁日光輝日合開門臨六己地遁日精能蔽之丁共休門合太陰人遁星精時照臨丙合生門值九天神靈所蔽有威權丁合休門臨九地伏兵鬼遁能潛避乙合休門臨坎水即是蛇龍得雲雨辛儀

合生逢艮山猛虎神威浄八蠻虎狂位遇丁景制叱
吒生風上将壇龍遁亦借丁和景一躍雷門振羽翰

御定奇門大全卷二十七終

御定奇門大全卷之二十八

奇門古本

八卦源流部

奇門一曰遁甲一曰黄帝萬一無言訣一曰黄帝太一八門逆順生死訣名雖不同理則一也其義出於八卦因八卦而生八門九星加以干支貴神十二月将建神及二十八宿合禄月厭刑害等煞而總以八卦為第一義

一宫乃坤老陰之位陰氣至此而極陽氣至此而生卦起於子為一陽來復之地天一生水之宫其卦為坎其事為陷占事如在半途合洛書之一數故曰坎一

二宫乃巽陰氣自下而生陽極而陰漸長也卦起於申為萬物致養之時炎涼相接之會其象至柔其卦為坤占人凡事宜順取河圖之一數加一倍而而補西南合洛書之二數故曰坤二

三宮乃離二陽而間一陰陰陽乃相半也卦起于卯為天地鼓動之時萬物發萌之會雷隐其中其卦為震占人有謀動之功天三居東合洛書之三數故曰震三

四宮乃兑陽氣盛長於内陰氣退消於外卦起于巳萬物濟齊已立者生榮未萌者不長其象為入其卦為巽占事先達後塞拆河圖之天七除四十五而補東南合洛書之四數故曰巽四

五宮位中寄生西南陰寄東北為陰陽休息之地天地歸宿之方占事不能伸理故曰中五

六宮乃艮陰氣盛長于内陽氣漸退于外陰多而陽少也卦起于亥為天氣凛冽之時萬物陽息之會其象為戢其卦為乾占人凡事當慎取河圖北方之成數而補西北合洛書之六數故曰乾六

七宮乃坎二陰而間一陽陰陽相半卦起于酉為月入之門萬物至此而銳賞罰至此而斷其象為澤其卦為兑占事口舌官訟陰謀外泄合洛書兑七之數故曰兑七

八宮乃震陽氣自下而生陰極而陽長也卦起于寅地氣至此而盡人事至此而興為萬物成始成終之會其象為止其卦為艮占人進退不離其居以河圖東方之成數而補東北用四倍八合洛書之八數故曰艮八

九宮乃乾老陽之位陽氣至此而極陰氣至此而生

卦起于午為地二生火之宮萬物相見之時其卦為離其義為麗占事有不正之義取天一地二之數三三而得九合洛書之九數故曰離九

始制奇門八卦圖

先天卦

冬至坤卦　立春震卦

春分離卦　立夏兌卦

夏至乾卦　立秋巽卦

秋分坎卦　立冬艮卦

奇門總歌

陰陽逆順妙難窮二至還歸一九宮若能了達陰陽理天地都來一掌中三才變化作三元八卦分為八遁門星符每逐時干轉直使常隨天乙奔

星符九星也直使八門也天乙直符也時干甲乙丙丁等也天乙本甲所主之直符順即由一至九逆則由九至一也遁甲之法以所用星符時干以所用直使隨天乙而奔也

六儀六甲本同名三奇即是乙丙丁

六儀者甲子戊甲戌己甲申庚甲午辛甲辰壬甲寅癸也同名者甲子常隨六戊甲戌常隨六己也餘倣此

三奇倘合開休生便是吉門利出行萬事從之無不利能知玄妙得其靈

如天上丙臨地下乙丁或天上丁臨地下乙丙又與三門合者上吉

直符前三六合位前二太陰君須記直符後一名九天後二宮神名九地

如陽遁一宮甲子加直符使以一宮天乙三宮太陰四六合六九天七九地陽順陰逆

地為伏匿天揚兵六合太陰可藏避急從神兮緩從門三五反復天道利

趋三吉門避五凶門

已上若得三奇妙不如更得三奇使

乙奇使甲午甲戌丙奇使甲子甲申丁奇使甲寅甲辰也

得來猶來未為精五不遇時損其明損明須知時尅日吟格相加猶不吉

五不遇時乃剛柔相尅損其光明矣吟即反伏二吟為上下相尅庚為干格六甲相加猶為不吉

掩捕逃亡須格時占稽行人信宜失

如掩捕逃亡陽時得陰不得占行人陽時來陰不來又主信失如遇庚加時即有阻不來信失也

斗中三奇遊六儀天乙會合主陰私

天上丙丁臨地下六甲之儀如甲子有丁卯甲戌有己卯甲申有戊子甲午有丁酉甲辰有丙午甲寅有乙卯玉女守門利陰私事

討捕須明時下尅行人信息遇三奇三奇上見遊六儀六儀更見五陽時兼向八門尋吉位萬事開三萬事宜

如六儀與三奇合太陰又遇太冲小吉從魁又加地四户是為福集宜遠行出入移徙四户者除危定開如正月卯午子酉之例是也

五陽在前五陰後主客須知有盛衰

自甲至戊五陽時利為客宜先起自己至癸五陰時利為主宜後動陽當客盛主衰陰則主盛客衰更將旺相休囚參考萬不失一如冬至休旺生相胎傷杜沒景死丁囚驚休開廢

陰後五子還須記六儀加着更無利六儀怨怒加三宮卽太冲也更為刑擊先須忌六儀擊刑三奇墓此時舉動萬事誤

子刑卯丑刑戌寅刑巳卯刑子巳刑申午刑午未刑丑申刑寅酉刑酉戌刑未亥刑亥主謀事不成

三奇入墓如乙奇坤丙丁奇乾主謀不利

太白入熒賊卽來火入金鄉賊卽去丙為勃兮庚為格格則不通勃亂逆

天上丙臨地下庚主賊退天上庚臨地下丙主賊來遇丙臨時干謂勃庚加時干為格不可妄動亂逆不通也

庚加日干為伏干日干加庚飛干格庚加直符天乙伏直符加庚天乙飛

庚加歲為歲格加月月格加日日格加時時格庚加直符為伏宮格直符加庚為飛宮格皆凶

加己為刑道上格加癸路中大格宜加壬之時為小格更嫌歲月日時移當此之時皆不吉舉動行師亦不宜

庚加己為刑格主隱禍不祥之事行師凶舉動主刑獄困厄庚加癸為大格出軍車破馬傷求望不得托人不得信雖得奇門不可用也凡庚格皆凶

丙加甲兮鳥跌穴甲加丙兮龍反首

更逢開休生三門大吉

辛加乙兮虎猖狂乙加辛兮龍逃走丁加癸兮雀入

江癸加丁兮蛇跌蹻

四者主百事凶

符加丙丁為相佐使加六丁為守戶主丙合戊為天遁地遁乙合開加巳休承丁合太陰人天網四張時加癸蓬加英兮為反吟伏吟之時蓬加蓬吉宿見之事更吉凶宿逢之事愈凶天輔冲任禽心吉天蓬天英芮柱凶

凡時下得輔禽心大吉冲小吉蓬芮大凶柱英小

凶

陰宿禽心柱英芮陽宿冲輔反蓬任

陽星加一宮為開陰星加一宮為合凡開皆合凶

音信行人盜賊開來合否

天網四張無走路陰陽逆順妙無窮

天網者六癸也經云天網四張萬物盡傷六癸時不可舉動惟宜逃亡從天上六癸而出人不見也然網有高低臨三四五宮低可出臨六七八九宮

高難出多遭刑厄

節氣推移時候應二至還歸一九宮三元起遁遊六甲八卦周流遍九宮

符中起接以應候上中下元遁流于六甲上八卦九宮應一歲之八節周流于一白二黑三碧四綠五黃六白七赤八白九紫終而復始

若能了達陰陽理天地消洋一掌中

烟波釣叟賦

軒轅黃帝戰蚩尤逐鹿經年苦未休偶夢天神授符訣登壇致祭虔精修神龍負圖出洛水彩鳳啣書碧雲裡因令風后演成文遁甲奇門從此始一千八十當時制太公刪成七十二逮及漢代張子房一十八局為精義天師出此名風雷誅邪斬妖從此始先從掌上起九宮縱橫十五在其中次將八卦分八節一節統三為正宗陰陽二遁分順逆一氣三元人莫測五日都來換一元接氣超神為準的認取九宮分九

星八門又逐九星行九星常為直符用八門直使自分明符上之門為直使十時一易堪凭據直符到處加時干直使常加時到處六甲元號六儀名三奇即是乙丙丁陽遁順儀奇逆布陰遁逆儀奇順行吉門仍又合三奇大舉須云百事宜其間倘或多凶吉一偏未足究精微三奇得使誠可使六甲遇之非小補乙歸犬馬丙鼠猴六丁玉女騎龍虎又有三奇遊六儀號為玉女守門扉若作陰私和合事請君但向此

中推天三門兮地四户問君此法歸何處冲卯小未從魁酉此是天門私出路地户除危定與開舉事皆須從此去六合六陰太常君三神元是地私門更得奇門相照應出門舉事總欣欣太冲天馬真為貴卒然有難宜逆避但能乘取天馬行劍戟如山不足畏三為生氣五為死盛在三兮衰在五能識趍三知避五便知巍然常獨處就中伏吟為最凶天上蓬加地下蓬天蓬若在天英上須知即是反吟宮八門反復

皆如此休在休門死在死假饒吉宿得奇門萬事皆凶不可使六儀擊刑為大凶甲子直符愁向東戌刑在未申刑虎虎蛇辰日午刑宮三奇入墓好詳推乙日那堪見未時丙丁為火火墓戌此時諸事不須為更嫌六乙來臨二丙丁臨六亦如之又有時干入墓中課中時下忌相逢乙未壬辰兼丙戌辛丑都來晝是凶五不遇時龍不精號為日月損光明時干來克日干上甲日須知時忌庚乙忌辛兮丙忌壬丁忌癸

兮戊忌申奇與門兮共太陰三般難得總來臨若教得二皆為吉舉錯行藏得遂心天乙之神所在宮大將宜居擊對冲假若直符歸離九天英坐取擊天蓬甲乙丙丁戊陽時神居天上要君知坐擊須憑天上奇陰時地下亦同之若見三奇在五陽便宜為客自高强忽然遇着五陰上利宜為主妙裁詳直符前三六合位太陰之神在前二後一宫兮為九天後二宫神名九地九天之上可陳兵九地伏藏誠可憑伏兵

但向太陰位惟有六合可逃形天地人分三遁尋天遁日精華蓋臨地遁月精紫微蔽人遁當知是太陰生門六丙合六戊此為天遁自分明開門六乙合六己地遁如斯而已矣休門六丁合太陰欲識人遁莫過此要知三遁何所宜形藏影隐斯為美庚為太白丙熒惑庚丙相加誰會得六庚加丙白入熒六丙加庚熒入白白入熒兮賊即來熒入白兮賊欲隅丙為勃兮庚為格格則不通勃亂逆庚加六甲名伏干甲

加六庚飛干格庚加直符天乙伏直符加庚天乙飛加一宮兮戰在野同一宮兮戰在國庚加癸兮為大格加巳為刑大不宜加壬之時為小格格嫌歲月日時移更有一般奇格者六庚慎勿加三奇此局若還行師去匹馬隻輪無反期六癸加丁蛇夭矯六丁加癸雀入江六辛加乙虎猖狂六乙加辛龍逃走請觀四格是凶神舉事遇之宜束手丙加甲子鳥跌穴甲加丙子龍反首只此二者是吉神為事如意十八九

八門若遇休開生諸事遇之總稱情傷宜捕獵終須獲杜好逃遷更隱形景上投書與破陣死惟遊獵塋埋宜試問驚門何所益捕捉公門較是非蓬輔沖任禽陽星英芮柱心陰宿並輔禽心星為大吉沖任小吉未全亨大凶蓬芮不堪遇小凶英柱在中停大凶無氣變為小小凶有氣亦叮嚀吉宿更能逢旺相萬舉萬全功必成管甚宮并定命推山壓有海玄微不論凶星并惡曜獨火空亡更化移作著流財財便發

官符太歲也歸依若遇休囚并死沒勸君不用進前程又要九星配五行各隨八卦考星名坎蓬屬水英屬火任芮坤艮土中宮乾兌為金震巽木旺相休囚看重輕與我同行即為旺我生之月號為相廢是父母死是財囚是鬼真刑是胎假令坎水在天蓬旺在初冬與仲冬相居正二死四五其餘準此可相通

遁甲神機賦

兩儀主使三才攸分步呪攝乎鬼神存局通乎妙音

前修刪簡靈文裁整諸經要理原夫甲加丙兮龍反首丙加甲兮鳥跌穴回首則悅懌易遂跌穴則顯灼易成身殘毀兮乙遇辛而龍逃走財虛耗兮辛遇乙而虎猖狂癸見丁兮螣蛇夭矯丁見癸兮朱雀投江生丙臨戊天遁用兵開乙臨巳地遁安攻休丁遇太陰人遁安營伏干格庚臨日干飛干格日干臨庚庚臨直符伏干格之名直符臨庚飛宮格之謂大格庚臨六癸刑格庚臨六巳披格所向既凶百事營為不

喜時干尅日干乃五不遇而吏生丙奇臨時干名為勃逆而後起三奇得使衆善皆臻六儀擊刑百凶俱集太白入熒賊即來火入金鄉賊即去地羅遮網不占前天網四張無走路直符宮同天乙位而取逢急難從直符方而行二至順逆妙理玄微陽符左為前數陰符右為前尋陽至從冬至十二氣直符前一為九天后二為九地前三為六合二為太陰陰至從夏至十二氣直符前一為九天前二為九地前五為六

合七為太陰太陰潛形而隱遁六合遁身而謀九天之上揚威武九地之下匿兵馬天地倫兮難量神機妙兮莫測學者歆臨事有謀存心斯賦無惑　是書謂之造宅三白之治出自都天撼經八十一論太乙紫微九總八卦者天地之骨髓星斗之福機

八門直事部

坎為一氣始生之地玄都之宮壬癸旺位氷堅而成冬木資之以生火逢之以滅土遇之以潤金用之以寒為正北一白布休門主之陽氣升布萬物滋生修造吉治兵行軍謀望得遂遠行謁貴皆為亨通

陽日出此門得逢陽貴陰日出此門得逢陰貴紫碧之依旺則見富貴人休囚得見貧人不然或見交爭若到離宮上尅其下為之廹大凶

坤受六陰之氣配厚載之德立秋漸凉萬物將殞金遇之則生水遇之則澄木遇之則藏火遇之無光地氣下降為西南二黑有死門主之

陰氣太盛只宜戮滅行刑埋塟吊哭若欲遠行在外主疾病作吉事不得亨通出其門再逢其星定遇患人或鬧哭哉行到坎宮因財起爭鬪上尅其下為之宮廹大凶　如閏四月二十九日癸亥日丙辰時在芒種下元甲寅為符頭得天禽為直符死門為直使其時死門到七宮正西天禽亦交七宮皆坤之神余自城南向西方而走至半路果見殯塟者是應候也凡遺官訟者大忌出此門

震為蘭台之官雷霆發洩之處春和大布陽氣正通甲乙正位盛茂森森金遇之則傷水遇之則潤火遇之則焙焚土遇之則培為東方三碧有傷門主之

宜出師報仇追殺遂心捕討叛亡中道就擒若行吉事定生灾迍或為漁獵大獲禽獸出此門者逢火光或伐木之人吉則如是凶逢賊盜行至坤艮宮迫則凶　如崇禎辛巳年四月十八日有大寇數萬侵掠萊蕪縣在吐子口安營彼時有萊蕪縣衆鄉紳舉義兵拒之不勝值使卒人問我出兵之策欻出值供當日癸亥之日亥時在立夏下元陽七局是甲寅符頭至亥時得冲傷為星使宜出東方果從所言直至營外大破之斬渠魁于帳内得首級千元大獲勝陣由是餘黨悉平此星門之妙也其驗如此不拘伏吟之説也據此一端便知九星之靈各有所宜

巽四為熏風春夏交接之時六陽數絶陰氣將泄金遇之則伐水遇之則墓火遇之則炎土遇之則庫木遇之則林萬物鼓舞為東南四碧有杜門主之

杜者塞也不宜行誅戮追迯亡主路逢凶人也如行隱迯默跡之事便默有神助若强為吉事便如入昏霧之中不為吉也出此門者定逢男女並在道途或患手足遇至坤艮百無一遂

中曰黄庭為戊巳之位五星齊耀載接八方承續四季不正之氣亦死門主之

乾德天衆之體陰氣受盡百靈成就閉塞之時也木遇之則殘水遇之則清火遇之則塞金遇之則剛為西北六白有開門主之

宜遠行討征博戲得盈凡所謀為無不利有酒食交迎出此門者路逢茶酒或見貴人過至震巽主有口舌之事也

兑西澤梁為庚辛之休嚴金一布萬木焦黄金遇之則光木遇之則死水遇之則涸火遇之則亡土遇之

則培為正西赤七驚門主之
宜啟閉攻敵彼敗我勝為吉事則危為凶事則貞
强行在路必為人所擒出此門者定逢脚患眇目
之人或聞恐怖交爭相侵行至震巽禍患立至天
行殺氣凶之更甚
艮土山上陰陽回運主成之功天道大通金遇之則
朗木遇之則萌水遇之則止火遇之則温土遇之則
精為東北八白有生門主之

凡謀得就謁貴得親不宜行侵伐主反受天刑此
門下取水澆灌死樹或以復生出此門者得逢巧
藝或皂衣獨行或是車馬紫黄衣人行至坎吉為
之迫害必有文書官刑之事
離居丙火丙丁之精純陰交結火炎氣升金遇之則
鎔木遇之則化火遇之則興土遇之則燥水遇之則
死為正南九紫有景門主之
宜選兵獻策突陣破圍遠行亦主中道亡失出此

門者逢人赤鬚鳥噪追呼或有酒食過至乾兑必
有乖異之事　假如丁亥年二月初九日庚辰日
卯時予在淄州回肥城縣彼時在陽一局即得天
禽直符死門直使加七宫景門到坤西南方一路
嘱家僕恐有失脱因遠行得景門也及將至泰安
州界遂亡失資一個一路再無阻碍是景門之驗
也亦不特方位但得九數亦景門之精亡遺之説
極靈如順治五年二月三十日春分上元陽九局

乙未日己卯時天輔為直符杜門為直使到九宫
得景門之靈有友提泰安軍寨村上肥城縣東至
魚池庄東失塩魚一個此亦景門之驗也九宫八
門吉凶殊途變化不窮逢合則吉遇尅則凶悔吝
運轉隨時而知

御定奇門大全卷二十八終

御定奇門大全卷之二十九

奇門古本

論三元甲子

上元甲子陰一局中元甲子陰七局下元甲子陰四局

一年一符使共六十年為六甲符頭上古浩繁删而不載惟自元　定元年甲子為上元明洪武十七年甲子為中元正統九年甲子為下元又弘

治十八年甲子為上元嘉靖四十三年甲子為中元天啟四年甲子為下元陰四局天輔為直符杜門為直使至甲戌年天冲為直符傷門為直使至甲申年天芮為直符死門為直使推至順治五年戊子死門在兑七宮天芮加四宮此年奇輪子也月奇者五年共六十個月一月一符使六十個月足為法局也其年月門凶再有凶星併臨其分灾咎立見若得吉門吉星人安物阜萬無一失又有

日奇之法分陰陽二遁每遁三局冬至小寒大寒立春節氣各十五日共六十日為六甲符頭自甲巳之日起俱作陽遁一局坎宮起甲子順布六儀逆布三奇雨水驚蟄春分清明四節氣作陽遁七局兑宮起甲子穀雨立夏小滿芒種四節氣作陽四局巽宮起甲子夏至小暑大暑立秋四節氣作陰九局離宮起甲子逆布六儀順布三奇處暑白露秋分寒露作陰三局用霜降立冬小雪大雪作

陰六局用也

九宮所主部

九宮八門之靈為遁甲之根本而運用處九星為主持因名九星直符主張元氣變化不窮性各有常

坎宮休門為直使即天蓬為直符也又名曰子禽性主水火賊盜若占賊當用此星占行人久出者即歸矣利于安遷築城屯营建寨安坟立塚春夏用之吉若出軍遠伐秋冬則不利此日之時必有黑

雲至軍前以助兵威赤雲主勝青雲不勝白雲黃雲俱不勝得日奇吉得月奇如常惟星奇方為大吉利若起造移徙定防兵火之患婚防公姑娶之傷產商賈遠方必遇仇人侵害

坤宮死門為直使即天芮為直符也名曰予成火土之性宜結交受道得良朋益友行戰伐之事人馬無功秋冬宜起造嫁娶遷移拾官訟咸有盜侵占行人必歸必逢陰雨經商失財散侶此日之時生

墨雲吉白雲不利赤雲有賊青雲不吉月奇乘之可以脫厄星奇乘之亦可解攻挫武也

震宮傷門為直使天沖為直符也名曰予翹又為雷祖能出軍雪仇破圍攻敵威鎮八方嫁娶不吉主傷財妨害一年之內見凶移徙商賈一槩不吉春夏不吉若是修造三年內必有凶事上官利武職此日有猛風激雷出兵可以取勝得日奇大妙月奇事武亨通星奇亦妙

巽宮杜門為直使天輔為直符也名曰予卿守道安身設教修禮揚兵興師萬里有名春夏婚姻移徙大吉秋冬百事不利此日時用兵青赤雲勝黑雲則敗白雲亦不吉三奇遇之凡謀皆利

五中宮位居中央戊己之正位借用死門為奇坤之義陽遁當然又陰遁當寄艮借用生門為直使天任為直符也得此者門雖不正未為全吉星得天禽宜書符作法名曰予公祭祀神奇戰征大勝商

賈埋葬移徙皆吉文官上任福祿長久秋冬大吉春夏小凶此日晴明用兵敵畏威名三奇得使百謀有成

乾宮開門為直使天心為直符也名曰予襄宜書符合藥春夏不利行軍秋冬大吉只宜移徙嫁娶不可修造商賈宜隱遁歸山修道此日時晴明大勝若得三奇無不稱意

兑宮驚門為直使天柱為直符也名曰予申只宜固

守不宜遠征移從商賈嫁娶皆不吉只可隱跡或家為陰謀此日之時如有青雲出軍自亂有赤黑二雲有奸細至黄雲有驚得日奇隱匿無蹤月奇大凶星奇亦吉

艮宫生門為直使天任為直符也名曰子韋出此門行兵大勝嫁娶生子大貴上官謁貴全吉惟修築不利商賈遠行春夏大吉此日之時如有微雲八方皆吉出兵用謀敵人畏服三奇來臨有大福禄

離宫景門為直使天英為直符也名曰子房宜遠行獻書不宜商賈主失財修造主失火上官有灾只宜嫁娶必定興隆此日之時如有赤雲亦不足用得日奇此日有雷轂應之月星二奇不可為吉若值休囚廢没出門當呼從神無不獲吉已上九星凡出門者即當呼其名如出天蓬即三呼子公也

十干所主部

九星八門皆為要緊三奇者流行八門之上為遁甲之正路殊不知甲為直符之頭腦作九星之根源而戊己庚辛壬癸六干為三奇之妙用如

甲為青龍吉神又為天福無論陰陽二遁凡事遇之皆吉遠行謁貴求官商賈亦吉攻戰則利於客不可嫁娶移從得陽星大吉陰星不利不忌伏吟此時聞事並主虚妄不實

乙為日奇又為天德甲之妹也宜移從上官交易不可行威時逢此干聞憂不憂聞喜不喜

丙為月奇又為天威為甲之子又名為勃有熒惑之衆吉星臨之不受制不入墓可用若不得用未為全吉此時聞憂定虚聞喜必暢

丁為星奇又名玉女為甲之女三奇中之最靈者上官入市大利出入逃亡人不見形隱匿絶跡鬼神不知只不可舉兵此時聞憂事必虚聞喜事是實

戊為天門又為天武不可上官商賈只可遠行舉兵萬里無阻此時聞信吉則寔凶則虚也此法極驗

順治五年閏四月十四日是戊申日午時正是六
戊時也余從肥城縣往泰安州走至魚地南庄吃
飯有來人說濟河庄有賊扎營離此三十里遠四
外刦掠彼處人皆驚散止我莫往前行吾用此戊
字推算知其虛後果無事竟至州
已為地户上官定有調遷嫁娶半吉宜陰私密謀不
可顯揚用時此時聞吉則虛聞凶是寔
庚為白虎又為天獄為甲之七殺嫁娶有凶禍商賈

失財凡事不可舉用必有爭鬭之事不可為吉事
此時聞憂必憂聞喜未喜固守主吉
辛為天庭只宜出軍主得大勝上官先吉後凶入市
不利嫁娶有災不可遠行定有虛驚或遭羅網此
時聞信喜憂平平
壬為天牢上官不吉入市不利嫁娶有災凡事無吉
遠行謀望非禍相侵或遇仇人此時聞喜憂之信
俱虛

癸為天藏又為天網嫁娶無子移徙貧乏入市中止
行兵必絕只宜陰遁匿形埋名求仙此所謂丁巳
癸三千臨六合宮宜逃亡臨太陰宮臨伏藏臨九
地宮宜屯守所謂善用癸者有如此之靈不善用
癸者必為天網之咎此時聞事並虛其法屢試屢
驗如順治五年二月三十日乙未日未時在石屋
村與衆客飲酒忽人傳報有馬賊千餘在胡塚庄
吃飯衆皆失色煩我占之未定又有一人急來說

肥城北五里娛安營衆人惶惧無措我推之是虛
衆莫之信既而命人探之果然無事順治四年四
月十五日丙戌日得乙未時有人說道郎村東頭
並　家店嶺上有人剪徑我以乙時占之聞凶信
是虛後果然

九遁變化部

生門六丙下臨六丁名曰天遁生門六丙臨九地宮
亦名天遁休門三奇臨太陰宮亦名天遁可以隱

形假如崇禎戊寅年十二月二十六日巳時在大寒中元陽九局遇大清兵至諸人大驚路斷行人我自肥城往泰安走彼時甲寅日巳時生門合月奇得太陰宮上有九地臨之竟獲無患此其驗處巳時起身于將加時正東得戌戌為日三合可以脱難故原有天遁其方再得日祿合或貴神天空或可奏對或可脱難再得天恩天赦百事皆吉若是日破百事不利得日鬼萬事纏綿得天罡河魁行舩忌過水得此遁可使六丁呼致風雨

開門六乙臨六巳為地遁六丁休門加九地三奇開門加太陰亦為地遁有朱雀主文書大吉見月破不美燈明神後出軍不利太乙勝光逃亡被獲白虎在內有瘧疾之災見天后太陰出門有拾金銀物日鬼臨之有人來尋神後魁罡女人犯奸青龍風伯主有雨太常大吉主山中出龍勾陳白虎主兵起得有六丁可以隱形修築埋塟無不亨通

休門六丁臨太陰為人遁三奇生門加太陰六乙生門加九地俱為人遁見白虎過河沿舩勾陳朱雀鬼神為祟大吉小吉有雨風日祿出門逢貴人有日合百事大吉有風伯雨師有雷雷大作魁罡同位災患有侵

風遁六丁休門加癸在巽宮乙奇三吉門加辛到巽辛加三吉門到艮癸加休門到巽宮皆名風遁見朱雀主訟天后太陰六合功曹有婚姻之喜白虎魁罡主委靡天空登明凡事中正得青龍主折傷螣蛇主沉水月壓有火災天后傳送主婦淫魁罡相加刑名不利此遁可以招風助火攻

龍遁生門下臨六合上得天心乙奇休門加坤方戊開門加九地宮丁休門丁休門加坎方皆為龍遁有天后玄武賊盜旱止有奸私之事風伯雨師主霪雨日破在中有大水日鬼逢馬宅中有鬼作祟日祿日合百事有成日刑日盜一無所逐螣蛇朱

雀勾陳凡事虛纏青龍神后水聚江津登明河魁
雲雨不深天罡加孟雨水淋淋只可起雨水戰
虎遁庚門下臨兌宮辛三吉門加九地到艮方乙主
門加辛到艮方皆為虎遁得青龍大不利有凶河
魁天空亦不吉見白虎有大風起神后玄武宜出
兵大吉見月厭不可先動日祿日馬主得財貴人
三殺宜大戰有功宜招安討隂利于客
鬼遁休門六辛得天輔丁生門加太陰丁生門加九

地到乾丁休門到艮皆為鬼遁得朱雀太冲宜書
符壓鎮河魁螣蛇天罡從魁勾陳主鬼神妖邪為
祟傳送六合主驚恐怪異事遇日馬宜祈神還愿
得日合作事有成日破日盜失財物見白虎主賊
盗事登明主雀角因産業與人相爭言語相犯太
乙太陰宜修整坟墓有日破凡事不吉天鬼作祟
有瘟疾傷人宅中有鬼殺驚人
雲遁生門加壬上合天芮辛合三吉門加乙乙加三

吉門臨辛到坤天生門加九地到坤皆為雲遁見
太乙河魁宜祈雪玄武太冲主有渾風螣蛇勝光
宜求雨救禾虹霓當空内有日祿黑雲迷天青龍
日暮有山魁白虎逢刑殺定有凶灾
神遁六巳開門上合天心丙奇生門加九天乙奇開
門得天心皆謂神遁有大吉小吉可驅雷神遣將
白虎玄武有大風起日祿在内宜禳福神后天后
登明宜祈禱神明太乙太冲太陰不可理神反有

凶灾從魁河魁六合勾陳可設壇請神必有降臨
傳送朱雀宜祭祀叔殺白虎有雷傷人天空太常
太陰六合貴人功曹可以告貴求名再有日合百
事大利

五詐五假部

凡事作九遁為上吉詐假為次吉如三奇吉門加九
地為重詐或加太陰為真詐宜行功修道陰遁求
仙重詐宜取財三奇吉門加六合宫為休詐宜合

藥如景門合乙合丙加九天宮為天假宜進謁干貴杜門合丁己癸臨九地宮或臨太陽宮利伏藏臨六合宮利逃亡此為地假六壬合驚門臨坤方驚門六合下臨九天宮為人假宜擒捕丁奇太陰得杜門下臨六己戊乙奇傷門加六合宮為物假宜陰謀密事死門朱雀六己到艮方杜門丁己癸加太陰宮為鬼假宜塟埋六庚傷門到巽方為坤假利使行間用諜

十干遍加部

十干皆有相加凶之分全在于此釣叟內加丙申等不過就此內之大吉大凶者偶拈數條耳

天盤甲加地加地盤甲雖以伏吟然有青龍出土之象但吉凶不定惟看門何如耳門吉則吉門凶則凶大抵不利于求財也加地盤乙即為青龍入雲之格再得三奇吉門若是嫁娶必生貴子星干不利凡事徒有虛名絕無實事加地盤丙為青龍反首之格動作大利又得常久若是門儀不合亦不為全吉也加地盤丁為青龍耀明之格再得吉門宜謁貴求官必有榮光之喜符使若凶必招官訟之事加地盤己為青龍合靈之格得星吉有財為吉事必成星門不合凡事主虛耗加地盤庚為青龍合靈之格災禍凶咎生于不測星吉門順亦宜守舊待時加地盤辛為青龍夫驚之格得一吉門作事稍得如意得一凶門凶星主失財加地盤壬

為青龍入網之格陰人得之主有災陽人得之亦主不和加地盤癸為青龍華蓋之格門合星加得吉若傷死二門大有不美

天盤乙加地盤甲為陰中反陽之格得凶星傷人破財利陰不利陽加地盤乙為日奇伏刑之格不利干貴人求名門合稍吉門逆主喪事加地盤丙為奇儀得順之格吉星有遷官之兆夫來問妻主離別之事加地盤丁為朱雀入墓之格又主文書遲

滯星門皆吉稍得吉加地盤巳日奇入霧土木相制求事不吉門凶大悞加地盤庚日奇受刑主爭財入官成訟星門不吉有夫婦外青之事加地盤辛為青龍迯走主失財迯亡强有作為定有凶殃加地盤壬萬事皆凶傷人失財陰人有病加地盤癸日入天網官事破財凡事不良

天盤丙地地盤甲為青龍得光貴人有遷職之喜常人安若星符相合喜慶非常加地盤乙為人遁格

貴人遷職得推薦受祿之兆加地盤丙奇中又奇常人因蹺蹊事而生口舌惟貴人招官祿加地盤丁奇入太陰若望文書必至凡百遂心加地盤巳火入勾陳文狀事定因女人私中有私刑名不利加地盤庚織女尋牛不是奸私定有冤仇之事必因女人而起官訟加地盤辛朱雀入獄主有官人失位常人受刑百事方釋加地壬五神相合丁壬化水貴人有進祿之喜所得甚多文狀主和加地盤癸朱雀沉吟公私不合兩有所傷

御定奇門大全卷二十九終

奇門古本

雜占

占雨　凡占雨以天柱為雨師天英為雷閃天輔為風伯天冲為雷祖天蓬為水神為雲霧壬癸二干亦水神也大抵占雨不外乎此如天蓬遊于坎兌震乘壬癸二干或天柱乘壬癸二干遊于坎兌震三宮或天冲乘壬癸二干遊于坎兌震三宮又必

天英天輔落的天上宮尅地下宮者必然風雲雷雨交作又看所落的宮分得何干支以定日期與直符近則雨速離直符遠則雨遲遊于坤二宮主密雲不雨即遊于三一七宮而不乘水神亦無雨也天英臨日干時干主晴天英與天冲合尅日干時干主雷電交作

如陰七局癸未日亱(壬)子時得天冲為直符上乘六士下臨地盤天冲亦有壬字上下皆水之神又癸日壬子時七宮天柱為直符主當日有雨　陽二局丙辛日辛卯時天輔為直符臨二宮是風伯尅所落之宮又天英到兌七宮是閃電尅所落之宮天柱乘六癸加一宮得乙干天冲加離九宮與天柱相對主雷電風雨並作應于六乙日因與直符遠而期遲也　假令陰一局乙酉日辛巳時天英為直符到七宮天柱乘六辛到一宮天蓬乘六戊到三宮雖遊于有雨之宮但所乘不得水神主無

雨又天英火神尅了時干(辛字)此時占之且主晴矣況(尚)有(望)雨乎夫奇門占雨之法最繁最深以天机無窮非倉卒所能定此特就其簡明易曉者著之

占晴　凡占晴以天輔天英為主以天輔為風伯天英為火神也雲雨以風而散以火而晴如天輔乘旺相落離九宮或克下落的宮或克日時二干主風(可)晴如天英乘旺相落三四宮或尅日時二干者亦晴大抵白虎主風玄武主雨再以頂盤入貴神

兼看無不準驗其日期亦以落的宫分係何干字定之　如芒種中元陽三局甲巳日丙子時天輔為直符乘六巳加坎天英乘六丁加艮頂盤又是螣蛇皆火土之神且旺相臨于六癸之上主癸日晴

占雪　雪者凝陰也水而有寒氣乾兑二宫主之戊天心乘壬癸二干到兑戊天柱水壬癸二干到乾皆主雪各以落宫所得之干以定其期　如陽一局冬至上元甲巳日癸酉時天蓬為直符加乾六宫天心乘六癸到兑七宫俱為純陰之氣主丁日有雪以七宫得六丁也如大寒下元陽六局甲巳日巳巳時天心為直符乘六戊到七宫不得水神主無雪矣

占攻城克否　凡占攻城以六庚主之太白兵象也主攻者天禽在中宫主受攻者如六庚乘旺相星得開門加中五宫其城必破又看地盤天禽所落

之宫得旺相及吉門者其守將可擒得休囚廢没反凶門者其守將必死　如冬至中元陽七局甲巳日丙寅時占攻城此時開門在坤二宫六庚為天英加巽四宫六庚得天英在冬至為休之日又未加五宫雖得開門其城不克

占守城破否　凡敵國相爭賊盗生發來攻我城未知破否以為預備當以天禽為守者天蓬乘六庚為攻者如天禽所落的宫得生休景開再旺相有六丙其城不破如無吉門旺相再犯天蓬乘六庚加入中宫断不能守　如夏至上元陰九局甲巳日乙丑時天英作直符加一宫天禽得六丙到艮又生門方旺相吉門皆全六庚在兑又不與天蓬合占賊不來攻城即攻亦不能尅

占攻圍日久有無援兵　凡被攻日久環圍不去内無粮草勢不能久持有援則當固守以待無援不如背城一戰占法以生我克彼者論之如六庚開門

作敵人必得六丙景門合生天禽或在左右之宮必有援兵近而且速若相禽宮遠援兵不來若六丙景門得休囚受克亦無力援我若天禽乘六庚則攻者利于尅守者利于守以兵威在天禽故也如清明上元陽四局乙庚日丙子時天禽為直符加坤宮天英作援兵加離宮未生天禽六庚在乾六宮受天英之尅必援兵大張聲勢有整兵慎戰之意攻者有緩攻畏敵之意心可守無虞因彼此俱在伏吟也

占賊臨境城可居否　凡賊盜大兵壓境城中主將可守不可守急以支干分主客以看其生尅何如以直符加時干為動為客以直使加時支為靜為主如支宮受直符所落之宮尅再乘六庚玄武此城當棄或直使被宮下迫來尅此城亦不可居速宜退避如直符宮來與直使宮來相生比或直符受刑尅敵人雖來不能取勝守之無妨或直符使宮神兩相

生比亦守無妨　如立夏中元陽一局丙辛日戊戌時天輔為直符杜門為直使加艮八宮是時支落在艮八宮為主也直符伏吟仍在巽四宮不動為客也必至次日寅卯時來攻我當速去因天輔在巽四宮為木尅直使八宮之土又為伏吟目下不動至寅卯日見木氣以助之方行其事矣　如大雪中元陰七局丙辛日乙未時杜門到三宮俱屬木為主直符加時干到八宮屬土受主宮之尅此時占之主賊退

占勝敗　凡占戰陣以景驚二門主之經云景宜破陣又云治亂之法要視驚門當以直符所落宮分為主六庚落的宮為客直符落宮尅六庚落宮為主勝六庚落宮尅直符落宮為客勝又論旺相則勝休囚則負如主宮得景驚二門或二門與主宮相生主勝客宮得景驚二門或二門與客宮相生客勝如主客相生來必講和如主客所乘旺相二

門及相刑尅其力相等若主客俱值囚休不能兼全則兩相恐懼不戰而退如六庚為直符即主客同宮兩家不分勝敗又日干加庚主勝日干庚加日干客勝　如立春中元陽一局丁壬日壬寅時此時天輔為直符加申五宮為主六庚在離九宮為客景門在巽四宮夫直符落五宮在立夏之月為廢六庚在離九宮在離九宮相所落的宮又得相氣景門在巽宮尅主宮故主敗客勝雖主宮有驚門反客宮有生

主宮之義不如客得旺相處反景門居多因主不和而主敗也

占賊來去否　凡占賊盜敵兵來否先分界限冬至以後自坎至巽四宮為內自離至乾四宮為外夏至以後自離至乾四宮為內自坎至巽四宮為外以六庚為敵人如敵人未至以六庚臨內四宮為至臨外四宮為不至如六庚所落的宮尅六庚宮者為安宮不穩自驚而退如尅所落宮再乘玄武天蓬

白虎之神來必大戰得九天則張大聲勢鳴鼓而進得九地則偃旗息鼓而來如賊已入我境者看何日何時可即去即看六庚在內四宮為不去在外四宮為去據以地盤干支年月日時將為來去之期如太白入熒雖主賊來若在外界亦主不來熒入太白雖主賊去若在內界亦主不去　如穀雨下元陽八局丙辛日壬辰時此時天蓬為直符六庚加三宮在陽局為內四宮主賊來　如立夏中元陽一

局甲己日乙丑時此時天蓬為直符加九宮天沖為六庚臨七宮為外又是反吟上盤得太陰主適去

占賊情虛實　凡占兩家對敵當定主客以直符為主以六庚為客如賊人來會戰謀和納降等情未知虛實以法占之以庚落宮尅直符落宮來情虛詐相生相比來意必實主宮尅客宮來意不敢為惡如伏吟以六庚本宮與直符本宮生尅看之反

吟其來雖寔主反復無常　如白露下元陰六局
甲巳日乙亥時天禽為直符加七宫天復為六庚
加離九宫是客來克主來情虛詐　如清明下元
陽七局乙庚日戊寅時天任為直符加七宫天英
為六庚加八宫來生直符賊情必寔
占使人偵探　凡兩家對壘久無動靜不知敵情使
人探其消息既分主客又當以直使決之如直使
落宫生主宫去則得力尅主宫生客宫去必伺彼

尅客宫必探的寔主生直使宫雖泄主氣亦吉客
生直使宫尅直使宫雖泄客氣亦為彼吉直使宫
自相尅制必不敢去旺則稍可休囚大凶　如小
滿上元陽五局丁壬日乙巳時此時天英為直符
加四宫屬木景門為直使加一宫屬水六庚到坤
屬土尅直使宫使人偵探必不敢去路途有阻
如冬至中元陽七局甲巳日乙丑時此時天柱為
直符加六宫屬金驚門為直使加八宫屬土六庚
加二宫屬土俱相生使人去探則得寔情
占有無伏兵　凡出軍深入敵境恐有伏兵預當謹
防當以支干直符直使巳申子卯決之先看直使
在何宫分又以月將加本時看上有子卯申巳定
有埋伏再旺相帶刑必有大戰亡空休廢雖未不
戰如巳申子卯不在直使之上必無兵也直符宫
有子卯巳申一字加在本時干賊在前加本時支賊
在後以月將加本時支干相衝賊當路險處邀截

如大暑中元陰一局戊癸日戊午時此時天禽為
直符死門為直使俱加一宫月將巳申子卯不在
符使之上定無伏兵
占聞報虛實　凡處軍中有人來報賊信未知虛寔
我即占之當以時干決其真偽如聞信逢甲乙壬
癸四時聞事皆虛憂喜相無逢戊丙聞憂則虛聞
喜則寔逢六丁聞憂無大憂聞喜無大喜逢巳庚
聞喜則虛聞憂則寔六辛憂喜平平

占出兵領餉　凡出軍討賊以天輔為餉司天冲為將領青龍為餉神若天輔落宮尅天冲宮雖有餉亦不發天冲宮尅天輔宮亦不吉必兩相生比者發又看青龍旺相比主天冲者其餉必多落休囚廢没其餉不足　如冬至中元陽七局丙辛日辛卯時天英為直符加一宮天輔加六宮天冲加七宮兩相比和主領餉但甲子戊為青龍加三宮在廢于父母之宮又為擊刑但不如數

占水陸二路　凡占出軍遠方有水旱二路當擇以坎宮為水路取坎陷之以艮為旱路有生門之義不取坤宮土者因有死門也主將以直使定之直使所落宮二路有一處生之則吉有一處尅之則不吉若直使宮主休生二門所落之宮亦可行　如驚蟄中元陽七局甲己日乙卯時驚門為直使加坎一宮休門到震三宮生門到巽四宮為水木相生兩路皆吉

占兵餉何時到　凡占領兵餉專責直使以天冲所落的宮前後對冲分界限日期遠近如天冲在艮八宮直使到坎即近再本時陽星加之當來直使到震為過界即來直使在坤離宮餉遠遲來再直使宮與甲子戊宮有相合者遂意而來　如大寒下元陽六局乙庚日辛巳時驚門為直使到五宮天冲到一宮甲子戊與直使同宮主有餉但陰宿加時為闇直使又與天冲宮相遠其來甚遲尚未起身

占行兵迷失路境　凡行兵遇深山大野暮夜三軍迷失道路以三定其去向因三有生氣又為破軍天馬之象故云知三避五八方無阻或以天罡所落處行之百步外自遇正經大路　如冬至上元陽一局甲己日丙寅時用事自子上起到寅上得三即向東北走或以月建上加戌字看辰時所落在何位加孟向左加季向右加仲向中行之自然

無碍得遇正路

占何處有水　凡出軍占何處有水以休門之下定之見申酉為江河小吉為井太冲為池塘　如若種下元陽九局甲巳日午時休門到巽巽中有辰巳二宮寄之四月將申加東午小吉到巳此東南岔路上定有井也

占陞遷　凡歷任致陞期以開門決之因開門為官掌法印也如開門加生旺宮再有三奇得合吉

格必定陞轉再遇太歲月建乘吉神來生定然高擢或有吉相而不旺相或有旺相而無吉格或旺相吉格太歲月建不來相生亦不能陞也　如六巳年大寒上元陽三局丙辛日乙未時占開門在七宮與我同行即為相上又有月奇合之又太歲在艮八宮乘天輔來生七宮定主陞遷又看太歲落宮得何干即以其干為所陞之年也或用直符落宮占之不用太歲亦可蓋銓部為陞官直符之神也

占徵名　凡山林隱逸及發黜日久欲求徵名者太歲為皇恩月建為銓部日干為自巳要太歲月建之星同生日干所乘之宮又要日干所落之宮得好格局主起官反此不能

占降罰　凡官員有故恐有降罰者以開門到鬼廢休囚之方或帶擊刑入墓迫制者為大不利逢太歲傷之事干朝廷月建傷之事起僚屬天乙傷之

事起諫官直使傷之事起御史直符傷之事起撫鎮遇天網定有鎖拿如天盤受下尅地盤受上制前後逼迫定有按治得氣僅降罰失令定傷命如冬至上元陽一局甲巳日丁卯時開門到三宮是迫又休于財地盤上既有天任乘之又有丙火制之天任者艮也艮為丑丑為金之墓神內外不吉如六壬年癸卯日春分中元陽九局甲巳日壬申時開門到九宮得廢氣上盤得六庚下盤得六

甲為奧加直符之格又六癸同宮天網高張其占至凶但此時太歲月建直符乙天直使之神俱不相尅亦可苟免也

占官員任內吉凶　凡官員一任之終或陞遷或降調或罷黜或拿問吉凶不一是以占之法以上任之時所向之方為斷如符門坐西向東即看東方所得宮神坐東朝西即看西方所得宮神坐北朝南即看南方所得宮神坐南朝北即看北方所得宮神坐北向南者多所向以得吉格為主得吉格則終于陞遷不成吉格而星旺主降調不成吉格而星休囚廢沒者主罷黜有凶格者主拿問至于時先不吉如反吟伏吟五不遇時及入墓格勃飛伏等格則不看方向而知其終不吉也

占官員歷任歸結　凡官員歷任以本官年干地盤為主看天盤上乘何星門得吉格者榮歸得吉格而別宮犯擊刑飛伏格勃及本干宮有刼殺喪門

刑尅主卒于官而不善其終也不成格而得奇得星者主榮歸不成格者罷黜有凶格者拿問

占會試科舉　凡生員科舉舉人會試未知捷否當以日干為主士子直符為提裁天乙為房師六丁為文章直符宮尅日干宮座師不取天乙宮尅日干宮房師不荐六丁宮尅日干宮日干宮尅六丁宮及六丁之宮休囚廢沒俱主題目太難大為失意如直符天乙來生日干六丁又得旺相必中魁一不中　如立秋上元陰二局六奧日丙子時日干在六宮天蓬在四宮受日干之尅又六丁加一宮得癈氣文章既不得意座師又受刑尅此時占之必不中者矣

占考試等第　凡士子占歲覈兩考等第當以天輔為文宗以日干為士子六丁為文章六丁得旺方更兼天輔來生又得三奇及開休生景四吉門者當取一等文星旺文宗生不得三奇吉門者為二

等文星雖旺而文宗不生文宗生而文章不旺僅得三等文星不旺而文宗又尅章有三奇吉門者為四等文星不旺日干又在休囚宮又無三奇吉門者定是五等得死門及諸凶格者為六等

占文宗案臨日期　凡生童候考占文宗何日案臨以天輔為文宗冬至自坎至離為內自離至乾為外夏至自離至乾為內自坎至巽為外文星在內者主上半年考在外者主下半年考冬至後以十

一月至四月為上半年夏至後以五月至十月為下半年更以落的宮分并分野以定日期再詳時事以十二支配八卦法決之　如大寒下元陽六局丙辛日壬辰時魯地人占考期此時天任加一宮天輔加三宮在內本宮得丁字下為岱為魯又為三月主三月為考期矣餘推此

占武舉　凡占武舉與占文舉不同文看文章武較武藝以直符為主考時干為舉子甲申庚為箭甲午辛為的景門為策論專以甲申庚落宮尅甲午辛的宮或相沖為箭中的再看景門得旺相又與直符相生者主中缺一不中　如霜降上元陰五局乙庚日庚辰時直符在三宮景門在六宮甲申庚在八宮甲午辛在九宮六庚在八宮直符宮尅舉子不中

占新任官美惡何處人　凡未有新官欲預知新民情性人氏者以開門為官星九星為心性天干為

分野如開門上乘吉星為好人凶星為惡人天輔心性文雅天任心主慈善天柱正直天禽忠厚天沖風厲天英暴烈天芮貪毒天柱奸詭天蓬大惡甲蠻乙海外又東夷丙楚丁岱江淮南離戊己韓衛中州河濟庚秦辛華壬燕趙魏癸常山期

占婚姻　凡男家求婦女家覓婚或方議結婚或將行嫁娶占之以乙為女庚為男原有田以乙妹妻于庚之義如丙字落宮相生合則生相刑尅則不

戌又以頂盤六合落宮爲媒人如六合生乙向女家生庚向男家庚宮尅乙宮女家畏而不嫁乙宮尅庚宮男家嫌而不娶乙宮帶擊刑主女性兇惡帶德合主女性貞良庚帶兇神夫性暴烈帶德合夫性渾厚

占娶婦　凡婚已結而欲娶者占法以乙爲女庚爲婿兩宮相生比者如期娶嫁相尅害者主有遷延又丙庚加年月日時干年月日時加丙庚遷延亦

亦照蓋庚爲格而丙爲孛也

御定奇門大全卷三十終

御定奇門大全卷之三十一

奇門本古

襍占

占買賣　凡欲買物未知買得否欲賣物未知賣得否占之以直符爲買物之人以生門爲所賣之物生門落宮爲物主相恋其物難賣相尅則減以成交直符得旺而生生門宮利賣者生門宮生直符宮利買者我欲買物而賣主方得吉格者有利得

凶格者其物不堪我欲賣物而買主方得吉格者相安得凶格者尚有煩惱

占求財　求財之說其事不一當分體用以生門主之生門所落的宮分爲體門上天盤所落的星爲用用主體吉體生用不吉用旺體衰雖尅用不致大吉體旺用衰雖尅體亦無大害大抵看生門所落的宮分再看上下二盤格局吉凶何如吉格吉星所求如意一有不吉所求僅半休囚不吉所求

全無　如驚蟄中元陽七局丁壬日壬寅時生門到坤二宮屬土為體天蓬亦到坤二宮為用為水体來尅用宜乎得財但節在驚蟄子二宮為囚且本方六辛加壬為蛇入獄刑之格安得為吉雖以體尅用所得亦甚微也若以用尅體則竟不得矣

占得財　求財是原未有財而我去求之得財是吾所本有之財或應有之財未知何日到手占法亦分內外以時干地盤為主以甲子戊為財星蓋甲為青龍青龍為財也若時干在內地甲子戊亦在內地此為財將到手之象其得甚速主在頭半年得又以本宮所得何支定其日期與月期若時干甲子戊俱在外地主後半年得若一內一外主一年之內不能得直伏吟亦然又甲子戊時干俱會吉門更速

占詞訟　凡人爭訟或先事告人或被人所告總以詞訟占之以直符為原告天乙為被告開門為問

官驚門為訟神開驚二門俱尅被告則被告敗俱尅原告則原告敗一尅原告一尅被告則兩家俱敗開門生原告驚門尅原告或開門克原告驚門生原告而被告之得生尅者亦然則以直符天乙之旺相為勝休囚為敗若直符生天乙則原告和主直符則被告求息不必以驚開二門定勝敗矣總以落宮決之

占興訟　興訟者欲興未興或人欲訟已或已欲訟人或寢或發以丁奇為主丁為朱雀為訟師朱雀落陽干之宮又落宮與天獄相沖或乘景門其訟必興若落陰干之宮或投江入墓者不興又臨旺相之宮者其訟大起難消落休囚者則易結也

占狀詞　凡狀詞未知准否者開門為官長景門為文狀開門宮生景門宮准景門宮生開門宮不准景門宮尅開門宮准開門宮尅景門宮不准又景門落旺相宮則准休囚廢沒則不准如旺相而生

開門可准休囚廢沒剋開門不准

占行期　若欲出行或被牽纏節制不能自由或自心猶豫不知去得成否并未定何日以時干為起行之人日干為纏牽節制之人以開門為起行之期當以開門落宮定之若日干剋制時干不能行時干剋日干即行如日干的宮上下皆未剋者被自受制無暇制我我亦得行若自己心中猶豫者時干在外為去在内為不去也

占給假　凡出外或還家須請假始可者以直符為尊長天乙為卑小直符落宮剋天乙落宮天乙落宮生直符落宮俱不准給若直符宮生天乙宮天乙宮剋直符宮定准給假兩宮相比者不准給假蓋相比則合而為一不能相離故也

占走失　凡占失人口奴僕及牛馬頭畜未知向何方找尋並得與不得者以時干為失主六合為逃亡之物俱以落宮論之以六合宮與時干落宮在内外以分遠近如時干六合俱在内易尋俱在外難尋若時干在外六合在内易尋如六合在外時干在内難尋又以六合所在宮為方向如得旺相之星又得景死驚傷四門者可得得九地太陰有人潛藏九天遠走玄武被人盜去騰蛇有人盤詰羈縻得朱雀有信得勾陳有内人相勾引而去又看六庚年格年獲月格月得日時亦同　如大寒中元陽九局乙庚日庚辰時此時時干到三宮六

合在坎一宮人與物俱在内又六合會九地宮有人潛藏主不失

占失財物　凡失落金銀財帛一切物件不知自己遺忘或被人盜去及復得不復得者急宜占之以甲子戊為財物如見玄武有人盜去不見玄武主自己遺失玄武剋青龍宮青龍宮生玄武宮定有人盜去又以六甲旬中空亡看之如甲子戊落在空亡之處或自己失迷併被人盜去俱不可得如

看失落何處必看甲子戊所落方向定之如在内在宅中落在外主失落甚遠又須定其所在以落的宮卦体象決之　如艮為山為少男為東北震為木為長男為正東之類不必盡述論得期以地盤支干日決之如見玄武是有盜者以玄武落方定賊在于何方得陽星為男人陰星為女人又以玄武宮天地盤支干決賊人衣服顏色　如大暑中元陰一局戊癸日壬戌時此時甲子戊到三宮

不見玄武還是自已失迷在于東方又不見空亡以震卦体象找尋逢卯日得之但甲子到三宮為擊刑亦傷損也　又一法看上值何干何門以斷之

占漁獵　凡興圍打獵捕漁占其得失多寡者以傷門主之以甲午辛為鷹甲戌已為犬甲寅癸為網生尅論其得失旺相休囚論其多寡如天盤宮星尅傷門宮者得物傷門宮尅天盤星不得物天盤生傷門宮得物亦走脫傷門生天盤易得上盤有甲戌尅宜用犬見午宜用鷹見甲寅宜用網地盤再在休囚上盤生旺必多獲反此少獲捕魚專用甲寅癸所落的宮尅傷門宮易得不然則寡得

占干謁　凡干謁須看休門休門宮分為所見之人時干宮為所往之人休門宮生時干宮而時干宮再上有三奇臨之遂意相尅再無三奇不得見或不喜悅有所干求亦不能如意又要彼此相旺則吉

有一處休囚則亦不吉

占遠人　凡有遠人來訪以直符為主天乙為遠客各看落宮相生者無関係尅直符者有求尅天乙者求不遂相比者求可遂又甲落陽干為求財之事丁落陽干為囑托事景門落陽干為文書事陽干者乙丙丁戊也陰干者已庚辛壬癸也

占捕盜　捕捉有二義大盜竊盜大盜以天蓬為主竊盜以玄武主之以傷門宮為捕人時干宮為主

人傷門落宮尅玄武宮出門易尋時干宮再尅玄武宮易捕若傷門宮生玄武宮不肯寬心捕之玄武來尅時干有傷主人之意尅傷門路途有傷捕人之衆若傷門與天蓬同再有時干尅之捕無不獲又有以六庚與玄武同宮爲大盜者傷門與玄武宮雖有時干尅之亦主不獲蓋捕者與竊盜同宮有通同之意大抵六庚爲敵國天蓬爲大盜玄武爲竊盜如被盜當以賊大小看天蓬玄武占之

占遠信　凡占遠方信息并信之吉凶者以六丁落宮爲信以時干落定內外來期之遲速臨外來信遲臨內來信速但凡丁受制休囚輕則信遲重則無信如朱雀投江永無信蛇夭嬌有羈絆來遲六丁帶三奇得合有吉信帶擊刑有凶信凡入墓亦無信投江在內亦無信庚格亦然　如大寒下元陽六局乙庚日丁丑時此時六丁在七宮在冬至後爲外主信遲又如戊寅時六丁在巽爲在內信至

占捕亡　凡人口逃走欲捕之者以六合爲逃人以傷門爲捕者如六合宮生傷門自有歸意尅傷門宮不可得如傷門宮尅六合宮易得生六合宮不肯寬心捕之必有賄賂如傷門與六合同宮兩相通同有欺主之意值年月日時格則可獲　如冬至中元陽七局丙辛日戊子時此時六合與傷門俱在八宮主不得又如己丑時六合在九宮傷門

在坤二宮火來生土有自來歸之意者也

占官差拿人獲否　凡占拿獲以開門爲官府直使爲差人有事之人論年命直使落宮空亡者不得加臨本人年命者其獲速一內一外者其獲直空亡者不獲如甲子旬中空戌亥地盤得甲戌巳或六宮是也

占公私兩事歸結　凡人有事体纏綿官事爲公巳事爲私占其何日歸結總看時干落宮決之如時

干在坎卦生于子爲陽氣生始之地萬物方動事
体不能歸結星旺門順方可成事如時干在坤卦
氣乃土與地相連陰陽交接有行不能行止不能
止之象時干到震卦生于卯震屬成剛震則動事
体大發星旺門順方可成矣時干到巽有大往小
來之象始立者生荣未萌者不長新事不止舊事
漸消時干到中央戊己之位土寄于坤母乘之也
萬物得之而生理之而長主事不結時干在六卦

生于亥陰氣極也純陽始生私事則消公事則發
時干到兑卦生于酉肅殺之令萬物老死又兑者
說也爲口舌爲官訟有陰謀者事体當泄爲天子
賞善伐惡之地萬物至此而決歸結無疑時干到
艮主進退無常又艮者止也占人進退不離其居
占事目前雖完後必又發時干在離卦生午陽氣
分位陰氣生焉則處其外而能安居陰柔在内而
不能安主　公事歸結私事將起

占有人謀害　凡占他人謀害已否不離甲庚二字
蓋奇門專在尊甲而避庚也庚金落宮尅甲落宮
者有謀害甲落宮尅制庚金落宮者勿謀害也甲
落宮受擊刑是我先處低陷必蒙其害如有旺相
亦不爲害如庚金上下二盤星宿皆來克金彼自
有急何暇害人如甲申庚作直符同宮彼此有心
亦不能害

占爲官府所忌索求治已否　凡爲官府所忌恐禍

及者地盤時干爲已上乘何星何干成何格局或
旺或相或休囚又開門爲官長所落宮尅時干本
宮者意有謀害或休囚得凶格者有意不能行休
囚亦然與時干宮生比者謀害不起時干宮頂盤
上乘朱雀白虎主明白牵連無此兩神而有凶格
再被開門宮尅者主謀害也旺相者有事無妨休
囚者受禍必重

占壽數　凡人欲占壽數者以天冲死門決之蓋天

冲三宮之神為主氣也又五為死氣也人以九十歳為率每宮十年看天冲所落之宮與死門所落之宮遠近以定其數如天冲帶旺相一生無患若有休囚廢沒一生常有坎坷占者將已過壽數除訖以所餘宮歳數論斷陽遁順行九宮陰遁逆行九宮年至三旬而得四數者除三十還有十年之壽年至六十而得九數者除六十還有三十年之壽餘倣此　如大暑下元陰四局甲己日庚午時

此時天冲在九宮死門在一宮自一逆行得數九也年至六旬得此數者除去六十還剩三十共九十也　若年至六旬而得四數五數者人活一百一十之數者少即當刪去餘數斷之若得四數則除去十年亦以九十算之

占回鄉　凡人久在他鄉占何日得回者以本人年命占時入局中看其在內在外定之如人已在外占時及年命已落內界者主回則以地盤支干定其日期如年命落在外界雖有回心終有牽纏不能回也上得吉門吉星回家平安上得凶星回家有事亦可由此知之

占燒丹　凡煉丹占成與否以法决之以坎水為真鉛休門主之震為真汞傷門主之離為真砂景門主之兑為真金驚門主之其餘乾金艮土巽木為襍氣又以將加本時子為真鉛午為真砂卯為真汞酉為真金其寅申巳亥俱為襍氣貴神以六合

為真鉛朱雀為真砂太陰為真金玄武為真鉛其餘天后白虎螣蛇青龍俱為襍氣又天蓬為真鉛天冲為真汞天英為真砂天柱為真金其餘心任輔芮俱為襍氣凡此俱會中五宮单看地盤得丙丁二火天盤得壬癸水水火既濟方可成再又推得真銀鉛砂汞者成內襍氣者不成

占胎孕　凡占胎孕是男是女及產育難易者專論坤卦因坤為母之象也以坤上所得門為胎天盤

為產空尅門為子不孝存坤列上門上為胎不安門尅坤宮孕婦帶疾天盤尅地盤孕婦不安得門屬陽為男胎陰為女胎如伏吟子戀母腹雖穩而產難見白虎為血光神甚速其產門到坤宮若為入墓必是死胎天盤若為門宮二者之墓不吉為坤母之墓不利母為門之墓不利子有三奇更妙如春分下元陽六局甲己日巳巳時開門到坤土生金上又天柱為金此必双生一男一女之象易

產易長

占合夥計　凡做生意欲合夥計占其人何如者當以地盤為財主天盤生門落宮為合夥計如地盤尅天盤主合不成天盤尅地盤彼必坑陷我財我去生他彼此不善經營消耗本錢他來生我大有利益

占囑托　凡囑托求人未知何如占之以天乙宮為求托之人直符為所求之人直使為受托之人如直符尅直使不信其言生直使者所言必信直使尅直符宮彼必不悅直符雖賤其言不甚快利直使生直符而尅天乙不肯盡力必直符直使俱生天乙或俱為天乙所尅其事方濟有一不生亦不能濟各以所落宮分定之可也

占行人　凡占行人有老少親屬僕隷等之類不同不可一槩而定還當以本人年命合當時局中支干為行人以支宮為宅舍左右為來之遲速如占

東方人得西方即未北方不來南方在路其日期以地方遠近旺相決之如行人是甲子生往南方去入坤兌乾將未過坎即至入艮震巽三方又向他方去了遇尅我的卦必半路有再帶吉凶神煞以定安危又天蓬天芮俱主行人在千里外者看天蓬在千里內者看天芮在內者為來在外者不來各以落宮干支定其來期又格則不來　如春分上元陽三局丙辛日巳丑時占行人屬犬本局

甲戌巳到艮宮支宮在巽宮主速到因支宮亦是干時相會于艮也　如大暑上元陰七局甲己日丙寅時占行人在千里外者此時天蓬在七宮爲内地又爲門户其來無疑

占訪友　大凡奇門專擇方向與時耳如我欲訪友尋人必要所往之方地盤爲主天盤爲客要相生合再得吉門去必相遇若門凶上下二盤相尅則不遇庚逢年月日時爲格亦不遇

占訪人　訪人與訪友不同友者素所交之友也人者不相識之人也以法占之如所訪人在東北則看八宮所得地盤原主之星生對冲宮所乘之星反受對冲宮所乘星之尅皆主相遇如東北西南兩方中一方有吉格者所求皆遂凶格則不遂格則相拒而不納丙則相見而不得

占投武　凡投兵應選以天冲爲武士以直符爲帥主直符宮生天冲宮天冲宮生直符宮一見即投合彼此相尅定不收録天冲即作直符一去即得部長後必大用遇伏吟空回反吟反覆不用

占領文遲速　大凡占領批文遲速者六丁與直使宮相生則速相尅則遲又看六丁在何宮相生即以本宮支干定其日期

占應差　凡欲進衙門應差以開門爲官長以直使爲己身如開門宮生直使宮上又得三奇及旺相星宿大吉與官長宮相尅在凶星休囚亦不吉

占借貸　凡欲問人借貸財物者當以直符爲物主天乙爲往借之人各以所落的宮分生尅論之直符生天乙天乙尅直符借貸必遂如直符尅天乙天乙生直符借貸不遂

占賒取　凡賒取未知給否以直符爲物主天乙爲取物之人各看所落之宫相生則得相尅不得相比亦不得

占禾稼　凡占禾稼收成年景豐嗇何如專看天任

落在艮震主豐再得青龍六合功曹太冲主四民樂業若不落艮震主年歉再以貴神月將分旱澇如天任所在有蛇雀巳午天空太乙主旱傳送天后主澇又生門主麥傷門主穀看三奇太常功曹貴人在生門宮主收麥在傷門宮主收穀

占種植　凡栽種花草樹木占其死生者天冲為花草天輔為樹木各看所落之宮旺相主生休囚主死生者為生尅者為死吉格為生凶格為死相旺

來生而有吉格草木茂盛休囚來尅而有凶格草木焦枯凶吉相半者或先活後死或先枯後生又看壬癸戊已來生者為活不生者終死又得三為生五氣為死值此時不必更看其落宮也又時干入墓五不遇時庚則不通勃為亂逆如值伏吟陽星為吉陰星為凶

占行路遇人同伴　凡出行中途遇人同伴不知其人占之以地盤時干為我上得何星臨之如禽心冲輔任為吉人如蓬芮英柱為惡人如惡星再得旺相時干居廢沒之地主相侵害如時干旺相凶星廢沒者不敢害如俱得旺相俱得廢沒亦不能害如凶星害時干得生休開三門并三奇及一切吉格主彼害中有救如時干旺相得刑格并一切凶格者雖主侵害亦自無妨

御定奇門大全卷三十終

御定奇門大全卷之三十二

奇門古本

雜占

占遇難迯避可向何方　凡有危難可迯避者不知何處可去占之當看杜門六丁六癸六己或六合宮天上天冲反生門所臨之方又生本時時于此數者合一件則吉再遇星吉三奇大吉反此不利

占官事催提緩急　凡有官事牽連欲占催提緩急

吉凶當以時干為我直符為官長六丁為公文直使為公差若直符宮為天乙宮而六丁臨于外地其提緩直符宮尅天乙宮直使臨于內地其提急再有擊刑來意至惡三奇至善若相生公差與官長見喜相尅見怒又看六庚庚為天獄落休廢一去就結旺相不能結局

占分居　凡人欲分居占其可否其法當以坎離二宮為陰陽分位之始如自十一月至四月晝為陽以坎艮震巽為內離坤兌乾為外五月至十月晝為陰以離坤兌乾為坎艮震巽為外以年為父母月為兄弟日為己身時為子息按本局中干支推之如俱兩處為分居一處為不分居以宮分支干照月定日期以旺相休囚定吉凶

占還移　凡欲還移他宅居住不知吉凶以九星論之以九宮分方向定可否如此方上有三奇吉門再時得天禽四季皆吉天輔春夏大利天心秋冬

〻吉其餘星俱不利各以所占時看何星為天乙定之

占生意　凡作生意未知興隆否必得生門所落宮分定之其宮旺相再有吉祥星宿反三奇飛鳥跌穴吉格主買賣興隆如不全者生意平常所落宮休囚星凶再有六庚加己一切凶格主大不利星得天冲宜于春夏天禽宜于秋冬餘星不利

占利息　凡貿易欲占利息多寡者看生門所臨之

宮旺相何如旺則利多相則利平休囚利微休囚而有凶格則消折本銀而並不得言利矣生門居旺相再看甲子戊上乘何干以決其數

占放債　凡欲放債不知獲利否占之以直符為財主天乙為取財之人生門為財神各以生尅旺相論之直符尅天乙為吉天乙尅直符為凶天乙生直符為吉直符生天乙為凶生門與天乙同尅直符其財盡失同生直符本利俱全生門與天乙有

一生一尅者本利不全天乙財神得休囚氣雖生直符終是無力不能全還或主遲滯

占索債　凡問人索債占其有無者當以傷門為主如傷門尅天乙宮去人必寔心取索天乙宮尅傷門彼必爭鬭不服傷門與天乙同來尅生直符本利全還同來尅直符通不肯還若傷門生直符尅天乙主還生天乙尅直符不還天乙旺相尅傷門雖有不還休囚生傷門雖有心來還尚無力量或

主遲或不全若天乙乘庚辛來尅直符必有經官之事若直符尅天乙而乘六丁亦或有經官之事至其獲利與否仍以傷門天乙直符生尅斷之

占回贖　占法當直符天乙直使論之直符主動天乙主靜直使為中人如我向人回我為直符彼為天乙人向我回彼為直符我為天乙再看生尅旺相休囚何如如直符生天乙反天乙直符定准回贖直符尅天乙雖有回贖其中不美天乙尅直符

不准回贖如直使生兩家得力尅兩家不得內中有朱雀同宮者必有爭競也見勾陳同宮定主到官如人向我贖我為天乙彼為直符其生尅旺相休囚同前占法如我為物主望人來回贖者以主我回尅我為不回如不欲人來回者尅我來回生我為不回

占官事牽連否　凡有官事被牽連者以本人日干為有事之人庚為天獄辛為天庭壬為天牢本人

日干以地盤為主上三凶煞以天盤定之犯一星
與日干同宮定有牽連再有擊刑定有責罰得天
網僅枷鎖臨身再有凶格等煞連累甚重若犯三
奇吉門各等吉格有事不成凶若不犯庚辛壬癸
者定不牽連

占文狀牽連　凡文狀牽連者名列狀之內也此看
頂盤朱雀落宮與時干落宮剋時干者牽連反此
則否相生比者亦然朱雀剋時干而旺相者其牽

連必重休囚則輕時干被剋而旺相者不妨休囚
則費手有凶格者更不可言若未定告否者則在
興訟之例不在此中蓋須占其興而後占其牽連
也

占在外投宿店主吉凶　凡人在外投店占其店主
善悪看時干加宮所落之宮得何星宿以定善悪
如遇大凶蓬芮小凶英柱俱主悪人其餘五星俱
吉定為好人如所落的宮剋時干者主有侵害再
看時干落宮遇三奇吉門并諸吉格者雖有悪意
亦不敢害如無吉格但乘旺相亦害不動如時干
得休囚廢沒並有凶格必主放害

占水路登舟舡主善悪　凡出行水路往往有遇賊
舡遭劫者當預占之以震三宮為舡以天盤所得
星為主舡之善悪得輔禽心三星為上吉任冲二
星為中吉其舡戶是好人上得英芮柱蓬為大凶
其舡不可登

占出行中途遇賊否　凡人出行恐遇賊盜占之以
時干所落前一宮看之如前一宮得天蓬為賊盜
如無者不遇再看時干所加本宮得三奇吉門并
得旺相及諸吉格者不妨

占病　凡人有病占何日得愈以病人的時為主以
天芮為病神以生門死門為死生如日干落宮得
生門者不死得死門者難愈若日干休囚廢沒再
得凶星凶格主死若得餘六門亦主纏綿以天芮

廢沒之日為愈期占兒女病得時干入墓者死假如寒露上元陰六局甲巳日丙寅時此時占壬干人有病六壬加二宮在寒露得旺氣又得生門同宮此時甲巳日丙寅時為生氣主不死易愈病神天芮土神至十月亥水用事得休氣其病漸好矣

占眼疾　凡人患眼疾以離宮占之離為目看九宮上得何門何星何格吉則愈速凶則痊遲吉凶不

分則纏綿而亦不重

占起解　凡起解錢粮人犯恐途中有失其占法如解錢粮以生門為主生門上不可見天蓬及凶星等煞及再來尅直使者不利如解人犯以天辛為犯人要他休囚不可尅直使直使要旺相尅六辛宮方好若六辛生直使犯人不肯為惡直使生六辛是他來泄氣路途防他欺哄不相尅制無事六辛帶六合玄武宜防逃走不犯惡星凶格終無可

虞

占和事　凡有官事私事欲為講和當以庚丙為兩家相搆之人以甲為主和之人蓋以甲名天福又為十干之首為兩家福星又必甲子戊乃算餘甲申等俱不算也必要甲所落的宮或同生兩家或同尅兩家謂之處事公平則和成若生一家尅一家有偏向意必不和又要甲在旺相宮庚丙在休囚宮彼亦不能不和雖庚素有不合甲木之象既

與丙火作敵甲木以福星來解有不反怒為喜而順之乎

占納前程　凡人納前程設占之者以甲子戊為部司之職六丁為文書時干為求名之人必要六丁旺相來生時干甲子戊生六丁則成而速如甲子戊尅時干宮部司不准尅六丁宮文書遲滯時干尅甲子戊亦不成尅六丁宮主失文書犯朱雀投江亦主文書遺失時干宮門星吉格易成門凶星

凶格凶不成

占招贅　凡欲招贅論合星專以乙庚論之其餘不論如女求夫者時干謂之坐山招夫當用天盤六庚宮來生地盤六乙宮庚上得吉祥星宿主夫性溫良兼得長久得凶星者主欺騙財物或心性奸險其事不長如男求婦者謂之到贈門地盤六乙宮生天盤六庚宮主成

占出獄　凡人在獄中未知何日出者專以六壬為

主壬者天牢也以壬字所加地盤的十干為罪人其壬字不止于甲辰壬也又照六甲旬中六壬時皆是如甲子旬中壬申時即申為天牢甲戌旬壬午時即午為天牢甲申旬壬辰時即辰為天牢倣此必地盤上的十干上尅六壬所得之支即尅天牢得開生二門者出速不得此二門者出遲以受尅之日定出期又必占得六丁時時或六丁落口生囚之干其獄反出方看開休生三門蓋六丁為

天輔蓋朝廷赦書若不得此何由出獄

占官司犯牢獄否　凡人已有官事恐有牢獄之災占之以開門為問官以六辛為罪人以六甲旬中壬字為天牢必有開門克六辛所居的宮辛上又有六壬臨之定有牢獄之災二者缺一亦不為害矣

占請人來否　凡請人或遠或近不知來否以法占之當分方向看本方地盤宮中得何干必上尅天

盤干又要地盤星干轉向內界則來如下不尅上及上尅下地盤仍在本宮主不來

占去人　凡事兩人可去者未定誰去以兩人年干原宮上得何干乘之如乘陽干者為去乘陰干者為不去俱乘陽干則俱去俱乘陰干俱不去又乘旺相之星者其去速乘休囚之星者其去則緩也

占在外應家安否　凡人在遠方不知音信占家中安否當以本日干為主十干生處為家如甲木長

生在亥亥寄于乾之類必是乾宮地盤中並無一切凶星凶格家中平安若有凶星凶格凶門者看害何宇又以日干六親决之知家中何人有灾也倣此年為父母月為兄弟時為妻子各以本宮所得論之

占出外人安否　凡人在外方家中罣念未知安否占之先定方向看其方上下二盤得三奇吉門及諸吉格者反此不安　如秋分下元陰四局乙庚

日庚辰時占正西方人安否此時七宮上得生門天輔又六甲加丁為青龍耀明之格在外大吉

占求師　凡人欲尋師未知遇否以天芮為明師時干為自己所往之方上得天芮可遇明師來生時干傳道無疑來尅時干者必不投合時干尅生天芮亦主無用必天芮方上有三奇吉門及諸吉格者方為明師不然亦非明師也

占求仙　凡人欲求仙脫去塵世者當以地盤本身日干為主上得心芮二星并得生門並六儀三奇俱生日干占時又得六癸者可若無心芮二星是無明師傳道僅可延年若有心芮二星不得生門并六儀三奇來生我者是我無仙根不能成道

占禱祀　凡祈禱雨澤祭地禳福一切書符作法進表之類當看天禽所得在下得風雲鬼龍神五遁方得效驗反此者不驗

占官員大計吉凶　凡官員遇大計之年未知吉凶

以直符為吏部開門為官星開門宮受直符宮尅又休囚廢沒及不得吉星格者主拿問旺相者罷職得吉星者降調不受直符宮尅及相生者無事假如下元陰四局乙庚日丙戌時開門在七宮直符在六宮不相尅制主無事

占新任地方　凡新任官員未知地方何如當以天禽落宮為京師其餘為外地以各宮六儀三奇為分野若遇甲戌同宮陽日用甲陰日用戊如開門

落宮上有天蓬主有賊盜六庚主有兵亂壬有旱澇不犯此者平安各以本邦分野與任所分野定遠近　如芒種上元陽六局甲巳日巳時占此時開門在二宮天禽在九宮不與同宮主選外官二宮有六癸其任在北直上無丙壬又無蓬庚主安寧

占官長喜怒　凡有人事過見官長未知喜怒以開門為官府時干為已身如開門宮尅時干宮被擊刑諸凶格者主受責罰有凶格不相尅者止發怒不責人若上得六丁時者名為天輔安然無驚雖有凶格又被尅制亦無妨也見尊長亦然惟以年干為尊長仍用時干為已身耳

占牛馬羊騾　凡遇牛羊騾馬生災占法當以天芮為病神以艮八宮為牛牛者丑也丑在東北故八宮為牛坤二宮為羊羊為未未在西南故二宮為羊離九宮為馬馬為斗斗(午午)在正南故九宮為馬驢

騾馬屬亦以離九宮主之占牛病看艮八宮得生門者主得死門而又得凶格及天盤星宿來尅者必死犯他門者主纏綿甚重尚為不死羊馬等類各以其方占之以天芮休囚之月為愈期以月內之干為日期

占逃避　凡避兵難看六庚避賊盜者看天盤(蓬)官司看六辛時干為自已如六庚尅時干而不加內地者不必避如內地而不尅時干者不必避尅時干而不加時干者不必避加時干而不尅時干者不亦不必避必既尅時干又臨內地及加時干者為當避也天蓬六辛亦同此法占之惟避仇家其法則異看其禍之由先動者為客為陽六丙主之後動者為主為陰六庚主之如客占應避與否當以六庚落宮尅六丙落宮又臨內地者當避或尅而不臨內地或臨內地而不尅俱不必避若六庚乘休囚之星而加丙不必避乘旺相之宿而加丙則

當避凡占迯避其看六丙亦然但下臨六庚凡事將艮總不必避矣

占訪館　凡占館以天輔為己身直符為山主天芮為子弟若直輔宮生天輔宮而天輔宮再得三奇吉門及諸吉格者成其餘俱不能成各以落宮論之又看天芮在旺相之宮子弟多在休囚之宮弟子少蓋天輔之星道德淵源深有師長之象而天芮為交結受道亦有子弟之象也如有所往而謀

者又當以所往之方占得三奇吉門及諸吉格者有館無吉格無吉門者無館

占被訪　凡官吏士豪被訪吉凶何如者單看本人年命日干本宮上有何星門臨之如星旺門吉並有三奇吉格者官員則罷職降調百姓則贓少罪輕不旺相而有三奇吉門并諸吉格或無三奇而得吉格門并諸吉格與星得旺相或無吉門而星旺相臨三奇吉格者無論官員百姓俱主贓少罪輕有三奇格而門不吉星不旺相星旺相而不得吉門三奇及諸吉格或得三奇吉格而星不旺門不利者罪重贓多累及妻拏星不旺門不吉格局凶又無三奇者俱主傷命若本命日干再犯擊刑必受刑罰

占未出先定歸期　占法當看天蓬陽局天蓬在内四宮者上半年回在外四宮者下半年回陰局亦然陽遁自坎至巽為内自離至乾為外陰遁自離

至乾為内自坎至巽為外陽局冬至後為前半年夏至後為後半年陰局反此又看所落何宮即以本宮所得十二支位以定其期

占雀噪　凡聞雀噪大率屬喜占之當看朱雀所臨下得何奇何門以決其事開門得奇主有親朋至或行人遠歸或主酒食休門得奇主有喜事喜信及婚姻之事生門得奇主得田宅財物頭畜之事不得三門及門迫奇墓俱主無所關係更看景門

所臨吉格則有喜信凶格則有憂信或小惱
占怪異　怪異之說如犬嗥釜鳴火笑水笑兆雞晨鳴之類不可悉數大抵凶多吉少占之惟以時干所加下得何干何門何星決之如得三奇吉門吉星吉格者為平安無奇無門星凶格凶者主有禍事若吉處多凶處少主有禍亦無妨若吉少凶多主事情凶險終無碍也在內者為前半年在外者為半後年亦以八宮定期　如立秋上元陰二局

甲己日庚午時占怪異此時六庚在四宮得杜門又得天英凶星又六庚加丙為大白入熒主失亡被盜又星門俱不吉主有官事在外地主應後半年三四月内也
占夢　凡人有吉夢惡夢吉夢而凶惡夢而吉或晝夢或夜夢總以夢占之當以時干為主看上有何星門加之門星俱凶而得三奇吉格或無三奇吉格或無三奇吉格而星門俱吉者其夢凶吉兩無得星得門又得三奇吉格者夢吉即吉夢凶亦吉不得星門及三奇吉格者夢凶應凶夢吉亦凶若時得六甲旬中空亡即屬幻景無所應驗也　如夏至上元陰九局乙庚日丙子時得夢此時六丙在二宮上有六已臨為勃師之格又甲戌同在二宮為擊刑本為凶格幸得任為小吉又得開門主吉凶其夢平安
占動四體吉凶　人之眼跳耳熱唇動或諸肉跳各

有占法眼屬肝為木為震耳屬腎為水為坎唇屬土為坤左臂屬巽右臂屬坤左腿屬艮右腿屬乾右脇屬兌左脇屬震背腹屬中中若有跳動以本方上得何奇何星格決之得奇門者吉不得奇門者平平有凶格者不吉
占行間　凡兩國兵爭或應用間諜未知間諜行否以法占之以直事為彼國丙為自己庚為所間之人以月將加本時看丙與直事所得何支相冲則

動不冲則不為我動既已冲動又看庚與直事之乘星庚任間之無益庚乘星尅直事之星者無益相生者無益必直事乘星尅庚乘星者其術得行也

占期約　凡與人期約占其負約不負約如期不如期看是何人年為尊長月為同類時為卑幼日為自己在直符前者先至在直符後者後至所落宮相比生者不至如直伏吟雖有陽星加之亦主不

至五不遇反勃格皆同

占詐誘　凡敵國之道兵不厭詐故有當行詐誘之時占彼墜已之術中否以六丙為已六庚為敵朱雀為謡言必朱雀落旺相之地又要六丙落宮尅六庚落宮或六庚宮生六丙宮其術得行如庚雖被丙尅而在旺相之鄉或生六丙不在休囚廢沒之地主半疑半信丙被庚尅或生六庚而不旺相者其術不能行如常人爭訟私鬪類亦欲行詐誘之法者日為自己年為長輩月為同類時為晚幼其占法同

占開釋　凡在官欲開釋者占法以地盤六辛為在官之人看上乘何星何干得旺不旺成何格局再尅開門落門或與落宮相生全者其開釋甚速不倫者少遲若開門落宮尅六辛宮再得休囚牽纏多不得釋放也

占法遺補

占謀望　三奇吉門吉星加于本人年干之上不犯奇墓門廹五不遇可成

占科名　三奇吉門吉星加于本人年干之上不犯奇墓門廹可得反此不得

占蠶　三奇吉門吉宿全于金木之宮為吉須要不尅上宮及門為良若吉門星奇皆不至金木宮而更尅正宮星及門蠶寡收

占逃者之人　玄武屬陽為男屬陰為女有氣為少

無氣爲老

占蝗蝻　死驚杜傷臨日干則來非此則不至也

御定奇門大全卷三十二終

清湖海居士◎輯
北京學易齋刊行
鄭同◎校閱

御定景祐奇門大全

［下］

影印四庫存目子部善本匯刊［十六］

謝路軍◎主編

華齡出版社

御製奇門大全卷之三十三

乾坤變異録

乾坤變異録序

夫夫天地之道有變動妖祥者皆由其人吉凶之氣所感故傳曰妖由人興斯言未盡矣今則唐祚初興君臨創天下浩統四海東濱雖運亂河圖冠六十餘處帝親掌卒自統兵帥下視人情上觀人吉祥見其三信戰皆盡克而降臣乃親視吉凶頗多

試驗逆從軒轅以後三式奇門之書皆遍覽閱搜纂撮削其繁併再録題御勤成三十六篇占為乾坤變異之録凡有更異無不知情天地日月星辰風雲氣霧霜雷雪電雨龍虹水火人流宮城屋室飛禽走獸木草雜雜虫物品妖異並一一纂録各成篇部貫核尋者不煩

聖帝賢君有不巧之王業須知成敗預之安危傳之英雄以為救亂者矣

御製奇門大全

新刻奇門乾坤變異占

占天部第一

周髀六天圖而出天者圖也

天尊而地卑在天成象傳曰輕與清者天之體也

天無私覆

老子云天得一以清天秉陽垂日月星三光也

易云天道惡盈而好謙

范蠡曰天道盈而不益説曰天道真純與為善隣

天行善事上契天情則降吉利賞人之善故也

并有常行仁義恩信恵愛行于天下感應上天克讓其國而及時人皆懽悦大國無禍亂此天之賞善也

行其不善之事則天變災沴日月薄食雲氣不祥風雨不時敗之水旱頻其凶惡以示于人若乃知過而改之則災害自滅也如紂之無道荒

滛亂政則天下不容憂降雲至牛目天雨石礫
雨血降雹大者如馬頭紂不知過不能改惡修
善之武伐之與合天心此天道真純在此而論
也
天忽變色四夷來侵　天晝婚有風吉無風凶殃
從外至矣　天忽裂有大水大兵起　天裂現
光有流流　天裂見人及害隨所見聞　天裂見
牛馬人主不安　天裂見人兵起國危　天裂者

者作亂之君無道之臣欲裂國其不主當之也
天春裂無害　夏裂秋裂此主賊人不安民飢
冬裂天下大動冬有大兵亦有大水
天文志孝惠帝二年天開東北二十餘丈天裂陽
足地震陰有餘皆臣下盛將害上之變時當呂
后臨子位革欲兵亂此之驗也
天久陰不雨主下謀上
天鳴有聲天子及大臣有憂驚

劉向曰春秋之前天鳴地行折灾異並臻
天晝光血出狀流星分國改號自成王三年之內
天下不寧天忽濛濛數日不解大雨不至將相
有憂
凡天下旱大臣權政不行正法無惠澤及下則禍
萬姓
凡天裂世主失政不出一年

占地山石部第二

説云地畀而天尊在地成形地方也
山海經云地方而靜立玄之像極至于兩極三億
三萬三千五百里七十一步北至此故云地方
也地無私載人君不修其德不可以恃之則國
危
孝子云地得一以寧地無疆廣也
淮南子云地缺東南百川流歸與地
易曰地道變盈川流謙地重濁也地者有山川之

險

凡地動震陰盛陽衰後漢張衡鑄入龍衍凡驗其地動之來所以災也地東險載五行山川播五行地土契則草木不長有五色之土徐州貢之斥鹵之地不可安營致軍地忽變色有大兵起

地動壞城郭京牛馬及野獸天下大亾國主受殃兵起

地震動象水波于本搖臣專政女子用事

地動有聲如雷及鷄雉鳴大亂之兆

天氣之氣不同若通人之憂也地震四壃災國害政

地震雞雉鳴分國改號天下不寧國亂人流亡

地震搖驚禽獸不出二年米貴物不收兵盜起

天鳴地震天子失政大臣有餘謀

地震搖驚禽獸不出　地動十日以上有大兵起

天地無故搖動不出一年天下不安更立王侯

天柱動而不動震主兵革發此聲有雞雉鳴者為天柱動無為蚩尤旂下有兵流血人民相食易政改號臣下相煞戰國大爭

地動千里有兵起

軍地震攻擊大勝不出三日賊來自應謀反者利

凡軍地忽震動震往他軍利以攻擊震我軍利固守後勝

守後勝

凡地裂世主災不出半年内

地裂社稷天下大兵　地裂市色不出三年其分有災

天道中忽折裂不出一年有大風雨

地裂十里以上忽山阜破咸溪谷為大水

凡地春裂有聲天下不安急兵起

地夏裂一丈以上五谷貴一云煞五谷

地秋裂人流亡

地冬裂大兵起

凡地裂折大水氾濫　地裂見水兵起國至災

軍地忽裂折敗之兆急移之易將禍除

地中响有响聲兵相侵

地中聲涸涸者邑亡

地無故亦如火燃大兵起

地卒沒陷爲兵收

軍地忽生火軍敗將亡及有加火照下有災將至必死

地忽長生木樹臣下化地長社稷王者益土

地長有道塞不通大人將起地長市國中有分裂

地春裂陷大水薫行人道

地夏陷兵起　地秋陷大兵　地冬陷爲兵及水

凡地陷多爲水災

地忽夏長年中熱　地秋長煞六畜

地多長民人安

地自傾無故生泉併雜物年中米貴大亂兵起

地忽生毛天下大熟　地陷城池沉不出一年兵興　地陷或爲臺人君賦重不出二年有逆臣

街道巷路無故自湧高國有逆臣逆賊不出三年隣國有相侵民散亡　地率長高國易政

軍地生血主將死憂宜卜吉處居之

軍城忽陷主將生憂默移之即吉

軍地忽石爍有禍生急移之吉

軍地忽土躍士亡將死之兆急去之

軍地忽生塵攻擊必勝不出五日定得殺戮之功

軍地土暴長主將封侯將戰得天之助大勝

軍地忽生黃色將軍封邑天降吉利攻戰必克

軍地忽生五谷主將天道仁勇行感也

軍地在野生繩出其荊棘軍破將亡

軍地忽陷城坑將死在野

地陷城池主災之兆兵起　地長生樹天下受福
地春冬陷主大亂兵起有大水民飢
地陷一里人無家屋不聊生計　地無汗出赤者
凶
地裂一丈一里以上或山阜城域溪谷用大水人
流亡
地裂長道中天下不通
凡陰背陽則地裂也

地卒裂長如道年豊熟　地冬長人不安有兵動
地無故自下城並郭攻出雜物天下大亂
地忽生泉有戰必敗守城陷一云國弱又將危地
陷生火有兵起
山春崩有征伐傷五谷　山夏崩大水有大災
山秋崩有大兵物不收　山冬崩大飢
凡山崩臣下背叛反逆以弱勝强也
山無故哭聲天下大兵　山自亡人多失政

山忽徙忠臣去佞臣用政在女志不出五年有飢
山無故自移主天下兵社稷危亡
山自晝夜有聲如哭天下兵喪
山忽生大石邑喪主
山崩世主德暴不出二年有奪之國中山分君臣
相背邑中山崩其邑有戰或大水
山自崩馳國分
山中見異類非人曾見者各有形名者敢其邑皆

為大水或飢兵革行邑凶
山有長大臣下不吉
山石自動反生樹木並衆物類及小移或遷還或
血皆天下大亂
山忽生光臣下不吉
山石或為人形及畜飛鳥皆為國天下虛
山冗作聲為人形及畜飛鳥皆為
山分裂主君相争女主有謀

山忽赤如血諸侯逆一邑故壅土為山謂陽反陰人君淫被女人所謀不出一年有易嗣之君

石圻有水主謀不成　石生作禽獸諸侯興兵

石生于野庶人興　石忽濕有血皆主兵起

石生如形庶雄持政

石鼓自聲若金鼓之嚮兵起有灾沴

石哭泣戎兵起

石生如飛鳥形内戚女主近臣謀反

石為人形一曰國君少嗣其生道中其分亾

石生于方主軍謀逆不出一年兵興

石生毛髮如絲絮不出五年有兵謀事

石生重累不出五年相謀且成

石生水中上見者近臣如女主謀逆不出入年兵起

石生邑都國中君有去故就新之象不出三年有改易

石損移分明兵起盤石忽生軍地宜可久居之吉軍營忽居宮殿内地起女人進賢人滅

邑土成洲吉

邑縻而成枯朽佞人興賢人爭權不出一年其分亾

邑滅而成土興屋高謂陰掩陽不出一年兵興女主喪

邑後而成濟是謂反陽不出二年宮女有爭為后

者

邑中鬼夜鬼一年天下喪爭亂女人離散

塚墓自作聲音天下大兵起

塚墓自移天下大破矣

塚墓自臨民流亾

塚墓樹自死民多疾

塚墓中鬼哭及夜行呼喚不出一年民棄屋室而散

邑空邑中冬不寒地水不凍其分易政民飢絶貢

占日部第三

火晶之至炎而為日　　日之精明

日昃也無私照人瞻仰之

天無二日日成日傷稼亥日水旱揭民禍生朝野

曰鐲正月兵起人流亡　二月國憂六畜死亡三

月主旱人民飢荒　四月多橫死有大傷

五月夷狄作亂交雪封疆　六月公私不藏

七八月損稼千里國殃　九月民憂國有大喪

十月羗反必有大霜　十一月畜没及虫蝗

十二月小兒哭損麥

凡日食日烏出者天下大兵大亂十室九空

出軍日食軍破國危　鐲盡兵盡國皆易政

月朔至三日蝕天子憂日征伐

日蝕在牛女主象　日蝕在角主人君角為天心

凡食淺則為淺深則禍深

乙酉年日食年大豐

一云日食正月百里流血民人散失

二月稼傷六畜死　三月大旱人民流亡

四月東北流血疾疫橫死在道　五月准此

六月天子欲謀公卿　七月災害人流萬里二十

石死　八月大旱人食草木　九月大人疫十

分除七　十月蝗虫夏起牛馬卒死

十一月春有霜殺草木　十二月長者死多麥不

熟水流五百里

凡食先後一日有風雨雷災

日月食者皆為亂之地也　已食而雨是風殃

凡所食之方融者從而擊之破軍殺將蝕之不盡

從明擊蝕之若盡從始擊終

凡日暈暗三日內有大雨雷霹靂殺牛馬六畜

日暈有餌不出六十日其分有喪

日暈無光君失道不專刑分旦日威無光也

日暈傍有物如牛不出三日人入城
暈中有一抱所在軍勝　暈裏厚表薄兵遲表厚
裏薄勝疾　子卯寅日暈主大雨
未申亥日暈光有風寒後雨
巳酉戌日暈有風不雨
丑寅辰日暈光溫後寒中有陽烏三足
人君之心興日月同明則四海歸心日為德也
日無盈縮人君心如冬日夏陰人皆慶之

日月行三道日行于天一晝夜謂之一日
日者食也言光明盛寔也
日行一度日出地謂之晝日入地謂之夜
日行于天去極近日長而暑去極遠日短而寒去
二極中暄涼時故晝夜兩停
聖人作歷以推步為序之四時分之以八卦正之
以中氣變之節候以為二十四氣其于形度長
此災福篇中不可載矣

日月行其列宿之邦有道之國過之即光明人君
吉期百姓安寧
日或青日黑或黃有暈軍破無暈喪主侯弱人君
不聞道德其臣亂國背其日出也
日五色無光　日如蓮　日重輪　日重餌
日再中　日中有正字　光如練帶並吉昌之
瑞也
凡日蝕天子不是盛饌百官素服

人君修德日月尚在人君何妄
日蝕天子素服修六官之職蕩天事陽爭但一分
至二分之日蝕者不為災日月分同道也日夜時
故相遇也
淮南子云日虧而闇凡日食荒也
子日蝕在燕五月十一月　丑日蝕在趙六月十
二月　寅日蝕在魯一云正月七月　卯日在
魯二月八月　辰日在楚三月九月　巳日在

宋四月十月　午日在韓五月十一月　未日
在沛六月十二月　申日在陳正月七月　酉
日在鄭二月八月　戌日在晋一云在梁三月
九月　亥日在晋四月十月　皆王侯竟以所
主之月為厄期

子日蝕兵起　丑日憂旱　卯辰日時死國憂
巳日午天下大災人民城邑傷半　未申日兵
起　酉日喪亂人民城邑兵起天下不安

日暈正月六畜暴死在下旬三日有大赦　二月
日暈谷貴　三月日暈多雨暴風損苗　四月
日暈有憂有殃　五月日暈主疾病　六月日
暈吉　七月日暈主有暴霜　八月同上　九
月日暈稼穡傷　十月十一月同占有水殃也
十二月日暈五谷不熟人民流亡日暈三重大
兵欲起

軍軍相攻要看暈薄厚厚處必薄薄必厚

日暈有珥珥處雄外青中赤者勝白氣射暈所向
向軍敗三日內避之吉若無兵敵將軍敗移之
地

日出三暈國易其政若不立王軍敗兵亡

暈出抱日為順背出為逆順勝逆背

日暈中青外青青主臣下主王有氣來射反受其
殃

暈有刖纓在上為尅在下為纓為善纓為凶一尅

三珥必有大赦所伐必尅也暈有三重如纓之
狀更生兩抱利先舉兵逆者破軍殺將若三重
在上下重在下赤為衝之流血于野兩軍相對
暈抱相似軍勢未戰勿更忿忿軍形如軍主好
讒賢人遠小人輔用

暈驗邪引讒用暈散如花其分破亡嫡人相謗軍
背叛凶

暈不相續上下斷絕將軍佞行刑法于軍

暈不相續上下斷絶將軍佞行形法于軍
暈向左背抱氣右氣内青外赤將不和律欲逆謀反内外相應
暈氣似蛇將軍敗死宜用守之吉
暈中有氣向外射出敵來必敗
暈旁有氣圓圓似日内兵欲擬背叛防禦之吉
日暈氣白淩暈必有大戰順氣者吉逆者凶
暈曲下重三重向下軍多妖言兵將相感

白氣抱暈左右相對軍不戰各欲謀退
日暈如毛向外射出主大人捉客軍喪疲
日旁有氣狀似日暈下入謀叛破亂州郡
日暈白軓城不可攻　歲朔有暈小熟之候
日暈有背在日北方若當其上其軍必亾之兆
日暈在立重君有德大熟王者無德兵起米貴之兆
暈不虛發見皆有事

日月共暈闘合大兵
日黑暈氣再重者天下大水冬雨夏霜米貴
日白暈兩重國多暴風雨五谷傷
日赤暈兩重有蝗虫旱谷傷為賊在君左
日有青暈主大寒及谷貴大疾疫
白暈多暴風雨傷五谷六畜賤
日暈中有青氣如十字在日中貫者逆賊到城入國自退

日暈白降聞者小勝謂貫日也
日無暈空有珥冠纓宫室内多奸之事
日無暈有冠及左右珥其國分民歡樂謂無下纓也
日無暈左邊有珥君幸内宫
日無暈上下左右有冠珥分明君國私之
日無暈上下有珥者君臣有喜之兆
日下有纓經懸如鋸齒之狀大逆世卜無五逆大

人無暈有大吉
日上冠下纓所臨君降暈在東即東諸方倣此
日旁有青黑掩日有賊擬來斫營隨雲先擊敗賊
凡日鬪諸侯及臣下皆欲謀君兩日並出諸侯亂
常有謀天下用兵無道者亡也
三日並見君不君臣不臣日有四珥天下五逆去
天下之兆也
日旁有慧星子欲謀其父

傳曰赤烏雲形日夾日而飛過禍及其君占曰灾
可移之于公卿以下王曰不移可寡人受之灾
自免矣赤烏應之而消
日月並見強人勾外人謀其主君臣相殺大亂敗
國
一云君弱臣強一云二日並見人主失政曰左右
有一星二星或三星逼日者將下臣下欲謀君
四星在日或在右左或在上下有五侯欲謀其

君
日色無光芒及赤色有軍敗敗無軍喪王侯
日赤如炎其君無臣當亂國日足黑大將死
日晝婚行人無影至暮不止者上有急暴刑下不
卿不出一年有大水
日失色所臨之國不吉
日五色氣貫之自卯至自愈人君修德
日中有飛燕入主崩之兆

日隕于地不吉之兆
日暗黃霧四霾不出三年天下拔城大亂之兆
日光四散赤如流血照地皆赤主人有疫
日生于夜高二三丈大凶
日暴赤如火及反有烏形三足分明大凶
日有瑕背傷君之兆
日旁有赤雲二道向日三年內其分自立王者
日旁有雲如懸鐘不半月國有死將

日赤如赬將死在野

日月共人飢荒

日暈有一珥用兵所在利白旁有白珥急兵動一云三日並見國君崩其位有人私居前後宮也

凡日足青有明命

日足赤其分主走

日足黃大欣

日足白叙諸侯

日上下有珥兄弟妻妹有私事

日足黑將軍凶

日不暈有三珥及五六大吉

日夜見君必為臣臣必為君也

日在天分中君大憂臣謀主

御製奇門大全卷三十三終

御製奇門大全卷之三十四

乾坤變異録

二星在日左右夾日數親其侍臣欲謀主

二星在日左右上下夾日黃門欲謀其主

二星在日左右及上大臣宰相欲謀其主

日上有珥昆弟私

日下有珥君興青衣私

日左有冠珥君有陰私帝妻謀夫一云宮女私見

弟相知

三星四角夾日其國大聚

日下有背氣一條重者出軍境首戰大勝

白虹在下貫日者通度百事

青虹貫日者病氣至國小惡

黃虹貫日二子二其共衆起禍天子

黑虹貫日臣有五逆興通者脉不通者變也多在下貫之

黑氣貫日者不必謀逆或以狐皮賊人得屠僣人
專權君子亡
黑雲貫日客敗將死
黑雲貫日圍城必失
日傷昏暗天子失律佞人為佐君子被嫉
青氣來疾縱横貫日奸賊人營城傷士卒
日底赤氣如懸鏡光舉必敗軍無整理
日下白氣褐如祈幟天子大悦當有大喜

日旁有氣狀如懸弓大兵起一道一亂如數占之
有氣抱日攻敵必尅
白虹貫日天子災深有軍在野將軍必死
青氣三道貫日十日將必失位
日下有赤氣如鋒芒在于兩旁被軍殺將主人必
殃
黑氣如日必有大雨或有大風在三日之内隨雲
攻伐必尅雲指擊之吉

日上有赤雲客當將死
日月並出相去一寸臣下大亂不順之兆
濛霧昏昏為日死攻城必下賊亡其壘
氣青向外射暈而出城下客軍敗亡
日旁有氣青如如鏡下有賢人謀深有德也
白氣交錯貫穿日過軍不和律之象也
日紫沉兵草大亂諸侯相侵天下悲吟
日影如蛇主敗國喪家赤氣如矢必有逆賊

日入照天地四方晝赤晝昏無色天下隔阻
日赤如火如血色無光臣逆臣内亂或照地地黄
色下專權其分亡
日沒復見國當易政
日入如雲如收人形臣辱其主二國戰爭
日若陰沉日月俱無光晝不見日夜不見星皆有
雲障而之不雨此君臣俱有陰謀若晝夜暗主
臣謀其君也晝暗夜明主君凌其臣也

日出一竿而無光輝其月有崩主若有憂一云病
疫
日晝昏烏鳥羣鳴忠臣持政國失政
日出無雲而障日不見者如此三日主大喪必滅
國
日中烏見主不明為政亂其分國有白衣會
天旱三足烏出日外天下大國受殃載森森哭聲
吟吟

日中火光氣見者左右大臣欲反當驚覺之
日中黑雲或青赤黄乍高乍下十二十三其主必
崩晉昇平三年十月丙午日日中有黑子如雞
子俄孝帝崩
一云日足白有破財將諸侯退敗
日足雲閒日影見屬地而純白也
日上黄芒天下攻戰
日消小當所分主崩

日夜見者主不安大兵洪水
日中分其分亡
日再出再沒其分主崩有兵主降于臣天下亡
日出非其方所其分失國政令不行
日並出照是謂陽明兩主事並
衆日並見天下分裂百官各謀政令不若一日之
並出衆日似日形兩軍相當衆日並出分營之
應之

白日與黑日鬬其國相失天下有兵不出三年大
亂
日鬬之時或五色無主似日之狀形隊相相逐淩
突皆為天子失國王者當興迭相交爭為旱兵
將滿野
日月並見是為滅亡天下兵起其分將亡臣亂謀
主
日月並見星 同見有光天下不禁制下臣政令

不行其國亡
日月中有人者臣害主兩王争
夫日暈食皆主不吉之兆
日暈兩重傷五谷虫蝗為灾或赤者禍在其君
日暈三重諸侯王及天子受兵三年内有攻戰
日暈四重兵盛在野反相亡分主崩
日暈五重是討謀先女主喪年飢天下有兵其分
敗亡

日暈六重國失政兵起
日暈七重中國弱戎狄强有大急更立
日暈八重大亂天下灾除
日暈九重主天下荒民飢
日暈十重天下亡則各以日辰宿分占之國也
日者陽精之明耀魄而寔其氣布德主生日德也
德者主之貴也德傷則亡故日食必亡君崩之
灾王者修德責躬修已行其兩路之患爰可消

灾反此身國亡矣
日時皆有兵喪失地亡分皆以蝕時早晚宿分日
辰占之
日初出而蝕日謂無明齊越之地受兵亡地
日午以後蝕者有兵兵罷不起
日蝕從上起君失道而亡
日蝕後旁起内亂兵大起更立太子
日蝕從下起女子自恣臣下興師動衆失律將軍

當之
日蝕少半諸侯大臣亡國失地相逐
日蝕中半有大喪亡分
日蝕大半灾重天下之主當之
日蝕盡天下亡喪臣子有謀君父也
日晝見星臣謀君天下分
日蝕兼暈旁珥白雲来去掩映天下大亂兵起臣
謀君

日蝕旁以白兎白鹿守之民亂臣逆君不出一年
兵起
日蝕時有雲氣宜暈似有羣鳥守日名天雞后妃
謀易主旁擊喪其君數事動静欲其志
日蝕大風鳴地四方有白者宰相擅權謀叛
日蝕地震裂色味而寒者四方正伯専誅恣行將
叛逆
日蝕而寒又在平旦中午國大憂飢賊盗起夷狄
動
日蝕生墜而復上君將破誅下將窮竭賦斂重數
應之
日月俱食有亡分
日薄食無光不明在春夏大凶女主有喪亡
在夏境年諸侯死　在秋有兵戰勝主薨
在冬則有喪相多死
四時王者日食主相薨

日時者國相死因臣謀君休廢及多疾病
列宿日食在南宿將吏耕田臣有憂國門閉其國
亡
食在亢宿者朝廷謀反
食在氐宿者天下不安卿相讒諛君殺無辜王后
惡之
日在房宿者王者憂病有亂大臣専權在心君臣
不相信政令失儀度
食在尾宿者將有病後宫凶
食在箕宿者疾風飛卒發木折屋
食在斗宿者國及叛兵起或在叛妃夫人祠咎
食在牛宿者其分牛畜多疾病
食在女失位巫祀后妃相祀也
食在虚其邦有崩亡天下改服
食在危主崩臣改服
食在室主出入無禁好女色外戚専權

食在壁陽消陰壞男女多傷敗其人道王者失孝
敬捐德學教禮廢
食在奎魯　凶邦不寧壞在人主邊境庫之臣
食在婁或在聚斂之臣
食在胃亡安輸國有乏食之憂
食在昴大臣危于獄王有疾或有枉獄誤天子者
食在畢將有邊亡主有弋獵之咎
食在觜大將謀議或于將兵之臣

食在參或將帥
食在井秦邦有臣為謀不成大旱人流
食在鬼其國君不安　食在柳廚宮官門戶橋道
之臣為憂
食在星橋門臣有黜者
食在張山澤污池之官有憂
食在翼王者退太常以法官代之之有德令則日
食不為害其年旱久王者失禮宗廟不親或人
主駕之臣
食在軫貴臣亡主后不安

占月部第四

月者太陰之精積而成象魄質含影稟日之光以
照夜女之象刑罰之義也坎水為月也
月生于西月有盈虧三光莫大于日月無私照人
君必合其明則德應皇天
月減而珠消王者明月行道依主不明月行失道

大臣用事兵刑失理君臣刑德不政之咎也
日虧麟鬬日
月行卜疾治刑緩　月刑遲刑暴急
月有變人君則省刑恩縱肆赦故傳曰眚灾肆赦
矣
月之行度之數此篇雖盡其理則今有變動隨其
事而占吉凶
正月六月食大旱　七月八月食兵起

九月十月食秋糴賤人主動有遷移
十一月十二月准前
月食年月日時占其邦野
月食正二月曹國凶　三月食楚國亾　四月食
吳國亾　五月食梁國凶　六月食沛國凶
七月食楚趙凶　八月食鄭國凶丿九月食衛
國凶　十月食魏國凶　十一月趙分凶　十
二月食燕分亾

月未滿十四日食國有憂兵起月滿食大兵起
月食從下起國失記軍事迅有疾
月從旁邊食灾其國相
凡月食為陰
月三日無魄者其月必食
月食其邦有拔邑大戰出軍逐食其野軍死大敗
月食三日内兩事解
月生三日食是大殃　十日至十四日食天下起

十五日食其分破
凡日當其交道多失
月春日大人憂貴人乃將相死　夏食谷傷　秋
食羌兵起　冬食其國有女傷
月凡興女星合宿而食者又興歲星食谷貴農官
憂
興熒惑同宿食天下有破亾憂
興填星同宿食國分飢亾

興大白同宿食強國戰不利將有二心
興辰星同宿食其國分野亂而亾
　月食在列宿
食在角亢將吏有憂　食在亢君有憂
食在氐其分主疾崩大臣死后惡之公卿大人憂
食在房君有憂大臣專政亦憂有病
食在心王惡之太子憂三公死
食尾在君族有刑后有憂

食在箕為風車騎發在箕中者其國分病起
食在斗天子必有殺戮諸侯叛謀者自敗
食在牛國叛兵起牛多疫貴人多死夏田不收
食在女其邦有女主憂天下女工廢
食在虛邦有兵喪天下改服
食在危不有兵喪大臣必薨天下改廢
食在室為士庶之粮
食在壁陰道毀傷大臣戮文章者執

食在奎大臣憂消
食在婁聚險之臣有黜者后妃死
食在胃王絶食或亡大將軍死后妃有罪
食在昴大臣誅貴女失勢
食在畢有使逢者凶若臣誅
食在參觜主兵臣當黜貴者誅旱及民飢
食在井鬼大臣誅皇后不安五谷不發廢貴臣夭
下不安

食在柳大臣當憂被黜
食在星正陽虧太陰皇后大臣暴誅其分民飢之
兆也
食在張貴人失勢后有憂
食在翼君德諧聲清正者亡
食在軫貴臣死皇后不安

占月暈二十八宿第五

凡月暈在角將軍有殃士卒多病死

月暈在右角將殃麟角虫多
月暈兩角大小黃白色君大喜當有德令無德天
下有兵國不安
暈角亢先起兵有喜勝
暈亢用軍有兵革之事有兵必罷無兵八十日兵
兵
月秋暈亢大臣死大戰
暈氐大將誅水虫死

暈房心其國有兵在廟當勾五宿大赦三宿小赦
暈心尾大風動地
暈心尾易政變貴也
暈箕斗從東北方來勝西方不利五谷不成大將
易政　在斗千里人流亡
暈牛牛多死有軍士卒將亡也
暈女憂婦多死進兵不聞有謀不成有風一云絲
棉布白暴貴

暈虛兵起人飢兵革離宗廟
暈危軍敗人多疾病兵革離
暈室畢大風起天下爲謀不成
暈壁兵大敗有兵米貴　暈婁天下有兵及大水
暈胃若木在其中天下有德令有兵不戰姤女多
病
暈昴一歲三暈來年大赦弓弩貴
正月上旬暈亦有赦

暈畢軍人主喪
暈三重當有赦也
暈觜參大將亡女子死主有赦
暈井鬼兵起及大水年不收糴貴
暈柳林木斃若有兵戰一云大臣死有水人流移
暈在星人多夭傷時令不調
暈張飛鳥死海島水大人憂民飢
暈翼有兵大聚大走及大戰人去屋室

暈軫兵戎大兵滿野人飢一云有赦
暈五色不明主人勝色明客勝
暈歲星人主不安重則崩星明客勝一云大水糴
貴
暈三重將死
暈熒惑國主崩在所守之分又女主凶星不明客
敗其色勝兵在野大戰無兵兵起
暈填星所宿有福德星不明主人勝

暈三重相死天下有土功兵起兵主失勢憂
暈大白色不明主人勝明則邦客挺其國而戰不
勝主死星月合宿而暈主死外境也
暈辰星不明主人勝明則客勝
暈辰在角亢間二重如連環大臣誅春夏
暈辰人病寒勢秋冬暈兵起攻大水主死若大憂
冬暈主命惡之
月春暈歲夏熒惑秋白冬辰四季塡其星惡國之
分主崩國亂大凶
月日並出君臣相伐君弱臣弱
月上有一冠下有兩珥天下大吉
月三五有一冠天下有喜一云有大風
凡月有冠珥偏側並主室奸私之事
兩月並見其分亡
月或進或退女主外擅權
月乍南乍北大臣用事兵刑失理

月變色有憂
月晝夜奸邪作君臣爭女主用事大國弱小國弱
强中國飢天下謀僭
月行入天門及暈兩河者上將戰死又云兵起
月暈三重兵起天下斷道
暈太微中帝座天子自將兵也
月生正偃天下有兵兵合無兵主凶
月行太急未當中而中未當望皆為急兵大戰敗
大臣執政
月未當缺而缺大臣亡上下不和也
月未當弦而弦有大水
月初生黃色而火青色雨多色潤白大雨
月左有珥臣與青衣比宮奸
月右有珥臣與南宮奸兩月重見臣為君初仰月
也
月初生懸而並出天下兵起天子敗城

兩月偃並見天下當水
月二五右有珥兄弟為謀事
月懸而細者臣與北宮女謀私事
月在三五六七八左右冠國有喜亦主有私宮事
月望而月中蟾除不見所宿國山川大水城陷人
流亦為變大妖宫内不安
月出復没天下亂月分為兩道無道之君失天下
月重再出皆為暴兵殘害天下亂首將有亡

月與五星及雜星干犯部占
占列宿部
凡五星及列星相蝕薄皆凶
月與歲星相犯女主死臣謀君
熒惑與月相犯臣謀君後宫有害戰勝之國大將
死
月與填君相犯女主凶朝臣有戮而死
辰星與月干犯有大水其分兵亂而征

太白與月相干犯蝕月易大將刑死
水食月有大水
五星八月中其野有逐君大臣賊主
月蝕五星或薄蝕皆其分有殃
月凌歲星年多盗賊刑獄同光有飢亡同宿有凌
癘
熒惑與月同光内亂米貴
月吞滅大國破填星入月不出六十日有土工興

太白與月犯飢細述在五星篇中此未盡其理
月行迭道而犯宿者
角月犯蝕大人憂有獄訟事天下凶有軍
月犯左角大將戰死
犯右角都尉死
亢月相犯其分將死食亢大人多食死疫癘王者
失理當省刑罰
氐犯月天子起兵擅道駕宫中有謀大人女主宿

止不安政刑失理天下飢盜賊起
房月犯食大小將相誅戮
月行房南一尺有刑獄出房北一尺兵起有亂臣
在朝有大水
月出中道利以稱兵
月行太陽天下亂人多哭陽道未窮而作
月行太陰天下兵起陰道未窮而作
心月犯蝕朝有亂臣謀其主為逆犯中星君遇賊

國飢

御製奇門大全卷三十四終

御製奇門大全卷之三十五

乾坤變異錄

月乘星國相死出太子北宮朝交出南君憂兵起
變于心兵在外時無兵天子謀位失刑罰
尾月犯蝕軍國將死貴戚誅後宮不安后妃爭妬
入君子孫不吉
箕月相犯入月朱貴饑死其半入君酷暴蒼生失
所后宮政教失有暴風

南斗月犯蝕大將死大臣誅近臣去將軍死女主
凶
月入斗魁大人憂太子辱宮中有賊
歲星入斗有德令兵足
月變于斗易相大臣變刑戮易法令將相非理
月乘斗色惡蒼芒丞相死宿斗為風雨
觸斗將相大臣有憂國人多飢
牛月犯蝕馬羊皮暴貴將軍奔道路閉梁不通

一有詐邦粟貴大國憂將軍死一曰牛多度四足虫疾矣衆牛有女月犯干女主憂病有女惑之事國將死女工興有女令

虛月干犯天下虛政亂國憂將軍死人飢哭泣不已有淩廟事蝕虛危人多去室大戰起土工在外軍飢

危月犯蝕不有崩主大臣女喪天下改服將有死喪坟基蓋屋動衆之事

室月犯蝕國亂有憂將亾宗廟毀而復起將相有死王自將兵宮室不安寢收文德設武備振軍旅應之

壁月犯蝕大人為亂民死兵在外軍士驚近去將軍死軍絶粮將有謀土工之事月宿壁不風必雨蝕大臣戮

奎月干犯人人亂大臣凶民多死將軍有謀瀆潰女子之事犯奎大星亂人多死遣人不安國有

水災大人憂月入庫天下兵起蝕奎大將軍戰死乏軍粮

婁月犯蝕變于婁有兵在外不戰而和有聚之君淫納女咤好遊風大人憂將軍死

胃月犯蝕有變國有憂將軍死隣國有暴兵谷不實有粟令廩斂一事小國兵不戰人多疾

昴月犯蝕有變其分破匈奴有白衣會貴人多憂人散去鄉無辜獲罪

月中昴中朔王死理官有憂食昴貴臣誅變于昴兵在外絶粮軍將死故不安或背半月形一歲不出

昴畢間來有兵

昴月犯蝕有變出其北國有憂入軍中將軍死不利有邊兵犯畢天子用兵誅討急

蝕畢賊臣誅貴人多死兵草起軍見中月女主死

月失行犯畢合陽風合陰雨離兵則雨

犯畢大星臣下犯上臣謀主大將死憂于畢邊兵
急邊將刑
觜月干犯蝕有小戰更多死或背叛將相殃刑罰
之事
參月干犯貴臣誅赤地千里大飢又人相食左肩
左將戰死右肩右將戰死犯右肩食參伐小肩
戰死月宿伐為風雨食伐兵起
井月干犯左右星女主憂崩紀井也人主有憂及

大水若水官有黜者蝕井大臣有謀皇后不安
五谷不登有內亂兵起軍殺城陷流
血亦大臣誅斧鉞用月淩于井以色黑水占為
水
鬼月犯蝕人主憂財寶出食鬼貴臣女主憂天下
不憂有大喪誅臣糾彈冠凶犯鬼人多疫病
柳月干犯木土興木被伐其土工食柳王者疾不
安宮室大臣憂其地有禍

七犯星犯蝕兵戰皇后大臣暴有憂誅國飢犯星
有輕車國相更改
張月干犯者臣失勢皇后有憂
翼月犯蝕忠臣讒言正事者亡飛虫多死而北夷
有凶主王凶憂翼國飛鳥為害若猷鳥者
軫月干犯者凶喪車騎出兵車月宿軫多風蝕更
軫貴臣亡后不安有憂
月犯中外官

月犯攝提聖變制謀臣在側
月犯大角國勝戰不勝大人憂有大喪　貫則天
子惡
月犯織女主有憂誅鈎鈐月犯　駕行
月犯東西咸女主用淫至禍有陰謀不通
犯東咸必有賊
月犯天江有大水關梁塞
月犯天市衆貴有更弊之令大將軍死或易政女

主憂將有戮于市近臣有罪
月犯候所主者
月犯帝座宗星人主憂
月犯建星大臣相譖誅死一云有亂更天子之法
令一日近臣死大將亾易將相
月犯天弁粟貴一犯一月貴一月犯河鼓左右時
死所中誅軍敗大將亾有兵起
月犯太陵天下盡喪服星動兵起死人如岳星移

則無月乘犯卷舌天下多喪
月犯五車兵起聚傌入五車天庫兵起道路不通
月犯天関有亂臣更天子之法主関梁有憂王者
憂
月犯南河或為中邦凶山河戒中西方有兵起有
喪人民疫疾刑法峻暴有誅法不當
月犯北河之中國兵起道不通人君滛奢移犯南
戎之南起兵男多喪犯北戎之北兵水並起女

多喪
月犯五諸侯誅死
月犯軒轅人中或乘之有賊女主憂有水灾犯軒
轅左右角臣有誅乘太民星大亂有太后宗族
有誅犯其端君側有亂臣女子失勢中犯乘少
民亦主飢人流
凡御女女有憂御僕死犯大星女主流
月犯少微處士有憂不利穩居高也一云女子憂

宰相憂易吏出黜
月犯南一星處憂　第二星在議士　第三星博
士　第四星大夫憂
月行犯太微中大臣死憂月所犯者天子誅之又
主女后擅威凶于太微庭出其門為使貫太微
東出諸侯入為主出其中央門臣不臣
犯左右執法大臣憂相係死入太微中華東西門
並左右掖門而南有端門者皆為有憂入西門

出東門人主不安大臣假主之威不從王命
干犯太微廷臣謀主宜以求賢入中華西門皆為
臣出令入太陰西門出太陰東門皆為天下亂
有喪及大水入西門犯天廷出端門大臣代主
月犯皇帝座大臣憂天下亂有臣主惡人臣子反
正
犯四帝座天下有喪天下亡出黃帝北禍出座南
禍小皆為下謀上

月犯太微東西輔臣誅他官位各以占之
月乘犯內屏星君臣失亂而輔臣有誅者若免死
月入犯咸池天下大亂君死易政
月入三台君有大憂患賊在臣下一云大臣為天
子公侯共謀君日入犯庫婁天下兵起
月入犯羽林軍而宿兵大起
月乘犯北落師門皆為天下大兵起
月犯狼星日月變于狼攙兵不戰一云兵起小戰

有水
月入天蒼主財出憂臣在內天下兵起一云有移
徙
月犯孤天通王
月入軍市中兵起
月在天理中臣當欲反而入獄一曰君大憂
月乘在天高將死臣有誅者
月入咸池暴君起

月入天潢中者皆為兵起軍道不通天下亂為政
一云貴人多死一曰二十里兵起
月行不從天街者皆為政令不行不出期年有兵
行天街中天下百姓安順月行天街外百姓凶
月行犯折威中天子亡威
月入哭星主大喪女主崩
月入犯芻藁一名天積寶并射出出憂臣在內
月犯犍閉東西咸星大人憂臣誅太子不敢天究

入
致宗廟王者不宜出宮天子主崩
月入犯鉄鎖用兵有憂也
凡暈入中外官者月暈再重赤雲遶之如杵有軍
在外為人死于下
月北有青雲祇衝大通月南北有半暈兩重
月暈三重天下受命大亂必有拒城
四暈亾分崩主　暈五重其國女主死

暈六重七重天下為政
暈參畢七重天下圍城
暈八重天下有亾分
暈九重道有大熟者死
暈十重天下更主
月暈織女兵滿天下
月暈攝提大在暈中天下兵權行不禁諸侯分政
天下大亂內有興兵興上爭立一日有故

月暈天市有兵
月暈建星星月有令德
月暈太陵前足死罪後足小赦
月暈五車一星有赦小罪
暈五車昴宿畢大陵大有赦
月暈車一柱兵小出　二柱兵半出半罷　三柱
兵罷盡
月藏歲三軍大關赦

月暈兩河界有土工
月暈軒轅有女喪有小赦
月暈太微庭天子發兵自衛一二暈之天子自臨
兵行有急謀在軍中天子忌之
暈在五帝座有赦令
月暈文昌有赦
月暈天牢天下大敗多賊
月暈連環及北斗天下大亂國有喪人徙千里有

拔地城

月暈魚、星凶

月暈弧兵起狗多死

月暈天関関梁閉　暈天衢関梁不通

月暈天高不出六月必有大喪以日占邦

月暈関索不出四年有狹内禍逆謀

月暈客星星在此北國利星在南南國勝

月暈天雲雲有流星過月下或月上其國有喜一

云兵、出流星横、度暈月者諸侯皇后有亡失國者

月無光青赤暈虹霓背璚飢心度中是謂大溫兵喪兵起王者以除咎

凡月食中外官

月暈有雲貫暈約月不出其年所宿之國主有喪也

月蝕在建者中后妃侄弟當有黜者

月蝕大微中流星縱、横、經行太微之中者主弱日强諸侯四夷兵不利行不端心不正有邪欲不受命有奸人在王庭四夷難信

月數入太微有喪一云月犯東掖門為受命東南從徳事出西掖門為将受命西南出行事

月犯鬼秦邦君憂大臣誅

月犯鉞乘鎖月乘天尸亂臣在内

月頻掩昴子謀父一云歳胡羌

月行犯昴北有赤白雲兵入奴匈有得地赤白雲不緣月兵入不得地

月乘昴天下法峻有谷不收

月出昴有赦

月行蝕昴匈奴受兵食昴諸侯出門戸臣有事

月在北斗脚曲内或入斗中其國喪亡斗角皆上興國陰謀奸詐起一云月犯三台大臣憂

月入天獄中臣與外人謀反君臣入獄之象君大

憂
月在天分中為奸相殺
日月有人者臣謀主兩主爭有雲杆長撞月所圖
之分凶
月夜鳴烏鵲南飛常也
辰星入月中有大水春冬大雪牛馬疫君臣不安
入日二旬臣謀主
金入月中不出客將死出者主人將亡無兵大將

當之
一云金入月卒兵起國亂
熒惑入月五十日兵起
慧星生月左右臣欲謀主　慧星在月上臣謀主
慧掃出月中子欲謀父
慧星在月中為臣座君後崩謂月當八九已上是
也
月中有四慧此天降德天覩心大豐感

月慧星在月下子欲謀父謂月掩時是也在月上
外人欲謀君位在後宮共為之
一星在月上臣與君官作謀謀月三五
一星在月中黃門童女陰私為賊
凡星一二星在月上下角皆主官室陰私之事
月入天井中其月小雨
月未中星出月中西方賊攻有大賊客流星入月
中其分亡臣謀主

月抵天獄中臣反
月在紫微宮中皇后欲令君位
兩月在南斗中大臣逆関城門守草
月偃四星在月兩角上下夾月王侯欲謀其君位
月偃二星并生于月上有人欲代位
三月在月下王侯父母欲伐子孫亦有偃時
月未滿星在中宮門當奸陰星為賊兵
月三五一星在月上國長子奸私事月三五一星

在月右角上將死奸私謀事月三五一星在月
下者宮女多奸私謀事
兩軍相當有星辰月必有賊来突营陣内審備星
来西
占氣第一
凡占氣之法以五丈高台覩遠近辨形色以占吉
凶千里平看五里舉目二十里齊表桑榆三十
里外近地而抵氣者人之信也人有憂動則天

地降吉凶之氣百人以上皆氣象故天地之間
無有不氣者也積錢之瓦石古墟市檝戰場亦
皆有氣
海旁蜃氣象樓台　廣野氣似宮闕
自華已南氣下黑上赤嵩高三河之郊氣正赤常
山北氣下黑上青
渤海岱之氣正黑
江淮之閒及東海圖漢河水氣如引布

江漢氣逆如杵　濟水氣如黑豕　渭水氣狼白
虎　淮南氣如棉　少室氣如白兎青尾
千歲龜上有白雲乍高乍下往往而聚氣騎氣卑
而布卑
凡氣如覆舟或如牢牛之狀　又如旌旂　如鋒
芒如幡有竿　或如闘鷄赤白而相隨此得天
心吉利之兆也
有氣如龍或如虎形或如提板覆其車上皆不可

擊前後俱白中有黄氣白色厚重潤澤者是軍
之旺氣氣似焚草烟此精銳之氣不可擊
氣中天而赤者光銳此名横海之氣勿攻攻之士
亂將死
氣如車蓋此謂堂堂之陣氣
氣如蛇舉首得天之佑吉也
氣如飛鳥徘徊在上而高此銳士之氣
有氣横截兩陣之閒急先伏止固守此是敢軍遁

將之氣
一云或見天文復見其氣皆有所相變吉凶能曉其義萬不失一也
候氣之法常以平坦寅時及日入晡時夜半或戊巳之日有候敵在東日出候之　敵在南日正中候之　敵在西日入候之　敵在北夜半候之　乃知敵動靜盛衰之兆
以氣看之色氣蒼散如桂之居東夷之氣

氣色赤如聚如旌旂馬頭此南蠻之氣
氣色如双双之浮亦如地方城此西夷戎之氣
氣色如畜此北狄之氣
氣下屬地乃去三十里五六曰至或高一丈二丈去五六里或十里期三十四日十日至氣高五丈去五百里五日至天有氣乍明乍暗皆有乍事
白氣狀如布疋經于丑未時天下多兵亦者甚矣

黑氣廣六丈東西境天大兵起青色有喪亡之事
天有青氣之旺相或在旺相上者當處交戰不見不戰已前氣象來敵敵時預占之以知賊之無有
凡軍上氣安即軍云氣不安則氣不安氣東則君東氣南則君南餘皆倣此

氣散則君氣上連天者中有賢人
兩軍相對軍上有氣如數不可攻
赤亦不可攻敵上氣轉遠不可攻
雲氣如水光兵將鋭不可攻
氣昏昏如霧君不任賢
凡雲氣小小下大兵士日漸增上大下小兵士日減也
氣或聚散小人專權　氣如山形如提板或如林

木森森散人必聚戰當不尅也
氣前後有逆臣氣前度後畢其欲拔城
氣後高前下意有未移
氣發高後漸見山形渾黑凝厚或如拽布或如長
虎或如人持斧此皆勝軍之吉氣不可攻
氣如龍形若不大水軍不可擊
氣如虎狀得天之勢福之氣也
氣如馬頭入尾軒揚所臨軍上不可攻

天氣蒼茫東西境天晝日不動必有亂兵亦主戊
子日火灾
日如青氣東西境天十日不雨將軍失位大喪不
出三年
赤氣如此大戰流血也
白氣交虹可隨攻敵若無兵敵必亂凶流血之兆
白氣似獸向日開口臣謀主欲走象
赤氣如行蛇彌天文錯下必兵圍城

凡氣卒起不知所從而奄吾軍上此是妖氣急備
之必打卒兵至
氣若浮而不安分張東走而不定在軍之上此是
走氣其衆不安軍幕旌旂列士衆已動而氣靜
然不動此似守氣軍必更還
敵上氣進退不住動靜無常乍上乍下縱乍橫此
是憂患之氣敵人無守自散之兆
春有氣五六狀如道東西境天下大赦五谷城

青氣皓皓晝不見日夜不見月有草如霜雪
青氣如馬豆在中曰令曰無光夷人欲如主中國
亂
長有氣如道三四東西境天天下不安

御製奇門大全卷三十五終

御製奇門大全卷之三十六

乾坤變異録

赤雲後日旁有人狀如張弓射不出三朔下有大
水

赤氣蔽日如血光主人旱飢

黃色如大道前後如羣羊如飛鳥交行褋錯天下
人入地死戰道中

冬黑氣如羣羊如魚主六夷反

黃氣交横狀如軍陣互相侵必有他兵侵

赤氣霞月如血光大旱民飢千里

占雲氣入列宿及中外官第一

赤雲氣如劍双冲經角間有陰謀欲暴兵作亂天
子憂

蒼白雲氣入左角兵動自敗出右角兵不可戰必
憂

雲氣入亢人民疫疾　入亢出氐君王不安

蒼白雲氣入氐有大水灾　黑雲氣如氐夜掖死

赤雲入之妃后嫡　黃雲如入入房后有娠有奸
事起

赤雲入房大兵起亂君失地一云宫内有兵起

青雲入心天子使諸侯持政

青雲入心太子受賜一云有逆臣陰謀在内天子
大憂

黑雲入心中星天子有憂

蒼氣入尾君故臣來婦

赤雲在尾妃后有禍女子謀主欲自立也

白氣兵動　黑氣病死　蒼氣入尾一云有死

白氣出尾故主臣有來者　蒼氣出箕國除

蒼白氣入南北斗多同也三日有大風折樹木

赤氣入斗兵起不出一年有流血将死客勝

虹雲出牽牛之度必有崩城期三年兵亂之兆

蒼氣牽牛多疫

赤氣女婦人多死

白氣入女女死多病

蒼氣入虛宗廟毀內多哭

蒼氣出虛國灾免福生　黃氣出虛天子喜氣廟
祀死

蒼白色入虛國亂將死天子出征

蒼白雲犯危無祠祀百姓苦　蒼白虛入室兵入
國

赤雲氣入危有土工蓋國大作事

赤氣入之人多妖言外兵起番胡侵國

赤雲潤澤如日月入之有男子之吉利

蒼白雲氣入東壁大人喪之憂

赤雲氣入壁有大兵起

黑氣入之有破王

蒼赤雲入奎有憂致來一云赤雲入之有受賜

黃雲入之有受賜來事一云宮女病后妃廢

赤雲入婁有病起疫疾

白雲入婁之賞一云百姓憂

黃雲入之貴人受賜　一云封侯

蒼白氣入胃有喪來年米貴

黑氣入胃倉困敗谷腐

白氣入之來年米貴

氣出于昴口灾免有喜

赤雲入昴兵起大旱邊地失

蒼白雲氣入畢歲不收出畢口禍除

赤雲入畢兵起大旱火灾　白雲入畢將亡

白雲入畢其歲大人必有生旺

黃雲在畢邊將受封

黃雲入觜兵起有憂一云隨氣兵出

黑氣入觜大人憂

蒼赤雲入參有火灾內兵起

黃白雲氣入東井外國來賓池澤事興

赤氣入東井主大水疫疾

白雲氣入鬼有疾病人死

黑氣入鬼大人憂

青氣入柳有大憂出柳大旱

黃雲入柳久而不去五十日有有大赦

蒼白雲氣入七星大人憂國庫倉積

赤入入星四曲五曲不正者有亡臣

黃氣入之吉　黑氣入之君多病

白雲氣潤入張者天子困喜事客賜出信賜諸侯

一云外國來降

赤氣兵氣受賜諸侯　黃白有喜

黃赤氣入張所主有憂天子用兵

赤氣入翼有暴兵欲起

黑氣入之大亂不息若三夜不散災甚大人憂有

兵起車騎滿野

黃雲出天子賞及諸侯言君之故

蒼氣圍軫國亡城

蒼白雲入宮王不幸宮出軫禍除

黑氣如鼠入軫至中大人憂不則落高

白氣如帶起至地天成貫列宿皆天下兵大起秋

白氣入水道蛇曲入房心還入漢宮天子兵起

雲氣入中上宮

赤氣入天理中兵大起

赤氣入紫微宮中兵大起內亂有立王

雲及二彩氣衝入北斗天子為太子起期三年近

一年

赤黑雲氣入輔星天子有喜

赤氣入北斗又拘南斗不出一年下有血流

赤氣入天漢中兵大起

蒼白雲氣入咸池飛虫多死

赤雲入攝提天子憂戈盾用事

青雲入攝提九卿憂

黃雲入珥提九卿受賜
白雲一道如千尋槍竿而衝大角過者殿梁棟折
黑雲如梗河兵大戰
青雲入女床后宮有病
蒼白雲氣入招搖三日不去大臣憂
赤氣入天棓有喪出則有福
蒼白氣入織女女主憂
蒼黑氣入天市中有物賤

赤氣入天江車馬动將軍出
赤氣入紫微中有立王
蒼白氣入天河河鼓中將有憂
黑氣入瓠瓜天子食米為害
蒼黑氣王良奉車憂
蒼白氣入傳說太僕憂
蒼白氣入三台則民多瘧
蒼白氣入閣道及天船中不出一年有自立王者

蒼白氣入犯南北河天下若水有大難
太微垣中雲中烏形諸侯及來謀天子內人有連
謀
青雲氣入幸臣入立帝位以忠正論論兵欲發雲
氣入天牢或白雲大圍長二三丈
出天牢中貴人及親族必有斬死之事
雲氣抱中外官
赤黃氣入紫微宮太子有喜

赤氣入紫微中一云兵起
黃白氣入杯蓋正圓入紫微中有王喜六十五日
立侯王一云幸日獻美人
黃白類走獸又如飛鳥入紫微宮中皆神器灾害
蒼白氣入紫微宮凶則出禍除
蒼白氣入勾陳中大司馬憂凶
赤氣入勾陳中內亂一云大司馬戰去
赤氣入勾陳中有大戰將有功

白氣入勾陳所主同上一云無兵在外凶又云天
子立宗廟
黃白氣入勾陳兵死在外吉罷一云將不戰
黑氣入勾陳大司馬軍中憂
黑氣出禍除
蒼白氣入北斗魁中除禍
赤氣入北斗魁中將相鈇鎖斬者
黃氣入北斗魁中天子出急令

黃白氣出白斗魁中天子幸臣左右有囚者蒙德
令
黃白氣集輔星相有憂喜
赤氣集輔星有斧鉞之誅
白雲初集輔星相有憂
蒼白氣出東西掖門天子憂喪事
出太微其禍除
赤黃氣潤澤入太微中天子有喜一云天子用錢

賜諸侯
赤雲入箕幕出太微天子用錢賜美人
赤雲入杯盞中正圓出太歲中天子賜璧玉與諸
侯王
上下氣白大如井星從外入太歲中庭者邪以之
氣其氣直者貴侯死
赤氣從東西掖門內兵起主人且有喜事天必應
之以雲有光彩有黃白氣出宫上者若其有光

人主有喜延年益壽
赤雲氣潤澤如箕幕入太微者婦人有喜
黃白氣如盤盞正圓入太微中天子為璧玉喜一
云幸以獻美女
黃白氣入西掖門天子見獻者
黃白氣如赤黑如蛟蛇及龍形太微宫庭闕上有
白衣之人其言周童環入太微天庭而入殺主
喪此氣昏亂以奸以賊殘之氣

黄白氣入太微有赦

黄白氣出西掖門天子出諸令一日

雲氣如鳥立門口有人外應

黑氣入東門大人憂

蒼白氣如走獸入太微及星天子有喪事

赤氣如出帝座南門者不出九十日人主出宫天子不安

赤帝氣直抵五帝座左右諸侯以内亂

青赤氣出五座下皆人幸以怨者不出六十日近以殃其君氣不明者不成則死喪

黄氣在五帝座下入太子座上者不出六十上日太子在位

黑氣抵太極座右左諸侯死

蒼白入郎位中兵起天子喪

赤氣在郎位多用遠出行

黄白氣入郎位中中郎受傷

黑氣入天棓有大人憂

蒼白黑氣出天棓中其禍消

赤氣入天棓兵起大將戰死

黄氣出女牀後宫有子喜

白氣出女牀宫有喪

黑氣出女牀後宫有死者

黑氣入女牀凶

蒼白氣出貫索其禍除

赤氣入貫索中兵兵凶

黄氣入天市斧鑕之斬

赤氣入天市中兵器大貴

黄白氣如二疋繒常集天市中有獻奇物天子有喜

蒼白氣入北斗多大風

黄氣入北斗天子使諸侯

辰星出氣長三丈三日不雨王者不安大憂

熒惑出氣一丈百日旱
填星三丈三丈有土工
太白出氣三丈六尺風雨大起在于止處
歲星出氣一丈大水
赤雲入出宮
赤雲氣直如千尋竿沖庫樓天子自將兵大動或
庫宮憂
赤氣出兼車騎滿野軍大動將軍憂大旱

蒼白氣入羽林軍直出軍兩有喜
赤白氣入北落師門大兵起
蒼白雲入天倉歲不熟
赤氣入天庫大虫死蝗虫飛
赤氣入天囷歲飢
赤氣入天苑中牛馬多傷
青氣如㭊入參不出一年西明來欲盜中國若侵
地不出三年天下頻擾百姓多憂哭聲吟吟

蒼白氣入天圓中天子不安
蒼白氣入折威女因逆作亂內大兵起天下失勢
赤雲直入天積火之蜀藁一名天積氣潔卑沉表
吉凶之得失
青赤白黑氣犯宮座而入占豊石察馬欲曉公変
括量銓度幽深難窮惟在精研也
占雲氣吉凶第一
凡日邊氣如文章五色者破軍反亂之兆將軍死

遠期三年
雲氣高樓緣日沸騰或人尊坐十十五五在黑雲
日見之急伐獲功或如鳥赤伏在黑雲內或如
㫄熾在黑雲中
雲赤炎炎侵天外者攻之必攻
雲氣五色東西南北攔天飛揚此謂無主亂軍之
氣
雲氣半出而絕一出一敗看數驗之此一敗氣

雲氣如壞屋如敗軍如走鹿如人無手足此不祥
之兆
雲氣如馬狀或不臨軍營此名天狗飲食血攻之
大敗
雲氣如馬或黑或白下入軍營亦名天狗食血萬
石
氣如勃勃如塵埃之狀或如黑牛猪羊之狀攻之
得城或如火光夜照人面其下大敗血流

似有似無如氣如霧可以攻擊
氣上黑下赤有將死若無大喪其軍必敗
軍相對經旬經月暈上無氣可以攻之
氣如瓜蔓連結滿天或如罟釣帶相連
氣似散不相連緒而斷絕者之斷數
或如死馬　又如又引　手似人引　手似雞兜
驚怖也　兼如死狗　或如牽羊　或如人卧
無首　又似蘆席　或如覆斗　似人老瘦

或如羅谷　又如掃箒　赤色相人頭千萬
又似瓦礫石灘
或如水波之狀並是敗軍之氣可以擒將之兆
白氣如道東先竟天其下流血將死但見期三日
午後七日暮見半月士亡之故南北准此
氣如蛇形舉首之狀其下兵背又若斷者數一斷
一斷他斷做此當審觀之情也
氣如雲母片片相連其軍上有不可以戰

日下有黃氣白珥赤如虹此是兵叛所臨軍君昏
見在客但見在主營失之象
軍上有雲氣如堤上似人立或五或六此名投降
之氣
氣高青氣後火前多內赤外黑此怯將之氣口硬
心怯
氣似人無背　或似壞樓攻之必敗
黃氣入營有敵兩解

氣赤色慢慢似塵流血大敗

氣前赤後黑赤滅于先隨黑攻赤大勝五色他倣此

前白後赤前黑後黄前赤後紫並皆倣此也

雪似旁牛傍或如紛散急攻敵亂雲氣或青或赤辟如石礫所臨軍敗

或赤或白形如入頭

雲如水敗文軍其亂走　或如人臨匐低頭主其軍必敗流血之象

黑雲高起以黄為緣長凝于陣前黄列天或如人跪伏似人似手相牽又如人如人並是降軍之氣

黑氣夜起入軍必敗長如引索其下必亂黑者陰謀青白必敗

黑氣必叛防備夜半也

雲氣如蛟龍將軍失魂軍走之象

雲如雞雉或如兎走其敵必降

雲如虎斑城破將死宜急攻之

雲或羣豕羣牛羣馬或如麞鹿驚如勢如狂走軍敗解散

雲如塵消散兵散憂亂必有背叛

雲氣如火光夜照天明大敗流血

黑雲緣白雲怯無謀攻之大捷

赤雲下向端而鋭大戰流血

赤雲截白如杵之形萬人戰死流血先舉兵敗後舉吉

雲如大赤下有流血黑雲之中黄雲舉上士衆怯弱之氣欲逃叛宜犒勞

黑雲三道鋭而中列所當之必發兵大戰

雲若羣鳥或行或止軍必敗軍必死

雲如鶴尾大山必起三日内有雨灾已一云若來蔭圍上者三日不止分内

白雲竟天南北橫列有大將士死亡
白雲如猪所當軍上夜須驚備軍驚之兆
黑雲南列兵亂將軍憂亦主大水之兆
黑雲之形狀立似人其下有亂兵流血
雲如壞山覆軍流血千里
氣清而直布狀似擺纛其下衆皆迷
雲氣上赤下赤名曰伏屍也
背軍之氣緋赤拽如布長即日下黃三色五色飛

揚不定白准之雲氣如鈎兜似枯松枝枝節散
滿亂天在軍上大敗之兆也
雲或三色五色飛揚不定無根本此流血軍敗之兆
雲氣如覆舡敗軍之氣
雲氣如人持刀楯之狀所臨君當有憂也
占天天子猛將氣第四
天子之雲氣黃色如覆舄天子馬

雲氣五色下如華蓋下有天子
天子雲氣如城門內赤外黃重重恍澤五色徘徊或如馬如龍或如大倉廩或黃如樓臺或青色似人依日或如宮殿此皆天子之雲氣也
雲氣如臺
凡八節日月朔日與大氣旦出如闕　如樓　如臺　如火　如山　如華蓋　如宮殿
此皆天子之雲氣

雲氣如臺閣　如泰山之狀王相爵茂衆纏綿下有天子必延之壽
四方黃氣依依在天亦是帝王欲陞之氣象
凡白雲氣抱日北帝欲興五色做此占之
猛將之雲氣　如弓如弩
外白雲中黃賢人為將雲氣清白而高大者此猛將之士欲陰謀之氣
氣如塵埃粉沸其色黃白

氣如旌旂無風而揚將勇氣之氣

雲氣如火光有烟勃勃或如囷倉見日愈明　又

如張弓　有氣連綿六百尺　又雲雲歷地或

黃白如暈　有氣銳厚而厚澤此猛將士卒之

氣

氣而黃白與天連者將有天命福佑之氣

氣如山岳三風而高漸昇黑厚其下將有驍勇

占雲氣龍形第五

雲氣如龍形者必有大水為災在其軍上急宜避

之

如黑龍形主大水雷電之災

軍行及戰陣見之七日內兵將不利

黑雲中有青龍主天下半水多風五谷不熟小兵

起郊軍行或兵將不利七日內也

黑雲中見赤雲有惡風而流民之災下臨所共敵

敗利客兩月內

黑雲中有黃龍形主大旱民飢軍征見之為客利

從雲氣處擊之

黑雲中有蒼龍形主天子陰謀諸侯之災也軍行

戰陣見之宜主其下兵起

若雲中如青龍形主東方兵起不利將首軍行戰

陣見之見行行軍行及陣之主不利也

若雲如黃龍形者主中方兵勝利有兵對敵見之

為客大利客將敗

雲如黑龍形者主北方兵勝軍陣見之利客

若青雲中有青黃白黑龍形者看之色不可抵背

之戰勝軍行勿逆之

若赤雲中有白黃青龍者看龍君行戰陣勿逆之

背之吉亦利客

御製奇門大全卷三十六終

御製奇門大全卷之三十七

乾坤變異録

若白雲中有青白黑黄龍者亦西方兵起看龍色軍行東方軍利他色倣之

若黑雲中有白青黑赤黄龍者北兵起看龍色兵勝利軍行及陣勿掀之

若黄中雲黄白赤青黑龍之形中方兵起看龍色兵勝利以占之

蒼龍雲形蒼色在青黑赤黄白雲中主天下大亂

若臨軍陣下必大敗客利

若龍形半白黑不利戰必敗客小勝七日内

若龍半白半青大戰必勝利主在七日内也

若龍形半青半黄軍不利有水災或火災

若龍形半赤半黑當有奸人戰客利七日内

若龍形半黑半黄七日内戰主勝

若龍形半青半赤戰客戰紫形色七日内主軍宜進

若龍立形者二十七日内客宜進軍

龍向山上或坐立者七日内有降兵

龍向山下形上臨者國人安樂不宜天軍

若龍在樹上主天下大兵作亂之災

若雲如二龍形鬬者不宜戰二十七日兵敗也

若龍與諸侯鬬者必有一國相伐不利戰必敗也

若龍如蛟龍之形所臨之軍將軍主失魂

占暴兵雲氣第六

雲如虎頭項兵暴起

赤雲如人似行似坐暴兵主急惱之賊必至害我軍

若壬子日赤雲如旂暉暉滿天者天下兵起

赤雲如幔蓋大兵欲起大亂反叛之象

白雲如爪蔓連結為隊相須臾罷而且出入九度當有千里兵未當覩起備之

雲氣或如龍頭或如虎頭驚備所守當換
氣氣如旌旂暉暉而來主暴兵將起
或如虎形氣如慧形雲掃除或高數百丈是報本
而為遊兵之象
赤雲如人持盾或如持節兵大來而未絶
白雲如布起于東北大將兵起赤色賊亂黑色表
賊
壬子日有黑氣如疋布南北竟天天下起兵

占伏兵雲氣第七

凡伏兵雲氣或如杵形或如幢節下有伏兵
雲氣綿綿幕蓋草木昏昏騎馬而伏或如練帛或
如布五六尺疋步兵為伏必有奸詐須驚覺之
無備軍之敗
赤氣如雲皆有伏兵若無伏賊軍有虛驚
雲氣外黑中赤或如幢節在黑雲中
有人在赤雲中如鳥之狀在赤雲之中

如杵在雲氣中黑圜而長此並主伏兵之氣
氣如山岳氣赤勢歸如樓伏兵之氣勿便攻之
黑氣中赤似杵形或似人蹲此有伏兵之氣
雲氣狀似幢節在赤雲中漸漸凌天賊不可攻
雲來橫截敵我軍營先宜奇伏隨雲而行賊有奸
詐先欲伏兵驚備覺急攻之

占城不可攻雲氣第八

城上白雲氣南北遊行此城不攻

城上有雲中如星火名曰軍精當有突兵勇出不
可擊之損兵
城上氣如旌旂揚揚不可攻
有氣赤色又有黄色如雲狀臨城內有勇輔不可
攻
黄氣赤東或白在昴上城不可攻自防之即吉
青氣沉沉出衡南斗賊不可攻
城上青氣如牛首及角城不可攻

青氣皆如烟城不可攻外軍有憂當時固守

城上之氣勇出縣縣漸高凌天其城士勇不可攻

氣青如雨慧開張其城不可攻恐損傷攻城日暈

　白氣內似搶刺城不可攻

圍城十日不雷無雨城得天輔客軍必敗

赤雲臨城內必有喜

黃氣銳而臨城內必有大喜

白雲從城中出不可攻城上氣如雙蛇不可攻

城上氣如烟火主欲出戰不利客

城上氣覷不見不可攻

赤氣從城上出者不可攻　兵宜備之

凡攻城有諸氣入出吾軍者敵家氣隊隊氣繞不

可攻

攻城日暈白虹貫日不可攻

攻城日暈氣中起四出者城中勝

有白氣如蛇從城來指我軍營急自固守城上

雲氣紛紛而岐勿攻收兵自固守兵

黃氣從城內出南北及迴還不可攻

　占城可攻雲氣第九

凡城赤城雲黃氣繞之城中人欲降大將死

城上雲氣赤如鳥形四散飛揚如破軍狀其城必

降

城上無氣攻之必敗

白氣繞城隨氣攻之必尅

城上氣如死灰或如揚塵宜攻之必勝

城上氣聚狀如樓或如人頭攻之必得

氣從東南或從西起將死人欲降

氣出無高無止或似白蛇其城可尅

白氣繞城隨氣攻之必尅濛霧圍城從外入內可

攻

城上氣如死蛇或如人立三三五五其城欲拔之

可取

城上氣如奔牛城可攻
白虹貫日城欲敗緒
氣上入城可以盜取
虹飲城水敗之兆
赤黑氣如狸皮班將必敗
氣上赤而下土色
氣如揚灰出而復士卒多病城可屠
氣復入者欲逆背

城上氣如人如象衆人
頭赤色下死多喪流血
氣出北城可攻
氣出東以南城可攻
氣出西城欲降
氣出復其軍人必病
氣出而高無所止城可攻
白氣如蛇來相敵者急攻之必緩敗失

雲氣青南背入城城可屠　虹赤應之
城上雲氣如雞雉城人必降
赤氣如黃繞城四面城中將降
雲氣如立人狀或如三牛三虹交虹貫城并乃破
城之兆
赤氣出城狀如雞雉城必降則不走矣

凡攻城吉月日

正月辰午　二月卯巳　三月辰巳　四月丑

五月子丑　六月亥　七月子戌　八月酉　九
月申戌　十月未酉　十一月酉午　十二月未
甲子日　癸酉時　壬午日　辛卯日　庚子
日　己酉日　戊午日

以上攻城吉日此外不可用也

占風部第一

巽為風風從虎虎嘯風生
凡占風之法以雞尾八兩致于五丈旌竿之上立

於城營中以占風來之處驗其善惡表其內外
以明主客勝負
風有四時八節之風
凡風不鳴條為太平風君有聖德五日一風五風
異色王欲立
箕星好風景風四起和為通政之風至夏一名景
風冬風常飆
春風為羊角風　春分為和風　夏風為凱風

夏至為景風　小暑為溫風　立秋為凉風　秋
風為閶闔風　冬為廣莫風　北來凉朔風
凡八風自八宮而來
坎為廣莫風　艮為條風　震為明庶風　巽為
清明風　離為景風　坤為凉風　兌為閶闔風
乾為不周風　此為八風
八卦風乾為折衝金風若從上來為主將憂死勿
戰自勝

坎為水大剛風若從上來主人不利為客不利
艮為土山小剛風若從上來為客大勝主不利
震為木元山若從上來為客不利主人小勝
巽為木小弱風若從上來為主勝客不利
離為火大弱風若從上來同上
坤為土凉風同上
兌為金小風從上來客大勝多伏兵宜備之
五音風商日大風折木從寅丑來三日七日賊各

自解不明交戰何以知之丑為商暮他倣此
從角上來寒慄急者賊在吾軍為謀陰
角日風從角上來時加子午若辰戌寒烈急者攻
城必下何以知之子午是宮辰戌亦宮宮為土
角木尅之則攻必下也近期九日遠期十四日
宮羽日風從宮來者乍南乍北或東西七日兵逃
假令卯日寅時風從卯上來復時從寅申上者無
光寒尅者賊有反間在吾軍不然欲叛

羽商日大風折木從商上來者日中夜半城宜固守之若伏攻不下客敗何以知之羽商離母子為强水畏土勢不利客自衰近期九日遠期七十日

宮日占風子為陽風宮午為陰宮宮日子上風來有賊欲來刦掠當備之

申來之日丑卯辰巳風來大賊必至當防邊境兵起

戊土風來賊擬攻城若從　來大將戰死

若從歲刑上來用兵不利

商日占風大風從日上來三日七日客軍退散解兵來　若從巳來大戰

風從商來兵起西北　從亥來內有謀反損士驚覺施德惠

子午日風來日中夜半發屋折木軍當潰散日色無光主客俱亂軍在旺相之士吉

角日占風風從午來急兵暴起必有畏亂戌上來亦有賊動切宜備之

申子風來或亥地日中夜半寒冽者賊圍城主人奔

角日暴風卒起揚旂發屋必有大戰流血横死九日內

徵日占風風從　來有賊將來欲擬攻城

徵日戌時戌土來風必有兵亂

從亥來奸賊相謀欲擬攻城當捕之

風從亥來有敵圍城

羽日占風從辰巳卯來有戰有傷當擄攘之

申子上來雨寒者賊來絶河粮城毀將必死之兆

五音占風宮商角徵羽謂甲子乙酉商丙寅丁卯徵之類他倣此也

凡五音羽日大風糴貴

宮日大風民恃賊聚會　商日風邊將憂

角日大風皆為有兵　徵日大風必興土工
若從申酉上來有徵召事　卯酉上來施恩事
辰戌上從多疾病　寅丑上來山有大崩
子上來有賊在此
商日大風子午來大兵入界
巳上來有歸義人　未上來防財物散
申上來白衣會　酉上來兵大起戰
戌上來大兵至　亥上來下大喪

丑上來有火災　辰上來盜賊公事
卯上來有雨至
徵日大風揚沙
子日來為符文書　卯上來為大火災
辰上來為驚恐　巳亥上來人多死
午上土工興　寅丑上來亦為火災
申上來為賊　亥上來有客傷
角日大風

動震大會聚斂人財　動羽土工興反天雨
動商為大兵　動角為邊兵主人吉凶
動宮有憂
陽徵之日風從陽徵上來時加夜半皆有街市府
寺火災
凡子丑大風日光沉沉兵起水中
丑日大風掃地揚塵粟暴貴
寅卯日大風凡有赤氣黃塵埃皆為凶火食不入

卯日蝗出生
辰日大風日無光大將走出
巳日大風日無光蓬勃必為大旱
午日大風乍遲乍疾人民不安
未申日大風濛濛細細者有土工役
酉日大風有兵起多水災
戌日大風塵霧排天胡兵忽起
亥日大風兵相攻人多哭

凡占風亦有六情占之

寅午廉貞主客遷名

申子為貪狼求財强取

亥戌公正主公事

亥卯陰賊主功刦陰謀

巳酉寬大主酒食

辰未奸邪主疾病奸佞

凡乙卯日日出時風從卯上來為暴水

秋癸巳壬午大風從南來

冬申辰戌卯日風從四維來雨寒冽者皆為賊起

巳有賊動必相攻擊及謀反

又云四時有上下八十日風賊入界若晝夜三日內必有賊圍城

凡守城風從西來主人急圍守勿動

凡軍在外營陣即成旂鼓既張無故暴風卒起卷幕傾斜旂旛頓倒此風不禎主將失位人叛散

若軍犒勞別擇吉地安之風揚旂旛東西南北回轉周旋將死軍敗不可出戰風繞竿無而向下軍將敗亡

凡出軍之日風雲相冲必有大戰風雲聚先止處為弱風來逆者而當止賊多伏藏戰而不勝

風隨旂後微吹旂幟前而指敵軍必勝

風忽有後相迎爭勝負在兩軍之間

忽有回風入城營先寒後温必有疾疫移營即吉

風從離坎與月煞上來不利出戰自固守

風從歲煞上來軍必大敗

風從月煞上來流血小破不可興兵

歲月德上風敵强

歲月刑上風來賊弱宜攻之

六癸風來其賊可擒

六甲風來賊難擊擊必軍

奸邪陰賊之日風急賊當立至不可以戰宜固守

風緩賊来遲風起旺相賊来急日色昏暗賊可
追之
敵上風来寒冽急者宜自固備必欲攻城
敵上風来若三合形賊擬攻伐固守奇伏待来擊
之
歳形風急大賊迅来不利接戰出軍遇此不可前
進旺相不利客休囚不利主
月刑風急九日賊至

月刑立至若無大戰必来残薄
風從卯巳轉至申午賊必来遲
時併刑煞囚死休廢吹沙走石必有大戰
乾坎艮震風来客勝
巽離坤兌風来主勝旺相即吉休廢利亦不吉
假令日是戌風從辰来必有大戰亦主火灾
辰上從寅丑上来發屋折木有軍各迴兩自歸解
不利相守

卯日寅時風從卯上来轉從申起賊必有謀在吾
軍察宜覺之
卯酉之日辰戌風来日中半夜賊擬圍城急宜固
守七十日内賊必自走有風無塵旂旛不動有
征無戰亦不可以攻賊兵士勇如出軍之日倣
此
風急卒起或動或止来往相冲半道逢賊先宜准
備回風驟雨擊列其幕有謀反者急須驚覺

春丙丁　夏戊巳　秋壬癸　冬甲乙
此日有風賊来侵境兩軍相對風從四維上来軍
營幕上者敗
春在未　夏在戌　秋在丑　冬在辰
凡風晝止夜起賊夜至晝動夜止白日来至時加
亥卯丑戌風起止於辰未客軍潰散將士死亡
歳止風急將軍死
歳前五辰風来所攻必勝

春甲寅日風從申來國內有喜必有大赦
風從敵來入吾軍營賊投降將軍加秩
四方轉隨風動賊來軍宜守備之
風從或東或西賊有伏兵三日內有雨急免之災
凡風乍來乍去賊欲退營
凡出軍日風雨逆入將士潰散宜令擇日進之
風雨相衝必有謀反士衆欲叛散奸人相誑
風起西北却迴東南四轉五復將士貪欲謀將軍

宜驚覺之
敵上風來寒冽迅急將軍不吉抽迴禍止
申日巳時如有酉風起或辰或丑其賊欲降
乾上風來溫和戒截
坤上風冽賊來攻刦援於謀戰勿接之吉
離風客勝賊不可攻宜固守
艮風卒起而合三形十日賊至急准備
凡風起發時水火日賊來敗之期十日賊到軍宜

避之風止可以追賊諸風倣此
巳酉寅午日於戌方風起從上來賊必欲降逆風
諸蓬勃四方而起或上來觸地為之逆風不出
一月有戰賊若三日內有雨災消
諸奸邪陰賊貪狼受商之日有風從商上來白濁
民宜急避三日巳上有大兵起近期四十五日
遠期七十日
丙辰辛未丙辰辛丑此四季受官之日風從四季

上來折木五日巳上至九日風止子午上者此
夷狄君王萬里上貢近九日日遠一百五十日
又占八風之法當立春春分立夏夏至立秋秋分
立冬冬至觀八風所冲即知其主

御製奇門大全卷三十七終

御製奇門大全卷之三十八

乾坤變異録

立春之日天氣清明則善陰則旱傷麥小有雲雨
順風則年豐大樂
條風來萬物不成　涼風來春分寒　明庶風來
順　閶闔風來旱兵至　清明風來多蟲　廣
莫風來北狄來　不周風來霜損物　景風來必
旱

春分之日天氣清明萬物不成
明庶風來不順　閶闔風來兵起　清明風來暴
死　不周風來多寒　景風來五月先水後旱
廣莫風來豆不成　涼風來小傷　條風來米貴
立夏之日清明天氣者旱
不周風來年多豐　景風來禾燋　廣莫風來多
雨　涼風來人多不安　條風來地動人疫　明
庶風來雷非時　閶闔風來生虫　清明風來喜

夏至之日天氣清明喜　條風來山水暴出　廣
莫風來夏多寒　閶闔風來多雨水
涼風來六月多雨　不周風來寒傷
明庶風來多病八月内　景風來年豐
清明風來九月風落物
立秋之日天氣清明萬物不成
涼風來五穀成　條風來氣逆
閶闔風八月起時　明庶風來秋雨

清明風來卒兵　廣莫風來多雪
景風來旱　不周風來春米貴
秋分之日天氣清明萬物更生
明庶風來物不成　閶闔風來年安
不周風來多賊　清明風來多風
廣莫風來冬多雪　景風來兵在南
條風來十二月多陰　涼風來土工作
立冬之日天氣清明萬物不成

不周風來人主改教　涼風來米食倍貴
條風來地氣洩　景風來人多疫
明庶風來人不安　閶闔風來敗人在山
清明風來逆　廣莫風來冬多霜雪
冬至之日天氣清明萬物不成
明庶風來雷不發　景風來乳婦多死
廣莫風來人安　條風來陰沉
涼風來有虫　閶闔風來多雨

清明風來傷萬物　不周風來冬雪
凡風起多有雨應心之
子日東風卯日雨　丑日東風辰日雨
寅日東風巳日雨　卯日東風當日雨（一云至午）
辰日東風來日雨　申日東風子日雨（有大水）
酉日東風丑日雨　戌日東風辰日雨
亥日東風卯日雨（一云當日雨）
常以以平旦候風從方來正西不轉移一日或半

者至其衝日皆有雨若風疾者雨多風微遲者
火
從平旦至雞鳴為一日暴雨不在東風方之應也
凡軍營卒有暴雨不在東汝揚土旂竿偃抑者當
取巳亥上土作泥人長三大尺帶桃劍桃弓蘆
箭披發向風所起處從東咒曰天有四狗以守
四境吾亦四狗以守四隅以城為山以地為河
寇賊不得過來者不得避去者不得進咒訖勿

顧若不能咒棄四達之道殃除矣

占旋風第二

凡旋風為不占之風
南日旋風突人有疾病
羽日大旋風吹人身物落水者聚衆事
宮日旋風突人宅舍憂疑或有爭鬬之事
商日旋風吹人落爭見傷殺事
徵日旋風突入宅有爭訟之事

凡見敵營壘上若有旋風爭擊之當獲奇功

敵上若有旋風起來入我軍營中其敵欲降擊之

有功仍以式看之若有奸邪恐詐降必亂吾軍

旋之勿從

旋風於軍前飛揚上天大戰必勝之兆

將軍加賞獲狄之精兼增士卒

旋風卒起而合三形兼從五基賊有伏兵有鋭賊

欲到必當損軍將警備固守之吉

旋風起營向上而出逢賊吾敗若遇時刑利主宜

疾擊之若當刑利客

旋風指而上徹于天急戰破賊大勝

凡軍營中數有旋風不出三旬軍當破賊宜自固

守勿侵他境吉

出軍大風隨後滅跡風軍不回

占雨第三

凡風雨不節則民飢人君與天地合其德四時合

其序則五日一風十日一雨

蟻封穴大雨至鸛雀鳴吁上騰雨將至

凡占之法每日平旦看候東方

有青雲甲乙日雨　有赤雲丙丁日雨

有黄雲戊己日雨　有黑雲壬癸日雨

有白雲庚辛日雨

占雨之法又以甲申日視其諸方

東方有雲甲乙日雨　南方有雲丙丁日雨

中中有雲戊己日雨　雨方有雲庚辛日雨

北方有雨壬癸日雨

春甲子日雨六十日旱

夏甲子日雨損穀

秋甲子日雨六十日米貴

冬甲子日雨夏禾不收

正月甲乙先雨春有大水

丙丁日先雨夏有大水

庚辛先雨秋有大水
壬癸先雨冬有大水
戊己先雨季夏有大水
凡占雨知五穀貴賤當以甲申日起至甲申之日
有辛風暴雨入地三寸糴貴一倍其餘一日風
雨入地五寸糴小貴
但甲申有風雨其旬即貴從庚寅至癸巳為温風
雨入地一寸糴賤癸者冬令終也巳夏之始也

丑未為極陰也春陰糴小貴
凡風動多主雨在風篇占之

月占雨法

正月一日至八日當雨不雨春分太白逆行入房
米穀貴
十一十九當雨不雨房星不明
二十五日當雨不雨兵起
二月七日九日不雨九月道中有飢色

十九二十八日不雨三月旱
三十日不雨太白逆行十二度
三月一日二日不雨秋多人飢
九日十五不雨角虫傷天下有恐
二十三二十七日不雨蟄虫冬行
四月十七不雨人不安
十八日不雨天旱温
二十五不雨兵起東北二千里

三十日不雨有大風
五月七日不雨大旱
十五二十日不雨西方千里外多病死
二十三二十六不雨旱
三十日不雨有起兵
六月十七十二日不雨牛畜貴
二十四日不雨夏人火食
二十七不雨客星入井

三十日不雨九月米貴
七月四日不雨角虫死
二十日不雨大水禾不收
二十五不雨兵起外國
二十八不雨仲冬有大雪
八月一日不雨有大雷
五日二十不雨霜為害
十九不雨人多亂口

二十五不雨冬有雷
九月三日不雨兵西方北方
二十三不雨人多死
二十六不雨米貴
二十七不雨人多恐
三十日不雨有水
十月三日不雨兵起
十日二十不雨河水逆流

二十三不雨穀貴
二十五二十八不雨主冬温不凍
十一月四日八日不雨乳婦多死
十六二十不雨人不安
二十五二十九不雨貧者致富
十二月六日十日不雨有大雪
二十不雨角虫賊
二十三不雨米貴

二十七三十日不雨大風雪
一年之中合當雨雪先後一日皆同占者不雨有風陰應之吉

占天雨雜物色

天雨布帛及血魚鼈等物為大喪大水人流亡
天雨霾如黃土百姓不安其室
天雨如墨大水臣進用一云有陰謀
天雨五穀是為不足民飢軍乏粮不出五年

天雨草王者福不出三年外國來轉粟君信讒言
不和
天雨木是謂人安一云草木不出期年人多病死
天雨綿綿天下有大兵及水
天雨爵錫着樹如甘露不出三年有攺攺
天雨下如水銀是謂形祖不出三年有大水一云
兵長並起分亡失土
天雨禽獸是謂不祥不出三年其下兵亂起

天雨虫人君不親骨肉而親他人不久兵起
春秋時螽虫為灾君以刑罰暴虐而取天下貪叨
無厭興師動衆而失衆心虫為灾矣
故宋文公三年有虫於宋是宋文公無道應之矣
天雨骨是謂陽消王者德衰令不行佞人用事不
出一年國有爭
天雨筋國有飢
天雨膏如虫輔臣不多貪

天雨肉者君無道暴虐天不享其德將易其政
天雨血謂天見其秩不出一年兵起茲謂不親人
有怨不出三年亡其宗廟佞人用功臣戮天雨
血紂時有也
天雨毛邪人進貴人走賢人逃
天雨羽君得不通逆施天下一云羽毛是謂不禎
國前後衰
天雨金錢兵將興是謂形餘人君好殺無辜失道

君當之
隋仁壽四年諸州造舍利塔時陝州天雨金花銀
時人謂佛家祥瑞為祖知其不吉後煬掠亂二
世失道斯其矣
灾雨石詐佞行國君亡
宋襄公時有石可一丈如雞子名曰天鼓望之似
星墜地為石無光榮之象公應有大戰伏屍數
萬所下之邦當之

天雨灰君暴虐國不歸心國亡

天雨土君失政

天雨粟不肖者貪禄三公易位

天雨黍豆粟稲是謂不禎不出一年民荒流亡莫知所向君失信去賢

天雨釜甑歲大穰形如小錢似從地生出小至麻黍豊穰之兆

天雨絲絮其國衰無復有兵

天雨蘖人君有咎

冬有大雨賢聖遭害

凡大軍所在天雨土四方者軍士怨將軍施恩悅士衆無雲而雨天雨血也

不可舉事是謂雨血當揚謀武消灾應之

雨不沾衣亦名天泣

雨三日晝夜不止下有陰謀

凡軍初出百里内值天雨名曰浴屍軍士亡

陰雨鬼火夜行不出三日大旱

雨十日不止來歲飢盜賊起

雨日出軍兵士却弱更逢逆風軍必敗還

攻城圍邑經旬不雷不雨其城邑得天之助不可攻擊解兵而回吉

凡征伐不義軍勝後有大雷雨雪等此為洗兵天兵伐之不道天之助焉

天久陰不雨必有下人謀上

占雷電第四

雷者震也震為雷雷出地氣易云豫卦二月出地八月入地雅云疾雷為霆之雷擊為霆穀梁曰陰陽相感薄而為電激而為雷春分發聲秋分收聲雷者天之威抱朴子云雷者天之皷

雷出萬物隨之經云迅雷烈風莫不奮然

又云豊隆為雷師出有百里之震象人君出興利人除害陰陽相感為之雷電

占雷初起天門人安

初起木門棺木貴一云穀貴

初起風門五穀傷有暴霜多雪

初起水門流水滂池水傷人

初起土門五穀賤菓甚一云多疾病

初起火門夏旱蝗虫損五穀

初起金門銅鐵貴

初起鬼門人多病死一云禾稼好

坎為水門　艮為山門　震為木門

巽為風門　離為火門　坤為土門

兑為金門　乾為天門

凡春雷發聲於東方五穀豐夜鳴歲半熟

若於南方鳴聲小而旱夜鳴大旱稼穡不成若於西方鳴有暴骸骨滿野牛馬多疾夜鳴赤地千里若於北方百川皆溢

春三月甲子己丑戊寅辛卯戊午有雷霹靂下石有大兵

夏三月甲子乙丑戊寅此日有雷聲或軍在外有戰一月而應

庚子必有惡令一月而應

庚午日雷不出百日大兵起

凡八魁日有疾雷大戰有大風起有急令八魁者

春己巳丁丑　夏甲午辰戌

秋己亥丁未　冬戊子壬辰

不雨而電光所急兵將如血雷霆而深深淺撿撿狀欲息而有喘息風此國君憂及衆庶

雷霆郡縣下人有謀

雷聲宮庭中大夫欲逆不出五年交兵流血

雷擊人君宮室臣下用事謀反有廢

後漢時雷擊憲陵寢室是時梁冀用事之應

雷擊宗廟是謂天戒人君暴不出一年有兵起八年削地奪國

雷擊貴人屋佞人持政不出一年有大兵水一云六年國亡

雷擊貴人從官車騎此乃人君惑於佞人

冬雷夏電人飢食三百萬

凡冬雷大山人君有咎其在國坐積萬人逆天人心不順國亡其地骸骨滿野

上朔冬有雷如上古無雲而雷不祥大水大兵

立冬雷發聲秋糴貴

立冬雷發聲秋糴貴

雷電霹靂人屋大樹小人在位君子逃野人主用佞害政烈士去之

霹靂宮室中妃后用事爭政

冬雷若鳴震人主絶令國有政改兵喪並興稼穡不登

雷發一聲而止此國君出重令

雷震而不雨君為事不利於民時有風行其令也

雷聲霹靂大風而發屋折木壞是小人在位賢者走出

雷雨霹靂殺人此人君聽讒以殺忠良

春分至三伏雷不發聲君當振威武退强臣正道理無雲响雷謂之天鼓大灾君令不從急施恩講武禳之凡軍營中雷電霹靂樹木屋舍吹沙走石賞賜士衆急移之不去軍敗軍在外天雷震動將軍兵士悉依甲執刀上弓皆以敬天之威天有助焉

軍陣將交而雷電風雨占其來處不可逆賊戰回守吉安而攻之

軍上雷多者其軍必能

雷雨軍中尤甚者將戰無功

雷霹靂聲下軍中士卒叛

大雷光繞北斗樞星照郊野天孕聖人軒轅之應驗電大而非時並為灾若不為灾聖明電者陰

陽脅也雹傷陰脅陽
盛陽雨水湯熱陰氣脅之則轉而為雹
凡雹多者大水之兆
君信讒多殺無辜故天降雹應
雹傷木黍稙之候
雹折木政在大臣
天頻頻雨雹亦兵之象也雹下如珠者人君害民
甚大

雹下如櫟窠者人君侮慢民庶
雹過者人君惡聞過也
雹下殺飛鳥人君信佞責罰無辜
雹下毀瓦覺破車殺牛馬者軍私任小人
雹下盡削樹木皮枝又害五穀人君賦斂酷虐民
自殺之心也表君之過也
凡木再花憂有雹
杏再花年多有大雹

凡忽聞有聲如雷者此沒天鼓所聞之地軍多敗
震之往他軍吉震之我軍凶

御製奇門大全卷三十八終

御製奇門大全卷之三十九

禽遁秘訣陰符經

初禽訣曰

七曜禽星會者稀日虛月鬼火從箕水畢木氐金奎位玉宿還從翌上推會者一元倒一指就在倒指子移宮看到時宮是何宿分明吉凶報君知

初禽起例

假如癸卯年四月初八日庚午卯時用事其日乃參

水猿值日是二元甲子卻念前歌曰金奎倒一指木氐倒二指就從氐宿逆數七曜七日無除乃畢宿值時就畢宿移在子上順數丑上觜寅上參卯上井木犴即所用之時也餘倣此右皆一應吉事見官會人求謀凡日用之事依此取用除用兵取勝不在此數

翻禽倒將訣曰

氣將加時子細尋將頭順數倒初禽尋見時中真宿主逆回原位放天禽用兵不假天禽力萬馬千軍枉用心若問翻禽與倒將古今能士少知音

翻禽倒將起例

假如癸卯年五月初十日辛丑巳時用事是日乃柳土獐值日係二元甲子卻念前歌云金奎倒一指木氐倒二指就從氐宿逆數七曜除五七三十五余二日乃翌宿值時就從翌宿移在子上丑時軫寅時角卯時亢辰時氐巳時房日兎乃初禽就一甲午將頭胃宿加于初禽巳上順數午上昴未上畢申上觜直

數到第二遍申上尋見初禽房日兎卻逆迴未上心午上尾巳上箕水豹即翻禽倒將之法是也

右凡二十八宿之禽皆無所惧恒忌爭雄受死之日暗金伏斷之時餘皆不避

用禽之法

禽之所用其來尚矣先聖所謂參天地之造化又曰時日孤虛旺相之法孫子亦曰陰陽寒暑時制是也凡吉凶禍福謀望爭鬬日用常行之事皆以初禽主

之若王者撥亂興衰以順討逆則以氣將行之故雖有智謀之將勇銳之卒陣堅粮足馬壯兵强不律天時不知氣候而能決勝者未之有也

訣例

凡演禽之法先分主客日為主將時為行將日為他人時為本身日主靜時主動地下用一禽天上煞一星故兵者聖人不得已而用之若日主高强時宿衰弱則堅壁以守之若日之日宿醇靜素無殺伐之威

時禽剛猛又兼吞啗之權加之氣將之臨則奮擊以攻之百發百中無疑矣

二十八宿禽名

角木蛟 亢金龍 氐土貉 房日兔 心月狐 尾火虎 箕水豹 斗木獬 牛金牛 女土蝠

虛日鼠 危月燕 室火豬 壁水㺄 奎木狼 婁金狗 胃土雉 昴日鷄 畢月烏 觜火猴

參水猿 井木犴 鬼金羊 柳土獐 星日馬 張月鹿 翼火蛇 軫水蚓

七曜生忌

木生在亥火生在寅金生在巳水生在申土旺於四季日生在子月生在未

十二宮生尅制化

長生 沐浴 官帶 臨官 帝旺 衰病 死

墓 絕 胎養 十二宮所主 即十二宮鎖泊

寅卯山林 辰戌崗坡 巳午湯火 丑未田野 申酉刀砧 亥子江湖

五行生尅

金生水水生木木生火火生土土生金金尅木木尅土土尅水水尅火火尅金

七元甲子旬頭

一元甲子虛 甲戌參 甲申氐 甲午室 甲辰鬼 甲寅心

二元甲子奎 甲戌星 甲申箕 甲午胃 甲辰翼 甲寅牛

三元甲子畢 甲戌角 甲申虛 甲午參 甲辰氐 甲寅室

四元甲子鬼 甲戌心 甲申奎 甲午室 甲辰箕 甲寅胃

五元甲子翼 甲戌牛 甲申畢 甲午角 甲辰虛 甲寅參

六元甲子氐 甲戌室 甲申鬼 甲午心 甲辰奎 甲寅星

七元甲子箕 甲戌胃 甲申翼 甲午牛 甲辰畢 甲寅角

七元四時

一元虛子甲張卯巳室午甲軫酉巳二元奎子甲亢卯巳胃午甲房酉巳

三元畢子甲尾卯巳參午甲斗酉巳四元鬼子甲女卯巳星午甲危酉巳

五元翌子甲壁卯巳角午甲婁酉巳六元氐子甲昴卯巳心午甲觜酉巳

七元箕子甲斗卯巳牛午甲柳酉巳

暗金伏斷凶日

子虛丑斗寅嫌室卯女辰箕巳怕房午角未張申忌鬼酉觜亥胃壁被傷

暗金伏斷凶時 暗金伏斷時金星至来伏藏于本時之中故各有所忌也

太陽直日鼠虎鷄大陰有馬不堪騎火燒牛兔牢縛犬水浸羊頭君不知木弩射龍猪也怕金彈傷猴遠樹枝土穴捉蛇休要美此是暗金伏斷時

受亡日

正戌二辰三亥中四巳五子六馬同七丑八未九寅值十申十一在卯宮十二月中雞報曉吉星多處也遭凶

氣將

但凡所謂將頭者每一輪六十日分為四將十五日為一氣俱以甲子巳卯甲午巳酉週而復始如用出兵之禽則以將頭加于所用之時順數尋見初禽又逆廻初禽值時看是何禽就是翻禽倒將之法

二十八宿形氣所屬

角木蛟　寅午　伏斷　戌

角雖水獸即名乱增營謀利遠遊春夏逢時添旺氣秋冬岩穴遇幽囚雲陰雨暗凶宜用日煖風和善可求勢敵諸星無不勝只除畢井亢龍休角者即水中獨角龍也春夏生旺秋冬無氣亥子乃江湖得地之宮若求吉事貴在晴明争鬪出陣陰雨添威怕井讓畢除翌軫利于水處而不宜于陸地用者詳之

亢金龍　亥江湖　卯雷門　未田野

此星名作亢金龍四季常潛在水中買賣見官晴則吉出陣争鬪雨為凶秋冬岩穴藏身地亥子江湖得

地宮畢井讓来皆可伏若逢春夏叓英雄亢者八爪双角乃金龍也春夏旺氣秋冬休囚争鬬謀望晴吉雨凶若論出兵戰鬬除井畢二星之外皆可降伏能擒翌軫合蛟卯為雷門亥為正殿未為田野遇晴則吉遇雨則凶吉事用之取巧合室不可以為常也其色宜白

氐土貉　申　子　辰

奸星氐土貉為名專主陰謀利詭兵能度黃昏生巧

計若逢白日會藏身狂于四季皆宜用泊在三宮揔可行若問出身是何物深山千歲老猴精氐者乃千年獨猴精也秉性奸險利于助淫若論行藏遁身晝夜皆能四時有氣吉事用之不能與一禽相合宜偷營刼寨不宜戰鬬

房日兔　巳　酉　丑

房兔名陽本屬陰忌逢辰戌網羅侵安身有計穿三穴鬬志無能害一禽尾奎箕婁皆害巳觜張昴胃可同心細微之物生奸計宜向中秋月夜尋房者即山中之狡兔也常在山林茅草之處每穿三窟以防不虞此可見奸計合張柳觜參星鬼牛胃怕尾奎箕婁宜見官會事取舍行之而不主殺伐故不宜于凶也

心月狐　寅　午　戌

詭詐之星號曰孤夜鬬多計日間無平生所怕諸禽者箕尾奎婁畢月烏胃昴女虛危翌軫若還一日便嗟吁有何勢力能驅井此物無過臭氣汗心者狐狸

星也日伏夜遊四時有氣利于詭兵奸盜助淫專主偷營刼寨若于吉事不合一禽食胃吞昴踐軫降龟怕尾箕畢斗能制宜凶不宜吉也

尾火虎　亥　卯崊　未

夜裏天威白晝藏火雖旺夏四季先若逢角亢須當讓怕斗奎箕畢井傷所食禽中諸獸者室牛婁鬼柳星張遇寅卯未三宮上得地皆為出陣强尾者即山中之火也日伏夜遊四時有氣凶猛之物勇氣百倍

怕井畢斗奎讓箕不能勝角亢亦與無干食鬼柳星張房婁觜參心壁室牛利于殺伐而不宜于吉也

箕水豹　申　子　辰伏斷

四時得地旺三冬常在山林岩穴中或尋郊野求食用若泊辰為伏斷宮怕奎畢井氐斗宿子申寅卯喜相逢無謀却有人好勇百獸須都見者凶箕者與虎同類也而不能相合身有班紋四時有氣怕井斗奎畢讓角亢所食者與虎相同取吉求謀諸禽無合用

兵無不勝也

斗木獬　巳　酉　丑伏斷

斗木之星春夏同勢雄兩及旺秋冬見官出陣多威勇輸與江湖畢井龍泊在丑宮為伏斷若逢巳酉更英雄林岩得地降諸獸不罰吉凶二事全無用

危月燕　巳　酉　丑

此禽危月燕為名原是風流洒落星暖日微風輕翼羽春分秋社有精神穿簾入幕居幽地大廈高堂逅

貴人交易官事無不利在巢尤怒翼心鶯危者洒落之星風流之宿一生見官利貴春分後秋社前有氣若論吉星二十八宿之中惟為第一合胃昴觜參星鬼室婁怕畢心能食軫

室火豬　寅伏斷　午　戌

無用之星室火豬寅時伏斷竟何如午逢湯火戌遭綱泊在三宮總是虛八節刀砧尤怕惧一生心性慢癡愚若與交易纖毫事昴鬼牛星合可為室者即人

家之豬也四時有氣夜伏日遊乃無用之物怕奎婁尾箕畢斗合牛星鬼昴觜參全無殺伐止殺翌火蛇一宿而已

壁水貐　亥伏斷　卯　未

壁水貐名旺秋時四季還堪借用之雖在亥宮為伏斷縱居卯未亦無奇與心氐貉名空合逢畢奎婁亦可悲若使鬼兵行小事水邊夜計有誰知壁者水獺是也四時有氣藏身近水之處又波取魚此其能也

亦主奸盜邪淫夜多詭計日怕奎婁夜怕心畢吉事
無取

奎木狼　甲　子　辰

面帶霜威凛氣寒奎星屬木旺春官四時有氣英雄喜百獸無交將相權除井蛟龍兼畢斗其餘諸宿莫相干高强之宿偏宜勇出入成羣獨不安奎者乃山林豺狼是也四足兩身名為狼惧專主殺伐吉事怕畢怕井讓角亢食牛鬼婁星柳張房室觜參有虎豹

霜威鉄面諸獸無敢當者出兵決勝勇氣百倍高强之宿也

婁金狗　巳　酉　丑

四時得地旺秋天夜間常吠日間閑常懐衛主思義重不厭家貧意可堪纒草能招君子愛尾摇曾乞貴人憐猪牛燕馬皆相合鬼柳房室張被啖除畢井斗奎箕尾所食與奎相同合星斗危昴觜參吉凶兩用之宿也

胃土雉　寅　午　戌

胃宿雖名雉土纒春鳴山嶺夏歸田若逢晚稻収成日便是秋風飽煖天女蝠氐翌軫水蚓或時一見亦堪憐只愁何物為吞啗畢月心狐夜不眠胃者山林野鷄也文翘錦毛貴人所愛春鳴山夏歸田秋冬飽煖合房柳觜參張危怕奎婁畢若子用兵止能擒軫一宿而已

昴日雞　亥　卯　未

昴雞本是太陽星五德兼全近貴人四季常守随地飽更依丑約報天明煖尋軫食寒愁夜相忌狐吞晝畢鷲出陣只能擒軫宿見官會事用為精昴者即人家之雞也四時得地夜伏日遊合胃牛觜參星鬼室怕心畢奎婁食軫行兵與胃同

畢月烏　申　子　辰

三足之烏是畢星日関天氣夜傷人不拘井斗皆宜惧惟有蛟龍　不驚甲子兩宫皆得地禽星見者必

遭刑黃夜恐有無情處君子行之可老成此星日應天象夜則傷人乃火星之精也二十八宿之中除角亢之外無不受刑雖井宿威權尚不能抗敵自寅至午稍善至亥其凶莫當出兵闘勝氣勇百倍

觜火猴　巳　酉伏斷　丑

此宿名為觜火猴一生勸喜不知愁天寒潛跡歸山洞菓熟身藏在樹頭氐貉參猿宜與合室猪星馬意相投兒童之相遭人戲左右之間事可謀觜者胡孫

是也四時有氣日夜遨遊能招貴人之愛秋間菓熟是其時也合參星張房柳胃牛鬼怕尾箕奎婁畢翌專主利官見貴不宜用兵

參水猿　寅　午　戌

參水猿星在北方秋間飽煖樹頭藏枝頭霜菓未曾熟不敢先偷一顆當除合觜星氐貉外其餘皆不過尋常爭雄闘敵原無取會事營求遇為强參者乃山中金絲猿也亦主利官見貴四時有氣日遊夜適所怕所合與觜相同二十八宿要求合禽參觜二宿與星馬合為第一心猿意馬是也

井木犴　亥江湖　卯正殿　未田野

犴能作浪與興波反在秋冬旺氣多獸能降龍吞虎豹食飱生鐵吸江湖平生只怕腥臊氣須要心孤敢捉他二十八宿都用盡并無一物禁之何犴者乃吉之獸也今世化影云上山食虎豹下水食蛟龍飢則飱鐵鑊渴則飲江河興波作浪降百獸若行兵決勝

讓畢怕心其餘諸星莫敢當其鋒矣

鬼金羊　申伏斷　子　辰

鬼宿癡愚旺在秋夜間常伏日間遊酉申最忌刀砧嚮忌午湯火亦可憂所怕奎婁箕尾畢合張昴室柳星牛逢時值日皆無用更有申宮伏斷讐鬼者乃人家之羊也白毛双角夜伏日遊四時有氣禀性純善怕尾箕奎婁畢斗合星室昴觜參張房柳胃吉事可行出兵無敢

柳土獐　巳　酉　丑

柳星原是野獐見常被兇禽猛獸欺四季能招人愛惜三冬須望正當時房牛張胃觜參鬼若得相逢百事宜兇惡用事無氣力利于交易最為奇柳者乃林中野獐也常在茅草山岡之中利益見官為上怕井斗奎婁尾箕合張房觜胃星牛鬼專主吉事不利行兵

星日馬　寅　午　戌

星馬禽中主驟馳斗箕尾翌畢相欺天時得地行千里日午當空旺四時遠出求謀兼會事觜參婁室鬼張宜見官未免遭羈絆取勝須還翌氐奇星者即馬也出入近貴馳驟千里之能然未免索絆之患天晴稱心陰雨勞碌怕壁翌尾箕奎斗合觜參為上室牛婁鬼次之除開敵一事無取吉事用之無不利也

張月鹿　亥　卯　未

山林深處久藏身出入之間遇貴人三月融和春日煖百花爛熳喜天晴怕婁尾畢奎箕斗合室房牛鬼柳星若用見官無不利求財謀事始終成張者即山中之鹿也双角斑色身高脚輕貴人所愛四時得地稟性清閑春煖天晴啣花稱壽所怕所合與柳同利吉而不利于凶也

翌火蛇　申　子　辰

可怕之星翌火蛇春深出土轉離家惡心毒口人爭惡猛性兇形衆共嗟若遇蛟龍當供奉又逢室畢不

須誇見官無罪遭刑罰用着之時莫悔嗟翌者乃草中所生之蛇也人皆可惡春夏旺秋冬伏不利之禽不可用也

軫水蚓　巳　酉　丑

癡蠢之禽是軫星若逢雞雉主喧驚秋冬雖旺原無氣春夏當時始見形六合陰晴常暗昧三光晝夜不分明見官事大終成小巳酉之宮用前精軫者即今之蚯蚓也春分後寒露前有氣無足無目無頭無尾

自已無能反受他人刑傷吉凶二字皆無可取見官用事無可取也

四時生旺興衰

以上諸禽當用者取其生旺以避休囚所忌者爭椎受亡之日暗金伏斷之時除此其餘悪星悪煞俱各不忌如角亢翌軫女危者春分有氣寒露潛形奎心畢斗尾箕夜裡添威日間少氣又在辦其善悪審其吉凶臨事消詳隨机而用不可滯于一偏以乖大事

總論

二十八宿禽離合吞伏各有所屬井木犴克降蛟龍虎豹而惧心月孤星日馬雖能日馳千里而怕翌火蛇奎雖二物合形而能食星斗降虎豹心乃一拳小獸而能食胃昴伏井危女虛夜生奸盜而白日無能氐土貉白晝遁形而直間謫詐胃昴二宿能降一軫觜参二宿惟合一氐會意投机獨羨心猿意馬利官見貴無過危燕觜猴殺伐之星首則畢井斗奎次則心婁虎豹同心之宿先取柳張房胃次尋室鬼星牛畢井于衆宿之中威權第一奎斗于諸禽之內殺伐為尊柳房胃觜参鬼動則招人之愛畢尾箕虛翌軫出而為世之嫌井斗雖身勢高强而不能食房宿之小物危昴本形軀纖細而不憚虎豹之椎威又如家雞不出户野獸不相関山禽不下水水禽不上山以類而推難于偹贅臨時取用活法消詳此天机不傳之秘也

离

所謂离者使其兩不合陣而戰也凡敵無兵相勝之理故須使彼敗而不傷其生耳用禽之法如春月用箕水豹擒觜火猴之類訣云箕雖勢力兇强柰不當令觜雖有氣力弱難以擒其身故水又尅火豈得交戰噫雖降伏百獸之威而觜有騰身攀岩走壁之能何得擒我是謂离也

合

所謂合者須使天禽高强地獸衰弱日尅時宿用之之法如春月使奎木狼擒婁鬼之類訣云奎乃英雄之物二十八宿無一禽能支且春来得令金又尅木日尅時宿彼来尅我豈不戰就擒是為合也

勢

所謂勢者須要天禽極大使别獸再莫能當須擇其吉時遁取吉方領兵佈陣圍繞三匝大喊三聲回營固守敵人終莫敢近用禽之法如春月使斗木之類

訣云四七之中雖并斗之星乃禽中之尊復得春令何愁不固若用禽得地不須兩擇時方静坐以待之足為勢也

伏

所謂伏者使得其臨陣降伏而無刑傷是也用之之法如春月使星日馬擒室鬼柳張之類訣曰星者乃身勢高大得地千里室柳鬼張之宿况無征戰之威且各禽食百草之物兩無吞啗噫柳張之類有拒敵之心何敢當其星日馬之身勢是為伏也

禽中二十八宿破陣法

角木蛟值日要刀一把先丢入陣中更犂頭一隻打入陣

亢金龍值日要口念唵數聲更用犂頭鉄皆可

氐土貉值日要畫元先丢入陣中作狗聲更犂頭鉄制

房日兔值日先畫紙月丢入陣中作狗聲入破網打

去

心月狐值日要紙畫一婦人丢入陣中作犬聲

尾火虎值日要紙畫一獅子丢入陣中大網羅大喊弓箭射這黄羅凉傘

箕水豹值日要生猪等肉丢入陣中連用弓箭鑼鼓破

斗木獬值日要作雅聲大喊冒弓箭丢射之

牛金牛值日要瓦一片用碗盛火打入陣

女土蝠值日要用瓦一片見陣打破用竹篙上揷火
把燒入陣去作雅三聲
虛日鼠值日要作猫聲幷口含米打陣
危月燕值日要泥一塊去入陣碗装火破網打入陣
去
室火猪值日要鉄鉤先打入陣去作鼠聲穗食麻繩
打陣
壁水㺄值日要繪網打入陣要用燕口犬血喊入陣

奎木狼值日要用石頭染血打入陣用生羊肉大喊
打入陣
婁金狗值日要混米湯先潑入陣更用虎皮
胃土雉值日要雞一隻打入陣要無頭含米作雅聲
破網大喊打入
昴日雞值日作雞聲喊入打陣
畢月烏值日紙上畫日幷生雞弓箭大喊打入陣
觜火猴值日要菓子幷紙畫蝦嘛大喊打入陣

參水猿值日要藥打入陣菓子大喊打之
井木犴值日要火打入紙畫蝦嘛打陣
鬼金羊值日要作犬吠聲虎吽草打陣
柳土獐值日要犬肉先丢陣軍士作虎聲吽草束打
陣
星日馬值日要黑白豆一升六合先丢入陣繩索馬
鞍籠頭打陣
張月鹿值日要花草先丢入陣軍士作虎聲大喊打

陣
翼火蛇值日要泥一塊并鳥禽放陣用蝦嘛不用雞
打陣
軫水蚓值日要木草葉丢入陣中再用磚土犁頭打
陣

奇門大全卷三十九終

御製奇門大全卷之四十

禽遁秘訣陰符經

二十八宿藏身法

角木蛟值時用水洗面日方出含水噀

亢金龍值時作雷聲方出水噀洗之

氐土貉值時竹作井字插頭上方出更撚土塊

房日兔值時紙畫日頭上插木葉

心月狐值時左手撚石一塊方出頭上插木葉

尾火虎值時用花一朶插頭上一云畫佛字安頭上

箕水豹值時插木葉于頭上出

斗木獬值時用水洗面目手足橫行方出噀方去

牛金牛值時草插頭上方出手把乱草茅草插木葉

女土蝠值時左手撚瓦片插木葉方出

虛日鼠值時手撚米谷并乱茆方出

危月燕值時手撚土泥方出

室火猪值時紙畫山字頭巾上手執乱茅出

壁水貐值時水洗面目手足草插頭巾上含水噀出

奎木狼值時插木葉頭巾上出

婁金狗值時要手中撚乱茆出

胃土雉值時插木葉頭上出

昴日雞值時手撚米谷茆草方出

畢月烏值時手撚乱茆草方出

觜火猴值時手撚桃枝頭插木葉方出

參水猿值時手撚菓子插木葉方出

井木犴值時手撚米谷木葉方出

鬼金羊值時插竹葉于頭巾上方出

柳土獐值時手撚石頭插木葉方出

星日馬值時畫紙馬鞍頭上插木葉方出

張月鹿值時口含苓頭上插木葉方出

翼火蛇值時紙畫龍頭上插木葉手撚乱茆茅方出

軫水蚓值時手撚石一塊方出

角星八辰天地俱臨逆吾者死順吾者生

亢星入癸晝夜常存敢有不伏從吾來降
氐星入元天地交精吾行隨我不伏便行
房星太陽天地闢張敢有不伏先斬後傷
心星入卯東上有炁從吾敕下即便降真
尾星高強除邪去殃何神不伏何鬼敢當
箕星入庚寅上穩真前有強橫不須用侵
斗星屈丑千里亦里有凶前剪有福便得
牛星至炁天地交氣何日不伏何鬼敢當

女星入斗福祿皆有若有邪魅聞吾即走
虛星至尊日夜常輪星精威異不得久停
危星有法自然晝察敢有不信敕令入轄
室星在乾日夜常遷聞吾有勅福祿便傳
壁星在堂天地交泰從吾有命即便歸降
奎星在炁勅合有真休門俱出福祿潛臻
婁星入兑遠絕鬼魅輔吾者生逆吾者罪
胃星入土鳴鑼擊鼓大則遠退小則有喜

昴星光輝日夜逢加吾速入訣不得藏魁
畢星隱形天地合真太上有勅不得久停
觜星交伏日夜郁郁聞吾有命即便入局
參星至高太險去豪敢有不伏即便赴刀
井星炁耀春夏秋冬我來隱跡不得不從
鬼星入丁日夜從形順吾者生逆吾者刑
柳星至尊上降社堂逆吾者死順吾者昌
星星至尊日夜常輪敢有不伏即便勅形

張星在天真下復元敢有凶妖勅下便遷
翌星在巽春夏俱高邪鬼即退吉利便輪
軫星在廟勅下精耀何神不伏何鬼敢起

百里探賊歌

聞報時加直　前尋本日支　子宮當該宿　順數至來時　金水賊營在　水土退回空　陽戰陰虛詐　火速勿行師

謁貴歌

太陽路上喜相逢　金水茶酒遠迎　水火多因不在　土宿家中怒嗔　太陽家内隱其身　此法無虚已定

以上二條俱用初禽訣例沓禽倒将不在此數

二十八宿伏断凶日所忌

子虚丑斗寅嫌室婚姻起造皆不吉

卯女辰箕巳怕房出行埋葬定遭殃

午角未張申忌鬼上官拜命無終始

酉觜戌胃亥壁傷入宅移居見死亡

世人避得此神煞任爾施為最吉昌

推六星值日歌　七殺星

角亢奎婁鬼牛星　出陣行軍多損兵　在外遠行逢盜賊　営求財力百無成　行舡必定遭風浪　買賣交易不稱心　穿井決然難生水　拜職為官損重名　婚姻仍主生離别　主丧若犯損上灵　欲知吉凶星辰日　出在天符秘客經

行兵忌日

行兵切忌四絶凶　為将先須忌此辰　春逢巳卯休争戰　夏月須防丙午中　秋逢辛酉兵多忌　壬子原来莫過冬　天地尚然憂不測　為人豈敢去争鋒

太歳在午人馬吃土　歳在辰巳貨妻賣子　歳在申酉乞蔬得酒

右此出太乙數箕

遁甲歌

遁甲窮推天地玄先将節氣定根原春從艮起夏當巽秋過坤宫冬到乾二至坎離分逆順双分震兑貫三川甲巳在仲為上局孟為中局季下元上註中宫中進七下加四位定局乾陽極後陰符前陽順陰逆理自然但向本宫為六儀六甲由此并相兼六儀順則三奇移六儀逆則三奇連乙丙丁宫安星奇地盤一定合天盤天盤訣定時元慢将六甲入宫纏専取

旬頭直符使時干支上定飛遷直符直使皆甚布北
天九地返斡旋天乙會合主陰私遇武揚兵保萬全
坎休蓬　艮生任　震傷冲　巽杜甫　离景英
坤死内禽　兊驚柱　乾開心
立春在艮上起甲子立夏在巽上起甲子立秋在坤
上起甲子立冬在乾上起甲子
青龍華蓋吉方
甲為青龍吉　乙為逢星吉　丙為明堂吉　丁為

太陰中　戊為天門吉　已為地户中　庚為天嶽
凶　辛為天霆凶　壬為天牢凶　癸為華蓋吉
十一為孤陽　十二為孤陰
凡取華蓋大吉不拘戰鬭出兵出行見官求財等事
過此方大勝若人入人家試主人不在得于華蓋方
少坐一時其主即出或其方有占不便則以行李身
邊所帶之物置其方則妙

遁甲下營兵法

夫將兵下營四出統兵必有法則以六甲為首十時
一易員卓旧有歲月為狀或依歲月或取六甲自首
排布大將居青龍六甲是也旗鼓屋蓬星六乙是也
士卒屋明堂六丙是也伏兵居太陰六丁是也軍門
居天門六戊是也小將屋地户六已是也斬罰屋天
獄六庚是也判斷屋天霆六辛是也因繫屋天牢六
壬是也府庫粮儲屋天藏六癸是也

兵家三勝

第一勝天乙宫謂取天上真符乘天乙宫使上將屋
之引軍而擊其衝則百戰百勝在陽遁則用天乙真
符所屋之宫若在陰遁則用地下直符所屋之宫
第二勝九天宫為陽遁天上真符後一宫為九天陰
遁天上直符前一宫為九天我軍立其上而擊其衝
則敵雖衆莫敢當我之鋒矣
第三勝生門宫謂生門合三奇之宫主將引兵從生
門而擊死門則百戰百勝又曰皆停々向白奸為一

勝背月建向月破為二勝背生門向死地為三勝生神者正月起子順行十二支死神者對干是也止是停々子日在巳順行十二支白奸者寅午戌在亥々卯未在寅申子辰在巳々酉丑在申又有停々向天門六戊是也

五不擊

天乙真符直使九天九地出門皆不可擊

假令用陽遁八局丙辛日卯時天乙在二宮西南乃

天上直符擊其衝九天在九宮正南生門在三宮正東九地在四宮東南直使在八宮東北　已上五宮不可擊之

遁甲所喜

丙合生門六戊為天遁　乙合開門臨六己為地遁

丁合休門臨太陰為人遁　丙合生門臨九天為神遁

乙合開門臨九天為鬼遁　丁合休門臨坎為龍遁

乙合開休生門臨艮為虎遁　乙合開休生門臨辛為雲遁

乙合開休生門臨乙為風遁

三奇遊六儀

子旬庚午　戌旬己卯　申旬戊子　午旬丁酉　辰旬丙午　寅旬乙卯

玉女守門

三奇之灵乙丙丁會開休生三吉門

三奇得使

乙臨甲申甲寅　丙臨甲子甲午　丁臨甲辰甲戌

超三　避五

甲子用丙寅　甲子忌甲戌

五宮寄二宮

九天直符陽遁後一宮陰遁前一宮

九地直符陽遁後二宮陰遁前二宮

六合直符陽遁前三宮陰遁後三宮

太陰直符陽遁前三宮陰遁後二宮

逢天門方

子丑寅日丙方　卯辰巳日庚方　午未申日壬方
酉戌亥日甲方
地户方
子丑日乙方　寅日庚方　卯辰丁方　巳日辰方
午未日辛方　申日甲方
天馬方
正月在午頗尋陽地　大衡小吉論月将　陰危定
門隨月建

天捕之時
甲巳日甲子甲戌時　乙庚日甲申時　丙辛日甲
午時　丁壬日甲辰時　戊癸日甲寅時
六甲之陰　冬旬丁時　事尋天上六丁
丁卯名文伯　丁丑名孫　丁亥名文公　丁酉名
文卿　丁未名文通　丁巳名巨卿
又云急則從神緩則從門急不得吉門直符九地太
陰而去緩則從門門奇會合吉之言也

天網四張謂天上六癸臨于何方遁甲所忌六儀擊
刑直符加被之宫門廹休門臨九宫生門加一宫開
門加三四宫景門加六七宫　已上吉門被廹也
五不遇時謂時干剋今日干也　太白入熒惑謂天
上丙加地下庚　熒惑入太白謂天上庚加地下丙
天乙格太白謂天上乙加地下庚　太白格天乙謂
天上庚加地下乙　天乙伏宫格謂天上庚加地下
直符宫　天乙飛宫格謂天上午加地下庚　天乙

伏干格謂天上庚加地下午　天乙飛干格謂天上
直符加地下庚　刑伏格謂天上庚加地下巳　刑
飛格謂天上巳加地下庚　大伏格謂天上庚加地
下癸　大飛格謂天上癸加地下庚　歲月日時謂
天上丙加歲月時日干　歲月日時格謂天上庚加
歲月日時干　伏吟格謂子加子返吟格子加子曰
虎猖狂辛加乙青龍逃走乙加辛騰蛇返回壬加丙
飛鳥跌六丙加壬朱雀投江丁加癸騰蛇天矯癸加

丁伏勃丙加乙飛勃乙加丙三奇入墓謂乙奇臨坤
丙丁奇臨乾甲乙日未時丙丁日戌時

三奇帝星時

若謂三奇閅行年　遁甲分明子細傳　乙丙丁逢天上位　甲戌庚遊地下眠　若在南方須照北如廛西北照東邊　一奇若到十五朝　二奇一月福潛消　三奇四十五日吉　諸悪凶神盡来朝

五墓論

乙奇屬木不入坤　丙丁屬火不入坎　開門屬金不入坎　休門屬水不入震　生門屬土不入巽

飛宮掌訣法

二坤（立秋）七兑（秋分）六乾（立冬已至後陽遁順局）　九離（夏至）五中一坎（冬至）
四巽（立夏）三震（春分）八艮（立夏已至後陰遁逆局）

立春艮上青山色　春分震上好詳推　立夏巽宮尋本位　夏至離火望當時　立秋坤上從頭數
秋分兑上定無移　立冬但向乾宮取　冬至坎位順飛還

偹急擇時訣　吉曜時法

訣云年吉不如月吉月吉不如日吉日吉不如時吉如遇急緊不暇擇日但遁吉時萬事皆吉今擇去一切凶時只排定吉時立成定局庶使擇日萬無一失

出遁甲偹覧

日	子午	丑未	寅申	夘酉	辰戌	巳亥
福德時	子	寅	辰	午	申	戌
寶光	丑	夘	巳	未	酉	亥
少微	夘	巳	未	酉	亥	丑
鳳輦	午	申	戌	子	寅	辰

呪曰

斗臨正法日逐時桯磈軍指處鬼罡即隨吾往北方萬無不利六丁六甲左右跟隨八煞將軍前護後擁急急如　九天玄女律令　又四縱五横吾今出行禹王衛道蚩尤避兵盜賊不得起虎狼不得行還歸

故里當吾者死背吾者亡急〻如　九天玄女律令
又白虎蹲踞青龍踴躍前擁後護遵古之制仁德洋溢太虛廓寥六乙逢攝萬祥俱到急〻如　九天玄女律令　又天罡揚威玄武張势熒惑流輝太白呈瑞坤光照曜玉女採曳六丙來迎百福并至急〻如　九天玄女律令　又玉女聖神太陽淵黙華蓋淨衆我形不惑我氣浩然攸遊竅字六丁前道百神來謁急〻如　九天玄女律令

滅沒日

天上凶星不時遊　正七在閉二八收　三九逢建四十執　五十一月向平求　六十二月除中覓拜賊求官萬事休

截路空亡是天干帶壬癸字看值日禽宿值氐房心虛室奎婁昴觜參鬼栁遇水則截其路忌行軍出行阻滯若修造葬埋不忌

伏聞混沌纔分陰陽始判征戰秘用兵法之書非出一家雖前賢之成規由後學之變動間有氣候妙理進止在向背玄机君子推詳上占天文下察地理精通造化曉諸書筭辨别陰陽驗未兆于先決吉凶於潛心是書萬無一失也

三刑之法　時日家刑互用

寅刑巳　巳刑申　申刑寅　此無恩刑也
未刑丑　丑刑戌　戌刑未　此時势刑也
子刑卯　卯刑子　此無禮刑也

辰刑辰　午刑午　酉刑酉　亥刑亥　此自刑也

元歲刑之方有風向歲星來主下謀上也

月刑日刑之方有風向歲星來可向所刑之方出兵必逢賊兵必戰大勝也若下營之計盤以歲刑取月月刑取日〻刑取時若彼方有風向我營來主則可取我刑之方出兵必勝

凡行軍或有大風自我軍後吹我人馬之跡主駐進凶

凡行軍有旋風自我軍後傍或左或右此伏兵風林谷草中有賊

凡日月陰沉微風吹我旂旆此血流之風漢張良驗曰出軍必有返逆或謀將也主將凶也

凡作風聲似悲啼者此哀風也太公曰戰則主勝客敗先動者為客後動者為主也

凡軍次有角風入我陣中如雷吼此賊風也伏兵在近可備之張良曰大逆風也若城中有者主亂逆無

無日月明暗大戰

凡兩軍排陣有狂風暴雨向我軍來如雷吼聲旂幕傾倒人不相見此名妖風主賊兵敗敵堅守不可戰

凡日月交蝕內三日內有大風起此名助風張良曰行軍遇之可順風破之敵大勝之兆

凡軍行次忽有雪如鳥張翅向我軍來可急排陣待之或如烟霧在山林中草木野上現五七里必有伏兵急備之

凡軍出行時上下白雲如霧名曰山澤必有大風雨

凡雲如蛟龍形伏旋轉隨雲風去者此名曰天兵主兵起大戰敵

凡攻城臨陣有雲如龍虎禽鳥張翅舉爪向我軍來彼必來攻我可固守不可交戰若在我兵上向彼者可速進兵大勝

凡攻城臨陣有雲氣如人手三三五五向我軍來者彼軍破必主降

凡雲氣如人形象在我軍上現切宜避之

凡營中夜見星落者生將凶可祭礼禳之退軍則吉若是星落賊營中可進兵大戰必勝

凡營中平明時有流星至自我營中過或化為三五條赤氣而下垂如血色不可出兵若見在他營者可速戰大勝

占赤氣見甲所主應驗

甲乙日三十日兵動　丙丁日或百日兵動

壬癸日二十日或一百二十日兵動

凡赤氣起于西北角往東南方來者不出一年內必有大兵起過北斗者六畜相延如直上沖者斗者及定星分野亦主乱臣血流千里

占氣沖年月日時取刑沖為驗

正月見四刑七沖　二月見十一刑八沖　三月見在月九沖　四月見七刑十沖　五月見在月十一沖　六月見九刑十二沖　七月見四刑正沖　八月見在月二沖　九月見十二刑三沖　十月見二刑四沖　十一月見二刑五沖　十二月見九刑六沖

赤氣者死氣也黑氣者兵氣也赤氣者殺氣也黃氣者吉兆也青氣者人災也白氣者水災也青白氣形如鎗帶者此名蚩尤旂出現國有臣謀君必兵起之兆但占氣色看方位五色刑沖以定吉凶必主有應驗莫無一失也此九天玄女法千金不傳之秘訣用者詳之

凡氣候先看氣色勝衰知其勝負氣銳兵勝氣微兵弱兵不離氣下氣不離兵上氣聚則兵駐兵散則氣沒氣是兵主兵是氣苗也

凡城寨之氣初起向北向西可進攻向南向東不可攻其高至天上下不散乱此堅固之兆可守之

凡氣若鬪雞形在軍上者此天助之氣大勝

凡城寨有氣如傘蓋者此天子之氣必有聖人不可攻戰避之

凡氣如蛇形往來乱有下謀上攻必勝兵行或有白氣三五條者如烟霞霧聚散出沒千回萬变又如前引索如風旋轉或遠我軍此奸謀伏也可固守備之

凡軍至他境有氣如山高堂々不動此兵陣之氣也不可攻宜駐劄哨探備之

凡天地昏暗有氣霧日無光徵風雨下土此名理主之氣也必有大兵起如在城中街市遇似雨不濕衣此名曰奸生主謀兵起臣下同女人謀君也

凡連綿霧中忽有雨下此名天泣也不過一年之内萬人死之兆必大变

凡東邉霧起占草木似霜雪此名木兵一年之中主有更变

凡城寨内忽有雲霧紛〻如烟向我軍者此名軍精主伏兵可備之

凡攻城寨内起如灰色城主破或有赤氣入城中此名藥人食血主破若有黑氣紛〻連遶城者此名死

氣主破若氣青白起于楼閣其城難攻

凡城中有五色氣如龍蛟鳥獸形向西方去主禍害走失

凡城禽鳥乱鳴主喜事之兆

凡行兵禽鳥往来左右前後去而又来飛鳴者主彼軍與我相迎主有伏兵可備之

凡軍至敵境禽鳥向我軍往来往廻不離此妖兵也主有戰可詳備之

凡軍營劄定或烏鴉青色鳥飛来我軍去〻来〻作悪聲此熒惑星精主賊奸計伏兵驚

凡營安定有羣鳥飛或左右去不往者主夜有賊刼營備之

凡軍入山林中有鳥鵶羣飛于我軍上盤旋而不去此山神来報我也前有敵兵来掩我軍也不可進避之

凡軍交戰之際有野雞飛入我軍中主有将投降可

収管我大勝吉兆也

凡行兵有老鴟三五七往来我軍上主有戰逢一切恠蛇攔路宜駐劄

凡虎狼入營傷人損畜者主不利若不傷人物主奸探人野狐于營前後左右悪吉叫者凶有伏兵有麂入營者獲得主有降将吉

凡攻城見蛇于城下可退軍主将凶

凡營中馬低頭合眼無精神者凶

凡城中有乱鼠向我軍来城恐空主有降若雞狗出
他軍者主有内变
凡城被圍日久閑門雞亻乱作聲者主城破
凡下营已定有氣如盖没入地中便可移改張良曰
大折大没移营則吉
凡城寨中荆棘忽生者主下謀上凶兆
凡瓜菓葫蘆葉下生苗者主有謀逆事
凡城中人家多年枯木葉上生苗者此奴反主之兆也

凡营寨中樹上被鵶鵲折枝或無故折枝可移营則吉
凡大将軍帳房見恠異或服甲冑見血光者凶卧床
自動者不可出营有奸人乱謀可備之
凡軍器無故自響動者可固守勿出之
凡金鼓角聲鳴不清者凶兆也
凡营中刀鎗劍戟軍器忽有火光如燈明者主我軍
大勝之兆也

奇門大全卷四十終

御製奇門大全卷之四十一

禽遁秘訣陰符經

推十二月征戰背生擊死法

正月生子死午向南吉　二月生丑死未向西南吉
三月生寅死申向西南吉　四月生卯死酉正西吉
五月生辰死戌向西北吉　六月生巳死亥向西北
吉　七月生午死子向正北吉　八月生未死丑向
東北吉　九月生申死寅向東北吉　十月生酉死

卯向正東吉　十一月生戌死辰向東南吉　十二
月生亥死巳向東南吉
凡用兵休月分節氣背生門擊死門征戰發兵百
戰百勝大吉之兆也
安營坐向出入居止各有門户年月日時皆有定局
調萬人用年千人用月百人用旬十人用時駐劄已
定先看風雲氣候依法詳審臨機應變猶要智謀将
令五德士卒一心必成百戰百勝之功當取一車兩

得之陣傳授君子金玉藏之勿可輕泄偹細排圖列于後

九天玄女孤虛法

九天玄女曰此法背孤擊虛一女可敵十夫也取擊對沖之方是也萬無一失吉哉

歲孤虛取太歲及對沖是也萬人以上用之

子年子孤午虛　丑年丑孤未虛　寅年寅孤申虛

卯年卯孤酉虛　辰年辰孤戌虛　巳年巳孤亥虛

午年午孤子虛　未年未孤丑虛　申年申孤寅虛

酉年酉孤卯虛　戌年戌孤辰虛　亥年亥孤巳虛

月孤虛取月建及月破是也千人以上用之

正月建寅匕孤申虛　十二月皆效放此與年同論

旬中孤虛取旬中孤虛假令甲子日旬戌亥孤辰巳虛也餘倣此

甲戌申酉　甲申午未　甲午辰巳　甲辰寅卯

甲寅子丑　正對沖孤虛也

日孤虛法取本日甲子起遇壬癸時是也十人以上用之

甲巳日申酉孤寅卯虛　乙庚日午未孤子丑虛

丙辛日辰巳孤戌亥虛　丁壬日寅卯孤申酉虛

戊癸日子丑孤午未虛

時孤虛所用時及對沖時方是也一人用之十二時與前太歲孤虛之同也

歌曰

孤虛之法有五般　年月日時旬理看　萬人用歲千人月　百人旬中主兵權　十人用日一人時依方取用要的端　背孤向虛征戰勝·行兵駐劄審詳安　風雲氣候知時尅　擊虛取勝將兵權

黃石公四季出旗法

春季出青旗長鎗在前者吉　夏季出紅旗叉戟在前者吉　秋季出白旗弓弩在前者吉　冬季出黑旗刀劍在前者吉

定駐劄大營正門方向

春木旺門向東青龍吉　夏火旺門向南朱雀有氣吉　秋金旺門向西白虎有氣吉　冬水旺門向北玄武有氣吉

神樞經曰凡擇日出軍旺相日辰制尅所尅之方者吉若死氣日凶又法東行東方戰用白旗前行用金命人以尅之餘皆倣此

五行相生

木生火〻生土〻生金〻生水〻生木

五行相尅

木尅土〻尅水〻尅火〻尅金〻尅木

主將坐帳遷移次序衣服色出天門入地戶至華蓋坐按方局如此則惡人不能侵萬人不及也

六甲青龍將位　六乙天蓬金鼓　六丙明堂士卒　六丁太陰伏兵　六戊天門出　六己地戶入　六庚天獄斬　六辛天庭判斷　六壬天牢粮儲　六癸華蓋將帳　戌為孤陽　亥為孤陰

坐將起例其法以甲子旬中就其甲子為青龍即坐將位併順餘皆然

歌曰

六甲青龍坐將同　六乙天蓬金鼓鳴　明堂兵士太陰伏　天門地戶出入行　天獄斬刑天庭判　天牢粮儲積豐盈　華蓋之方地將帳　孤陽孤陰不立名

大將位坐子衣黑出辰入辰巳將帳安酉上向卯吉惡不能侵兵不能及自青龍坐將位起順排十位至華蓋安將帳出天門入地戶天利後六甲圖俱倣此

甲子旬起甲子至癸酉十位

甲子旬起甲子將坐酉衣白出辰入巳

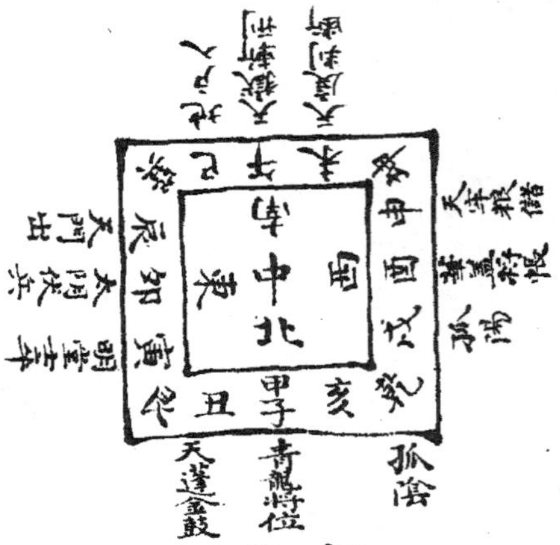

甲戌旬起甲戌將衣黃出寅入卯帳未向丑

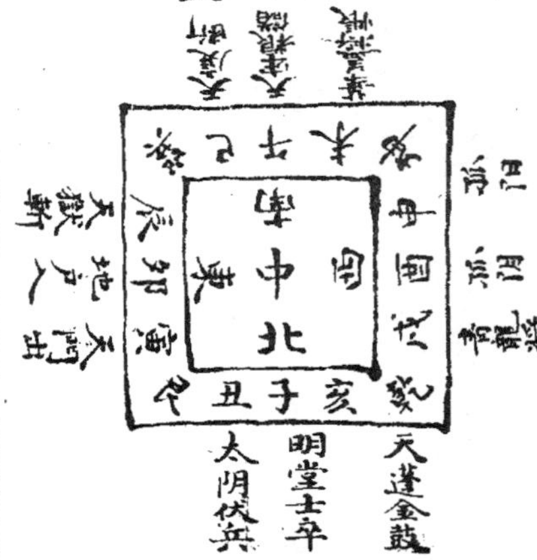

甲申旬起甲申將坐申衣白出子入丑

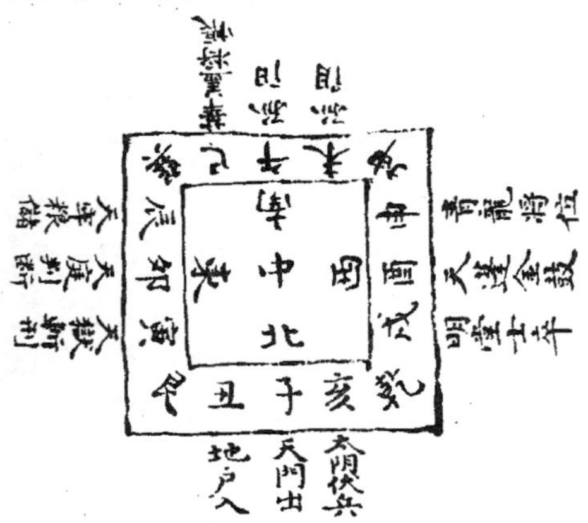

甲午旬起甲午將坐午衣赤出戌入亥

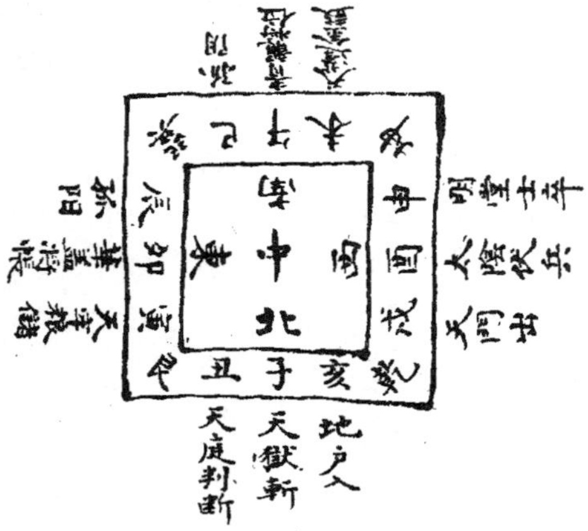

甲辰旬起甲辰將坐辰衣黃出申入酉

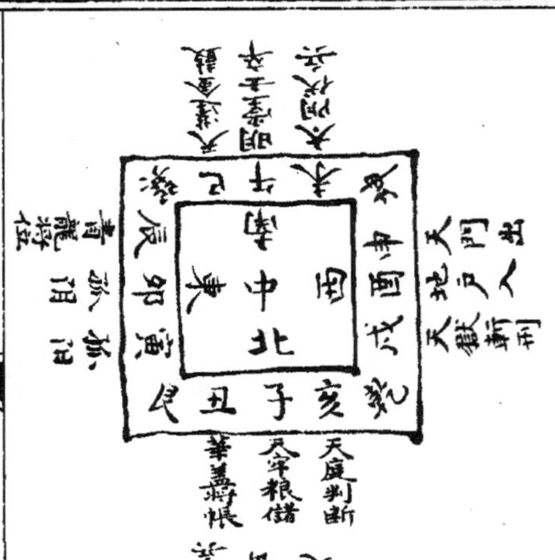

甲寅旬起甲寅將坐寅衣青出午入未

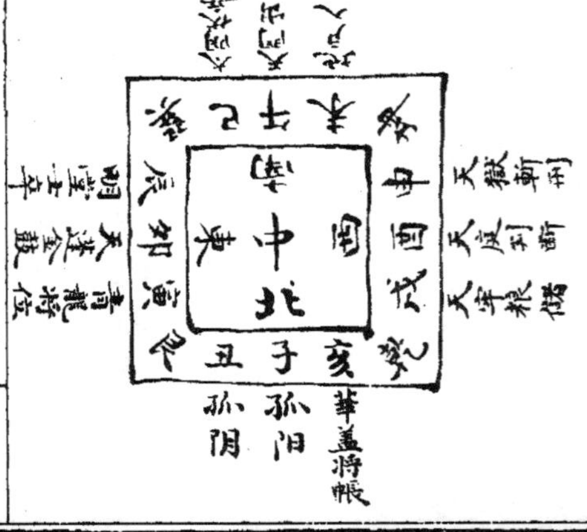

秘法奧旨乃華山先生姓陳名摶號夷希五季時人也如欲有天下及宋太祖御極卒不果其所謂隱華山追巢由同務光精術數之學多傳于世是篇之作兵法之骨髓也上占天文下察地理中決人事之宜當不比諸家法訣符篆蠱惑人心遁甲之圖奇門浩繁使後人申其途而迷其津也但非德行之士勿輕易示之予秘之若珍宝藏之若金玉則于法令依法行之寔為大將軍之机也後學者敬講而玩焉則其

成功豈小補哉

出兵安营寨法

黄石公曰凡求所出入攻城野戰之際只向庭中或帳中地方六尺上作圖様看天牢天獄者并凶死之地故立此圖要人通曉出入在于青龍上斬草七莖往歲至天門還至華盖于太陰上取土衆出軍一人可敵十人若領千人可横行天下一女可敵十夫入山不逢虎入陣不逢兵戰鬪爭鋒不遭危困若有急

事畫圖立于華盖之上遇青龍臨行出之際誦念六壬呪任意東西并無妨碍

呪曰

天圓地方六甲九章華山之陽恒山之陰盜賊不起虎狼不出急急如律令

凡大小便不得向北斗日月五星三奇所在之位則神不能助佑

右法見前以六甲旬頭起將位順排至華盖安將帳出天門入地戶大利

上山書獅子　過河書土字　入陣書勝字　求財書合字

七曜值日

木（角斗奎井）對陣戰皆拱青色人馬東方入戰勝　戰敵先逢我軍勝黑旗

金（亢牛婁鬼）從他人先鬪用白旗人馬統戰五軍勝

水（箕壁參軫）引鬪東南坐東北西南陣吉

陽（房虚昴星）戰鬪人馬引戰向東去之入賊敵五軍勝

陰（心危畢張）兩軍皆羸無輪旗引戰東南入陣

土（氐女胃柳）攻戰黄旗人馬南入陣吉

火（尾室觜翼）番陣爭赤鎗人馬引戰南入輸西勝

定主客

平坦之處先動為主　山原險峻之處先動為客

先定為主後立為客　先入陣為主　前聲為客

後聲為主

七擒七縱之法乃周管二公之圖

虎威日行軍火將上位功勞打此房我軍勝將軍旦着皂衣

龍威日出兵有戰有勝其日前打此方勝三軍揚功而助宜着紫衣將封侯

七擒日用兵多宜行西南方我軍大勝大將不利日將有功其日宜相合

逆道日用兵必驚恐若遠行三軍自敗

奔雄日用兵自敗三軍消散凶

天盈日用兵不戰自退大將行兵天力獲

八難日有兵三軍必行大凶

六絕日用兵不行禹步兵各自散宜牢固守營寨

虎威日　初五　十三　二十九

七擒日　初七　十五　二十二

六絕日　初六　十四　二十三　三十

天盈日　初一　初九　十七　二十九

八難日　初八　十八　二十四

龍威日　初三　十九　十一　二十七

逆道日　初二　初十

奔雄日　初四　十二　二十八

九天玄女出兵逐月遊天門向百鬼傍通

天門　百鬼

正月酉　二月酉戌　三月戌亥　四月亥子　五月丑　六月丑寅　七月寅卯　八月卯辰　九月巳　十月巳午　十一月午未　十二月未申

白虎頭日　初二　初十　十八　二十六　此四日出兵為佳

張良禁兵不行之法

正月初四　二月初十　三月二十一　四月初二

五月初六　六月二十三　七月十四　八月十三
十八　九月二十八十二　十月二十　十一月二
十四　十二月三十

天狗食日

正月辰戌日　二月巳亥日　三月子午日　四月
丑未日　五月寅申卯酉日　六月卯酉日　七月
辰戌日　八月巳亥日　九月子午日　十月丑未
日　十一月寅申日　十二月卯酉日

春季巳亥　夏季丁亥　秋季辛亥　冬季癸亥

以上四季名曰天窮不可出兵鬬戰

敗將月忌日

正子寅卯午　二酉寅卯午　三子寅亥　四子申
酉亥　五子亥戌　六子丑寅卯　七子寅亥申
八丑辰亥　九巳酉丑戌　十辰巳申亥　十一申
子辰　十二寅午亥

山前落忌不得行兵凶

正亥二寅三申四子五寅六巳同七申八亥九月十
十一　十二

天忌日不可合兵鬬戰

正月忌初二　四月忌十五十六　三七月忌初五
十一　二六八九十一月並無忌　十二月忌初七
初九

四時器械出兵法

春午戈前行　夏鎗劍前行　秋弓箭前行　冬弓
弩前行

刀兵八方風勢吉凶局

凡以雞毛五兩重長竿緣線貫之其上懸于營中取
驗

東上来名沙弱風利主　巽上来名陽得風利客
南上来名天弱風利客　坤上来名　西上来名
乾上来　北上来　艮上来名小罡風利

歌曰

忽蓬雲氣狀如龍　其下咸池不可攻　白虎白刑營寨上　此中将士必英雄

城中氣色連上天　此地須知将士賢　更有双蛇刑上現　有似氣上亦同然

猛将之氣如火光　夜間照灼甚驚忙　又如鎗盾無弓弩　所在軍營不可當

召暴軍之氣十條

赤氣如旗遍普天定知其事乱中原

又如黑氣中心赤所在中墟似寨垣

有氣如雪似火烟便是兵起滿山川

更如爪蔓相連綿八九往來亦准前

氣色低垂下拂人須防大敵故相侵

沿溝盡道看來至只在須臾滿血津

四面如雪赤氣多所臨之下有干戈

如人持節戰不止

雲如展白籠如天又如龍蛇遍相連

並主暴兵相接續須防偹守不遲延

黑氣如雲必有迍其刑之勢迷中情

半空黑氣沖天起若得漫天兵大行

范蠡云子日見賊喊三聲其賊死

子房云丑日見賊手指大笑三聲賊退死

太公云寅日見賊折射向賊自失器械

白起云卯日見賊露髮行三五步呼五聲賊自退

孫武子云辰日見賊向賊放尿賊自箭血死

老子云巳日見賊笑五聲急呼賊自退

伍子胥云午日見賊向叫七聲賊不勝

秦穆公云未日見賊向叫五聲賊自倒

韓信云申日見賊拍手高叫天三聲賊自失器械

東方朔云酉日見賊拍手呼天向賊々自退

秦始王云戌日見賊急唸拜大笑賊自退

漢高祖云亥日見賊用鎗指賊賊自退

西天九梵云輪

甲巳年三月戊戌　九月巳亥　十月丙申
十二月丁酉
戊癸年八月丁巳　丙辛年三月辛巳　乙庚年四
月壬申　九月乙巳　丁壬年不犯

占烏鵲風雲雷氣占

子日亥時黑雲衆頂黄氣四生庄車催馬倒敗軍之象
子日寅時群鵲巢林烏鴉遶頂主兵潛伏為遁

丑日戌時白雲四起青起蓋頂主有敵人拜投
丑日寅時青烏穿林雁飛南去主有献書至
寅日酉時黄雲突起白氣營生（白雲作白氣）主彼大敗奔走
寅日辰時鵲鴉東走彩烏噪禽主已將歸思之怨
卯日申時青雲往西青氣濛淡主敵大勝敗卒來降
卯日巳時紅雲遍野黑氣陣前主彼殺傷巳兵不可戰
辰日未時狂風北至紫氣四生主敵晩戰守正不利

辰日午時烏從南來入云出去主有屬卒至劫營
巳日午時紅雲連生微雨和氣交敵大勝不敗殺一人
巳日未時黄烏高飛主自軍不利
午日巳時青雲上頂狂風忽起主自戰不利
午日申時黄雲來頂青雲居營主戰一勝一負且歸
未日辰時天晴無風赤氣間白主敵截粮軍士驚駭
未日酉時赤烏遊天白鶴遶寨主三戰大勝全獲

申日戌時無雲雷響風吼空中主軍中大災心恐不利或法中軍火災
申日卯時青雲兩傍黄風陣乜王軍士逃亡彼來有伏
酉日寅時白雲四生清風來坐主敵有勝得献財之卒
酉日亥時黑烏飛北羣鴉渡河主彼有逃亡敗軍凶
戌日丑時烏風旋至氣沖上天主彼敵有勝敗也

戌日子時黃鳥噪落鸞立汀主兩敵自潰收兵不戰
亥日子時黑風忽至摧林倒木主彼得勝殺傷已卒
亥日丑時青鳥羣至黃風當門主前軍得勝後軍失
利

兵吉日以應黃道斗建孤虛官符宜用之出師
必勝

正子丑寅卯　二亥子丑寅　三戌亥子丑　四酉
戌亥子　五申酉戌亥　六未申酉戌　七午申未

酉　八巳午未申　九辰巳午未　十卯辰巳午
十一寅卯辰巳　十二丑寅卯辰

兵寶吉宜訓練軍師正月起卯是也
正卯　二辰　三巳　四午　五未　六申　七酉
八戌　九亥　十子　十一丑　十二寅

天馬吉日
正七午　二八申　三九戌　四十子　五十一寅
六十二月辰

兵福吉日
正亥　二子　三丑　四寅　五卯　六辰　七巳
八午　九未　十申　十一酉　十二戌

八專凶日忌出軍教閱
甲寅　乙卯　丁巳　戊午　庚申　辛酉　癸亥
壬子

攻伐忌日
庚午　丙子　戊寅　乙卯　辛巳　癸未　甲申

乙酉　丁亥　壬辰　癸丑　己卯
以上二條並凶不可出戰必損軍折將戒之

奇門大全卷四十一終

御製奇門大全卷之四十二

禽遁秘訣陰符經

五姓兵法

宫姓行軍黄旗先行　商姓行軍白旗先行　角姓行軍青旗先行　徵姓行軍紅旗先行　羽姓行軍黑旗先行

若将軍下營寨一陣大風入寨中者必有賊人後損兵折将凶若将軍營内被風吹裂旗幡必損新來将如不移寨者主損上将軍兵

太公兵法

天陣　地陣　人陣

天有八法

風雲　雷雨　日月　斗星

地有八法

兵陵　險阻　水泉　林木　山口　道路　地形

陣勢

地有二象飛禽走獸之類衡軍衡陣

人有八法弓弩刀斧旗鎗金鼓

人有四氣　烟炮　偏牌　火炮　神武

将有八法

将有虎狼之将須籍虎豹之衆将者要之主客奇正之勢虚寔之法

将有三令五申十二馬又有交兵五申之法

将有五十　十德流人有十過之法

将有十勝九敗之地敵兵交戰取勝之法

将有三門四潼又有四机演武交兵之法

将有行兵布陣安營下寨之勢日月眼五門之法

将有舉賢用能深謀遠慮权变机謀之法

将有守城出城攻城奪門三勝之法

兵有八法

兵有十面埋伏即下凶器平地為城破軍救将之法

兵有五方神将變兵奪地攻城之法

兵有十四变可擊可戰奪旗斬將之法
兵有偷路暗地行兵邀截粮草偷營劫寨之法
兵有出兵馬軍步軍交戰行兵之法
兵有三不出不和之法
兵有以少擊衆以弱擊强寡能勝衆之法
兵有三軍舉兵交戰先期後期為令斬將之法
此八者用兵之法也
天地人間四面八方風雨善惡賊風賊兵衝営

衝陣天有垂象之法五方神氣用兵之法
宮風　子午風高正是宮分明吼々壓其中更若拔
木幷折屋必主興兵此歲中
商風　辰戌之風正是商其聲一似驅羣羊更若拔
木幷折屋必主兵戈有戰場
角風　巳亥之風順逆耳其聲亦似千人語更若拔
木幷折屋主有四邊盗將起
徵風　丑未寅日歸徵風如馳駟馬急奔衝或然拔

木幷折屋必主臨方有急兵此風急暴賊兵在外
宜固守主裏應外合隄防吉
羽風　卯酉之風正是羽其聲一似雨濕鼓或然拔
木幷折屋令夜隄防有凶阻此風黑昏主有賊兵
盗賊相近可以固守隄防則吉
木風此風寒半空而來主賊兵至宜固守吉歌曰
木風寒冷動人心合出將軍去統兵遍地賊兵興
人馬正好行兵策令明

鬼風此風攔路冲入前有伏兵固守不可進歌曰
行兵前有鬼風攔定主伏兵在路間風起冲人不
可進隄防固守祀营安
神風此風掠地而來有火光之照千戰千勝歌曰
掠地神風噴火先敵人相見必遭傷三軍預備興
人馬交戰必然我勝强
火風此風熱氣多冷氣少主兵强大利歌曰
火風熱氣向身過合主兵强殺氣多幸遇天家興

兵日陣前一陣血滿坡

天風此風降黃塵朦朧蔽日人馬不見宜固守歌曰

天風直下降黃塵鎮日遮天不見人下寨安營不可進交鋒必主不全身

地風此風自下而来黑霧吹沙遮日固守歌曰

風從地起怒聲雄極望塵沙降碧空合主下兵謀上將只宜固守撫三軍

風飄物出營此象不利主潰散人馬合天地鬼神吉

歌曰

營中衣服被風飄定主三軍有禍招若也興兵乚不利隄防午夜火来燒

風飄物入營此象大利百發百羸千戰千勝大吉歌曰

忽將衣物送入營大將今朝好進兵尅取封疆須便得天將人物合人心

大風倒樹攔路此象有阻軍之兆宜固守安營歌曰

風吹倒樹路中攔進兵無門兩地難定主我軍前有阻急收凶氣把軍安

雲象

雲頭似山此象用賢舉能同謀則吉歌曰

忽見雲頭似小山領軍將相似机関賢能之士宜招舉用之得勝凱歌還

雲頭如虎頭此象天邊現出其頭向我軍不利彼亦不利歌曰

天邊一派虎頭雲仔細詳參莫便行定有伏兵埋四面參詳地理可進兵

雲如獅走此象宜固守祭鮮遮日行兵可相向背消詳歌曰

雲如獅子走成羣向背皆明可進兵頭向我時休出陣若還向他我須羸

雲如牛象此象不可進兵宜固守隄備則吉歌曰

雲如牛象聚成群其不成形久不停若要進兵乚

不利安营下寨把軍屯

雲如羣羊此象不可行兵固守則吉歌曰

雲如羣羊對對來行兵軍敗不得回急下計策安营寨只宜固守隄兵排

雲如火狀此象不利進兵交戰必敗歌曰

雲如火狀一船行必使三軍受戰驚凶器堅成宜固守出軍必定損营兵

雲如駿馬此象不利行兵如雲頭向我我不利向他他不利歌曰

雲如駿馬走長空整理精兵相机行現我向我時休出向他急戰我必勝

雲如樹林此象不可進兵主敗祭解别選吉日行歌曰

雲如叢樹行上蒼彼有凶方勢力强切勿進兵休敵戰若臨彼地反遭殃

雲如花朶此象不利進兵宜固守伏兵必敗歌曰

雲如花朶向空明必主賊兵出計深固守堅城宜高壘伏軍兵敗我軍嬴

雲如掃箒此象主賊害邊損害忠良祭解擇日吉歌曰

天上雲如掃箒形国中荒乱起刀兵四夷出犯侵邊界枉害忠良損細民

雷象

雷隨陣行此象雷震威聲陣軍前後乃天助其陣交戰必嬴大利

雷鳴三冬此象三冬之後忽鳴者不利主而利客先舉者勝後動者負

雷震軍中此象天助威聲若震我軍彼勝若震彼軍我軍必嬴宜仔細消詳

雷震兩軍此象雷擊上下兩陣天神有阻急可安营不宜戰宜固守祭解吉

雨象

微風細雨此象天神相助送軍之威大利行兵攻戰百勝

天雨驟降此象天神有阻不可進兵急安營寨固守祭解吉

天陰不雨此象主有伏兵隐于山林之下可養銳兵不進固守則吉

日象

日下一星此象終晝星現乃名太白經天也大利進

兵不用机而勝也

日中一星此象主奸臣陰謀反判隄偹賊寇蜂起

日暈紫紅此象利主不利兵酌量而進之

日中赤雲此象主賊臣上謀下亦有伏兵固守隄偹則吉

日蝕九分此象利客不利主四夷賊兵聚羣若用賢能才士則吉

日暈内赤外赤此象主四夷犯邊舉賢能才士進兵

方可吉

日輪紅黑此象不祥軍將有賢失陷人馬固守祭謝大吉

日暈無光主君不利戰陣宜固守則逐日行兵則吉

日邊四雲此象五色者变之青黑者凶黄紫者吉可詳之

日暈前象此象主國中喜慶事軍强民阜外國相和邊强明淨

日暈坎象此象主民心順道兵生銳氣交戰必勝强也

日暈艮此象日當午暈現艮主君憂将勞兵敗不利進兵固守隄防

日暈震此象主君不寧将主惶不利進兵固守則吉

日暈巽此象主将不明空劳兵敵宜固守則吉

日暈離此象行兵向南方者陣〻皆贏大利

日暈坤此象主民安國泰向坤方出師必成功大利

日暈先此象主君憂將主勞兵主敗不可進戰宜固守則吉

月象

月邊紅輪此象主國荒四夷犯邊生民不安兵敗逆

月色青紅此象主國不寧蠻夷判逆黎民不安

月色如火此象奸臣背主不測其災夷蠻賊名强至宜固守隄防

月色重暈此象不可攻城破寨如攻之以雀入火籠

軍中別出奇將則勝

月邊別雲此象行兵交戰主兵强客兵弱仔細消詳主客之敵也

月邊黃雲此象宜用賢能圖大事昌盛吉利

月邊五色彩雲此象大利行兵利客不利主尅戰必勝

月角一星此象利主不利客宜進尅戰勝先舉兵者為客後舉為主

月傍一星此象利客不利主進兵戰勝先舉兵勝後舉兵負

月上三星此象不可離營先舉兵出者敗宜固守則吉

月背三星此象有降將至可以招撫恐有伏兵須要隄防

月角三星此象利客不利主外不離內宜固守則吉

星象

七拋喪星此星掃箒長五尺五寸現東南者人民荒亂現西北者主兵馬動

八旂星現東南者賊兵起西北夷狄犯邊不過四百日不安

一名蒺莉星一名病疫星一名攢星一名掃星一名尾星一名雷星此星常德不現正經不狀巡遊天下隨地分照而成

凶星見後國有佞臣反亂人民災病而死百日內兵起大乱人民逃散凶

掃星見東南國主乱兵起現西北者主人民災病生

掃星在日邊直上者主大赦天下外國賊兵入界兵馬動

掃星在月左右者主臣弑君又宮中大乱君臣失政不出一年大凶

掃星在日月并行君臣相害父子不親天下大荒血流萬里人民逃攛

此二星直上直下干戈動帝王災人民逃攛血流山川凶

一毛頭星

此星長二尺五寸上下如掃箒白色者一呼毛頭二呼白星現東南者國中有災現北者夷狄犯邊大乱

二帶劍星

此星現東南者中國不利現西北者夷狄不利主兵馬大乱

三銀星

此星現東南者刀兵起現西北者反判

四張弓星

此星俱四面八方天下現者盜賊縱橫反乱兵馬動民不安

五神叉星

此星現東南者凶現南北者兵馬動六十日賊兵起

六拖帛星

此星其名有三一名劍星二名妖星三名戰星現必凶

此星横者主外國相吞鬪戰不定此二星者一名血星二名天逆星空中狀如車輪一晷光明如萬把

火照相似其落如慢雷之聲此星一現君主有災此
星落主血光五分人民病死兵馬盜賊大亂大安
北斗內祿存星宮有星入者主太山崩裂奸臣內
亂人民不安外國爭戰盜賊生發
日月并出相照者主國相吞君主失位人民四散
兵賊大亂饑荒盈地不兆
北斗無雲不見者國中荒亂刀兵并起速招賢士治
國安邦安定天下

北斗左右見昏星者主棄賢將而納小人亦用奸
佞之臣賊兵判逆急選賢用能吉
北斗口中有雲塞者國中草寇生發賊兵必至人
民不安可出師遣將征尅決勝
太白十八變常聞太白之神者將軍也主殺伐征
戰之日日久經天每旬一日正東二日東南三日
正南四日西南五日正西六日西北七日正北八
日東北九日上天十日入地凡有變像必有災至

乃太白之神相應也
太白四射此象所射之方主刀兵動人民災死不祥
之兆
太白拽火此象所現之方主火災刀兵烽起遠則四
旬近則半月殃至
太白噴火此象所現之方盜賊橫亂刀兵烽起
太白刀形此象主國殺大將斬戮奸臣內白邊黃可
傷人

太白八烽此象主國中橫亂賊寇生發星青相白主
刀兵
太白拽刄此象其色青若刄者不利所現之方主傷
人不可好也
太白三火此象其色微变黃者主國中無事外邦死
亡
太白聚　此象聚丰芒者主陰謀大臣遭難必主大
兵

太白圓正此象將强國勝大利若光芒耀上犯鬼宿
大臣不利
太白書線此象黃白者主奸臣亂國刀兵災害之兆
太白變虹此象形長白者主國中奸謀之臣變亂如
此則凶
太白弄光此象夜若火光主有大赦大國咸小國安
太白變鯉此象色黑青者主女常權大國弱小國强
兵災

太白變狗此象色黃白者其方主刀兵災起血流城
川
太白恊耳此象重黃暈者微青者天下太平百姓安
太白五芒此象其色白射者所現之方兵災
太白入月此象外青內白者入月中者外邦侵內所
臨之方兵災
太白四芒此象內青外白主邊関不寧征伐之事
流星象武侯曰此象所現之方必破軍殺將不久

賊兵至隄防
此象重重來往他營于我營者各營必整敗兵
流星落地成石者水澇兵荒天下人災
流星落地成人者隨所見之方兵馬亂動不吉之兆
流星落地成禽獸者主賊兵反亂天下不安
流星落地成沙石者主兵馬大亂賊兵判逆
流星落地成騾馬者主叛將生殃凶

氣色變象

白氣色上天下地相接連者可舉賢用能安邦定國
保障軍民
黃紫色暈暈軍營中興師出戰必得大勝成功
青黑氣色罩定營城者外有奸謀傷害固守隄防吉
氣色似人頭現城陣之上或變鵲鷄或陣必破
不利宜固守
青氣似馬者主將勞兵凶宜固守不可戰主敗
青赤氣色似虹者山林間有伏兵宜固守安營隄防

吉
五色雲氣近日者大吉主國泰民安任賢用能敵戰
成功吉
五色雲氣近日者大利君明将賢主忠義之道

虹電現象

虹電欄路者不可進兵宜安營固守前有伏兵隄防
吉
虹電近營飲水者不祥可用詐謀近營于九天之上

者吉
双虹欄陣兩處交戰急下兵器安營陣固守伏兵後
戰勝
虹霓尾雲遮頭入營傍井内大凶損兵折将固守祭
謝吉
虹霓如弓断伏連者大凶戰賊必敗固守祭謝逡日
出兵吉
虹霓相交軍前者不可攻戰損兵折将固守祭謝吉

飛禽象占

鳳凰立于石者天神相助君将明賢國泰民安百戰
百勝吉
群鶴鳴于九天者天仙助陣明将英威邊疆寧靜攻
戰利
鷹鷂前飛者賊兵至陣後飛者賊兵来可敵大勝必
納降服
群鳥集于旌旗者大利進兵奇策可出交戰得勝

鳶鳴營上者主大風雨主将可占上風交戰必勝
鶴鳴老樹之顛者主大風雨至不可進兵固守則降
之
烏鴉鳴噪陣前者将吉陣後軍吉午前者東南吉午
後者西北吉
鳥飛陣後来者大利進兵遇賊交戰必勝
鳥飛陣前冲者不宜進兵必戰必敗
鳥鳴四方者察其鳴来方正出兵交戰

鳥鵲奪巢于營中上者不利行兵宜固守隄防吉

走獸衆吉

兔鹿虎狼入營陣者凶不宜進兵宜固守吉

兔鹿虎狼狐獸陣後隨行者大利進兵交戰必勝

山中走獸陣前導引者大利進兵戰必神助之勝

虎狼入營陣咬傷人者凶獮令三軍固守隄防則吉

奇門大全卷四十二終

御製奇門大全卷之四十三

奇門秘訣

奇門大小將辨

予思占兵之法奇門六壬起例神煞不同各隨起例不必强合六任亦以遊都為賊將勾陳為官兵奇門占兵則又不然乃以庚辛為賊之大將辛為賊之副將丙為官軍大將丁為官軍副將若天盤上之庚辛加地

盤丙丁上賊必來若天盤上之丙丁加地盤庚辛上賊不來又五宮為城廓若庚辛加臨五宮主賊入城若庚辛乘天心併開門値旺相之時而臨五宮其賊强勝而難守若庚辛乘沖輔在春三月内加五宮其城必破若庚辛加本日支干賊在今日來加次日支干賊在次日來若加第三日支干主賊第三日來加第四日支干主賊不來若甲申庚為陽直加臨四宮第二日防賊加臨三宮第三日防賊加臨二宮賊却

不来以陽直順行一宮該一日二宮至五宮相離四位去五宮遠而不来也若甲申庚為陰符加臨六宮第二日防賊加臨七宮第三日防賊加臨八宮賊却不来以陰符逆行一宮該一日八宮至五宮相離四位去五宮遠而賊不来也以營陣論天禽為中軍大将餘八星為八陣守将直符為所遣之将直符為遣将所使之将合上庚辛丙丁九星八門直符直使察時令之旺相囚死與諸将之逢生逢尅再以真年命

詳推之則其勝敗吉凶如燭炤而數計也又賊将官将所居之地以地盤之宮與天盤加臨之宮照周易卦象斷之卦陽為左陰為右加日時干在前加日時支在後

奇門出師十六占

占遣使

以使者命干為主看天盤命干加臨之宮有干尅命干否如不尅命干使者無虞如有尅制去則不来如與地盤比合或地盤有干生使者命干更生日干不惟使者不死敵國之真情可得用真年命更的

占偵探

直使落營生主宮尅客宮敵情可得尅主宮生客宮不利直使宮自相刑尅不利旺則稍可休囚大凶何為主宮即直符宮何為客宮即六庚宮蓋以直符為主六庚為客也

占攻城

六庚乘旺相星開門加五星其城可尅又地盤天禽所落之宮得旺相吉門者其守将可以生擒得休囚廢沒及凶門守将必死

占間諜

直使為使者丙為自己庚為敵人以趋五歩乾法看丙與直使所得支相冲則動否則不動又須看庚與直使乘星庚旺使囚無益庚乘星尅直使乘星無益直使乘星生庚乘星無益直使乘星尅庚乘星間計

必行

占行詐

六丙為自六庚為敵朱雀為詐朱雀在旺地六丙落宮尅六庚落宮或六庚落宮生六丙落宮其術得行如庚被丙尅庚在旺相鄉或六庚落宮生六丙不在休囚廢沒之地主疑半疑半信六丙落宮被六庚落宮尅六丙落宮不旺相者其術不行恐中反計如常人争訟私鬬亦敢行詐日為自己年為長輩月為同類

時為晚輩其占法同

占守城

天禽落宮得休生景門再旺相有六丙其城可守如無吉門旺相再逢天蓬乘六庚加中宮不可守

占領餉

天輔為餉司天衝為將帥青龍戊甲子為餉神天輔落宮尅天衝落宮其餉不發天衝落宮尅天輔落宮不吉兩相生比者發又青龍旺相生天冲者餉多落休囚廢沒者餉少

占援兵

凡被攻日久環圍不去六庚開門作敵人必六丙景門合生天機或在左右之宮必有援兵近而且速若離遠少遲若六丙景門逢休囚受尅主援兵不至若天蓬乘六庚則攻者不尅守者可守

占粮草

休豆杜芻生為麦傷為穀開為金銀天衝為主帥以上五門落主帥宮又五門在四隅宮吉在四正宮不

利

占賊臨境城可居否

直符加時干為動為客直使加時支為靜為主值使宮受直符所落宮尅再乘六庚玄武此城不可居或直使落宮来尅上此城亦不可居如直符宮與直使相比或受刑受尅敵人雖来不能取勝其城可守或直使宮門兩相比合亦可守

占勝負

直符落宮為主六庚落宮為客直符落宮尅六庚落宮主勝反此客勝又相相則勝休囚則負如主得景驚二門或景驚二門生主宮主勝如客得景驚二門尅主宮客勝如主客相生来必講和如主客俱乘旺相景驚二門相刑尅其力相等不惟不和則有久持不罷之憂如六庚為直符即云主客同宮不分勝負又日干加庚主勝庚加日干客勝

占賊去否

冬至後自坎至巽為内夏至後自離至乾為内未至六庚加内為至加外為不至六庚落宮尅六庚主賊安營不穩自驚而退如六庚尅洛宮再乘玄武天蓬白虎者来必大戰得九天大張聲勢鳴鼓而進得九地偃旗息鼓斂跡而来賊已入我境看六庚在内為不去在外為去總以地盤干支為年月日時来去之期太白入熒賊来熒入太白賊去直使乘賊神臨日支為本日来前支一日明日来過界不来旺相猖狂休囚微弱

占賊情虚實

六庚落宮尅直符落宮来情虛詐相生相比来情必實直符落宮尅六庚落宮其賊惡心不逞如伏吟以庚與直符本宮看之反吟雖實反復無常

占来人善惡

六庚乘天蓬玄武臨直使為盜賊子卯為寇敵巳申

為奸邪又来人方四季為奸邪四仲為常人四孟為良善才人

占伏兵有無

看直使在何宮如天盤上有子卯巳申或加日干或主有伏兵若旺相帶刑必大戰空亡休廢雖来不戰如子卯巳申不在日時干支上主無伏兵直符上有子卯巳申加本時干賊在前加本時支賊在後

占聞報虛實

甲乙壬癸四時聞事虛憂喜俱無逢戊丙聞憂無聞喜有逢六丁聞憂無大憂聞喜無大喜逢巳庚聞憂喜俱冥逢六辛憂喜俱半

占失路

凡行兵遇深山曠野或昏夜之間三軍迷路就立處定其方向以月將加時從天罡指處行之百步外自遇大路

八門生用總訣

欲求利市往生方捕獵須知死戶强索債須從傷上去杜門有事好逃藏若要遠行開位出休門最好遇賢良捕捉驚門應合得思量酒食景門香

八門生用分訣

開門所臨萬事通將軍遠出必成功此門顯赫偏為利亦可入官謁相公休門諸事得安靜正可揚名征不庭萬里乘舟皆順利往来水面如青蜓生門陽氣正充隆大將宜居擊對冲凡百所為皆稱意麒麟閣上著元功傷門出入多凶傷吉事行来見血光此門只可作漁獵餘事若為主敗亡杜門閉塞陰氣濛誤而出此失西東只宜斬鬼除凶祟如或出師道不通景門奇麗正光陽獻貢上書宜此方嫁娶冥圍均可用除期之外俱為殃死門死事更何論誤而出此命難存八門惟此凶灾甚只宜射獵送幽魂驚門出入心不安舉念行時須審看若有奸謀生異事此門捕捧不為難

八門尅應總訣

休遇陰日陰陽日陽貴賤詢江湖遊樂下絲綸生見鄉人談產業傷逢詞訟鬧爭論杜門逃遁男共女或遇山林去採莘驚逢罵詈婦年少閙閙貪滛賭賻因景運二生燈火樂開逢官貴白頭人死門病厄並由獵送殯扶棺入穸窀

八門尅應分訣

時出開門仔細詳官人騎馬自乾方白頭趕豬或衣

白頁赤冬亥餘素裳休門桃水着去裳或是中男運酒漿商賈魚塩從此至亐矣無事也期張生遇客人車載粮農家赤子學農桑不然運土或平路天尾搖逆迎道傍傷門閧打鬧轟轟兎走狗追亂縱横又見車輪將足碾當塗破面訴冤情杜見塡坑塞穴卽不然長女綠衣裳長繩桒木桃雞走迯起化鄉欲躲藏景遇燒香賽鬼神張筵沽酒樂嘉賓穿紅女子南方止又見投書獻策人死門送殯哭啼啼誅謬刑刑最

慘悽草枯將軍為獵射狗追狡兎鷹追雞驚門所遇多驚慌少婦身穿縞素裳師巫紛紛多口舌行逢熱鬧博戲場

九星主用總訣

九星所主事端明天蓬保固保長生天芮交朋宜守道天冲報怨利師行天輔蘊身宜設教天禽祭祀望元亨天心治病宜修藥天柱屯兵永不驚天任請謁求財利天英千里樂前程

九星主用分訣

天蓬之宿烏防星此時諸事且宜停邊疆只可固其壘若守渠魁悖自寧天芮之星凶又危此時萬事不堪為將軍遠擊凶須至士卒死亡潰亂隨天冲之宿星之英執怨覆仇任縱横更有三奇相合會軍聲萬里如雷轟天輔之星神氣清只可保身免罪名遠擊必然損將士近攻稍利軍還羸天禽之宿位居中正正可揚兵播遠風赫赫厥聲威萬里九州貢賦樂嘉

賓天心之宿星之机修藥合丸事尚微正可揚兵威萬里江山社稷一戎衣天柱之星列宿城只宜堅壁固其營此時戰鬪無攸利馬死人亡主帥薨天任之星列宿儀上章獻貢寶珠奇舉兵先動四時旺一鼓千夫敵萬騎天英之宿星之衢式飲庶幾莫瞿瞿我動血光定不免敵來白馬變紅駒

九星尅應分訣

出行門外遇天蓬須見江頭作釣翁多髮身肥面帶

黑星辰相在是名公時逢天芮誰相對痣黑面青又駝背肚大身肥班點多鄉民老女真堪配出行門上遇天沖所見無非好動翁鬚重身軀却短小捕漁獵射情性雄出行門上遇天輔避難逃亡到此土好靜心閑身瘦長官人婦女或三五出行門上遇天心色白面方醫家深賦性剛强有果斷斯文雅致好懷襟出行門上遇天柱伶俐巧言如鸚鵡破嘴缺唇並損目陰人口舌相陵侮出行門人遇天任口濶眼圓五

短甚面白身肥不待言林為居室山為枕出行門上遇天英身大頭尖多嘴鳴面赤身搖賦性燥口中常作讀書聲

乙奇主用訣

日臨震地出扶桑此處原來是祿鄉到巽乘風百凡吉南離紅日正當陽坤雖非墓其時昃受制兑方日晦光乾上不宜為入墓坎方出海謀為良若加東北艮寅地日映青雲事事昌

丙奇主用訣

南離月照端門方升殿貴人也要詳子午符頭勿急用寅申辰戌用之良子歸母腹臨坤吉兑上鳳凰折翅殃入墓乾宮光必晦懷胎坎上豈云强艮宮飛起丹山鳳月照雷門震百方昌風起火行神威助巽方作用永安康

丁奇主用訣

六丁本是火之精来到震方光欲明玉女留神臨巽

地火行風起象方成離宮太炎金消爍暴燥不常莫用兵玉女臨坤遊地户謀為俱利任君行兑方天乙来升殿丁火從来此地生火照天開光六出誰云玉女不崢嶸艮宮入墓逢凶鬼朱雀投江怕坎泓

乙奇尅應訣

乙到乾宮見貴人老翁僧道互相親有人頭病或頭破以地推看尅應真

乙臨坎位見行舟隱士歌謠湖海遊僧道若鳴鐘鼓

器或為挑水到江頭乙艮路逢男少年顯官貴婦勑書宣兵丁隱士来相應此訣須知是秘傳震逢武士及顯官聲勢逼人令胆寒鐘鼓金戈霹靂响雷門日照應来端乙来巽四貴人来貴毋求神哭泣哀竹木長繩挑米至或乘轎馬閒徘徊乙離三教為明公傑士亦當從此行斧鉞圓物並火把邪言背義遇天蓬乙坤寡毋有殘病避難逃亡為性命楞腹挑柴或力耕不然築土或穿穽乙兑爭攘口舌生或聞鐘鼓金

鐃鈸婚姻喜事言相賀必定星門吉格成日中種藥培園林伐木丁丁聽鳥音空地栽花或接果潛藏瓦器掘坑深

丙奇尅應訣

月照天門臨下官或同貴毋相盤桓武夫赶赶執凶器氣象威風也好看月到坎宮為女娘小兒捧盒品多裝乾魚蝦醬並鹹豆茶品鹽煎白菜湯月来臨艮人多壽古畫蒼詩蒼且秀器物方圓或損傷武夫弓弩皆如穀東方月出正徘徊寒士畏寒抱火来乘馬合圍元獵射醉人捧盒待人開月到東南現任官法麗吏卒逃亡看龍頭拐杖緣繩繫丙火臨官與巽刑月到離宮陰貴人受封極品啟朱唇誣言患眼物燈火丙旺南方尅應真男女不明月到坤牛羊為禮或爭婚挑粮運土或奇果烏鵲皂衣並瓦盆月到西方妓女身巧言滑語善歌吟傾消金錫鑄銅鉄覓食紅爐匠藝人月到中天見作墳築墻寒路甚殷勤有人

捧物手雙舉氣象合和甚喜欣

丁奇尅應訣

星到天門見婦人奴婢挑禮去看親或牽生畜頭生角持斧執刀或盤金丁加坎土為爭論婦人被傷聲欲吞病久呻唫訴苦楚黑雲驟起遮鄉村星臨艮位婦行獨懐抱小兒失路哭挑土不然携瓦器文書紙筆往来速星出東方婦病厄妓女私情寄遠客巧言送禮皆淫亂樵子挑柴暗入宅東南星旺星光燭喜

笑呵呵婦有孕或見人懷美氣懷即然破損亦非俗
南方星耀見夫人內則克嫻德更紙交合爭婚皆尅
應火盆柴炭烘籠新丁坤應見女私奔或毋同行赴
遠村運土牽牛抱瓦器若非皂色即烟熏丁加兌見
有權人喜悅成晉合秦鎚打金銀聲入耳文書考門
不明嗔星照中宮婦持家詩人畫士兩相誇或逢燒
煉金丹客自負火候総不差

天干尅應訣

天干尅應訣

十干尅應不難支五子元甲起遁時甲遇青衣貴客
至陰陽從日辨其支

此法從五字元遁至用時看是何干如遇甲為天
福必逢着青衣而至陽日是男陰日為女應之

六乙貴人僧與道若非術士即名醫六丙飛龍赤白
現不然騎馬應為期

乙為天蓬陰日必是僧道九流瞽目卜命之人陽
日必是貴人高賢明哲之人丙為明堂陰日必是
貴人着青衣騎赤馬女子應之陽日為貴人乘白
馬着青衣男子應之

六丁玉女遇佳人美貌儀容衣服新六戊旂鎗並鑼
鼓歡歌舞蹈樂嘉賓

丁為玉女故主佳人陰日着紫衣陽日着紅衣應
之

戊為天威陰日必有親朋作樂以宴嘉賓陽日必

是鑼鼓旂鎗武人應之

六巳逢人衣白黃要分男女列陰陽六庚孝服或兵
吏刑獄檄文移在傍

巳為明堂陰日白衣女人陽日黃衣男子應之
庚為天獄陰日必是孝服白衣之人或訃文來報
陽日必是兵刑獄吏之人或提文檄文來移應之

六辛白馬鳥飛跑雷電六壬雨雪拋六癸天藏為孚
好或為漁父嘲歌敲

辛為天庭陰日必飛烏鴉鵲鳴叫陽日必白馬或白衣應之

壬為天牢主雷電雨雪陽日衣皂男子陰日衣白女人應之

癸為天藏又為天網陰日為孕婦陽日為漁父網罟之人應之

奇門大全卷四十三終

御製奇門大全卷之四十四

奇門秘訣

十二支所屬物類

子天時為雨雪為霜露地理為正北為江河為溪澗為井泉為溝渠為池沼為潦池為水道為卑溼人物為師巫為婦人為賊盜為舟人人事為哭泣為治水為流血身子為短矮黑黑小為黑瘢身體為耳為腎為血時序為十一月為癸年月日時靜物為繩索為帶子動靜（物）為蝙蝠為燕為鼠飲食為羹湯為水中物為鹹味疾病為目疾為泄瀉衣服為絲棉為黑色姓氏為宮音為帶水姓字部為點水為一頭為子傍

丑天時為雲霧地理為塚墓為丘田廟堂為牛圈為園圃橋梁人物為僧妮為貴人為尊長為肥胖靜物為寶石為璨（珍）珠為車轎為鞦履為鎖鑰為斗斛動物為牛畜飲食為牛肉為甘味疾病為頭禿為眼疾為頭偏為面斜為班（瘢）點時序為十二月為癸水年月日衣服為皂色色氏為徵音為田為姓牛姓字部為絲傍牛牛傍土傍牛頭田頭田腳

寅天時為風地理為山林為橋梁為公門為廟觀人物為公吏為賓客乘玄武為道士身才為修長為有鬚時序為正月為甲年月日靜物為寶刀為劍為大樹為香炉為花木動物為虎豹為猫兒疾病為脾傷飲食為木果為酸味姓氏為徵音為姓山或姓曹或帶木姓字部木傍山傍甲傍虎傍鬼傍

卯天時為雷鳴地理為街為門傍人物為長男為術士身才為顴骨高面青靜物為舟車為草木床榻為標凳為竹木盤盒動物為騾為兔為縲疾病為手肱肝胆痃時序為二月為外乙年月日姓氏為羽音為宋姓六合為董雄姓加字部為木傍為艸頭為走之為門門部戶首為才傍為踢手扑傍

辰天時為雲地理為崗嶺為寺觀為麥地為土堆為田園人物為候人為屠宰為僧道為醜婦為男孫為好動人事為爭訟好動為戰鬪身體為肩背容貌為面方為色黃靜物為碾磑為磁器為硬物為五尺為綢羅為皮毛為軍器動物為蛟龍為水族飲食為腥葷為甘味疾病為傷腎為流血時序為三月為乙辰年月日姓氏為商音為姓鄭為姓龍為姓陳為姓亢字部皮傍毛傍龍字及有鈎

巳天時為電齒晴疾病為三焦為小腸為咽喉為心驚靜物為弓弩為鐺銚為磚瓦為磁器為花果為連繞之器動物為飛蟲為蜈蚣為蚯蚓為蟒蛇飲食為炉食為苦味時序為四月為丙戊年月日姓氏為角音為帶弓為帶火姓字部為火傍為丙戊傍為風傍為弓

傍為血地理爐場窑灶庖廚人物乞丐婦人人事輕狂多言相貌紅黃色身長身體口齒

午天時為日為電地理為城門為窑灶人物為婦人為騎馬面貌為面紅為頭尖為身長為能言疾病為失血為肺病靜物為衣架為旌旗為書畫火燭動物為鹿獐為馬為雀為飛鳥飲食為烘臘為火腿為苦味時序為五月為丁年月日姓氏為宮音為姓馬為姓丁為帶火字部為馬傍為火傍為日傍人事能言性燥

未天時為雲如晴則為月地理為庭院為墻垣為井泉為茶房為酒館為墓卯人物為寡婦為白頭翁為師巫為道人為牧羊人為醉人身才容貌為短小為黃瘦為病為腕胃脊為脾靜物為女衣為門簾為笙笛為幡子為藥餌為酒器動物為羊為鷹飲食為羊肉為茶酒為甘味時序為六月為丁己年月日姓氏為宮音為常為羊字部為羊傍為土傍為四腳

申天時加亥子為大雨遇空亡為雷鳴地理為廟祠為道路為城廓為戰場人物為公人為行人為軍役為凶人容貌為面方為白色疾病為嗌血為咳嗽飲食為羹為蒜為葱韭靜物為刀劍為碓磨為絹帛為紙布為大麥為金銀萬石動物為猿猴為獅子時序為七月為庚年月日姓氏為徵音為申為張為金為劉字部為金傍為刀傍

酉天時為連陰加水為雨逢空為雷鳴地理為街巷為耳門為後門人物旺則為陰貴務則為娼妾為賣酒人為賣麪人相貌為面白為清秀疾病為癆瘵見火為肺症飲食

為鷄為雉雞子為趐食為咏味
靜味物為鏡為石為錢為紙為珎珠為門銷為小刀為銅器為叙為金器為小麦為瓜骨為碓磨
動物為雞為雉為烏鵓為鴿子
時序為八月為辛年月日
姓氏為羽音為帯金姓
字部為金傍為酉傍為口傍為小刀傍

戌
天時為雲霧
地理為山崗為寺觀為虛堂為牢獄
人物為僧道為獄吏為屠兒為念佛人為僕人為欺詐人
容貌為肥胖為有鬚為頭尖面狹
疾病為胖胃為脾腹
靜物為磁盆為磚瓦為印綬為數珠為枷杻為碓為傻為葫蘆為朝服
動物為犬為驢
時序為九月為辛年月日
飲食為五穀為甘味
姓氏為商音為辛為帯為土姓
字部為犬傍為辛傍為土傍為山傍

亥
天時為雨雪
地理為山崗為寺觀為廁坑為江河為寺觀為貴宅
人物為乞丐為趕猪人為小兒為漁翁
疾病為心病
身子相貌為身短為軀大
靜物為傘笠為梅花為帳幕為毛髮為管籥為筆墨為畫圖為麻布為紬絹
動物為猪為象
飲食為酢醬為醎味猪
姓氏為角音為魚為明為鄧為六合為纛
字部為豕傍為魚傍為點水

八卦所屬物類

乾為天為圜為君為父為玉為金為寒為冰為大赤為良馬為老馬為瘠馬為駁馬為木果荀九家有為龍為直為衣為言

天時為雪霰
地理為西北為京都為名勝之地為高亢之所
時序為秋九月為十月之交
人物為君為父為大人為尊長長為官官為名人為公門中人
人事為圓成為剛健為武勇為果決為高上上不屈為多動少靜
身體為頭為項骨為肺
靜物為金玉為圓物為寶為冰為珠冠
動物為馬為天鶩為大象
屋舍為公廨為樓臺為驛舍為高堂為大廈
飲食為馬肉為乾肉為珍味為多骨為木果為肺為諸物頭為圓物為辣味為饅頭為撓餅為丸子為支圓
疾病為頭面之疾為肺病為肋骨之疾
姓商音帯金傍姓氏
字方圓之屬只有邊傍

坤為地為母為布為釜為吝嗇為均為子母牛為大

輿為文為衆為柄其於地也為黑荀九家有為牝為迷為方為囊為裳為黃為帛為漿
天時為雲為霧為霞
地理為西南為田野為鄉里為墻壁為平地為城邑
人物為儒農為鄉人為衆人為儒妻為老婦為大肚人
身體為腹為脾為胃
時序為四季月為未申年月日時
靜物為方物為柔物軟為布帛為絲綿為五穀為瓦器
動物為牛為牝馬
飲食為牛肉為土中物為筍為薯芋為大腹中之物為野味為五谷
茅屬舍為村居為田舍為土堦為低墻為倉庫
疾病為腹疾為脾胃為飲食停積
姓宮音為帯土姓氏
字為土傍為圭傍為牛傍文傍黑傍布傍
人事為柔順

震為雷為龍為玄黃為旉音孚陽氣始施之意為大塗為長子為決躁為蒼筤竹為萑葦其於馬也為善鳴為馵足懸起而馵足也為作足騰起而作足也為的顙其於稼也為反生其究為健為蕃鮮荀九家有為玉為鵠為鼓

天時為雷為虹地理為東方為木為鬧市為大塗為門戶枋為山竹林為山木茂盛人物為長子為商客為將士身體為足為肝為聲音飲食為蹄肉為鮮肉為酸味為麩食為包子笋疾病為足疾為肋肝膽肺疾為驚恐為瘟氣為傷胃靜物為竹木為萑葦為木盤為竹筐為舟車為簨子筒為笙管為鼓動物為龍為蛇屋舍為東向之居為山林或樓閣

姓為角音為帶木之姓為雷字為工乂木之傍為足傍為立畫偏擬之屬人事為動

巽為風風為木為長女為繩直長為工為白為長為高為進退為不果為臭其於人也為寡髮為廣顙為多白眼為近利市三倍其究為躁卦荀九家有為楊為鸛

天時為風地理為東南為林苑為園圃人物為長女為秀士為山人為仙道身體為股為氣為胆腿屋舍為東南向山林之所飲食為鷄為腸肚酸味為蔬菜長麪疾病為股肱之疾為風為中風靜物為木香為繩直為竹木工巧之器匠為麻動物為雞為鵞為鴨為善鳴之禽虫時序為春夏之交三四月為辰巳年月日時姓為角音為帶木風姓氏字為草頭為木傍為竹頭為西頭為辛傍方魚舟風絲等傍人事巽順善入

坎為水為溝瀆為中男為耳為尿為隱伏為矯輮為弓輪其於人也為加憂為心病為耳痛為血卦為赤其於馬也為美脊為亟心為下首為薄蹄為曳其於輿也為多眚為通為月為盜其於木也為堅多心荀九家有為宮為律為可為棟為叢棘為狐為蒺藜為桎梏

天時為月為雨為雪霜為露地理為正北為江河為溪澗為井泉為溝渠為池沼人物為中男為漁火為舟人為賊盜身體為耳為腎屋舍為向北為酒館為茶房飲食為鹽酒為猪肉為魚肉為海味為蝦蛛為宿食為帶核物疾病為耳病為心疼為血氣為感寒為泄腎靜物為酒器為水桶為輪車矯輮之物為帶核物動物為豕為魚為水中蟮鰍時序為冬十一月為子癸年月日時姓為羽音水傍姓為江海為水字為兩頭為點水為耳傍為小頭為月傍為弓傍人事為陰險

離為火為日為電為中女為甲胄為兵戈其於人也為大腹為目為乾卦為雉為鱉為蟹為蠃為蚌為

龜其于木也科上槁茴九家有為牝牛

天時為日為電為虹為霞地理為南方為窑灶為堂殿為簷窓人物為中女為文人為目病人為甲冑之士身體為目為三焦屋舍為虛室靜物為文具為文書為干戈動物為雉為龜為鼈為螺為蟹為蚌飲食為雉肉乾肉為煎炒肉時序為夏五月為午丁年月日時姓為徵音為帶帶火立人傍姓字為火傍為日傍為立人傍人事文明

艮為山為少男為手為徑路為小石為闕為果蓏為閽寺為指為狗為鼠為黔喙之屬其於木也為堅多節茴九家有為鼻為虎為狐

天時為雲為霧為山嵐地理為東北為山徑為近石城為丘陵坟墓人物為少男為閽人為山中樵採人身體為手指為鼻為背為足大趾屋舍為東北向為山居近石路飲食為諸獸雜物為薯芋為筍為山中所出百合疾病為手指之屬為脾胃之病靜物為土石為瓜果為瓦器為錢袋動物為狗為鼠為虎為黔喙之屬狐時序為冬春之交為丑寅年月日時姓為宮音為帶土山姓氏字為山傍為土傍為牛傍為田傍人事為知止

兌為澤為少女為巫為口為口舌為毀折為附決從而復絕也其於地也為剛鹵為妾為羊茴九家有為棠為輔頰

天時為雨澤為新月地理為水澤為剛鹵之地為廢井為破垣之園人物為少女為媒婆為牙人為妾巫身體為口舌為肺為輔頰為唇齒屋舍為西向為近澤之所為破壁為廢宅為破房為門戶有損飲食為羊肉為澤中物為宿食為辛辣味靜物為金及為鐘為鑵為金鐸為臭銅為酒盞酒瓶動物為羊為魚時序為秋八月為酉年月日時疾病為口舌咽喉之疾為氣逆為飲食不進姓為商音為帶口帶金姓字為羊傍為鹵傍為金傍為口傍為有鈎字為刀傍人事喜悅

八門所屬物類

一休門　天時為雨露　地理為江河　為井穴為溝坑　人為盜賊　生物為猪魚　死物為彎曲　食物為茶酒羹湯　相貌為多鬚　顏色為黴黑　姓氏為宮音　字為點水傍

二死門　天時為雲霧　地理為城隍廟　為土社祠　為田野　為倉庫　人為算卜筮師　老老母　為道姑　為村女　為舖戶　生物為牛死物為砂石　食物為藥丸　為五穀　相貌黃面黃　為駝背大肚　為黑痣　顏色為黑　姓

氏為徵音　字為土傍

三傷門　天時春夏為雷秋冬為風　地理為泰岳宮　為山林　生物春夏為龍秋冬為魚　用物為舟車　為有聲物　為竹器　人為長男　為捷獵人　相貌為身長髮重　顏色為碧　食物為竹笋　為腥膻酸味　姓氏為羽音　字傍為竹頭為草頭

四杜門　天時為風地理為香烟神廟　為山林竹舍　為茅岡樹蓬八人為長女新婦　為秀士隱者　為工巧藝人生物為虺蛇　用物為長繩食物為麵為鮮味木果　相貌為身長而瘦　顏色為綠　姓氏為角音　字為竹頭為草頭為木傍

六開門天時為大晴　地理為高阜　為崗嶺〃人為君父為官貴為金銀僧道　為威武握重權之人　生物為馬　貴物為金銀　常物為銅鐵用物為刀劍針錐　食物為頭腦多骨　為辣味葱蒜之類　相貌面方頭圓　顏色冬元夏赤春秋白　姓氏角音　字金傍

七驚門天時為雨澤之細微者地理為溪泉溝澗為壞屋廢井八人為少女妓妾　生物為羊　用物為破損　補器為銅錫刀針　食物為羊肉辛辣相貌為缺牙損目姓氏為羽音　字為金傍刀傍口傍　顏色白

八生門　天時為雲為霧地理為山逕為石岸　人為少男為山中採樵人相貌為寬為肥胖　為方面為五短〃　為眼圓口濶　動物為虎豹豺狼為鼠　靜物為土石為磚瓦　食物為獸蹄為五穀雜味顏色為白為黃姓氏為徵音　字為山傍為土傍

九景門　天時為晴為熱為電光地理為窑竈為爐塲為食店坊人為文士為中女　相貌為身大頭

尖而面赤生物為龜鼈蝌蚪　靜物為火具為甲冑食物為爐食為煎炒為中空味苦之味物顏色為紫赤為宮音　字為火傍為日傍為立人傍

九星所屬物類

一天蓬主人肥長多鬚面黴黑色常遊江湖中等人餘同休門所屬

二天芮主人黑痣斑點面黃背駝肚大或鄉民土老女人餘同死門所屬

三天衝主人身短重髮好動餘同傷門所屬

四天輔主人身才長瘦好靜或隱士避難之人餘同杜門所屬

五天禽以天下論為君王以出師論為主將主人性情不常面方五短獨立為人　附五宮所屬

天時為雲霧地理以九州論為中州以營伍營為中營動物為耒耜治田器靜物為石為砂為土為中所出之物生物為五穀為土味為甘顏色為黃姓氏為宮音字為田傍為土傍為中字頭

六天心主人面方色白斯文好靜在申酉月為人性剛餘同開門所屬

七天柱主人伶俐巧言或缺齒損目之人餘同驚門所屬

八天任主人肥胖黃白色五短眼圓口潤少男常居山林餘同生門所屬

九天英主人頭尖身大面赤多言性燥餘同景門所屬

附九星開闔

天盤陽星加地盤陰星為開利於客宜先動

天盤陰星加地盤陽星為闔利於主宜後動

八神所屬物類

直符烟波釣叟歌云天乙之神所在宮大將宜居擊對衝假令直符居離九天英坐取擊天蓬觀於此而直符之為天乙貴人也明矣奇門一得亦曰直符乃天乙貴人如臨六七八宮宜請謁出入名利戰訟等事大吉如臨三四宮宜揚兵耀武凡為皆

吉如臨一二宮百謀百就又宜布陣教習軍武等事觀於此而益信直符之為天乙貴人也舊以直符居六甲而以為屬木觀此二書以為天乙貴人蓋天乙貴人實居巳丑不如六壬以天乙為屬土之為的也雖然八神本位雖各有所屬還宜照大六壬某神所乘之宮所乘之宮作天盤或受地盤尅或受門所尅亦為之夾尅主所為之事不由自己也

直符天乙本位屬丑土天時為風伯乘巽主風為雨師乘坎主雨地理為桑園為墳墓人為人君為貴人相貌為黃白色為頭禿動物為牛為龜鱉貴物為珍珠常物為鎖鑰為斗斛戥物為鞋履色為紫皂姓氏為徵音字為牛傍為田傍土傍又當以所乘之盤斷其所屬更準

螣蛇本位屬巳火天時為晴地理為爐冶場生物為蚯蚓為飛蟲用物為畫為磁器食物為爐食為苦味人為乞丐為婦人相貌為輕狂為腿搖姓氏為角音字為火傍更以所乘之盤斷之為準

太陰本位屬酉金天時得土為連陰得水為雨地理為街巷人為陰貴人相貌為清標瘦美生物為雞雉用物為門鎖為刀劍食物為菓食姓氏為羽音字為口為金傍更以所乘之盤斷之更準

六合本位屬卯木天時為雷加三宮更驗地理為街巷人為婦人[illegible]相貌身長生物為騾為兔用物為草

為竹為旗竿為舟車為門窗為香盒食物為蔬菜姓氏為羽音字為木傍為草頭更以所乘之盤斷之更準

白虎本位屬申金天時為風為雪霜地理為道路

勾陳本位屬辰土天時為雲霧地理為土堆崗嶺人出兵白虎為軍徒勾陳為候人捕盜白虎為公人勾陳為捕役事類白虎為積尸為死喪勾陳為殺伐為屠宰用物白虎為刀劒勾陳為破皮姓氏白虎為徵音勾陳為商音字白虎為金傍為刀傍勾陳為角傍為土傍再以所乘斷之更準

玄武本位屬子水朱雀本位屬午火天時為雨為露為晴為電地理為井泉為溝渠為河道為道路為城門為宮室朱雀人玄武為盜賊者朱雀為騎馬人物玄武為傘笠為畫圖朱雀為旌旗為書畫姓氏為宮音字玄武為點水朱雀為火傍再以所乘斷

九天是六甲之始干支之長自甲數至壬其數九故曰九天周易起渾天甲子訣曰乾金甲子外壬午蓋為此也乾卦屬金誰謂九天之不屬金乎夫既取象于乾而屬金凡其所屬之物類無一不與乾同欲推其類則當從乾

九地是六甲之終干支之未自乙數至癸其數九故曰九地周易起渾天甲子訣曰坤土乙未外癸丑蓋為此也坤卦屬土誰謂九地之不屬土乎夫既取象於坤而屬土凡其所屬之物數無一不與坤同欲推其數則當從坤

十干所屬物類

甲為天福天時為風地理為山林為橋梁人為貴人為賓客相貌為長大動物為虎豹為貓兒靜物為神樹為花木為寶刀為劍器為香炉為神像姓氏為徵音字為木傍為住字傍

乙為蓬星天時為日為雷地理為街上為門窗間人為婦女相貌為細長動物為騾為兎靜物為草木用物為舟車為盤盒為旂竿姓氏為羽音字為乙傍為草頭竹頭寶蓋頭

丙為明堂天時為月為霞為電地理為城門為窑竈為宮室人為威武人為乘馬貴人相貌為面赤生

物為飛鳥用物為旌旂為書畫食物為苦味姓氏為宮室字為火傍

丁為太陰天時為星地理為隴頭為煙燉人為婦人相貌為頭尖動物為飛蟲植物為花木靜物為磚石為磁器食物為苦味姓氏為徵音字為火傍

戊為天門天時為雲霧地理為土嶺人為首領人相貌為豐厚靜物為五尺為磁器食物為甘味姓氏為　音字為戈脚為土傍

巳為地戶天時為雲霧地理為墻垣人為白頭翁為寡婦為架鷹人相貌五短黄白色生物為鷹用物為醮器姓氏為徵音字為羊牛傍土傍

庚為天獄天時為寒為雪地理為城郭廟宇人為大盜為軍徒動物為獅子用物為刀劍為絹帛加天辛為金銀姓氏為徵音字為金傍卓刀

辛為天庭天時為霜為凉地理為街巷人為陰貴人相貌為清秀生物為鴿雉用物為門鎖為刀劍姓

氏為羽音字為口傍為金傍

壬為天牢天時為大雨地理為江河為后宮為獄官相貌為秀而黑生物為燕子為蝙蝠用物為衣服為索子姓氏為角音字為黙水傍

癸為天藏天時為小雨地理為水道人為醉漢生物為魚鱗用物為麻布紬絹姓氏為徵音字為黙水傍

占失六畜

凡占失畜須看真畜地盤坐何宮天盤帶在何宮即知其畜所在之方再看生尅以斷有無如真畜落空或所坐之宮在空方只以八卦畜象斷之

奇門占卜凡例

凡用奇門占卜要知體用先鋒何以為體日干是也何以為用歲干月干時干是也盖以四干上所坐之干是也要與本干相生相比相合而更要與日干相生相比相合是一體而三用也何以為先鋒日干上

遁格之吉凶固為己身之災福若夫歲干所遁之吉凶應在一歲月干所遁之吉凶應在一月至于時干所遁之吉凶應在一歲月干所遁之吉凶應在一月至于時干所遁之吉凶當下便是所謂歲月遠而時近也故以時干為先鋒況時干遁得吉格其吉已有七分再日干遁得吉格以時干生日干或時干與日干或比或合則得十分之吉矣歲月二干揔有吉格而與日干相生相比相合其吉不過三分而已所謂

遠水不能救近渴故以時干為先鋒此占本身之法
也若占祖以歲干為體餘干為用若占父以月干為
體餘干為用若占子以時干為體餘干為用四干雖
互為體用而遁格皆從時干時支起故以時為先鋒
凡所用之神煞皆從支起奇門自地盤時支推移而
外並不見有安支之處即欲看神煞之加臨以斷禍
福欲從末由予因古人以星從干國(故)以干裝星上以
門從支亦以支裝門上則八門所加皆帶神煞其格

既成神煞俱任(在)有何不可假之以斷吉凶乎況六畜
之類神在十二地支交加占走失即不用月將加時
以遁甲之法推之其方位有無無不可知
凡用奇神占卜者俱于天干上看遁格地支之上皆
置而不論予以為干支俱重不得取一而遺一即如
占家宅也皆看天干上之格局生尅而不知干為人
而支為宅干所坐之宮為人之所同而支所坐之宮
為己之所獨干所坐之宮如州城都邑衆人共處支

支所坐之宮如人之私宅各門另户他如揔法天機
所論以歲干為父以月干為伯叔其說固不是即有
以歲干為祖以月干為父以日干為己身以時干為
子孫者似也猶未詳也予以為當以歲(干)為祖歲支為
妣月干為父月支為母日干為己身日支為妻身時
干為兒時支為兒婦時所生之干為孫所生之支為
孫婦每於其上看其遁格生尅則何人之吉凶自一
一不爽也

凡用奇門占勝負者皆知以天盤為客地盤為主不
知以庚所坐之宮為賊居直符所坐之宮為軍營六
庚為賊將直符為官將獨不聞黄帝制遁甲之法以
庚為賊以甲為仁德之君乎

占驗門

占天時

凡定天時以戊為始以交節日時為主不論節氣在
陽局陰局內時甲在陰宮陽宮中只以戊所臨宮其(别)

其陰陽而已如戊在陽宮戊六為陽本宮之星門皆陽戊在陰宮六為陰本宮之門星皆陰不但五日一元之六戊以此定其陰陽即一氣三元之六戊俱以交節之時首看戊而為定戊之陰陽既定然後如常用遁若陰戊加於己庚辛壬癸五陰干上又在陰宮逢生旺沐浴見金水星與日干飛來三合水局必有大雨且久若其當大雨而或有火星則主電或金入木宮或木入金宮則主雷若數者俱全則主大雨雷電交作若陽戊加己庚辛壬癸逢生旺沐浴或有金水星或三合水局亦主微雨或日中下雨若陽時火旺無雨若陰時水旺有雨若陽戊加己庚辛壬癸在陰宮逢生旺沐浴見金水星合水局主大雨不久以其戊陽而無生雨之根也

予以為交節時干為為主如時干己庚辛壬癸為陰是甲乙丙丁戊為陽干頭遁得雲遁龍遁主一氣之中多雨干頭遁得風遁虎遁主一氣之中多風占法

與上時戊同如交節時干上見風雲龍虎占卜之時其干飛布會日亦如其應如交節時干遁得雲龍與所占日時干合而化水化金即主雲興雨施如交節時干遁得風虎與所占日干合而化木即主虎嘯風生又交節時支與所占日時之支三合水局即主雨三合木局即主風三合金局即主連陰三合火局即主久晴更於八門詳八卦乾主晴坤主陰兌主晴久晴而主陰至於十干之中震為雷艮久陰而主晴久晴而主陰至于十干之中己為地户而為陰庚為大白加壬為大雨加乙為大風辛亦為虎占為庚同壬大雨而癸小雨丁為星而為虹丙為月而為電乙之為龍古人已明言之矣再觀生旺沐浴衰墓陰陽無不應驗何必專看交節之時戊哉

占歲時

凡占歲中豐盈歉嗇看五穀何類神加在太歲干何類神與太歲同宮遁成格局以定豐歉嗇之以生尅

無不應驗類神者何如九星也天蓬為蕎麥天芮為粟為菜豆天沖為黍天輔為芝蔴天禽為麥天心為粳米為糯米天柱為赤豆天任為大豆天英為旱(紅禾)如十二支也子為黑豆菜蔬丑未寅為棉花芝蔴為粟穀辰果辰或(戌)為蟲蝗巳為黍午為小豆為赤豆申為大麥酉為小麥亥為稻若辰戌丑未為類神之刑尅害墓者主其禾被蟲傷

除天時歲時而外皆人事也凡占人事俱以日干

為主宰時干為端倪時干上遁格之吉凶為作事之中流日干上遁格之吉凶為作事之結果雖凡占各有體用而(總)不離乎(此)二者為樞機

占國朝

以歲干為君王以歲支為四海以月干為大臣以月支為分治以日干為郡(郡)縣以日支為守土以時干為民人以時支為民業勸(觀)其遁格辨其生尅則君臣官民可得而知也

四十四終

御製奇門大全卷之四十五

奇門秘訣

占出征

歲干上看吉意月干上看部文日干上看將帥時干上看士卒以上盤為客下盤為主再詳領兵官及頭(目)本命之天下(干)觀其衝擊之吉凶兼之星門生尅則意(旨)之寬嚴部文之美惡將士之吉凶主客之勝負可以預知又將領之本命天干推之則何人利于征伐何人(以)利于埋伏何人利于中鋒何人利于接應何人利于固守預定其人而大小量庶無誤也又官軍看直符宮

(賊)則兵看六庚宮法本黃帝不可不知

占起造

若坐相(向)與宅主命有貴人祿馬到宮或所作之方合本局符使或生門三奇飛到坐向或天禽星鎮中宮得門生宮或太陽正照(即本月月將)無有不吉不但占(起造)得如此為最佳凡選日時者亦當預擇如此日時

占安葬

若符使合格奇儀得令并年月日時干支並奇儀合

禄馬貴人到山遁格不尅生命亡命為上吉再合太陽到山到向或分金尤吉不但占得如此為美選日時者亦當商擇其如此若生命亡命能選其飛到山向再合吉格更妙

占求名

若試官未臨本地以試官為客諸生為主若試官已至本地以試官為主諸生為客遁得主客相合求名易成若見刑尅當辨主客若諸生生官用人力而後

成官生諸生順利無阻如官生諸生臨其本命行年再合吉格必首拔如諸生生官奇儀墓尅再合凶格文章失意人力皆虛即成亦遲若在衰墓之宮又逢其迫而則沖因名致敗禍不旋踵主客之義大矣哉

占陞黜

以本命所居之宮與太歲所居之宮為主以天驛二馬禄皇恩為憑如太歲所居之宮生本命局宮再帶二馬皇恩必陞如太歲宮尅本命局宮兼之禄馬落空必黜如本命宮生太歲宮天子喜本命宮尅太歲宮天子怒欲知食禄何地當以禄所臨之宮而看其分野

占求利

坐鋪求利者以地盤為我天盤為人出外求財者以天盤為我地盤為人凡求利求財者俱要人生我合吉格則得若我生人合凶格則不得若干星相尅支宮相沖因求財招非更遇凶格除不得財而反破財

愼之愼之

占謁貴

貴人未至得其來而求謁以天盤為貴以地盤為我貴人在彼我欲往而求謁以天盤為我以地盤為貴凡占謁貴者要貴生我則有益更合吉格則獲我生貴則無益更合凶格則取辱若只比合而不生我不過式飲庶幾式食揔幾揔有資斧亦毫末耳倘遇星干相尅宮支相沖再合凶格不惟無益又恐觸貴招

而取禍愼之

占家宅

此時適得門生宮上干生下干三奇六儀臨旺祿而生宮主宅舍清寧人口平安如生門生宮主有田產布帛五穀之利開門生宮主有金玉寶珍之益若凶星並門剋宮地盤臨衰墓而被傷者當詳干支門八卦外而以斷其人之災危若年干被傷而則斷其祖年支被傷而則斷其祖妣月干被傷而則斷其父月支被傷而則斷其母

日干被傷而則斷其巳身日支被傷而則斷其妻妾時干被傷而則斷其子女時干支被傷而則斷其兄婦乾為老翁坤為母坎為中男離為中女艮為少男兌為少女震為長男巽為長女逐類而推應驗如神

占婚姻

如男家占以地盤為男家女家占以地盤為女家若門生宮上干生下干或干支帶合再合吉格其婚必成若門剋宮上下干支相剋相沖再合凶格婚必不

成若門宮比和干支帶合言之即就九星六儀三奇八門逢旺氣主富貴之家衰墓逢生漸發之家旺而受剋漸退之家若論男女相貌以九星所屬推詳旺相清奇衰弱則否應期以合定之

占孕育

以宮為母以門為子俱要旺相雖受剋而無妨母剋子易產子剋母難生若子無氣而受剋則傷子母無氣而受剋則傷母子母比和易生產而且平安若門

星奇儀干支有氣而臨祿旺之宮更和合吉格生子富貴而有壽反此則否若陽星合陰宮則生男陰星合陽宮則生女天地二盤俱陽而包人盤之陰則生女天地二盤俱陰而包人盤之陽則生男三盤俱陰為純陰反陽則生男三盤俱陽為純陽反陰則生女如干支宮門星神陽陰俱旺而且均且相生而不相剋必生雙胎要知產期即看相沖相生日時決之

占行人

此時伏吟行人未動反吟来而且速若上干尅下干或上干生下干或門生宮或門尅宮或庚加日干行人即来若下干生上干或下干尅上干或宮生門或宮尅門或日干加庚行人不来如上干生尅下干而在墓衰宮行人来遅在旺相宮行人来速若上干遇壬癸臨旺祿宮又逢日時相生合吉格主有酒席相留合凶格或無舟楫或為水虛驚如上干在死絶之宮或被尅制及日時相犯主永不歸切忌與行年干

支相為刑冲主死亡而或囚禁事之吉凶各以類推自知其詳歸期以上干與天盤定之如上干是歲干定在一歲之內上干是月干定在一月之中上干是交氣之干定在半月幸（上干）是日干定在十日內上干是時（干）定在目下其餘皆看天盤加於何宮如看天盤而知其該来適時直符是陽星從此干天盤加臨之宮于邊九宮順數數至此干所居之宮看是幾位則知幾日而来適時直符是陰星從此干天盤加臨之宮

於邊九宮逆數數至此干所居之宮看是幾位則知幾日而来或於干合之日時定之又如天盤是乾定于戌亥月日天盤是坤定于未申月日亦是一法

又思占行人之法當以天盤本命干為主符陽自天盤命干加臨之宮順數至地盤命干坐宮看邊九宮相隔幾位所過之宮有尅命干之干否如命干旺相一路無尅可保其必来如命干旺而尅命干者弱不過到此宮阻滯而已以九星八門之卦象推之可知

其為何人何事所阻如命干死絶所過之宮再有尅制定主客死他鄉符陰逆數倣此歸期如前

占疾病

以病者真年命為主看此真年命上遁成何格天盤之干尅命干否九星八門尅命宮否遁甲既成有凶格否有庚與白虎加命干否時日歲月之干尅命干否命干所坐之宮非死絶衰墓否如皆不犯可保生全如有所尅以十二地支八門九宮辨其何者受傷

則何處為病以類推詳必無不中如命干適得奇儀旺祿生門加於其上兼之門來生宮上干生下干或時干日干遂生病者命干匆藥有喜如得天心星生命干及命宮更妙其有生命干或尅命干尅命宮者其藥之湯丸亦可類推

占詞訟

天盤為原告地盤為被告天生地上生下被告勝地生天下生上原告勝天尅地上尅下被告受責地尅天下尅上原告受責上下兩相合則和息相比則兩平和之日於合日決之審結之日於沖日絕日決之

占遊獵

此時得驚死門合三奇吉格直符逢生旺必得獸逢衰墓必不得若門生宮或宮尅門干支帶合所獲必多如直符甲寅門上帶亥字以生合得野豬尅門上戌得豺狼尅門上未得獐子與門上卯比和得狐兎直符甲辰遇天盤甲午以生之得麂獐遇門上亥為

財得野豬直符甲午遇天盤甲子防凡驚而有坑陷之憂遇天盤甲寅得虎豹狼遇門上卯以生之當得狐兎遇門上酉得野雞直符甲申天盤甲戌以生之得豺狼遇天盤甲寅防見虎豹而馬驚遇門上未以生之得獐子與鷹鷂直符甲戌得天盤甲午以生之得雀與麂獐與門上外合得狐兎尅門上亥得野豬直符甲子與天盤甲午相沖雖得麂獐須防馬驚逢門上酉以生之得雉雞如天心開門生宮得天鵞或遇良馬天芮龍門生宮得牝物或黑色物天蓬與休門生宮得野豬或水中物天英與景門生宮得雉雀天沖與傷門生宮得狐兎天輔與杜門生宮得雞雁或喜鳴之禽蟲天任與生門生宮得虎得狐或黠喙之禽或得狗天柱與驚門生宮得野羊如門尅宮上干尅下干必生獸傷之慎之雖然將官與兵丁不可不分已為將官則看直符已為兵丁則看時干未出門而先占以地盤上直符時干為人天盤與門為物

已出門而方占以天盤上直時干為人物地盤與門為物物生人人尅物則有所得人生物則不得物尅人則帯傷相冲則馬驚相冲而人尅物則却無妨相冲而物尅人恐傾跌而人帯傷若夫子與午寅與申辰與戌符冲丑與未卯與酉巳與亥支冲也甲與庚乙與辛丙與壬干冲也他如一九二八三七四六休景生死傷驚開杜皆宮門之對冲那有所得馬驚不免踣擇門獵射惟驚死二門為宜門可用詳之

占飲食

此時門生宮或天上奇儀生地下奇儀或比和而得旺氣主欲謁客則飲食衎衎反此雖見而不食宮生生門地生天氣旺而比和客去訪主則夏屋渠渠反此則至而撤饌若問何飲食以宮門支儀之卦類而推如乾為手燒餅饅頭合包丸子魚馬肉猪肉多骨辛辣猪頭形圓之物坤為牛肉腹臓野味五穀土中之物長麵細粉震為蹄肉竹笋酸味之味物巽為雞肉蕪菜酸味之物

坎為猪肉海味宿食醃藏味醎或帯核之物離為雉肉煎炒爐食餛飩中虚之物艮為薯芋笋芽諸雜粧點之物兌為饅頭包子糖餅饒餅羊肉宿食辛辣有口或澤中之物此八卦之所屬若夫子為湯酒丑為牛肉寅為木果而味酸卯為兎肉而其至論同寅辰焉有龍為虎必是味甘之形長物巳豈食蛇或有煎炒曲屈之味午非馬肉定是火腿燒臘或味苦之食未為羊而雁申豈食猴或為薑而為蒜或為葱而為韮酉必食雞外此因

申戌非狗肉必是蒸飯亥是猪肉亦為酢醬醎魚細心推之猶如入厨而數

占賊来否

以六庚為賊以日干坐宮為宅冬至後自坎至巽為內自離至乾為外夏至後自離至乾為內自坎至巽為外天盤庚加本日干主賊本日来陽符後干一位如直符屬陽星日干居一宮庚加後一位九宮陰符前干一位如直符屬陰星日干居一宮庚加前一位二宮主賊明日来陽符後干二位主賊第三日

来陽符若後干三位主賊在境外必不来侵若庚加在内主賊入内庚加在外賊只在外位次以邉九宮分内外以内八卦分此法乃予之所心會也與六壬遊都法同

占賊方位

視玄武所立之支為来方視其支加臨之宮為去方如玄武乘二馬天馬驛馬也天馬正月在午順行六陽支驛馬申子辰在寅亥卯未在巳寅午戌在申巳酉丑在亥其賊必從尅方踰垣越屋而入若無二

馬必穿穴而入若玄武與長繩正月在酉逆行四仲懸索煞正月在卯逆行四仲併者主賊跳屋從天縂緣索而下玄武属陽為男子属陰為女人有氣為少無氣為老次看何類人為賊寅為吏卯為經紀辰戌為屠兒或軍卒巳為手藝人或店為爐冶人丑午為客旅申為犯過人未為酒户或熟識人酉為消鎔金銀或賭錢不然是酒客亥子非水夫即漁翁舟人吉神併者豪家縱子凶神併者外姓惡兒法法湏用穴六壬占之方得詳細

占捕捉

以六癸為逃人以加臨為去方如六癸加一二三四宮急赶必見如臨七八九宮逃則無追要知逃人何方從天上六癸加臨之方去追如臨一宮往正北去方衰墓受尅為一里衰墓為尅為十里旺相為百里旺而又逢生其人已出百里之外追之何及如加二宮往西南去其方衰墓受尅為二里衰墓無尅為二十里旺相為二百里旺相而又逢生其人已出二百

旺相而又逢生其人已出二百里之外欲追末由餘倣此

占人在何方

先看本命為某甲所管即於本節局中審某甲令坐某宮某星為直符乃於直符之下陽遁依次順查陰遁依次逆查看本命在地盤何宮再以奇門之法遁成格局即知其人今在某方局吉而與命相生其人在某方吉局凶而與命相尅其人在某方凶假令六

月初一日是壬寅日己酉時占庚戌命人在何方吉凶此係小暑中局陰遁八局法當于八局地盤逆行庚戌命属甲辰所管令甲辰在四宮乙巳在三宮丙午在二宮丁未在一宮戊申在九宮己酉在八宮庚戌在七宮知其人在西方方方再適成格局以斷吉凶餘倣此

三合

亥卯未會木局　寅午戌會火局　巳酉丑會金局

申子辰會水局　假令天地二盤之中有亥卯未而無未應在未月日時有卯未而無亥應在亥月日時餘倣此例

六合

子與丑合　寅與亥合　卯與戌合　辰與酉合

巳與申合　午與未合　假令天地二盤有子而無丑應在丑月時有丑而無子應在子月日時餘倣此例

五合

甲與己合　乙與庚合　丙與辛合　丁與壬合

戊與癸合　假令天地二盤有戊而無癸應在癸月日時有癸而無戊應在戊月日時有乙而無庚應在庚月日時有庚而無乙應在乙月日時餘倣此例

三奇合

天上三奇甲戊庚　地下三奇乙丙丁　假令天地

二盤有乙丙而無丁應在丁月日時有丙丁而無乙應在乙月日時餘倣此例

八卦十干納合

乾卦納甲　坤卦納乙　離卦納己　坎卦納戊

艮卦納丙　巽卦納辛　震卦納庚　兑卦納丁

假令為乾卦所生其美事應在甲月日時為乾卦所尅其惡事亦應在甲月日時餘倣此例

八卦十二支配位

戌亥配乾　子配坎　丑寅配艮　卯配震　辰巳配巽　午配離　未申配坤　酉配兑　假令為卦乾所尅其惡事多戌亥之月日時為乾卦所生其美事多應在戌亥之月日餘皆倣此例

天地德合

其法取天干與天干合地支與地支合為應期　假

假令中甲子取巳丑月日為應期盤中巳丑取申子月日為應期以甲與巳合子與丑合也餘倣此例

驛馬冲合　占行人用

申子辰馬在寅　亥卯未馬在巳　寅午戌馬在申　巳酉丑馬在亥　子與午冲　丑與未冲　卯與酉冲　辰與戌冲　巳與亥冲　子與丑冲　寅與亥合　卯與戌合　辰與酉合　巳與申合　午與未合　如本命居驛馬之宮或與驛馬同宮皆主動身

假令子命坐八宮八宮屬艮申子辰馬居寅寅為艮宮之所屬是其命居驛馬宮也不然子命與寅馬同居一宮之中主主動身但其起身之期多應在冲到家之期多應在合又占成全事多應在合占解散事多應在冲細心推測無有不驗

凡有所占俱忌空亡如逢空亡則吉不成吉凶不成凶出門見驗者皆不驗

旬空

甲子旬中空戌亥　甲戌旬中空申酉　甲申旬中

空午未　甲午旬中空辰巳　甲辰旬中空寅卯

甲寅旬中空子丑

四大空亡

子午旬無水　寅申不見金

旬空者一旬十干十支末後二支有支而無干故曰空亡　四大空亡以甲子甲午旬中納音無水甲寅甲申旬中納音無金

卦中空亡

立冬後到乾宫遇甲午甲申甲戌時不可用遇壬子一壬寅壬辰時亦不可用以乾卦納甲中原無甲午甲申甲戌與壬子壬寅壬辰也

冬至後到坎宫遇戊子時不可用以坎納戊子為坎之本位是重逢則為空亡也

立春後到艮宫遇丙寅時與丑時不可用以艮納丙丑寅為艮之本位重逢則為空亡也

春分後到震宫遇庚及卯時不可用以震納庚卯為震之本位重逢則為空亡也

立夏後到巽宫遇辛巳及辰時不可用以巽納辛庚巳為巽之本位重逢則為空亡也

夏至後到離宫遇巳及午時不可用以離納巳午為離之本位重逢則為空亡也

立秋後到坤宫遇乙丑乙亥乙酉時不可用遇癸未癸巳癸卯時以不可用以坤卦納甲中原無乙丑乙亥乙酉與癸未癸巳癸卯也

秋分後到兑宫遇丁酉時不可用以兑納丁酉為兑之本位重逢則為空亡也

奇門大全卷四十五終

御製奇門大全卷之四十六

奇門秘訣

鬼谷三元註解

陰陽順逆妙難窮一千八十是来踪

奇門之法黃帝命風后為之冬至至芒種順布六儀逆布三奇夏至至大雪逆布六儀順布三奇以一日十二時立成十二局每一季三個月共該一千八十時乃立一千八十局此其法忽順忽逆神

秘難窮究其所以一千八十是其来踪也奇門一得謂其失来踪者豈知當時以一季一千八十時立成一千八十局哉

符使變化無窮極統領奇儀歷九宮

九星為直符八門為直使其變化無有窮極詳見下文直使常加時支布為八門歷九宮而不帶奇儀直符常加時干列成九星歷九宮而帶奇儀以行不但其帶奇儀也欲細推之將本人之年命及九宮中所有之干支俱帶之而遍歷九宮也

地道安然奇儀定六十時終節局移

地地盤也地道常靜故五日一元之局共六十時皆於本局之宮起甲子以定六儀起戊字以定三奇五日一元之中自甲子至癸亥其局終而方換一元則節局於是乎移焉

天星運轉有順逆左右陰陽是主基

天天盤也天道常動其星之運轉於九宮也有逆

有順自坎至巽左半為陽其星其門皆屬陽而順行自離至乾右半為陰其星其門皆屬陰而逆行當日風后之制奇門也先以八卦論八節自冬至至芒種皆左半之陽卦用事故地盤皆順布自夏至至大雪皆右半之陰卦用事故地盤皆逆行其其用奇門也符使屬左半之卦者皆順行符使屬右半之卦者皆逆行是星之順逆不以冬至夏至為主基而以左右陰陽為主基也池本理不知此

理見古經中冬至後有用陰符陰使而逆行者夏至後有用陽符陽使而順行者以為經術不明隱伏之事何其以一蒙而引羣蒙哉

若遇天英為直事英任柱心逆推之天蓬芮冲輔順轉八門例此不須疑

若九宮之天英為直符則當以英任柱心禽輔冲芮蓬為序而逆布之若一宮之蓬天為直符則當以蓬芮冲輔禽心柱任英為序而順布之至於八

門陽為直使亦當以休死傷杜開驚生景為序而順布之陰為直使亦當以景生驚開杜傷死休為序而逆布之

八門入五一中居七將行宮開閉虛

宮共有九門止有八以門之八而歷行乎宮之九必有一門居中而門所不到之宮則無門而為虛陽星陽門加陰宮之上為開陰星陰門加陽宮之上為閉其一虛者猶六甲之空亡也

直到中宮皆本位此時用法專天機時臨何處即符使辨別陰陽順逆飛

天禽居中天子也餘八星鎮守八方諸侯也天禽若作直符猶天子居京師而不動諸侯皆聽命而為使看時到何宮加天禽到何宮即勅書下頒何國其宮所屬之門即為直使仍照常以星加時干以門加時支陽順陰逆遍歷九宮

御製奇門大全

訂釋煙波釣叟歌

軒轅黃帝戰蚩尤涿鹿經今苦未休偶夢天神授符訣登壇致祭謹虔修神龍負圖出洛水彩鳳啣書碧雲裏因命風后演成文遁甲奇門從此起

軒轅黃帝姓公孫名軒轅有熊國君之子也蚩尤

姓姜名蚩尤炎帝神農之裔也當時蚩尤喜兵亂好作刀戟大弩以暴虐天下兼并諸侯荒縱無度炎帝榆罔不能制遜居涿鹿軒轅徵師諸侯與蚩尤戰於涿鹿之野蚩尤作大霧軍士昏迷軒轅造指南車以示四方遂擒蚩尤而戮於絕轡之野於是諸侯咸歸遵軒轅為黃帝元年帝得六相而天下治偶夢天神授以符訣而龍授以圖帝齋戒沐浴登壇致祭忽有大魚泝河而上負圖而進帝跪而受彩鳳向軒轅丘而下啣書而獻帝啟而視之知其天以陰陽順逆之道為吉凶趨避之門不著為書無以訓當時而傳萬世因命風后演成三式之文太乙六壬既成而遁甲奇門於是乎起或者疑之以為帝所受者河圖若夫洛書出自大禹時觀奇門宮位與洛書合此歌又有神龍負圖出洛水之句得毋奇門之書在大禹後非風后之所手著歟不知八門九宮是天地之定位左陽右陰是

天地之定理風后早見及此而先著為書禹時神龜偶得天地之正氣而身之所生者合乎風后之所演趙普考古未詳錯認河圖即洛書而故為是語焉讀者不必過疑可也

一千八十當時制

黃帝始創奇門以一歲三百六十日每日十二時為十二局合一歲三百六十日之時而總計之共該四千三百二十時制為四千三百二十局其繁

寔甚風后約冗歸簡以一歲分為四季每季九十日一日十二時合一季九十日之時而統計之共該一千八十時定為一千八十局亦仍黄帝之法而四分之遂為一千八十局此風后奉黄帝之法當時之所制也

太公删成七十二

周之太公以一歲二十四歲每氣該三候合二十四氣之候而總計之共該七十二候遂删成七十

二局

逮於漢代張子房一十八局為精緻

逮於漢時之張子房受黄石公之傳制為陽遁九局陰遁九一歲之中止一十八局然一千八十删成七十二局又删成一十八局疑其或有遺漏也然局雖定為一十八局而一歲之中仍用二十四氣每氣一之中仍分三元合四季之八節而統計之仍七十二候為七十二局又於一氣分為三元

五日之中共六十時為六十局半月之中共一百八十時一月之中共三百六十時每一時為一局一月實三百六十局一歲有四季一季每三月三三九該九百局又三六一十八共該一千八十局與太公之七十二風后之一千八十無不吻合此其訣何精深而密緻也

先須掌上排九宮縱横十五在其中

先於掌上排遁九宮以為陰陽順逆起例之訣

遁九宮圖

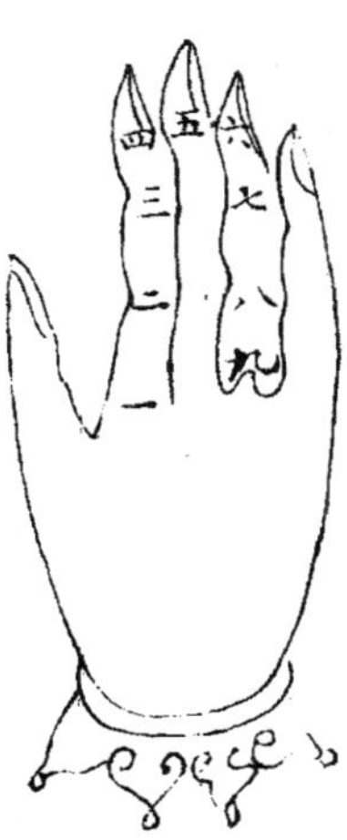

又於掌上排内九宮以定四面八方與中央之宮位其宮以横數之巽四離九坤二共一十五數震

三中五兑七共一十五数艮八坎一乾六共一十五数以順数之巽四震三艮八共一十五数離九中五坎一共一十五数坤二兑七乾六共一十五数以斜数之巽四中五乾六共一十五数坤二中五艮八共一十五数故曰縱横十五在其中然無還不便於起順逆無内九宮不便於定方位所以先須掌上排九宮焉

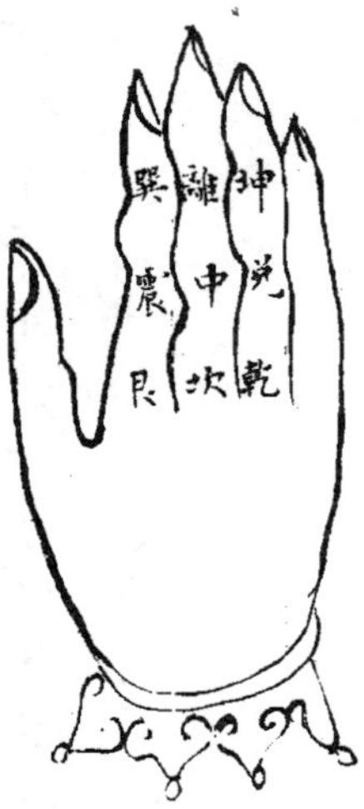

次将八卦論八節一氣縱三為正宗

天地定位有八方以按八卦風后見及於此一歲之中以一月分為二氣上半月為立節下半月為中氣每歲一十二月定為二十四氣其氣之正當其卦者為四立為二至為二分其節氣之不當卦者每於有卦之節氣下各有二氣其當卦之氣為一元餘不當卦之二氣次為二元又次為三元皆以當卦之氣統乎下餘之二氣焉有歌在左

冬至坎宮起　立春艮上求　春分當震位

立夏巽宮遊　夏至離宮住　立秋向坤搜

秋分居兑七　立冬趋乾流

九陽節氣歌

冬至小寒及大寒　天地人元一二三

立春雨水并驚蟄　依艮順增八九一

春分清明并穀雨　從震順行三四五

立夏小滿芒種氣　四五六分列成例

右歌陽遁九局以當卦之一氣為天元順数統所餘之二氣即於每氣之中定上中下三元也其法於

掌上排内九宮在艮位當安卦之一節為天元震宮安無卦之第二氣為地元巽宮安無卦之第三氣為人元即於艮宮順数當卦天元氣之之数震宮順数地元氣之数巽宮順数人元氣之数次於乾宮接人元氣之数巽乾宮順数自兑宮数至坤宮又次於坎宮接坤宮所数之数順数自中宮数至九宮則艮宮為天氣之上元坎宮為天氣之中元乾宮為

天氣之下元震宮為地元氣之上元中五為地元氣之中元兑宮為地元氣之下元巽宮為人元氣之上元離宮為人元氣之中元坤宮為人元氣之下元假令欲求冬至小寒太寒之上元中元下元即於艮宮預安冬至震宮預安小寒巽宮預安大寒却先從艮宮数一震宮数二巽宮数三乾宮数四兑宮数五坤宮数六坎宮数七中宮数八離宮数九從

艮横看則艮宮是一坎宮是七乾宮是四即冬至之一七四從震宮横看則震宮是二中宮是八兑宮是五即小寒之二八五從巽横看則巽宮是三離宮是九坤宮是六即大寒之三九六此陽遁順行之例也餘倣此

冬至驚蟄一七四

小寒二八五為次

大寒春分三九六
立春八五二陽局
雨水九六三無失
清明立夏四一七
穀雨小滿五二八
芒種九三六為法
此是陽遁九宮訣
初上次中末下察

人元	坤六	離九	巽三	大寒
地元	兑五	中八	震二	小寒
天元	乾四	坎七	艮一	冬至
	次	又次	先	

九陰節氣歌

夏至小暑及大暑　九八兮七還退數

立秋處暑並白露　從二却行於一九

秋分寒露及霜降　七六五兮以此向

立冬小雪並大雪　六五四兮作此訣

右歌陰遁九局以當卦之一氣為天元逆數統所餘之二氣即於每氣之中定上中下之三元也其法於掌上排內九宮在靈位安當

卦之一節為天元震宮安無卦之第二氣為地元巽宮安無卦之第三氣為人元即於艮宮逆數當卦天元從之數震宮逆數地元氣之數巽宮逆數人元氣之數次於乾宮接人元氣之數逆數自兑宮數至坤宮坤又次於坎宮接坤宮所數之數逆數自中宮數至九宮則艮宮為天元氣之上元坎宮為天元氣之中元乾宮為天元氣之下元震宮為地元氣之上元中五為地元氣之中元兑宮為地元氣之下元巽宮為人元氣之上元離宮為人元氣之中元坤宮為人元氣之下元假令欲求夏至小暑大暑之上元中元下元即以艮宮預安夏至震宮預安小暑巽宮預安大暑却先從艮宮數九震宮數八巽宮數七乾宮數六兑宮數五坤宮數四坎宮數三中宮數二離宮數一從艮橫看則艮宮是九坎宮

是三乾宮是六即夏至之九三六從震橫看則震宮是八中宮是二兑宮是五即小暑之八二五從巽橫看則巽宮是七離宮是一坤宮是四即大暑之七一四此陰遁逆行之例也餘倣此

夏至白露九三六

小暑八二五陰局

大暑秋分七一四

人元　(坤)四

地元　(兑)五

天元　(乾)六

立秋二五八宮唸
處暑一四七宮是　離一　中二　坎三
霜降小雪五八二
寒露立冬六九三　巽七　震八　艮九
大雪四七一宮緘
此是九宮陰遁歌　大暑　小暑　夏至
初上次中末下擔

陰陽二遁分順逆一氣統三人莫析

此言地盤之法也自冬至至芒種為陽遁九局皆順布六儀逆布三奇自夏至至大雪為陰遁九局皆逆布六儀順布三奇此一氣言每月之中各有二氣上半月為節氣管一十五日下半月為中氣管一十五日每一氣遇甲子甲午己卯己酉為上元管五日遇甲寅甲申己巳己亥為中元管五日遇甲辰甲戌己丑己未為下元管五日是每半月一氣而統乎上中下三元

五日都來換一元超神接氣為準的

一日有十二時五日共該六十時自甲子甲午己卯己酉起甲子時至第五日癸亥時則上元終而當換中元自甲寅甲申己巳己亥日起甲子時至五日癸亥時則中元終而當換下元自甲辰甲戌己丑己未日起甲子時

至第五日癸亥時又當易遁局而更換下元為上元然是上元也必以甲子甲午己卯己酉日為符頭若節氣未至而符頭先至為之超若節與符頭同至為正受若節氣先至而符頭後至為之接然接氣之後必逢正受正受之後必有超神若超之多而過九日或過十日或過十一日必當置閏置閏之期必芒種大雪之閒候陰陽二遁順逆之氣盡而方

可置閏以匀其氣置閏之法必超過九日若未過九日而止八日不可置閏若到芒種大雪之間止八日而未至九日自然不可置閏有大雪不能置閏遂候輪排至芒種時或超過九日或超過十日甚而有超過十一日者有芒種不能置閏遂候輪排至大雪時或超過九日或超過十日甚而有超過十一日者必到此時方可置閏

訣曰

正超接閏欲推知　遂節先須定正奇
四仲恰當交節氣　上元從此始無疑
元元遂候輪排去　正後逢超斷不移
超過旬餘斯置閏　閏餘接局又隨之
正超閏接循環轉　二至之前是閏期
閏期閏期有妙訣　神仙不肯分明說

干逢甲己為符頭　子午卯酉作上列
寅申巳亥為中元　辰戌丑未下局閱
節過符兮符過節　用法千金莫漫洩
節前得符名為超　節後得符為之接
超越九餘須置閏　必在芒種與大雪
不說分明不是高　我今傳與諸賢豪
超或十日或九日　或過十一再莫逃
閏奇只在此三日　師心折補枉徒勞

認取九宮為九心　八門又遂九宮行　九宮逢甲為直符　八門直使自分明

超接正受既明置閏置法不差一年之節候已俱正而氣運已俱匀而不偏矣於是可以接法而用遁甲馬乃認九宮以為九星看其時旬之甲到某宮即以其宮所屬之星為直符又按九星定乎八門以遂九宮而歷歷行馬說個遂九宮行則五宮為八門必由之路

豈其正行八方而不入五宮哉

訣曰

天蓬坎一門為休　芮死專居坤二流

沖宿傷門三震位　杜門天輔巽四留

心開乾六禽居五　天柱驚門七兑求

任宿生門臨八艮　天英景門離九遊

五宮無門趨乾六　符禽直使隨時搜

符上之門為直使十時一換遇甲更

如用時之旬首到坎宮即取天蓬為直符而符上之門即休也必自甲數至癸十時終而遇甲陽遁則順行而換天芮為直符死門為直使陰遁則逆行而換天英為直符景門為直使

陽遁順儀奇逆布陰遁逆儀奇順行

此又言地盤之法陽遁則順布六儀逆布三奇陰遁則逆布六儀順布三奇或問奇儀之名因何而稱愚應之曰儀者宜也奇門之書原為行兵而設六甲為諸子之首領猶長子為師中之將帥時宜順而順征時宜逆而逆擊猶兵法之正遇也故曰六儀奇者反常合法出其不意也儀方順行彼卻逆應儀方逆行彼卻順來故曰三奇

六甲原號六儀名三奇即是乙丙丁

何謂六儀即六甲是何謂三奇即乙丙丁是

以上皆言奇儀之坐於地盤者按陽遁陰遁以為順逆乃一定不易之法也

直符加在時干轉直使加於時支移十精為使斯為貴起宮天乙用無遺

以下皆言天盤用遁之法也如陽遁幾局即於遁九宮幾宮中將甲子戊甲戌己甲申庚甲午辛甲辰壬甲寅癸丁丙乙按一二三四五六七八九逐宮順數之位次布去尋出本

時之旬首在某宮即知某星為直符某門為直使看時干在幾宮即加直符在幾宮是陽符順行是陰符逆行又看時支在幾宮即加直使在幾宮是陽使順行是陰使逆行地盤天盤既定然後看某門在某宮某星在某宮又看九星屬何宮其宮地盤上所坐之干支奇儀皆帶在此星之上隨其所在之宮以定吉凶如陰遁幾局即於邊九宮幾宮將甲子

戊甲戌己甲申庚甲午辛甲辰任甲寅癸丁丙乙挨九八七六五四三二一逐宮逆數之次布去以為地盤看時干在幾宮即加直符在幾宮是陽符順行是陰符逆行又看時支在幾宮即加直使在幾宮是陽使順行是陰使逆行天盤地盤既定看法亦如陽遁十者一宮與九宮為十二宮與八宮為十三宮與七宮為十四宮與六宮為十自一至四皆為陽自九至六皆為陰必精通乎一八四三之為陽使而當順九二七六之為陰使而當逆斯為貴而可用也故凡用遁甲者不拘泥遁局之陰陽但當看星門之陽者皆順行星門之陰者皆逆行無專用此而遺彼也池本理見古經中有如此用者以為經述不明隱伏之事豈知十精為使者哉

陰陽順逆妙難窮二至還鄉一九宮再審星門

為變化圖書掌上如龜龍

此總結上文言陽遁中遇陰符陰使而即逆行陰遁中遇陽符陽使而即順行其奧妙之法真難窮極雖然其定地盤也冬至後還鄉一二三四五六七八九宮而順行夏至後還鄉九八七六五四三二一宮而逆行地盤既定再審星門是陽順行是陰逆行則河圖洛書之理俱呈掌上如靈龜神龍所負而出者

也

細玩歌中八門又遂九宮之句明二八門皆遊五宮而不必寄二也但符入中有星無門歌未明言其法予補之於後以便起用

歌曰

直入五宮巡狩還　勅書差遣臣方還

時到之處即宜使　辨别陰陽順逆旋

符禽入五世人皆以五宮無門不得已而寄二不知天禽星君位也居中制外是其本方今為直符猶天子巡狩事畢還歸京師也時到之處猶天子下勅書　遣諸侯諸侯方敢離符土而出使四方也時到之禽即直符加時到之宮門即直使星仍從干門仍從支陽者順行陰者逆行何必寄二而多事也

四十六敵

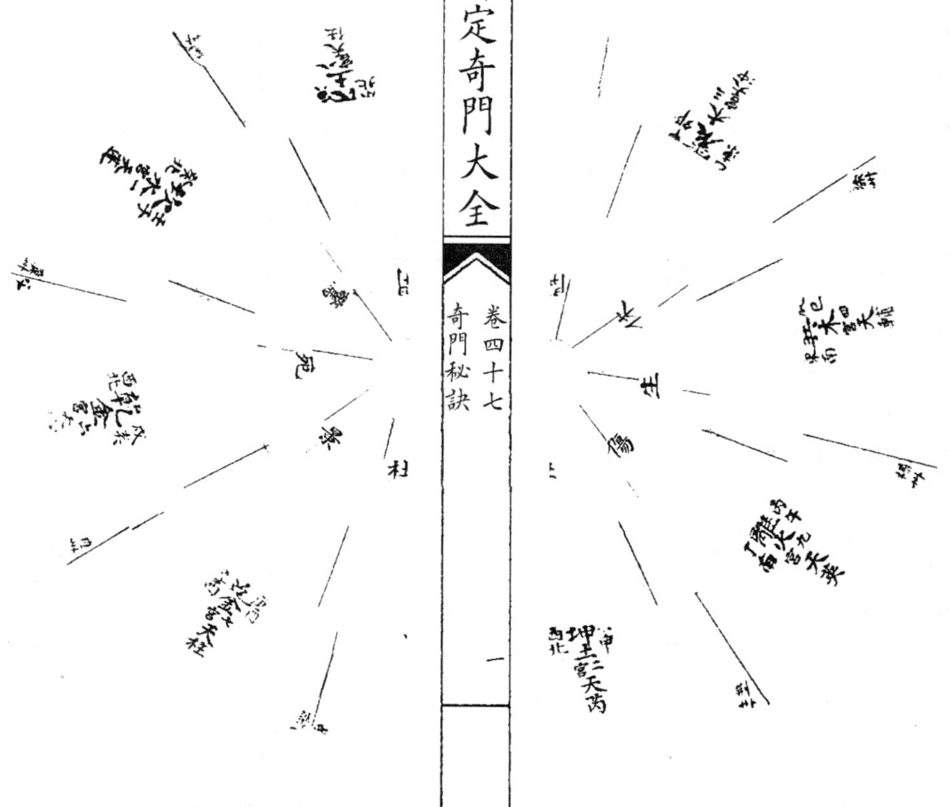

御製奇門大全卷之四十七

奇門秘訣釣叟歌

吉門偶爾遇三奇值此雖云百事宜更合從旁加檢點餘宮不可有微疵

既知十精為使之法而陽星門陽固順行陰星門固逆行若開休生之吉門偶遇乙丙丁之三奇誰云此非百里宜為之時乎雖然不可以為罄無不宜也更當細加檢點右在此宮吉而在彼宮不吉者即為餘宮

之疵病美微瑕豈謂全美哉

十干加伏若加錯入墓休囚百事危

微疵之不可有者何哉三奇固美若乙加乙為中伏而不蔽其光丙加丙為主客相傷而紊亂綱常丁加丁為重陰而諸事宜慎此三奇加伏之疵也如乙非甲午為直符而加辛為龍逃走辛非甲午為直符而加乙為虎猖狂乙非甲辰為直符而加壬為日入天牢乙非甲寅為直符而加癸為日入地網丙非甲申為直符而加庚為熒入白丁非甲寅為直符而加癸為雀投江此奇不逢本時之甲而加錯之疵也又有丙加壬為奇神遊悖丁加庚為玉女刑太白丁加辛為玉女入天庭乙奇而奇加六宮丁奇加八宮為三奇入墓此尋常三奇加錯之疵也除三奇而外又有戊加戊為天武伏吟主客俱不利己加己為玉堂臨地戶凡事欠光明庚加庚為太白格諸

事皆凶危辛加辛為伏格自相為刑傷壬加壬為天牢自刑癸加癸為天網高張此十干加伏之疵也戊加辛為龍虎相鬪爭主客皆受驚戊加壬為青龍投天牢為主莫用兵戊加癸為青龍入華蓋利客戰先興己加乙為日奇入地戶凡謀主暗昧己加丙為月奇入地戶諸事不亨通己加庚為玉堂逢太白諸事禍來侵己加壬為主客相刑格一切招破

敗己加癸為玉堂逢天網客勝主受驚庚加丙為白虎入熒求謀惹驚恐庚加丁為太白犯玉女凡為一無成庚加戊為伏青龍凡為多破敗庚加己為刑格凡為必敗壞庚加辛為太白逢虎主兩相鬬爭庚加壬為太白小格凡為無進益庚加癸為太白遭天網凡為招災殃辛加丁為太陰逢獄神諸為主憂驚辛加戊為天庭鎖困龍凡謀枉用加辛加己

為白虎坐玉堂暗地有災殃辛加庚為天獄相刑格暗地用機關辛加壬為天庭天牢併主客俱勿兵辛加癸為白虎入天網主利客受傷壬加己為天牢入地戶諸般休妄動壬加庚為天牢併天獄知機勿妄行壬加辛為白虎犯小格求求謀事事虧壬加癸為天牢逢地網諸凡切莫為軍行車馬損門制被賊擒癸加己為天網張地戶門制受驚怖癸加

庚為網入天獄中所求定成空癸加壬為天網張天牢動作禍自招此十干加錯之疵也又加戊臨六宮庚己臨八宮辛壬臨四宮癸臨二宮此十干入墓之疵也又如戊己臨一宮庚辛臨三四宮壬癸臨九宮此十干入休之疵也又加戊己臨三四宮庚辛臨九宮壬癸臨二五八宮此十干入囚之疵也百事值此必遭凶危慎之慎之

三奇得使真堪使六甲逢之非小補

天上所帶之三奇乙為日奇丙為月奇丁為星奇為天地百神之主有君道焉地下所安之六甲奉符命而守八方有臣道焉以天上出令之三奇臨於地下聽令之六甲上如君得其臣佐君宣化而堪使也此一甲也才堪大用幸逢三奇為之主則君明臣良咸有一德必能相助為理而成太平之世豈曰小補

之哉

乙逢犬馬丙鼠猴六丁玉女乘龍虎

犬者甲戌也馬者甲午也鼠者甲子也猴者甲申也乙庚化金金必假煆煉而成器況金性剛燥而不馴順不得大爐之火焉得鎔化而成巨闕與大呂乎午為火旺之鄉戌為藏火之庫此皆爐冶之地可以鎔金而鑄造者也以化金之乙而得午戌如太甲之不順得伊尹而處仁遷義也其不取甲寅者始然之火豈能鎔化而成鼓鑄之功哉丙辛化水水生於申丙得甲申如堯得禹而循源順道以治水也水旺於子又為江河丙得甲子如堯得禹注旺水於江河告闕成功也不取甲辰者辰為水庫水已歸庫何用使臣為治哉丁壬化木木旺於春寅為春之首辰為春之末自寅至辰三春之節氣備焉丁得甲寅與甲辰

如舜受堯禪得五臣以佐理則垂裳端拱無為而治也池本理之舊本多說不去以上皆取三奇落在本局時干之六甲上者方為之得使不然乙奇臨戌謂三奇入墓乙奇臨甲午甲午與辛同宮乙加辛上謂龍逃走俱是凶格何以為之得使堪使乎

又有丁奇遊六儀號為玉女守門戶

三奇之中一奇加於甲午甲戌符頭之上丙奇加於甲子甲申符頭之上丁奇加於甲寅甲辰符頭之上固云得使而堪使然而丁之為奇更靈於乙丙不但加於甲寅甲辰堪使除此得使之外又有丁奇即不必在甲寅甲辰直符之上而但加於六甲直符者謂之遊六儀號曰玉女守門戶焉往而不得其所使哉假令冬至上元甲子在一宮辛未時用遁甲辛未是甲子旬首所管此局甲子在一宮

即天蓬為直符休門為直使其出人丁奇之門即在是馬玉女在兑七辛干在巽四天蓬為陽星理當順行以天蓬加於巽四順行則天芮在中五天冲在乾六天輔在兑七天禽在艮八天心在離九天柱在坎一天柱帶丁號為玉女加於地盤甲子直符之門故謂之玉女守門戶餘倣此

出門若向此方行和合陰私為樂土

六丁玉女為隱蔽之神若守門戶是玉女心有私而守予出入往来之門也若出此方則利作陰私和合之事

天三門分地四戶間君此地是何處太冲小吉與從魁此是天門私出路若走除危定與開號為地戶無人覰

太冲卯也小吉未也從魁酉也要日纏其次之後以月將加時看卯未酉落在其方即為

天三門除連月建數第二位危連月建數第八位定連月建數第五位開連月建數第十一位要立本月節後以月建加時看第二位落在何處為除第八位落在何處為危第五位落在何處為定第十一位落在何處為開即為地四戶天三門地四戶俱利逃亡

六合太常與太陰為地私門從貴尋更得奇門相照耀出門百事總欣欣

六合太常與太陰皆隱蔽陰私之神必分其晝夜别其順逆看六合在何支太常在何支太陰在何支即為地私門更逢開休生三吉門乙丙丁三奇與地之三私門同在一處出門百事總欣欣而無不如意

卒然有難難避退太冲天馬最為貴但當乘着天馬行劍戟如山不足畏

太冲卯也為天駟房星故為天馬若搶卒之

間遇兵戈之難避退不及只以月将加正時看卯字落在何處即從某方而逊走總有所列之劍戟如山亦可走出而不畏懼如天馬受尅落空則不必來

天網四張無路走一二網低有路縱三四五宮行入墓八九高强任西東

天網為天盤六癸加時干地盤者是也其神有高低逊走者須審視而行若在一宮去地一尺二寸宮去地二尺猶可高蹻而過若在三四則高三四尺正當心胸之門一觸而衆在網中為之入墓如何得出若加五宮以上至八九宮謂網高八九尺可以任其東西而無碍矣

右趙公為一二私逊者言之如破陣取道必用士卒既有士卒必有旗幟之竿再在馬上必有過乎八九尺者竿觸網落受累不免如欲取道而出須兩臂横荷刀戟呼天輔之名曰子卿而出則天網自破而不能包衆矣若臨六七八九宮其網愈高愈不可過但當隐伏以候敵至令彼觸網而自覆我可出奇而制勝如遇此時欲突圍以月将加時看天罡所指而擊則敵可破而圍可出矣

三為生分五為死盛在三分衰在五識得遊三避五時乾坤造化掌中取

此以日干與時干相較而時干之死生盛衰判然也生者日所生之干也死者日干所尅之干也三為生是連日干之位數至第三位如甲日丙時丙火是甲之第三位而為甲木所生也五為死是連日干之位數至第五位如甲日戊時戊土是甲之第五位而為甲木之所尅也不獨甲二凡干皆然盛在三者我生之旺也衰在五者我財為休也遊三者遊

其時干之旺也避五者避其時干之休也池
本理以五宮寄二為死門故避之豈不三宮
為傷門反以為旺而避之乎
就中伏吟最為凶天蓬加着地天蓬天蓬若在
天英上須知即是反吟宮八門反伏都如此萬
事皆凶不堪使
天盤之九宮落在地盤本宮上為伏吟宮天
盤之九宮落在地盤對宮上為反吟宮八門

之伏吟反吟都是如此諸凡所為皆凶惡而
不堪使也
六儀擊刑何太凶甲子直符愁向東戌刑未
申刑虎寅巳辰辰午刑午
東卯也虎寅也葛洪為六甲直符加所刑之
地也甲子直符加三宮即子刑卯甲戌直符
加二宮即戌刑未甲申直符加八宮即申刑
寅甲寅直符加四宮即寅刑巳甲午直符加

九宮即午刑午甲辰直符加四宮即辰刑辰
以上皆凶格而不堪使者
三奇入墓君須知甲日那堪見未時丙奇屬火
火墓戌此時諸事皆非宜更兼六乙來臨六月
奇臨六亦如此
三奇入墓三璋謂六乙日奇下臨六宮六丙
月奇下臨六宮六丁星奇下臨八宮也有不
論干之陰陽而概以木墓在未而以二為墓

概以火墓在戌而以六為墓者非
又有時干入墓宮課中時下忌相逢戊戌壬辰
兼丙戌癸未丁丑亦同凶
不但三奇入墓為凶而不可用又有時干入
墓為課中時下所忌者如戊土墓在戌而用
戊戌時壬水墓在辰而用壬辰時丙火墓在
戌而用丙戌時癸水墓在未而用癸未時亦
與三奇入墓同凶也

五不遇時龍不精號為日月損光明時干来尅日干惡甲日須知時忌庚十干偏尅皆如此總有奇門用不成

五不遇時者時干尅日干也偏尅者陽干尅陽干如甲日庚時是也陰干尅陰干如辛日丁時是也若夫陽干尅陰干陰干尅陽干皆是正氣官星不忌

奇與門兮共太陰三般難得總加臨若還得二

亦為吉舉措行藏必稱心

三奇星三吉星與太陰之神此三者難得同在一宮若得二者在一宮亦為吉而舉措行藏無不稱心也

急則從神緩從門三五反覆天道亨

如事急欲出不得吉門三奇則從其神之吉者而出之如事緩則可以寬數日而預擇三奇三門得其全吉而後從之必三五反覆而細心選擇可得天道之全亨焉

直符前三六合位太陰之門在前二後一宮中為九天後二之神為九地

陽符順後一為九天後二位九地前二為太陰前三為六合陰符逆布前一為九天前二為九地後二位太陰後三為六合

起例從直符如遇甲乙丙丁戊五時為陽者天盤直符在何宮即於何宮起直符如遇已

庚辛壬癸五時為陰者地盤直符坐何宮即於何宮起直符如直符入中宮無論陰陽俱從地盤起符

八神所屬之五行

直符即天乙貴神屬土　螣蛇即巳屬火　太陰即酉屬金　六合即卯屬木　白虎即申屬金一本作勾陳屬土　玄武即子屬水一本作朱雀屬火　九地即坤屬土　九天即乾屬金

九天之上好陽兵九地潛藏可立營伏兵但向

太陰位若遇六合利逃行

張良曰九天之上利於陳兵孫子曰善戰者動於九天之上故曰好揚兵張良曰九地之下利於伏藏孫子曰藏於九地之下故曰潛藏可立營太陰之本宮屬酉玉帳經曰酉下則人兆不見故曰潛藏可立營六合之本宮屬卯為天馬又為隐蔽之神故利於逃而出走張良曰太陰六合之地可以逃亡

右言八神之所宜用也

八門若遇開休生諸事逢之總稱情

天心正論云開與天心所居之方位百事大吉更有奇神吉宿相加者如龍得雲雨虎入山林百事皆美諸葛云或被圍遠無路可出俱推用局出開門之下突奇而出賊兵自開其路我軍自不摧折凡人於開上以見貴人或爭訟或經營或遠行修造皆吉尋常於此開而出路逢貴士兼得飲食若有干求必無阻隔呂才云若人嫁娶從開門上來主生貴子頭產男兒凡將兵從此方出大吉

天老云休門宜嫁娶子房云休門出兵衆情絶方乃休門無氣若有吉神得半吉或見伏吟是休門歸本此方行至一里之門有禽鳥噪者乃神之應驗萬事皆遂凡百所往皆獲吉慶

湯公云生門所臨陽氣生最宜出入揚兵獻策貢物從此方萬民歡欣衆情和悅天老云生門起造殯葬有生氣物隨方而來乃神之應得八十年之旺相呂才云生門宜避病逃亡皆吉

傷宜捕獵終須獲

雲柯云傷門只宜漁獵索債捕盜若傷門臨二穴宮木尅土大凶天老云凡百舉動皆有

不足之憂若嫁娶起造塟埋上官主遭賊盜求利出行必主鬬爭官事口舌不出一氣之中子房云上將出傷門兵死卧荒墳最宜避之或有奇神吉宿方減半凶若犯此者行至三十里見人鬬爭或禽傷物急回生門方行八步前往則吉

杜好遯遮及隱形

子房曰杜門只宜還願隱匿斷惡伏邪入山伐木並吉餘若出兵統衆主衆兵亂離軍伍不整而有背心天老曰杜門所臨之方百事不宜妄有所犯主損長吏

景上投書並破陣

雲柯註云景門小利宜上書獻策諸葛云景門之方遇急可避凶邪亦能戰敵上將有功

驚能擒訟有聲名

諸葛云驚門只宜掩捕爭訟攻擊驚恐等事

天老云驚門所臨之方不可舉為百事立見口舌若求謁見必有怒色而不遂子房云驚門上有奇門吉宿者宜出軍兵前戰有白旗前行必獲大捷

若問死門何所主只宜弔死與行刑

雲柯註云死門宜行刑誅戮弔死送塟並射獵吉若遠行起造嫁娶主宅母死新婦凶倘死門再臨一宮以土尅水大凶郭璞云遁見死門若有奇神吉宿可以塟埋凶喪安墳舉哀俱吉西南禽鳴至即便舉事此為天祐之逃也

右言八門之各有所宜也

蓬任沖輔禽陽星英芮柱心陰宿名

此趙公以地氣之陰陽别天星之陰陽也何以知其然也氣之在於地中也自子至巳為陽自午至亥為陰子為陽之始巳為陽之極

午為陰之初亥為陰之盡陰盡則陽當生其氣種於黃泉此子為黃鍾之所由來也自子至巳為陽自午至亥為陰宜也抑又思之氣鍾於地則當風后之制奇門也以奇門官乎地故以地道分陰陽從支而别用之者不必過疑

輔禽心星為上吉

天輔字子卿為文曲星屬木分野徐州其方

宜選將出師交鋒大戰搗巢破陣授除寇兵春夏卯巳午月日加二五八宮利以為客加六七宮利以為主左右將俱大勝得地千里秋冬未得成功若嫁娶多子孫修造埋葬合震離巽坎四山不出百日得橫財上官到任文選武陞入官訢寃有理者大勝有罪者赦免應舉登科出行獲利占奇門者尤吉

黃石公曰天禽之星處中宮能長生萬物九加臨方位所向皆吉

天禽字子公為廉貞星屬土分野豫州其方萬靈咸服宜選將出師交鋒大戰鳴鑼擊鼓吶喊搖旗四時皆吉即不戰用謀敵入屈服加一宮利以為客加三四宮利以為主又宜祭祀祈禳上官應舉出行移徙開門嫁娶謁貴入官監柱修造中宮與二十四向吉無不利如合奇門代代登科官祿不絕

天心字子襄武曲星屬金分野梁州其方宜選將出師交鋒大戰搗巢破敵闢土開疆秋冬將兵得地千里加三四宮利以為客加九宮利以為主左右將皆大勝必成席捲之功又宜療病服藥禱雨祈晴上官應舉百事俱利會合奇門謂之全吉歌以輔禽心為上吉者此也

冲任小吉未全亨

黃石公遁畧云沖宿最雄萬事皆吉天道相容呂才云天沖若帶丙丁二奇臨兊宮此時用事亦利獲利如帶庚辛再加兊宮宜避之此乃氣之不盛而衰也

天沖字子翹為禄存星屬木分野青州其方止宜選將出師交鋒戰陣春夏巳午月日加二五八宮利以為客加六七宮利以為主俱左將勝秋冬不得成功除報冤捕捉外無有

一利合奇門者庶變凶而為吉不合奇門凶禍不免

任者任其萬物常主生殺之柄其星遇生旺合吉門即吉遇刑尅及凶門即凶天任字子常為左輔星屬土分野兖州其方宜立國邑安社稷紀大義化人民者選將出師交鋒大戰四時皆吉吉神咸助敵自屈服於四季申酉月日加三四宮利以為主加一宮利以為

客若嫁娶必生貴子上官到任文吏速遷應舉登科面君謁貴商賈求財一應有為並皆大吉若立木上樑安墳埋葬斬草破土之時更與奇門會合者必主多子孫登科甲歌以天沖為未全亨也固宜若夫天任徧覽羣書不見有不吉之處亦以未全亨土者不知何也

大凶蓬芮不堪使

天蓬陰襲太衍惡曜也只宜守伏自固若時加臨凡事不可舉動必見陰賊天老遁書云天蓬之時惟隱藏寶物收納化財永無損失亦無賊盜若所臨之方合吉格亦可偷敵獲勝

天蓬字子禽為貪狼星屬水分野冀州若其方會合奇門方可安邊境修城池興作土木之上設塹堠坊之事屯兵固守保障一方秋

冬亥子月日加九宮利以為客加二五八宮利以為主若安墳立冢斬草之時遇乙庚日時有乙奇如此星之上必主雷電交作大風雙鳥來應果爾則子孫昌熾若不合奇門萬事萬凶

天芮陽宗爭慶惡曜也即有奇門不可用事此時用事主有失亡只宜舉喪安塟如有刑冲萬事不宜

奇門秘訣釣叟歌四十七終

御製奇門大全卷之四十八

奇門秘訣釣叟歌

小凶英柱不精明

天英字子威為右弼星屬火分野荆州其方止宜面君謁貴上書獻策干求陞擢應舉拜表遠行占出師交戰于四季巳午月日加六七宮利以為客加一宮利以主惟竪柱上梁移徙造作主火光 嫁娶主產死 祭祀主鬼神不享須合奇門方可化凶為吉 至如安葬斬草之日即與奇門會合止得平安未必有福

呂才云天柱之下有丙丁神者宜起造大吉求財亦遂緣金氣惡盛而逢火

氣之休敗也不可出兵子房道經云天柱加時出行主車破馬死切不可游他邑往而不歸

天柱字子章為破軍星屬金分野雍州地方止宜屯兵固守堅壁待敵直至利于為客之時方可動用于秋冬申酉亥子月日加三四宮利以為客加九宮利以為主亦須與奇門會合之方而出吉若妄動者必主車破馬傷士卒敗亡左右將皆失利除藏形隱跡外並無一利

大凶無氣變為吉小凶無氣亦同之

大凶星猶大惡人也大惡得世為惡愈甚若惡人失勢則不能為惡只得為善而已大凶小凶之有氣無氣亦猶是也本理引三元經

註此二句以為若大凶之星得旺相之氣則小凶若小凶星得旺相氣則中正與歌相反不知歌中所言實為不易之理讀者詳之

吉宿更能逢旺相萬舉萬全功必成若遇休囚并廢没君君不必進前程

吉宿猶仁人也逢旺相猶得位也仁人得位則發政施人無往而不仁若一失位雖有仁心不能施於政事之間亦徒然耳若吉宿休

囚廢没猶仁人之失位也總有福人之心而無福人之權雖欲進而向前吉宿何益於我哉勸君且止而不能進也

要識九星配五行各隨八卦考羲經坎蓬星水離英火中宮坤艮土為營乾兑為金震巽木旺相休囚看重輕

欲知九星之五行當隨八卦而辨之如坎為天蓬而屬水離為天英而屬火中五為天禽

坤二為天芮艮八為天任而均屬土乾為天心兑為天柱而均屬金震為天冲巽為天輔而均屬木當審其星之旺相休囚以看其吉凶之重輕也

與我同行即為相我生之月誠為旺廢於父母休與財囚於鬼兮真不忘

五行之中與我同行者兄弟之月我生者子孫之月也父母者生我之月也鬼者尅我之

月也

假令水宿號天蓬相在初冬與仲冬旺於正二休四五其餘倣此自研窮

假令坎卦屬水其宿號為天蓬旺在初冬亥水之月與仲冬子水之月是坎為水行亥子亦為水而與坎同行故為相也正月寅二月卯俱是木行而為坎水之所生故為旺也四月巳五月午俱是火行為坎水之所尅而為

坎水之財故為休他如七月申金八月酉金俱生坎水之月為坎水之父母而為廢三月辰六月未九月戌十二月丑俱屬土行以尅坎水為坎水之鬼非其因者乎其餘八宮皆倣此而細加研窮則其相旺廢休囚可得而知也

天目客兮地目主六甲遁順逆取地因局定天因宮星歷九兮門趨五

此言行兵之法也以天盤視之為客地盤視之為主如天盤尅地盤或天盤上之奇儀干支尅地盤上之奇儀干支則客勝主如地盤尅天盤或地盤上之奇儀干支尅天盤上之奇儀干支則主勝客其起天盤地盤之法必先本局之中視陰陽二遁之幾局即於幾宮首一位起甲子戊次一位起甲戌己次三位起甲申庚次四位起甲午辛云云是陽遁則順行是陰遁則逆行至於地盤則以遁局之陰陽定順逆而天盤則以宮位之陰陽定逆順星則以一二三之次序遍歷九宮門則必趨五而步乾馬此天地氣運自然之流行何必專一休生傷杜景死驚開為序因中宮之無門將星與門皆寄於二哉池本理以卯為天目酉為地耳作解者彼不知釣叟歌中目字當作視字看而謬為註釋也

更得宜符直使利兵家居此最為利常以此地擊其冲百戰百勝君須記

直符為九宮之首領直使為八門之首領所以兵家貴之若用兵者既為客而得為客之所宜為主而得為主之所宜又得直符直使而居之以擊其對冲之宮則百戰而百勝矣

天乙之神所在宮大將宜居擊對冲假令直符居離九天英坐取擊天蓬

湯謂曰第一勝天乙宮第二勝九天宮第三勝生門宮天乙即直符也必視直符之陰陽以用天盤地盤之直符陽本乎天本乎天者親上如直符是陽則取天上直符所臨之宮坐而擊其對冲陰本乎地本乎地者親下如直符是陰則取地下直符所立之宮坐而擊其對冲然是對也冲止論所居之八方不論其星門之本位如云背生而定要擊死則將

背亭亭而定要擊白奸乎若用五宮寄二法則背生而可以擊死若用趨五步乾之法宮九門人馬得有對即歌中所云天英坐取擊天蓬者亦止言其坐離擊坎以離宮有天英坎宮有天蓬耳非謂天英為直符定要擊天蓬也不知古人之書皆專言其背擊者專言其擊如執背孤擊虛之法而謂背生者必擊死古人背亭亭擊白奸用四孟加於寅午戌三支之上白奸白奸是孟亭是仲孟與仲萬不相對豈得如空亡為孤對冲為虛之一定相對乎

附亭亭白奸於左

何謂亭亭月將加時看神后落處即亭亭之所在也假令正月亥時午時尋亭亭則子為神后臨未未即亭亭所在之方也何謂白奸月將加時寅午戌上見孟神即白奸之所在也

假令正月亥將午時尋白奸則亥為孟神臨午午即白奸所在之方也亭亭在未白奸在午豈能相對乎

甲乙丙丁戊陽時神居天上君須知坐擊全凴天上奇陰時地下亦如之

甲乙丙丁戊五時為陽陽本乎天本乎天者親上故神居天上欲坐其方而擊其冲當凴天盤上之奇神而攻之己庚辛壬癸五時為

陰陰本乎地本乎地者親下故神居地下欲坐其方而擊其冲當凴地盤上之奇神而攻之

若見三奇在五陽偏宜為客自高強忽然逢着五陰位又宜為主好裁詳

五陽時則奇神皆在天上天盤為客故宜為客五陰時則奇神皆在地下地盤為主必裁詳其下生尅而用之則百戰而百勝焉

以下九遁又統言其格也

天地人分三遁名

奇門之格其最大者有九遁而九遁之中首重三遁三遁惟何曰天曰地曰人有此三遁之名使不縷析而條分之亦不知其實之不同也

天遁月精華蓋臨

凡丙奇臨生門下合六丁不犯奇墓門迫者得月精所蔽其方可以稱將帥之權以作戰使敵自伏更宜上策獻書求官進職修身隱跡剪惡除醜市價出行百事如宜婚姻入宅往來大吉

地遁日精紫雲蔽

凡乙奇開門相合下臨六己得日精所蔽其方可伏藏銳卒置寨安營建府造倉廪築垣安墳求仙遯跡出軍攻戰全勝而歸

人遁當知是太陰

凡丁奇與休門相合以臨太陰之位得星精所蔽其方可以擇賢人求猛將說敵和仇三事並吉更宜結婚姻進人口和合交易利市十倍若伏藏獻策並為十全

生門六丙合六丁此為天遁自分明開門六乙合六己地遁如斯而已矣休門六丁共太陰欲求人遁無過此要知三遁何所宜藏形遯跡斯

為美

解俱見前

天上六乙合六辛臨三吉門雲遁取

凡天上六乙合地下六辛臨開休生三吉門為雲遁其方可以求雨澤助農稼以候雲應

天上六乙合三門下臨巽宮風遁矣

凡天上六乙合開休生三門於巽宮為風遁其方可方禱祭風伯以助火功豎立旌旂以候風應

日奇合休於坎宮此為龍遁雲從起

凡日奇與休門相合下臨六或坎宮為龍遁其方可以祭龍神祈雨澤計量江面把守河津教習水戰密軍機謀造置水櫃下盤開江填堤塞河修橋穿井以候龍應

天上六乙合六辛臨休到艮虎遁名

凡天上六乙合地下六辛臨休門到艮宮為虎遁其方招安叛逆設伏邀擊計量要路據險守禦建立山寨措置關隘設險修危以候虎應此必艮宮地盤有本局本時之甲午為直符又有六乙與休門同到艮宮方合此格不然則為龍逃走矣

天上六丙合九天再合生門神遁然

凡天上六丙與生門相合臨於九天之位是得神靈之蔽其方可以祭神用聖術畫局運籌步斗躡罡以候神應

天上六丁合九地臨於杜門鬼遁利

凡天上六丁與休門相合臨於九地之位是得鬼神隱伏之蔽其可方以偵探機偷營寨設伏攻虛密伺動靜遺亡說書使敵中計以候鬼應

知此六遁合三遁用者隨機而取慶

知此雲風龍虎神鬼之六遁合上天地人之

三遁用奇門而作事者當相其機而隨時至宜以取九遁之何局則利於何事無不得其吉慶也下又言何兵之時格有吉凶宜辨

庚為太白丙熒惑庚丙加相誰會得

庚生於巳得祿於申旺於酉乃西方金星號為太白丙生於寅得祿於巳旺於午乃南方火星號為熒惑誰字即指庚丙而言會者謂天盤之丙或加地盤之庚上天盤之庚或加

地盤之丙上金火相尅本不相合故云誰會得

加一宮兮戰於野同一宮兮戰於國

庚與丙會不得者何也庚為賊丙為官兵若加在一宮是兵與賊相戰於國然加一宮者時常有之同一宮惟甲子日丙寅時是真丙與庚同宮也除此則無

六庚加丙白入熒六丙加庚熒入白

天盤六庚加地盤六丙乃金入火鄉為白入熒天盤六丙加地盤六庚乃火入金鄉為熒入白

白入熒兮賊即來熒入白兮賊須滅

庚為賊丙為官兵以賊而加於官兵之上是賊不畏兵故賊即來以官兵而加於賊之上是以去殺賊故賊須滅

丙為勃兮庚為格格則不通勃亂逆

勃即本文所謂亂逆也格即本文所謂不通也丙為官兵則宜守法一不守法而妄加則必刁抗亂逆庚既天賊則必刼掠一經刼掠則必道路阻塞不通

丙加天乙為伏符天乙加丙為飛勃

凡天上六丙加天乙為伏符勃天乙加丙為天乙飛勃俱主綱紀紊亂凡六丙加於年月日時之干並直符之上者俱為之勃何也年

干為君月干主帥日干已身時干妻子以官兵而不論已之君帥人之自家妻子安加於其上亂逆殊甚故謂之勃

庚加日干為伏干格

六庚為天賊加於日干之上即為伏干格日干若遇六庚臨此名伏干格相侵此時戰鬬均不利大都為主必遭擒今日之干加六庚謂飛干格日干反臨庚飛干格偏明爭戰俱不利為客更平平

庚加直符天乙伏

六庚加直符名為天乙伏宮格庚加直符宮伏干格為宗交鋒多不利為客還成功　此時訪人不在來人不來

直符加庚天乙飛

直符加六庚名為天乙飛宮格飛宮何以名直符加六庚　兩敵俱不利為主似還羸此時宜固守城池不可輕出若出而應敵大將遭擒

庚加癸分為大格

癸為天藏以天賊入於其中則無可搜擒故謂大格太白庚加癸圖謀未可通求人終不見百事總成空

加已為刑最不宜

已為地戶以天賊至於其所必大遭刑戮故為刑格刑格相逢事不寧只宜固守事且停已下凡為格破敗三門若遇亦非亨　此時出軍車破馬傷中道而止士卒逃亡

加壬之時為上格又嫌歲月日時羅

壬為天牢以天賊而加於其閒大有刼獄之象故為上格又所嫌者加於歲月日時之干占用兵年干為君月干為大將日干為已身時干為士卒占家宅年干為父母月干為伯

敘日干為已身時干為妻子看庚加於何干之上則主何人凶災若庚為直則十時皆為時格

更有一般奇格者六庚甚勿加三奇此時若也行兵去疋馬隻輪無返期

六庚為賊人三奇為官兵以賊人加於官兵之上固不利行軍雖然亦不可執一而論如六庚加丙丁奇天英景門為下尅上先舉者

凶其謂疋馬隻輪無返期也固宜倘六庚加乙奇沖輔傷杜以上尅下先舉者勝疋馬隻輪能敵萬人此主客之地不可不辨也

六癸加丁蛇夭矯六丁加癸雀投江

癸屬水為北方龜蛇之象王璋曰天上六癸加地下六丁名騰蛇夭矯此時百事不利為主者更甚丁屬火為南方朱雀之象王璋曰天上六丁加地下六癸名朱雀投江此時百事皆凶為客者尤惡

六乙加辛龍逃走六辛加乙虎猖狂

乙屬木為東方青龍之象王璋曰天上六乙加地下六辛名青龍逃走此時不宜舉兵主客兩傷為客更甚辛屬金為西方白虎之象王璋曰天上六辛加地下六乙名白虎猖狂此時不宜舉事主客俱損為主尤凶

請觀四者是凶神百事逢之莫措手

五行陰陽和則吉不和則凶若夫陽干尅陰干為合如甲尅己即甲與己合也陰干尅陽干為官如甲受辛尅即甲以辛為官也至於陰遇陰尅陽遇陽尅皆為鬼而不和此乙辛丁癸四干俱以陰干而尅陰干其禍莫救故曰是凶神

丙加甲兮鳥跌穴甲加丙兮龍返首

丙屬火為朱雀鳥也甲屬木為雀巢穴也萬

洪曰六丙加六甲名飛鳥跌穴陰陽二遁逢
此時百為俱吉出兵行營為客更利甲屬木
為青龍下受上生為返首葛洪曰天甲加地
而名青龍返首陰陽二遁逢此局百事俱利
即無吉門動往攸宜出兵行營為主尤吉
只此三者是吉神為事如意十八九
言飛鳥跌穴青龍返首之二局是大吉之神
也更得吉門行兵出戰大勝求名遂意求財

獲息造塋嫁娶百事如意
節氣推移時候定陰陽順逆要精通三元積數
成六紀天地都來一掌中
一歲之節氣自冬至而小寒而大寒自立春
而雨水而驚蟄自春分而清明而穀雨自立
夏而小滿而芒種為節氣之陽也自夏至而
小暑而大暑自立秋而處暑而白露自秋分
而寒露而霜降自立冬而小雪而大雪為節

氣之陰也其節氣互相推移似無一定然氣
雖二十有四而其立節而合卦者止八一氣
之日雖十有五而其元為上中下者惟三一
日晝夜刻雖有百而其一日之時止一十有
二却是一定而不可移易者自地道而言之
自冬至以至芒種一十二氣為陽而因地道
之安而順儀道奇而不變自夏至以至大雪
一十二氣為陰因地道之安然而道儀順奇

而不變若夫天道則不然常因時而運斡變
化不測冬至後固當順行一遇陰符陰使即
逆行夏至後固當逆行一遇陽符陽使即順
行用其術者要精通其理不可執泥於一偏
之見而謂冬至後皆當順行夏至後皆當逆
行也自一歲之日而論之一元五日一氣三
元共該一千五日十氣該一百五十日二十
氣該三百日所零四氣又該六十日合二十

四氣三元所積之日数合筭之共該三百六十日每甲子六十日而一終即為一紀以所紀而推筭之則成六紀乃天地一氣之数也用遁甲者排九宮於掌上順逆推遷則天地之氣化都在一掌中也

請觀歌裏精微訣不得秘傳枉用功

歌中之語句句精深字字微妙不得異人之秘傳止從刻本中東揣西摩到底不能得其黃帝風后之旨而枉用推筭

奇門秘訣卷之四十八終

御定奇門大全卷之四十九

寶鑑摘要

起例

九星

坎一天蓬坤二天芮震三天衝巽四天輔中五天禽（陽遁陰遁俱寄坤宮一本陽遁寄坤陰遁寄艮）乾六天心兌七天柱艮八天離九天英

順序數之則曰蓬任衝輔英芮柱心禽

九星定位

坤天芮	兌天柱	乾天心
離天英	中天禽	坎天蓬
巽天輔	震天衝	艮天任

八門

坎休艮生震傷巽杜離景坤死兌驚乾開

順序數之則曰休生傷杜景死驚開

八門定

坤死	兌驚	乾開
離景		坎休

位巽杜　震傷　艮生

三奇

乙爲日奇　丙爲月奇　丁爲星奇

六儀

戊己庚辛壬癸爲六儀　甲子遁於六戊　甲戌遁於於六己　甲申遁於六庚　甲午遁於六辛　甲辰遁於六壬　甲寅遁於六癸

八神

一直符二螣蛇三太陰四六合五勾陳六朱雀七九地八九天此陽遁也陰遁則一直符二九天三九地四朱雀五勾陳六六合七太陰八螣蛇（朱雀下有元武勾陳下有白虎）

陽遁

陽遁九局順布六儀逆布三奇如一局甲子戊起坎一宮戊己在坤二甲申庚在震三甲午辛在巽四甲辰在中五甲寅癸在乾六此順布六儀也丁在兌七丙在艮八乙在離九此逆布三奇也（因乙丙丁次于九八七故名逆）二局則甲子戊起坤二三局則甲子戊起震三餘倣此

陰遁

陰遁九局逆布六儀順布三奇如九局甲子戊起離九則甲戌己在艮八甲申庚在兌七甲午辛在乾六甲辰壬在中五甲寅癸在巽四此逆布六儀也丁在震三丙在坤二乙在坎一此順布三奇也（因乙

丙丁次于一二三故名順）八局則甲子戊起艮八七局則甲子戊起兌七餘倣此

八節

冬至甲子起坎小寒大寒隨之立春甲子起艮雨水驚蟄隨之春分甲子起震清明穀雨隨之立夏甲子起巽小滿芒種隨之夏至甲子起離小暑大暑隨之立秋甲子起坤處暑白露隨之秋分甲子起兌寒露霜降隨之立冬甲子起乾小雪大雪隨之

坤 立秋二五八 處暑一四七 白露九三六　兌 秋分七一四 寒露六九三 霜降五八二　乾 立冬六九三 小雪五八二 大雪四七一

離 夏至九三六 小暑八二五 大暑七一四　坎 冬至一七四 小寒二八五 大寒三九六

巽 立夏四一七 小滿五二八 芒種六三九　震 春分三九六 清明四一七 穀雨五二八　艮 立春八五二 雨水九六三 驚蟄一七四

三元

一年二十四氣一氣三候一候五日故五日為一元一氣之中凡統三元而六十花甲之時一週

分順逆法

冬至後用陽遁夏至後用陰遁

定三元法

三元者上中下三局也一元五日以甲己二干為一元之首謂之符頭符頭所臨之支如值子午卯酉則為上元值寅申巳亥為中元值辰戌丑未為下元蓋甲子日起上元越五日己巳起中元又越五日甲戌起下元三局已週又越五日己卯復起上元則又是一氣矣

以旬首取符使法

旬首者從用時之干溯至本旬之甲首如乙丑至癸酉皆以甲子為首首乙亥至癸未皆以甲戌為旬首是也地盤旬首所臨之宮其星即為直符其門即為直使如旬首在坎宮則天蓬為直符休門為直使餘倣此

假如陽遁一局甲子在坎宮天蓬為本旬直符休門為本旬直使管至癸酉十時又換符使

甲戌在坤宮天芮為本旬直符死門為本旬直使

管至癸未十時又換符使

甲申在震宮天衝為本旬直符傷門為本旬直使管至癸巳十時又換符使

甲午在巽宮天輔為本旬直符杜門為本旬直使管至癸卯十時又換符使

甲辰在中宮寄于坤二天禽為本旬直符死門為本旬直使管至癸丑十時又換符使

甲寅在乾宮天心為本旬直符開門為本旬直使

曾至癸亥十時而止

直符加時干法

看用時之干臨於地盤何宮即以天盤直符加于此宮

假如陽遁一局甲子時則以天蓬為直符而加甲于坎一宮所謂伏吟者也若用乙丑時則地盤乙在九宮即以天蓬加九丙寅時則地盤丙在八宮即以天蓬加八丁卯時則天盤丁在七宮即以天

蓬加七餘倣此陰遁亦然

直使加時支法

看用時之支臨於地盤何宮即以天盤直使加于此宮

假如陽遁一局甲子時子在子宮休門即在子上亦所謂伏吟者也丑時則加于二宮寅時則休門加于三宮卯時則休門加于四宮餘倣此陰遁用逆布如子在九宮丑即在八宮寅即在七宮

小直符加大直符法

以最上盤之直符加于九星直符所臨之宮次即螣蛇以至九天陽順陰逆

陽遁十二節氣分上中下歌

冬至驚蟄一七四　小寒二八五為期　大寒春分三九六　立春八五二相隨　清明立夏四一七　雨水九六三上依　小滿穀雨五二八　芒種六三九宮推

陰遁十二節氣分上中下歌

夏至白露九三六　大雪四七一宮推　大暑秋分七一四　小暑二八五相逐　立冬寒露六九二　立秋八五二中參　小雪霜降五八二　處暑一四七中函

附年奇門起例

上元甲子六十年用陰遁一局中元甲子六十年用陰遁四局下元甲子六十年用陰遁七局皆以其年

旬首所值之門為直使所值之星為直符看其年支臨于地盤何宮即以天盤直使加之看其年干臨於地盤何宮即以天盤直符加之如上元甲子年用陰遁一局甲子即為旬首休門為直使天蓬為直符因甲子在坎即以天盤休門加坎天蓬亦加坎若乙丑年乙在坤二丑在離九天蓬加坤二又以八神之直符加於天蓬逆轉餘倣此

共一百八十年為一週用逆不用順者天道左旋

日月隨之而左故逆也年家紫白亦以陰遁用逆紫白之用重在中宮故上元甲子一白入中奇門之用重在八門故上元甲子一白起坎

附月奇門起例

甲子至戊辰己卯至癸未甲午至戊戌己酉至癸丑為上元二十年用陰遁一局己巳至癸酉甲申至戊子己亥至癸卯甲寅至戊午為中元二十年用陰遁四局甲戌至戊寅己丑至癸巳甲辰至戊申己未至癸亥為下元二十年用陰遁七局皆以月建旬首所值之門為直使所值之星為直符看月建之支臨于地盤何宮即以天盤值使加之月建之干臨于地盤何宮即以天盤直符加之與年奇門同

附日奇門起例

冬至後用陽遁夏至後用陰遁子午日用二局（冬至後子午日用陽遁二局夏至後子午日用陰遁二局餘倣此）丑未日用六局寅申日用一局卯酉日用八局辰戌日用四局巳亥日用九

局其起九星八門之法不必復分陰遁陽遁凡甲子日天蓬起艮八天芮在離九順飛九宮乙丑日天蓬起離九天芮在坎一一日順移一位其八門則甲子日休門起坎一日順轉一宮不入中五如甲子乙丑丙寅三日休門起坎一丁卯戊辰己巳三日休門起坤二庚午辛未壬申三日休門起震三癸酉甲戌乙亥三日休門起震四丙子丁丑戊寅三日休門起乾六餘倣此

按子午起于二宮或者奇門地故首坤抑考古人明堂九宮皆從西南而入蓋尚右之義也其不及卯酉者六儀寄于南北四維卯酉獨無所屬故不及也門三日過一宮或如翻禽與太乙有三日一宮之法乎然皆不可解姑存之

又法日奇門起例

冬至第一甲子六十日用陽遁一局第二甲子六十日用陽遁七局第三甲子六十日用陽遁四局夏至

第一甲子六十日用陰遁九局第二甲子六十日用陰遁三局第三甲子六十日用陰遁六局皆以其日旬首所值之星為直符所值之門為直使法亦同於年奇其超接正閏則如時奇凡甲子符頭超過三十日有奇即宜置閏

又法日奇門起例

甲已加四仲月為上元加四孟月為中元加四季月為下元亦冬至用陽遁夏至用陰遁

又一本遁年奇法名八節奇

假如庚子年立春節出師陽氣用事艮上起甲子順行其庚子奇頭乃是甲午以甲子起艮以甲戌起離以甲申起坎以甲午起坤則是奇頭在坤也陽遁逆奇丁奇在中丙奇在乾乙奇在兌七六五宮奇到為吉若在夏至後出師用陰遁逆行倣此

又一本遁月奇法

假如乙亥年冬至節陽局坎上起甲子順飛其已亥

年奇乃在離宮甲已之年正月起丙寅即以丙寅入離宮順飛丁卯在坎戊辰在坤已巳在震庚午在巽辛未在中壬申在乾癸酉在兌甲戌在艮乙亥在離丙子在坎則離坎坤奇到為吉

遁日奇法

年月奇以節氣起宮而日奇以局數起宮法從本節上起甲子陽順陰逆數去如立春節丙寅日是上元陽遁八局即八宮起甲子戊順行已在離庚在坎辛

在坤壬在震癸在巽丁在申丙在乾乙在兑則中乾兑得奇可用也夏至後陰遁逆行倣此

遁門門法

假如中元冬至後辛未日陽遁七局中元旬頭甲子爲直事就於兑七宫起甲子順飛乙丑艮丙寅離丁卯坎戊辰坤己巳震庚午巽辛未中則本日在中宫兑宫驚門直事即以驚門加中五寄坤便知開在兑休在乾生在坎也

按奇門之學必以釣叟歌爲宗歌中並無一字及於年月日者以兵機決於俄頃萬無再查年月之理況諸説紛紜全無定見恐是後人附會穿鑿於理皆有未通於理皆有不順姑備録之以俟選擇之用非奇門所急也

日奇佈五符法

從本日干禄上起五符順行一五符二天曹三地府四風伯五雷公六雨師七風雲八唐符九國印十天關十一地軸十二天賊

日奇起青龍法

子午日青龍起申丑未日青龍起戌寅申日青龍起子卯酉日青龍起寅辰戌日青龍起辰巳亥日青龍起午二明堂三天刑四朱雀五金匱六天德七白虎八玉堂九天牢十元武十一司命十二勾陳

超神接氣法

超神者謂節氣未至而甲子己卯甲午己酉四上元

之符頭先到則從符頭而行節氣之上元如正月初一日立春而上年十二月二十五日即是甲子此符頭先至即以二十五日甲子作立春上元至正月初一日乃行中元故謂之超也接氣者謂甲子己卯甲午己酉四上元之符頭未到而節氣先到則俟符頭到日方行節氣如正月初一日立春而初五日方是甲子此符頭未到却以初一至初四仍行大寒下元至初五日方爲立春上元故爲之接也超有十日接

止五日餘倣此

置閏法

置閏之法在芒種大雪二節之後冬至夏至二至之前他節雖超至十日不可置閏他他節亦無至八日九日十日者

假如康熙五十六年五月十三日丙寅夜子初二刻夏至節而十一日甲子即為夏至符頭已超三日至十一月二十日庚午寅正初刻冬至節去符

頭甲午日共超七日至五十七年五月二十四日壬申卯初二刻夏至十五日即為甲子上元乃超過九日矣宜先於芒種節上置閏蓋五月初一日己酉即為芒種上局初六日為芒種中局十一日為芒種下局至十五日而芒種上中下三局已足矣自十六日甲子至二十四日壬申已超九日為其太遠故十六日甲子不作夏至上局而為芒種閏奇上局廿一日己巳作芒種閏奇中局廿六日甲戌作芒種閏奇下局至六月初一戊寅日閏奇方終六月初二日卯日始得夏至上局斯廼謂之接氣直至康熙五十八年六月廿三立秋而甲子符頭恰當其日是為正局本日即是隂遁二局上元至七月初九庚辰處暑即起一日矣凡閏奇三候一終即為接氣接氣既久乃換正氣正受漸移乃換超局超過九日十日或十一日則仍置閏

德刑

立春雨水驚蟄在艮德辰刑戌春分清明穀雨在震德午刑子立夏小滿芒種在巽德未刑丑夏至小暑大暑在離德酉刑卯立秋處暑白露在坤德戌刑辰秋分寒露霜降在兌德子刑午立冬小雪大雪大乾德丑刑未冬至小寒大寒在坎德卯刑酉

寶和義制伏

寶者干生支也如甲午己酉之類和者干支比和也如甲寅戊辰是也義者支生干也如甲子戊午之類

制者干剋支也如庚寅壬午之類伏者支剋干也如乙酉丙子之類寶和義日吉制日小凶伏日大凶曆家以和日為專日伏日為伐日

五陽時

甲乙丙丁戊五時為陽二至皆以此五干為陽時將兵利客宜先舉凡出軍征伐遠行求財立國邑安社稷治民臨武事入官見貴移徙嫁娶皆吉惟逃亡不獲經云符使之行一時一易行陽利為客蓋陽干受

東部之生氣陽時氣升也

五陰時

己庚辛壬癸五時為陰二至皆以此五干為陰時將兵利主宜後應凡出軍征伐遠行求財立國邑安社稷治民人臨武事入官見貴移徙嫁娶皆不吉惟逃亡可獲經云符使之行一時一易行陰利以為主蓋陰五干受西部之殺氣也

天蓬所主

蓬星宜安撫邊境修築城池不宜入宜見貴嫁娶移徙商賈盈建凡將兵征戰辰戌丑未月日加二五八宮利為主申酉亥子月日加九宮利為客貪狼星也

天任所主

任星宜立國邑化人民入官見貴商賈請求應舉嫁娶不宜移徙營建凡將兵亥子寅卯月日加三四宮利為主辰戌丑未月日加一宮利為客左輔星也

天衝所主

衝星宜征伐戰鬭報怨酬恩不宜上官見貴嫁娶移徙商賈營建凡征戰四季申酉月日加六七宮利為主亥子寅卯月日加二五八宮利為客祿存星也

天輔所主

輔星宜修道設教誅凶伐暴入官見貴嫁娶移徙商賈營建應舉謀望凡將兵征戰與衝星同文曲星也

天禽所主

禽星宜祭祀求福斷滅羣凶入官見貴錫爵賞功應

舉謀望嫁娶移徙商賈營建凡將兵征伐亥子寅卯月日加三四宮利于為主辰戌丑未月日加一宮利於為客廉貞星也

天英所主

英星宜上官見貴應舉投書不宜嫁娶移徙商賈營建祭祀遠行凡征戰申酉亥子月日加一宮利為主寅卯子午月日加六七宮利為客右弼星也

天芮所主

芮星宜崇尚道德尊師親友不宜入官嫁娶見貴移徙商賈營建凡將兵征伐與任星同巨門星也

天柱所主

柱星宜修築營建訓練士卒不宜入官見貴嫁娶移徙商賈營建凡將兵征伐寅卯巳午加九宮利主四季申酉月日加三四宮破軍星也

天心所主

心星宜興師陳旅誅暴伐惡入官見貴應舉求謀嫁娶移徙商賈營建凡將兵征伐與柱星同武曲星也

右九星有氣合奇門吉者益吉凶者減凶若無氣而不合奇門凶者益凶吉者不吉

開門所主

開門宜征討謀望入官見貴應舉遠行嫁娶移徙商賈營建俱吉惟不宜治政有私人窺伺

休門所主

休門宜面君謁貴上官到任嫁娶移徙商賈營建諸

事皆吉惟不宜行刑斷獄

生門所主

生門宜征討謀望入官見貴嫁娶移徙諸事皆吉惟不宜理葬治喪

傷門所主

傷門宜漁獵討捕索債博戲收斂貨財餘俱不宜

杜門所主

杜門宜捕盜剪凶決獄隱形填塞溝壑餘俱不宜

景門所主

景門宜上書獻策求俊招賢謁貴拜職遣使行誅突陣破圍等事餘俱不宜

死門所主

死門宜決刑斷獄弔喪埋葬捕獵等事餘俱不宜

驚門所主

驚門宜掩捕盜賊恐惑敵衆博戲等事餘俱不宜

右八門所主最忌迫制吉門有氣益吉無氣減吉

凶門有氣益凶無氣減凶

三奇喜怒

乙奇者日奇也到震為白兎遊宮造作謁見出行皆吉到巽為玉兎乘風百事到離為白兎當陽宜作顯揚煅藥煉丹百事宜良到坤為玉兎暗目亦名入目若上官遠行市賈遷移修作用之立見災殃到兊受制到乾受傷事多不利到坎為玉兎飲泉到艮為玉兎步青雲皆利

丙奇者月奇也到震為月入雷門架柱修營永遂吉慶到巽為火行風起龍神助威事皆宜利到離為帝旺之鄉但除子午二直符時不可急用其他寅申辰戌用之俱良到坤為子居母腹吉到兊為鳳凰折翅到乾為光明不全又名入墓凶到艮為鳳入丹山又艮為鬼戶不吉到坎為火入水池凶

丁奇者星奇也三奇之中此星最靈到震最明與工必有祥應到巽為玉女留神盖巽為少女風火相合

故也到離乘旺而太炎能消鑠萬物燥暴不常到坤坤為地戶名玉女遊地戶到兊火死金旺之鄉能凶能吉到乾為火照天門又名玉女遊天門其妙異常然為火墓亦當消息用之到艮名玉女遊鬼戶凶到坎名朱雀投江又丁入壬癸鄉威德收藏可以慎靜不宜妄動

直符類神

禀中央之土為貴人之位能育萬物大將利居其下

為人性清高而厚重為仙佛為尊貴失令則為牙保媒人於物為印綬文章金銀首飾絲麻布帛珍寶穀鷩獬牛之類變異則為水木之精鱗角之怪其於事也旺相則為喜慶詔命筵會酒食休囚則為哭泣愁悶其色黃白其形端方其數八

螣蛇類神

稟南方之火為虛耗之神為人虛偽而巧詐為公吏為婦女失令為市井人為奴婢牙婆於物為光亮為

醜陋為歪斜破損為花朵為繩索為蛇其于事也為胎産婚姻文契錢貨奇聞異見變異則為光怪火燭驚疑為淹纏為惡夢為血光脱賺罵詈為污穢臭氣之類其色紅白其形虛幻勾曲其數四

太陰類神

稟西方之金為陰佑之神能為禎祥護持為人正直無私性氣難馴為台垣諫府為文人失令為婢妾宵小於物為雕琢金銀羽毛精潔陰霖霧雨霜雪冰凍

佛寺字跡其于事也旺相則為喜慶恩澤赦宥婚姻胎産休囚則為淫濫憂疑欺詐陰私口舌詛呪哭泣暗謀密約私通走失其色白其體柔其數九

六合類神

稟東方之木為雷部雨水護衛之神能飛騰變化為人性好賢樂善為貴族高隱失令則為工巧技藝僧道術士醫生書客於物為果品鹽粟羽毛布帛衣裳轎傘彩仗印璽書契樹枝舟車錢財變異則為草木

之精水族之怪其於事也旺相則為爵祿榮慶婚姻胎産陰私和合休囚則為婦女口舌爭財致疾因繫胆怯訕謗通謀求降勾引其色黃赤二刑光彩其數六與七

勾陳（下有白虎）類神

稟西方之金為剛猛之神主兵戈戰鬬為人性猛烈威雄為催官使者侍衛虎賁失令為軍卒醜婦土匠農夫牧童捕役屠宰兇人孝服病人於物為金銀刀

劍財帛木實魚鱉蛟龍失令為朽鐵瓦石網罷変異為氷雹狂風迅雷害地於事爭訟疾病死喪道路跌傷留連遺失其色青白其形銳利其數七與五

朱雀（下有元武）類神

稟北方之水為形戮奸讒之神為人性聰明而躁急巧辯而反覆為文士醉客孕婦失令為書吏牙儈盜賊娼婦賣魚鹽人於物為文章印信敕命服物魚蛇卵蚕鹽酒油酒傘炭之類変異為妖魔鬼魅於事為

謁官求望失令則為口舌啼哭夢想離別驚恐遺令逃人奸佞其色赤黑其形缺其數四與九

九地類神

坤土之象萬物之母為陰之之神為人性柔順吝嗇為神像為大腹為卜醫人為老婦道姑鄉農獄卒於物為子母牛為五穀布帛輿釜砂石雲霧符籙藥餌舊物於事為模糊憂思病患牢獄暗昧哭泣死喪其形厚重有柄其數八與二

九天類神

乾金之象萬物之交為顯揚之神為人性剛健而不測為君父為官長為僧道老人為首腦股肋於物為馬為金玉寶石劍戟刀砧錐鈴錢鏡寒氷銅鐵木果絲竹光亮玲瓏旋轉活動有聲有足之物於事為謀望博奕遠行之類其色赤白其形圓其質堅其數一與六

奇門大全卷四十九終

御定奇門大全卷之五十

寶鑑摘要卷

奇門吉格

奇門會合

凡乙丙丁三奇與開休生三吉門會合之方乃奇門第一要格諸事向之最利所謂吉門偶爾合三奇也又當詳其衰旺廹墓以定吉凶

三奇得使遇甲

凡地盤三奇既得直使之門又遇直符之甲來加此時諸事皆吉若遇吉門更利

三奇得使遊儀

乙以甲午甲戌為使丙以甲子甲申為使丁以甲寅甲辰為使三奇各得其使作直符來加而又往遊於其使之儀此時利作陰私和合之事詳總釋中

三奇得使

乙丙丁三奇所在之宮更得開休生三吉門為直使來加宜行恩賞功出兵遣將吉專使統領更吉出行有助凡求謀獲利上官達恩得人提拔婚嫁移徙造作俱吉

三甲合

今日日干與直符直使皆為甲百事大吉又上局仲甲甲己日甲子時丙辛日甲午時此時關格刑德俱在內用兵先舉者敗不可以出入利於逃亡主客俱不利中局孟甲戊癸日甲寅時乙庚日甲申時此時

陽氣在外利藏兵固守不可出入利主不利客下局季甲丁壬日甲辰時甲己日甲戌時此時陽氣在外陰氣在內利出行動衆百事皆吉利客不利主亦名三甲

天輔時

舊云甲己日己巳時乙庚日甲申時丙辛日甲午時丁壬日甲辰時戊癸日甲寅時奇云成式云即甲子甲戌甲申甲午甲辰甲寅時也宜乞恩解怨雖刀斧

臨身得神護佑逢凶化吉有罪者可釋吉事增福

威德時

甲加丙丙加甲即返首跌穴

五合時

五合時者時與日干相合也甲己相合乙庚相合丙辛相合丁壬相合戊癸相合謂五合凡值此時吉神用事凶煞退藏故其吉與天輔時同宜謀為和合隱秘諸事不宜雪理解釋

直符宿吉

如輔禽心星之類百事皆吉或云即三甲合也

青龍返首

甲為青龍凡直符旬甲加地盤丙奇為青龍返首如值此時利為百事更得奇門相合其吉無上惟利大人不利小人将兵背生擊死百戰百勝

飛鳥跌穴

丙為飛鳥凡丙奇加此盤直符旬中為飛鳥跌穴如值此時利為百事更得吉門相合其吉無上惟利君子不利小人将兵背生擊死百戰百勝

玉女守門

丁為玉女乃人盤直使之門遇地盤六丁為玉女守門即當旬直使之門也宜結交私通陰謀秘密和仇解怨及公庭宴樂歡喜和合等吉其餘大事俱不宜

相佐

天盤直符頭遇地盤丁丙乙也宜謀功名近貴人動

有人助主得富貴之兆

奇符相加

直符加奇直使門加奇百事得人扶助大吉

龍虎二符

龍乃甲辰虎乃甲寅陰陽二遁逢丁甲辰符辰加丁為龍符甲寅符寅加丁為虎符宜祭祀書符牒役鬼神除邪祟又宜受甲職握兵握傳號令遣兵發馬俱吉

天地合德

天上六戊合三吉門加於六己宜謁貴受封覲君訪主梭書謁將訪客親師婚娶宴會謀彩合伴結交求望吉和仇解怨撫叛招安皆吉

日月合明

天上六乙合三吉門加于六丙宜上官求財科試求醫謁貴謀望訪賢招安求將合謀同伴尋師和事交財合夥嫁娶造葬移徙皆吉

陰陽化氣

丁甲相甲為陰陽化氣利為百事

龍鳳呈祥

丁乙相加為龍鳳呈祥利為百事

九遁

奇門九遁又要奇不犯墓門不犯迫方為全美奇門三詐戰勝謀美興兵百戰百勝凡百謀為皆利他格止于門奇俱到而已此則三門合三奇又得三隱宫用之得十分之利比他格止得奇門不得隱門利止六七分大不同也

天遁

天遁加生門下臨六丁為天遁丁為三奇之靈六甲之陰如華蓋覆體得月精所致其方可上策出軍宜祭禱天神煉將祭風興雲致霧禱雨祈晴遣雷電消天災順星度上表章面君王商賈求財嫁娶入宅移徙皆吉

天遁幽元得遇人賢生門合丙下臨丁臨如逢生氣所事皆全日祿在中事成而安日破日鬼諸事牽纏日合在中罪赦宣傳天空在中奏對宜先天罡河魁大吉行船

地遁

天乙加開門下臨六己為地遁己為六合私門又為地戶如紫雲障蔽得日精之覆護宜祭禱地神開河穿井改造倉庫伏藏百工掃雪推城列陣攻敵伏兵

藏銳及修陵苑寺觀宅居遷葬築垣絕跡求仙開壙
安墳大吉
地遁功曹必遇英豪更逢朱雀文書遷高天后太陰
拾得珠珍青龍風伯風雨淋淋太常大吉土龍出林
更加天柱氷入州城勾陳白虎兵起虛聲

人遁

太陰加六丁臨休門為人遁太陰陰晦萬象莫覩如
陰雲障蔽得星精之覆護宜祭禱祈保受道聘賢求

將制敵興兵征戰和仇立盟隱遁伏藏煉丹合藥等
吉納婚姻進人口交易倍利若投書獻策不利
白龍船沉朱雀勾陳眼見鬼神大吉小吉風雨不寧
日合日祿百事亢榮雨師風伯雷電山崩魁罡同位
災患相仍

神遁

九天加丙生門為神遁巽入廟得靈神之蔽宜祭禱
符呪步罡持法建醮開光醮芟吉其方可以畫地布

布籌用秘術伏鬼神得天人相助用兵攻虛遣間陰
謀秘計則吉
從魁河魁六合勾陳白芷光出神示威靈劫煞白虎
雷霆擊人神后天后登明保佑太乙太衝太陰招凶

鬼遁

九地加乙開生或丁奇為鬼遁艮入廟得靈神之蔽
又云靈鬼隱伏之蔽其方可以察敵情偷營劫寨設
偽攻虛設機伏藏虛詞詭詐宜文書詐敵又宜逃隱

遣兵大吉
上和天輔百事歡欣太衝朱雀書符厭人白虎河魁
神鬼坎門螣蛇天罡鬼附人魂妖邪見形妖邪見形
白虎同位盜不離門太乙太陰修整新故人死遭瘟
天鬼作虎陰神為宅神出鬼沒

龍遁

乙休加坎或六癸水鄉為龍遁蓋得龍神之蔽其方
宜請龍祈雨治水水戰把守河渡設謀機密及填堤

塞河修橋穿井

風伯雨師風雨霆霖日破在中出出山陰青神山后水聚江津登明河魁連霽雨雲日祿日合求財必盈日刑日盜百事虛成

虎遁

六辛合休奇臨八宮為虎遁艮入廟得虎精守路之蔽其方宜防禦險要設伏邀遮建立山寨堵關塞路又可招亡命撫叛逆使代我伐賊暗度險隘密計潛

機並吉

虎遁雌雄開門庚向如同白虎風嘯山空神后元武刼殺宜攻所為百事喜氣重重月壓在中追賊逢凶日祿日馬財穀豐隆貴人用事我有奇功為客者勝天乙不逢

風遁

六辛合休門臨四宮為風遁得祥風之蔽其方可以吸風信巽旗幟祭禱風伯借便風出兵破敵得天風之助大勝又宜燒營刼寨焚糧草輜重兼布檄令文書順風響應

白虎魁罡事多委靡天空登明凡事中傷螣蛇入傳沉船壞米月厭加之炎火起刑煞并來傷折身體

雲遁

乙奇合休門臨三宮為雲遁得靈雲之蔽其方可以吸雲氣噴甲胄宜伏藏變化興雲致霧攝致神將利於出兵

雲遁風會進退不寐生門加壬上合天芮太乙河魁雪如掌塊元武太衝風雨交重螣蛇勝光旱魃為凶日祿在中長天雷虹青龍到宮黑霧迷濛白虎刑衝殺人無蹤　此時或以射雕為名命士卒向其方仰望

文遁武遁

乙合生丁為文遁宜着詞入學應試決科吉丙合開辛為武遁宜封拜獻策招兵演將出兵坐擊其衝吉

此二遁他書無

三詐格

太陰九地六合為三隱宮得三奇吉門相助為三詐萬事皆利或得門不得奇亦吉

真詐

太陰合奇為真詐得吉宿之利宜施仁恩結民心伸大義隱遁求仙造葬嫁娶謀望遠行商賈若出兵詐敵一切顯揚之事皆吉

重詐

九地合奇門為重詐其方宜進人口納資産取索債財拜官受爵嫁娶遠行商賈求名若出兵誘敵取勝詐陷賊衆又宜收服兵卒牢籠人材吉

休詐

六合合奇門為休詐得善人之蔽宜嫁娶求財遠行合藥治病祛邪禳災出兵詐敵收降補叛吉

六假

奇門六假各隨所宜取用其方大利蓋杜景驚死傷五門合乙丙丁及巳壬癸三儀更逢九天九地太陰六合四吉時其方若無賊克復有旺相之氣並為吉也

天假

九天丙奇合奇門臨戊方為天假得福神之蔽三奇之靈宜陳利便獻謀策求干謁及出師揚兵示威衝鋒突陣將計就計誑賊助陣

地假

九地丁奇合杜門臨巳方為地假得陰神之蔽其方出入人不能見宜潛伏安營遣人布散謠言行間諜摘察事偷營寨及為陷坑

人假

螣蛇六壬合驚門臨坤方為人假得天神之蔽宜捕捉逃亡伏兵邀擊及設謀局使人詐降或偽書引誘欺誑敵人遮掩變易劫寨偷營及鬪訟移徙吉

神假

白虎六庚合傷門臨巽方為神假得地神之假利埋塟捕捉詐亾匿藏假借神語神物疈服人心敵衆並嫁娶商賈立劵等吉

鬼假

朱雀六己合死門臨艮方為鬼假宜伏兵潛隱令人不知敵不敢慢誅兇伏暴除害陷於計中而不覺捕賊行刑匿亡詐死塟埋安厝皆吉

物假

太陰丁奇合杜門臨巳方為物假宜假借器具營室立營盧詐恐敵等吉

三奇升殿

乙奇到震為升卯殿丙奇到離為升午殿丁奇到兌為升酉殿諸事皆吉

奇遊祿位

甲祿到寅卯宮宮丙戊在巳庚申申丁巳是午壬是亥辛祿在酉癸子逢宜上官封拜求財謀望塟造出行應試置產借索訪友吉

奇門逢貴

日將之貴神方宜謁貴求名上官進爵出行遇喜求財如意嫁娶榮昌造葬產貴子應科名享富貴移徙百為俱吉

奇門遇馬

天馬正月起午順行六陽時　驛馬四局之首衝宜

遠行得助上官加秩出戰有功逃難得脫求望順利

日麗中天

乙奇合生門加丁宜上官謁貴謀望求財考試決科投兵任將移徙嫁娶造葬開門放水興師發馬立旗建營等吉

玉兔中天又名當陽

乙奇合吉門到離事宜顯揚百凡秉旺利達興隆兵家行人俱得勝算吉

玉兎乘風

乙奇合吉門到巽百事易成力省功成鬬戰軍雄一可當百天風下助背風順而擊之

玉兎遊山

乙奇合吉門到艮入于帝旺之所宜謁貴上官登科求財獲寶凡出兵征討威聲遠振凡百禎祥

玉兎歸垣

乙奇合吉門到震是乙坐禄位升殿歸垣凡謁見上官求財決科謀望等不求自獲俱有意外之遇出兵得敵粮輜重開疆得地得人營寨車馬百事和諧

龍騰碧海

乙奇合生門加坎又名玉兎飲泉宜上官應舉求賢見貴謀望求財出行造葬等吉

鳳入丹山

丙臨長生之位謂丙奇開門加艮宜上官求財移徙應試出兵凱旋遠行入山謀望等吉

月朗南極

丙奇合生門加離丙臨帝旺之鄉除子午二時不可用辰戌寅申大吉宜謁貴干君祈禱福嗣出兵勦賊求謀造塟等大吉

月入雷門

丙奇吉門到震乃丙臨官旺之所又在木宮火逢木旺凡謁貴上官求名求利嫁娶移徙造葬皆吉慶如意出兵征勦攻城不戰而服献城納池不招自來盖丙火銷金助正抑邪退凶坐日凡百興旺也

火行風起

丙奇合吉門到巽木宮生丙火火盛風生況臨巽宮一切謀為雷動風行得神之助圖求必成出兵當有天風雲色助威破敵如有神坐其宮擊之必勝

子居母腹

丙奇合吉門到坤威德收藏盖火能生土而坤土為長生之方凡百近小之事易于成功兵戰宜淺攻近

取格致小怨不宜窮兵遠出若遇大若遇大敵且勿
攻戰

火焰天門又名玉女遊天門

丁奇合吉門到乾大吉非常凡百謀為去晦就明去
衰入旺日勝一日

玉女留郎

丁奇合吉門到巽乃臨臨帝旺凡謁官覲闕謀望名
利移徙造葬嫁娶等吉祥大發兵有神助出奇制勝

屢建奇功

玉女遊神

丁奇合吉門到坤凡謀望營為宜宜暗圖不必聲揚
兵戰宜伏用謀計計詐者大勝

天乙時孤

年月日時皆有孤惟時孤最驗凡興師從孤出轉虛
復入坐孤擊其對衝之虛方勝

天馬方

天馬者房日兔也房為天駟故曰天馬兔隸于卯卯
為太衝每月太衝下天馬方故又曰太衝天馬凡急
難時不及擇奇門以月將加月建太衝所臨之下乘
其方去凶惡不能侵劍戟不足畏

天三門

三門者太衝小吉從魁也凡急難時不及擇奇門以
月將加正時視三將之下為天門乘其方去百惡不
不能害

地四戶

四戶者除危定開也凡急難時不及擇奇門以月建
加正時視四建之下為地戶乘其方去百惡不能害

地私門

私門者太陰六合太常所臨之方也以月將加正時
用日干尋納甲合神所納之支即以貴人泊其支依
陰陽順逆佈定十二貴神然後視三神所臨之下即
地私門方以地盤定其方故曰地私門私門之方更

得奇門湊合百事乘之大吉

三勝地

乙乙九天生門也第一勝直符天乙宮即天上直符乘乘之宮乃天乙宮也上將宜居之坐其宮擊其對衝　第二勝我居九天之上擊其衝敵不能當我之鋒陰遁天上直符前一為九天陽遁天上直符後一為九天　第三勝上將引兵出生門復坐生門宮擊對衝死門如生門又合乙丙丁三奇臨宮更為元吉

五不擊

一直符二九天三九地四生門五直使也上五宮俱秉旺氣我將居之則勝不可擊敵之所居

天盤星尅地盤星

在四時旺相日本色雲氣在其方來助勝利客兵

地盤星尅天盤星

在四時旺相日有各方本色雲氣從其方來助勝利主兵

奇門大全卷五十終

御定奇門大全卷之五十一

寳鑑摘要卷

八門臨時斷决

開加乾 乾

若遇天心星加于此宫為伏吟之格只宜訪道求賢積粮収貨練兵藏寳暗伏兵機防守諸事不宜如有别星加于此宫或三奇或吉格萬事大吉合凶格凡事有憂

開加坎 訟

主貴人相扶進益金寳牛馬之利名成利遂若合三奇吉格凡事尤吉合凶格凡事先吉後有耗失言事减半

開加艮 遯

事有耗失利以為客百凡宜遲若合吉格三奇凡事大吉出兵大勝合凶格一切皆凶止宜固守

開加震 无妄

出兵利客合三奇吉格得勝凱守諸事大吉合凶格兵宜固守萬事大凶

開加巽 姤

出兵利客若天心星加臨此宫宜擣巢破敵百戰百勝合吉格凡事尤吉合凶格名曰反吟只宜散兵賞賜移營遷換餘事大凶

開加離 同人

出兵利主求名官訟吉合吉格三奇凡事尤吉合凶格凡事遲吉先舉為强

開加坤 否

出兵利客諸事耗失若合三奇吉格將兵戰勝諸事亦吉合凶格凡事遲吉

開加兑 履

出兵主客俱利合三奇吉格戰必全勝事有喜悦合凶格戰宜計勝凡事皆凶先舉者利後主

刑傷

休加坎 坎

若遇天蓬星加于此宫為伏吟之格兵宜固守凡事不吉惟宜穵河開溝養魚造酒積粮買魚塩遲則有利若合吉格凡事遲吉合凶格戰宜主客固守萬事皆凶

休加艮 蹇

出兵利主求名官訟吉合三奇吉格戰則勝合凶格

戰宜固守百事成空

休加震 比

出兵利主若合吉格三奇戰必全勝凡事亦吉合凶格戰宜固守百事不吉

休加巽 井

出兵利客合三奇吉格戰則大勝萬事永遠吉祥如合凶格諸事半吉戰宜固守

休加離 既濟

若天蓬星同臨此宫為返吟之格戰則客兵大勝又宜散粮賞賜放水開溝穵井通渠若合凶格凡事不宜如合別星吉格三奇凡事半吉

休加坤 比

出兵利主若合三奇吉格戰勝事吉合凶格凡事破敗終有損傷

休加兑 節

出兵鬭戰利客若合三奇吉格當用機勝凡事亦利

永遠亨通如合凶格諸吉減半遲則獲福

休加乾 需

出兵利客凡事先施仁義後得效驗若合三奇吉格戰勝事利謀為永遠亨泰如逢凶格戰宜固守凡事欠美

生加艮 艮

若逢天任星加於此宫為伏吟之格戰宜固守諸事弗為如別星加于此宫合吉格戰勝事吉如逢凶

兵雖精不可動吉事成凶伏吟惟利開田耕種築墻塞路填井

生加震 頤

出兵利主若合三奇吉格一敵百人唱凱而回凡求有遇如合凶格戰守皆凶

生加巽 蠱

出兵利主若合三奇吉格百事大利禦敵凱旋合凶格諸事先吉後敗不可輕進軍兵須防危險

生加離 賁

出兵利客宜施仁義以利誘之若合吉格三奇不戰自退化邪歸正凡事皆遂若合凶格凡為自損諸事有始無終

生加坤 剝

如天任星加于此宮為返吟格只宜散兵賞賜若別星加之合三奇或吉格戰則主客有益合凶格凡為不利兵宜固守返吟格止宜破土崩墻壞屋

生加兌 損

出兵利主賊必求和事多進益合三奇吉格萬事亨通戰則大勝合凶格萬事半吉戰宜收兵

生加乾 大畜

出兵利主戰勝得利凡為有益萬事皆利如合吉格三奇尤有喜悅合凶格吉事減半征兵勿舉

生加坎 蒙

出兵利主宜施仁義以計取勝諸事先虛後實合吉格奇門戰必全勝凡為大利如逢凶格凡吉減半後亦有凶

傷加震 震

若天衝星加臨此宮謂之伏吟格只宜索債補捉求神博戲收貨積糧斬邪伐惡如別星加臨合吉格戰利主客取勝合凶格戰宜固守凡事勿求

傷加巽 恒

出兵主客俱利合吉格戰必全勝諸事皆如心志合凶格先吉後凶先成後敗

傷加離 豐

出兵利主賊必投降不動兵戈唱凱而回合凶格先吉後凶須防埋伏凡事早為則利遲有憂驚合吉格凡事首尾皆利

傷加坤 豫

戰利為客合吉格百戰百勝合凶格凡為不吉戰宜收兵

傷加兌 歸妹

若天衝星同臨此宮謂之伏吟格只宜散衆賞賜伐木脫貨合吉格戰利主勝合凶格凡事不宜

傷加乾 大壯

出兵利主合凶格戰勝事吉所謂順遂合凶格凡事無成戰宜收兵遲則收勝

傷加坎 解

出兵利客合吉格戰利先舉得勝凡為皆遂合凶格凡事遲吉戰勿舉兵

傷加艮 小過

戰利客兵合吉格得勝凡為亦吉合凶格諸事尤凶戰損精兵急宜防守

杜加巽 巽

若天輔星同臨此宮為伏吟格宜積糧收貨窖藏財寶逃避走匿種園蓄果若遇別星合吉格戰利主客兵宜暗劫寨計陰謀合凶格戰勿與兵求謀休動

杜加離 家人

戰利主客合吉格賊來投降聞威自敗凡事皆遂合凶格戰不利後防有伏兵諸事不宜先成後敗

杜加坤 觀

戰利客兵合吉格凡為半吉戰宜先舉得勝合凶格

先勝後敗

杜加兌 中孚

戰利為主合吉格戰必全勝謀事亦吉合凶格百事成空精兵必敗

杜加乾 小畜

若天輔星加臨此宮為返吟格宜回兵散衆逃遁遠去賞賜放釋如別星合吉格戰利為主聞我之威賊知退避然後進勸凱歌而回合凶格諸事凶

杜加坎 渙

戰利客兵合吉格戰勝事吉合凶格戰宜固守凡謀多見虛寔

杜加艮 漸

戰利為客合吉格得勝凡事先難後利合凶格戰必敗

杜加震 益

主客俱利戰則取勝合吉格三奇尤佳凡為亦利合凶吉防有詐兵埋伏凡有成虛有始無終

景加離 離

若天英星加于此宮為伏吟格宜納謀献策遣使破圍賞賜士卒授師受道造爐煉丹修竈安神如別星加之合吉格戰利主客以和取勝百事亨通若逢凶格戰待敵先凡為不利

景加坤 晉

戰利主兵合吉格化邪歸正賊自投降諸事叶吉合

凶格先吉後凶美中生憂戰宜固守

景加兌 睽

戰利客兵合吉格戰必全勝百事半吉遲則全利合凶格始終無望戰則宜守

景加乾 大有

戰利客兵合吉格唱凱而回合凶格戰損兵卒凡事不宜終始俱凶

景加坎 未濟

天英星加臨此宮為反吟格宜散衆賞賜拆屋壞牆
戰利主兵合吉格出戰後舉得勝凡事皆吉合凶格
百事無成固守遲勝

景加艮 旅

戰利為主合吉格征兵後舉大勝凡謀多有喜悅合
凶格以計取勝凡為半吉

景加震 噬嗑

戰利為客合吉格征兵先舉服勝凡為小吉合凶格

戰宜固守凡事勿行

景加巽 鼎

戰宜為客合吉格兵宜先舉得勝凡事先施仁義遲
則亨通合凶格百事不利戰宜固守

死加坤 坤

若天芮星同于本宮為伏吟格惟宜耕種築墻補路
開田積粮防守加別星合之得吉格戰利主客以和
取勝萬事大吉合凶格兵宜固守凡事勿謀

死加兌 臨

戰利為主合吉格出兵後舉得勝凡為亦吉合凶格
防有暗謀休要輕舉凡事先吉後憂

死加乾 泰

戰利為主合吉格兵强戰勝謀為皆就合凶格戰守
遲利

死加坎 師

戰利為客合吉格兵宜先舉取勝合凶格百事逢凶

所謀不就

死加艮 謙

若天芮星同臨此宮為返吟格宜散粮賞賜開井穵
河如別星加臨合吉格戰利主客以和取勝凡事皆
成若合凶格所圖不遇戰宜固守

死加震 復

戰利為主合吉格精兵後舉得勝回營凡為半吉合
凶格凡為無後戰宜遲勝

死加巽 升

戰利為主合吉格主兵大勝謀為小吉合凶格百事俱凶財多虛虛戰宜退兵待敵

死加離 明夷

戰宜客兵合吉格征兵先舉大勝諸事遲吉合凶格戰防失機固守待敵凡事無成虛耗且敗

驚加兌 兌

主客俱利若天柱星加臨本宮為伏吟格宜捕捉置

貨博戲如別星加臨合吉格戰宜計勝諸事皆吉合凶格戰宜固守百事勿為

驚加乾 夬

戰利主客合吉格戰必大勝諸謀昌盛永遠亨通若合凶格百事無成戰宜防守

驚加坎 困

戰利為主如合吉格百戰百勝謀事通達合凶格戰宜回兵謹防奸細百事無成

驚加艮 咸

戰利為客合吉凶宜以計誘凡事先施仁義後必大利如遇凶格精兵勿征凡為欠利不可輕舉

驚加震 隨

戰利為客如合吉格耀武揚威百戰百勝凡事難後吉合凶格戰必大敗諸事難圖若遇天柱星同臨為返吟格只宜散衆賞賜入山伐木

驚加巽 大過

戰利為客若合吉格戰勝回營諸事先難後利合凶凶格戰必大敗凡為遭凶

驚加離 革

戰利為主合吉格主兵全勝凡事先難後利合凶格征戰不宜謀為始終不利

驚加坤 萃

戰利為客若合吉格戰宜計勝凡事遲吉合凶格戰宜固守凡為皆吉

八神路應

直符是貴人星出行路上遇貴人或高年老叟又六甲為青龍主財物人從東船竹木而至

螣蛇主形狀古怪奇異之物或空虛花假之物及有執物而至容来相會必淹滞纏擾難于送別憂惶驚恐事多顛倒

太陰主女人或陰險小人為姦謀文書又談方術事人從南方来者可依託

六合遇人必喜笑相迎一見如故更有美女少婦身着新衣相將酒食和顏悅色慇勤相接

白虎必遇新喪孝子或白衣人或屠夫獵户聞啼泣之聲或殘疾老人或爭鬭帶傷之客或騎馬而過

元武必遇盜賊或奸人刺客或兒童小子或講元門課卜之士或逃亾走竄窘迫之人

九地必遇瞽目老病心多憂患之人或新喪者或算命卜祝之人說鬼神幽冥之事

九天出行必遇響聲或口舌爭鬭或屠夫兵卒手中執有兵器物件

此皆隨出門之方而占之不專在直符直使之宫也

九星行軍尅應

天蓬

天蓬主殺人惟利客春夏用之軍大勝秋冬用之有灾凶宜安撫邉境修築城池如申酉之月及壬癸亥

子日加大宫臨戰有黑雲氣從北方来客勝如四季之月及戊巳辰戌丑未日有黄雲氣從東北或自西南方来主勝

天芮

天芮之時宜安邦建邑受道結交凡將兵征伐不見成功半途當逢雷雨

天衝

天衝之時宜征伐戰鬭報怨酬恩春夏將兵勝秋冬

無功如加二八宮冬春之月甲乙寅卯日有青雲從東方来客勝若加六七宮季夏季秋之月庚辛申酉日有白雲從西方西北方来主勝

天輔

天輔之時宜誅凶伐暴將兵春夏大利主客勝負同天衝

天禽

天禽之時宜祭祀求福斷減羣凶將兵四時吉

百神来助敵人畏服如亥子寅卯月日加三四宮利于為主辰戌丑未月日加一宮利于為客

天心

天心之時宜興師出衆誅暴伐惡凡將兵征伐與柱星同不宜春夏

天柱

天柱之時宜修築營壘訓練士卒凡將兵征伐寅卯巳午月日加九宮臨戰有赤雲從南方来主勝四季申酉月日加三四宮臨戰有白雲氣從西方西北方来客勝

天任

天任之時宜立國邑化人民將兵四時吉萬神来助敵人自降如四季之月戊己辰戌丑未日加一宮有黄雲氣從西南或東北方来客勝若春冬之月甲乙寅卯日加三四宮有青雲氣從東方東北方来主勝

天英

天英之時宜面奏出師安營祭祀凡征戰申酉亥子月日加一宮有黑雲從北来主勝寅卯巳午月日加六七宮有紅雲從南方来客勝

右九星有氣合奇門吉者益吉凶者減凶若無氣不合奇門凶者益凶吉者不吉

奇門大全卷五十一終

御定奇門大全卷之五十二

寶鑑摘要卷

八門加九宮剋應

休加坎

休門三十陰貴人身着藍黃及碧青出此門三十里見陰貴或一里九里見蛇鼠牛蝠吉或逢皂衣婦同伴歌聲又主有弓弩灣曲之物或無足物水中魚鱉茶鹽酒醋繩索樂器之聲占病主人耳腎血疟吐瀉

與中男疾厄北方盜賊一切隱伏之事陷險之憂

休加艮

休門生入門出行十八里與九里當逢婦人上黃下黑及公門役吏僧道等人為應又主內黑外黃形方面曲之物或瓦器神像古廟斷橋與登山涉水之憂并山林是非水田爭界之事

休加震

休門入傷門四里逢匠人手拏木器及棍棒等物并皂衣人及雷雨之應又主魚鹽酒貨之財並根蔕浸潤之物與盆桶盤盒桃果仙品海市蜃樓之應

休加巽

休門入杜門五里逢婦人着皂衣引孩兒行歌笑之聲與僧道文士之應又當有婚姻和合喜悅之情繩索相連枝葉相對又主隱藏伏匿與風雲際會之美

休加離

休門入景門一二里與九里遇皂衣人歌唱及公吏

騾馬鴉飛鵲噪之應又主水上虛驚或酒中生非或湖海中人相害及水火相濟之物與破損尖曲之形

休加坤

休門入死門十里逢孝婦人與皂衣或上黃下黑綠或須白人農夫小兒並啼哭聲應又主田產生非與老母陰人之厄事體退散或卑濕土成之器連穀長方之物

休加乾

休門入開門十七里有四足鬬打皂衣陰人有父子唱嘆聲又主有貴人扶持利得珎寶或親上結親主形圓貴重或壺盞筆墨硯琉璃斧鋸針鏡之類

休門入中宮

有小兒叫跳婦人同伴之應又主田産交易或陰主張茶塩酒貨之利主土磚石器瓦盆水缸形方中寔之類

生加艮

生門十五里逢公吏官人着紫皂衣巾出此門十里八里見貴人車馬吉或逢黃衣陰人句當人又主山林田産交易或墳營動移水界開塞之事在物主多節剛柔偏曲可覆可仰靜止之物占病主脊背癱瘓與手足風腫少男癱瘓之症

生加震

生門入傷門 三里十里逢青衣人及騾馬爭鬬入山伐木捕獵公吏打棍棒或匠人扛木行雲龍雷雨之應又云兄弟不和爭産是非或因山林有死動止不決在物主土木相兼之物或酸甘笋菜長曲之類

生加巽

生門入杜門四里十里逢公吏僧尼與逃亡人等歎息哭說之聲又主有山林之財婚娶之貴或閃躲阻隔事防暗害在外主內土外物乃風爐火櫃與帶土連根花果

生加離

生門入景門九里十七里逢差遣人騎騾馬步行隨從人又有兄妹相見與窰治造作之應又主文書有益陰人相助田産之利婚姻之喜在物主煅煉藥石瓦盆土竈之類

生加坤

生門入死門十里逢公吏及孝服人老嫗婦哭聲又主田産及覆子母離合之應在物土塊石器山水景

物或墳向差錯墻路倒塞

生加兑

生門入驚門九里逢公吏言官訟之事或趕四足人又少女喜笑聲及喜事重重房産得利又因変色而喜在物為美器金玉瓦石簪飾之物

生加乾

生門入開門六里與十四里逢匀當人四足闘老人上黄下白及跎跛男子與官貴長者宴喜之事又主

田産山林進益子秀孫賢父子顯達在物為首飾戒指金玉之罷及圖書印璽劍鏡之類

生加坎

生門入休門一九里逢皂衣人或公吏尒兒戌聾與山澤漁樵開溝塞流之事又主山林田産之厄及同類相欺骨肉不親墳水阻泄在物為瓦罐石缸積水之器或溝膝開塞溪壑不流

生加中宫

主田産山林之益及母子和合宅舍光輝在物為方静之器花瓶石牀石鼓石虎土牛之類

傷加震

傷門三十争訟起凶人着皂血光腥出此門三十里有争訟出血之人三里六里匠人把棍棒公吏隨從人若豎造埋葬上官出行主遭賊盜只宜捕物索債博戲漁獵捉賊等事又主山林交易或木貨得利或長男和合之事在物主多節或有聲音之器或繁解

笋菜鬼魚之味病主跌損傷風中疾驚癇之症

傷加巽

傷門入杜門七里傷匠人持棍棒與婦人携雨蓋木竹器物又主和分婚姻男女喜事動中得財木貨竹帛交易在物主長短不齊與懸吊之物出行有風雷之應豎造之事

傷加離

傷門入景門一里九里逢文人女子匠作公吏或文

書宴書驢馬成羣與饋餉之應又主合歡喜悅交易文書宅舍光輝山林之利在物主詩畫炎長野味烘醃獐鹿等物

傷加坤

傷門入死門二里五里逢孝子啼哭及病腿老婦棺槨之事與入山伐木牛犢相隨之應又主有林木之憂婚姻之費陰人災厄風蠱膈噎之病在病為瓦盆石缸碓碾屋樑古橋耒耜與牛羊魚脯之味

傷加兌

傷門入驚門七里十里逢女子持釣竿匠人伐木少女嬉笑犬羊相逐刀斧之器與有口之物雞魚之味敗房產交易在物為金木相兼刀斧之器與有口物物雞魚之味

傷加乾

傷門入開門三里九里逢匠作負木器漁獵爭鬬之事老人跌什又貴與貴人獲山林之財在物主珍寶器皿或鐘磬鏡劍等物或果核猪鵞之味有瞻天仰日從龍變化之象

傷加坎

傷門入休門一里四里逢匀當公吏婦人皂衣架搆造作津梁泝水木械車船之應又主五穀魚鹽栽揷種植在物為近水樓台舟楫雨傘

傷加艮

傷門入生門三八里逢椽棋匠作公門吏役駝背跛

足黃犬黑兔之應又主長男破敗兄弟相爭田產生非與林木為害再物可仰可覆山景花木或土木相連或甘酸之味

傷加中宮

有大厦一木難支之象凡事不宜動作又或天溝築基空墓移祠以招疾厄在物為木器彩畫瓦盆枯樹之應

杜加巽

杜門二十男女輩皂絹褐裙僧尼類出此門二十里男女同行或六十里見惡人一里九里皂衣女人引孩兒公吏騎驢馬宜掩捕逃亡一切陰謀之事如日奇臨主兩女人身着青衫月奇臨主烽火星奇臨主方弩又主暗中之逆暗昧私情伏隱藏奸之事在物為繩索懸吊之器精巧竹木之類木植果品之財文人墨士之輩

杜加離

杜門入景門四里九里逢僧尼托鉢二女並肩雞黍餉餽賓主升階之象文人墨士嘻笑柴門羽士煉丹道人當爐執扇之應又主有陰人之利重婚禮合二女妬姦與寡婦費財文書紙筆小口痘疹眼目昏花在物主節杓風箱鴨鹿鳥雀之類

杜加坤

杜門入死門二四里逢老嫗引少婦耘耨及孝服喪吊之事又主山林之厄陰人胎產婚姻阻喪之應在物為連根風竹南西梧桐老牛鬪雞駱駝牝馬之類

杜加兌

杜門入驚門七里四里逢僧道齋醮聲雞羊成羣少女啼哭公吏官訟之事又主口舌虛驚山林破耗重婚再醮兒女爭競塞而求通缺而求通之象在物主破損歪曲差參不齊上方下圓開閉有聲之物

杜加乾

杜門入開門九里六里逢騎馬公吏人與金鼓聲老

人婦女同爭又主老少不投寺觀婦女進香迎神賽會在物主金木相兼上缺下圓之類

杜加坎

杜門入休門一里與四里逢皂衣人歌唱及婦人引孩兒并舟楫乘浪之象又主園圃魚塩水物之財或交易婚姻之喜在物主輕浮飄蕩橋梁關津詩畫紙筆海味之類

杜加艮

杜門入生門四里八里逢公門差人與僧道同行男婦並肩栽植竹木之象又主陰人生非田產禍厄山林閉塞婚姻破耗雞犬桑麻高人羽士之類在物主繩索軟曲上寬下虛几席之器

杜加震

杜門入傷門三四里逢匠作持木器有送禮人與雉兎圍獵事林木竹園歌唱之聲有雲龍在天之象或男女佻健之情又主山林交易媒妁齟齬在物主長

短參差上缺下斷腹中長虛之物

杜加中宮

主家宅不安古樹為殃陰人生非誤犯土府又老陰人少男子多生瘡痍蠱膈之災在物為碓磑花盆藤床竹几之類

景加離

景門九里主憂驚緋皂衣人宴會賓出此門九里十里有憂驚事或十五里外見赤身人及大蛇或水火

災異麻面婦女大鼻公吏等人及赤馬奔馳文章遠達之應如嫁娶防有離異造作防有回祿又主有女人婚事家宅粉飾文書交易在外為中空明亮之器或有囊腹甲冑弓矢蘢籠蠟燭紅盒紙帳炙焦之物

景加坤

景門入死门二里十二里孝子哭公吏騎騾馬有文文書交異與田產房屋母女相會又為孕婦之兆在物為文彩精器與煆煉爐冶之物燈盞火櫃土銚等

項

景加兌

景門入驚門七里九里逢二女嘻笑作戲與缺唇麻面等人及赤馬白羊之應聞金鼓聲或煉丹事又主二女參商爐冶傾頽燒煉破費火災驚疑在物缺損首飾瓦瓶有口腹之功

景加乾

景門入開門六里九里逢公吏人與官貴長者赤白

馬相鬬與孝服啼哭之應或鑄鳥淘沙奏童叟斥夫婦不和宅舍火驚灾憂飛禍老人病目之事在物為具美器火盆爐灶等項

景加坎

景門入休門一九里逢皂衣婦人哭公吏言官事水火灾異婚姻迎聘男女爭鬬鼠走馬馳房幃火燭之應又主陰雨連綿龍飛水走在物水桶石匣上空下實之物

景加艮

景門入生門八里九里逢騾馬同行野火燒山又主有書籍古畫大廈樓台墳山吉地寺觀來脉貴人相扶婚姻喜事宜防兵火及文書是非

景加震

景門入傷門三里九里逢漁獵人匠人把棍棒走狗逐兔之事或騾馬成羣兵戈鼓樂文書爭鬬之應又主宅舍火灾男女婚事在物主火櫃蒸籠食盒之類

景加巽

景門入杜門四里九里逢僧道同行公吏騎趕騾馬婦人引孩兒姊妹嘻笑柴門失火村舍雞鳴孩童舖雛又主佛事羅齋二女倚門酒食歡會禿頭病眼在物主簫管樂器乾柴烈火之類

景加中宮

主遠信來到田產文書交易與窑冶之財在物為土府火盆炕灶之類

死加坤

死門出行逢疾病黃皂衣人見邅迍出此門二十里逢蠱腹癩跛之人或五十里內見血光凶事二里十二里孝子哭公吏騎馬最忌遠行須防變故只宜吊喪送葬射獵等事又主婦人灾病田產交易鄉農鬬毆在物布帛穀粟有囊腹之物與帳轎土石之類

死加兌

死門入驚門七里二里逢孝子啼哭與老婦少女牽

犢驅羊之應又主安葬遷塋進産婦女交易在物主有口腹或鍋磬缸礶之器

死加乾

死門入開門六里八里逢老年夫婦牛馬成羣與開塋安葬事又主和合婚姻捕獵耕種田土交易在物主貴重吉器及上圓下方寶石鏡劍之類

死加坎

死門入休門三里與二里逢兒童啼哭與老嫗涉水

黄黑牛家之應又主田家生非墳水反挑舊事不明陰人災厄在物為有腹之物形方而圓其中有節或井欄瓦器之類

死加艮

死門生生門八里十里聞婦女産育孝子塋壙婚姻和合田土反覆之事或聞山崩地動起死回生在物為五穀雜粮墳塋瓦石之類

死加震

死門入傷門三五里逢孝子扶柩與木匠豎造之應又主田産退敗陰地崩損及陰灾病路死杠尸在物為土木相兼之器與門柱木杵之類

死加巽

死門入杜門四六里逢婦人啼哭與僧尼音樂又主宅有暗耗妻妾不合或因園圃生灾重婚私配之事在物主懸吊之器與凡席地板之類

死加離

死門入景門二里九里逢奠祭唁慰文書外錯之事又主陰人當權母子相依或因喜費財宅舍光飾在物文書筆硯煆煉之物

死加中宫

主田産交易陰人財利之事宜安塟動土築墻在物為土器舊物土炕石匣之類

驚加兑

驚門出行鵶鵲呼口舌文書及追捕出此門見鵶鵲

飛鳴六畜抵觸婦人引孩兒與爭打損傷之事又主陰人口舌家眷不合瘟灾瘵疫在物有聲口之物及破鏡損器羊角之類

驚加乾

驚門入開門七里六里逢老人携幼女持金玉器與啼哭聲又主老少不和宅舍生非陰人鬬毆之事在物主鐘聲及金銀人物猪鵞馬羊等物

驚加坎

驚門入休門七里八里逢皂衣婦人抱孩子言疾病事與婚媾之喜陰人孕兆及婦人財物在物如銅壺滴漏之類

驚加艮

驚門入生門七里八里逢男女牽扯與羊犬相逐之應又主婚姻財喜媒妁之利在物為金石相兼古器之類

驚加震

驚門入傷門三七里逢匠人伐木漁獵等事又主陰人生非爭鬬起釁砍柴伐木與夫妻反目之象在物為金木相兼并有聲口之物

驚加巽

驚門入杜門四里七里逢婦女爭鬬與簫管之聲鬬雞之事屠夫宰割之應又主妻妾不合陰人灾厄口舌虛驚在物主缺損不全之類

驚加離

驚門入景門七九里聞金鼓聲爐冶事及二女嘻笑又主寡婦當家文書驚詐口舌爭鬬小口痘疹之灾在物舊器破損與鑄造未成之物

驚加坤

驚門入死門七里二里逢跌仆之傷與刑傷吊門事又主陰人退耗母為其女婚娶破財之事或田產利益之應在物鋤產又器與坟塋所藏之寶

驚加中宮

乃宮生門意同驚加坤

開加乾

開門二十陰人至貴人乘馬紫衣服出此門見貴人着紅紫衣騎馬吉或四六里見猪馬逢酒食監造之事又主貴人相欽士庶相心在物為有首有聲之物或鏡錢之類

開加坎

開門加休門六七里逢婦人携孩子與皂衣老人濇

河汲井之應又主有公門之望珍寶交易得官貴之力享陰庇之福在物為沉重潤澤之器或茶酒瓶盤之屬

開加艮

開門入生門八里六里逢老人携孩子入山修塋女人與四足相逐或官訟爭鬭逃亡等事又主山林破費因名失利在物主金石相兼或首飾之類

開加震

開門入傷門三六里逢捕獵戰鬭匠作伐木之應又主官貴長者之厄在物金木相兼鐘鼓之器

開加巽

開門入杜門四里六里聞歌唱聲四足鬭人言官事與僧尼老人官貴長者謁廟焚香之應又主老少不合陰人是非刀傷虛驚在物為金木相兼之器

開加離

開門加景門九里逢老人騎馬與公門役吏酒食喧

鬧之事又主文書憂悶陰人為禍或因燒丹費財與觸怒官長在物為炉冶傾銷之器與外圓中虛之類

開加坤

開門入死門二六里逢女人啼哭與孤獨夫妻說離合事牛馬成對之應又主和合婚姻布帛菽粟在物金石之物或土中古器

開加兌

開門入驚門七里六里老人與女子同行逢公吏勾

捕等事又主花酒敗家陰人口舌在物為或缺或圓之器與刀鉞燈台夾剪之屬

開加中宮

有貴人臨門與子毋親眷之會舊交相訪歡悅之情在物為金玉寶石大小方圓上塞腹滿之器

奇門大全卷五十二終

御定奇門大全卷之五十三

寶鑑摘要

漢陰居士歌

軒轅黃帝制奇門厥首精微義最深甲長十干畏庚剋故將乙妹妻於庚丙甲之女（男）丁甲女丁丙同心禦外侮庚有私謀乙最知丙丁相伺如猛虎庚貪受制甲方尊是以奇名乙丙丁甲既制庚求自逸休於水遁適開生開休生對杜景死傷對驚兮皆有悔三門

最吉五門凶各隨甲直旬中使又有九星蓬任衝輔英芮柱心禽中星逢甲作直符用亦與門之直使同星符門使同宮起易一時兮即分矣符從甲身尋時干使索時支遁處止時干即是奇與儀甲癸宮中覓遁支奇乙丙丁儀戊己庚辛壬癸甲同之甲子同戊甲戌己甲申同庚甲寅癸甲午同辛甲辰壬是為甲遁儀之理遁甲常將天乙乘後隨天地前蛇陰對朱左右分六白號曰陰陽八貴神陰陽二至分順逆逆

起九宮順起一此是先天透洛書莫妄疑非黃帝秘洛書一坎二居坤三震四巽六乾金七兑八艮九離火五土春秋二立分立春艮上立夏巽震應春生分氣盛立秋坤上立冬乾兑應秋分殺氣勁生殺東西兩部懸節分三氣氣三元元元五日一相換甲己符頭以仲先仲上孟中季下定上中下序慎無紊只將正受作根基超得餘時便作閏置閏須于二至前雪重用巽種重乾凡逾九日或十日疊作三元此秘傳

閏後符頭常後氣是為接氣君須記接至十三四月餘又逢正受超神継超神之氣後符頭如此循環始復周認取茲為尊甲法勿膠柝補繆摟求須知尊甲憑符使休使蓬符居坎水任生艮土寄陰禽衝陽震木從三起巽藏杜輔景英離坤寄陽禽芮死隨柱驚七兑開心六分定宮方直六儀奇門入局節為據節有陰陽分兩部陰局逆儀奇順行陽局逆奇儀順布天盤地盤同一規地盤永定天盤移八門八貴有分別門作人盤貴獨飛假令中元用白露陰起三宮甲子戊己庚辛壬癸逆行乙丙丁奇四五六時如己日用丙寅支遁於蓬干在禽即以直符衝到艮坎加直使是傷門丁休六合同臨兑鳥跌穴時時最利舉此一局例其餘餘釋卷中斯勿贅

神機賦

主甲主使三才攸分步呪攝乎鬼神存局通乎妙音前修刪簡靈文裁整諸經奧理原夫甲加丙兮龍回

首丙加甲兮鳥跌穴回首則撫綏易遂跌穴則顯灼易成身殘毀兮乙遇辛而龍逃走財虛耗兮辛遇乙而虎猖狂癸見丁螣蛇夭矯丁見癸朱雀投江生丙臨戊為天遁而用兵開乙臨己為地而而安墳休丁遇太陰為人遁而安營伏干格庚臨日干飛干格日干臨庚庚臨直符伏宮格之名直符臨庚飛宮格之位大格庚臨六癸刑格庚臨六己按格所向既凶百事營為不喜時干尅日干乃五不遇而灾生丙奇臨

臨時干名為勃格而禍起三奇得使衆善皆臻六儀擊刑百凶俱集太白加熒賊欲來火入金鄉賊將去地羅遮障不占前天綱四張無遠路直符之宮乃同天乙位上而取如逢急難宜從直符方下而行

指迷賦 摘

乙天蓬而賞賜施恩丙明堂而揚威發號丁即玉女為太陰只可安營而固守戊為天門千里乘龍而有應己為地戶推明舊事可修營庚天刑而屯兵決獄

辛天庭而杜塞難通六壬天牢兮只宜囚禁六癸天獄兮不利攸行蓬任衝輔陽星舉謀大利英芮柱心禽陰星退隱無凶天蓬亦宜築壘隄防禽芮尤宜屯軍養馬天衝必勝天輔多凶天心布陣如神天柱安營有慶天任兮萬神擁護天英兮戰鬭損神星尅宮而客利宮尅星而主勝門害則作事稽遲門迫則所為久遂三奇入墓喜以成憂六儀擊刑美中不足門三所作亨通開五諸凡困頓五陽宜舉動利客而鼓噪喧天五陰喜退藏利主而啣枚伏路奇遊六儀公庭宴樂玉女守戶私路逍遙天輔時常多赦宥何愁鈇鉞之誅威德時乃利客兵任意施為必美反吟而進退無常伏吟而憂疑不已天遁進兵為上策地遁立寨可藏兵人遁擇士求賢神遁運籌祈禱鬼遁多詐可偷營劫寨以伏兵龍遁通神利水戰渡江而祈雨雲遁巽甲生威風遁揚兵助勝青龍返首萬事皆通白虎猖狂所為不利飛鳥跌穴兮變凶作吉青龍

逃走兮反福為殃朱雀投江休動作螣蛇夭矯主驚慌遇格兮主客皆凶逢勃兮人情逆乱太白入熒而盜賊將來火入金鄉而賊人必去三勝地無人可敵五不擊孰敢相攻

專征賦 摘

星門之在四時有休囚之與旺相遊九宮以循環按八方而背向伺軍旅之成敗審人事之攸當或倚直符之遊宮或居貴人之玉帳直符之宮又云正月在巳二月在午順行避

旬始之陰陽背孤雄之健旺據天乙宫而擊其衝併
亭亭神而居其上合天地之威神應神靈之衛仗十
卒而可敵千夫一車而可當百輛避旬始二旬元女經云寅午戌月上旬天地併在南中旬併在北下旬併在東巳酉丑月上旬在西亥卯未月上旬在北中旬在西下旬在南元女以上中下日月排之氣藏月中用孟仲季三辰配之凡交戰得天地相併左天右地者勝背天向地者後患向天背地者敗背天地者一以當百也欲頓兵以安營依十辰而取
様九天利以陳兵九地宜於隱障天門出入元戎地
户當居小將蓬星安置鼓旗天牢積貯儲餉判斷于

天庭之間察兩辭而可諒斷決于天獄之中庶無怨
爭寃枉伏兵於太陰之幽士卒居明堂之上約人馬
數以為宜逐歲月時而變狀斯營壘之大綱實軒轅
之楷匠是故丙為熒惑庚為太白遇丙俱名為勃逢
庚乃謂之格勃則紊亂紀綱格則鬬傷主女或臨歲
月日時飛伏支干或加直符天乙所遊之宅加十干
利捕逃亾隨四時必當擒獲臨六壬而灾深加六癸
而禍極加己刑格凶時為將必須謹擇行軍乃車破
馬傷士卒士卒必身亡首馘庚加直符之道宜野戰
郊坰直使與庚同宫利待敵於城柵不得已而用之
禍先臨于師旅或遇丁癸相加或值乙奇相竄三奇
入墓而困窮六儀擊刑而迮迫火入金而賊來金入
火而退逆金火相入俱凶舉動皆成釁隙禍已去而
復来福將合而反息雖有吉宿奇門不可與于戈戟
又有五不遇時陰陽合于中應時于尅日而動用必
遭其禍刑若值甲丙相覆反為威德之靈上會五陽

之于下合三吉之星擇此四科而動保全萬事以安
寧是故天有四時陰陽更值自巳終癸為陰刑起甲
至戌為陽德凡欲舉動以施為能就陽時而必尅陰
時強以出行身罹殃而甇踣推時下之六甲審開闔
之法式符臨一八三四乃為開通加臨二九七六時
名閉塞逢開利以有為值閉尤宜靜黙用時迷于两
端吉凶無以取則時逢仲甲子午刑德在門鬭戰而主
客两敗此中先舉不存此時名為天甲利以逃遁亡

奔如遇孟甲之寅寅申陽在內而陰在外宜固守以戢兵動必遭其刑害此時名為地甲利以家居歡會如值下元季甲辰戌陰處內而陽外遊此時名為飛甲利以動衆經求萬事甚宜興舉八方可以周流倘能明于三甲審開闔以無憂如彼寇賊潛圍倉卒乘我不備事須應敵陳兵不容待其使利孤雄健旺屬他奇門又不相比士卒性命存亡得失在乎將帥當此怱怱之時其將何以指示若有此事不虞須假神明佑

庇即以分兵三部逐日周旋歲月之方將居其位軍左袒以待兵衆噉呼以助勢我克勝以保全敵必敗而奔墜分兵三部一居月建上一居生辰上一居亭亭方上用之剋敵大勝

混合百神

天地定位山澤通氣雷風相搏水火交濟取義于上陰陽合位混而成之吉凶分隸六甲加甲青龍出地喜信必來門合則美門塞星凶空有財至六甲加乙青龍入雲三奇門交貴子生成星干不利虛得其名

六甲加丙青龍返首凡事亨通兼得長久門儀不合亦難得就六甲加丁青龍耀明三門合吉宜謁貴人改官遷職大有英名符事役凶立待詞刑六甲加巳青龍加巳吉星主財吉門事成星門不合徒費精神六甲加庚青龍符格起吝成凶在於不測星吉門順亦宜靜默六甲加辛青龍失驚門中一合萬事從心凶星上立財利亡傾六甲加壬青龍網羅陰人用之災害彌多陽人用之詭譎不合六甲加癸青龍華蓋

門合吉凶永言災害若傷死門奸陰陽會六乙加甲陰中返陽凶星財破人口損傷陰人才合陽人慌張六乙甲乙日奇伏刑貴人問之主失其名門合再叙門逆喪停六乙加丙奇儀順格吉星臨之授官遷職夫占其妻必有離隔六乙加丁朱雀入墓文書入官架閣留住星門吉泰文詞得路六乙加己日奇入霧土木混同兩有交互求事得微門乖必誤乙乙加庚日奇自刑鬭趣爭財必入訟庭星干不吉夫妻外情

六乙加辛青龍逃走失財逃亡二事俱醜强立强為定無長久六乙加壬青龍得雲陽人主失病是陰人六乙加癸日入天網陰人望信立見灾恙官事失財凡事虛妄六丙加甲飛鳥跌穴貴面天顏榮遷越職所有圖謀一切通徹六丙加乙月奇浮雲貴人印信即可敷陳公私利亨百事稱心六丙加丙月奇勃格兩重文書皆遭障格門逆財亡門順虛迫六丙加丁奇入朱雀文書亨通貴占權握常人得之衣祿退剥

六丙加乙火孛入刑文書不來獄中有人星吉門順空禁虛名星乖門逆徒杖而刑六丙加庚熒入太白家事熬煎又逢盜賊門合星吉賊在人獲星門相遺禍生因客六丙加辛月精合祐久病之人藥師來救文狀入官亦能成就六丙加壬孛乱來臨文訟公庭因淫婦人庶人流離貴人失名六丙加癸華蓋孛師陰人用之灾禍相隨必因詞訟後必無虧六丁加甲青龍得光貴人遷職常人得良星符合處喜美非常

六丁加乙格為人遁得喜非常貴人薦論改祿受權實為廣運六丁加丙奇中復奇多生口舌事生蹺蹊貴格官祿常人刑之六丁加丁奇入太陰望文書至遠大名深兩重文意凡百遂心若信禁用名為伏吟六丁加己火入勾神文狀詞凶奸因婦人私中有私往則刑名六丁加庚織女尋牛不有私情灾遇寃讎陰人無理刑禁官囚六丁加辛朱雀入獄官人刑囚亦遭剥落常人枷鎖百日放却六丁加壬五人相合

丁壬化木財利得多貴人賜祿文狀平和六丁加癸朱雀沉江女人官府定爭成雙公私不協兩有相傷六己甲甲伏格青龍門合吉星財利是隂門逆凶星所幹咸空六己加乙墓入不明星門合吉且喜平平不合而迷凡幹不成六己加丙格名孛師陽人宣賜爵祿加之陰人大忌奸乱乖違六己加丁奇入墓名文書當許門合吉祥先論得理後對遭懲六己加己地户逢鬼陰人望信信者難委門符合處遠信來至

六己加庚刑格之名陰人發用必得陽人陽宜靜默
陰主私情六己加辛魂神入墓家人陰人鬼妖驚户
符門合處小口災遇六己加壬刑網高張陰人奸惡
陽人遭傷門迫星凶兩人俱亡六己加癸地刑元武
陰人況吟災病不語門合星扶遂成疾苦六庚加甲
刑青龍格財利多縈星門法則不合則凶合則免厄
六庚加乙日合六格百事安然尤當緘默星門乘凶
官事刑迫六庚加丙太白入熒失物被盜難獲難尋
門合星吉贓物知情符門不吉官事來臨六庚加丁
名曰亭亭文狀爭論私匿之情符門逆背詞訟难成
六庚加己刑格凶否獄囚之人難有伸理六庚加庚
太白之名官事得發獄禁平人凶期百日却有舒情
六庚加辛干格白虎道路傷亡必失伴侶有事难休
定執客主六庚加壬蛇格之名陰陽占信遠路無音
傷門主災死門喪停六庚加癸大刑之格占路遠來
陰人疾厄鬼賊相扶遂生離隔六辛加甲龍困遭傷

係官爭財陰人不妨陽人有災陽人有災門順吉昌
六辛加乙白虎猖狂失財破家人口死亡遠行失信
家事彷徨六辛加丙干合熒惑文狀虛詞競爭財物
星門不合暗昧屈厄六辛加丙干合熒惑文狀虛詞
利倍得遲星門不吉夫婦分離六辛加己刑獄之格
奴婢欺主先自刑剋門吉星强虛成累及六辛加庚
白虎傷格兩女爭男皆因酒色星合門凶醜聲难塞
六辛加辛獄入自刑財財喜合利用陰人星合門凶
災害時臨六辛加壬蛇入獄刑兩男爭女訟逼難停
門符合吉首者遭黜六辛加癸直格華蓋陰人用之
無災無害吉門吉星陽人得財兼有酒食喜慶咸來
六壬加甲蛇化為龍陰人用事喜慶重重陽人求事
有始無終六壬加乙格名小蛇陰人伏災陽人傷嗟
孕生貴子祿馬光華六壬加丙蛇入冶刦詞訟爭端
空事無圖若遇刑禁出則格徒六壬加丁干合蛇刑
文書財喜大宜陰人官人官祿常人平平六壬加己

蛇凶入獄大禍將成夫妻不睦罪若有刑金銀需足六壬加庚太白騎蛇刑獄公明好分正邪如逢傷死刑戮無差六壬加辛螣蛇格干符門雖吉亦不可安所有運謀內生欺瞞六壬加壬羅網自纏陰人利用陽人莫前三吉不入萬事無緣六壬加癸螣蛇飛空家不和睦室女私通星門俱吉信息隆隆六癸加甲羅網青龍財喜婣親必遇吉人星門不合陽人訟刑六癸加乙華蓋逢星貴人寵祿權柄如輕常人怪異

口舌來臨六癸加丙蓋遇孛師貴人受官小人得依若占文狀定得門楣六癸加丁螣蛇夭矯陰人文書為凶之兆損財招刑不宜疊調六癸加己華蓋地户陰人悶失求至居住門順入室門逆夫殆六癸加庚大格飛名只宜上居握柄雄聲公事得遲錢則有爭六癸加辛獄入天牢軍吏遭縶罪恐難逃門吉星吉虛禁無勞六癸加壬復見螣蛇陰人絕子又復離家理順後嫁未保年華六癸加癸天網高張行旅失約

遊去四方合處相得逆處相傷昔日舉要計一百干留甲十干寄戊同安且以八方人來意看九宮支上却討時干如住宮中來人時是巳課對宮從支上看元微秘典一訣萬端倘非志士切莫與觀天機深惜智在克寬

軍機妙論

傷門遁紫氣於乾宮當住干城之將震地會青龍于景户宜屯細柳之軍赤合驚門臨麗日開門同赤入

入西垣碧向坎邊行祖逖中流擊楫紫從坤上去孔明深入不毛賊在深山須得死傷碧黑帳升虎帳全憑天乙青龍赤合驚門秉巽馬烽烟交警將星同紫入離宮羽檄飛馳赤在中宮我去燒營劫寨黑居五位人來破壘攻城

戰訟說

時將適到坐宮為我我為征對宮為彼彼為敵敵宮克征則我敗征宮克敵則彼敗我遇吉星則我勝彼

遇吉星則彼勝征宮得吉門可出敵宮出凶門亦可進中宮直日星吉可行星凶不可行如征敵兩宮在坤艮則為比和須看門之吉凶我吉彼凶可出彼吉我吉不可出中宮星亦看吉凶二宮在右為輔弼我有吉則我有救援彼有吉則彼有救援如爭訟以輔弼為證佐我喜吉星相助不喜彼有吉星助也中宮星為門官最喜紫白其餘不喜我刼彼營喜中宮亦星直日彼宮若遇赤星亦可進兵如中宮遇赤或適

我宮遇赤應防彼来偷刼凡奪粮草有黑星為妙如我宮居中無有對宮止看中宮之星門吉則可行凶則不可行也

精微賦

財守財宮粟陳貫朽独不利于西垣馬居馬地利就名成可無拘于櫪下（坤為巨門馬居之非驥足也）貴人不宜隱伏（甲戊庚辰貴在丑未若隱于坤艮二宮不得貴人力也）禄馬切忌空亾九星各居其位静處安然入門不易其宮守成足矣問事求

謀更移為妙行兵出陣返伏皆凶門宮相迫吉無妨主客相生凶有咎金木交差避春秋不避冬夏水火既濟利冬夏不利春秋遇迫無傷終有退休之日逢生有害豈無悔吝之時遇赤星殺人放火破形帶疾者不為為將者反吉逢黑曜捕盜偷財醜貌胡鬚者不做做官者仍凶一紫貴人位高貴重傷之之下可危三奇吉曜馬壯人强死户之中莫入

造宅三白占家宅歌訣

飛符入于鬼鄉看其囚囚之類虎入門芳人敬雀帶刑芳更追勾刑門芳宅禍虎害于芳人灾螣附蓬星為值戰小口驚憂武會任宿而當權小人邪孽六合天柱子女怨尤太陰景英寵婢竊位九地庚辛為伏刄若遇驚傷而帶刑害暗中有損九天丙丁為飛牒若乘甲乙而逢剋戰光怪須防朱雀再附丙丁喧争聒耳元武更乘壬癸宵小跳梁庚辛白虎得地而兇势愈張戊己勾陳刑衝而破敗立見燒身之兇先凶

後吉入土之蛇埶後須防

奇門提要占天時法遁定三白亦同

天地風雲九遁間端倪朕兆妙難言吉凶悔吝從生尅索隱鉤深理自然六儀三奇分順逆八門九曜遁循環如能窮此陰陽與何論天仙與地仙

二三五八多風雨四九局中春日暘一六七防陰滯氣細排凶吉格中藏

夏日炎炎不若春三四二七恐多驚不測雨聲五六

九局中一八日暉生

秋來坤艮日光移乾兑還宮風雨淒二三四九彌漫雨坎若逢之閃電霓

直符逢芮不宜冬霾霧陰雲日不紅五三六内多風雪四七八局好天公

一遁乙丙加休門天門霞彩悦人心秋有微風能透骨冬來肅殺雨沉沉

二遁乙丙在開門春月秋時多薇形夏日雲霓冬爽霽螣蛇元武半晴陰

三遁闕

四遁丙庚在休門夏若逢之雨陣行秋逢掠地風聲振春興秋冬朗朗晴

五遁丁癸加休門春夏飛沙日漸昏冬景倏然成雨雪秋虹電霰復開雲

六遁丙戊加乾宮夏雨秋風春日紅冬若再臨驚杜

上狂風飄飄雪飛空

七遁辛加艮上乙揚地掀天春夏中風雨立加秋令集冬天開霧暖融融

八九兩中五六七風雲龍虎一般同細詳微理分凶吉不遇門符應勿從

天蓬飛入艮宮來東北烏雲一朵栽休使加臨天任上東方黃氣滿樓台

生任加臨在坎宮黃雲北上起穹窿蒼雲東北真華

麗禽芮加之與任同

衝傷加艮在生方東北烏雲帶紫黃直北雲霓皆縹緲東南西北盡光泛

艮宮直符直符臨烟霧騰勝紫氣生東北任東雲障朧北方又有一輕清

英景加臨乾位上西北雲霞彩映紅東白北雲青在死直符魁應量無窮

芮禽若也到休門北起紅黃東淡雲坤宮上有青藍色西向烟塵紫霧生

驚柱直符來震地霓雲白上又如青夏天四下浮雲起驟雨狂風佈陣驚

天閑巽上加真符四處生雲氣障魔白霧南烏西紫霧坤艮黃雲上不多

休蓬離上直門迫黑氣迷南氣漸回西有青雲東潦水北方紅紫共徘徊

直符震位加傷門碧綠從西雲翳青東向白雲渾四散巧雲應在北方生

坤艮宮中遇杜輔藍雲翠碧死方多淡紅在兌黃從巽點點斑斑艮不差

景英加兌起紅光白氣潦潦東北方巽上淺黃加綠色如逢旺月有華崗

芮禽入震在衝傷東起黃雲蒸白光南嶺素縞帶紅色西南西北黑蒼蒼

驚居天輔素羅雲南有紅色白帶輕乾上青雲常聚

散坤方黷黷霧沉沉相生相剋觀和色旺相休囚辨的真

奇門大全卷五十三終

御定奇門大全卷之五十四

寶鑑摘要卷

十干剋應歌

十干剋應有元微一一皆從時位推時位時支之位

六甲貴人端正好

甲為天福陰日青衣女子陽日青衣男子應三年
內得天祿

六乙天道九流醫

乙為天貴主高賢陽日貴人陰日僧道應

六丙飛龍現赤白

丙為天威行逢騎赤白馬人青衣人應

六丁玉女好容儀

丁為玉女陰日女子物也陽日女人二七日內有
古器

六戊旗鎗並鑼鼓

戊為天武陽日鑼鼓陰日親朋鼓樂半年內得武
入財寶

六己黃衣并白衣

己為明堂陽日黃衣人年內得貴人陰日白衣人
一女一男應

六庚孝服並兵卒

庚為天刑陽日見兵吏陰日孝子白衣人四十九
日貴人文字應

六辛禽鳥並鵶飛

辛為天禽主飛鳥陽日白衣人一年內得財寶

六壬雷霆雰霏雨

壬為天牢十里雷電陰日皂衣人陽日白衣人女
人抱瓶應七十日進人口

六癸孕婦喜歡歸

癸為天藏陽日捕魚人陰日孕婦六十日得銅鏡

十干相加吉凶剋應

甲加丙青龍迴首　在坎有紫雲北方助戰吉　出

休門十里逢青赤幘人有酒食應　在艮有青雲東北助　出生門十里逢火光一　在震有赤氣東助　出傷門三里逢樑木人　在巽紅黃氣東南助　出杜門四里逢竹工人　在離有火雲氣光熖南方助　出景門九里逢野火烟焰　在坤青黃雲氣西南助　出死門二十里逢肢體傷者一　在中有紫霧淇濛助戰　出死門百步有赤衣人手把青禽羽毛　在兑有白虹西方助戰　出驚

門七里逢婦人與孝子同行　在乾青紅雲在天門上助戰　出開門六里逢祭祀之人應

丙加甲飛鳥跌穴　在坎有水禽赤頭青羽毛北來助戰　出休門逢舟車　在艮有鳥集東北方林上助戰先聲吉　出生門逢執生氣者　在震有赤雞飛東去助主客有勝負　出傷門見血光逢折傷者應　在巽有朱蛇後來過營南戰客勝　出杜門逢獵者持死鳥　在離有赤馬南來負鞍

不乘戰客勝　出景門逢刑者　在坤有黃牛拽車南去戰主勝　出死門逢荷械者　在中有赤氣如火覆營戰勝　出死門逢赤幘衣女人　在兑有紅雲如蓋在西南助戰勝　出驚門逢冶者　在乾有赤冠朱鳥翔軍上戰大勝　出開門逢為盜者應之

乙加辛青龍逃走　在坎有角風帶黑氣北來助戰必勝　出休門逢乘輜車者　在艮有大角風自

東北過營一日戰敗　出生門逢歌唱者應　在震有角風揚塵東來有使至　出傷門逢悲哀者應　在巽有角風東南來欲雨　出杜門逢辦舟梁者　在離角風帶赤氣南來三日戰勝　出景門逢執網者　在坤角風飛砂西南來有劫寨人至　出死門逢送喪者　在中有角風起于軍中西南去自亂　出死門逢少女攜老嫗　在兑角風徼自西來有賞賜至　出驚門逢喜樂者　在

乾角風散漫于軍中有令下　出開門逢辯說者
相争應之
辛加乙白虎猖狂　在坎有徽雨自北来戰大勝
出休門逢鞭牛者牛三頭　在艮有風雨暴卒號
令　出生門逢白衣人相會飲食　在震有徽雨
似不雨来軍上戰勝　出傷門逢術士相與共語
在巽有徽雨似不雨在軍上有疑心　出杜門
有喜事獲遺亡應之　在離有徽雨自南方来戰

軍死　出景門逢駕赤馬者應　在坤有細雨徽
風自西南至有君恩　出死門逢死亡　在中有
雷震軍中大利獲地千里　出死門逢旌鉞事
有兑有暴風西来戰勝客利　出驚門逢闘争者
應　在乾有徽雨自西北洒軍有天兵敗大勝
出開門逢暴卒急事
癸加丁螣蛇夭矯　在坎有禽捕魚落軍中移營到
青龍上吉　出休門逢僧數人應　在艮有白馬

来東北去助戰吉　出生門逢金器應　在震有
虚聲如雷在軍上小勝　出傷門逢老姬持緋衣
物行在在巽有陰埃四合宜静守吉　出杜門逢
乘青馬者有血光　在離有蛇鼠闘不利　出景
門有死人　在坤有黒雲氣不宜戰宜固守　出
死門逢造墓安事應　在中有卒風入帳敵来使
出死門遇死門式喜事　在兑有飛烟氣覆軍
上旗　小勝有奸覘　出驚門逢漁人負舟行

在乾有紫雲起天門上助戰吉　出開門逢故知
有酒食
丁加癸朱雀入江　在坎有雀喧集鳴營上戰勝
出休門逢蛇横路凶　在艮有青雲如石東北来
覆軍大勝　出生門逢執獸者　在震有飛鳥東
去我軍大敗　出傷門逢道士説奇異術　在巽
有白雲東南助戰主客不利　出杜門逢執樂器
及舉狸牲行　在離有赤雲如鳳自南起客勝

出景門逢賢人宜師之　在坤有微煙如霧軍有
容謀　出死門逢人籠微白黑鳥行　在中有卒
風入軍中天使至吉　出死門逢人有嘉慶事
在兌有飛星隕右軍前不利　出驚門逢飛鳥如
語告人　在乾有飛雉自西北来軍上有火防之
出開門逢人執冶土之器
庚加丙白入熒　在坎有風北来軍有威吉　出休
門逢大火驚　在艮有暴雨點如矢有卒兵至

出生門逢白馬迎應　在震有青雲助戰大勝
出傷門逢執木器者有血光　在巽有流星如火
落軍中戰則流血千里　出休門逢人項赤物行
走應　在離有雲過軍中有急事至　出景門逢
使者車馬　在坤有雲過營中必有敵至　出死
門逢負弓矢者至　在中有白氣自軍中起軍必
强　出死門逢女人并樵者　在兌有白黃犢自
西来戰小利　出驚門逢為盜者從僧而行　在

乾有驚雷震軍中主戰勝　出開門逢人携死魚
應之
丙加庚熒入白　在坎有赤氣如火在軍後天威助
兵吉　出休門逢長者富民應　在艮有紅雲氣
從東北起助戰吉　出生門逢大禽前引　在震
有辛風折木有急令下出傷門逢逸士應　在巽
有狂塵自東南来恐有搶擊　出杜門逢網罟者
應　在離有飛煙微繞軍有陰謀　出景門逢棺

村應　在坤有黃霧滿野軍宜固守　出死門逢
少女携絹物應　在中有大鳥過軍上有詔令至
出死門逢樵者老婦幼子相逐而行　在兌有雞
自西飛来助戰我軍吉　出驚門逢車馬損折應
在乾有微風吹旌旗自西北發来軍有喜令
出開門逢犬爭鬭應
兵事分主客
客為主星門為客宮生星門利客門生宮利主宮

魁星門利主星門魁宮利客兩相比和主客勢均一魁一生主客互傷奇儀上魁下利客奇儀下魁上利主甲乙丙丁戊五陽時利客宜先舉己庚辛壬癸五陰時利主宜後動三奇在五陽時利客三奇在五陰時利主仲甲之時刑德在門不可出戰孟甲之時刑氣在內德氣在外主客俱不利季甲之時陽氣在外陰氣在內利客出兵又三甲之時逢陽星蓬任衝輔禽吉陰宿英芮柱心凶

出兵方

奇門會合之方可以出兵若無奇門陽時宜從天盤直符下出兵陰時宜從地盤直符下出兵又陽時地盤水門合天盤三奇陰時天盤生門合地盤三奇皆可出兵

背擊

凡戰宜背生擊死背孤擊虛背雄擊雌背德擊刑背亭亭擊白奸宜坐三勝宮宜避五不擊又宜趨三避五背天目擊地耳又宜背遊都太歲大將軍太陰月建河魁避地丙急則從天馬方出又甲乙日不西攻壬癸日不攻四維丙丁日不北攻庚辛日不南攻戊己日不東伐又不可以囚攻相以死攻生又春不東伐夏不南征秋莫西攻冬無北戰

孤虛

年月日時俱以後一位為孤對冲為虛如子年亥為孤巳為虛萬人以上用年孤千人以上用月孤五百

人以上用旬孤百人以上用日孤數十人以上用時孤坐孤向虛可以取勝

雌雄

春寅夏巳秋申冬亥為雄對衝為雌

德刑

冬至德卯刑酉夏至反是春分德午刑子秋分反是立春德辰刑戌立秋反是立夏德未刑丑立冬反是

亭亭白奸

以月將加正時視神后所臨為亭亭方功曹勝光天魁所臨為白奸方二神常合于巳亥格于寅申合時宜戰格時宜守餘時背亭亭擊白奸

遊都魯都

甲己日丑乙庚日子丙辛日寅丁壬日巳戊癸日申為遊都對衝為魯都

三勝地

直符九天生門也一說大將居直符擊對衝陰遁陰

時宜背地下直符宮陽遁陽時宜背天上直符宮為第一勝我軍居九天之下而擊其衝敵不敢向為第二勝生門合三奇大將引軍背生擊死陽時用天上乙丙丁陰時用地下乙丙丁為第三勝又一說背亭亭擊白奸為第一勝地亭亭者天之貴神可背不可向白奸者天之奸神可擊不可背皆生門而擊死門為第二勝地謂生門與死門相對故背吉而擊凶背月建擊對衝為第三勝死蓋生神隨月建而行其對衝為死神故背建擊衝可以制勝

五不擊

直符直使九天九地生門五宮也

趋三

直使到震宮宜向之一說生炁所在之方不合奇門亦宜趋

避五

直使到五宮宜避之一說死氣所在之方即合奇門

亦當避

天馬方

以月將加正時數到卯位上是

旺相休囚

春木旺火旺水廢金囚土休夏秋冬以此類推

天目

甲子旬庚午甲戌旬庚辰甲申旬庚寅甲午旬庚子甲辰旬庚戌甲寅旬庚申又云春乙夏丁秋辛冬癸

地耳

甲子旬戊辰甲戌旬戊寅甲申旬戊子甲午旬戊戌甲辰旬戊申甲寅旬戊午

太歲

地盤歲支之宫

月建

一名地寶二名小時經曰能知地寶萬事無殆故宜背之

太陰

八神太陰宫也一云即玉女方

太将軍

寅卯辰年子巳午未年卯申酉戌年午亥子丑年酉

時中将星

申子辰日卯時巳酉丑子時亥卯未日午時寅午戌日酉時

天罡時

以月将加用事之時視上盤天罡所臨之方為斗罡方不忌一百二十位凶神惡煞行兵破陣必勝凡用皆吉

假令五月午日申将加午順數至寅天罡加寅宜向寅方出兵大利戰必勝凡事吉

破軍加時法

以戌時加月建順行十二位數到所用之時即加破軍隨破軍所臨之時行九宫順飛八方如得貪武輔

三吉入中宫號為聖人登殿能壓一切凶煞凡事大吉 凡戰宜坐貪狼打破軍若得三吉入中宫為全吉

天營

即天上太歲所臨之下不可犯

四神

凡出陣門勿令魁罡蛇虎四神臨於将軍年命日辰亦須避四神所在尤忌出入

占風

急臨敵時後有風漸急則須速乘其勢若有風從左右或前來急宜勒兵向風來之處必有伏兵

旬中地丙日

甲子旬寅日甲戌旬子日甲申旬戌日甲午旬申日甲辰旬午日甲寅旬辰日將兵者不可用犯之上將死陣

五將方

寅午戌月東方亥卯未月南方申子辰月西方巳酉丑月北方

凡遇敵必審五將所在避之大吉犯之必敗敵若從此方來當引軍擇利便擊之則勝

下營法

三元經曰法以六甲為首十時一易取六甲旬首而推佈之大將居青龍甲也旗鼓居蓬星乙也士卒居明堂丙也伏兵居太陰丁也判斷居天庭辛也囚繫粮儲居天牢壬也府藏居天藏癸也

迷路法

黃石公曰出軍道逢三叉未知何道得通以月將加時視天罡加孟左路通加季右路通加仲中道通

涉險法

三元經曰若涉險危之中山崖水澗之際兵不得移轉敵從利方上來即視天時陽時即令士卒袒前左肩引聲大呼鳴鑼擊鼓先舉而擊之陰時即令士卒

含枚摘鈴靜以待之敵人若四面合圍當分軍為三部一居月建上一居月德上一居生門上大將居亭亭上引兵擊之大勝

出入山中法

伍公曰凡入山以天輔時奇門合處入出山以明堂時奇門合處出大吉

逃避法

子胥答吳王曰凡有急難之中逃避使人家起一團

從青龍上起足過明堂上出天門入地户向太陰到華蓋上出軍戰鬬大勝出行不逢盜賊又曰昔避楚王之難困于王宫不可得出乃在宫内就地畫一子午卯酉十二宫圍從青龍上癸足而走楚兵不見

太陽臨時法

四孟月甲庚丙壬時四仲月乾坤艮巽時四季月癸乙丁辛時

此四煞藏沒之時用之大吉須看太陽過宫

九星吉凶歌

天蓬平穩宜堅固天芮須憂士卒亡天輔遠凶近則吉天柱軍馬近還傷天英兵將何須出亦應危難見悽惶天衝揚威萬里行天禽雄猛敵軍傾天心計客他須敗天任何憂不大贏

甲癸丁己

王璋曰九天之上六甲子九地之下六癸酉三奇之下六丁卯六合之中六己巳六甲為直符即九天也六癸即九天也謂之癸酉者從甲子為言也六丁為三奇之靈六己為六合之位皆舉甲子一旬而言也

行兵禍福

天乙飛宫不宜進兵後應則吉　白入瑩利主熒入白利客　龍逃走雀投江不利于客宜後應　蛇夭矯虎猖狂不利於主宜先舉　大格刑格必敗　直符是庚又宜避丙丁之宫此是格勃非回首也　陽時要天盤强陰時要地盤强　反吟有吉格亦宜進

兵當乘亂砍殺　伏吟宜藏兵暗地使敵人入我伏中要擇九天開門直符下出兵　回首跌穴三詐九遁之類忌忌下尅上　時干尅日干主下犯上主勝客　奇儀相合安營最利　立寨須看六庚與元武所臨之宫主有刼營之賊所遇無非奸細　陽將陰神若遇兩重元武賊必來偷刼乙加辛賊來偷刼必自敗而還若乙得旺氣此一路必有伏兵　虎猖狂若不會合驚開二門不甚為害　龍回首主兵大利

客亦不凶　丙加壬亦有文書牽纏遺失　六儀刑擊最凶雖使六儀為直符亦不可用　三奇入目百無一成　刑格大格小格遇此者車破馬倒慎勿追趕反招其咎　天乙飛宮切勿進兵　天乙伏宮須移帳丙丁方避之　飛宮則將軍當隨天子直符而飛伏宮則將軍當隨天上直符而伏　天矯不可對對敵宜移帳到戊己方　六合臨主敵有人降事必成就　交戰最利傷門　景門勝而不久　休門止

宜堅守　白入熒偷來偷營即伏兵于此方迎戰　熒入白凡遇賊兵即時發兵少遲則讓賊為客反宜避之　置陣之法用本日日干之五行甲乙為直陣丙丁為銳陣戊己為方陣庚辛為圓陣壬癸為曲陣

奇門大全卷五十四終

御定奇門大全卷之五十五

寶鑑摘要卷

奇門提要占地理法　造宅三白同

地理有形皆有法分門定局預能明相生圓活並長厚相剋尖斜淺狹輕天蓬方滿帶奇形天任高岡嶙路深得遇奇門園徑在相逢凶格擬墳墩天衝樹木多叢雜天輔三入近閣亭天英窑竈兼枯澁廟宇溪滿在芮禽天柱橋梁并曲徑園林寺觀和天心休門

潦水井泉多道路橋梁生上過傷門鬧市兼亭院杜上斜鈎曲澗波景上錦綉真罕見四圍土阜有山窩死門山野兼林木苑囿長堤對酒壚驚門灰塹兼穢污開處通衢入畫圖射地高低與短長且將符使細端詳旺相得時加倍算休囚失令照尋常門迫受傷因減數路途遠近有規方錙銖瓦鑠穿物色更把天星合地詳傷衝大小兼三四杜輔中分五六繊休蓬一六為數先生任排來七八間惟有景英三九數芮

禽死使二使連驚柱数中應二七開心六九勿虛言
休囚旺相從心谿雖得千金莫浪傳六甲直符甲丙
生穿地黃元物色新加休土塊深青紫開若逢時見水
津加驚壕塹疑堅石死加多年骸骨深加景黴塵兼
灰土杜門摯甕與磁荆傷上一宮殊物異遠年朽木
地煤炕丙加符甲在闢門地色紅黃霧紫勝休門有
水多漂白生上頑磚及古墳傷門枯木兼藤蔓杜上
禽毛氣赤清景門龜板泥杜壑死門布帛賤衣襟驚

上鎖匙應鉄索傍邊兼有石灰瓶丙丁如加天任宮
土中沙起色黃紅衝星若也来相遇蒲包草席有形
踪輔星繩索有連鈔莢上加之器是鉱芮　禽穿下
多文墨更有車轅與草茸天柱臨之有貴物非絲非
帛擬錢蒲天心奇物嫌投墓陸壞財錢未落空天蓬
沙走泥無寔如掘淵泉水溢衝丙己加生土色黃如
加傷位色如糖杜門碧綠還兼紫景上班班點血蒼
死門乱石兼磁器土色元紅不是良驚門如有明窓

亮輕浮白色是闢門休門色若汚泥黑再看天星辨
隱藏丙加庚上熒入白八位移来有凶吉休門不可
例言凶蓬景之宮非吉傳加生怪石勢嵯峨加震穿
尋多髮積杜景鉄鎖與香炉加死尸棺有朽骨驚門
灰爐及飛沙玩器巾環開上集庚加丙上白入熒闢
上加之不一同簪頭器皿並鈕扣土色穿来定赤紅
休加土色如牲血斲筋盃盤在艮宮傷門狸洞兼蝌
蚪杜上青森亦草蟲景門乾燥如螺蚌死上絲羅不

尚空驚門枯井堆磚礫此格由来多咎凶青龍逃走
乙加辛闢遇柔龍擬寶珍休門土血藏牲骨生艮黙
啄是羽鱗傷門遇遁多清潔菓核胡桃在杜門景上
蛤蜊兼骨梗死門旺相小尸靈羊角如鞋驚上得更
兼蛋殼應如神辛加乙上號猖狂生杜宮中仔細詳
七八局中如合此回凶轉吉不尋常辛乙加傷土色
青地中虵穴洞何深景門槁木并盔甲黃土沙泥在
死門驚門鉄甕多白色刀柄槍頭闢位臨休門騾物

兼毛骨生杜門中地可欽癸加丁上蛇夭矯若遇休門氣漸消門門物貴形如朽驚上川流水自溜死門畜骨堅牛骨景得奇門有兔毫杜門樂器兼鈸昂傷自木魚不可献生上一宫無外物木踩毀折破磁稍朱雀投江丁加癸如加死上古墳基驚如加水溢泥無開上穿來舊石灰休門擬有頭枯骨生上逢之死犬貓傷門墮板無釘釘杜有山林古石碑景門錦雉真文彩土色紅黃地穴奇

奇門提要占人物法 造宅白同 三

若占來者是何人但看直符飛與臨六儀三奇相互換何宮何地細穿尋甲子直符加艮方天星六丙下來藏吉格之中龍返首貴客來時看紫裳甲丙同居在震宮衙門官吏貴人從甲丙如居巽位上長者仙手及釋翁離位景門居甲丙武官邊士論英雄坤死如逢甲丙者帶孝儒家醫與同驚門甲丙來相遇作樂謳歌俳相公開門如遇加甲丙高貴緋衣命僕僮

青龍返首加休坎貴人酒醉氣何弘丙加甲子直休門騎馬高人近水津飛鳥跌穴居生上小貴拏拳打老人傷門丙甲如加遇僕執花箋請貴親杜門飛鳥居于上長女穿藍抬轎行景英丙甲無門迫華麗衣人暗倫兵丙甲如遇坤死上老人乘轎會親情驚門丙甲媒人氏從役相隨鼓樂新惟有開門加丙甲馬嘶人喊振紜紜直符甲戌乙奇臨得使之時有吉星如在死門為入墓帶孝陰人手捧心乙巳驚門猶不

可蒙童幼女口相爭開門乙巳如臨位貴客長鬚像道真乙巳休門如遇此外方來客裸形行生門乙巳如逢遇未冠童生面帶村乙巳如傷傷位上負包醫士答鄉民杜門乙巳逢相尅道姑扶鉢過門庭景上如逢乙與巳手持花草是庖人甲申直符加丙奇熒入太白不相宜休門醉客多狂士詐侮顛狂近水涯加艮生門渾不吉浪子拏拳打小奴傷門熒白來逢遇撒髮披頭硬漢欺丙丁臨杜無門迫方外僧人化

線衣景門此格如來到破服漁翁貴蚌歸熒入太白
逢坤地抬轎扛盤是脚兒兑上相逢庚上丙賣糖老
漢女男呼開門熒白來投墓老漢呼童倫馬騎六丙
月奇符甲申隨奇甲丙不奇門縂遇休門非吉兆生
容相争利鬧門太白入熒在傷門屈足跛人路上奔
杜門庚丙來相遇寡婦稀毛頸若僧離宮庚丙不宜
來咳嗽胸中不暢懷更遇天星元武集麻人瞽者莫
疑猜死門庚丙來居上大腹無錢一老歎驚門六丙

裝庫下好唱優人腹有才太白熒惑逢開地老者抱
胸欺小孩坎休宮中加白熒丰姿俊雅喜形骸生門
太白入熒惑踝體村夫東北來甲午直符乙奇臨逃
走青龍非吉星加在休門為雲遁年邁儒家氣象淺
加艮合生為虎遁九流高士半虛名傷門遇此龍逃
走草莽村人頂幘行杜門如此為風遁燃燭燒香一
善人景門龍走非為吉放潑牙行及眾羣乙辛加在
死門上扒灰者老者執油瓶驚兑之中龍生脚謳謌妓

女最娉婷開門甲午如逢乙穿畜屠沽衣襴身日奇
之上六辛符白虎猖狂凶事多雖在艮宮成虎遁如
穿人物像風魔傷門符到虎猖狂鼓樂喧嘩仔細詳
九天若也相逢處掌理陰陽吉可藏白虎猖狂加杜
門負包挈累女逃身景門如逢六辛乙悍女將來採
鬧親辛乙加于坤死內牧牛稚子涉前行虎狂發縱
居驚上婢遺小女駭門逢開門如遇辛加乙近宮騎
馬急如星坎休白虎猖狂至將背稍拳是棍人六癸

加丁蛇夭矯門符雖好不豐饒開門近貴兼奴隸急
急忙忙不憚勞休門六癸加丁上買酒孩兒跌下橋
螣蛇夭矯生艮上乞兒負藥負皮毛傷上癸丁加九
地木工汲水醉醺醺六癸丁加杜巽上禪詞女輩甚
風騷景上癸丁如遇此紅眼佳人笑倩嬌癸加丁在
坤方位使老婦簪冠穿道袍驚兑夭嬌丁癸上盤頭孩
子賽酸騷六丁加癸甲寅符朱雀投江氣不舒不遇
昭明多損失舉止雖遠莫遠逸坎宮丁癸直符休婦

女携兒面帶羞生門朱雀投江至外方丙者手牽猴
傷門丁癸来迫犯作伐渾婆弄舌頭景門丁癸加符
使蝦蟹漁娘連興勾杜門丁癸投江遇賣絹絲羅是
女流驚門丁癸私窠婦滿面腌臢粉與油朱雀投江
開上得換針磨鏡兩相投死門玉女加于癸污穢肩
擔過我眸大格天庚加地癸直符須是甲寅中如在
生門凶屬庫文墨之人禮貌恭傷門大格多顛險役
吏公差往向東庚加六癸東南杜披髮頑童貌不庸

景門如遇庚加癸眼目昏花侍女從死門大格来經
此老嫗披麻苦與同驚門鼓舌搖唇婦開位倀人面
帶紅休門庚癸来相遇樂道仙翁手拍筒庚如加在
甲辰符上格為灾事莫圖加在杜門庚愈肆弄蛇花
子打頭顱景門上格加于此不飄不鮑一村夫坤在
加如上格在補鍋釘碗一窮徒庚辰加在驚門上擊
磬搖鈴道者多開門上格凶為吉點翠穿花賣貨奴
休上庚辰遇上格賣鹽好漢協強徒生門如此庚辰

遇弄瓦桃磚樵採歌上格如逢傷震位放鵰擊鷹過
我逢乙丙青龍失水逢吉不呈祥凶不凶如加坤死
孀投庫孝服哀武是固窮驚門乙丙遇螣蛇能畫能
詩貴近奢開上月奇来入墓皓首窮儒心自嗟乙丙
加休得水龍風流俊雅在其中天星如遇符六合仕
女歌聲笑正濃乙丙生門亦遇奇失時君子富流兒
青龍失水逢傷震賣卜醫家有望儒杜門乙丙和無
迫花街女子笑人痴六丙時加地下丁無刑無迫正

奇門加在開門飛貴格月奇投户有何欣遊行雖是
宦家子躍馬揚鞭携失驚加在休門奇又合挈榼提
壺是貴親生艮門宫遇丙丁貴家公子謁親朋傷門
遇此為奇特繁雜偏多子弟門杜門六丙逢丁伴女
女男男賭色盆景門武士兼文士傍遇燒丹妖道人
死上丙丁如門迫鄉愚富室遜繁文丙丁驚位如逢
着仕女嬌姿可悅心乙丁逢死奇投庫醜陋陰人無
復新驚門六乙加丁遇艷粧小女哭過門開上乙丁

奇得吉才子佳人會有情休門玉女加六乙貴客同
来探可人乙丁加生奇正得貴公路遇意何深傷門
六乙加丁上巧畫丹青雕筆生杜門如得奇来至美
髯仙家道學精庚若飛来遇直符伏干之隔事多辜
此時利客不利主細詳符使亦無訛加在生門奇不
現擬是挑磚斷磨哥加在傷門庚又尅補鐔箍簡両
相磨杜門遇有庚相犯釘秤緣繩在路途景門庫在
非高出賣紐縫皮打鈇夫死門伏干加非利修網縵

負貸奴驚馬庚伏重金器打錫敲銅決不差開門道
吉非為吉篦頭投脉自經過休門庚伏穿人物摸蟹
淘沙水面波天乙太白皆若是伏干飛干差不多

又占来意法

玉女守門得使奇兼之三奇逢六儀此利陰私和合
事斯道通明宜秘之開休生位六丁来占得婚姻不
許猜更得私私多妙事不然奸女自徘徊傷上玉女
例言凶衙役求醫往向東妻妾必然應病患更逢浪

子帯奸雄杜門玉女不尋常娌妾隨逃在路旁走進
前来問端的令往南方是那方景門玉女事何明女
附男肩會有情更兼酒食多歡暢和合陰私竟有成
守門玉女在坤方孀婦攀門望約郎占事必應妻妾
病一番愁緒一悲傷星奇玉女到驚門男女相争口
舌深雖有陰親何樂處必須心怖事多逝青龍返首
直符開門取行人必定来驚門知有音和信逆旅窮
逢坤死乘景上兵戈多鬬殺杜門祈禱福安排傷門

捕獵應尋物休與生門事事諧飛鳥跌穴利修方移
徙遷居共吉昌傷杜死門俱不利休生開位両修良
丙奇臨戊遇門生天遁月精能蔽形國事功名從此
數陞遷天遁任遊行乙奇臨巳與開門地遁日精能
蔽形田財交易無坟墓家宅移来此位真休門臨丁
與太陰號為人遁得星精合夥求財無外意門迫三
刑是病人神遁生門與丙奇九天合合始相宜消灾
保福皆能庇積禍殃毋任所為生門九地合丁奇開

上九天乙癸之丙奇加在艮宮內鬼遁名之吉可推遷官納埇并六甲其中從此辦高低龍遁休門合乙奇如臨坎位可施爲造船應舉尋真的試問來人占驗無虎遁乙奇合艮辛無凶無吉在休生步武投戈應過驗傷門訪察事非輕休門開位乙奇辛震上逢之雲遁真乍雨乍晴天氣改異途事業得維新休生生門合日奇來巽上逢之風遁排格安討險爲決勝捕捉逃亡彼已乘三奇會景合九天天假禎祥格自

然憂處勿憂多喜信全生避難事無愆丁已會合杜門中更得三星天隱宮財貨不愁連價貴乃爲地假妙無窮每事問來多得意失物尋人無影蹤六箇壬符合九天驚門人假妙難言學藝開張皆獲吉如臨門迫未爲安丁已癸合在傷門九地太陰六合真諸事遇之儘有益如占病患不宜侵丁已癸合死門來三隱宮中事可諧占問必財并合夥以凶變吉必生財休門開與三奇得臨着太陰真詐格謀望營求獲大

功彼此相生主勝客休生開上會三奇九地臨之重詐宜參謁異途能進步行藏出入總無虧乙奇加已與加辛得使三奇可問程若問奴婢應納否不然檢一側房人丙奇甲子甲申庚吏役公差到我門雌女雄男皆遁意填房入室喜盈盈玉女得使騎龍虎得寵偏招續後人天乙生門與九天三勝三門吉可言出門從此多生發訪友尋人遇路間天輔時藏有吉星官司宜解罪宜輕甲已日已乙庚申丙辛日下午

支臨丁壬戊癸從辰寅赦宥天恩凶不成月將加時取太衝太衝合處日奇逢此是機關天馬訣行人遷職竟成功有難宜逃往此下如山劍戟總無凶君家如欲合私情須究天三地四門天三月將加時取從魁小吉太衝臨地四月建除危定合此之時私路亨出行并得地私門併照奇逢百事寧借問地私何處起天乙貴人加貴人冬至順行陽順數夏至逆行陰逆行六合太陰太常處此是地私多吉星已上吉格

十有八決人來意細潛心青龍逃走乙加辛失脱逃亡問可尋白虎猖狂辛遇乙官私户役可藏形朱雀投江丁向癸雞鳴飛怪抑何深螣蛇夭矯癸加丁不問更移是病人丙加庚兮熒入白交易之中口舌深庚丙太乙入熒惑盗賊蜂攢在那村庚加日上伏干隔承繼招嗣意有成庚加天乙為伏宫更改移居不一同再臨門追言身病白手求財總是求飛宫之隔符加庚出險飛來一怖驚庚加六癸為大隔遠望行

人未轉程庚加六壬為上六甲生男乾坎尋庚加六已為刑隔加景來人擬吉人丙臨日干勃隔是新娶妻房是二婚庚加太歲為歲隔日月時中總忌庚天綱四張時上癸舉行行藏必昧心此是奇門入髓訣克已窮功應若神

奇門壹占

占雨（按此占法頭緒繁雜不如元機賦之明簡）

凡雨占雨以天柱為雨師天英為閃電天輔為風伯天衝為雷祖天蓬為水神為雲霧壬癸二干亦水神也大抵占雨不外乎此　如天蓬遊于坎艮兌震乘壬癸二干或天柱乘壬癸二干遊于坎兌震三宫或天衝乘壬癸二干或天柱壬癸二干雨也　又如天英天輔所落天上宫尅地下宫者必然風雲雷雨交作又看所落的宫分是何干字以定日期與直符近則雨速與直符遠則雨遲遊于坤二宫主密雲不雨即遊兌坎震宫而不乘水神亦無雨也　如天英臨日干時

干主晴天英與天衝合尅日干時干主雷電交作

假如陰遁七局秋分上元癸未日子時占天衝為直符（秋分上元甲寅癸在二宫）上乘六壬下臨地盤天衝亦有壬字上下皆水木之神壬子時干天柱七宫為直符主當日雨（法曰秋分兌上起甲次第數云則壬至七宫故又曰天柱為直符兌坤相連故日當日雨）

假如陽遁二局丙申日辛卯時天輔為直符臨坤宫是風伯所落之宫又天英到兌七宫是閃電所落之宫天柱乘六癸加坎宫得乙干天衝加離九宫與天

柱相對主雷電風雨並作應于六七日與直符遠而期遲也

假如陰遁一局乙酉日辛巳時天英為直符到兌宮天柱乘六辛到坎宮天蓬乘六戊到震宮雖遊于有雨之宮但所乘不得水神主無雨又天英火神尅了時干乃用直符為用神尅時則主晴矣占雨之法難盡述大略如此

占晴

凡占晴以天輔天英為主蓋天輔為風伯天英為火神也雲雨以風而散以火而晴如天輔乘旺相落三四宮或尅日時干者亦主晴大抵元武白虎主雨再以頂盤貴神兼者無不準驗其日期亦以火神風伯所落宮分係何干字定之

假如芒種中元陽遁三局己巳日丙子時天輔為直符乘六己加坎天英乘六丁加艮頂盤如是螣蛇皆火土之神且旺相臨于六癸之上主癸日晴

大抵定晴雨日期占晴以天英為主占雨以天蓬天柱為主皆以所臨之宮看地盤是何支也占晴以天英所臨之宮地盤之干何字則知其期在何日也占雨亦然

占賊盜敵兵來去

凡占賊盜敵兵來去先分界限冬至以後自坎至巽四宮為內自離至乾四宮為外夏至以後自離至乾四宮為內自坎至巽四宮為外以六庚為敵人敵人

未至六庚臨外四宮敵人已至六庚臨內四宮如六庚所落之宮尅六庚者主敵人安營不穩自驚而退如六庚所落之宮再乘元武白虎天蓬之神主敵人來必（太戰）不勝頂盤得九天則大張聲勢鳴鼓而進頂盤得九地則偃旂息鼓而來如賊已入我境看何日何時去六庚在內四宮主不去在外四宮則去亦以六庚所落之地盤干支歲月日時為來去之期如太白入熒雖主賊來若在外界亦主不來熒入太白雖主

賊去若在內限亦主不去

假如穀雨下元陽遁入局丙辛日壬辰時天蓬為直符六庚加壬也宮在陽局為內四宮主賊來且主壬日或壬時來也此盤三宮乘六壬也又如立夏中元陽遁一局甲巳日乙丑時此時天蓬為直符乘六戊加九宮天衝乘六庚臨七宮為外四宮又是反吟上盤得太陽定主遠去不來也

占賊情虛實

凡占兩家對敵當定主客以直符為主以六庚為客以所落之宮生尅論虛實如賊人來會戰講和納降等情未知虛實看主客之所落之宮如六庚落宮尅直符落宮則其情虛詐如相生定是實情來意不敢為惡如伏吟則以六庚本宮與直符本宮看之反吟來意主反覆無常

假如白露下元陰遁六局甲巳日乙亥時天禽為直符加七宮天輔六庚加九宮是客來尅主來意主虛詐

假如清明下元陽遁七局乙庚日戊寅時天任為直符加七宮天英為六庚加八宮來生直符其情必實八宮之艮土生七宮兌金也

奇門大全卷五十五終

御定奇門大全卷之五十六

寶鑑摘要卷

占伏兵有無

凡占伏兵當以支干直符直使巳申子卯決之先看直使在何宮分之又以月將加本時看上有子卯申巳定有伏兵再旺相帶刑必有大戰如空亾休廢雖來不戰如巳申子卯不（在）直使之上定無伏兵也直符宮有（巳申）子卯一字加在本時之干賊在前加在本時之

干賊在前加在本時之支賊在後以月將加本時支干相復（賊）在當頭寸（路）險（險）處邀截

假如大暑中元陰遁一局戊癸日戊午時此時天禽為直符死門為直使俱加一宮巳申子卯不在符使之上定無伏兵

占陞遷

凡占陞期以開門決之又看太歲月建相生因開門為管掌法印也如開門加生旺宮再有三奇合吉格必定陞轉再遇太歲月建乘吉神來生定然高擢帝廷或有吉格而無旺相有旺格而無吉格或有相旺吉格太歲月建不來相生亦不能陞（遷官同此）

假如六巳年大寒上元陽遁三局丙申日乙未時占開門在七宮開門本屬金七宮兌亦屬金同類助我為相又上有月奇合之又六巳太歲在艮八宮乘天輔來生兌七宮主陞無疑又看太歲宮落在何干即以其干為所陞之年月也或以直符落宮占之

不用太歲亦可蓋銓部陞官為直符之神也

又如立春節中元陽遁五局乙庚日丁丑時開門到九宮火來尅之為囚于鬼也定不陞遷雖直符在坤有生金之象本宮不旺亦無益也

占上官吉凶

凡占上任後之吉凶以上任之時所向之方為斷如衙門坐西朝東即看所得之宮神向西即看西方所得之宮神斷南北亦然所向以得吉格為主如所向

得吉格則終于陞遷不成吉格而星旺主降謫若休囚廢沒者主罷黜有凶格者主拿問如反吟五不遇時及入墓格勃飛伏等格不看方向而知其終為不吉也

假如陽遁二局丁壬日丙午時上任衝門坐北朝南此局六庚加地盤九宮無吉格主降調

又如陽遁四局丁壬日癸卯時上任衝門坐南朝北六乙休門如太陰宮為重詐主陞遷也

占科舉會試中否

凡科舉並會試以日干為士子直符為總裁天乙為房師六丁為文章直符宮尅日干宮（總裁不取）日干宮尅六丁（直使）宮或尅日干（日干尅）六丁宮房師不薦六丁宮尅日干宮日干宮尅六丁宮或六丁宮休囚廢沒俱主題目大難不能得意如直符天乙來生日干六丁又得旺相必中無疑缺一不可（考試同）

假如立秋上元陰二局六庚日丙子時日干在六

天蓬在西（四）宮受日干之尅六丁臨一宮得廢氣文章既不得意座師又受刑尅此時占之必不中矣

占新任官善惡並時處人跟官視此　見貴亦視此

凡新官未到地方人欲知為何處人及心性何如以開門為官星九星為心性天干為分野如開上乘吉星為好人凶星為惡人天輔星心性文雅天任慈善天心正直天禽忠厚天衝風雨（厲）天英昏劣天芮貪毒

天柱姦諉（詭）天蓬大惡甲蠻乙海外或東夷丙楚丁吳江淮南離戊巳韓衛中州河濟庚秦辛華壬燕地癸趙魏

假如大暑中元陰遁一局乙庚日丙戌時占新官上任此時開門加二宮乘天英主暴烈不行正事又會六乙必東夷之人

占殿試甲第　求名者仝

凡占甲第以太歲為主太歲者天子也以月建為主

考日干為舉子景門為策論景門落旺相宮又得三奇并太歲來生日干者為鼎甲不得三奇而得太歲月建來生日干者為二甲不生日干又無三奇者為三甲

假如六戊年正月立春上元陽八局丙辛日乙未時天芮為直符加七宮死門為直使加三宮丙為日干在一宮戊為太歲在三宮月建寅為主考但不生日干在三甲後矣

又如戊年正月雨水上元陽遁九局六己日丁卯時此時景門到三宮為旺方上得星奇日干在四宮月建在乙宮生日干但太歲不生僅得二甲

占歲考等第

凡士子遇考考不知等第高下者當以天輔為文章（宗）日干為士子六丁為文章六丁得旺方更兼天輔來生又得三奇及開休生景四吉門者為取一等文星旺文宗生日干不得三奇吉門者為二等文星雖旺而文星（宗）不生或文星（宗）不（來）生（而）文章不旺僅為三等文星不旺而文宗又來尅辛有三奇吉門者為四等文星不旺文宗又旺（來）日尅（日干宮）又在休囚宮又無三奇吉門者定是五等得死門及諸凶格者定是六等

假如大暑上元陰一局戊癸日辛酉時此時天輔在九宮六戊在八宮丁為文章又為星奇在九宮生日干又乘旺氣定一等又如秋分中元一局丁亥日乙巳時天輔在八宮六丁亦在八宮文星又尅之為三

等

占文宗按臨日期

凡候考不知宗師何日按臨者以天輔為文宗當分內外冬至自坎至巽為內自離自乾為外文宗在內主上半年考在外主下半年考冬至後以十一月至四月為上半年夏至後以五月至十月為下半年更以所落宮分分野以定日期再詳時事以支干配八卦決之

假如大寒陽遁六局丙辛日壬辰時魯地人占考期
此時天任加一宮天輔加三宮在內本宮得丁字丁
為伏（震宮）又為三數至三月為考期矣

占武舉

凡占武舉與文舉不同文舉看文章武舉看武藝以
直符為主考以時干為舉子甲申庚為箭甲午辛為
紅心景門為策論嵩以甲申庚落宮或相衝（尅）為箭中
或相衝為箭中紅心再看景門旺相又與直符相生

者主中缺一不中
假如霜降上元陰五局乙庚日庚辰時直符在三宮
景門在六（宮）甲甲申（庚）在八宮甲午辛在九宮直符宮尅
舉子不能中

占婚姻

凡占婚姻以乙為女以庚為夫如二家落宮相合說
之則成相刑尅則不成矣又以頁盤六合落宮為媒
人六合生乙向女家生庚向男家庚宮尅乙宮女家
畏而不嫁乙宮尅庚宮男家嫌而不娶乙宮
帶擊刑主女性兇惡帶生合主女性溫良庚
帶兇神主夫星暴烈帶生合主夫性溫
厚
假如立冬中元陽（陰）遁九局乙庚日辛巳
時乙在七宮庚在九宮六合亦在九宮同
來尅乙女家斷不肯嫁雖乙庚原有相合
之義而女在金鄉男居火地以火尅金必主

不成況男星又臨死門乎

占求財

凡求財之說其事不一當分體用以生門主
之生門所落之宮分為體生門所落之星為
用用生體則吉體生用則不吉用旺體衰體
雖尅用不為大吉體旺用衰用雖尅體亦無大
害大抵看生門所落之宮分再看上下二盤格局
吉凶何如吉格吉星所求如意有一不吉所求僅

僅半休囚不言所求全無

假如驚蟄中元陽遁七局丁壬日壬寅時生門到坤二宮屬土為体天蓬亦到坤二宮屬水為用䏍来尅用宜乎得財但節在驚蟄二宮為囚且坤中六辛加壬為蛇入獄刑之格安得為吉乎雖日以䏍尅用所得亦微

又如大雪上元陰四局丙辛日辛卯時生門到六宮屬金為体上盤天英為用屬火用尅体主不

得求求財之說是無中生有原未有財而欲去求之未知其得與否也得財之說是吾所本有之財或應得之財但未知何日到手占法亦分内外以時干地盤為主以甲子戊為財星蓋甲為青龍青龍為財也若時干在内地甲子戊亦在内地此為為將到手之象其得甚速主在頭半年内又以本宮所得何支定其月期與日期若時與甲子戊俱在外地主後半年得若一

内一外主年内不得值反吟伏吟亦然如甲子戊時干俱合吉門得財更速

假令立秋上元陰二局甲己日壬申時占此時時干在七宮為内甲子戊為青龍亦到七宮與干同宮俱在内地主在頭半年内其期甚速甚準又又七宮為兑干支為酉于月為八主頭半年八月到手也

占詞訟

凡人爭訟有心中不平先告人者亦有被人所告而求伸理者大要以開門為問官直符為原告天乙為被告驚門為訟神開驚二門俱尅被告則被告敗俱尅原告則原告敗一尅原主一尅被告則（開門生尅被告亦然）二家俱敗開門生原告而驚門尅原告勝敗平等以直符天乙之旺相為勝休囚為敗若直符生天乙則原告和天乙生直符則被告求息不必以驚開二門定勝負矣據以落宮決之

假如立夏下元陽遁七局丙辛日乙未時天蓬為直符加六宮天心加七宮驚門在四宮此時兩家俱不得驚門之力而受開門之尅且俱在囚地主兩敗俱傷俱落金鄉故也直符落六宮乾金也天心落兌宮亦金也有比和之義故均不得勝而求和也

占走失

凡占[走]失人口奴婢頭[六]畜未知向何方找尋并得與不得者以時干為失主六合為逃亡之物俱以落宮論之以六合與時干落內外遠近為斷時干六合俱在內易尋俱在外難尋若時干在外六合在內易尋若時干在外[內]六合在內[外]易[難]尋以六合所在外六合在內易尋以六合所在之宮為方向如得旺相之星又得驚死景傷四門者可得得九地太陰有人潛藏九天遠去武[玄]武被人盜[去]騰蛇有人盤詰羈縻得朱雀有信得勾陳有內人相勾引而去

假如大寒中元陽遁九局乙庚日庚辰時此時時干

到三宮六合在坎一宮占人與物俱在內又六合會坎宮有人潛藏主不失

占捕亡

凡緝捕以六合為逃人傷門為捕者六合生傷門宮自歸尅傷門宮不獲傷門尅六合宮易獲生六合必有賄賂傷門與六合同宮有欺蔽又六癸為天網人在網中必得天網在一二三四宮可獲在五六七八九宮不可獲又陰時可獲陽時不可獲又太白熒[惑]同宮必獲

占失物物

凡占失落金銀財物等件以甲子戊為財物如見元武主人盜去不見元武主自己遺失元武尅青龍宮青龍生元武宮定有人盜去又以六甲旬中空亡看之如甲子戊落在空亡之處或自己[遺]遺失或被人盜去俱不可得如問失落何處以甲子戊所落方向定之如在內在宮中在外 主失落甚遠又須定其所在

以落的宮卦体象斷之如艮為山為少男為東北震宮為木為長男為正東之類論得期以地盤支于日決之如有元武有盜者以元武落方定賊所在之方陽星為男人陰星為女人又以元武天盤地盤支干決賊人衣服顏色

假如大暑中元陰遁一局戊癸日壬戌時此時甲子戌到三宮不見元武還是自已遺失在于東方又不見空亡以震卦體象找尋逢卯日得之但甲子戊到三宮為擊刑亦傷損也

占壽數　命運同此視生門為生旺

凡人欲占壽數修短者以天衝死門決之蓋天衝三宮之神為生氣也又五為死氣也又以九十歲為率每宮十年如天衝帶旺相一生無患若有休囚廢沒一生常有坎坷占者將已經過壽數除訖以所得餘宮歲數論斷陽遁順行九宮陰遁逆行九宮年至三旬而得四數者除三十尚有十年之壽年至六十而得九數者除六十還有三十之壽餘倣此

假如大暑下元陰遁四局甲巳日巳巳時此時天衝在八宮死門在四宮陰遁逆行自八數起八七六五四共得五十數年至三十者除去三十還有二十即壽至五十也

又如大暑下元陰四局甲巳日庚午時此時天衝在九宮死門在一宮自九逆行至一得九數年六十得此者還有壽三十年即壽至九十也

占修造　宅舍仝此

凡修造以生門為主必全合吉日辰又得生門在此地基上又得吉星吉干為上宜修造生門會天禽此時在中宮亦吉若修方生門在其宮宮門不迫亦可不忌

占田禾

凡占田禾收不收以休門合于木土之上吉更得三奇及干元見合則有利又天任落艮震主豐再得青

龍六合功曹太衝主四民樂業若不落艮震主年
歉再以貴神月將分旱澇如天任所在有蛇
雀巳午天空太乙主旱傳送天后主澇又生
門主麥傷門主穀看三奇太常功曹貴人在
在生門則收麥在傷門則收穀

占官事催提緩急

時干直符為巳身為官宮長六丁為公文直使為公差直符
宮尅天乙宮六丁臨于内地其提緩直符尅生

天乙宮直使臨于内地其提急再有擊刑則
来意惡有三奇則来意善若相生公差與官
長見喜相尅見怒又看六庚庚為天獄落休
廢易結旺相難結

占刑獄重輕

以本人年運命並日干宮上星旺門吉有三奇吉格者官
員降調庶人罪輕星不旺相有三奇吉門并諸吉格
或無三奇得吉門並諸吉格星旺相者俱主罪輕法

及巳身有三奇格格門不吉星不旺相或星旺相不
得吉門三奇者主罪重星不旺門不吉格局凶又無
三奇者主大凶若本命日干再犯擊刑者有
刑罰之苦也

占興訟或呈狀准不准

丁為朱雀為訟神朱雀落陽干之宮又落宮與天獄
相衝或乘景門其訟必興若落陰干之宮或投江入
墓者不與又臨旺相之宮其訟大起落囚休囚廢沒者

必結而訟不與大凡呈狀以開門為官長景門為文
狀開門宮生景門宮吉景門宮生開宮不吉景門宮
尅開門宮吉開門宮尅景門宮不吉休囚廢沒尅開
門不吉

占罪人開釋

地盤六辛為罪人上乘吉星吉門吉格再尅開門落
宮或與落宮上相生合者其開釋必速不倫者少遲
若開門落宮尅六辛落宮再得休囚者牽纏又天網

伍則不開網高則開

占罪輕重

開門為官六辛為罪人六甲旬中六壬為天牢若必開門尅六辛宮辛上又有六壬臨之防有牢獄之災二者缺一亦不為害又壬字不止甲辰壬凡六甲旬中六壬時皆是如甲子旬中壬申時即申為天牢甲戌旬中壬午時即午為天牢餘倣此必天盤上尅六壬所得之支再得開生二門者吉

占出獄

壬為牢獄看所加之地盤干為罪人必地盤之干尅六壬所得之支又得休生開三門者得出以受尅之日為日期必得六丁時或六丁落宮生囚人之干方看休生開生三門、

奇門大全卷五十六終

御定奇門大全卷之五十七

寶鑑摘要卷

在外占家中安否

以日干為主十干長生處為家如甲干則甲木長生在亥亥寄于乾必乾宮地盤中無凶星凶門凶格等家中平安有凶星凶門凶格者看尅宮何干以日干六親決之年為父母月為兄弟時為妻子也

占店主善惡

時干落宮遇蓬芮英柱俱主惡人餘五星俱吉落宮尅時干主有侵害時干落宮遇三奇吉門并諸吉格者雖有惡意亦不敢害如無吉格但乘旺相亦無害如時干得休囚廢沒并凶星者當有侵害、

占遠信

六丁落宮為信時干落宮內外為遲速臨外信遲臨內信速丁奇受制休囚輕信則遲重則無信朱雀投江無信蛇夭矯來遲六丁帯三奇合德有喜信六丁

帶擊刑有凶信投江在內亦無信庚格亦然又景門臨于本人所居之地甚信甚速如人在北方占南方信息一宮得景門主信到如人在南方占北方信息景門在九宮信到餘倣此

占道途吉凶

以時干前宮看天蓬為賊盗時干所落前一宮(位)得天蓬為賊盗如無者不遇再看時干所加本宮得三奇吉門并得旺相及諸吉格者不妨

占請人來否　請醫同此　尋人亦同此

請人方向地盤干尅天盤干地盤星又在內界或所往之方得開門則來如上尅下地盤星在本方宮及不得開門主不來所請方不落空亡得日干(格)者來

占行期

占出行或被牽纏不能擺脫或被節制不能自由或猶豫不定時干為起行之人日干為牽纏節制之人開門為起行之期若日干尅制時干不能行時干尅制日干即行日干上下皆有來尅者得行若猶豫者看時干在外為去在內為不去俱看開門落宮下得何干以定其期

占登舟

震三宮為船天盤所得之星為船主之善惡得輔禽心三星為上吉任衝二星為中星得(英)芮柱蓬為大凶其船不可登

凡占水休門之下見申酉為江河見小吉為井太衝

為池塘

占招贅

女招夫須天(地)盤六庚宮生地(天)盤六乙宮庚上得祥星(吉門)星宿主夫性溫良兼得長久得凶星不利如男求婦者須天(地)盤六乙宮生地(天)盤六庚宮可成　如嫁娶則以乙為女庚為男兩宮相生比者如期嫁娶相尅害者有遲延又丁丙加年月日時干年月日時加丁丙者亦主遲延也

占交易　夥計田產仝此

直符為買物之人生門為所買之物生門落宮為物主門來生直符其物得買有利益門與本落宮相生為物主相戀其物难買相尅則难以成交直符得相生生門客利賣者生門宮生直符宮利買者凡欲買物彼賣主之方得吉格者有利得凶格者其物不堪彼買主之方得吉格者相安凶格者尚有煩惱、

占貿易　生意謀望同看

生門落宮生旺再得吉祥星宿及三奇飛鳥跌穴等格主買賣興隆如不全者平常落空休囚凶星再有六庚加巳一切凶格者主大不利得天衝宜于春夏天禽宜于秋冬餘不利、

占見貴人

休生為主與三奇會則吉與日干相合則貴人喜悅而有酒食財物開門上亦利于求見餘門　星干不美、

占定一歲豐歉

俱于立春日某時交春、看九宮以分九州、視九州有何星奇即知之、坎一冀州、晉魏分、艮八兖州、韓鄭分、震三青州、齊分、巽四徐州、魯分、離九揚州、吳越分、坤二荊州、楚分、兌七梁益州、衛分、乾六雍州、秦分、中五豫州、宋分

天蓬所臨之方主瘟瘴皆作百姓流離夏水漂沒奇神救之減半、天芮所臨奇神加之人不為灾七分

收成若加凶宿人瘟物死五穀不登吉奇加之五穀半登惟宜果寔春夏人物灾傷、天輔所臨在吉處五穀大成人民安樂若加凶宿主大風水溢損傷人物、天禽所臨有吉宿者主五穀大豐人物蕃盛若加凶宿主長吏不寧貴人移動夏多瘟疫、天心所臨有吉宿者主秋熟長吏貴人頻受恩喜凶宿加之春種雖多夏秋水澇、天柱在吉處半熟人民瘟瘴加凶宿有蝗虎流大為灾秋冬尤甚若有三奇制之

必有德慶、天任所臨大有吉慶奇神加之主生芝草祥瑞及賢人在位凶處五穀半熟人雖災而無死、天英所臨亦為祥瑞得生旺地五穀熟人民安長吏有安慶在尅處凶宿加臨主旱澇災殃春種夏多枯死、天乙所在之宮其歲多生貴子或值大比必有上第一甲者、

占放借債、

天乙為取財之人直符為財主生門為財神各以生尅旺相論直符尅天乙宮吉天乙尅直符凶天乙生直符吉直符生天乙凶生門與天乙同尅直符其財盡失同生直符子母俱全生門與天乙有一生一尅不全而遲天乙財神得休囚氣雖生直符終不能全得或主遲滯、天乙乃天盤上乙宮

占索債

傷門尅天乙宮去人實心去索天乙宮尅傷門彼必爭鬬不服傷門與天乙同來生直符子母全獲同來

尅直符不還傷門生直符尅天乙還生天乙尅直符不還天乙旺相尅傷門雖有不還休囚生傷門雖無錢必還若天乙乘庚辛來尅直符必有經官之事直符尅天乙乘六丁或景門加三四宮亦有經官之事甲子戊會開門加内地時干其債速還、

占合夥

地盤生門為財主天乙生門落宮為夥計地盤尅天盤不成天盤尅地盤及天盤生地盤俱不利地盤生天盤方有利益、

占官事牽連

本人日干為有事之人庚為天獄辛為天庭壬為天牢本人日干以地盤為主上三凶煞以天盤定之犯一星與天盤日干同宮定有牽連再有刑擊定有刑罰得天網有枷鎖臨身再有凶格等煞連累甚重若有三奇吉門并吉格無碍若不犯庚辛壬災不牽連、

占訪友

凡訪友以所往之方地盤為主天盤為客要相生合再得吉門去必相遇若相尅又無吉門則不遇庚逢年月日時格亦不遇、

占病死

凡占病以天芮為病神生死二門為死生本年干落宮得生門不死得死門难愈若年命休囚廢沒再有凶星凶格大凶餘六門亦只主纏綿以天芮廢沒之

月為愈期占父母病得(值)年干入墓同類病得(值)日干入墓兄女病得(值)時干入墓大凶又凶星凶門加病人年干更無救神亦凶若凶神加奇門上下二干相救可死中求活若三奇吉門吉格更上下干有合雖不服藥亦可、

占胎孕

凡占孕男女產育难易者論坤卦坤上所得之門為胎天盤為產室產室尅門子不育坤尅門胎不安門尅坤宮孕婦長病天盤尅地盤孕婦不安得門屬陽為男胎陰為女胎如伏吟為子戀母腹胎雖穩而难產見白虎為血光神其来(産)甚速門到坤宮為(若)入墓必是死胎天盤為(若)門宮二者之墓不吉為坤之墓不利母為十門之墓不利子如有三奇必有(育)好子也、

占分居

坎離二宮為陰陽分位之始自十一月至四月為陽以坎艮震巽為內離坤兌乾為外五月至十月為陰

以離坤兌乾為內坎艮震巽為外以年(干)為父母月(干)為兄弟日(干)為己身時(干)為子媳按本局中支干推之如俱(在)兩處為分居一處為不分居以宮分支干照歲月定日期以旺相休囚定吉凶、

占遷移

凡遷移方上有三奇吉門再得天禽四季日皆吉天輔春夏大吉天心秋冬大利其餘星俱不利各以来占時看何星為天乙定之、天乙即直符也

占行人

以本人年命合當時局中支為行人以支宮為宅舍左右為來遲速如占東方之人得西方即來北方不來南方在路其日期以地方遠近旺相決之如行人是甲子生在南方若遇坤兌乾三方將來遇坎即至若（遇）艮震巽三方又前遇尅我之卦半路有阻再帶（看）吉凶神煞以定安危又天蓬天芮俱主行人千里外者看天蓬千里內者看天芮時下得蓬芮為來即以時干為來期伏吟不來反吟為來三奇吉（門）為合于行人年干之上即到凶星（凶）門此人必有妨礙不來又年格年來月格月來日格日至時格時回

占回鄉

凡人久在他鄉欲回故里未知得回與否及何日得回以本人年命占時入局中如人已在外方占時其年命已落內界主回以地盤支干定其日期如其年命落在外界雖有心回終有（須）牽纏不能回家上得吉

門吉星回家平安上得凶星凶門回家有事

占同伴善惡　差役視此

凡出外途中遇人同伴不知善惡之（占）地盤時干為己身看上得何星臨之如得禽心衝輔為善人如得蓬芮英柱為惡人再得旺相而時干又居廢沒之地主有侵害時干旺相凶星廢沒不敢害俱得旺相俱得廢沒亦不能害如凶星害時干得休生開三門并三奇及一切吉格主被害中有生意時干旺相得刑格並一切凶格雖有侵害亦無妨

占捕盜

天蓬元英（武加宮）為盜賊傷門宮為捕人時干宮為物主傷門落宮尅天蓬元武宮易尋時干宮再尅天蓬元武宮易捕若傷門宮生天蓬元武宮不能捕捉天蓬元武來尅時干傷門與（難捕）天蓬元武同宮時干再尅捕必不（易）獲天蓬武（元）武同宮兌羽必衆如旺相則难捕休囚易獲隶六庚為大盜不然為小寇天綱低則可獲天

網高而不可獲、

占行謀害

庚為仇人甲為己身庚金落宮尅甲落宮有謀害甲落宮尅庚落宮不謀害甲落宮受擊刑有害若旺相雖擊刑不為害庚金上下二盤星宿皆来尅庚及甲中作直符須不能害

占遇難逃方向　投主看此

凡有危難逃避者不知何處可去當看杜門六丁六

己六癸或六合天上太衝及生門所臨之方又看本時時干此數者合一則吉再遇吉門三奇大吉反此不利　避兵看六庚避賊者看天蓬避官訟看六辛時干為己身庚加時干不加內地不必避加內地不尅時干不必避不加時干不必避加時干不尅時干不必避尅時干臨內地加時干當避也天蓬六辛同此避仇人先動者為客為陽六丙主之後動者為主為陰六庚主之客占以六庚落宮尅六丙落宮又臨丙地當避或尅而不臨內地或臨內地而不尅俱不必避若六庚乘休囚之宮不必避乘旺相又宮加丙當避主占看六丙亦然丙下臨六庚凡事將退亦不必避、

占鴉鳴

凡遇鴉鳴急視景門在直符前一封迫来臨在前二口舌前三婚姻不然爭講門庭前四鬬毆財利相爭直符後一事涉女人後二欺瞞奸淫後三亡衣失物

吏常看六丙下值何神河魁貴人有災六畜有傷從魁在下寡婦傳音上有吉將酒食邀迎傳送在下人来覓物小吉在下婦人喜成勝光在下徵召懽忻太乙在下大史相尋天罡在下爭鬬訟死太衝在下酒食邀請功曹在下慶賀大吉大吉在下親戚得遇神后在下事必姦淫登明在下吏索公文又須聽聲遇何方隅吉門則吉凶門則凶、

占雀噪

看朱雀所臨下得何奇何門以决其事開門得奇主有親朋至或行人遠歸或主酒食休門得奇主有喜事喜信及婚姻之事生門得奇主田宅財物頭畜之事不得三門及門迫奇墓俱主無所關係更看景門所臨吉格則有喜信凶格則有凶信、

占雪

乾兌二宮主之或天心（心）乘癸壬二宮到兌或天柱乘癸壬二宮到乾皆主雪各以落宮所得之干以定其

期或天蓬直符值使在巽見天罡勝光日破主雪中有雷見后陰元武亥子從魁主大雪朱雀風伯亦主有雪天蓬直符會六合傷門加震主大雪久陰、

占攻城

六庚乘旺相得開門加中五宮其城可克又地盤天禽所落之宮得旺相及吉門者其守將可擒得休囚廢沒及凶門者其守將必死、

占守城

占守城

天禽落宮得生休景門（主）再旺相有六丙其城不（能）克如無吉門旺相再犯天蓬六庚加入中宮不守（可）、

占援兵

凡被攻日久（為其將若六丙景門乘天禽或天禽加在六丙景門）環圍不去六庚開門作敵人以六丙景門合生天禽或在左右之宮必有援兵近而且速離宮若遠則遲若六丙景門得休囚受尅援兵不至若天蓬乘六庚敗氣（為）攻者不克守者可守、

占勝敗

直符落宮為主六庚落宮為客直符落宮尅六庚落宮主勝六庚落宮尅直符落宮客勝又旺相則勝休囚則敗如主客（宮）得景驚二宮或二門與主宮相生主勝如客宮得景驚二門或二門與客宮相生客勝如主客相生必來講和如主客相乘旺相二門互相刑尅其勢相等則兩相恐懼不戰而退六庚為直符即為主客同宮不分勝敗又日干加庚主勝庚加日干

客勝

占聞報虛實

甲乙壬癸四時聞事皆虛憂喜俱無逢戊丙聞憂則虛聞喜則實逢六丁聞喜(憂)無大憂喜無大喜逢己庚聞喜則無聞憂則實逢辛憂喜平平

占賊臨境可居否

直符加時干為動為客直使加時支為靜為主支宮受直符落宮尅之再乘(六庚)元武此城不可居或直使被本宮下來尅上亦不可居或直符宮與直使宮相生比或受刑尅敵來不能取勝其城可守或直使宮神兩相生比者可守無妨

占水陸

坎為水路艮為旱路直符落宮被(坎艮)生財吉被(坎艮)尅則不吉又(直符與)休生(兩)所落之宮(相生)亦可出行

占行兵迷失道路

凡行兵遇深山大野暮夜三軍迷失道路以三奇定其向或以天罡所指行之百步外自遇大路以月將加本時數去看天罡所在如天罡加仲乃右道通加孟乃左道通加季乃中道通從天罡加方去百步外必逢大道也

奇門大全卷五十七終

御定奇門大全卷之五十八

吉凶格解

釋吉格

天遁格丙生門六丁或加六戊　又開合丙丁三奇之靈六甲之陰如華蓋覆體得月精之蔽其方可上策出征如侯王之權雄鎮天下福慶非常宜祭祀禱天神煉將祭風興雲霧致雨祈晴遣雷電消天灾順星度上表章修身謀計剪惡除凶遠

行隱跡興兵敵敗面君嫁娶求財移徙百事大吉

歌曰天遁幽玄得遇人賢生門合丙下臨丁前如逢生氣所事皆全日祿在中幹事必成日破日鬼萬事牽纏日合在中罪赦宣傳天空在中奏對宜先天罡河魁大吉行船

地遁格乙奇開門六己已六合私門又為地戶如紫雲列障得日精之蔽宜祭禱地神改水開河改造穿井倉庫伏藏玉女助靈履罡而去掃穴推城安營列陣攻敵伏兵藏鋭使鱗甲牛虎狼穰瘟疫戢鬼神作陵苑寺觀居宅絕跡求仙築垣埋墳百事大吉

歌曰地遁功遭必遇英豪更逢朱雀文書遷高天后太陰拾得珠珍青龍風伯風雨霖霖太常太吉龍出山林更加天柱水入州城向陳白虎兵起虛聲

人遁格太陰丁奇休門

太陰〻晦方象莫覩如陰雲障蔽得星精之藏宜

祭祀祈保受道聘賢求將興兵征敵擒兇保社稷和仇敵立盟陰遁伏藏煉丹升壇郊祭保身上官出入納婿安葬造宅交易倍利惟投獻書策不利

歌曰尸氣通靈白虎船沉勾陳朱雀眼見鬼神大吉小吉風雨不寧日祿日合百事光榮風伯雨師雷電山崩魁罡同位灾患相踵

以上三遁出入諸事並吉

神遁格乙天丙奇生門　巽入朝　文云六乙合開

加天心

得靈神之蔽宜祀禱符咒步罡持法建塑開光醮祭其方可以畫地布籌用秘術行法設醮伏鬼神得天神相助造壇場用兵攻虛遣間陰謀秘計密吉

歌曰從魁河魁六合勾陳白茫光出神示威靈劫殺白虎雷電擊入白虎神后天后登明保佑太乙太冲太陰招凶

鬼遁格九天乙奇會開門或丁奇九地會生門在艮　艮入廟

得靈鬼隱伏之蔽其方可以察敵情偷營劫寨設偽攻虛定机藏伏虛詞鬼詐詐設文書驚敵探敵偷營又宜逃隱遣兵當呼本旬玉女符咒布籌步罡而行大吉

歌曰上合天輔百事和欣太冲朱雀書符厭人白虎河魁鬼神叩門螣蛇天罡鬼符人魂從魁勾陳妖邪見形白虎同位盜不離門太陰太乙修整新墳天鬼作虎人死遭瘟陰人為宅神鬼爭獰

文遁格乙奇生門丁奇

宜著詞令　入學開聰慧　應天試科符吉

武遁格丙奇開門六辛

宜封拜習技勇獻策招兵演將出兵坐擊其冲等吉

龍遁格乙奇休門加坎又或六癸水鄉亦是

其方得龍神之蔽宜向其方諸神祇祈雨治水水戰把守河渡設謀机密及江河鎮塞堤河修橋穿井等事

歌曰風伯雨師風雨濕霧日破其中水出山陰青龍神后水聚江津登明河魁雨雲連霽日祿日合求財必毀日刑盜百事虛成

虎遁格乙奇會生門或休門加艮或辛　艮入廟得虎猜守路之蔽其方宜禦險設伏邀遮招安誅斬

建立山寨堵關隘塞路徑又可入山招降亡命撫判逆使伐我伐賊攻寇渡險隘要道潛機大吉

歌曰虎遁雌雄開門庚同如同白虎風起山崩神后玄武刼殺宜攻所為百事喜慶重重月厭在中追賊逢凶日禄日馬財穀豊隆貴人用事戰有奇功為客者勝三殺不逢

風遁格六乙生休開加巽

得祥風之蔽其方可以吸風巽旂幟祭禱風神借

便風出兵破敵行舟得天風之助大勝也又宜祭風壁旂燒刼營寨焚粮草輜重薫布檄令文移順風响應

歌曰白虎魁罡事多靡委天空登明凡事中正蟠蛇入傳沉船壞朱月厭加之炎炎火起刑殺來並傷折身體

雲遁格乙奇開林生加辛在震

得靈雲之氣蔽其方可以吸雲氣噴甲胄宜伏藏變化興雲致迷霧祈雨攝神將出兵吉又宜祈禱修山

歌曰雲遁風會進退不昧生辛加壬上合天芮太乙河魁雲雪如掌塊元武太冲風雨交重勝蛇勝光旱魁為凶日禄在中長天霓虹青龍到宮黑霧迷朦白虎刑冲殺人無踪此時或以射鵰為名令士卒向其方仰望

凡奇門九遁要奇不犯墓門不犯迫方為全美也

奇門三詐戰勝謀筭興兵百戰百勝也百詐為皆利他格止奇門俱到而已此則三門三奇又得之隱宮用之得利十分比他格止得門奇而不得隱宮者大不同也

真詐格三奇門合三奇會太陰

得吉宿之全利宜施恩仁結民心明大義隱遁求仙造塟嫁娶遠行商賈謀望百事吉出兵詐敵一切顯揚俱吉

重詐格三吉門合三奇會九地
得吉神之蔽其方宜進人口納資產取索貨財拜官授爵嫁娶遠行商賈求名出兵遠敵取勝詐謟賊衆又宜收服兵卒護將軍籠人術吉
休詐格三吉門合三奇會六合
其方得善人之蔽宜嫁娶求財遠行合藥治病禱邪禳災出兵詐敵擒凶收降無叛吉
以上三詐宜拜官受爵面聖奏請陞遷出行移徙求名婚嫁修造謀望商販冠帶干謁添丁百事大吉

五假論萬事亦可迪吉況得三奇一切營為神妙莫測奇門五假各隨所宜取用其方大吉大利
杜門景死驚傷五門合乙丙丁奇神及己壬癸三儀更逢九天九地太陰六合四吉符其方無尅賊有旺相之氣並為吉也
天假格九天三奇合景門
得福人之蔽三奇之靈乙名成德丙武名威丁為喜吉隱佑神也宜陳奏利便獻謀進謁面聖謀望千求及出師揚兵示威冲鋒突陣將計就計誑賊取勝
地假格九地丁奇己癸合杜門或六合太陰亦是或加三隱宮得隱神之蔽以六己及地戶獨出獨入無人能見六癸乃天藏華盖其出入無人能視宜潛伏安營遣人散謠言行間諜藏形探密事偷營等及為陷坑

經曰會九地宜匿形伏兵會太陰宜遣人探事會六合宜遁跡
人假格九天會六壬合驚門
得天神之蔽宜捕捉逃亡更值庚加丙賊在其下必獲又宜伏兵邀擊及設謀勾詐使人詐降或偽書招誘妖誑敵人遮掩變易劫寨偷營衝鋒追攝開訟移徙吉

神假格己癸會死門合太陰九地六合或丁奇得地神之蔽剩塟埋捕捉隱密事立卷詐亡匿死立神師假神道神語神物攝服人心敵衆宜伏兵潛隱合人心不知敵不敢侵誅凶伏及除害陷計中不竟捕賊行刑匿亡詐死埋塟吉

物假格六合太陰白虎丁己癸合傷門

宜假物器具營室招敵如孔明假獅象船具草人虛狂恐敵等事又宜埋坟塋求財交易無會並吉

奇門得祿格

歌曰祿甲在寅乙卯宮丙戊巳加庚在申丁巳祿來三勝宮（九天直符生門）干上起壬歸亥上是行程癸當處子辛從酉此順

天馬方（月將落時取卯落位）隨時發祿名

天三門（月時加時取卯未酉落方）宜上宮封拜求財謀望造塟出行應試置產借索財物吉

地四戶（月建加時取除危定開）

地私門（天乙貴人位上加貴人冬至陽順夏至陰逆取六合陰逆也）

三奇門　天乙合地庚　天丙合地辛　天丁合地壬為百事大吉

奇門遇馬　天馬正七年　順六陽位是也

奇門臨時支馹馬之宮馹馬正五九申二六十月巳三七十一寅四八十二亥

宜遠行有進益之喜得人助力上官赴任加秩出戰有功逃避難罪得脫求望順利百福亨通惟捉捕不得

奇門逢貴格

甲戊庚牛羊乙巳鼠猴鄉丙丁猪鷄位壬癸兎蛇藏六辛逢馬虎月將覓貴方

奇門合時于貴之宮宜謁貴亨榮求名得官上官襲爵出行遇喜求財如竟嫁娶榮昌造塟產貴子出科名百為俱吉出兵收功

天地奇儀合格天上六戊三吉門加六

宜謁貴受封覲君訪王投書謁將師訪客婚姻拜會合謀夥伴結交求望和仇解怨撫叛招安求將

日月合明格乙奇三吉門加丙奇
宜上官求財科試求醫謀望謁貴訪賢招安合謀
同伴尋師和事交財合夥嫁娶造葬移徙吉
龍騰碧海格乙奇生門加坎
玉兔飲泉格乙奇開門加坎
宜上官應舉求賢見貴出行造葬謀望求財凡百
吉
鳳入丹山丙奇臨艮開門

宜上官求財移徙應試出兵凱旋遠行謀望凡百
吉
月朗南極格丙奇生門加離　丙離帝旺子午二時
不可用艮戌寅申大吉
宜謁貴人愛福嗣出兵勦賊求望造葬百事大吉
日麗中天格乙奇生門加午
宜上官謁貴謀望求財試考決斷報兵任將移徙
嫁娶造葬開門放水行師發兵豎旂建營百為吉

玉兔當陽格乙奇吉門到離
凡事宜並陽百為來旺利達興隆兵家行入俱得
勝美
玉兔乘風格乙奇吉門到巽
百事易成力省功多開戰軍雄一可當百天兵下
助順風擊之
玉兔步雲格乙奇入帝旺之鄉乙奇吉門到艮
宜謁貴上官求財決斷謀望等不求自獲俱有意

外之遇出兵得敵糧錙重出征聲遠振方敵人畏
服百凡禎祥
玉兔遊宮格乙奇昇殿歸垣乙奇吉門到震
乙生祿位凡謁見上官求財決科謀望最利有意
外之喜兵得敵糧錙重開疆闢地得人城營百事
和偕
月入雷門丙臨旺沐浴之鄉又在木宮大逢木旺丙
奇吉門到震

凡謁貴上官求名利謀望婚娶移徙造塟如意大雖轟天出兵攻城征勦不戰而服蓋内火銷金助正抑邪退凶助吉凡百興旺也

火照天門格一名玉兔遊天門丁奇吉門到乾

大吉非常三奇斯為最福利便有准凡百謀事去晦就明離良入廟日昇高可望

火行風上格丙奇吉門到巽木宮又生火

火盛生風況臨巽宮風穴乎一切謀為龍動助成得神之助圖求必成出兵天地風雲動色助成破敵勢如破竹罡其宮擊之必勝

子居母腹格丙奇吉門到坤

威德收藏凡事貞益宜行商嫁娶多子息火生土坤土長生之方百凡近小事易于成功兵戰宜淺攻近取〻小冦不宜窮兵遠出大敵姑待勿攻

玉女留神格丁臨帝旺丁奇吉門到巽

凡謁貴上官覲闕求名利謀望移徙造塟婚娶吉

慶重〻兵有神助出奇制勝屢建奇功將卒有慶利益無方凡為吉昌福祥駢集

玉女遊地格丁奇吉門到坤

凡謀望營為俱宜暗圖不必揚聲戰宜伏兵用謀設計詐敵大捷

奇遊祿位格乙合吉門到震丙合吉門到巽丁合吉門到離

宜上官求財祈福謀望晏會凡百獲進益用軍宜打糧草進錙重獲城池

龍虎二符格龍直符與壬加丁為龍符直符與癸加丁為虎符

宜書符祀神驅邪禳鎮則妖邪遠遁祭龍神祈雨應試則吉照禹方照方向其方吸氣一口吹灵符紙上無不灵驗又宜受印纛旌兵符傳令遣兵發大吉

三奇陞殿乙到卯丁到午丙到酉凡此為吉宜舉百

事
天乙時孤格時孤最驗照天乙十干傳
興師從孤出轉虛從入背孤擊其沖之虛百勝
奇符相加格直符使加震：為三甲至丙亦三數
宜舉百事興隆得人扶助
趋三立符格直符加使震：為三甲至丙亦三數
三為生氣凡事宜舉一切謀為大利兵出入利無
碍

遊五直符格直使加坤　五中宮寄坤甲至戊亦五
數
五為死氣符使入五杜塞無門五宮寄坤星辰不
三一切謀為不宜得奇慎用兵入少利宜俟時而
動也
三奇得使格乙逢犬馬丙鼠猴六丁玉女騎龍虎
乙奇臨甲午甲戌　丙奇臨甲子甲申
丁奇臨甲辰甲寅

乙得使利攻擊往來遁形將兵大勝所向有功上官
嫁娶市價吉
丙得使敵兵不起賊自散退入官入宅行商獲利闢
憂無闢喜有
丁得使臨難無刑臨險不驚遁形絕跡敵不得侵將
兵主勝利入官商販干謁嫁娶及陰和私合之事
闢憂喜各半
三奇遊儀格天上三奇遊地六甲之上

乙奇逢甲子戊甲申庚　丙奇逢甲戌己
甲午辛　丁奇逢甲辰壬甲寅癸
宜成合百事和利吉慶主神安心快無門次之得
門更吉百凡如意
玉女守門格甲己時丙　乙庚時辛　丙辛時乙　丁申時已　戊癸時辛
甲子旬庚午時　甲戌旬己卯時
甲申旬戊子時　甲午旬丁酉時
甲辰旬丙午時　甲寅旬乙卯時

此時宜結交私通陰謀秘密和仇解怨及公庭宴樂隱暗和合等事按門行之大吉惟逃亡隱跡之事則俱不宜

若會生門百事皆吉會開門宜遠行奏請所向通達興創府縣營壘不宜開門破地會休門和集萬事休心寧神修造進會傷門利捕捉漁獵會杜門宜掩捕逃亡斷絕奸謀除邪祟興基破土修山煉藥會景門利奏請選士會死門直誅惡除邪破土

安塟射獵會驚門宜捕捉劾奸祈禱冲營劫寨博奕

相佐格　天盤直符頭遇地盤丙丁奇也

宜謀功名近貴舉動有人助主得富貴更會三吉門大利

懽怡格　三奇加直符之上利為百事神安意快得門更美

大輔時格

甲己日己巳時　乙庚日甲申時

丙辛日甲午時　丁壬日甲辰時

戊癸日甲寅時

宜乞恩解怨刀斧臨身神救逢凶化吉占降罰訟獄必主赦宥

天轉恩赦時格　甲子　甲戌　甲辰　甲寅

威德時格　甲丙相加　甲為德　丙為天威

利客不利主主固守出兵遭自威追我殘滅而還遇難成祥

門生宮和格　宮生門義格

得吉門尤佳　凶門不凶百事用兵等吉

星尅格　天盤星尅地盤星在四時旺相日本色雲氣在其方來助勝利客兵

地盤星尅天盤星在四時旺相日本色雲氣在各方依方來助勝利主兵

五不擊格　一直符　二九天　三九地
四生門　五直使宮
以上五宮俱乘旺我將居之勝　忌我擊敵之居
五陽時干格　甲乙丙丁戊為五陽時
飛不止陽時言神在天宜用天盤上奇利客五陽干在子午之東部生氣此時喜神治事宜先舉兵揚威高旂鳴鼓速行財求臨武入宮移徙婚姻造百事吉逃亡不可得
五音時干格已庚辛壬癸為五陰時
伏不起此時吉神在地宜用地盤上奇利主五陰干在子午之西部殺氣也此時惡神治事百事不宜〻畫策密謀御杖低旂祈福捕逃可也
開時格逢任衝輔禽陽星乃開也遇開吉
陽星加時干為開得吉星福深厚惡星福遲緩客勝宜先舉出兵行營百事吉占行人盜賊來
闔時格英芮柱必為陰星乃闔也遇闔凶

陰星加時干為闔坐吉星禍遲坐惡星禍速百事凶主勝占行人盜賊不來
直符宿吉星格百事吉
三甲合格今日〻干直符時干皆為甲是三甲百事
用兵三勝地歌
天乙九天共生門　戰卒須當此處陳
為將能擇三勝地　權功得勝顯功名
第一勝格直符天乙宮
乃天上直符星所乘即名時天干宮為天乙宮也上將宜居之以擊其對冲也如坐艮擊坤之數若在陽遁即用天上直符所居宮在陰遁即用地下直符所居宮地下直符如甲子旬中時即以地盤甲子為天乙宮餘倣此
第二勝格我居九天之上坐擊其衝敵不敢當我之鋒陽遁天上直符後一為九天陰遁天上直符前一為九天

第三勝格上將引兵生門後坐生門宮擊對冲死門宮百戰百利如生門又合三奇臨宮更吉

釋凶格

青龍逃走格天上六乙加地六辛金尅木龍虎相戰凶

宜收兵損兵傷卒主客兩傷得三奇門雲遁可用主奏凱相制吉變為凶有退庄出產之憂遺亡走失破敗百事凶蓋乙奇尊貴受難于凶金也

白虎猖狂格天上六辛加地六乙屬金為白虎

此時不宜舉兵主客兩傷財物虛耗百事大凶勿為蓋辛乃凶神凌乙貴宿也

歌曰六辛加六乙白虎也悲哀若欲幹錢財自已須防災

朱雀投江格天上丁奇加地六癸丁為朱雀癸為水

丁奇到此亦然值此主驚恐怪夢用兵防奸口舌是非文書遺失忌陳奏參劾百事凶灾禍應于十日名奇神入囚最凶此時閙火起不宜往救

歌曰主客多損傷家國有灾殃口舌爭未已宮事使入愁

螣蛇跃蹻格六癸加丁奇癸為玄武龜龍又為天網

丁奇受制禍患不免主憂惧驚恐在路迷失凡百凶惡得奇門免灾而已不得奇門吉宿一切所為俱凶犯此者宜向直符上轉候換局歸即吉也

天干陰陽和則吉不和則凶陽尅陰為和如甲尅

己則甲與己和之類陰尅陽為官星如甲受辛尅之類如陽尅陽陰尅陰皆為不和乙辛丁癸四干相害皆屬陰尅其禍不赦故不用也

三奇入墓格

歌曰三奇入墓百不祥六乙臨坤請避之丙奇一位臨乾去諸般動用便休依更恐丁奇居艮上事好衰殘百務厭

主消威無權退喜落職有事凋殘宮事不明凡百

大忌縱得奇門亦不可用
三奇受制格丙丁入坎一宮壬癸上火入威池乙入乾兌六七辛上土入金鄉也主失威奪權受人欺凌困迫寡助雖合吉門亦減力凡事不用
六儀擊刑格相刑又云時干刑直符
甲子忌卯三甲戌忌未二宮甲申忌艮八宮甲午忌午九宮甲辰忌四宮甲寅忌四宮巳庶人用之

敗亡刑獄百事凶即得奇門亦不可用惟減賊行刑出獄却報不測餘事不可用
歌曰甲子直符怕三宮甲申不入八宮中甲辰寅巽甲戌二甲午離位莫相逢若逢直符臨擊者百事都無一事成
此時欲走取土塗人中及頂上行六十步順取草折半置地上位闕越梁而去以半引衆人左旋入太陰中無人能見也

太白入熒格六庚加丙乃金入火鄉受尅聞賊即來聞行人即到百事皆凶出行不歸物遺忘没舟折輪奇門雖得亦忌百事先舉者敗防有大禍犯仇敵用兵對敵日夜防賊來出兵隻輪不返此時坐營固守防賊來急代兵從直門太陰六合截之必勝以所臨宮分里數人多寡
熒入太白格丙奇加六庚乃火入金鄉也此時開行人不來問賊當退陽遁賊往陽位行陰遁賊往陰

行位宜伏兵伺擊之以所臨宮分里數遠近遣人多寡百事不宜主虛詐驚恐損失利客不利主納物收人畜被物害惧者急除之以紅土泥南壁害即止察奸盜洞明內外之人防內往外減没殘害
時干入墓格　十干中除甲乙庚辛無入墓時餘六干俱有之時干入墓六時凡事不用
戊戌時戊陽土土墓在戌壬辰時壬陽水水墓在辰丙戌時丙陽火火墓在戌

癸未時癸陰水々墓在未丁丑時丁陰火々墓在
丑己丑時己陰土々墓在丑
戊己土乃中央之土賴母而生所以戊土同丙火
生寅而墓戌己同丁火生酉而墓丑又乙未丙戌
丁丑壬辰辛丑亦是
經曰又有時干入墓宮課中時下忌相逢乙未壬辰
兼丙戌辛丑丁丑盡是凶
凡事艱難遲回滯歇毀敗不宜舉動

損明時格陽干剋陽干陰干剋陰干
甲子日庚午時也子丑日辛未時之類
五不遇時格　甲日庚午時　乙日辛巳時　丙日
壬辰時　丁日癸卯時　戊日甲寅時　己日己
丑時　庚日丙子時　辛日丁酉壬日戊甲癸日
己未時
二條二時干剋日一日干剋時上剋下々剋上陰
陽相殘主速悶昏晴損其光明百事乖違不合爭

閉邀擊造葬主出聾目殘疾之人凡事大凶不可
用事
伏吟格天々逢天加地天逢
動竄伏猶豫卦百事不動望人即至逃隱未至主
心欲動而身不動心欲合而事未合並孝服損人
口不宜出行出行往返主客相傷不宜出兵主客
相害戰敗空反疑而不決陰時陽星臨坎艮震巽
陽宮轉吉

返吟格天々逢加地天英
動搖乖為卦凡事顛倒反復灾禍動搖而不定內
外不和事來迅速行人至不宜用兵動恐阻銳逃
敗犯抵對
陽時陽星臨坎艮震巽陽宮不避
大格小格
大格庚加癸求人不見謀事不成遠行車馬損造
作人散財失小格庚加壬不利出師又云小格癸

加庚

占曰大格小格事難成二格主謀亨通求人不見物亡失占人不見信音耗造作埋葬人財破散爭鬪阻隔人情變更反目百事凶不如意出行主遺亡用兵宜靜守還營妄動見凶賊遠行車破馬死

刑格　格刑時　庚加己為刑格　己加庚為格刑

占曰刑格〻刑諸事凶亦地千里隨行車馬出兵卒路止士卒逃亡或死追兵捕逃反招其殃

求謀凡事失望破財疾病防有徒配斬身之厄反復事非飛橫禍托人失信占人有刑獄之災

上格　庚加壬　百事凶勿吉

占曰行人不來會人不見尋人不在求望多失此時不宜行師出兵車折馬死中道止士卒逃亡勿追追便咎

直符天乙伏宮格　天上六庚加地當局十時直符之本宮　此天乙乃十時中更符之直符也直符

在地者

主客不利交兵事不通占人不在行人不來遠行損傷敗亡一切動作凶吉病伏床凶喪怪異得奇門亦凶謁獻上書反受其殃上宮帶丙丁二奇入局害稍淺失盜難獲惟宜野戰迎敵

直符天乙飛宮格　天上當旬直符加地下庚

此天乙亦十時中更換之符在天上者

宜固守主勝出則大將遭擒諸事凶追寇無有占

人不在亦不來凡事勿悞犯主客俱不利

伏干格　天上六庚加本日之日干為伏干

主客兩傷主必遭擒百事隱伏勿聲揚甲乙日更加凶門宿立見刑害車折馬死若見戊己壬癸之干害稍淺苟有盜賊必覩隣為盜隨干加之位可詳賊方贓物凡百受人欺凌

飛干格　天上今日之日干加地六庚之上為飛格

凡百事乘異人情違忤相惡占行人不來尋人不

在戰鬬兩傷主客不利各得平合奇門可用出兵
帶丙丁生門下獲賊必捷

御定奇門大全卷五十八終

御定奇門大全卷之五十九

吉凶格

太白與天乙格

庚乃太白天上六庚加地下六十時中之長司局長定之甲子位所謂加一宮戰在野也

主客兩傷合奇門宜野戰占行人不來求人不在乃尊長受欺遇貴人不利主帥慎之

天乙與太白格

天上六干時旬之長甲子符頭與地六庚同宮又云天乙與六庚同行加時為天乙與太白格所謂同一宮分戰在国也

主尊位災事從內起主客不利宜固守伏藏宜戰于國事凶禍生肘腋同胞興謀同事相賊占人不來求人不在

歲干格　庚加今年歲干如甲子年庚加甲子是也

凶

月干格　庚加月朔格為凶　庚加月干上也
日干格　庚加當日之干
時干格　庚加本時干
庚加年月日時干上俱不宜動〻有凶格閑客先敗
歲動尊長月傷兄弟日為己身時為妻子占遺失隨其日月應兆獲占人不在行人不來小口災不宜舉兵用衆細察內外

歲悖格
月悖格
日悖格
天上六丙加地下當年日月之格名悖格直符同類六丙所加之義也
悖亂逆也凡事不利主紀綱紊亂內相爭競不和不吉不孝覩下小叛上且暗昧不通防危厄盜亂竊發不時變生倉卒

奇格吉
六庚時加乙奇遇沖輔傷杜上尅下先舉者匹馬隻輪敵鳥人
奇格凶
六庚加丙奇丁奇值天英景門為下尅上先舉者凶兵出匹馬隻輪無返
不宜出行移徙造作門戶慎用之主凶禍殺人兵敗擱殺絕片甲不回

羊入虎穴格　壬加庚
不宜出行逢凶惡出兵逢惡敵相戕謁貴見官遭忤怒移徙見損傷求事破財百事凶禍在前
鳳凰折翅格　丙奇到兌火死金旺之鄉
陽入陰宮凡事蹇滯艱難不能起舉須暗圖結連合兌獲助方可成事
火死金鄉格　丙丁奇乾
百為不利然丁奇合吉門到乾反吉

大金同化格　丁奇到兑

長生之位吉凶兼對火德流行去明就晦

本直符宿凶星格

凡事不投合百為忌

宫迫制格　休臨九　驚開臨三四　間生死臨一

傷杜臨二八五　景臨六七

主百事不吉

門迫　休加坤艮　間生死加震巽　景加坎　驚開加離　杜傷加乾兑

經云吉門被迫吉事不成凶門被迫凶災尤甚

八門九星三奇受制格

乙至六上事無權　丙丁臨一不堪觀

柱心坐九皆離也　忌開驚開莫前

英景定和愁坎位　休逢二八五無端

芮任死生間三四　衝陽六七不虛言

杜輔須安逢上用　入若會此透天關

百事致生仇怨阻滯兵犯格閉截路阻困圍陷

關格時格　正丑二子三亥四辰五卯六寅七戌八酉九申十未十一未十二巳

主人不忍此一時百事雲散隨風走事宜守舊兵固宜守

自刑時格　天上午辰加地午辰為自刑

不宜嫁娶治病見貴主刑傷

天網四張格　六癸加時干是也

萬物盡傷不可舉事神有高低三宮網低匍匐負刀割網而去天乙在三四宮網高不出有殃傷圍急從卯酉未天三門方而出合奇門更妙天乙即直符也直符在乙宮神去地一尺在坤二去地二尺在艮八去地八尺天網四張不可當宜負刀呼天輔名照直符方步里數出入人不見也隱形迯難吉餘事凶不可用雖得奇門亦不可用宜伏兵勿動敵人自來自敗

地網遮障格　六壬是也
地網為尺一二尺照直符方高梯過之難可迯餘
事不吉不出行
兵家八秘地
善戰者陳兵九天善守者伏藏九地善匿者埋伏
大陰善走迯者行於六合
直符者天乙貴人之尊為九宮之神領得令則諸事
顯揚失地則謀為多拙必須審其坐宮運氣若何審

其飛宮運氣又若何此其根據也夫然後察其所
得吉凶之格以定灾祥且其中又有已往將來之
別則權衡於時日支干之門凡直符凶而他宮吉
必須生合方為有救若直符吉而他宮凶若能制
伏使作吉推更須會合時日干支與納音生尅本
旬孤虛錯綜斟酌就事論事尋其尚察旨要分青
理白方可作照晴之斷凡赴任嫁娶百事皆吉若
急則從此方出坐此方擊其冲方乃急從神也一

切凶惡自退出行最吉不合三奇吉門只宜收斂
九天乃六丙之秀威悍之神即六甲剛健至極掌雄
猛殺伐之氣也寔天乙之明堂而天空寓焉主申
明約法闡隱發微之事凡會三奇得使又在麗明
之宮可借以耀威武揚兵施為一切顯灼之事易
成如直、三奇刑墓又臨幽暗之域則為棄明投暗
徒勞聲勢虛張凡信息情偽間貴遠舉開市作為
論之布此方報賊必從玄武方來又主占行人速

至
九地乃已土之灵寔天乙之寢宮而太常寓焉又為
監牢之神即大壬癸也宜屯營伏兵固守保障乃
地晦蒙之氣運至此方可以遮藏形跡如社門潛
伏即無人見若合奇門諸事吉甚主宮祿印綬衣
服喜慶幽隱藏閉之宮門：無羅網狂走之嫌作
為得隱顯莫測之妙凡隱伏卜居退守屯積察隱
觸奸論之

此方報賊：必適去查元武乃逃遁之方不可追
逐恐賊有伏
太陰乃辛儀之炅寔天乙勝妾之屬而天后寓焉又
為陰枯之人即六丁之精也可履符禁敵閉戌藏
兵伏兵卒設謀計吉
此方避難逃患免灾加太陰宮遁人間探出入時
無人能見宜私約交通除咎遠害合奇吉一切事
得天慶美宜用間謀親貴士此方報賊必我有軍

將為彼腹心裡應外合以休旺裁之休則我無虞
旺則我受敵主欺蔽隱匿陰私不明婦女之事其
所統轄之宮得奇門而直遁可以潛形進取直刑
格而落孤反為陰私敗露凡婢妾婚姻和合丈夫
隱遁之事與官祿錢財飲食喜慶之謀其加臨會
得使而直遁際會風雲遇刑格而迫空好事折磨
凡婚姻官貴朋友兒女風雨晦明錢谷晏會齒稼
論之

螣蛇虛詐之神乃天地驚怪憂惶乖張之氣主反覆
羈留一切事無成忌出行並百事若合奇門不忌
此方報賊：雖有不能見入境妨奸細入營
勾陳乃戊之炅寔天乙之報障又為六辛之精天地
貪耗之神主小人侵害盜賊口舌損財暗害破財
刑虧防小人之咎合忌吉不忌亦慎之如臨此方
須防奸人窺伺白虎乃庚金之靈寔天乙之總戎
與勾陳同宮而異治互相表裏又為凶惡之神防

叛亡偷盜哭泣憂喪君臣將士不和骨肉內傷主
叛亡遺失傷害損兵馬等事出行遇惡事凶合奇
門吉宿不忌亦宜慎用勾陳主兵革爭鬪訟事牽
連白主病患死亡盜路出入加臨之宮無附斯無
咎照會之地有迫必有傷凡鬪毆詞訟田墓勾陳
疾病死喪虛驚兵火疾雷暴雨關閘津梁論之朱
雀乃丙奇之靈寔天乙之傳宣騎尉玄武乃壬癸
之靈為天乙之閽官後宰同宮異姓迭為治理

朱主文書口舌遠信憂喜士主盜賊遺亡奸私伏匿宮門無刑格始終助禎祥凡逃亡信息水火憂疑雨暘冲突論

論奇門九遁

奇門九遁少人知　祕在仙經甚奧微
月合生門臨六丁　天遁偏得月微精
星合休門臨太陰　人遁星精照離麗
月合生門臨九天　神臨所蔽有威權
星合生門臨九地　名為地遁不輕傳
日合休門臨坎水　即是蛟龍得雲雨
辛儀合生臨艮山　猛虎奮威攝戎虜
猛虎之位合奇門　叱咤風生上將壇
青龍逆夫合奇星　躍土雲霄振雨翰

天遁月奇與生門相合下六甲不犯奇墓門迫名曰天遁其方可以攝王侯之傳權上策獻書求討昇進修身隱跡剪惡除奸市價出行百事吉益得月

精所蔽假如陽遁四局冬至乙庚日乙酉時天心直符加三宮六乙以開門為直使加七宮其時生門合丙下臨坎宮六丁名曰天遁

地遁日奇與開門相合下臨六己不犯奇門墓迫名曰地遁其方可以藏伏兵銳置寨安營所向克捷百事吉益得天上日精所蔽假如陰遁九局夏至甲己丙寅時以甲子天英為直符加坤宮六丙以景門加七宮其時開門合六乙下臨八宮六己此名地遁

人遁星奇與休門相合休門下臨之位不犯墓迫名曰人遁其方可以擇賢士相人好求猛將說敵和仇婚姻人事皆吉益得星精之蔽假如陽遁四局立夏丙辛日丁酉時以甲午天柱為直符加一宮六丁以驚門加一宮其時休門合六丁下臨三宮太陰之位此名人遁

神遁月奇與生門相合下臨九天之位不犯奇墓門

遁曰神遁其方可祭禱臨神驅邪攝將呼召風雲畫地籌策步斗建壇攝魔魑魅自有威福謂得神靈之蔽假如陽遁六局芒種丙辛日丙申時以甲午天英為直符加四宮六丙以景門加二宮其時月奇生門合在三宮六丁下臨九天之位此名神遁

鬼遁星奇與休門下臨九地之功不犯墓迫名曰鬼遁其方可以探採机謀偷營劫寨設偽攻虛驅神

役鬼謂得神鬼隱伏之机假如陽遁六局芒種丙辛日丙申時以加申午天英為直符加四宮六丙以景門加二宮其時星奇與休門合下臨八宮九地之位名曰鬼遁

龍遁日奇與休門相合下臨子水之位不犯墓迫名曰龍遁其方可以祭龍祈雨水戰掩殺涉海浮江把守海波密謀運机謂得龍之蔽假如陰遁九局白露乙庚日甲申時以天柱為直符驚門為直使同在七宮其時休門合六乙在坎宮水鄉此名龍遁

虎遁日奇與生門相合下臨艮山六辛不犯墓迫名曰虎遁其方可以招安叛逆設伏邀擊量險塞路伏陣藏兵謂得虎遁之蔽假如陽遁五局立春戊癸日癸亥時甲寅天蓬直符以休門加一宮生門合辛臨艮山也

風遁凡虎狂之位上合奇門不犯墓迫名曰風遁一

六臨巽日奇開門其方可以熙吸風雲噴噀旂旐設壇祭風或托異香令士衆凡聽音樂並吉謂得靈風順音與說之蔽假如陽遁五局小寒乙庚日戊寅時以甲戌天心為直符加坤宮六戊開門加一宮其時休門合乙奇八宮六辛此名風遁

雲遁凡雲走之位上合奇門不犯墓迫名曰雲遁一雲奇開門下臨坤宮其方可以藏刑厳敵役神破廟祈雨興雷熙吸風氣噴噀甲冑意遥並遍或托

射雕若令士卒仰望並吉謂得雲霧之蔽假如陰遁八局立秋乙庚日丙戌時以甲申天心爲直符加一宮六丙開門加四宮生門加乙辛在坤宮此名雲遁

論三詐門

凡欲經求萬事宜向開休生下合乙丙丁往其方即吉又取天地上下有陰門相助謂之詐凡太陰六合九地宮助奇三者全備用事十分之利

三門下有詐宮無三奇謂之有陰無奇忌舉動百事不利

三門合三奇下臨九地宮名曰真詐宜求仙學道

三門合三奇下臨太陰宮名曰重詐宜人拜官

三門合三奇下臨六合宮名曰休詐宜治病禱祠

以上詐門若將軍往此方百戰百勝嫁娶出行商賈並吉

論五假門

杜門合丁己癸下臨九宮名曰地假即無人見合丁丁己癸下臨太陰宮宜遣間探入出無人覺合丁己癸下臨六合宮宜向其方逃亡亦無人見

巽門合乙丙丁臨九天宮名曰天假揚兵衝突對陣莫當又宜陳利便謁見皆吉

傷門合六丁己下臨六合名曰物假利定圍場取故鼉

死門合癸己下臨九地宮名曰神假利決刑理塋詐

驚門合六壬下臨九天宮名曰人假利捕叛亡〻匿事

以上五假各用其宜隨事取之

論知三避五

夫知三避五者謂三爲生炁五害炁故曰知三避五三爲威五爲武威在三分哀(在)五匹馬隻輪無有返者論凡出勝常避于五也

如陽遁一局冬至甲己日丙寅(時)即三也至戊辰時

即五也又陰遁九局夏至甲己日戊辰時即五也至庚午時即三也如知三者謂開休生三吉門是也

論五不擊地

夫出行揚威決勝求謀須知吉凶所居之處其方有五不可擊也我軍若知則為勝地若擊其所冲則為凶也

一不可擊天乙直符宮　二不可擊九天宮

三不可擊九地宮　四不可擊生門所向地

五不可擊天乙直使

論三可勝地

謂陣兵相望而取勝其地有三一者背亭亭向白姦為一勝也亭亭者天乙貴神也可背而不可向白姦者天乙三姦神也可向而不可背當以月將本時神后下是亭亭其寅午戌上見孟神即是白姦之位因于巳亥格于寅申白姦藏神于亭亭長相合為囚相對為格凡囚華之時不可舉事凡長用之或漁獵博戲取勝皆須背向姦也

二者若不背亭亭當背月建向月破為二勝也

三者若不得背月建即當背生神而擊死神也

凡在三危險路穿之際及河澗兵不能移轉敵人從利方來者即順天時陽時者令士卒皆前袒左肩衣引聲大呼金鼓具發先奔而冲之若陰時則士卒啣枚駐馬桴鼓不鳴靜以待之若敵人四面圍

之者當分為三部一部居月建上一部在生門上一部在生神大將軍居亭亭上引兵而冲擊之即勝也

如陽遁一局驚蟄后得二月節河魁為時月建在卯生辰在丑其日是甲己用丙寅時生門在東南亭亭在辰白姦在午如舉事揚兵皆順天左地右大吉若背天向地雖勝有患背地向天則敗若天地併而背之一人當十向之敗無孑遺

風后吉凶條例總註

開休生三門其方宜出師遠行塋造

開休生三吉門也百事吉無三奇而遇逢任心三星合用次吉春夏旺天蓬秋冬旺天心四季旺天任三門合三奇又值三星大吉

傷門宜捕物杜門宜隱伏景門宜上書死門宜捕獵驚門宜掩捕

此數門若三奇合可用以上八門遇宮迫三奇入墓并丁癸庚丙相加符使被刑天乙飛伏宮格歲月日時格刑格其方不可用如值八門九星及伏吟六儀刑符使俱在五宮若不遇天網四張此遁甲所大忌其時不利若遇黄道吉日遇時值九星及伏吟直符被刑又直符禄月忌平收破伐之日皆不可用也

天上六戊地下六戊其方利以出行

天上天盤也地下地盤也奇墓門迫諸凶皆不忌

符破刑太歲方死門方更合逢心任三星尤吉春夏用蓬秋冬用任若開休生同其方奇墓門迫諸凶者仍用二戊也

天乙之宮其方利擊及冲九天宮其方利揚兵擊其冲九地宮其方利伏兵太陰宮其方利隱藏六合宮其方利逃亡隱蔽

天乙者陽遁用天上直符之方陰遁用地下直符之方利擊及冲亦宜也兵奇墓諸凶亦忌死門擊其冲亦忌太歲亦忌門宮二迫不繫凡九天九地直符生門之方宜背之以擊其籌冲之方也

神遁之方利運籌祭煉行法設教天上六丙合生加九天宮又云六乙合開門加天心鬼遁其方可探敵机偷營寨設伏攻虚察伺動靜詭詐文書祭祀先亡葬孤扶寡以候鬼應並得神明所蔽

天上六丁合開門加九地宮又曰天心合休加與天丁合休加九地

龍遁其方教習水戰密運机謀祭享龍神祈求雨澤水戰掩敵計量江面把守河渡移舟轉餉下船開江建立水櫃祭禱鬼神祈求順利塡堤塞河修橋穿井以俟龍應并吉、

天上六乙合休臨坤或癸方又曰天戊合開加乾天丁合休臨坎

虎遁其方可守禦邊寨宜招安叛命設伏攻擊計度要道據險守禦建立柵寨置關隘防險修鑿以俟虎應并吉

天心合三吉門加艮又云天庚合開加兌天乙合生加辛天乙合生加艮

風遁其方建立旌旂宜黙吸風云噴巽旂旋普遍或托異奇士辛仰望沉聽音樂禱祀風云火空敵壘以俟風應大吉

天乙合三吉加巽或辛又云天心合三吉加艮或離或乙天癸合休加巽

云遁其方可止五兵黙吸云氣噴巽甲冑音謡普遍或托異音或射雕為名令士辛仰望利求雨澤助農稼穡立兵造器以俟云應大吉

天心合三門加地乙又天乙合三門加辛地或坤天任合加坤

以上九遁加奇墓諸凶惟龍遁不忌反伏

三詐宮其方利百師興軍百戰勝嫁娶塋求百事大吉

真詐

太陰合三奇三吉門宜暗計行兵埋伏要路施恩布德陰遯求仙百事大吉

重詐

九地合三奇三吉宜選舉招人拜官授爵領粮借夫交易謀望添人進口築墻修城造作埋塟

休詐

六合合三奇三吉宜祈禱作福祭煉鬼神遣使滅逆

合藥修煉豎造埋塟百事吉

玉女守門

壬加丁宜秘謀隱私經營宴會和樂之事若遇吉門直使更得太陰臨于地户宜福食遠行出入吉

青龍返首

甲加丙百事吉主客利宜分生旺

飛鳥跌穴

丙加甲進飛得地雲龍交會君臣宴喜舉動皆利生

三詐者其休重也開休生合乙丙丁三奇加于九地名詐宜行功辦道隱遁求仙加丁太陰名重詐宜進人口取財拜官受爵加于六合名休詐宜合藥治病驅邪祈禱以上三宫百事皆吉

經曰三門合三奇謂之有圖無隱宫用之得利更合隱宫用之得十分之利為有奇無隱名為三詐三門不合三奇而合三隱謂之有隱無奇不宜舉事若犯奇墓門進諸凶亦不可利三陰者九地太陰六合

五假者天假地假人假神假物假也

天假景門合六乙丙加于九天宫經曰六乙名為威德六丙為威武其方利揚兵擊冲入陣利進謁干求地假杜門合六乙六癸六巳加于三隐宫人假景門合六壬加九天經曰太白入熒亡在其下賊亦在其下擒之必獲熒入太白賊自退也神假

死門合六巳六癸加于九地宜捕獵逃亡塟埋吉物假合六乙六巳加于六合宜捕圍畋獵

以上五假其用隨事而取亦忌奇墓門迫諸凶

三奇得使 乙逢犬馬丙鼠猴玉丁玉丁玉騎龍虎人逢二甲諸喜皆臻更得奇門百事歡快

三甲合 日干直符時干三甲合其方举事大吉

向三之方 三為生如陽一局甲寅日丙寅時休門為直使在三宫其方举事無不利

青龍返首 天門六甲加地六丙其方百事吉忌奇墓門迫

飛鳥跌穴 天上甲加地下甲與上同

八門返吟伏吟 天蓬加離返吟也天蓬加坎伏吟百事凶

八門被迫 宮克門也門克宮也各有吉凶吉門迫吉事不成凶門被迫災禍立至不可舉事

避五 五為害氣時令不正故避之如陽一局甲己日戊辰時符使五宮故求避五

三奇入墓 乙加坤丙丁加乾墓乃隱而不見顯不可用事利丶伏藏埋墓丶

六儀擊刑 子刑卯戌刑丑未刑午申刑寅丶刑巳辰刑辰刑申主謀事不成

符使被刑 直符直使被克之方如甲子在三也餘做此

青龍逃走 乙加辛不可遠行舉事

白虎猖狂 辛加乙不用凶

蛇妖嬌 癸加丁凶

雀投江 丁加癸凶

白入熒 庚加丙其方伐賊必來餘皆凶

熒入白 丙加庚伐賊必退餘皆不利

天乙伏宮 天庚加直符其方不可作事主客不利

天乙飛宮 天直符加下庚同上

伏干格 天上庚加地下本日丶干也忌同上

飛干格 天上本日丶干加地下庚也同上

天地大格 天庚加癸不宜作事固守則吉

天地小格 天癸加庚百事凶

刑格 天庚加地己天己加地庚俱凶

歲月日時格 天庚加地歲月日時之格干其方大凶

悖亂 天丙加地日干

天網四張 其時用事萬物皆傷其神有高下必須避之謂六癸之時如臨一二三四宮則網之高一二三四尺出行可匍匐而行若加五六七八九宮則網高于人不可輕出宜固守伏藏吉

天假 九天合景門乙丙丁宜張動天威揚兵耀武請謁求賢獻人自服凡為宣勢强赫則大吉

地假 九天杜門合丁己癸私約文通隱遁埋伏偃遊息鼓晦地施謀遇六合宜逃亡莫能追赶太陰宜遣人探挑

人假 九天驚門合六壬宜捕捉叛亡暗計暗計行師捕盜拿賊宜隱晦

神假 九地死門合癸己宜決

物假

遁局吉凶總註

天遁

生門丙奇加丁其方宜上書策求謁招賢禱祈天神興雲布雨身修隐跡剪惡除凶百事大吉

地遁

開門乙奇加己宜藏伏銳師出行全利經營立業修造埋塟求仙隐道百事大吉

人遁

休門丁奇合太陰宜舉求賢招人合夥報策獻書

以上三元遁事利惟逃亡難獲

神遁

丙奇生門合九天宜建廟建像設祭鬼神呼風喚雨步罡造壇斬鬼揖魔令邪俱服坎虛隐訣行間探息得神之助

鬼遁

丁奇開門臨九地宜探訪賊情偷營劫寨祭亡設孤驅神遣鬼

龍遁

乙奇休門臨坎宜立壇禱雨掩敵計量積水冲陳新船下水空河開渠一應水利皆吉

虎遁

六辛生門臨八宮艮守禦防邊招安計逆設伏攻險計度要路建立山寨出敵不意

風遁

虎遁狂合三吉門宜建立壇場吸風祈禱祀風伯大計用之

雲遁

龍遁走合三吉門宜藏形蔽敵設雲禱雨吸雲生霧旺則吉休囚則凶君子利小人凶

陰陽化氣

丁甲相加利為百事不合奇門亦凶

龍鳳呈祥

丁乙相加利為百事不合奇門亦凶

六儀擊刑

甲子直符震甲戌坤甲申艮甲午離甲辰巽甲寅坤

天網四張

天上六癸所臨之宮為天網臨四為人墓不宜出臨一二三為柢臨六為觸尅不宜出臨八九為高癸亥時臨五宮為四張諸事不利惟宜逃亡隱伏又不能見網有高低出有俯仰不可造次若網低宜矮腰匍匐而去

青龍逃走 乙加辛惟宜靜守强動有禍

白虎猖狂

朱雀投江

丁加癸諸事不利先成後敗若求名與官大吉再詳丁癸門宮逢時生旺迫制利為主客又主有文書之驚

螣蛇跃蹻 癸加丁百事不利動利主

白入熒 庚加丙宜防賊來百為不吉

熒入白 丙加庚宜固賊大利於客凡事守舊不可求謀

奇格

庚癸相交為賊格　庚丁相交為破格　庚乙相交為合格不利有為

伏吟

宜收斂財貨隱藏什物諸為不利得太陰奇門蓋之其凶減半

反吟

宜發財貨分給倉廩

勃飛 丙加庚庚丙為悖格者以後制前為格以後制前為悖同旬支干合論也如甲子旬庚為甲煞丙

悖伏 庚加丙為庚煞庚所加者午：與子冲故曰格丙所加庚：與午三合故曰悖：飛格飛凶應在

格飛 庚內悖伏格伏凶應在外悖者亂逆也格者閉加寒也飛者見于上也伏者隱于下也甲為十甲干之長庚𢧐相制甲不能用如政令之閉塞也故以庚為甲之格甲畏于庚以乙妹合之庚貪合而受制伏亂逆也故丙為庚之悖若渾言歲月日時干互相加臨為飛伏是以返首跌穴亦為悖伏

悖飛矣不亦謬乎故經明言之

伏格 甲加庚

刑格 干以盈氣為刑支以前四位為刑干同 庚加癸則支故曰同刑陽干以後四支為破陰 丙加己干以前四支為 破庚加丁為後四丁 唐為前四故逢勉則破干逢冲則破

破格 庚丁相加庚丁壬丙相交為魁子午寅申辰戌 壬丙相加交為冲故刑 破二格作事主開塞 亂遝布不利 于所為也

三奇入墓 丙奇入六 丁奇入八 乙奇入二六

不利舉動々有凶合吉則吉

三奇受制 乙臨六七 丙丁臨一

與上八墓同

二龍戰爭 甲乙相加

以上之格不利有為即合奇門亦凶

青龍困頓 甲戌相交同上

二虎爭雄 庚辛相加同上

白虎迍邅 庚壬相加同上

門迫宮制門

宮迫門制宮

二迫惟宜安靜不宜動舉吉門被迫吉事凶凶門

被迫凶更凶

直詐 太陰合乙丙丁開休生門宜暗計行兵埋伏要路又宜施德布恩隱跡求仙百事吉利

重詐 九地合乙丙丁開休生門宜選將招兵拜官受爵領粮借支交易謀望添人進口築墻編籬造壘修城安營埋葬凡百大吉

休詐 六合同乙丙丁開生休門宜祈禱作福祭鬼神飛走印信遣使破敵合藥修煉立監安塞婚姻交易上官赴任凡百大吉

御定奇門大全卷五十九終

御定奇門大全卷之六十

寶鏡圖

二十八宿值日吉凶便覽

角星值日甚多殃祭祀開張皆不祥嫁娶定遭凶惡死修宮移徙不相當安墳起造全無益赴任求財俱有妨若然不信其星惡十人用之九人傷亢星值日最爲良修造興工富貴長七字進財增厚祿移居塟埋福非常祭祀至真來納領開張買賣事多昌惟忌

造門與嫁娶微灾稍硬也無妨氐星值日盡亨通祭祀安墳定有功入宅求財并買賣進寶聚財三載中惟忌婚姻不可用生灾魍魎路途逢却宜埋塟十分利加官進職在秋冬房星祭祀貴人欽動土興工必稱情塟埋起造家大發婚姻富設肆富人丁上官出入俱爲利入宅遷居萬事亨食祿門庭居第一悠悠日用永豐隆心星值日最長生祭祀婚姻代代榮佳氣盈門人丁盛開張起造進財珍修宮移徙多倉庫

俊秀兒孫達帝京凡事任行無不遂遂添田起宅振家聲尾星當權闔者驚塟埋必定主傷人修宮造宅招凶患嫁娶開張不稱情若還祭祀多不利合家大小受灾迍更忌造門不可用斷有遭傷失火驚箕星值日事多凶祭祀婚姻不可逢移徙修宮人命短遷居塟埋禍忽忽橫來官事何曾歇口舌常招重復重但看三年并五載前倉後倉庫一齊空斗星值日最爲凶閉塞家門没一通凡事施爲俱不吉休言嫁娶

及興工上官入宅遭凶惡祭祀遷移切莫逢塟埋爭訟多灾患連春至夏及秋冬牛星值日有灾驚禍患時常輾轉深運動遷移皆不吉婚姻嫁娶禍臨門遭官失業何時了起造營求不遂情細雨霏霏連日下千頭萬遂一齊空女星值日准多凶祭祀安坟切莫逢嫁娶主貧無子媳還移赴任不流通開張起造終身忌財物倉箱一掃空不出近年三五載官非橫事禍重重虛星值日不可聞起屋埋坟有灾驚若還祭

祀神反避是非禍逆却臨門經營財帛皆虛耗倉庫
金銀化作塵移徙蚕谷俱不遂婚姻無子早亡身危
星值日號休囚祀祭婚姻一筆鈎動土興工遭口舌
會親入宅結冤仇塟埋必定三年死一年兩度見坟
埏娶婦到頭終無子三年兩載斷蹤由室星值日事
亨通進寶納財三載中塟埋起造俱吉慶出行入宅
永從容三年天禄臨門户百事禎祥瑞氣濃拜職过
官多有益任歸適意喜重〻壁星值日事無愁祭祀

过居喜悠〻四位掌球名上策納為附馬樂春秋婚
姻必定多生子徽嗣英俊帝京遊買賣玉帛盈倉庫
上官拜職達皇州奎星值日事皆通祭祀婚姻財谷
豊起屋塟埋俱大發兒孫代〻出豪雄開張買賣多
財帛奴婢成行甚有功動土興工皆遂意过移嘗取
位三公婁星吉日暱熙天宫祭祀婚姻福禄重起造
開張并買賣一枝丹桂發秋中上官出職升高爵事
事流通喜氣濃倍獲田蚕多快意盈倉滿庫永從容

胃星值日宜祭祀開張起造盡亨通興工建宅增人
丁上任加官最有功埋塟封侯非小發出行遂意利
重〻悠然舟順無水阻珠玉常盈倉庫中昴星值日
事無凶祭祀过移起造同買賣利而泉不渴婚姻起
任禄增崇廣宜六畜添奴婢吉時埋塟永興隆出入
開張皆大利若無天色定多風畢星值日是災期祭
祀開張俱不宜嫁娶三年多坎坷出行常遇是和非
修宫上任先後破起屋人亡身別离鬧打血光凶難

免應時天色少人知觜星值日事遭迍祭祀过移主
有驚起屋不過三五載驀然暴死兩三人婚姻必定
無兒後訟事臨門禍不驚定有大風來應日紫衣襪
謝始安寧参星值日主孤单祭祀过移禍百般動土
興工俱不吉終朝至暮淚難乾生財六畜時常死驚
怪飛灾六月寒起造開張如遇着大風魍魎至門端
井星值日是非多經商出入受干戈最忌休門兼祭
祀開張起造兩消磨婚姻埋塟如逢轉財散人亡怎

奈何三載之中逢（防）失火大風應日立奔波鬼星值日
事皆通天氣陽和瑞氣濃祭祀婚姻咸有益遷移起
造祿無窮埜埋必定多人丁後庫前倉似石崇後秀
七人冠儒道爲官祿位占三公柳星值日最清廉祭
祀婚姻福壽綿起造遷官財祿盛營謀十倍足心田
一天朗月光星現買賣開張日進錢車馬盈門生子
貴朝歡晚樂賽神仙星宿當權聞者忻出行厚利赱（足）
經營婚姻起屋多財祿入宅安墳旺子孫終到三年

家大發讀書必陣掃千軍他年秋試登路雲個〻爲
官佐聖明張星值日應爲墳起屋開張俱快心祭祀
遷移主大利婚姻買賣兩歡忻清和天氣無風霧不
過三年添子孫子貴身榮家富足方知由命不由人
翌星值日愛居中嫁娶開張一樣同不必埜埋俱有
破只宜拜職福增崇祭祀遷移生貴子動土開張禍
患重起屋興工常吉慶高車駟馬旺家風軫星值日
永無殃祭祀遷移百事昌起屋興工增產業入宅婚
婚姻樂未央埋埜自然多子息開張買賣利非常出
行赴任俱適意官高祿厚喜飛翔

月建次序

建除滿平定執破危成收開閉

月建黃黑道

建滿平收黑除危定執黃成開俱可用閉破不可當

月建宜忌

建宜修造祭祀入學冠帶參官上書出行其餘皆忌

除宜祭祀〻灶納表章掃舍宇出行立券求財栽種
收養忌移徙
滿宜祭祀祈福合帳裁衣掃舍宇修產收養經絡出
行開店求財忌動土服藥
平宜祭祀〻灶飾墻垣修道途修產室買契器皿安
機求士忌開溝移徙種植
定宜祭祀入學裁衣結婚姻求詞收養安碓磑冠帶
交易忌詞訟栽植

執宜祭祀祈福表章結婚姻求詞畋獵捕捉安床交易立券忌登高履險裝載

成宜祭祀入學裁衣結婚納表章修養安碓立券置產室栽植移徙納財放生冠帶忌詞訟

收宜畋獵修置入學移徙嫁娶捕魚納財忌造坟安塟出行針灸經絡

開宜祭祀納表章入學裁衣結婚姻牧養穿井砌路安碓修產栽種出行起造移居治病取士忌針灸經絡

閉宜祭祀求嗣牧養交易修合捕捉栽植塞門路作厠忌針灸祀灶監造移徙

十二神

建為青龍用為頭除是明堂黃道遊滿為天刑平朱雀定為金匱吉神求執為天德集黃道破為白虎危玉堂成為天牢宜固守收為玄武盜賊憂開為司命為黃道勾陳為閉主凶流出行皆大吉行軍戰閉黑主憂

十二時定例

子午常加申丑未落戌宮寅申在子位卯酉坐寅中辰戌上辰未位巳亥午上行

青龍凡事謀為遂心吉 明堂作事有成吉 天刑大凶 朱雀利公事忌詞訟 金匱凡事吉 天德中吉 白虎忌詞訟 玉堂大吉 天牢利陰人之事 司命中吉 勾陳大凶塟埋犯者絕嗣 元武凶此在天牢之下司命之上

擇日決

制日中平伐日凶實義和日吉相同天干克日須言制地犯天伐干是伐日天干生地如真實地支生天義氣從天地比和無克制用之事事見和同

又

鈎叟歌曰地戶除危定與開舉事皆從此中去除危定開四辰為地戶凡出行吉

選時訣

鈎叟歌曰五不遇時龍不精號為日月損光明時干

來克日干上甲日須知時忌庚

如甲日逢庚午乙日逢辛巳丙逢壬丁逢癸戊逢甲己逢乙庚逢丙辛逢丁壬逢戊癸逢己陽克陽陰克陰俱為五不遇時并有吉星亦不宜用

九宮八門

坎艮震巽中宮乾兌坤離

休生傷杜景死驚開

八門宜忌歌

休門出入貴人留欲要潛身向杜遊求索酒食景門上採獵無過死門頭捕盜驚門十得九買賣經商生上酬遠行嫁娶開門吉索債傷門十倍收奉勸高賢依此法千金難買亦難求

八門休開生三門皆吉景門夏吉秋春平冬凶其死杜傷景驚四門皆凶若休門到巽宮謂之休臨絕不可用

九星吉凶歌

太乙逢時必稱情青龍財喜福門庭太陰遇時謀為利天乙提攜近貴人天符咸池遭口舌招搖揖提不堪親軒轅須宜清淨守吉凶星神仔細尋

二十八宿吉凶

角木蛟吉忌葬埋 亢金龍凶 氐土貉凶 房日兔吉

心月狐凶 尾火虎吉 箕水豹吉 斗木獬吉

牛金牛凶 女土蝠凶 虛日鼠凶 危月燕凶

室火猪吉 壁水㺄吉 奎木狼凶 婁金狗吉

胃土雉吉 昴日雞凶 畢月烏吉 參水猿忌婚姻埋葬

觜火猴凶 井水犴吉 鬼金羊凶宜埋葬 柳土獐凶

星日馬宜建造忌埋葬嫁娶放水 張月鹿吉 翼火蛇凶

軫水蚓吉

二十八宿次序

角亢氐房心尾箕斗牛女虛危室壁奎婁胃昴畢觜參井鬼柳星張翼軫

伏斷日時此日是大凶惟小兒斷乳塞鼠穴

子虛丑斗寅嬿室卯女辰箕巳怕房午角未張申忌
鬼酉觜戌胃亥壁當

四季伏斷日

春箕　夏軫　秋參　冬壁

九宮八門方十二時方向圖

九宮方位

十二時方向圖

入學求師忌日

丙寅辛丑己丑辛未乙丑丁巳日

百日忌

甲不開倉　乙不栽種　丙不修灶　丁不剃頭

戊不受田　己不破券　庚不經絡　辛不合醬

壬不決水　癸不詞訟　子不問卜　丑不冠帶

寅不祭祀　卯不穿井　辰不哭泣　巳不遠行

午不苫蓋　未不服藥　申不安床　酉不會客

戌不喫狗　亥不嫁娶

長短星日不宜市貿交易裁衣納財

正月初七日長星　二十一日短星

二月初四日長星　十九日短星

三月初一日長星　十六日短星

四月初九日長星　二十五日短星

五月十五日長星　二十五日短星

六月初十日長星　二十日短星

七月初八日長星　二十日短星

八月初二五日長星　十八九日短星

九月初三四日長星　十六七日短星

十月初一日長星　十四日短星

十一月十二日長星　二十日短星

十二月初九日長星　二十日短星

太白遊日遊方

初十十一二十一日正東　初二十二二十二日東南　初三十三二十三日正南　初四十四二十四日西南　初五十五二十五日正西　初六十六二十六日西北　初七十七二十七日正北　初八十八二十八日東北　初九十九二十九日中方　初十二十三十日在天

天恩上吉日

甲子乙丑丙寅丁卯戊辰己卯庚辰辛巳壬午癸未己酉庚戌辛亥壬子癸丑

天赦上吉日

春戊寅　夏甲午　秋戊申　冬甲子

母倉上吉日

春亥子　夏寅卯　秋辰戌丑未　冬申酉

天德合

正月在壬三月在丁四月在丙六月在己七月在戊九月在辛十月在庚十二月在乙

祀灶日

凡祭祀擇用六癸日

避禍日不宜服藥

正五九月巳日二六十月寅日三七十一月亥日四八十二月申日不宜滿日

天火日不宜苫蓋

正五九月子日二六十月卯日三七十一月午日四八十二月酉日

上朔日不宜令客作樂

甲年癸亥日 乙年己巳日 丙年乙亥日 丁年辛巳日 戊年丁亥日

己年癸巳日 庚年己亥日 辛年乙巳日 壬年辛亥日 癸年丁巳日

以上俱是上朔日

嫁娶周堂圖

嫁娶周堂圖

凡選擇嫁娶日大月從婦逆數擇第堂廚灶日用之如無翁姑翁姑亦可用

六合 子與丑合寅與亥合卯與戌合辰與酉合巳與申合午與未合

三合 寅午戌合火局亥卯未合木局巳酉丑合金局甲子辰合水局

六冲 子午相冲丑未相冲寅申相冲卯酉相冲巳亥相冲辰戌相冲

六破 子酉相破午卯相破丑辰相破亥寅相破申巳相破戌未相破

六害 子未相害丑午相害寅巳相害卯辰相害申亥相害酉戌相害

刑 寅刑巳巳刑申申刑寅丑刑戌戌刑未未刑丑

子刑卯卯刑子辰刑辰午刑午酉刑酉亥刑亥

九星遊年定例

乾六天五禍絕延生（木酉退害命年煞） 坎五天生延絕禍六 艮六絕禍生延天五 震延生禍絕五天六 巽天五六

殀生絕延　離六五絕延殀生天　坤天延絕生殀

五六　兌生殀延絕天五

九星訣

太陰乾　天乙兌　太乙艮　攝提離

咸池五中

青龍巽　天符震　招搖坤　軒轅坎

中宮起例

甲子起咸池　乙丑起青龍

丙寅起天符　丁卯起招搖

八門訣

死　驚　開

景　休

杜　傷　生

其法三日一易從一坎二坤三震四巽六乾七兌八艮九離週而復始順行

太乙八門掌中訣

太陰甲子在乾宮太乙攝提軒轅從招搖天符青龍從咸池太陰天乙神順行九位飛宮定次序輪流不轉停一日太陰飛一位便是八門真吉凶也

陽遁十二氣九星順行圖

甲子山前起艮　甲戌离上縱橫
甲申跳入乾宮　甲午坤兌發動
甲辰震雷動霧　甲寅在巽生風
陽遁九星順行

陰遁十二氣九星逆行圖

甲子坤上作首　甲戌坎上橫行
甲午离位遲英雄　甲午申艮山卧定
甲辰入兌運轉　甲寅獨自占乾坤
陰遁九星逆行

九星次序
一太乙水　二攝提土　三軒轅木　四招搖木　五天符土
六青龍火　七咸池金　八太陰土　九天乙火

甲子金日

甲子金日

天恩天福月德生氣宜出入求財行軍上陣決戰可選吉時出東北艮方生門吉

（甲子金日）甲子時吉金匱黃道福星貴人凶時建　乙丑時吉天德黃道貴人　丙寅時白虎凶　丁卯時吉玉堂黃道喜神凶天罡時刑　戊辰時天牢凶　已巳時玄武凶　庚午時吉司命黃道時破　辛未時天乙貴人吉　壬申癸酉二時截路空亡凶　甲戌時天刑凶　乙亥時朱雀凶

正月五子開造損宅長妨五人折凶盡酉時吉船損人口橋損南方六畜嫁娶妨夫韭呼十人二月五子收百事忌用宜栽種三月五子成四月五子危五月五子定破百事大凶宜破屋壞垣六月五子執七月五子定八月五子平百事忌用宜栽種九月五子滿十月五子除十一月五子建百事大凶宜出行十二月五子閉造等事各月皆同前

乙丑金日

乙丑金日

天恩天輔顯星宜出入求財行軍決戰大勝勝可選吉時出正北艮方生門吉

（乙丑日）丙子時天乙吉　丁丑時朱雀凶　戊寅時吉金匱黃道凶五鬼　已卯時吉天德黃道五符凶五鬼　庚辰時白虎凶　辛巳時吉玉堂凶黃道凶寡宿　壬午癸未二時截路空亡凶　甲申時吉司命黃道天乙貴人凶五不遇　乙酉時勾陳凶　丙戌

時吉明堂凶旬中空亡天罡　丁亥時吉明堂凶旬中空亡孤辰　正月五丑開造主失火折蓋吉船六十日內損人口橋殺主人嫁娶吉葬主失火二月五丑開三月五丑收百事忌用宜栽種四月五丑成嫁娶犯厭對歸忌五月五丑危六月五丑破百事大凶雖有吉神亦不可用宜破屋壞垣七月五丑執百事大凶宜捕捉八月五丑定九月午丑平犯之滅族亡家百事忌用宜栽種十月五丑滿嫁娶不用十一月午

丑除嫁娶妨夫十二月五丑建百事大凶雖有吉神亦不可用宜出行造等事各月皆同前云

御定奇門大全卷六十終

坎 天蓬子禽水星大凶 一宮冀州 即天乙

震 天衝子翹木星小吉 三宮青州 即軒轅

中 天禽子公土星上吉 五宮豫州 即天符

兌 天柱子申金星小凶 七宮梁州 即咸池

離 天英子威火星小凶 九宮揚州 即乙

坤 天芮子成土星大凶 二宮荊州 即攝提

巽 天輔子卿木星上吉 四宮徐州 即招搖

乾 天心子襄金星上吉 六宮雍州 即青龍

艮 天任子韋土星小吉 八宮兗州 即太陰

蓬任衝輔英芮柱心禽

直符土　螣蛇火　太陰金　六合水　勾陳土

朱雀火　九地土　九天金

休一水　開六金　生八土　杜四木　景九火　死二土　傷三木　驚七金

御定奇門大全卷之六十一

寶鏡圖

丙
寅
火
日

丙寅火日

天蠱星死氣不宜出入求財行軍主有損折人馬遇急可選吉時出正北坎方休門吉

丙寅火日

戊子時吉青龍凶孤辰　己丑時明堂大吉　庚寅時天刑凶　辛卯時朱雀凶　壬辰癸巳二時截路空亡凶　甲午時白虎凶　乙未時玉堂大吉　戌

丙申時天牢凶　丁酉時天乙貴人大吉　戊戌時吉司命凶旬中空亡　己亥時天乙貴人吉

正月午寅建百事大凶雖有吉神亦不可用二月五丑閉造損宅長折蓋凶船六十日內口舌橋轂主人嫁娶不用壟上下呼三人一云小壟不忌三月五寅開四月五寅收犯之滅族亡家百事忌用五月五寅成六月五寅危七月五寅破百事大凶縱有吉神亦不可用宜破屋壞垣八月五寅執九月五寅定百事大凶雖有吉神亦當避忌

宜捕捉十月五寅平百事忌用十一月五寅滿十二月五寅除造等事各月皆同前

丁卯火日

丁卯火日

火星血光天害主有傷亡虛驚之兆不宜出入求財行軍遇急可選吉時出正南离方開門吉

丁卯火日

庚子時吉司命凶五不遇火星　辛丑時勾陳凶　壬寅癸卯二時截路空亡凶　甲辰時天刑凶　乙巳時朱雀凶　丙午時吉金匱凶河魁　丁未時吉天德凶寡宿　戊辰時白虎凶　己酉時吉天乙貴人凶時破　庚戌時天牢凶　辛亥時天乙貴人吉

正月五卯除造破田宅失火折蓋凶船百日內進六畜橋損長子嫁娶犯离窠塋上下太呼忌宅長三年呼四人二月五卯建百事大凶、雖有吉神亦不可用三月五卯閉四月五卯開五月五卯收百事忌用六月五卯成七月五卯危八月五卯破百事大凶宜破屋壞垣九月五卯執十月五卯定十一月五卯平犯之滅族亡家雖有吉神亦不可

用十二月五卯滿造等事各月皆同前

戊辰木日圖

戊辰木日

玉堂黃道天恩福星宜出入求財見陣上官吉可選吉時出西南坤方休門大吉

戊辰木日

壬子癸丑二時截路空亡凶　甲寅時吉司命凶孤辰五不遇　乙卯時吉青龍凶時刑　丙辰時吉青龍凶時刑　丁巳時明堂大吉　戊午時天刑凶　己未時天乙貴人吉　庚申時吉金匱凶寡宿　辛

酉時天德大吉　壬戌時白虎凶　癸亥時吉玉堂凶旬中空亡

正月五辰滿造損宅長折妨西南家益吉船主小口落水橋進益動首嫁娶犯寡塋上下太呼宅長三年呼四人二月五辰除百事大凶雖有吉神亦不可用宜捕捉三月五辰建百事忌用四月五辰閉五月五辰開六月五辰收犯之滅族亡家百事避忌七月五辰成八月五辰危九月五辰破百事大凶宜破屋壞垣十月五辰執十一月五辰定十二月五辰平百事忌用造等事各月皆同前

己巳木日

己巳木日

天德天台月德生氣宜出入求財見官行軍攻戰大勝可選吉時出正南离方開門吉

己巳木日

甲子時天乙貴人吉　乙丑時吉玉堂凶五不遇　丙寅時天牢凶　丁卯時玄武凶　戊辰時司命大吉　己巳時勾陳凶　庚午時吉青龍凶五鬼　辛未時明堂大吉　壬申癸酉二時截路空亡凶　甲戌時吉金匱凶旬中空亡　乙亥時吉天德凶旬中空亡

正月五巳平犯之滅族亡家百事忌用二月五巳滿造五音大利折妨北家蓋吉船百日內官事橋殺師人嫁娶夫妻忌葬上下呼宅長三年呼四人三月五巳除四月五巳建百事大凶雖有吉神亦不可用五月五巳開六月五巳開七月五巳收百事忌用八月五巳成九月五巳危十月五巳破百事大凶宜破屋壞垣十一月五巳執十二月五巳定造等事

庚午土日

庚午土日

天休死氣刑星伐日不宜出入求財行軍主有虛驚遇急可選吉時出正東休門吉

庚午土日

丙子時吉金匱凶時破　丁丑時吉天德凶時害戊寅時白虎凶　己卯時吉玉堂凶河魁　庚辰時天牢凶　辛巳時玄武凶　壬午癸未二時截路空亡凶　甲申時青龍大吉　乙酉時吉明堂凶天罡

丙戌時天牢凶　丁亥時朱雀凶

正月五午定造損宅長折蓋妨西家船百日內進田橋殺北方人嫁娶妨夫塋局類諸家取用二月五午平犯之滅族亡家宜修墻垣三月五午滿四月五午除五月五午建百事大凶雖有吉神亦不可用六月五午閉縱有吉神亦當避忌宜修墻垣七月五午開塋開日不用八月五午收百事忌用宜祭祀九月五午成十月五午危十一月五午破百事忌用宜破屋墻垣十二月五午執造等事各月皆同前云

辛未土日

辛未土日
天福天台星宜出入求財行軍見陣大勝獲財可選
吉時出東南巽方生門吉
辛未土日
戊子時天刑凶　己丑時朱雀凶　庚寅時金匱大
吉　辛卯時吉天德凶火星　壬辰癸巳二時截路
空亡凶　甲午時天乙貴人吉　乙未時玄武凶
丙申時司命大吉　丁酉時勾陳凶　戊戌時青龍

半吉半凶旬中空亡河魁　己亥時吉明堂凶寡宿
截路空亡
正月五未執造旺田蠶三年進橫財折妨東家盍
吉船主口舌橋進田蠶嫁娶妨公姑墓上下大哱
三人後主貧窮二月五未定三月五未平犯之滅
族亡家百事忌用宜修墻垣四月五未滿五月五
未除六月五未建百事大凶雖有吉神亦不可用
七月五未閉八月五未開凡事忌用九月五未收

十月五未成十一月五未危十二月五未破百事
大凶宜破屋壞垣造等事各月皆同前云

壬申金日

壬申金日

天休天哭大財出入求財行軍見陣主有哭声遇急可選吉時出東南巽方生門大吉

壬申金日

庚子時吉青龍凶寡宿火星　辛丑時吉明堂凶五不遇　壬寅癸卯二時截路空亡凶　甲辰時吉金匱凶五不遇　乙巳時吉天乙凶河魁　丙午時白虎凶　丁未時吉玉堂凶五不遇　戊申時天牢凶　己酉時玄武凶　庚戌時吉司命凶旬中空亡　辛亥時勾陳凶

正月五申破百事大凶雖有吉神亦不可用宜破墻垣二月五申執造主成家折妨百家蓋吉船七十日內損小口橋殺勤首嫁娶犯離合寡壟合天上壬寅地下壬申上下不呼金鷄鳴玉犬吠宜刹子孫富貴出刺史三月五申定四月五申平百事忌用五月五申滿六月五申除七月五申建八月五申閉九月五申開十月五申收百事忌十一月五申成十二月五申危造犯火星其餘造等事各月皆同前

癸酉金日圖

癸酉金日

天火血刃六神不宜出入求財行軍出戰主蛇虎傷亡虛驚遇急可選吉時出東南巽方休門吉

癸酉金日

壬子癸丑二時截路空亡凶　甲寅時青龍大吉　乙卯時明堂凶時破　丙辰時天刑凶　丁巳時貴人吉　戊午時金匱大吉　庚申時白虎凶　己未時吉天德凶孤辰　辛酉時吉玉堂凶時刑　壬戌時天牢凶　癸亥時玄武凶

正月五酉危造損宅長折妨宅長并女子蓋吉船一百二十日內血光損財橋凶嫁娶妨夫主金鷄鳴玉犬吠亡人安子孫孝順富貴千秋食千石祿二月五酉破百事大凶宜破屋壞垣三月五酉執四月五酉定五月五酉平百事忌用宜修墻垣六月五酉滿七月五酉除八月五酉建百事大凶九月五酉閉十月五酉開十一月五酉收百事忌用十二月五酉成百事大凶宜捕捉造等事各月皆同前

甲戌火日

甲戌火日

顯星黄道月合宜出入求財行軍見陣大勝獲功可選吉時出正南離方生門大吉

甲戌火日

甲子時天牢凶　乙丑時貴人吉司命凶寡宿　丁卯時勾陳凶　戊辰時吉青龍凶時破　己巳時吉明堂凶五鬼　庚午時天刑凶　辛未時貴人吉壬申癸酉二時截路空亡凶　甲戌時白虎凶　乙亥時明堂大吉

正月五戌成百事大凶宜捕捉二月五戌危造宜子孫折凶葢吉船失財口舌七十日内損六畜橋利嫁娶犯死别秋不同餘月吉葢上下呼五人八年後絶三月五戌破百事大凶縱有吉神亦當避忌宜破屋壞垣四月五戌執造犯火星五月五定六月五平七月五滿八月五戌除造犯燭火嫁娶妨夫九月五戌建百事大凶十月五戌閉造犯火星十一月五戌開十二月五戌收犯之滅族亡家百事忌用造等事各月皆同前

乙亥火日

乙亥火日

玉堂金星聖星宜出入求財行軍決戰大勝獲財可
選吉時出正南離方生門吉

乙亥火日

丙子時貴人吉　丁丑時玉堂大吉　戊寅時天牢
凶　己卯時玄武凶　庚辰時司命大吉　辛巳時
勾陳凶　壬午癸未二時截路空亡凶　甲申時貴
人吉　乙酉時朱雀凶　丙戌時金匱大吉　丁亥

時吉天德凶時刑

正月五亥收犯之滅族亡家百事忌用二月五亥
成造大富貴折妨長婦蓋凶船損匠人十日內損
宅母橋妨匠人嫁娶妨父母塟呼三人三月五亥
危縱有吉神亦當避忌宜捕捉四月五亥破百事
大凶宜破屋壞垣五月五亥執六月五亥定七月
五亥平百事忌用八月五亥滿九月五亥除十月
五亥建百事大凶十一月五亥閉十二月五亥開

造等事各月皆同前

丙子水日

日丙子水日

日空受死傷亡伐日不宜出入求財行軍見陣大凶
主有去無回遇急可選吉時出正北坎方生門吉

丙子水日

戊子時吉金匱凶五不遇　己丑時天德大吉　庚
寅時白虎凶　辛卯時吉玉堂凶時刑　壬辰癸巳
二時截路空亡凶　甲午時吉司命凶時破　乙未
時勾陳凶　丙申時吉青龍凶旬中空亡　丁酉時

吉明堂凶旬中空亡　戊戌時天刑凶　己亥時天
乙貴人吉

正月丙子日造主火災殺人口六畜折妨甲子辰
人蓋凶船九十日內進財大吉橋吉嫁娶忌葬一
年呼一人後絕二五八十一月是日百事大凶縱
有吉神亦當避忌餘月造等事皆同前

丁丑水日

丁丑水日

天上大空亡文曲星生氣六合不遇行軍見陣大凶
遇急可選吉時出正北坎方生門吉

丁丑水日

庚子時天刑凶　辛丑時朱雀凶　壬寅癸卯二時
截路空亡凶　甲辰時白虎凶　乙巳時吉玉堂凶
寡宿丙午時天牢凶　丁未時玄武凶　庚戌時青
龍吉時刑凶　辛亥時吉明堂凶孤辰

正月丁丑日造主破血財失火折蓋吉船損人口殺主人橋殺主人嫁娶五男二女大吉葬亡人不安呼人三六七九十二月是日大凶雖有吉神亦不可用十月嫁娶犯四廢孤辰歸忌天狗餘月造等事皆同前

戊寅土日

戊寅土日

天瑞月合解星宜出陣求財見官可選吉時出正北坎方生門吉

戊寅土日

壬子癸丑二時截路空亡凶　甲寅時天刑凶　乙卯時朱雀凶　丙辰時吉金匱凶火星　丁巳時吉天德凶時刑天罡　戊午時白虎凶　己未時玉堂大吉　庚申時天牢凶　辛酉時玄武凶　壬戌時

司命大吉　癸亥時勾陳凶

正四七九十月戊寅日百事大凶雖有吉神亦不可用二月造忌宅長損田蚕血食財折妨北家孟吉船三日凶至橋殺主人嫁娶妨公姑夫葬上下呼三人餘月造等事皆同前

御定奇門大全卷六十一終

御定奇門大全卷之六十二

寶鏡圖

己卯土日圖

己卯土日

天瑞天恩章星五明星宜出入求財見官行軍決戰大勝可選吉時出正西兌方休門吉

己卯土日

甲子時吉司命凶時刑．乙丑時勾陳凶　丙寅時吉青龍凶五不遇　丁卯時吉明堂凶時建　戊辰時天刑凶　己巳時朱雀凶　庚午時吉金匱凶河魁　辛未時吉天德凶寡宿　壬申癸酉二時截路空亡凶　甲戌時天牢凶　乙亥時玄武凶

正月己卯日造宜子孫折妨東家蓋吉船損人口橋殺小口嫁娶夫妻忌諸家用韭呼宅長二十年後災咎二五八十一月是日百事忌用餘月造等事皆同前

庚辰金日

庚辰金日

黑道休星月敗日亡不宜出入求財行軍大凶遇急可選吉時出西北乾方生門吉

庚辰金日

丙子時天牢凶　丁丑時天乙貴人吉　戊寅時吉司命凶孤辰　己卯時勾陳凶　庚辰時吉青龍凶時刑　辛巳時明堂吉　壬午癸未二時截路空亡凶　甲申時吉青龍凶金匱凶旬中空亡寡宿　乙酉時吉天德凶旬中空亡　丙戌時白虎凶　丁亥時玉堂大吉

正月庚辰日造損宅長折蓋吉船三日內失脫橋殺小口嫁娶主分离葬呼七人二三六九十二月是日百事大凶皆忌餘月造等事皆同前

辛巳金日

辛巳金日

大敗天牢天耗死亡伐日不宜出入往來行軍見陣大凶遇急可選吉時出正西兌方休門吉

辛巳金日

戊子時白虎凶　己丑時吉玉堂凶五鬼　庚寅時天乙貴人吉　辛卯時玄武凶　壬辰癸巳二時截路空亡凶　甲午時吉青龍凶五不遇　乙未時明堂大吉　丙申時天刑凶　丁酉時朱雀凶　戊戌

時金匱大吉　巳亥時吉天德凶時破
正四七十月辛巳日百事皆忌用二月造破田宅
失大折妨西家葢吉船損小口橋殺師人嫁娶妨
公姑夫塟呼宅長餘月嫁娶犯不歸离窠造等事
皆同前

壬午木日

壬午木日
天恩天福支神月合宜出入求財行軍決戰大勝可
選吉時出東北艮方休門吉
壬午木日
庚子時吉金匱凶大星　辛丑時吉天德凶五不遇
壬寅癸卯二時截路空亡凶　甲辰時天牢凶
乙巳時天乙貴人吉　丙午時吉司命凶時刑　丁
未時勾陳凶　戊申時吉青龍凶旬中空亡　己酉

時吉明堂凶旬中空亡　庚戌時天牢凶　辛亥時
朱雀凶
正月壬子日造主大灾孤寡後損三人折殺宅長
葢吉船進財橋主北方人病嫁娶忌塟出剌史二
五六八十一月是日百事大凶雖有吉神亦當避
忌七月塟開日不用十月塟犯重喪餘月造等事
皆同前

癸未木日
天狗滅門八煞大敗伐日不宜出入行軍主營寨被
賊人夜害大凶遇急可選吉時出正北坎方開門吉

癸未木日
壬子癸丑二時截路空亡凶　甲寅時金匱大吉
乙卯時天德大吉　丙辰時白虎凶　丁巳時吉玉
堂凶孤凶辰　丙午時天牢凶　己未時玄武凶　庚
申時吉司命凶旬中空亡　辛酉時勾陳凶　壬戌
時吉青龍凶河魁　癸亥時吉明堂寡宿
正月癸未日造損長子興田蚕折妨北家益吉船
女人訟事橋殺北方人血光嫁娶兩家敗甃四年
呼四人主女人破家敗三六八九十二月是日百
事忌用餘月造等事皆同前

甲申水日

天恩天福天德將星宜出入求財見官行軍決戰大勝官兵俱轉將軍之職可選吉時出坎方開門吉

甲申水日

甲子時吉青龍凶寡宿　乙丑時明堂大吉　丙寅時天牢凶　丁卯時朱雀凶　戊辰時金匱大吉　己巳時吉天德凶河魁　庚午時白虎凶辛未時吉玉堂凶旬中空亡　壬申癸酉二時截路空亡凶

甲戌時司命大吉　乙亥時勾陳凶

正四七十月是日百事大凶縱有吉神亦當避忌宜子孫折坊東家葢吉船主小口落水橋殺勸首嫁娶夫妻忌埜吉局類諸家取用九月開日埜不用造等事餘月皆同前

乙酉水日

乙酉水日

天恩天福玉堂伐日宜出入求財行軍見陣大勝上官凶可選吉時出正南離方休門吉

乙酉水日

丙子時吉司命凶河魁　丁丑時勾陳凶　戊寅時吉青龍凶五鬼　己卯時吉玉堂凶時破　庚辰時天牢凶　辛巳時朱雀凶　壬午癸未二時截路空亡凶　甲申時天乙貴人吉　乙酉時吉玉堂凶時

刑

丙戌時天牢凶　丁亥時玄武凶

正月乙酉日造大富貴折殺長宅蓋吉船凶橋北方吉利嫁娶不利葬吉局内諸家取用二五八十一十二月百事忌用四九月造犯大星十月葬開日不用餘月造等事皆同前

丙戌土日

丙戌土日

大敗八煞死門大耗不宜出入求財上官行軍決戰大凶遇急可選吉時出西南坤方開門吉

丙戌土日

戊子時天牢凶　已丑時玄武凶　庚寅時吉司命凶寡宿　辛卯時勾陳凶　壬辰癸巳二時截路空亡凶　甲午時天刑凶　乙未時朱雀凶　丙申時吉金匱凶孤辰　丁酉時天德貴人大吉　戊戌時白虎凶　已亥時吉玉堂凶五不遇

正三六九十二月是日百事大凶雖有吉神亦不可用二月造火灾折蓋吉妨南家船進田橋損東方小口嫁娶犯不歸妨大墓呼十三人造等事餘月皆同前

丁亥土日

丁亥土日

大敗四廢天賊伐日不宜出入往來行軍大凶遇急可選吉時出正南离方休門吉

丁亥土日

庚子時白虎凶　辛丑時玉堂大吉　壬寅癸卯二時截路空亡凶　甲辰時司命大吉　丙午時吉青龍凶旬中空亡　戊申時天刑凶　己酉時朱雀凶　庚戌時金匱大吉　辛亥時吉天德凶時刑

正三四七十月是日百事大凶雖有吉神亦不可用二月造大敗三年退失財物諸家用折妨南家益吉船損六畜橋妨匠人嫁娶妨姑夫塟呼七人二十年後主家敗造等事餘月皆同

戊子火日

戊子火日

地岸咸池天牢地獄伐日不宜出入求財行軍大凶
遇急可選吉時出正北坎方休門吉

戊子火日

壬子癸丑二時截路空亡凶　甲寅時白虎凶　乙
卯時吉玉堂凶天罡時刑　丙辰時天牢凶　丁巳
時玄武凶　戊午時吉司命凶旬中空亡　己未時
貴人吉　庚申時吉青龍凶五鬼　辛酉時吉明堂

凶河魁　壬戌時天刑凶　癸亥時朱雀凶
正月戊子日造宜田蠶折殺宅長益吉船一月凶
損六畜橋主人病嫁娶無子葬呼人破家二五八
十一月是日百事大凶雖有吉神亦不可用餘月
造等事皆同前

己丑火日

己丑火日

大敗文龍不宜出入求財行軍決戰主有死亡遇急
可選吉時出西北乾方開門吉

己丑火日

甲子時天乙貴人吉　乙丑時朱雀凶　丙寅時吉
金匱凶五不遇　丁卯時吉天德凶五不遇　戊辰
時白虎凶　己巳時吉玉堂凶旬中空亡　庚午時
天牢凶　辛未時玄武凶　壬申癸酉二時截路空

亡凶　甲戌時吉青龍凶時刑　乙亥時吉明堂凶孤
辰
正月己丑日造大富貴進人丁折妨北家孟吉船
口舌橋妨北方人嫁娶犯离窠歸忌塟局内諸家
取用二三五六七八九十二月百事大凶雖有吉
神亦不可用造等事餘月皆同

庚寅木日

庚寅木日
天福辱星天瑞玉堂三合生氣宜出入求財行軍見
陣決勝千里選時吉出西北乾方開門吉
庚寅木日
丙子時吉青龍凶孤辰　丁丑時明堂天乙貴人大
吉　戊寅時天刑凶　己卯時朱雀凶　庚辰時金
匱黄道大吉　辛巳時吉天德凶時刑　壬午癸未
二時截路空亡凶　甲申時天牢凶　乙酉時玄武

凶　丙戌時吉司命凶孤辰　丁亥時勾陳凶
正四七九十月是日百事大凶雖有吉神亦不可
用造盖田蚕折妨東家蓋吉船吉橋殺主人嫁娶
吉小塟吉局内諸家取用三月造犯火星嫁娶妨
夫塟開日不用六月造犯火星八月嫁娶妨夫十
一月嫁娶妨夫十二月造犯火星其餘等事各月
皆同前

辛卯木日

辛卯木日

天福厚星六合天乙貴人宜出入求財上官到任行軍決戰大勝可選吉時出正西兌方生門吉

辛卯木日

戊子時吉司命凶時刑　己丑時勾陳凶　庚寅時青龍凶大吉　辛卯時黄道大吉　壬辰癸巳二時截路空亡凶　甲午時吉金匱凶旬中空亡　乙未時吉天德凶寡宿旬中空亡　丙申時白虎凶　丁酉時吉玉堂凶時破　戊戌時天牢凶　己亥時玄武凶

正月辛卯日造損長子折妨宅長蓋吉船進財橋主西方人病嫁娶不用塟呼五人二五八十一月百事大凶雖有吉神亦不可用七九十月嫁娶主富貴餘月造等事皆同前

壬辰水日

壬辰水日

天上大空亡血刃受死劫煞九醜不宜出入往來行軍主損失人馬凶遇急可選吉時出正南離方開門吉

壬辰水日

庚子時天牢凶　辛丑時玄武凶　壬寅癸卯二時截路空亡凶　甲辰時吉青龍凶時建　乙巳時明堂天乙貴人大吉　丙午時天刑凶　丁未時朱雀凶寡宿　戊申時吉金匱凶　己酉時吉天德凶火星　庚戌時白虎凶　辛亥時吉玉堂凶五鬼

正月壬辰日造主失火折吉妨東家蓋吉船進財橋不利嫁娶夫妻忌葬不用二三六九十二月是日百事大凶雖有吉神亦不可用餘月造等事皆同前

癸巳水日

癸巳水日

天上大空亡天憂天悲太陰星不宜出行〻軍主連旬陰雨不祥遇急可選吉時出正南离方開門吉

癸巳水日

壬子癸丑二時截路空亡凶　甲寅時天牢凶　乙卯時玄武凶　丙辰時吉司命凶火星　丁巳時勾陳凶　戊午時吉青龍凶旬中空亡　庚申時己未時吉明堂凶旬中空亡　庚申時天刑凶　辛酉時

朱雀凶　壬戌時吉金匱凶五不遇　癸亥時吉天
德凶時破
正四七十月是日百事大凶雖有吉神亦不可用
二月造主公事折妨西家船進財橋殺師人嫁娶
不用差呼六人盡凶五六八九十二月嫁娶宜子
孫吉餘月造等事皆同前

御定奇門大全卷六十二終

御定奇門大全卷之六十三

寶鏡圖

甲午金日

甲午金日

天貴天將解星出入求財行軍決戰大勝選吉出東
北艮方開門吉

甲午金日

甲子時吉金匱凶時破　乙丑時天德凶　丙寅時
白虎凶　丁卯時吉玉堂凶河魁　戊辰時天牢凶
己巳時玄武凶　庚午時吉司命凶時建　辛未
時勾陳凶　壬申癸酉二時截路空亡凶　甲戌時

天刑凶　乙亥時朱雀凶
正月甲午日造招瘟疫諸家用折蓋吉船大利橋
吉嫁娶主分離孤寡塟呼婦女二人并六畜小塟
吉二五六八十一月是日百事大凶雖有吉神亦
不可用造等事餘月皆同前

乙未金日

乙未金日
天喜福德天德宜出入求財見官行軍决戰刼營大
勝選吉時出正東震方休門吉

乙未金日
丙子時天刑凶　丁丑時朱雀凶　戊寅時金匱大
吉　己卯時天德大吉　庚辰時白虎凶　辛巳時
吉玉堂凶旬中空亡孤辰　壬午癸未二時截路空
亡凶　甲申時吉司命凶大星　乙酉時勾陳凶

丙戌時吉青龍凶河魁　丁亥時吉明堂凶寡宿
正月乙未日造大富貴折蓋吉船主人自縊橋大
吉嫁娶主離別塟呼十人三六八九十二月是日
百事大凶雖有吉神亦不可用十一月造犯大星
餘月造等事皆同前

丙申大日

丙申大日

天祐星太陰星木星不宜出入往來行軍遇凶選吉時出東南巽方生門吉

丙申大日

戊子時吉青龍凶寡宿　己丑時明堂大吉　庚寅時天刑凶　辛卯時朱雀凶　壬辰癸巳二時截路空亡凶　甲午時白虎凶　乙未時玉堂大吉　丙申時天牢凶　丁酉時玄武凶　戊戌時司命大吉　己亥時勾陳凶

正四七十月是日百事大凶縱有吉神亦當忌避二月造損宅長折蓋妨東家殺長船主病橋殺勸首嫁娶妨夫塋吉局類諸家取用餘月造葬事皆同前

丁酉大日

丁酉火日

天狗地犬月煞日亡不宜出入求財行軍遇急可選
吉時出正南离方生門吉

丁酉火日

壬子癸丑二時截路空亡凶　甲寅時吉司命凶寡
宿　乙卯時勾陳凶　丙辰時吉青龍凶旬中空亡
戊午時天刑　己未時朱雀凶　丁巳時吉明堂
凶旬中空亡　庚申時吉金匱凶孤辰　辛酉時吉

天德凶五鬼　壬戌時白虎凶　癸亥時玉堂大吉
正六九十二月是日犯之滅族亡家百事忌用二
月造大凶折妨長子蓋吉船主小口落水橋損東
方人嫁娶主孤寡塋上下呼三人造等事餘月同
前

戊戌木日

戊戌木日

大敗又是六神窮日不宜出入往來行軍百事凶遇
急可選吉時出東南巽方休門吉

戊戌木日

壬子癸丑時截路空亡　甲寅時司命吉　乙卯時
勾陳凶　丙辰青龍吉　丁巳明堂吉　戊午天刑
凶　己未朱雀凶　庚申金匱吉　辛酉天德吉
壬戌時白虎凶　癸亥時玉堂吉

己亥木日

己亥木日

天明福星五明太陽生氣宜出入求財行軍決戰大勝可選吉時出正東震方開門吉

己亥木日

甲子時白虎凶　乙丑時玉堂大吉　丙寅時天牢凶　丁卯時朱雀凶　戊辰時吉司命凶旬中空亡　己巳時勾陳凶　庚午時青龍大吉　辛未時明堂福星大吉　壬申癸酉二時截路空亡凶　甲戌

時金匱黃道大吉　乙亥時吉天德凶時刑

正三四七十月是日百事大凶雖有吉神亦當避忌二月造蓋田宅折坊東家蓋吉船官事失財物橋坊匠人嫁娶不用塟三年呼二人餘月造等事皆同前

庚子土日

庚子土日

天德厚星天福月合宜出入求財行軍上陣大勝可選吉時出西北乾方休門吉

庚子土日

丙子時金匱大吉　丁丑時天德大吉　戊寅時白虎凶　己卯時吉玉堂凶天罡　庚辰時天牢凶　辛巳時玄武凶　壬午癸未二時截路空亡凶　甲申時青龍大吉　乙酉時吉明堂凶河魁　丙戌時天刑凶　丁亥時朱雀凶

正月庚子日造主貧苦出顛狂人折蓋妨宅長橋吉船吉嫁娶吉墓上下呼三人二五八十一月是日百事忌用四六七九十二月嫁娶妨公姑夫餘月造等事皆同前

辛丑土日

辛丑土日

天福厚星天和生氣黄道吉曜宜出入求財行軍決戰大勝獲財選吉時出正西兑方開門吉

辛丑土日

戊子時天刑凶　己丑時朱雀凶　庚寅時天乙貴人吉　辛卯時吉天德凶大星　壬辰癸巳二時截路空亡凶　甲午時天牢凶　乙未時玄武凶　丙申時司命大吉　丁酉時勾陳凶　戊戌時吉青龍

凶天罡　巳亥時吉明堂凶孤辰
正月辛丑日造大凶折蓋吉船凶妨橋南人嫁娶
妨夫塟亡人不安呼人三六七九十二月是日百
事大凶雖有吉神亦當避忌餘月造等事皆同前

壬寅金日

壬寅金日
天地許罹不宜出入求財行軍見陣主有隔遇急可
選吉時出西北乾方休門吉
　壬寅金日
庚子時吉青龍凶孤辰大星　辛丑時吉明堂凶五
不遇　壬寅癸卯二時截路空亡凶　甲辰時吉金
匱凶旬中空亡　乙巳時吉天德凶旬中空亡　丁
未時吉玉堂凶五不遇　丙午時白虎凶　戊申時

天牢凶　己酉時玄武凶　庚寅時吉司命凶　五
鬼五不遇　辛亥時勾陳凶
正四七九十月是日百事大凶縱有吉神亦當避
忌二月壬寅日造退財失大折蓋妨北家船吉橋
九良星殺人嫁娶多病塟吉局類諸家取用三月
塟呼人餘月造等事皆同前

癸卯金日

癸卯金日

天台黃道福星六合宜出入求財行軍上陣大勝選吉時出西南坤方開門吉

癸卯金日

壬子癸丑二時截路空亡凶　甲寅時青龍黃道大吉　乙卯時吉明堂凶時建　丙辰時天刑凶　丁巳時朱雀凶　戊午時吉金匱凶河魁　己未時吉天德凶寡宿　庚申時白虎凶　辛酉時吉玉堂凶時破　壬戌時天牢凶　癸亥時玄武凶

正月癸卯日造主刀兵火盜船吉折益吉橋主西方人家官事嫁娶犯四廢蹇呼五人二五八十一月百事大凶雖有吉神亦不可用餘月造等事皆同前

甲辰火日

甲辰火日

大敗聖星鬼神不食之日不宜出入求財行軍決戰大凶遇急可選吉時出西南坤方開門吉

甲辰火日

甲子時天牢凶　乙丑時玄武凶　丙寅時吉司命凶狐辰　丁卯時勾陳凶　戊辰時吉青龍凶時刑己巳時明堂大吉　庚午時天刑凶　辛未時朱雀凶　壬申癸酉二時截路空亡凶　甲戌時白虎凶乙亥時玉堂大吉

正月甲辰日造損宅長妨東家蓋吉船失火橋凶嫁娶不用葬凶十十一月葬可用二三六九十二月是日百事大凶縱有吉神亦當避忌餘月造等事皆同前

乙巳火日

乙巳火日

天福星天貴生氣大敗不宜出入求財行軍決戰大勝可選吉時出西南坤方開門吉

乙巳火日

丙子時白虎凶　丁丑時福星貴人大吉　戊寅時天牢凶　己卯時玄武凶　庚辰時司命大吉　辛巳時勾陳凶　壬午癸未二時截路空亡凶　甲申時天刑凶　乙酉時朱雀凶　丙戌時金匱大吉

丁亥時吉天德凶時破
正四十月是日百事大凶雖有吉神亦當避忌二
月造五日大利折妨北家盍吉船百日内官事橋
殺師人嫁娶夫妻忌塟上下呼宅長三年内呼四
人餘造等事各月同前

丙午水日

丙午水日
地牢太歲博星不宜出入往來行軍凶遇急可選吉
時出正坎北方開門吉
丙午水日
戊子時吉金匱凶時破　己丑時吉天德凶五鬼
庚寅時白虎凶　辛卯時吉玉堂凶火星旬中空亡
壬辰癸巳二時截路空亡凶　甲午時吉司命時建
乙未時勾陳凶　丙申時吉司命凶河魁　丁酉

時吉明堂凶五不遇　戊戌時天刑凶　己亥時朱
雀凶
正月丙午日造主大光折妨北家盍吉船凶橋妨
西方人嫁娶忌塟吉局類諸家取用四七月塟忌
用二五六八十一月是日百事大凶雖有吉神亦
不可用餘月造等事皆同前

丁未水日

丁未水日

天上大空亡 天福天哭不宜出入求財行軍主有自退自散之凶遇急可選吉時出東北艮方休門吉

丁未水日

庚子時天刑凶 辛丑時朱雀凶 壬寅癸卯二時截路空亡凶 甲辰時白虎凶 乙巳時吉玉堂凶孤辰 丙午時天牢凶 丁未時玄武凶 戊申時司命大吉 己酉時勾陳凶 庚戌時吉青龍凶河魁 辛亥時吉明堂凶寡宿

正月丁未日造損宅長折益妨長婦船凶橋主北方人災嫁娶夫妻忌壅呼六人三六八九十二月是日百事大凶雖有吉神亦當忌避餘月造等事皆同前

戊申土日

戊申土日

天上大空亡四廢天還地決不宜行軍出行往來主有蛇虎傷人遇急可選吉時出正東震方生門吉

戊申土日

壬子癸丑二時截路空亡凶　甲寅時天刑凶　乙卯時朱雀凶　丙辰時吉金匱凶火星　丁巳時吉天德凶河魁　戊午時白虎凶　己未時天乙貴人大吉　庚申時天牢凶　辛酉時玄武凶　壬戌時司命大吉　癸亥時勾陳凶

正正四七十月是日百事大凶二月戊申日造大富貴折殺宅長蓋吉船凶橋殺勸首嫁娶妨夫塋埋呼人凶三六九十二月造犯火星餘月造等事皆同前

己酉土日

己酉土日

天轉地殺不宜出行求財行軍決戰主有風雨之難遇急可選吉時出東南巽方開門吉

己酉土日

甲子時吉司命凶河魁　乙丑時勾陳凶　丙寅時吉青龍凶旬中空亡　丁卯時吉明堂凶旬中空亡　戊辰時天刑凶　己巳時朱雀凶　庚午時吉金匱凶罡星　辛未時吉天德凶孤辰　壬申癸酉二

時截路空亡凶　甲戌時天牢凶　乙亥時玄武凶
正月己酉日造宜子孫折蓋吉妨北家蓋吉船凶
橋利西方嫁娶主離别塟吉局類諸家取用二月
并五八十一十二月是日大凶三月造犯火星塟
犯重喪四九月造主火災六九月塟犯重喪開日
不用餘月造葬事皆同前

御定奇門大全卷六十三終

御定奇門大全卷之六十四

寶鏡圖

庚戌金日

庚戌金日
天禍八專九醜不宜出入求財行軍決戰大凶遇急
可選吉時正南離方休門吉

庚戌金日
丙子時天牢凶　丁丑時玄武凶　戊寅時吉司命
凶旬中空亡寡宿　己卯時勾陳凶　庚辰時吉青
龍凶時破　辛巳時吉明堂凶五不遇　壬午癸未
二時截路空亡凶　甲申時吉金匱凶孤辰　乙酉

時天德黃道大吉　丙戌時白虎凶　丁亥時玉堂大吉

正月三月六月九月十二月是日犯之滅族亡家百事忌用二月庚戌日造大凶折妨南家蓋吉船凶橋吉利西方嫁娶妨公夫塋主代〻貧窮五月造擇日諸家用餘月造等事皆同前

辛亥金日

辛亥金日

天恩天福章星五福黃道月開生炁顯星出入見官行軍上陣大勝選吉時出正南離方休門吉

辛亥金日

戊子時白虎凶　己酉時玉堂大吉　庚寅時天牢凶　辛卯時玄武凶　壬辰癸巳二時截路空亡凶　甲午時青龍大吉　乙未時明堂大吉　丙申時天天刑凶　丁酉時朱雀凶　戊戌時黃道大吉

己亥時吉天德凶時建

正三四七十月是日百事大凶二月辛亥日造主血光諸家用折吉妨東家蓋吉船橋凶殺匠人船凶嫁娶妨夫塋呼三人餘月造等事皆同前

壬子木日

壬子木日

天瑞天恩天德月合金星文龍玉堂宜出入求財行軍決戰大勝可選吉時出正北坎方休門吉

壬子木日

庚子時吉金匱凶時建　辛丑時天德大吉　壬寅癸卯二時截路空亡凶　甲辰時天牢凶　乙巳時玄武凶　丙午時吉司命凶時破　丁未時勾陳凶

戊申時吉青龍凶五不遇　己酉時吉明堂凶火星　庚戌時天刑凶　辛亥時朱雀凶

正月壬子日造犯天火折妨女子益吉船生貴子橋大利嫁娶犯九醜不歸塋當年呼長二年呼六人三四六七十十二月造主大富貴二五八十一月百事凶餘月造等事皆同前

癸丑木日

癸丑木日

天恩五明星顯星將星宜出入求財見官行軍決戰大勝獲粮選吉時出正北坎方休門吉

癸丑木日

壬子癸丑二時截路空亡凶　甲寅時金匱大吉　乙丑時吉天德凶旬中空亡　丙辰時白虎凶　丁巳時吉玉堂凶寡宿　戊午時天牢凶　己未時玄武凶　庚申時吉司命凶五鬼　辛酉時勾陳凶

壬戌時吉青龍凶天罡　癸亥時吉明堂凶寡宿

正月癸丑日造害子孫折吉妨西家蓋吉船失財橋大利嫁娶無子塟呼三人三六九十二月是日百事大凶雖有吉神亦當避忌餘月造等事皆同前

甲寅水日

甲寅水日

五福顯星六合天祿黃道文龍星宜出入求財見陣行軍決戰大勝選吉時出東北艮方生門吉

甲寅水日

甲子時吉青龍凶旬中空亡孤辰　乙丑時天乙貴人大吉　丙寅時天刑凶　丁卯時玄武凶　戊辰時黃道福德大吉　己巳時天德吉　庚午時白虎凶　辛未時玉堂大吉　壬申癸酉二時截路空亡

凶　甲戌時司命大吉　乙亥時勾陳凶
正四七九十月是日百事大凶雖有吉神亦不可
用二月甲寅日造捐宅長破百家卯酉申地折凶
蓋吉船吉橋九良星殺人嫁娶妨公姑無子小差
吉局類諸家用造等事餘月皆同前

乙卯水日

乙卯水日
天明地曜不宜出入往來行軍見陳遇夜主有刼入
營寨大凶遇急選吉時出西南坤方吉
乙卯水日
丙子時吉司命凶時刑　丁丑時勾陳凶　戊寅時
青龍吉五鬼凶　己卯時吉明堂凶時建　庚辰時
天刑凶　辛巳時朱雀凶　壬午癸未二時截路空
亡凶　甲申時白虎凶　乙酉時吉玉堂凶時破

丙戌時天牢凶　丁亥時玄武凶
正月乙卯日造宜子孫折蓋吉妨東家船大利橋
殺西方人嫁娶大富貴塟不合吉星六十日造犯
天火二五八十一月百事大凶雖有吉神亦不可
用餘月造等事皆同前

丙辰土日

丙辰土日

天厚地圖白虎四基不宜出入求財行軍決戰凶遇急可選吉時出西南坤方休門吉

丙辰土日

戊子時天牢凶　己丑時玄武凶　庚寅時吉司命凶孤辰　辛卯時勾陳凶　壬辰癸巳二時截路空亡凶　甲午時天刑凶　乙未時朱雀凶　丙申時吉金匱凶寡宿　丁酉時天德大吉　戊戌時白虎大凶　己亥時吉玉堂凶五不遇

正月丙辰日嫁娶主孤寡塟不用造主爭訟折盖吉妨北家船吉橋般師人七八十十一月塟宜子孫六十年內無灾咎二三六九十二月忌用餘月造等事皆同前

丁巳土日

丁巳土日

天福辱星太陰天喜不宜出入往來若行軍決戰大勝選吉時出正南離方開門吉

丁巳土日

庚子時白虎凶　辛丑時玉堂大吉　壬寅癸卯二時截路空亡凶　甲辰時黄道大吉　丁未時明堂大吉　乙巳時勾陳凶　丙午時青龍大吉　丁未時明堂大吉　戊申時朱雀大凶　己酉時天刑凶

庚戌時吉金匱凶五鬼　辛亥時吉天德凶時破

正四七十月是日百事大凶二月造破家折蓋吉船凶橋殺師人嫁娶公姑夫俱妨塟十年內呼七人餘月造等事皆同前

戊午火日

戊午火日

地牢五鬼刑星不宜出入求財行軍布陣主損折人馬遇急選吉時出東南巽方生門吉

戊午火日

壬子癸丑二時截路空亡凶　甲寅時白虎凶　乙卯時玉堂凶河魁　丙辰時天牢凶　丁巳時玄武凶　戊午時吉司命凶時建　己未時勾陳凶　庚申時吉青龍凶五鬼　辛酉時吉明堂凶天罡　壬

戌時天刑凶　癸亥時朱雀凶
正月戊午日造祟子孫折蓋吉船凶橋大吉嫁娶
妨公姑夫塟呼九人三月十二月造犯火灾二五
八十一月是日百事大凶餘月造等事皆同前

己未大日

己未火日
天陽八風九坎宜出軍交戰六七十月不宜出行船
主損失人馬遇急可選吉時出東北艮方吉
己未火日
甲子時天刑凶　乙丑時朱雀凶　丙寅時吉金匱
凶五不遇　丁卯時天德凶五不遇　戊辰時白虎
凶　己巳時吉明堂凶孤辰　庚午時天牢凶　辛
未時玄武凶　壬午癸未二時截路空亡凶　甲戌

時吉青龍凶河魁　乙亥時吉明堂凶寡宿
正月己未日造犯火星折蓋凶船吉橋吉嫁娶夫
妻忌塟七年內生貴子五十年位至公卿七月葬
無鷄犬四五月塟不用二五月造大富貴三六八
九十二月是日百事忌用二十兩月塟吉五月己
未係日月合壁諸事皆吉或安塟亦可餘月造等
事皆同前

庚申木日

庚申木日

天德厚星天推天喜五福星宜出入求財上官行軍決戰大勝選吉時出東北艮方開門吉

庚申木日

丙子時吉青龍凶旬中空亡寡宿　丁丑時吉明堂凶旬中空亡　戊寅時天刑凶　己卯時朱雀凶　庚辰時金匱大吉　辛巳時吉天德凶河魁　壬午癸未二時截路空亡凶　甲申時天牢凶　乙酉時

玄武凶　丙戌時司命大吉　丁亥時勾陳凶

正月四月七月十月是日百事大凶二月庚申日造大利船吉折蓋吉橋九良星殺人嫁娶妨夫十年後生貴子九月開日葬不用餘月造等事皆同前

辛酉木日

辛酉木日

天狗地牢五不歸不宜出入求財上官行軍決戰凶遇急選吉時出東南巽方休門吉

辛酉木日

庚子時吉司命凶旬中空亡　己丑時勾陳凶　庚寅時天乙貴人大吉　辛卯時吉明堂凶大星時破　壬辰癸巳二時截路空亡凶　甲午時吉金匱凶五不遇　乙未時吉天德凶孤辰　丙申時白虎凶

丁酉時吉玉堂凶時建　戊戌時天牢凶　己亥時玄武凶

正月辛酉日造損長子失大官事祈禱吉船凶橋妨東方人嫁娶不用塟吉官至九卿二五八十一十二月是日百事大凶雖有吉神亦當避忌餘月造等事皆同前

壬戌水日

壬戌水日

天上大空亡天韋星不宜出入求財行軍決戰不利遇急選吉時出正東震方開門吉

壬戌水日

庚子時天牢凶　辛丑時玄武凶　壬寅癸卯二時截路空亡凶　甲辰時吉青龍凶時破　乙巳時天乙貴人大吉　丙午時天刑凶　丁未時朱雀凶　戊申時吉金匱凶孤辰　己酉時吉天德凶火星

庚戌時白虎凶　辛亥時玉堂黄道大吉

正三六九十二月是日百事大凶雖有吉神亦當避忌二月壬戌日造大富貴折凶蓋吉船口舌橋妨東方人嫁娶夫妻忌塟七年内呼七人八月犯火災不可起造餘月造等事皆同前

癸亥水日

癸亥水日

天上大空亡六甲窮日不宜行軍凶并不宜出入往來遇急可選吉時出東南巽方休門吉

癸亥水日

壬子癸丑二時截路空亡凶　甲寅時天刑凶　乙卯時玄武凶　丙辰時吉司命凶火星　丁巳時勾陳凶　戊午時青龍大吉　己未時吉明堂凶大星　庚申時朱雀凶　壬戌時吉金匱凶五不遇　癸亥時吉天德凶時建

正三四七十月是日百事大凶二月癸亥日造主孤寡貧窮折盖凶船損長男橋損匠人嫁娶不用塟當年呼三人餘月造等事皆同前云

御定奇門大全卷之六十四終

寶鏡圖跋

古人云年吉不如月吉月吉不如日吉日吉不如時吉時之吉凶相繫大矣第術士之家好奇尚異鼓簧其說炫人耳目以致混淆不清珠魚莫辨余翻閱數家俱不相合有被吉此凶者亦當有彼凶此吉者不一而足不揣愚昧寡聞彙歸一冊分晰其傍若彼此皆吉者彼此皆凶者彼吉此凶彼凶此吉者已經較

對毫無舛錯認無謬焉方録此冊若夫五不遇時支干克日斷不可用則用一直使人一目了然如鑑之照人美惡悉具後之君子其慎擇焉

乾隆四十五年庚子重陽偶山氏誌於公府北軒